石元春 儒 自传

石元春◎著

老科学家学术成长资料采集工程
中国科学院院士传记丛书
中国工程院院士传记

一儒

石元春自传

石元春 著

老科学家学术成长资料采集工程
中国科学院院士传记丛书
中国工程院院士传记

中国科学技术出版社
上海交通大学出版社

图书在版编目（CIP）数据

一儒：石元春自传 / 石元春著 . -- 北京：中国科学技术出版社，2021.2

（老科学家学术成长资料采集工程丛书 . 中国科学院院士传记丛书 . 中国工程院院士传记丛书）

ISBN 978-7-5046-7901-7

Ⅰ. ①一⋯ Ⅱ. ①石⋯ Ⅲ. ①石元春－自传 Ⅳ. ① K826.3

中国版本图书馆 CIP 数据核字 (2021) 第 012881 号

责任编辑	许　慧　李双北
责任校对	焦　宁　邓雪梅
责任印制	李晓霖
版式设计	中文天地

出　　版	中国科学技术出版社　上海交通大学出版社
发　　行	中国科学技术出版社有限公司发行部
地　　址	北京市海淀区中关村南大街 16 号
邮　　编	100081
发行电话	010-62173865
传　　真	010-62173081
网　　址	http://www.cspbooks.com.cn

开　　本	787mm×1092mm　1/16
字　　数	650 千字
印　　张	42.25
彩　　插	2
版　　次	2021 年 2 月第 1 版
印　　次	2021 年 2 月第 1 次印刷
印　　刷	北京华联印刷有限公司
书　　号	ISBN 978-7-5046-7901-7 / K・220
定　　价	210.00 元

（凡购买本社图书，如有缺页、倒页、脱页者，本社发行部负责调换）

老科学家学术成长资料采集工程
领导小组专家委员会

主　任：韩启德

委　员：（以姓氏拼音为序）

　　　　陈佳洱　方　新　傅志寰　李静海　刘　旭
　　　　齐　让　王礼恒　徐延豪　赵沁平

老科学家学术成长资料采集工程
丛书组织机构

特邀顾问（以姓氏拼音为序）

　　樊洪业　方　新　谢克昌

编委会

主　编：老科学家学术成长资料采集工程领导小组办公室

编　委：（以姓氏拼音为序）

　　　　定宜庄　董庆九　郭　哲　胡宗刚　胡化凯
　　　　刘晓堪　吕瑞花　秦德继　任福君　王扬宗
　　　　熊卫民　姚　力　张大庆　张　藜　张　剑
　　　　周大亚　周德进

编委会办公室

主　任：孟令耘　杨志宏

副主任：许　慧　刘佩英

成　员：（以姓氏拼音为序）

　　　　冯　勤　高文静　韩　颖　李　梅　刘如溪
　　　　罗兴波　王传超　余　君　张佳静

老科学家学术成长资料采集工程简介

　　老科学家学术成长资料采集工程（以下简称"采集工程"）是根据国务院领导同志的指示精神，由国家科教领导小组于2010年正式启动，中国科协牵头，联合中组部、教育部、科技部、工信部、财政部、文化部、国资委、解放军总政治部、中国科学院、中国工程院、国家自然科学基金委员会等11部委共同实施的一项抢救性工程，旨在通过实物采集、口述访谈、录音录像等方法，把反映老科学家学术成长历程的关键事件、重要节点、师承关系等各方面的资料保存下来，为深入研究科技人才成长规律，宣传优秀科技人物提供第一手资料和原始素材。

　　采集工程是一项开创性工作。为确保采集工作规范科学，启动之初即成立了由中国科协主要领导任组长、12个部委分管领导任成员的领导小组，负责采集工程的宏观指导和重要政策措施制定，同时成立领导小组专家委员会负责采集原则确定、采集名单审定和学术咨询，委托科学史学者承担学术指导与组织工作，建立专门的馆藏基地确保采集资料的永久性收藏和提供使用，并研究制定了《采集工作流程》《采集工作规范》等一系列基础文件，作为采集人员的工作指南。截至2016年6月，已启动400多位老科学家的学术成长资料采集工作，获得手稿、书信等实物原件资料73968件，数字化资料178326件，视频资料4037小时，音频资料4963小时，具有重要的史料价值。

　　采集工程的成果目前主要有三种体现形式，一是建设"中国科学家博物馆网络版"，提供学术研究和弘扬科学精神、宣传科学家之用；二是编辑制作科学家专题资料片系列，以视频形式播出；三是研究撰写客观反映老科学家学术成长经历的研究报告，以学术传记的形式，与中国科学院、中国工程院联合出版。随着采集工程的不断拓展和深入，将有更多形式的采集成果问世，为社会公众了解老科学家的感人事迹，探索科技人才成长规律，研究中国科技事业的发展历程提供客观翔实的史料支撑。

总序一

中国科学技术协会主席　韩启德

　　老科学家是共和国建设的重要参与者，也是新中国科技发展历史的亲历者和见证者，他们的学术成长历程生动反映了近现代中国科技事业与科技教育的进展，本身就是新中国科技发展历史的重要组成部分。针对近年来老科学家相继辞世、学术成长资料大量散失的突出问题，中国科协于2009年向国务院提出抢救老科学家学术成长资料的建议，受到国务院领导同志的高度重视和充分肯定，并明确责成中国科协牵头，联合相关部门共同组织实施。根据国务院批复的《老科学家学术成长资料采集工程实施方案》，中国科协联合中组部、教育部、科技部、工业和信息化部、财政部、文化部、国资委、解放军总政治部、中国科学院、中国工程院、国家自然科学基金委员会等11部委共同组成领导小组，从2010年开始组织实施老科学家学术成长资料采集工程。

　　老科学家学术成长资料采集是一项系统工程，通过文献与口述资料的搜集和整理、录音录像、实物采集等形式，把反映老科学家求学历程、师承关系、科研活动、学术成就等学术成长中关键节点和重要事件的口述资料、实物资料和音像资料完整系统地保存下来，对于充实新中国科技发展的历史文献，理清我国科技界学术传承脉络，探索我国科技发展规律和科技人才成长规律，弘扬我国科技工作者求真务实、无私奉献的精神，在全社会营造爱科学、学科学、用科学的良好氛围，是一件很有意义的事情。采集工程把重点放在年龄在80岁以上、学术成长经历丰富的两院院士，以及虽然不是两院院士、但在我国科技事业发展中作出突出贡献的老科技工作者，充分体现了党和国家对老科学家的关心和爱护。

自2010年启动实施以来，采集工程以对历史负责、对国家负责、对科技事业负责的精神，开展了一系列工作，获得大量反映老科学家学术成长历程的文字资料、实物资料和音视频资料，其中有一些资料具有很高的史料价值和学术价值，弥足珍贵。

以传记丛书的形式把采集工程的成果展现给社会公众，是采集工程的目标之一，也是社会各界的共同期待。在我看来，这些传记丛书大都是在充分挖掘档案和书信等各种文献资料、与口述访谈相互印证校核、严密考证的基础之上形成的，内中还有许多很有价值的照片、手稿影印件等珍贵图片，基本做到了图文并茂，语言生动，既体现了历史的鲜活，又立体化地刻画了人物，较好地实现了真实性、专业性、可读性的有机统一。通过这套传记丛书，学者能够获得更加丰富扎实的文献依据，公众能够更加系统深入地了解老一辈科学家的成就、贡献、经历和品格，青少年可以更真实地了解科学家、了解科技活动，进而充分激发对科学家职业的浓厚兴趣。

借此机会，向所有接受采集的老科学家及其亲属朋友，向参与采集工程的工作人员和单位，表示衷心感谢。真诚希望这套丛书能够得到学术界的认可和读者的喜爱，希望采集工程能够得到更广泛的关注和支持。我期待并相信，随着时间的流逝，采集工程的成果将以更加丰富多样的形式呈现给社会公众，采集工程的意义也将越来越彰显于天下。

是为序。

总序二

中国科学院院长　白春礼

由国家科教领导小组直接启动,中国科学技术协会和中国科学院等12个部门和单位共同组织实施的老科学家学术成长资料采集工程,是国务院交办的一项重要任务,也是中国科技界的一件大事。值此采集工程传记丛书出版之际,我向采集工程的顺利实施表示热烈祝贺,向参与采集工程的老科学家和工作人员表示衷心感谢!

按照国务院批准实施的《老科学家学术成长资料采集工程实施方案》,开展这一工作的主要目的就是要通过录音录像、实物采集等多种方式,把反映老科学家学术成长历史的重要资料保存下来,丰富新中国科技发展的历史资料,推动形成新中国的学术传统,激发科技工作者的创新热情和创造活力,在全社会营造爱科学、学科学、用科学的良好氛围。通过实施采集工程,系统搜集、整理反映这些老科学家学术成长历程的关键事件、重要节点、学术传承关系等的各类文献、实物和音视频资料,并结合不同时期的社会发展和国际相关学科领域的发展背景加以梳理和研究,不仅有利于深入了解新中国科学发展的进程特别是老科学家所在学科的发展脉络,而且有利于发现老科学家成长成才中的关键人物、关键事件、关键因素,探索和把握高层次人才培养规律和创新人才成长规律,更有利于理清我国科技界学术传承脉络,深入了解我国科学传统的形成过程,在全社会范围内宣传弘扬老科学家的科学思想、卓越贡献和高尚品质，推动社会主义科学文化和创新文化建设。从这个意义上说，采集工程不仅是一项文化工程，更是一项严肃认真的学术建设工作。

中国科学院是科技事业的国家队，也是凝聚和团结广大院士的大家庭。早在1955年，中国科学院选举产生了第一批学部委员，1993年国务院决定中国科学院学部委员改称中国科学院院士。半个多世纪以来，从学部委员到院士，经历了一个艰难的制度化进程，在我国科学事业发展史上书写了浓墨重彩的一笔。在目前已接受采集的老科学家中，有很大一部分即是上个世纪80、90年代当选的中国科学院学部委员、院士，其中既有学科领域的奠基人和开拓者，也有作出过重大科学成就的著名科学家，更有毕生在专门学科领域默默耕耘的一流学者。作为声誉卓著的学术带头人，他们以发展科技、服务国家、造福人民为己任，求真务实、开拓创新，为我国经济建设、社会发展、科技进步和国家安全作出了重要贡献；作为杰出的科学教育家，他们着力培养、大力提携青年人才，在弘扬科学精神、倡树科学理念方面书写了可歌可泣的光辉篇章。他们的学术成就和成长经历既是新中国科技发展的一个缩影，也是国家和社会的宝贵财富。通过采集工程为老科学家树碑立传，不仅对老科学家们的成就和贡献是一份肯定和安慰，也使我们多年的夙愿得偿！

鲁迅说过，"跨过那站着的前人"。过去的辉煌历史是老一辈科学家铸就的，新的历史篇章需要我们来谱写。衷心希望广大科技工作者能够通过"采集工程"的这套老科学家传记丛书和院士丛书等类似著作，深入具体地了解和学习老一辈科学家学术成长历程中的感人事迹和优秀品质；继承和弘扬老一辈科学家求真务实、勇于创新的科学精神，不畏艰险、勇攀高峰的探索精神，团结协作、淡泊名利的团队精神，报效祖国、服务社会的奉献精神，在推动科技发展和创新型国家建设的广阔道路上取得更辉煌的成绩。

总序三

中国工程院院长　周　济

由中国科协联合相关部门共同组织实施的老科学家学术成长资料采集工程，是一项经国务院批准开展的弘扬老一辈科技专家崇高精神、加强科学道德建设的重要工作，也是我国科技界的共同责任。中国工程院作为采集工程领导小组的成员单位，能够直接参与此项工作，深感责任重大、意义非凡。

在新的历史时期，科学技术作为第一生产力，已经日益成为经济社会发展的主要驱动力。科技工作者作为先进生产力的开拓者和先进文化的传播者，在推动科学技术进步和科技事业发展方面发挥着关键的决定的作用。

新中国成立以来，特别是改革开放30多年来，我们国家的工程科技取得了伟大的历史性成就，为祖国的现代化事业作出了巨大的历史性贡献。两弹一星、三峡工程、高速铁路、载人航天、杂交水稻、载人深潜、超级计算机……一项项重大工程为社会主义事业的蓬勃发展和祖国富强书写了浓墨重彩的篇章。

这些伟大的重大工程成就，凝聚和倾注了以钱学森、朱光亚、周光召、侯祥麟、袁隆平等为代表的一代又一代科技专家们的心血和智慧。他们克服重重困难，攻克无数技术难关，潜心开展科技研究，致力推动创新发展，为实现我国工程科技水平大幅提升和国家综合实力显著增强作出了杰出贡献。他们热爱祖国，忠于人民，自觉把个人事业融入到国家建设大局之中，为实现国家富强而不断奋斗；他们求真务实，勇于创新，用科技为中华民族的伟大复兴铸就了辉煌；他们治学严谨，鞠躬尽瘁，具有崇高的科学精神和科学道德，是我们后代学习的楷模。科学家们的一生是一本珍贵的教科书，他们坚定的理想信念和淡泊名利的崇高品格是中华民族自强不息精神的宝贵财富，永远值得后人铭记和敬仰。

通过实施采集工程，把反映老科学家学术成长经历的重要文字资料、实物资料和音像资料保存下来，把他们卓越的技术成就和可贵的精神品质记录下来，并编辑出版他们的学术传记，对于进一步宣传他们为我国科技发展和民族进步作出的不朽功勋，引导青年科技工作者学习继承他们的可贵精神和优秀品质，不断攀登世界科技高峰，推动在全社会弘扬科学精神，营造爱科学、讲科学、学科学、用科学的良好氛围，无疑有着十分重要的意义。

中国工程院是我国工程科技界的最高荣誉性、咨询性学术机构，集中了一大批成就卓著、德高望重的老科技专家。以各种形式把他们的学术成长经历留存下来，为后人提供启迪，为社会提供借鉴，为共和国的科技发展留下一份珍贵资料。这是我们的愿望和责任，也是科技界和全社会的共同期待。

周济

石元春

采集小组与石元春合影
（后排左起：张远帆、张海涛、王崧）（2014年11月28日）

石元春准备接受访谈
（2015年5月28日，中国农业大学档案馆）

自　序

两院一直鼓励院士作传，我总拖而不前。

心想，干得还欢着啦！哪顾得上那些陈年往事。

80岁以前，学术活动如常。80岁以后，活动少了，时间多了，想写的也多了。为80岁生日，出版了《决胜生物质》一书，又陆续出版了《黄淮海平原的水盐运动》《战役记》以及五卷本的《石元春文集》，并着手写《决胜生物质Ⅱ》。

2015年冬，两院资深院士工作委员会会议上，周济院长又催我"自传"之事，语义真切，不好不从；"采集工程"也要求作传。于是停下《决胜生物质Ⅱ》，开始"自传"起来。

写"传"似乎离不开成就。说到成就，我总忘不了牛顿的一句话："我不过是个在海边捡到贝壳的幸运小孩"。想想我辈俗人，不过琐事闲文罢了。对啦！干脆就写新中国的芸芸一儒，他的一辈子是怎么过的。摆正了心态，找到了角度，2016年春节后开笔。

"舜发于畎亩之中，傅说举于版筑之间，胶鬲举于鱼盐之中，管夷吾举于士，孙叔敖举于海，百里奚举于市。"在出生上，圣贤与凡人一样，是不能自己选择的。一个人也只能存在于他生活的那个很短的时段里，呼风唤雨也好，庸庸碌碌也好，就那么几十年。

滚滚长江东逝水，每个人不过是稍显即逝的一朵浪花。

我出生在民国时期武汉的一个商人家庭，幼时经历了抗日战争，18岁至今，一直在新中国生活了70年。以知识分子之身，经历过中华人民共和国成立、抗美援朝、土地改革、"文化大革命"、改革开放和振兴中华，经历不算不丰。这70年，是积贫积弱的旧中国向繁荣富强新中国转变的70年。在这伟大的时代洪流里，我个人有澎湃也有暗礁，有激情也有无奈，有抱负也有磨难，有欢乐也有伤心。我想像讲故事那样，叙说新中国一名知识分子的生活、工作、家庭和情感，成功与失败，得意与失意。用文字语言，辅以影像语言，来叙说一名知识分子真实的人生。徐迟的《哥德巴赫猜想》曾震撼过我，从此我喜欢上"报告文学"。我拟效颦"报告文学"体裁，报告自己的学术成长经历。

写"传"好像是在清理堆放凌乱、久未收拾的老房子，主要是给自己的一生有个交代，至于别人看不看和怎么看，一点都不重要。写作过程中才发现，回忆是一种幸福，写作是一种享受，作"传"是一种养生。

在30后一代的学人中，我是比较幸运的一个，一生有许多贵人相助。让我永志不忘的是父母的养育教导之恩；导师的指航引路之恩；何康部长的知遇之恩；韵珠的终身相依相伴之恩。

本传以我的经历为主线，事随人走；以时序为主轴，以第一人称，讲我自己的故事。全书共十三章。前三章写感恩与成长；第四章写政治运动磨炼；五、六两章写治碱改土和主持国家科技攻关项目20年；七、八两章写校长十年；九、十两章写学术云游；十一到十三章写再披挂，决胜生物质；最末是后记。

限于个人认识的局限性，难免对一些人与事有偏颇与错误；又因时间久远，难免对有些人与事记忆有误，一并请读者包涵。

石元春

谨识于2019年春

目 录

老科学家学术成长资料采集工程简介

总序一 ·· 韩启德

总序二 ·· 白春礼

总序三 ·· 周　济

自　序 ·· 石元春

导　言 ·· 1

|第一章| 感恩父母 ·· 13

　　我的父母，我的家 ··· 13
　　幸福童年 ·· 17
　　受伤的幼小心灵 ·· 21
　　我的高中生活 ·· 24

我的1949	30
上武大，还是上清华？	36
我的人生画布（一）	39

第二章　大学生活（1949—1953年 / 18—22岁）……41

清华园	41
罗道庄	45
卢沟桥	48
抗美援朝，保家卫国	54
参加土改，脱胎换骨	57
学习苏联，向往美好	62
大学毕业，留校读研	64
我的人生画布（二）	68

第三章　不忘师恩（1953—1958年 / 22—26岁）……70

研究生班	70
我的导师	73
论文研究	77
处女作	81
遭遇沙漠	86
阿尔泰练兵	89
准噶尔之"地学综合体"	92
南疆展翅	96
一所大学校	100
我的人生画布（三）	103

第四章 "白专典型"（1957—1973 年 / 26—42 岁）······104

"反右"余波······104
"白专典型"······106
大婚······108
转战北京······111
饥饿中的科学梦······113
又临险境······116
"文化大革命"风暴······118
清泉沟······121
大难不死······122
瞧，我这一家子！······126
异地疗养······130
我的人生画布（四）······131

第五章 黄淮海科技战役（上）（1973—1983 年 / 42—52 岁）······133

一个安排后半生的电话······133
盐碱"猛于虎"······138
我们的指挥所······141
打响前哨战······145
九层之台，起于累土······148
布"三阵"，用"奇兵"，首战告捷······153
浅井风波······158
栽好梧桐树······164
一个新时代来了！······168
喜碰杯，两个 500 万······170
IFAD 与 WB 争夺曲周项目······173

激情燃烧的团队 ······ 177

第六章 黄淮海科技战役（下）（1978—1994 年 / 47—63 岁）······ 183

时代使命 ······ 183
战役司令员 ······ 185
建军与备战（一）······ 186
建军与备战（二）······ 192
济南誓师与曲周论剑 ······ 195
打响"六五"战役 ······ 199
走出国门 ······ 202
开国际会议 ······ 206
决战"七五"战役 ······ 212
总理视察和北戴河做客 ······ 217
国家队访苏 ······ 220
"七五"大捷 ······ 226
黄淮海效应 ······ 230
获特奖，激流勇退 ······ 234
双院士与两院士 ······ 238
怀念战友 ······ 241

第七章 草根校长（上）（1985—1990 年 / 54—59 岁）······ 245

受命副校长 ······ 245
就任校长 ······ 250
"三把火"（一）······ 254
"三把火"（二）······ 257
"8 月会议"与"六个不适应" ······ 260

构建新型农业大学框架············264
　　改变本科培养模式··············268
　　强化研究生教育与组建科研高地······272
　　强化服务社会功能··············274
　　构建新型管理系统··············277
　　校长负责制之夭折··············281
　　三次中南海座谈················285
　　八十五周年校庆················287

| 第八章 | 草根校长（下）（1991—1995年／60—64岁）········291

　　"二届任期"开局················291
　　"终于批下来了！"··············295
　　人才工程之"五子登科"··········301
　　人才工程之"百博计划"··········307
　　人才工程之"推广教授"··········312
　　校园文化建设之"家文化"········315
　　校园文化建设之"橄榄球队"······319
　　校园文化建设之"农民科技日"····323
　　国际化建设····················328
　　"八大学院"····················334
　　以"211工程"谢幕··············340
　　"寸草心"······················343

| 第九章 | 世纪游学（上）（1996—2004年／65—73岁）········347

　　"211工程"预审大使············347
　　游学高技术王国················350

问道"新的农业科技革命" ··· 355
钟情农业科技产业 ··· 359
涉足基础研究殿堂 ··· 362
站在世纪门槛上的张望 ··· 365
两本农业巨著 ··· 368
《中长期国家科技发展战略》 ····································· 371
《中长期国家科技发展战略》之"发现新大陆" ····················· 375
《中长期国家科技发展战略》之"汇报" ··························· 380
"七三"大关 ·· 385

| 第十章 | 世纪游学（下）（2000—2002 年 / 69—71 岁）········389

西行序幕：沙尘暴 ··· 389
质疑"三北防护林"与"退耕还林" ······························· 392
"新华社来了没有" ·· 396
考察"封育飞播" ·· 400
羊，换个养法 ··· 405
地换个种法 ··· 408
钱副主席家访 ··· 412
"走出治沙和退耕误区" ·· 414
抢救绿洲 ··· 419
新疆，回来看您啦！ ··· 422
西行悟道 ··· 428

| 第十一章 | 再披挂，决胜生物质（上）
（2004—2010 年 / 73—79 岁）·························· 430

明知不可为而为之 ··· 430

华丽亮相 ········· 434
四院士上书 ········· 438
夯实基础 ········· 442
南行开局 ········· 444
"工作会议"起高潮 ········· 448
"一个农学家的能源大梦" ········· 451
为"生物基"而战 ········· 455
"最后的晚餐" ········· 461
"风暴"与"海啸" ········· 464
被边缘化了！ ········· 468
"宰相肚内好撑船" ········· 470
两院士角力 ········· 475
三年蛰伏，修文习武 ········· 476
"堂吉诃德"在思考 ········· 479

第十二章 | 再披挂，决胜生物质（中）
（2010—2011年 / 79—80岁） ········· 481

策划"惊蛰战役" ········· 481
占据"制高点" ········· 484
央视"对话" ········· 488
《决胜生物质》首发式 ········· 497
"我们行！"展示会 ········· 503
展示会之"系列讲座" ········· 512
"把枪杆子组织起来" ········· 516

| 第十三章 | 再披挂，决胜生物质（下）
（2011—2019年／80—88岁）······522

阳春五月车马喧······522
一个重大事件发生了！······525
"煤改气"不行，"煤制气"也不行！······528
固体生物质燃料临危受命······531
生物天然气异军突起······537
液体生物燃料一波三折······545
能源革命不能没有"一片"······552
上书"十三五"······557
生物质经济······561
出征"一带一路"······567
该为长远谋了！······571
他长大了，我也老了！······578

附录一　石元春年表······582

附录二　石元春主要论著目录······622

后　记······639

图片目录

图 1-1　先父母照；元宁、元春、元俊和元纯四姊妹照；元春六岁照 …… 15
图 1-2　前法汉中学所在地的现状和我初三的成绩报表 …………… 21
图 1-3　《大刀进行曲》的作者麦新 ………………………………… 22
图 1-4　武昌文华中学旧址校门；李辉祖校长塑像和多玛堂照片 …… 25
图 1-5　文华中学木结构教学楼和做礼拜的圣诞堂 ………………… 26
图 1-6　文华中学 1949 级篮球队留影；我热爱的体育锻炼——
　　　　双杠、爬绳、翘梯和骑自行车 …………………………… 29
图 1-7　文华中学 1949 级同学毕业留影 …………………………… 34
图 1-8　张苛与夫人在我家合影；60 年后重逢照 …………………… 36
图 1-9　1950 年寒假回家探亲 ……………………………………… 39
图 1-10　为父母扫墓后姊妹四人合影 ……………………………… 40
图 2-1　老北京火车站 ……………………………………………… 42
图 2-2　原清华大学农学院主楼和院长汤佩松 ……………………… 44
图 2-3　原北京大学农学院，三院合并后的北京农业大学校址 …… 46
图 2-4　北京西直门及门外运煤的骆驼队 …………………………… 47
图 2-5　1950 年春卢沟桥农耕劳作实习组图 ……………………… 50
图 2-6　1950 年冬北京农业大学第二届学生会执委会合影 ……… 54
图 2-7　欢送魏振东同学抗美援朝 …………………………………… 55
图 2-8　我的志愿军朋友从朝鲜战场前线寄给我的照片 …………… 56
图 2-9　北京农业大学土改工作队 …………………………………… 58
图 2-10　庄高乡土改工作队合影和我的土改笔记本 ……………… 61
图 2-11　北京农大校长孙晓邨、党委书记施平和苏联专家 ……… 63
图 2-12　四年级我们小组的合影 …………………………………… 65
图 2-13　档案中我的入校信息卡 …………………………………… 67
图 3-1　1953 年土化研究生班集体照；男同学北海溜冰照和七位女同学

图片目录　IX

图 3-1	天安门合影	72
图 3-2	李连捷导师随军进藏	75
图 3-3	李连捷导师和他的六个研究生合影	76
图 3-4	2003 年与刘东生导师在人民大会堂合影	79
图 3-5	我的研究生论文《晋西黄土中古土壤层的初步研究》	82
图 3-6	《晋西地区的黄土及其形成过程》	85
图 3-7	中科院新疆综合考察队穿越吉尔班通古特沙漠	88
图 3-8	我和新疆大学派来的民族大学学生准备进阿尔泰山科考	90
图 3-9	随队长连捷导师过玛纳斯河和考察一座废弃旧城	93
图 3-10	天山北麓的主要地貌、植被和土壤景观	94
图 3-11	土壤类型与分布图式及北疆土壤考察报告	96
图 3-12	新疆综合考察队土壤组全体队员合影	99
图 3-13	1958 年考察天山南麓和塔里木河流域后写的论文	100
图 4-1	1958 年下放誓师大会和施平书记作动员报告	108
图 4-2	韵珠在武汉长江大桥留影	110
图 4-3	20 世纪 60 年代初在《土壤通报》和《哲学研究》杂志上发表的土壤学文章	112
图 4-4	水盐运动的最早资料与四本专著	115
图 4-5	清泉沟北沟水库设计的部分图纸	124
图 4-6	女儿石琼一岁了；父子到颐和园与北京告别	127
图 4-7	瞧，我这一家子！	130
图 4-8	与老伴游苏州	132
图 5-1	曲周北部的淋盐土丘和刮盐皮熬盐	135
图 5-2	张庄大队让出大队部和民房，给农大老师工作和居住	143
图 5-3	我构思的张庄试验区工程示意图	144
图 5-4	开挖四支渠、支漳河骨干排水渠及盐碱地冲洗组图	147
图 5-5	盐土堆原貌；铲运机正在起高垫低粗平地；五台推土机在推平淋盐土丘	148
图 5-6	1973 年冬季施工后的"400 亩"新貌和 1974 年工作计划草案	150
图 5-7	周裴德在手把着手地培养化验员；1976 年新建的化验室	151
图 5-8	农田气象观测和地下水观测	152
图 5-9	曲周农民大学第二届一年制培训班结业式集体照	153

图 5-10	旱涝盐碱综合治理试验区的"水阵"——深浅沟-深浅井系统布置图	154
图 5-11	试验区五支渠	165
图 5-12	综合治理一期工程书面总结	167
图 5-13	1978 年 6 月河北省委书记刘子厚到曲周试验区视察	169
图 5-14	华国锋总理签署的国务院嘉奖令	169
图 5-15	农业部部长杨立功视察曲周试验区	172
图 5-16	我在地头给阿金斯介绍"浅井深沟体系";六支渠护田林带的合影	174
图 5-17	北京农大曲周试验区"十常委"中的八位在调查张庄村北小麦地的苗情	179
图 5-18	曲周实验站;20 周年和 30 周年站庆;40 年后回到故乡张庄	182
图 6-1	何康部长和我在圆明园	185
图 6-2	《光明日报》和《文汇报》以头版头条报道黄淮海平原旱涝碱治理	190
图 6-3	1980 年农业遥感培训班合影	192
图 6-4	I. 萨博尔奇教授在匈牙利科学院土壤研究所门前与我们三人的合影;在野外盐渍土考察	193
图 6-5	农业部华北平原项目县领导干部培训班合影	194
图 6-6	到曲周试验站参观;农业部召开全国高等农业院校三结合经验交流会	198
图 6-7	国家科委发文成立黄淮海项目专家组	199
图 6-8	四部委给北京农大颁发的"六五"科技攻关奖状	201
图 6-9	I. 萨博尔奇教授夫妇来华帮助筹备"盐渍土改良国际会议";在曲周试验区看剖面;在杭州西湖	202
图 6-10	为"盐渍土改良国际会议"准备的中英文论文集	205
图 6-11	何康部长在北京友谊宾馆参加"国际盐渍土改良学术讨论会"欢迎宴会	206
图 6-12	"国际盐渍土改良学术讨论会"代表在曲周试验区考察	207
图 6-13	"国际盐渍土改良学术讨论会"开幕式会场	208
图 6-14	"国际盐渍土改良学术讨论会"大会学术报告会	209
图 6-15	"国际盐渍土改良学术讨论会"会议闭幕后的一组照片	211

图 6-16	黄淮海科技战役中的 12 个试区分布图	214
图 6-17	"七五"黄淮海课题每年开一次工作会议	216
图 6-18	参战黄淮海治理的专家代表到北戴河休假做客	218
图 6-19	国务院颁发的奖励证书	219
图 6-20	中国科技展在苏联莫斯科开幕式组图	222
图 6-21	中国科技展展区、农业展区以及访苏中国科学家组图	223
图 6-22	在莫斯科作学术讲演和提交的论文	224
图 6-23	在莫斯科参观苏联科学院道库恰耶夫土壤研究所	226
图 6-24	黄淮海课题验收中的汇报和《科技日报》的报道	228
图 6-25	申请特奖的答辩用胶片和审查专家组提交的报告	235
图 6-26	黄淮海课题受奖	237
图 6-27	参加颁奖大会的通知和我代表 1993 年度获奖代表致辞的发言稿	237
图 6-28	辛德惠和我在十年前我们在张庄住过的房间门外	242
图 6-29	我和贾大林在人民大会堂领奖	243
图 7-1	研究生院 1985 年香山秋游	246
图 7-2	我到研究生院做的三件事——《院讯》《成果展》与《蓝皮书》	248
图 7-3	北京农业大学新校长任命宣布大会	252
图 7-4	我在第一次工作会议上做总结发言	263
图 7-5	1991 年 5 月 30 日《科技日报》的一篇报道	267
图 7-6	"中美大学农业推广联盟"成立大会	268
图 7-7	《专业技术职务评审和聘任的有关暂行条例》手稿	278
图 7-8	鹏程书记给我的校长负责制草稿	282
图 7-9	中南海二次座谈简报及与常委座谈的发言	286
图 7-10	北京农业大学八十五周年校庆和校长致辞	289
图 8-1	发佳文《欲与哈佛、伯克利试比高》	293
图 8-2	争取国家大中型开工项目的第一轮攻势	297
图 8-3	争取国家大中型开工项目的第二轮攻势	299
图 8-4	和安民校长访德期间,与在德攻读博士学位的留学生和家属座谈,欢迎他们学成回国回校工作	303
图 8-5	我的回信	304
图 8-6	"五子登科"的报道;人才用房的房号;给北京市委	

	要煤气罐的信 …………………………………………………	306
图8-7	《博士后通讯》和在中国博士后联谊会上我的讲话;《光明日报》载文 …………………………………………………	309
图8-8	1987—1995年入校的留学归国和国内培养博士名表 ……	312
图8-9	关于"推广教授"的部分报道 ……………………………	314
图8-10	国家教委在北京农大召开评聘推广型教师职务座谈会 …	315
图8-11	我在学校的除夕晚会上 ……………………………………	317
图8-12	管老师给我的警示信;与部分老师和同事的留影 ………	318
图8-13	北京农大开展英式橄榄球运动,校园体育文化的一枝奇葩 …	321
图8-14	中国农大橄榄球队1992—2005年的比赛成绩 ……………	323
图8-15	《农民日报》以大篇幅广告形式报道'94全国农民科技日 …	325
图8-16	陈付启给我的信和他在《集宁日报》发表的文章 ………	328
图8-17	安民校长和我参观马克思故居 ……………………………	330
图8-18	CIAD二期项目完成庆典后到我家庆祝 …………………	331
图8-19	我与松田校长在东京农大校门的合影;授予名誉农学博士学位的仪式 ……………………………………………………	332
图8-20	1992年7月9日泰国正大集团向北京农大等三校捐赠现代化养鸡场的捐赠仪式;北京农大正大肉鸡发展中心奠基仪式 …	333
图8-21	日本京食株式会社合资组建的北京都丽梦食品有限公司 …	334
图8-22	"211工程"预审专家组与北农大校领导合影;北农大"211工程"报告;预审专家组名单及预审意见 …………………	342
图8-23	北京农业大学的首届毕业生和末代校长;《年鉴》与《文集》 …	345
图9-1	参加4所大学的"211工程"预审 …………………………	349
图9-2	我制作的第一个PPT中的3张幻灯片 ……………………	352
图9-3	在农业选题存废大辩论中这张幻灯片起了大作用 ………	353
图9-4	S-863正式启动会和结题报告 ……………………………	354
图9-5	"农业呼唤信息技术"一文和《中国民族报》转载;考察宝鸡市农业信息服务工作站 ………………………	358
图9-6	农业科技产业贡献PPT和发表的文章 ……………………	360
图9-7	"中国首届农业生物技术发展论坛"合影 …………………	361
图9-8	国家科技领导小组发的第三次会议纪要和《十年成果集锦》 …	365
图9-9	《文汇报》等对此文多有转载 ………………………………	367

图片目录　**XIII**

图 9-10	在土壤学会报告的 PPT 及《土壤学报》上发表的文章	368
图 9-11	与左天觉合影；世纪之交的两本农业巨著	371
图 9-12	开题报告中的两张幻灯片	374
图 9-13	04 专题研究报告封面、课题和研究队伍	375
图 9-14	克林顿的《总统令》首页及相关文件资料	378
图 9-15	04 专题组汇报 PPT 中的首页；第 10 张和第 65 张幻灯片	382
图 9-16	镜泊湖及我的住处；与潘厅长合影；与老伴合影	388
图 10-1	朱镕基总理视察过的沙地	391
图 10-2	1954—2000 年北京地区沙尘天气发生频率图	391
图 10-3	"三北防护林"大段大片枯死和被沙掩埋	393
图 10-4	由中卫进入甘肃后，甘塘路段铁路两侧各 2 公里宽的良好植物被覆	397
图 10-5	在景泰拍的两张植被对比照片	398
图 10-6	在人民大会堂参加全国政协会议；科协组在友谊宾馆讨论《政府工作报告》	399
图 10-7	周边未治理区景观和封育飞播治理区内景观	403
图 10-8	封育飞播治理区、周边未治理区常常被人们忽略的"土被"	404
图 10-9	盐池县柳杨堡乡大墩梁"封育飞播"前后的卫星影像	404
图 10-10	羊有极强的生命力，是西北头号养殖对象，也是西北生态的重要破坏者	406
图 10-11	游学种羊培育中心和农民自办种羊场	407
图 10-12	考察圈养羊的饲料生产体系	407
图 10-13	当时关于圈养舍饲的两篇新闻报道和一个对比试验资料	408
图 10-14	农民白春兰承包沙地种草、滴管和圈养舍饲羊群	410
图 10-15	上潘记圈村四位一体蔬菜大棚	410
图 10-16	我设想的半干旱草原和荒漠草原地区现代农牧业经营的"三圈模式"	411
图 10-17	《科技日报》发表的"走出治沙与退耕误区"一文	415
图 10-18	太原会议合影；讲演用 PPT 的第一张和最后一张	418
图 10-19	张掖绿洲向额济纳绿洲输水工程	420
图 10-20	宁夏红寺堡扬黄扶贫工程一扬水站	422
图 10-21	科技部部长徐冠华带队赴疆作农牧业考察	425

图 10-22　参观新疆中基红色产业工业园 ················427
图 11-1　农林生物质工程座谈会参会专家留影 ··········432
图 11-2　农林生物质工程的重大专项建议书及答辩 PPT 首页 ···433
图 11-3　中国工程院第 35 场《中国工程科技论坛》··········435
图 11-4　《科技日报》"发展生物质产业"一文引起的连锁反应 ···437
图 11-5　国务院能源领导小组专家委员会合影；国家"十一五"
　　　　规划专家委员会合影 ··························441
图 11-6　中国的生物质原料资源和替代潜力 ··············443
图 11-7　我国可再生能源资源 ························444
图 11-8　我和杜院长参观"新天德"的合影 ··············445
图 11-9　全国生物质能开发利用工作会议 ················449
图 11-10　央视《大家》栏目"一个土壤学家的能源大梦" ···453
图 11-11　与《大家》编导李妍在家中的合影 ············455
图 11-12　《院士建议》刊载的"两基"之争的二文 ········460
图 11-13　中国生物燃料乙醇产业化发展战略研讨会 ········463
图 11-14　就世界粮食危机提供的有关资料和 6 月发表的文章 ···466
图 12-1　《科学时报》"生物质能源主导论"一文 ··········484
图 12-2　国家发改委发布《产业结构调整目录（2011 年本）》···487
图 12-3　堵在会议室门外给我递名片要求采访的刘星 ········488
图 12-4　央视财经频道《对话》节目"决胜生物质" ········491
图 12-5　《对话》"决胜生物质"节目的嘉宾席和 6 位嘉宾发言的英姿 ···493
图 12-6　CNC 播"生物质能源解困'三农'"专访 ··········496
图 12-7　中国农业大学召开《决胜生物质》首发新闻发布会 ···498
图 12-8　首发式上与中国农大出版社同志合影；《决胜生物质》
　　　　的 3 个版本 ································502
图 12-9　2009 年 9 月建成开馆的中国科技馆新馆 ··········504
图 12-10　"展示会"开幕式 ··························506
图 12-11　展示大厅一隅 ····························507
图 12-12　何康部长等参观展览；公众参观成果展；武汉凯迪陈义龙
　　　　董事长给我介绍凯迪生物质发电 ················508
图 12-13　全国政协副主席罗富和与柯炳生校长参观展示会 ···509
图 12-14　农业部张桃林副部长参观"展示会"组图 ········510

图 12-15	钱正英副主席饶有兴味地观看生物质展览	511
图 12-16	"走近绿色能源,与四院士对话"	514
图 12-17	国家能源局新能源和可再生能源司副司长史立山讲演现场	515
图 12-18	"中国生物质(能源)产业展示会"第一次筹备会议	517
图 12-19	参加第一次筹备会的代表在会上以及有关文件	518
图 12-20	全国工商联新能源商会生物质专业委员会成立大会	520
图 13-1	与光大国际陈小平总裁会谈	524
图 13-2	就雾霾著文及基础资料	527
图 13-3	2013年8月的《国十条》	528
图 13-4	两篇反对煤制油气文章	531
图 13-5	拆烟筒的典型调查	532
图 13-6	PPT首片及会后发文;广州会议的一张合影	535
图 13-7	中国农村户用沼气和德国生物天然气的发展曲线	538
图 13-8	我国最早的一批生物天然气产业	539
图 13-9	"生物质能清洁利用国际研讨会"在北京召开	544
图 13-10	央视《深度财经》栏目报道"亚洲单体最大的衡水生物天然气工程项目"	544
图 13-11	在游艇舱房议事及合影	547
图 13-12	2016年松原项目动工	551
图 13-13	和国家发改委徐司长交谈"十三五"规划中的生物质能源	560
图 13-14	第一届生物质产业发展长春论坛	562
图 13-15	姜有为主任著文"生物质经济"	564
图 13-16	"第二届生物质产业发展长春论坛"会场	565
图 13-17	"2014中国国际生物质大会"上我在作讲演	567
图 13-18	第三届《长春论坛》与中国工程院"一带一路论坛"	569
图 13-19	"试论全生物质农业"一文	573
图 13-20	"百年科技强国发展战略研究"项目及"民生前沿课题"启动会	575
图 13-21	在中国生物质能联盟成立大会上致辞;在家与陈小平会长留影	579

导 言

一

2018年10月16日是第38个世界粮食日，主题是"努力实现零饥饿"。国家粮食和物资储备局、农业农村部、教育部、科技部、全国妇联等多家组织和部委联合主办，以"端牢国人饭碗，保障粮食安全"为主题，开展粮食安全系列宣传活动，旨在引导全社会进一步增强粮食安全意识，科学把握粮食安全形势，落实总体国家安全观，共同推动兴粮强粮，大力倡导爱粮节粮，合力守护"中国饭碗、中国粮食"。全国首届"粮安之星"的评选发布是其中重要环节，以石元春领衔的7名个人和3个集体获此殊荣。

二

1931年农历正月初二，公历2月18日（身份证上的1931年2月10日是当时估填，有误），① 石元春出生在湖北汉口汉正街。童年时期，举家搬

---

① 石元春出生的具体日期不可考，档案中记载了1931年2月10日、2月18日以及旧历1月2日等。根据本人及家人回忆，因当年刚立春，所以取名为元春，结合当年情况及现用身份证信息，决定继续沿用身份证信息。

入黄兴路华实街宝华里一号，经实地探访，宝华里早已被拆除，而与他仅一街之隔的新华里依然存在，似乎能找寻些当初的感觉和繁华。

汉口与汉阳、武昌并称"武汉三镇"，地处武汉市长江西北、汉江以北的地域，东南隔长江与武昌相望，西南隔汉江与汉阳相望，是武汉市的重要组成部分，也是大武汉地区的金融、商贸、对外交往中心和主要交通枢纽。今天的汉口有500余年历史，始于明代成化年间的汉水改道。汉水原来从龟山南边注入长江，成化年间其主流则从龟山北的集家嘴注入长江。汉口以前被叫作江夏，地处汉水、长江交汇之处，水上交通极为方便，有"九省通衢"之称。因古代以水运为主，吸引了周边的地主、农民、手工业者和全国各地的商人在此聚集，这里就渐渐繁荣起来，被誉为"楚中第一繁盛处"，以"东方芝加哥"之名驰声于海内外。

> 我常常讲，一生中遇到四位恩人，第一位就是我的父亲。他是一位非常聪明、有远见、行善事的人，他不仅生我养我，也决定了我一生的道路……[1]

石元春出生的时候，父亲石燧平41岁，经营米店、香烟店和肥皂厂等，家庭殷实。石元春有胞兄妹四人，在家中排行第二，姐姐石元宁、妹妹石元俊和石元纯。父亲很少与子女谈论自己过往的事情，石元春对父亲的事情所知不多。倒是母亲零零散散的一些回忆，一直留在石元春胞姐石元宁的记忆中。据石元宁回忆，[2] 父亲1890年出生于江西兴国县的一个贫农家庭，生活非常艰苦。不幸的是，在父亲6岁的时候，祖父去世。祖母被生活所迫，携儿子流浪到武汉，在一个基督教会帮佣，做一些帮助牧师洗衣服的杂活，勉强维持生计。后来，经人介绍，与教会办的小学里的一位校工再婚。校工的工作，也就是看大门、上下课摇铃铛等，所以家庭仍

---

[1] 石元春访谈，2015年5月28日，北京。资料存于采集工程数据库。

[2] 石元宁访谈，2015年2月6日，汉口。存地同上。访谈时，石元宁88岁高龄，思维敏捷，表述清晰。

是比较贫困。尽管如此，父亲能够有机会去学校读书。只可惜，在教会小学读了几年书后，因石元春的祖母身体不好，父亲便辍学，出去当了三年学徒。其后开始自己摆小摊，从小本买卖开始，生意一点点做大。父亲从小在基督教会环境里成长，也养成了良好的品行。他非常努力积极，诚实经营，有远见，乐善好施。父亲很少抽烟，从不酗酒，也很少打牌，从不赌博。尽管只是小学文化程度，但父亲很好学，文化知识比较丰富。字写得很好，喜欢听京剧、汉剧。对中医、中药很感兴趣，自己学习《本草纲目》，然后给自己家里人开药方，应对小毛病。在她的记忆中父母没有吵过架，兄妹几个也从来没吵过架，斯文有礼的父亲也从来不打孩子。可以看出，石元春是在一个和美温馨的家庭环境之下成长起来的。父亲、母亲、姐姐、妹妹，家庭，给了石元春非常重要的影响，是塑造他的世界观、人生观、价值观的基础，可以说是奠定他后来一生成功的基石。

三

石元春的父亲有两个情结：第一个是读书，因为他自己念的书比较少，所以就特别希望他的孩子们能够多读书；第二个是教会教育，父亲受过教会的影响和帮助，对教会的感情很深。因此，石元春兄妹四人均受到了良好的教育。

1937年是石元春应该上学的年龄，可是日军对武汉的攻占让石元春父亲无法再经营米店，举家搬到汉口法租界内。同在法租界内的时任商会会长的贺姓大企业家，也因自家孩子无学可上苦恼，决定在法租界内办一个小学，叫竟成小学，取有志者事竟成的意思。尽管这所学校类似于半官方半私塾的形式，但是要求非常严格，另外还特意请了高水平的教师来任教。那个特殊时期，算术主要是教加减乘除以及珠算，国文也没有正规的教材，主要讲授的是《孟子》和《古文观止》这样的古文。正是因为严格要求，名篇都要求背诵，时隔70多年后在访谈石元春时，对于很多内容他仍然张口能背，非常流利。

我们小学时开始背的就是《孟子》，第一句是"孟子见梁惠王。

王曰：叟不远千里而来，亦将有以利吾国乎？孟子对曰：王何必曰利？亦有仁义而已矣。"那时候已经提出"利"和"义"的问题。这是我们必须背的，而且背的时候还不能打磕巴儿，打一个磕巴儿手心就被柳条打一下，小孩背书也很紧张。那时只有八九岁。①

1943年9月，石元春考入汉口法租界里的私立法汉中学。法汉中学是一所法国天主教传教士开办的教会学校。法汉中学以"勤诚"为校训，对学生的学习抓得很紧，教师也认真负责，课堂纪律良好；教师批改了的作业本，须交教务处逐本检查登记，有缺必补。法汉中学的学生，家庭经济状况大多比较好，且都能刻苦学习。当时有一份《中学生》杂志，有一期载文评论武汉各中学的情况，提到法汉中学，说是"法汉的学生太用功了，有些像神父"。

法汉中学对学生要求很严格。虽然我觉得自己在学习方面还是比较听话的，但是我没想到，在全班55个学生里面，我能考到第六名。我还真是挺高兴的，这说明我小时候学得不错。②

1946年9月，石元春考上了武昌文华中学，开始高中阶段的学习。学校在武昌，从他的家汉口到武昌要坐轮船过去，中间隔着长江。两周放假回家一次，平时就住在学校里面。

我上学的高中是文华中学，在武汉地区是最好的。那是美国的基督教教会办的。入学是要考试的，我考上了。③

文华中学创办于140多年前，是中国最早引进西方办学理念的新式学校。学校办学方式多样，根据当时形势，创办了《文华学界》《文华季刊》

---

① 石元春访谈，2015年5月28日，北京。资料存于采集工程数据库。
② 石元春访谈，2015年6月17日，北京。存地同上。
③ 同①。

等杂志，成立了学生军，于1909年首创了第一支中国人演奏西洋铜管乐器的乐队，又于1912年首创了中国童子军，并迅速推广至全国各地。学校既有外籍教师，也有中国教师(包括留学欧美的)。学校采用多种教学方法，深受学生欢迎。石元春在文华中学受到了良好的教育，让他能同时拿到武汉大学和清华大学的录取通知书。传统文化的洗礼和日本侵华惨象，更是激发了他强烈的爱国热忱和责任担当。他的一生一直在努力践行"爱我国家、强我民族"的理想信念。

四

1949年10月上旬，石元春随最后一批"武汉大学生北上团"北上清华大学农学院求学。尽管他很遗憾没能亲眼看见"开国大典"，但是新中国培养的第一批大学生的烙印牢牢地刻在他的身上。"一代人有一代人的长征，一代人有一代人的担当。"在建成社会主义现代化强国，实现中华民族伟大复兴这场接力跑中，石元春与共和国同向而行整整70年，跑出了不错的成绩。

> 我在中华人民共和国成立那年入学，社会与政治环境空前绝后……教学计划与内容空前绝后……学习过程空前绝后……这样的大学经历，以前没有过，以后也不会再有，说"空前绝后"夸张吗？一点也不夸张。我的大学四年，是在革命意识极度高涨和激情燃烧岁月中度过的。[①]

1949年9月，清华大学农学院、北京大学农学院和华北大学农学院三院合并，成立北京农业大学。10月17日，石元春由清华园搬到罗道庄，成为北京农业大学成立后的第一批学生。随后，在卢沟桥农场进行具革命气息的"农耕劳作实习"，因干活主动积极，获得"拖拉机"美誉，但很快就被外号"石头"取代。伴随着抗美援朝、全国土地改革等系列大事，石元

---

① 石元春访谈，2015年6月17日，北京。资料存于采集工程数据库。

春度过了他的大学时代,毕业鉴定书上的评价是:"工作积极努力,工作能力很强,学习努力,成绩优良,适于技术工作。"[①]

可能是这个"适于技术工作",破灭了他去基层的理想。1953年石元春留校开始研究生学习,师从李连捷教授。导师的教育方式令石元春耳目一新,李连捷教授给予他的学生足够高的平台、足够宽的视野、足够厚的信任,将石元春引入土壤学与第四纪地质学。"听课要听最好老师的课""学术上要追求高起点和高要求"等老师当年的话语,仍回响在石元春的耳边,激励他奋进,让他受益终生。1956年,石元春硕士毕业后留校工作。恰逢国家清查自然资源,李连捷被任命为新疆综合考察队队长,石元春随导师开始了三年的新疆考察,由此开启了他一生的科学生涯。

自1957年初冬,石元春在新疆考察间隙返校,就受到了"双反"和"交心"运动的波及。随后,1959年在他结束新疆考察,期待以27岁的美好年华,大力发展事业之际,却被批为"白专典型"。"大跃进""整风运动""文化大革命"等政治运动接踵而至,北京农业大学随着政治运动沉浮,先搬迁陕西清泉沟,再回迁涿县(今涿州市),又复校办学,石元春与学校共命运,同频共振,只是一回首已届"不惑"。在那段动荡的年代,石元春挨过批斗,受过苦;完成了大婚,添了一双儿女,享受着甜;在清泉沟大难不死,玩过命;而在科学这条路上,一直都是追梦人,即使在"吃不饱,腿发软"的年代,仍取土测样,披星戴月,负重前行,做起"水盐运动"的科学梦来……

五

1973年5月,石元春因克山病由清泉沟回北京休养的时候,接到了一个足以影响他后半生的电话。这个电话是北京农业大学时任副校长沈其益打来的,是时为国务院业务领导小组成员的王观澜同志指示北京农大在邯郸地区选一个盐碱地改良的低产点,要他前去看看。这一看,就发生了之后的"十年曲周治碱",从"十年黄淮海科技攻关"到"十年校长",再到

---

① 石元春本科毕业鉴定书。石元春个人档案,存于中国农业大学档案馆。

"十年学术云游"以及十六年的"决胜生物质"。环环相扣，无缝链接，安排了后半生长达45年的科学生涯。

当沈副校长问他看得怎么样时，他只是淡淡地说了一句"应该来"。回校后，就联络了辛德惠、林培、雷浣群、毛达如、陶益寿、黄仁安等教师，于当年9月5日抵达盐碱最严重的曲周县张庄村，抱着"不治好碱就不走"的决心，打响了黄淮海平原治碱战役的第一枪。

1974年，通过布三阵，即"水阵""盐阵"和"农阵"；用奇兵，即调节地下水位，在村南400亩试验地上首战告捷。

> 试验区的张庄大队粮食总产由历史最高水平31万斤（1971年）增至60万斤，单产达到463斤。1970年以前，张庄大队平均每年需国家供应商品粮食约4万斤，1974年向国家交售商品粮食11万斤。皮棉也由单产20多斤提高到57斤。试验区的大街大队粮食总产也由历史最高水平的13万斤增至24万斤，单产450斤。这两个大队的粮食产量当年就翻了一番。[①]

尽管经历了自1975年以来不断发酵的"浅井风波"，但全体人员克服种种困难，推进工作，加强宣传，于1977年年底第一期工程结束时，实现了"一年初见成效，三年大见成效"的豪言壮语，更是让当地百姓切实受益，其总结的成功经验也于1979年年底获得国务院嘉奖。四年的一期工程，是辛苦栽种的一片"梧桐树"，在改革开放的春风中，迎来了一个又一个"金凤凰"："喜碰杯，两个500万""IFAD与WB争夺曲周项目"以及"全国高等农业院校教学、科研、推广三结合经验交流会""总理视察""北戴河休假""特等奖""双院士"等。

黄淮海项目由国家四部委主持，204个中央和地方科技单位，1141名科技人员参加，持续了近20年，是一个大型、综合和多学科的国家科技攻关项目，显著改变我国第一大平原和重要农区面貌，终止"南粮北运"

---

① 资料来源于1974年的技术总结报告，存于采集工程数据库。

历史，并由此产生的"黄淮海效应"对全国中低产地区治理和粮食生产的重大影响等，其成效被传为农业领域的"两弹一星"。

六

1985年石元春受任黄淮海科技攻关课题"六五"专家组组长时，被任命为北京农业大学副校长兼研究生院院长；1987年受任"七五"黄淮海科技攻关项目首席专家时，又被任命为北京农业大学校长，直至1995年北京农业大学与北京农业工程大学合并为中国农业大学。

这十年，石元春一直是"双肩挑"和"两头沉"的双线作战。石元春自喻为"草根校长"，自我调侃"曲周试验区23万亩，黄淮海平原综合治理的农田2亿亩，农大校园才千把亩，没什么了不起""不就是上了个'北京农大转型改革'的新项目吗？"在校长任上，通过一系列大刀阔斧的改革，借势助力结结实实的上任"三把火"，调研总结认认真真地构建新型农业大学框架，推行试点"校长负责制"，大力推进本科生培养模式、研究生教育、科学研究、服务社会功能、新型管理系统改革，实施以"五子登科""百博计划""推广教授"为重点的人才工程，大力倡导以"农民科技日""农大春晚""中国的第一支橄榄球队"为引领的校园文化建设，努力提升国际化水平，将原8系1院重组为8院29系74个专业方向的现代大学构建，获批进入"211工程"建设高校……

石元春是1949年北京农大成立时入学的首届毕业生，34年后任第9任校长，卸任后的北京农业大学成了历史，他也成了"末代校长"。在届满述职报告结尾，他提道：

> 在这个岗位上一晃8年了，不论干多干少、干好干差都已成过去，但是有两点我是敢说的，一是我在自己的岗位上是尽了心的，也尽了力的，从无懈怠；二是无愧坦然，即从未做违反法纪规章制度和道德准则的事，没有获取任何不应该得到的东西。

七

1995年，卸下校长与黄淮海项目两副重担，石元春想做一个无职务无项目的"自由人"，似僧人道士，居山修行数年后，可随心所欲地云游四方，访名士，参学悟道。如他所愿，作为国家科委"S-863"高技术计划软课题研究核心工作小组14位专家之一，他转向宏观战略研究，一直延续到"973""国家中长期科技发展规划"等科教战略工程。作为"211工程"的预审专家组组长，先后预审了5所大学，并结合战略研究进行"西部开发"的科技考察，为国家的科教战略发展贡献着自己的智慧和力量达10年之久，正值世纪之交，自喻为"世纪游学"。

在视野不断拓展中，1996年首次提出"当今正在兴起的新的农业科技革命是以生物技术和信息技术为主导的"论点。而在研究"S-863示范工程案例"的选题中，有一种意见认为，"高技术说的是技术，不是某个行业的技术。农业的主要高技术是生物技术，有了生物技术选题就不必设农业高技术选题了"。石元春舌战群儒，有理有据，最终得以认可。以当初选定的6个农业高技术重大项目为源起，经过几十年的发展，频频见于报端的有超级稻、抗虫棉、生物农药、基因工程疫苗、控释性专用复合肥、设施农业工程、全生物降解塑料、农业专家系统、农情监测预报……

另外，对他影响较大的还有计算机和信息技术，以65岁高龄开始学电脑和学做演示文稿（PPT），从此讲演道具也由"清唱"、幻灯机、投影仪进步到第四代的电脑-多媒体-PPT时代。自1998年6月第一次使用直到现在，所有讲演用的PPT都是自己制作，与讲演内容默契配合得"天衣无缝"。因此，他也获得了一项称心兵器，让他驰骋在建言献策的战场，还不时地向国家和相关部委领导人进行汇报，比如当他考察"退耕还林"后，提出"重视发挥生态自我修复功能"出现在了《政府工作报告》中。

导言 9

八

2003年，石元春受邀担任"国家中长期科技发展战略"农业专项组组长。当一直在琢磨"中国农业的出路在哪，中国农民为什么这么穷"的他，发现"生物质能源和生物基产品"后，感觉像在茫茫大海航行中看见了远远的一片陆地。如果说农产品加工是将现成的一节车厢，从工业列车换挂到农业列车上的话，而"生物质能源和生物基产品"则是农业自产的一列新型、高速和大马力的绿色列车。时年73岁的石元春，痴迷于此而不能自拔。尽管他刚做完癌症手术，尽管他借助"云游"的显著成效可以继续做专家，但还是决定再披挂，又上阵，"决胜生物质"16年。

2004年，尽管"农林生物质工程"未能入选"国家中长期科技发展规划"的重大专项，但因为参与竞争而走进了国家最高层领导视野。次年，石元春上半年主导的"五次大亮相"，全年在全国讲演了15场，让"生物质"获得了社会各阶层的关注。通过"四院士建议"，向国家喊出了"种出一个大庆"，直至我国生物质产业在国家层面上全面启动。2006年6月，北京召开了"全国生物质能开发利用工作会议"；2007年国务院发布了《可再生能源中长期发展规划》，生物质能位居榜首。中国生物质事业可谓顺风顺水，茁壮成长。

2008年，年初"世界粮食风暴"，年尾"全球金融海啸"；2009年"风电三峡"和生物质能被边缘化；2011年策划"惊蛰崛起"；2012年成立中国生物质专业委员会；2013年雾霾爆发与生物质固体燃料临危受命；2014年生物质液体燃料柳暗花明；2016年的农业面源污染治理的国家需求与生物天然气喷薄而出；2017年成立中国生物质能联盟……所有这些，石元春四处奔走呐喊，孕育呵护着生物质事业在中国由寂寥荒凉的原野到绿意盎然的花园，由小菜一碟到国之重器，已经成长为能够自立的棒小伙。"功成不必在我，功成必定有我"，随着阵阵的回忆来袭，他似乎觉得应该为这个16岁小伙以后的发展谋划点什么，比如理论性基础建设再夯实一些，生物质工程能够屹立在国家战略层面，生物质工程的学科建设与人才培养等。石元春坐在书桌前，轻问："白发无凭吾老矣，青春不再汝知乎？"

九

2014年7月，通过老科学家学术成长资料采集工程遴选，"石元春学术成长资料采集"项目获得立项。采集小组负责人是张海涛，负责项目整体实施；主要成员张远帆，负责外围资料采集、研究报告、书稿等相关工作；王崧以石元春助手的身份进入采集小组，负责资料的采集、整理和口述访谈录制等。在项目实施过程中，得到了项目管理办公室和很多老师的帮助，才得以顺利结题。采集工程首席专家张藜老师对项目情况了如指掌，及时予以指导，为了拓展"老科学家学术成长资料采集工程丛书"系列，结合我们小组的实际，尤其是先生良好的身体状态和优秀的文字功底，她建议可以考虑请先生写自传，随着本书进展及时提出了很多很好的建议。2015年10月，《石元春文集》全五卷中的最后两卷出版后，先生投身到自传写作中，因身体、其他工作等多方面原因，到2019年5月6日完稿，每个字、每张插图都由先生亲自完成。85岁的院士能够动笔完成自传，实属珍贵。

本书资料的来源主要有三。一是源于先生平时的积累。无论是黄淮海，还是校长十年，再到之后的宏观战略和生物质，在那些岁月中所使用的资料，绝大部分都由先生自己完成，储备了丰厚的资料。二是在这次采集期间对先生的访谈，经过整理后，供他调用。三是结合采集工程所得的大量成果，相关历史资料，梳理的一些佐证材料、图片等，供他参考。关于本书写作，在丛书系列中开辟了有别于他转、自述之外的新文本——自传；在叙述方式上选用了报告文学的方式；在行文中，采用了精心编辑的组图，与文字呼应，相得益彰；在内容上，尽可能突出细节，在宏观背景下讲述先生的故事。在与先生讨论文稿时，他每每提到这些形式的变化可能会给读者造成阅读上的不习惯，令他感到不安。

因采集工程的缘分，我们得以与先生有过很多次的沟通和交流，除了钦佩先生的风范、谦虚、认真、细致之外，更是感受到了他"一团火"的工作热情，就像游泳健将听令入水后，奋力前行；又如皮球被拍之后，反弹更足。先生一心为了事业，心不设防，心直口快，难免会有些不愉快事。现在回忆起来，他将这些都融入了岁月长河，始终怀着善良中正的心，爱国爱校爱家，感谢伟大的时代，凭着平平天资、尚可的性格、勤奋有加和机缘眷顾，感恩社会，回报社会，为这个社会做了一些事，尽了一个时运较好的知识分子的力量。

当你打开这本书的时候，一定会感受到一位与新中国共成长 70 年的谦谦君子，将追求真善美，追求尊道、崇德、精业的故事，向你娓娓道来。

石元春学术成长资料采集小组　张远帆
2019 年仲夏

第一章
感恩父母

人的一生，有两件事是自己不能选择的，一是父母，二是出生时间。父母决定你的人生起点，出生时间决定你所处的生活时代。

我相信"性相近，习相远。苟不教，性乃迁"。人的基础品性的"相近"，会因后天影响而有所"迁"。人的一辈子都在被影响中，影响大者，在幼年、在父母、在家庭和早期教育。我想从父母、家庭和早期教育中寻求自己基础品性的形成；想从自己基础品性的形成中感恩父母，不仅感恩生我养我，更在教我。

我的父母，我的家

清末江西出现难民潮。在流向湖北武汉的一支难民队伍里，有一青年妇女带着一个六岁男童，他们是我的先祖母和先父。

当时武汉市接受难民的有民间慈善机构和教会，先祖母带着父亲投奔了教会。教会深深地影响了父亲和我们一家。

祖母在教会办的一所小学帮人洗衣作佣，后与该校一石姓看门打铃的校工结婚，父亲石燧平也得以在此小学念书。祖母再婚后生得一女，因家境困难，父亲小学未毕业即离家当学徒。由于为人忠厚、工作勤勉，后自立做起生意，由小到大，家境也渐渐好了起来。父亲喜读中医中药和《麻衣神相》，写得一手好字。娶妻罗氏，未有生育，收养子元福。罗氏去世时，父亲正值壮年，事业兴盛。好友徐兰斋，南京人士，将其妹介绍予父亲续弦，即我母亲徐氏淑媛。

母亲出生于南京一世家，兄弟姊妹九人，大舅父曾留学日本，母亲排行第九，昵称"九妹"。母亲端庄贤淑，知书达理，相夫教子，婚后得一女，名元宁，两年后得一子，名柏青。姐弟幼时，同时感染麻疹，姐愈而弟夭折，于是有"女好养，男不好养"之说。次年又得一子，生日正值春节，取女性名元春，送道庵，拜一道姑为师，左耳佩戴耳坠，皆为"好养"。母亲后又生二女，元俊与元纯。

父亲在武汉市府东一路（现友谊路）开了一家"大有机器米厂"，另在汉口法租界设一分销店，大姐和我出生在汉口汉正街家里。父亲因自幼家境贫困，多受教会接济，故一生乐于行善助人，谨慎谦和。常挂在嘴边的一句话是："做人要行善积德，钱有来有去；不必在意。"幼时，我从未听父亲呵斥过伙计和佣人，每逢初一和十五就加菜加肉。汉口夏天很热，米店外放两口大缸，为路人施茶和发放可以消暑的"救济水"。凡近春节，父亲常亲自晚上给露宿街头的穷人发放米票，每张米票可到米店免费领米二升。

尽管父亲续弦后有我姊妹四人，仍视养子元福为己出。我刚记事，逢大哥元福大婚，张灯结彩，摆席数十桌。新房宽敞明亮，喜床铺盖，绫罗绸缎，床上撒满花生、莲子和红枣。我正要伸手去拿，一旁的表兄楚裕打了我的小手："现在不能吃！"随手把我抱起扔在了床上，要我打滚儿，说男孩在床上打滚儿，新娘头胎一定生男孩。这是我最早的记事。

三天后新嫂嫂下厨，我跟在她身旁。煎豆腐时油溅到她手上，"啊呀"地叫了一声。马上弯下腰对我说："元春，不要告诉爸爸妈妈，好吗？"我点了点头，始终坚守着这个承诺。

父亲喜交友，仗义疏财，常宾客盈门，人称"石大哥"。父亲老派，

图 1-1　先父母照（上）；元宁、元春、元俊和元纯四姊妹照（下左，右起）；元春六岁照（下右）

也颇新潮，喜听留声机和吃西餐。抗战胜利后，父亲在法租界宝华里1号买下一处被炸房地基，请人专门设计，建了一栋半西式三层楼小洋房。祖母、父母与我们姊妹四人，长兄长嫂和五个侄儿女，全家14口住在一起，其乐融融，这是父亲事业鼎盛的时候。

好景不长，武汉解放前后，为解亲朋之困，父亲陆续将这座小洋楼及仅有的几处地产变卖相助。姑夫钱庄倒闭，父亲为他变卖房产还债时，提出的条件是必须先还穷人家的钱，因为穷人是要靠这点钱过生活的。新中国成立后，父亲家产几乎散尽，自家生活捉襟见肘，加以罹病在身，家计

第一章　感恩父母　　15

拮据。

父亲对我们常说的另一句话是:"我小时候家里穷,没念多少书。你们姊妹四个条件好,我一定让你们都能念上大学",这几乎成为父亲后半生最大心愿。我们姊妹四人上的都是武汉市最好的私立教会中学,学费比公立学校贵很多。那时,让四个孩子同时都念教会中学确非易事。抗战胜利前后,家境渐不如前,每到开学前父母就为四人学费发愁。仅我一人住校高中,一学期就要交50块大洋。一天晚上,我听到父母在房间里低声商量,母亲说:"钱没筹够怎么办?"父亲说:"去借。"那时物价飞涨,法币严重贬值,能借到的只有"高利贷"。借高利贷也要保子女上私立教会中学,真是可怜天下父母心。

父母对我们姊妹四人疼爱有加,也管教甚严。爸妈和四个孩子围在一张方桌吃饭,吃饭时不许说话,常教导我们:"行不言,食不语,吃饭说话无规矩"。夹菜就夹自己面前的菜,不能跨盘子跨碗地到对面夹菜,好菜都是爸妈夹到孩子碗里的,这也是规矩。武汉一般家庭早上不生炉子,早餐在外面买。母亲头天晚上把四份早餐钱压在一个大盘子下,一分也不多给。到我上高中住校时的零花钱也很少,我虽是独子,从不专宠。不浪费,不乱花钱,这是父亲订下的一条严格家规。

我为独子,也吃过些许"偏饭"。记得上初中时,父亲带我到他与朋友合开的肥皂厂办事,去收租中介处办事,似乎有意让我了解他的经商情况。父亲50多岁即疾病缠身,我搀扶他上街时,步履艰难,走走停停。此时家境与健康已渐窘迫,父亲多么需要我为他分担啊,但总是提醒我:"元春啊!家里的事你什么也不要想,不要管,一心把你的书读好。"父亲艰难地独挑家庭重担,让我心无旁骛地"念书上大学",这是他最大的指望啊!

我从未有过父母吵架不和的记忆,回想我们姊妹四人,以及和哥嫂间也未红过一次脸、说过一次重话。姊妹间总是互相关心爱护,谦谦君子一般,各自成家后仍是如此。1962年我和韵珠有了儿子石平,不会带,工作忙。北京入冬后,半岁多的孩子,感冒咳嗽发烧到"翻白眼"程度,我们害怕了,立即打电话给在南宁当医生的二妹元俊。当时她的孩子也才一岁多，工作忙，家里也有很多困难，但在电话里她反复说的话是："赶紧把孩子送来！赶紧把孩子送来！"

"文化大革命"期间，北京农业大学搬迁延安，地方病严重威胁着孩子，学校同意送孩子投亲靠友，脱离病区。当时武汉大姐家有三个上小学和初中的孩子，当我给她打电话商量送孩子事，大姐在电话里也是二话没说："赶紧把孩子送到我这里来。"我送去时石平刚上小学，石琼上幼儿园，在武汉姑姑家一待就是四五年。

血浓于水，亲情无限。

行善积德，家教严明，鼓励读书，相爱温馨的家庭环境，如沃土雨露，滋润着与人为善、和睦相处的性情。

幸 福 童 年

父亲的机器米厂总店开在汉口府右街，分销店在法租界。在我开始记事的印象中，与父母在总店的时间少，与祖母住分销店的时间多。分销店开在法租界最热闹的地段，即武汉最大的火车站，大智门火车站所在的"车站路"上。商店林立，旅馆接踵，美食绝伦，特别是那耀眼的"汉口大舞台"，热闹至极，全国著名的京剧戏班子都会轮流到这里演出。分销米店就紧邻"汉口大舞台"。

"大舞台"每散场前的半个多小时，检票员就撤了，米店的伙计就将我扛在肩上去看"白戏"。至今我喜欢听京戏和能哼上几句正是那时候培养起来的，还从京剧里知道不少历史故事与知识。

祖母对我疼爱有加，照顾我的衣食住行和玩耍。我五六岁就陪祖母打二人麻将，大姐来了就打三人麻将，算来我有80多年牌龄了。武汉冬天很冷，祖母说男孩阳气重，让我给她"焐脚"暖被窝，这是一种特殊的疼爱方式。

母亲十分重视我们的学前教育，从小就教我认"字块"。就是一张张一寸半见方的小纸片，一面是图，一面是字，叫认图识字。开始时，母亲许诺认会了100个字就做狮子头吃，认会了500个字就买玩具手枪。有时和我大姐"认字玩"，用字片组词，如"上学""看戏""踢球"等。就这样，上小学前我就认识了几百上千字。

武汉沦陷后，法租界小学不足，武汉市商会会长贺衡夫[①]先生的长子贺允年，在巷子里的一座较大民居，为商界同仁子女办了一所小学，叫竟成小学，有高、中、低三个班，学生二三十人。这里像私塾，又像国民小学，国文是主课，也有"自然"和"美术"。大姐元宁在高班，我在低班。

教"国文"的郑老师是一位留八字胡的晚清秀才，低班和中班学《孟子》，高班选读《古文观止》。郑老师个头不高，穿一身长袍马褂，上课时左手拿课本，右手执教鞭，从未见过他的笑脸。当时国文都是要背诵的，老师点到谁，谁就站起来背诵。打一个磕巴就敲一下手心，背完后，打过几个磕巴就敲几下手心，我有过几次这种"宝贵经历"。

我倒是觉得背诵经典课文是个非常好的经验，至今我能用上一句半句的古文与诗词，皆拜小学背诵《孟子》，以后背诵《古文观止》和《唐诗三百首》等经典课文所赐。"舟摇摇以轻扬，风飘飘而吹衣""天地有正气，杂然赋流形"，这些经典名句我现在还是张口就来，终生不忘。

初中是在法租界法国天主教教会办的法汉中学[②]念的，离家不远，是当时武汉市最好的中学之一。教会学校管教很严，见到老师要鞠躬，要求"站有站相，坐有坐相，走有走相"。课堂发言必须举手，课外两手不许插在裤兜里。一个班有二三十名学生，管我们班的班主任是张修士。春夏秋冬他穿的都是盖过鞋面的黑色长袍，胸前有一白色胶板，项上的"十字架"就垂放在白胶板前，形象端庄严肃。

---

① 贺衡夫（1888-1968）：原名良铨，汉阳黄陵人。早年在汉口创办衡昌油盐店、衡昌油行。1931年任汉口总商会主席，后历任中华大学校董、重庆庆华颜料公司董事长。新中国成立后任武汉市工商联主任。

② 据徐明庭《民初汉口竹枝词新注》第九十八首之注①（载《武汉春秋》1996年第2期）及《法汉学校五十周年纪念特刊·法汉学校小史》记载：1898年，由法商比商控制的卢汉铁路局，在汉口开办了卢汉学堂，以培养该铁路所需人才；1902年，卢汉铁路局和法国驻汉口领事馆立约，将学校改为法文专门学校。1937年，学校决定改组成立了校董会，年末呈请正式改名私立汉口法汉中学（普通男中）。1938年年初获准立案。

他中等身材，清瘦，双目有神，善言，训起学生来让人心服口服。他还有一手绝活，就是上课时手上总掐捏着一小截粉笔头，若哪个学生听课走神或有小动作，粉笔头马上就会飞砸在身上，从不失手。凡张修士上课，课堂秩序总是极好。法汉中学的课程除了国文与算术，还有自然、常识、法文和体育等，是法国天主教会办的正规初中教育。

初中时我喜欢打乒乓球，球台少，学生多，要靠下课后"占台子"。上午和下午放学后都是宝贵的打球时间，如果玩晚了，母亲就会找到学校来，回家罚写字或下午不许出去玩。一次自知晚了，拔腿往家里跑，不料小雨路滑，摔了个"大马趴"。站起身一摸，门牙被磕碎了半截。母亲心疼坏了，一面热敷上医院，一面嘱咐我说："以后我不去学校找你了，球打晚了回家也不要跑，不罚你就是了。"儿子是妈的心头肉。

1944年，初二开学不久，因武汉大轰炸而学校停课，我们全家迁到武汉乡下"躲轰炸"。这天早晨，全家人带着细软，乘车到汉阳马沧湖的一个码头登上木船，两个船工划了三个多小时才登岸，住在姚家岭的车湾。从此开始近一年的乡下生活。

江汉平原湖多、水多、水草多，水草是农村的主要燃料。晒干后的水草堆在院子的草棚下，一人手持用粗藤条弯成弓形，后面带有一个能够转动的把手器具；另一人坐在草堆旁，将草捋成碗口粗的草把，挂在弓形器上，随着弓形器手柄的转动，草把就如绳索般地被拧紧。坐在下面的人不断续草，可以拧到一两米长，然后弯结成一个8字形的粗大草麻花，叫"把子"，放在灶膛里很好烧，上火很快。我喜欢干这种活计，十三四岁的小伙子，也该帮家里干点活了。我更喜欢在湖水退去后，光着脚，拿着脸盆和布兜，在一汪一汪的浅水洼里摸小鱼小虾。拿回家给母亲腌制，特别好吃下饭。

最不能忘的是农村过年。一进腊月，过年气氛就上来了。腊八开始，家家轮流宰猪、腌肉、做灌肠、磨"吊浆"、打糍粑、蒸年糕、摊豆丝，准备各种吃食；买年画，写春联，贴窗花，掸拂尘，以及腊月廿三摆寸金糖，送灶王爷上天等。孩子们最盼的是除夕夜放鞭炮、磕头拿红包、吃团年饭守岁；过大年时的拜年、串门、看大戏等，比城里过年热闹多了。

我和姊妹们边玩耍边帮家里做点事,但是对学校布置的作业,母亲监督得很紧。有时白天玩得太累,晚上还要在小油灯下做作业,常常是做着做着,歪在床上就睡着了。乡下没有城市的繁华和喧嚣,也没有警报声和烦人的战事消息。尽管是战争时期,好在是"少年不识愁滋味",躲轰炸的农村生活,倒给我留下了"茅檐低小,溪上青青草"的田园生活记忆。可惜那时太小,尚无"采菊东篱下,悠然见南山"的意境。

1945年日本投降,全家由乡下回汉口不久,法汉中学秋季也要开学了。报到时我交上了老师半年前布置的作业,负责报到的老师仔细看了后说:"你就上初三吧"。回家告诉父母和大姐,他们都很高兴,说我"跳班"了。其实是,三步并成两步走,影响了我初中的学习根底。初三这一年,我还真是扎扎实实地念了一年书。

非常感谢我校人事处副处长张远帆同志,他为了我的"采集工程",2014年夏到武汉我的旧居和曾就读的两所中学收集到丰富资料,还与家姐元宁访谈三个多小时,整理编写了近两万字的材料。远帆同志在前汉口法汉中学"采集"时,居然找到了我68年前的初三毕业成绩单[1]。成绩是:公民85分、国文78分、作文80分、英语90分、代数80分、几何82分、三角84、物理60分、历史94分、地理97分、劳作80分、图画75分、音乐75分、体育80分,平均81.4分,全班55人中排第6名。这是我完全没有想到的,其实,一个小男孩,对考第几名会全不在意,在意的是及格和不及格。

失之桑榆收之东隅。初二没正规上学,却有较多时间看"闲书"。《精忠岳传》《西游记》《三国演义》《水浒传》《七侠五义》等看了不少,心中留了许多英雄偶像,诸葛亮、关云长、岳飞、武松等。英雄主义对小男孩是必须的,但是也埋下了"祸根",新中国成立后的知识分子思想改造运动中,我可没少检讨我的个人英雄主义思想。

另外,从表兄和大姐那里也能看到《三字经》《朱子家训》《增广贤

---

[1] 现存于武汉市档案馆。

图1-2　前法汉中学所在地的现状（左）和我初三的成绩报表（张远帆摄于2014年）

文》《二十四孝》《列女传》等。什么"礼义廉耻，国之四维，四维不张，国乃灭亡""人皆有恻隐之心""老吾老，以及人之老。幼吾幼，以及人之幼""百善孝为先""善有善报，恶有恶报"之类的概念满脑子都是。母亲给我讲故事，我总是会问："他是好人，还是坏人？"回想起来，我幼时自觉和不自觉地深受儒家思想和中华传统文化影响，对我人生观的形成作用很大。

受伤的幼小心灵

我出生在九一八事变的1931年，上小学是七七事变的1937年，似乎上天有意在我童年记忆中埋下"仇日"种子。

刚记事，大表兄楚裕带我去逛街看电影。夜武汉，灯火辉煌，繁华非常。记得在一家电影院门前有个很大的、霓虹灯闪烁的电影广告，一位军士雄浑威武地举着一把大刀，扩音器里播放着《大刀进行曲》。当时正是"保卫大武汉"的高潮。

大刀向鬼子们的头上砍去，二十九军的弟兄们，抗战的一天来到了！抗战的一天来到了！前面有东北的义勇军，后面有全国的老百姓。咱们二十九军不是孤军，看准那敌人，把他消灭！把他消灭！冲啊！大刀向鬼子们的头上砍去！杀！

一 儒 石元春自传

图1-3 《大刀进行曲》的作者麦新

广告和歌词震撼了我的幼小心灵,想不到我儿时的第一个记忆竟是如此惨烈与悲壮。

武汉是1937年10月沦陷的。武汉沦陷前,父亲关张了府右街米店,部分转移到法租界米店,一家人住在了一起。租界与外面的日占区是隔离的,米店旁的"新成里"(胡同)就被封锁截成两段,里面是法租界,外面是日占区。日占区有日本兵巡逻和为非作歹,听大人讲了一些非常可怕的事。法租界见不到日本兵,治安由法国"巡捕房"管,一切好像是按部就班。

武汉市沿长江而建,武汉人习惯依长江上下游论区位,叫"上头"或"下头",不像北京按东南西北。法租界"下头"不远是日租界,住着一些日本侨民,少数日本侨民也住到了法租界。小学一二年级的时候,我们班有个王姓同学,比一般同学高出半个头,强健体壮,能打架,他曾多次带着我们偷袭日本小孩。日本小孩上学都是三三两两结伴而行。王姓同学先踩好点,躲在胡同口,我们给他望风报信。等日本小孩刚走过胡同口,他就冲到背后,一个"扫堂腿",把日本小孩打趴下就跑。后来日本小孩就不再是三三两两,而是成群结队,最后面是个大个子小孩,我们也就无法"下腿"了。

在法汉中学念初中,起先没有日文课,后来才有。教课老师姓张,30岁上下,很帅,还写得一手漂亮板书。可惜教的是日文,否则学生一定会喜欢他。上其他课,课堂都很安静守规矩,上日文课却常有动静,一些学生存心搞小动作捣乱。学生在课堂外见到老师都要鞠躬,唯独对日文老师无人鞠躬。张老师也是心里有数,很少计较,低头少语,因为这是法租界。仇日情绪在很多细枝末节处都能表现出来。

1941年太平洋战争爆发后，美军开始轰炸日本的一些军事要地，1942年6月第一次轰炸武汉；1944年6月16日，100架美机轰炸武昌；1944年12月18日，200多架美机轮番轰炸武汉，从汉口一元路至五马路、从江边区至铁路线一带，一片火海。这一天是中午吃饭时间，警报声使全家人来不及吃完饭就躲到了隔壁汉口大舞台戏园子里。那时汉口市区的房屋都是砖瓦结构，一震就垮，戏园子是钢筋水泥的，离我家又近，成为附近居民的防空洞。这天下午3点多才解除警报。听说日租界炸得最厉害，晚上还能看到红红火光。

　　转眼，全家到乡下"躲轰炸"半年多了。1945年初秋的一天，我从外面回到家里，家里人个个喜笑颜开，乐不自禁。原来是表兄楚裕刚由汉口回乡，带来了日本投降的大好消息。看到这时的父母脸上，除了喜悦，好像是长长地舒了一大口气，"总算熬到头了！"这一大家人的担子都压在父亲一人肩上，他的压力实在太大了。

　　经过一番准备，全家人终于登程返汉了。

　　这天下午，由汉口集家咀码头上岸，我们一家人都站在街头等行李。街上人来人往，还有一些撤退的日本兵在往卡车上搬东西。街上有人向日本军车上扔脏物，指着鼻子骂他们出气。车上一日兵竟然恐吓性地向地面开枪，不料子弹从地面弹起，击中了我身边大姐腿部。街人闻枪声一阵慌乱，大姐惊恐，脸色刷白。父亲立即叫随行的表兄楚裕雇来一辆人力车将大姐送到附近医院救治。那时我真恨不得上去咬死那个日本兵，投降的鬼子还如此猖狂，太可恨了。

　　我喜欢历史课，喜欢五千年辉煌的中国历史与优美的中华文化，为此而感到兴奋与自豪。但读到鸦片战争和甲午海战；中英《南京条约》和中美《望厦条约》；中法《黄埔条约》和中日《马关条约》，还有《北京条约》《天津条约》《辛丑条约》等不平等条约，以及"巴黎和会"和"雅尔塔协定"时，总像是一阵子又一阵子地抽在中国人身上的鞭子，总是有一腔压抑不住的愤怒。仇日仇外，自卑自艾，复杂地交织在我幼年的心里，总想着"我们国家何时才能强大起来，像汉唐时代那样？"

　　在我美好的幼年记忆中，抗日战争留下了一个重重的创口。事物都

第一章　感恩父母　　23

有两面性，在我们30后这一代人的思想上都会重重地刻画上祖国、同胞、受辱、强大这些民族意识的烙印。一代人有一代人的时代烙印，就像90后一代人的"振兴中华"时代烙印一样。

我的高中生活

法汉中学没有高中部，去哪里上高中？离我们家不远就有市立高中，学费还低，可父亲坚持要把我送到武汉市最好的教会办中学去念高中，那当然是武昌文华中学了！从汉口到武昌要坐轮渡过长江，母亲不无担心地说："到武昌上学还要坐船，谁去送他？"父亲说："元春大了，他自己可以去上学。"从此，开始了我高中三年的住读生活，这是我第一次离家，离开父母，我开始长大了，一个16岁的大小伙子了！

70年后回头看，高中确是人生的一个重要驿站。文华中学在精神和智力上给了我一个高的起点，给我搭好了一个以后能上清华的台阶。太佩服和感谢父亲的眼界和重大决策了。

武昌文华中学是美国基督教会于1871年创办的一所男生寄宿学校，取名"文华书院"，比美国基督教在北京办的燕京大学还早48年。"文华书院"1903年增设大学部，1924年起名"华中大学"，中学部改名"武昌文华高级中学"，二校同在昙华林校园，之间没有隔墙，如同一校。

文华中学是中国最早引进西方先进办学理念的新式学校，不仅教学质量好，校园文化也是一流。在全国最早成立铜管乐队（1909年）；最早创办校刊《文华学界》（1911年）；最早建立"中国童子军"（1912年）；最早设立公共图书馆（1921年）；最早实行的可以为校外民众服务校医院；最早引进田径、棒球、壁球、足球等西方体育活动项目，并于1901年在文华中学操场举行湖北省第一届校际运动会。

"热爱祖国，服务社会"始终是文华中学秉承的教育思想和优良传统。1911年10月辛亥革命，文华中学余日章校长组织学生成立"红十字会"，自任总干事，参加武昌起义。日军侵华，武汉沦陷前夕，李辉祖校长[①]率文华中学和姊妹学校希理达女中等500余人南下云南、广西、贵州等地办学。一所中学，与西南联大一样，大义凛然，5次迁徙，8年流亡。无人不知抗日战争时期的"西南联大"，又有几人知道"西南文华"。

抗战胜利后，1946年春迁回武昌县华林原校址办学，我就是这年秋季入学的。入学时，学校宿舍还在整修，一百多个新生暂在体育馆的木地板上打地铺，入冬后才搬进宿舍。一间宿舍约30人，一人一张木板床，这么多的大男孩住在一起，特别热闹。宿舍就在木结构教学楼二楼拐角的一间房子里（图1-5左）。

学校对学生管理极严，随着清晨响亮的起床号声，起床洗漱、出操朝读、早餐上课、午餐午睡，以及下午两节课和课后自由活动，晚7点到9点晚自习，9点40吹熄灯号，10点熄灯睡觉，每天如此，像个军营。

图1-4 武昌文华中学旧址校门（上）；李辉祖校长塑像（下左）和多玛堂照片（下右）
（张远帆提供）

[①] 李辉祖（1898—1979年），湖北云梦人，美国哈佛大学教育学硕士，曾任文华中学第十二任校长。他治学严谨、治校有方，毕生献身于中学教育事业，深得党的信任和全体师生的爱戴。

每两周放假回家一次，周日晚自习前必须返校。非放假时间，学生不得走出校门一步，违者记大过一次。有事出校，必须有请假条和"训导处"的批准。

由于文华中学学生的家庭背景和学生素质较高，这么多不大不小的男孩聚在一起，三年没有一次打架记忆。文华校风极佳在武汉有口皆碑，可能正是父亲坚持要我上文华中学念书的重要原因。

从法租界家里走到江汉关码头约半个小时，乘半个多小时的轮渡过江，到武昌汉阳门码头上岸，再走半个多小时就到了昙华林文华中学。那时没有公交车，全靠走路。步行的好处是能领略城市风光。当时有一道亮丽风景线，是专卖战时美军用的大桶奶粉、巧克力、压缩饼干，以及军靴、军夹克、小折刀等的地摊，据说是"战后国际救济总署"发下来的物资。不打仗了，"马放南山"，连汉口-武昌间的轮渡也是美军登陆艇。我常买些奶粉、巧克力和压缩饼干带到宿舍与同学共享。

文华中学数理化的高质量，在武汉市中学里是出了名的。代数、几何、三角，一年念一门，化学是新开的课。教物理课的吴老师是武汉市的名师，高高个子，白净脸庞，一副金丝眼镜，不苟言笑，他的课讲得真好，听说他把大学物理的一些内容也"夹带"进来了。我因初中数理基础打得不牢，在高中班上学习成绩仅居中上水平，对成绩稳居前列的几个同学特别羡慕和崇拜。

文华中学的强项是英语教学，这也是我的短板，因为初中学的是法语和日语，所以念高中时英语课下的功夫最多。高一英语课教学强调语法和

图 1-5 文华中学木结构教学楼（左，张远帆摄于 2014 年）和做礼拜的圣诞堂

朗读背诵，美国独立战争期间著名演说家 Patrick Henry 的一篇讲演 *Liberty or Death* 让我背得好苦。朝读和课外活动时间我常躲在圣诞堂后面僻静处高声朗读背诵，有时躲在锅炉房灯下"开夜车"。勤能补拙，我在课堂背诵时的那种流畅，使我自鸣得意了好几天。

高二英语老师叫黄巨兴[①]，30 岁左右，帅气随和，一口流利好听的英语。黄老师的教学法很活，除了讲解经典课文外，在上课时间也组织学生英语对话和举办英语讲演。记得一位林姓同学做的是一篇"盘尼西林"的英语广告，惹得全堂大笑，黄老师一个劲地夸他。

高三英语老师是 Willson，30 多岁的一个美国人，皮肤白净，黄发碧眼，慢声慢气，温文尔雅，一句中文不会说。他不可能像前面两位中国老师那样讲语法和解读经典课文，却发挥了他的独特优势，在朗读中专注于纠正我们的发音和语调。为了提高学生听力和会话能力，他在住处的小客厅里，放一圈沙发和椅子，一周两次，每次十多个学生在一起聊天、讲故事、玩游戏、喝咖啡。灯光暗暗的，很温馨。

历史与地理课是我喜欢的。伦理课也很喜欢，讲人与人、人与社会相互关系和应遵循的道德准则、道德现象的哲学内涵；讲人的情感、意志、人生观和价值观。讲课的王老师是老师中是最年长的一位，50 多岁，很深沉，说话讲课慢条斯理，从 17 世纪的休谟、笛卡尔、斯宾诺莎和 18 世纪的伏尔泰、康德、黑格尔，到 19 世纪的赫胥黎、叔本华、尼采以及 20 世纪的胡塞尔和杜威等都讲到了。当然，更多的是讲中国历史上的"三纲五常""天地君亲师""忠孝悌忠信"以及现代的婚姻与家庭等。这些对一些十几岁的小男孩太艰涩和抽象了，但我听着还是很有意思。

音乐课是在圣诞堂一侧的音乐教室里上的，放着一架钢琴和几件乐器。老师教一些简单的乐理知识，自己抚琴教唱。令人尴尬的是，每个同学都会有一次站在钢琴旁，跟着老师的琴声唱教过的歌曲。我自小五音不

[①] 根据从文华中学采集的"黄巨兴回忆录"记载，黄于 1936 年从文华中学考入华中大学英语系，1941 年大学毕业后回文华中学任教。1944 年受聘西南联大任助教，曾任梅贻琦校长秘书，1948 年赴美深造，1950 年回国，参与《毛泽东选集》翻译出版工作。1954 年调入历史研究所，直至 1985 年退休。

全，经常走板跑调，每次都是低着头上去，红着脸下来。

我个子不高，体质单薄，却喜欢体育课。单双杠、篮球、乒乓球、棒球等样样喜欢，可惜样样稀松，运动会从未得过名次；喜欢游泳，但蛙泳不会换气，只能游一二十米；是班级篮球队队员，练球时上场，比赛时只有送开水的份儿。此外，我对话剧也很热心，专司拉幕和搬道具。以上种种表现，说明我只是个父母娇养下，一无所长，能耐不大，却能听话念书的"乖乖仔"而已。

文华是教会学校，但从不向学生宣传教义；学校有教堂，但从不劝同学做礼拜。出于好奇心，我多次趁不回家的周日到教堂做礼拜。一排排的木质长椅，听布道时坐着，祷告时顺势跪在前面的木台上，还有放圣经的地方。做礼拜先是唱诗班唱诗，然后祷告和听牧师布道，即选讲一段圣经，内容都是劝人信神和为善的。从进到教堂，做礼拜，到走出教堂的全过程，沉浸在一种安静平和、肃穆庄严的气氛里，没有人说话，连咳嗽也把声音压到最低。不论你信不信教、信不信神，你的心灵在此刻都会受到洗涤和净化。难怪有人愿意到教堂举行婚礼，因为在这种气氛下，你说的每一句话都会牢记终生。

三年的圣诞节都是在学校过的。匆匆吃完晚饭就往圣诞堂里跑，站在后面或过道，去晚了，只能站在窗外。和中国人在家里过春节不一样，这是在最有感染力的教堂里举行的一种集体的宗教礼仪盛典，赞美诗歌声和风琴声绕梁不息。典礼结束后，每人都可以到教堂周围的树丛和叽里旮旯儿里寻找到自己的一份礼物，说这是圣诞老人送的。

我不信教，但我喜欢做礼拜的氛围；喜欢听"美哉小城小伯利恒，你是何等安静"的唱诗班歌声；喜欢大家都能为善。在我以后当大学校长和国外出访时，有机会就去参观如德国的科隆大教堂、美国康奈尔等大学的教堂。在我看来，宗教是一种文化，一种能洞察人心灵、劝人为善的文化。我接触到的基督教徒和信众都是有信仰、有教义规范、品德高尚、行为端正的人。我不信教，但是我尊重宗教，敬重信教的人。

文华中学与华中大学是同一个教会办的，同在一个校园的大学部和高中部，这里的中学生也能感受大学的气息。华中大学每学期都会举办音乐会、讲演会和话剧演出，我们高三学生常能分到票，没票也可在大礼堂的窗户外欣赏。当时著名的声乐家俞宜宣和周小燕等都曾到此演出和讲演，两次我都是热心的窗外听众。还有几次名人讲演，记不得名字与内容了。

我们班自己也组织讲演会和辩论会。印象最深的是高三那年年末，我们班与姊妹学校希理达女中高三班联合举行英文讲演会。那时的中学是男女分校的，文华男中和希理达女中是同一个美国基督教会办的姊妹学校，所以有"希理达嫁文华"之说。一天下午，希理达女中高三级级长和一个

图 1-6　文华中学 1949 级篮球队留影（上，后排右二是我）；我热爱的体育锻炼——双杠、爬绳、翘梯和骑自行车（下组图）

第一章　感恩父母　29

同学一同到文华中学与我（我是级长）商量英语讲演会的事。接触异性，开始产生一种莫名的神秘感和不自在，说话有些磕磕巴巴。我长大了。

我的 1949

1949，是我们国家天翻地覆的一年，也是我人生轨迹上的一个重要拐点。

1945年日本投降，国民党政府派员，从重庆到日占区接收（老百姓戏说是"劫收"）。次年，内战爆发。随着解放战争的推进，国民党在军事和财政上渐趋崩溃，新中国即将诞生。国家政治形势如此激变，能不反映到我高中生活吗？高三这一年，发生了很多事。

一说"海报"的故事。

高三秋季开学不久，我们班教室外面，也是紧靠"训导处"大窗户的墙面上，出现了一张约一米宽、一米多高、半固定式的海报："中国东部形势地图"。图上无宣传字样，只是陆续在地图上插小红旗。先是在济南插上小红旗，标注是1948年9月24日（解放时间，下同）；随后在郑州插上小红旗，标注是1948年10月19日；继而沈阳，标注是1948年11月2日；继而天津，标注是1949年1月14日；继而北平，标注是1949年1月31日。第二年春季开学不久，这张地图消失了，不久传来了解放武汉的消息。才半年多的时间，真是势如破竹。城市里则是物价飞涨，经济崩溃，人心浮动。大家不害怕解放，更多的人是在等待解放和期盼解放。显然，海报是神秘的进步同学所为，居然贴在了"训导处"的墙上。训导处"睁只眼闭只眼"本身也是一种表态。文华是进步的。

二说"山那边"的故事。

我们班的张富伦同学，是来自北方的一个插班生，一口京腔，把我们这群"武汉伢"镇住了，都说北平话比武汉话好听。张同学个子不高，小巧精干，打起篮球来满场带球飞跑，谁也拦不住。他还有一个专长，就是演话剧，组织了一个话剧社，与华中大学的话剧社联合排演了曹禺的《大雷雨》。这在当时是进步话剧，演出就在华中大学礼堂。张同学在剧中扮演鲁贵，我们班的郭慎思几个能说点京腔的同学也有角色，我的角色是拉幕和换场时搬动桌椅道具。

演出结束，我刚拉上幕布，台上台下突然唱起了《山那边哟好地方》。

山那边哟好地方，一片稻田黄又黄，大家唱歌来耕地哟，万担谷子堆满仓。
大鲤鱼呀满池塘，织青布呀做衣裳，年年不会闹饥荒。
山那边哟好地方，穷人富人都一样，你要吃饭得做工哟，没人给你做牛羊。
老百姓呀管村庄，讲民主呀爱地方，大家快活喜洋洋。

紧接着就唱《团结就是力量》。

团结就是力量，团结就是力量。
这力量是铁，这力量是钢，比铁还硬，比钢还强。
向着法西斯蒂开火，让一切不民主的制度死亡！
向着太阳，向着自由，向着新中国发出万丈光芒！

唱了一遍又一遍，全场人群情激奋，久久没有散去。开始我是糊里糊涂，但很快就走到幕布前面，跟着大家一起唱，越唱越亢奋，好像真是到了"山那边"，好像真是在"向着法西斯蒂开火，让一切不民主的制度死亡！"这种景象我终生难忘。

我从不关心政治，也不知道"山那边"在哪里，但那么多人一起唱，就觉得这应该是真的。唱着唱着，自己的一腔热血也莫名地沸腾起来，也向往起"山那边"，也要"团结起来，让一切不民主的制度死亡！"我从来没有如此地感受到歌曲有这么大的力量。难怪后来有人说，国民党不仅败在战场上，也败在歌声里。

第一章　感恩父母

这晚睡得很晚，第二天照常上课。课堂上发现好几个座位空着，我是级长，心想这几位同学可能是昨夜睡晚了，今天早上起不来。下午才知道，我们班的张富伦、陈定武、郭慎思等5个同学失踪了，听说是跑到解放区去了，跑到"山那边"去了。一连好几天，我心里乱乱的，是高兴？是惆怅？是惋惜？是思念？……我自己也说不清。但有一点是清晰的，他们都是我们班顶尖的学生，"好学生"跑到"山那边"去，"山那边"也一定是个"好地方"。特别是陈定武，学习成绩名列前茅，班篮球队队长，为人谦和文静，是我心中的偶像。

三说"武汉解放"和"护校队"的故事。

在我们班的同学里，我天资平平，学习中上，没有特长。但比较单纯，与同学相处不错。至今我都不明白，为什么我会被选为高三级的"级长"。高三是最高班，我自然成为文华中学这届"级长会议"主席。我这个"主席"只做了一件实事，就是武汉解放前夕组织了文华中学学生"护校队"。

武汉解放的风声越来越紧，为了应变打仗和在战乱中可能有坏人趁火打劫，各工厂商店和学校都采取了相应措施。文华中学校园在武昌市地处偏僻，组织了教工护校队和学生护校队，我是学生护校队队长。1949年5月13日，周五，正是双周假，我照例由学校回到汉口家里。此时的武汉已被解放军围得铁桶一般，市内商店多已歇业，街上行人车辆稀少，用一片静寂等待一场巨变。

是打仗，还是和平解放？14日传言解放军即将攻城，15日早晨传言汉口与武昌间的轮渡已经停开。我坚持要返校，母亲坚持说："太危险，不要回去了。"我说："我是护校队长，怎能擅离职守？"父亲支持我说："元春已经是有责任在肩的人了，让他回去吧！"于是全家人商量怎么回去，最后决定下午由表兄楚裕护送，租一个"小划子"（小木船）过江，身上多带点钱。这是我唯一一次坐小木船过长江，此时的江面上，寂静得怕人，因为封江，所有船只停开，只有个别小木船像孤雁般地在乌云密布的天空下无力地"摆动着双翅"。

船到武昌，楚裕表兄随船回汉口。我一人走在空荡荡的武昌市大街上，没有了平日的喧嚣与繁华。到校已经是下午4点，护卫队的二三十个同学已经在等我了。将同学分成两组，一组由低班同学组成，从晚6点到凌晨1点，一组由高班同学负责，次日凌晨1点到8点，每人手上拿着一根大木棍，脖子上挂着哨子，遇到紧急情况就吹哨子。换班吃热汤面时，我发现隔壁教室有六七个同学在做小旗，在彩纸上写着"庆祝武汉解放"和"欢迎解放军"之类的字样，当时我还感觉不到这意味着什么。我是队长，两班都在岗，吃完热汤面又随夜班开始执勤护校。这是我人生第一次感受什么叫"责任"。我没有胆怯，只觉得自豪，我是个大人了。

16日清晨，天刚刚泛白，听到远处有零星炮声，不久就平静了。9点左右，学校教学楼里冲出一些手拿小旗的学生，边往外跑边喊："快走啊！欢迎解放军去！"我想也没想地对几个护校队的同学说："走，快去拿小旗！"随着就裹进了人群，从校门走到司门口，看到从街那头走过来的解放军队伍，军容整齐，着装简朴，肩负武器，精神抖擞。路两旁的人群已经挤满了，不断喊着"欢迎解放军""庆祝武汉解放"的口号，我也跟着一起喊。

回到学校教室不一会儿，又有同学喊："到华大去看解放军啊！"同学们又一窝蜂似的拥到华大操场。就见地上坐着一大群解放军，大约有二三百人，整整齐齐、规规矩矩地坐在地上休息，擦汗喝水。周围围满了大学生、中学生，中国老师、外国老师。大家像看天兵天将似的看着解放军，过去老听说解放军，现在终于看到解放军是什么样子了。好像和我们的长相一样，只是穿着军装，和蔼可亲，一点不盛气凌人，一点也没有"兵痞"气。

5月16日，这一天就这样像节日般地过去了，武汉新生了。我们也该毕业了。

中国巨变，武汉巨变，大家的心都飞起来了。老师一再提醒我们："要收心！要收心！你们是毕业班，要好好准备毕业考试。"一个多月后，我们毕业了，结束了难忘的三年文华生活。同学们到教室楼前、圣诞堂前、体育馆前、大操场边的小树林里照了好多照片。图1-7照片上有26人，加上不久前出走延安的5位，文华中学1949级毕业生共31位。60多年后，再看到这些熟悉的年轻面孔，深感"物是人非事事休，欲语泪先流"。

第一章 感恩父母

图 1-7　文华中学 1949 级同学毕业留影（1949 年 5 月）①

四说"甲子重逢"的故事。

高中毕业时，国家天翻地覆，万事巨变，30 名学子各奔东西，在新中国建设岗位各展其才。数十载后，首先与我联系上的是同窗挚友李汝庆，他在江西一个农业单位工作。第一次相见大约是在改革开放初期，穿着很土。第二次是他邀了同窗挚友金士傑一起来看我，大概是在我当校长期间。第三次是我与金士傑相邀去陈定武家相聚，陈到解放区后，一直在部队工作，是一位正师级的退休干部。第四次是 2008 年的秋天，李汝庆夫妇与张富伦（到解放区后改名张苛）夫妇一同到我家看我。这次是我四次难忘相见中最为珍惜的一次，因为张苛，这位"大雷雨"中的鲁贵，他在 1948 年演出和唱"山那边有个好地方"的当晚就从我们班上消失了，相别整整一甲子。

60 年未见，虽近耄耋，但他讲话的语音语调和神态，和 60 年前的张富伦一点未变。稍做寒暄后，我就迫不及待地问道："张富伦！演'大雷雨'那天晚上你们是怎么走的？"他平淡地说："那时我们已经被特务盯上

---

① 照片后排左四是我，右七是刘永安，右一是朱凤鸣，我们三人一同考入清华农学院或北大农学院，都进了北京农业大学。毕业后他们二人分配到内蒙古自治区，刘永安曾任自治区农业厅总农艺师，朱凤鸣曾任自治区农科院院长。

了，唱'山那边有个好地方'是犯禁的，我们不得不当晚就离开。我们几个人到了郑州，与地下党联系上，地下党的同志说，'你们不用去延安了，延安都在往石家庄搬'。我说我要上'鲁迅艺术学院'，他们说'鲁艺'也要搬到石家庄。后来安排我们先到北平，等待分配。我们先是被分到华北大学，以后陈定武和郭慎思被分到部队，我被分配到中央戏剧学院歌剧团。这几十年我一直搞舞蹈编导工作。"

我们谈了很多很多故人旧事，却很少谈及今事今情。直到写这段回忆，也写不出张苛确切的是在干些什么，后来是从网上查到的。

张苛，男，著名舞蹈理论家，一级编导。湖北省光化人。1949年初到北京，入华北大学第三部，后调中央戏剧学院歌剧团。曾任中央民族歌舞团编导。他创作的舞蹈作品有藏族的《丰收》《节日》等。参加合作的作品有《草原上的热巴》《红云》等。70年代转为舞蹈理论研究。先后在西藏、四川、广西、云南、内蒙古等地举办舞蹈编导训练班。涉及少儿舞蹈理论，曾多次为少儿舞蹈培训班授课。发表舞蹈理论评论文章一二百篇，并有专著《舞者断想》。

三四十年代，多少热血青年奔赴革命圣地延安，恐怕张苛他们算是最后一批了。虽不到一年就全国解放了，他们仍矢志不渝地去实现奔赴延安的革命理想，实在令人敬佩。听到和知道投奔延安的人和事很多，可是张苛等几位同窗就发生在我的身边和我的生活之中。在撰写回忆录和重看他的照片时，感慨万千，写下《五言》一首。

甲子重逢

重逢一甲子，故人尚依然。相聚泪涟涟，回首话无边。
革命径相异，殊途可同归。相逢俱已老，往事记犹新。
岁染须发白，不变是初心。祝君康与健，国泰民安宁。

2011年，母校武昌文华中学140周年校庆，邀我写贺词，我的贺词是：

图 1-8　张苛与夫人在我家合影（左）；60 年后重逢照（左起：我夫人、张苛夫人、李汝庆夫人、张苛、李汝庆、我）

"140 载文华传薪播火育桃李，万千学子报国为民拜恩师"。

文华中学是我人生旅途中的一个重要驿站，永志不忘的一个驿站。

上武大，还是上清华？

1949 年 6 月，高中毕业，遇到的第一个问题是考大学。考哪个大学？报哪个系？

现在的小孩，都有个理想，当科学家、当医生、当教师、当演员……我们那时候什么理想都没有，稀里糊涂。武汉刚解放，万事纷杂，学校和老师也顾不上对我们指导。学生家长也少有读大学的经历和背景，全靠这帮高中毕业生自己的胡想瞎碰。

往回说到上高中的这几年，正是第二次世界大战结束，大量美国影片充斥武汉市大大小小的电影院，成为我们这些高中生周末的最好去处。《魂断蓝桥》《乱世佳人》《月宫宝盒》《阿里巴巴和四十大盗》都爱看，但小男孩最爱看的还是美国西部牛仔片，牛仔骑马挎枪，驰骋草原，好不惬意。

记得在毕业前后的一次武昌到汉口的轮渡甲板上，我们七八个毕业班同学，一边看着浩浩长江，一边议论考大学。武大、北大、清华、南开、湘雅……工科、农科、医科、文科……说什么的都有。一个同学说："你看那美国牛仔，横枪跃马草原，我就向往这种生活，我想考农。"一石激起千层浪，你一言我一语地说起电影里的牛仔如何潇洒惬意，一时间考农的呼声很高。

江水滔滔，轮渡码头，同学少年，意气风发。文、法、理、工、农、医何去何求，牛仔天地，为我引途。自此，报考农科，北上清华、北大、农学院的有我们班的刘永安、朱凤鸣和我，还有我们上一班的李自立（校长李辉祖之子）和胡寿田，以及另两位报考了武汉大学农学院。

5月武汉解放，6月高中毕业，7月报考大学。那时全国许多大学都到武汉招生，只要考试时间能错开，可以随意报考几个学校。我报的是武汉大学和清华大学。7月的武汉，天热似火，武大体育馆的"考场"变成"烤场"，每考完一门课出来，擦汗毛巾就可以拧出一大摊水来。

9月初，终于等来了武汉大学的录取通知书，举家欢喜，如中头彩。特别是年迈的父母："儿子终于上大学了！"那时的武汉人家，都以孩子能上武大为无上光荣。姐姐陪母亲给我买了一个质量很好的深咖啡色牛皮箱和衣物等一应生活用品，像为嫁女准备嫁妆一般。多病的父亲，在一旁安详地微笑，他让四个子女上大学的夙愿开始实现了，看着自己成长起来的儿子，不禁心满意得。

就在去武汉大学报到的前一天下午，邮差送来了一个牛皮纸信封，上有"清华大学"字样，拆开一看是清华大学的录取通知书。我高兴得跳了起来。母亲问道："元春，什么事让你这么高兴？"我说："清华也来录取通知书了。"母亲不以为然地说了句："清华哪有武大好？"

不想，一场家庭感情风波顿起，带来了我一生的愧疚。

当时我们对全国大学的情况知之甚少。可是对当时的我来说，武大与清华，孰好孰差不了解，也不重要，只要能飞出武汉，走得远远的，去看看广阔天地就行。于是对家里人明言："我一定要上清华！"这时父母才感到了问题的严重性，再三劝我上武大。先是问"武大有什么不好？""南方人到北方去受不了",表兄甚至吓唬我说:"北方冬天下雪结冰,擤鼻涕也能把鼻子揪掉"等。

此时父亲已是重病在身,有气无力地对我说:"元春啊!我年纪大了,身体越来越不好,两个妹妹还在上中学。你要是上武大,还可以照顾一下这个家,你是个儿子啊!"父亲是在求我了,这是过去从未有过的。可是我毫不懂事和无情地说:"那也要考虑我的前途吧。"父亲伤心地说了一句:"你既然把话说到这里了,那就随你吧。"父母再也不说上武大的事了,只是唉声叹气,暗自伤心。后来大姐对我说:"爸爸几次对妈妈说,我是享不到元春的福了,你还能享到。"真乃是"白头老母遮门啼,挽断衫袖留不止"。

母亲又赶紧为我准备北上的衣物。做棉袍已经来不及了,母亲千叮咛万嘱咐地说北京冷得早,到北京后立即找裁缝店赶制棉袍,面料和里料用什么,驼毛要比棉花轻暖,以至几斤几两也交代得仔仔细细,还写在了一个纸条上。

父母生我养我,教我为人做事,行善积德;父母一意让我读书上大学,宁借高利贷,保我上最好的中学;父亲需要人手帮他打理生意时,坚持让我致学而不涉商;父亲年老和疾病缠身,仍克己为子。是父母为我创造了一切最好的条件,为我安排了一个上好的人生起点。羊有跪乳之恩,鸦有反哺之义,我又为父母、为家庭做了什么?每当想起,我就羞愧难当。随着年龄的增长,心中的伤痛还在加重。

上武大?上清华?就理性而言,上清华的选择是对的;就亲情而言,却孝道尽失。我人生的第一个选择,却留下了"子欲养而亲不待",终身愧疚的惨痛代价,感受到"人生世事难两全"的困境。

1949年寒假没有回家,给父母写了一封感恩与思念的长信。1950年寒假回家,与父母和家人在汉口中山公园合影(图1-9),这是我一生中与父亲唯一的二人合影。此时父亲虽仅六旬,已是手拄拐杖,举步维艰,疾病缠身了。"君不见高堂明镜悲白发,朝如青丝暮成雪。"以后父亲卧病在床十年,全凭母亲悉心照护,我未尽半点人子之孝。1962年父亲过世,年仅72岁。父亲一生疏财助人,未为子女留下一文家产,却留下了

图1-9 1950年寒假回家探亲（左图后排右起：我、父亲、母亲、大姐和大嫂，前面蹲着的是元俊和元纯，中间站着的小孩是侄女和侄子。右图是我和父亲唯一的一张合影）

行善积德和尚学为民的宝贵精神财富，为社会培养了四个大学生。

大姐元宁，因病肄业武大，终身从事小学教育。二妹元俊，1960年毕业于武汉同济医学院，毕业后支边广西行医，曾任广西壮族自治区人民医院院长11年。三妹元纯，1959年毕业于华南工学院建筑学系，国家一级注册建筑师，就职于上海建筑设计院。姊妹四人，虽已耄耋，仍享受着父母恩荫和社会福祉。

我的人生画布（一）

人生是一张画布，生活不断在上面涂上各种色彩。

童年的色彩是父母、家庭和学校涂上的。

家庭殷实，父母慈善，姊妹和睦的家庭环境，培育了我的"不为稻粱愁，不为生活谋""不与人争"和"与人为善"性格，在人生画布涂上了幸福的靓丽粉底；名校和严师启迪我"追求知识，热爱学习"的品性，在人生画布涂上了明亮的蓝色；中华传统文化和日本侵华阴霾，激发了我的"爱我国家，强我民族"意识，在人生画布涂上了庄严的古铜色。

图 1-10　为父母扫墓后姊妹四人合影（右起：大姐元宁、我、二妹元俊、三妹元纯，2007年于武昌）

存在决定意识。人的一生都在受外界影响，在不断调整改变着自己的秉性和行为。中华人民共和国成立和我的大学生活，又会在我人生画布涂上什么色彩呢？

第二章
大学生活（1949—1953年/18—22岁）

我的大学生活，可以用"空前绝后"四个字概括。为什么？新中国成立之年入学，社会与政治环境空前绝后，教学计划与内容空前绝后，学习过程空前绝后。这样的大学经历，以前没有过，以后也不会再有，说它"空前绝后"夸张吗？一点也不夸张。我的大学四年，是在革命意识极度高涨的激情燃烧的岁月中度过的。

清 华 园

由于准备行装和与家人的恋恋不舍，1949年10月上旬才随最后一批武汉大学生北上团北上。不想却错过了参加开国大典，留下终身遗憾。

我打小就住在汉口大智门火车站附近，天天听到火车轰鸣，却没有坐过火车。这天中午，父亲拄着拐杖，母亲含着泪水，三个姐妹和表兄楚裕一同到车站送行。直到火车长声嘶鸣，硕大的铁轮有气无力地向前滚动，站台向后慢慢退去，年迈双亲泪眼逐渐模糊的时候，我的心震颤了，人生第一次感受到亲情之沉重、别离之痛楚。

几乎整个车厢都是北上学生，但一个熟人也没有，独自一人坐在那里伤感。天还未黑，火车就吃力地翻过鸡公山，进入了河南地界。夜间12点左右抵郑州火车站，要停一个多小时。郑州火车站很大，灯火通明，兜售水果和烧鸡的，卖面条和烧饼的，好大的一个车站集市，好兴隆的买卖。火车又启动往北，我一夜昏睡，第二天清晨，窗外景色变得一马平川起来，土地是黄色的，村子里的房屋是黄土砌成的，房顶是平的，树木很少，地里没有了庄稼，给人单调寂寥的景象。南方的山清水秀，退得越来越远了。哦！我真的到北方来了，心头涌起一股莫名的迷惘。

天还没黑，火车进了老北京火车站，出北京站一抬头就是高耸的正阳门（即前门），巍峨庄严。这一站一门，不是常在电影和图片中见到过的吗？现在我就站在它们的身边了。傍晚的老北京火车站和前门楼前灯火通明，景象全然不同于汉口火车站，有一种皇城古朴之风。脚一踏上北京城，就喜欢上它了。

我提着那大大的牛皮箱，先到清华大学新生接待站。接待人员告诉我，清华的校车，7点在这里发车，还有一个多小时，可以到前门楼大街上逛逛。我把皮箱存放在了接待站，"逛逛"去了。看到一处面摊，炉火正旺，锅里冒出腾腾热气，好几位顾客坐在摊上大口大口地吃着面条，我的肚子也咕噜起来。我不知如何开口称呼，干脆说："来碗面！""半斤还是六两？"这下把我难住了，武汉吃面只分大小碗，哪有论斤说两的？"半斤有多少？"他手里正拿着一碗面，说"这碗就是半斤"。好家伙，这么大一碗，哪吃得了。于是说："来三两吧！"人说，北方面条南方菜，这话不假，这里的面条真好吃。

"十一"前，大学的迎新工作就完成了，大多新同学都参加过开国大典，只有

图 2-1 老北京火车站

我这个"恋家仔"才这么晚来报到,清华校车里空荡荡的只有我一个新同学。车从正阳门东侧往北,一眼就看到了刚举行过开国大典的天安门,好雄伟壮丽啊!心情一阵地激荡。车到天安门前转向西行,到西单停在了路边,司机叫我拿着行李转乘另一辆比较大一些、有十多个座位的校车,深灰绿色,车身上有"清华校车"字样。原来这是清华职工进城的班车,车上已经坐了七八位中年妇女,手里提着大包小包,我一上车,车就向北,直奔郊区清华园。

在车上听到这几位中年妇女谈论她们在西单买了什么,价钱贵贱,还看到了什么,家里的孩子和炭火如何等的家长里短。啊呀!我突然发现,她们说话怎么那么好听,不是细语银铃,而是京腔京韵,完全不是电影演员的那般腔调,让我听得如痴如醉。她们谈了一路,我听了一路,沉浸在京腔京韵的享受中。校车到了清华园西校门,透过门头的微弱灯光,隐现出一座端庄娟秀的西式校门。车进西校门后还走了不短的距离,路灯稀少昏暗,看不清校园真容,但眼睛一直盯着车窗外的一条模糊小河和河边稀疏的房影。

第二天也只有我一人到教务处报到,被分配到平斋宿舍入住。平斋外面是大操场,操场西侧是体育馆,东侧是大礼堂,我一个人逛了个够。这时的我,心里还有个小秘密,就是高三那年,看过一本言情小说,讲的就是清华园里的浪漫爱情故事。几经打听,找到了西校门里的那条小河,河边的垂柳和木椅。我就坐在木椅上感受着小说中的浪漫,久久不愿离去。

根据报到处的要求,我还要到农学院和农学系去报到签字。农学院不在清华园内,而在向西两三公里外的、颐和园北侧的一个大院子里(后为中央党校)。路上行人很少,路边多是农田,中间没有公交车,我一个人溜达,边走边欣赏,走了半个多钟头。

农学院的园子很大很空旷,没有几个人走动,零星地有几座小洋楼。在一座洋楼前停了下来,就是路人所指的农学院办公楼,是一栋西式假三层大楼,中式大屋顶,很气派。看门人说院长他们正在开会,让我在门外等着。等了半个多钟头,看门人说会议休息了,你可以进去了。随即给我指着一位教授说:"他就是院长。"院长50岁上下,个子不高,身板很壮,开始发胖,头发左分,架着一副金丝眼镜,一身西服,不打领带,手上拿着一个大烟斗,一看那气派,就是个留过洋的大教授。原来他就是国民党时期"中央研究院"院士、大名鼎鼎的植物生理学家汤佩松[1],后来的中科院学部委员。

我恭恭敬敬地向前鞠了一个躬,说明原委,他看也没看我就签了字。指着身旁的另一位教授说:"这位是农学系主任,你去找他签字。"

图 2-2 原清华大学农学院主楼和院长汤佩松

这位教授年轻些,30多岁,高高个子,身材匀称挺拔,黑边眼镜,仪表堂堂,英气逼人,嘴里也叼着烟斗,有一种令人生畏的眼神和气势。他也是看看我的报到书,一句不问地签了字。原来他就是刚从美国回国不久的著名作物育种专家李竞雄教授[2],几年后就是中国科学院学部委员。他们是我第一次近距离接触到的两位教授,从未见过的那种气势与做派,绝非凡人所有。原来,"教授"不仅代表学问,而且气质形象超群,使我对教授的崇拜又增添了几分。

一天,在清华园大操场东侧的布告栏上看到选课通知,我两眼一抹黑,不知选哪个教授的课?正好,旁边有一位也来看选课通知的高年级同学,我请教他说:"我是农学院新生,物理课有那么多班,不知选哪个班

---

[1] 汤佩松(1903-2001),湖北浠水人,植物生理学家、生物化学家、教育家,中国植物生理学的奠基人之一,1945年担任清华大学农学院院长,1950年担任北京农业大学副校长;"中央研究院"院士、中国科学院院士、中国科学院植物研究所研究员、名誉所长。

[2] 李竞雄(1913-1997),江苏苏州人,植物细胞遗传学家、玉米育种学家、农业教育家,中国科学院院士、中国农业科学院作物科学研究所研究员。

好。"他头也没抬地说:"钱三强"①。这是我第一次听到、以后再也忘不了的名字。

在清华园悠闲地度过了一个多礼拜,一个新同学也没见着,如离群孤雁。

有些地方待了一年,也没感觉;有些地方,待一星期就终生不忘。我说的后者就是清华园。

罗 道 庄

欲建新政权,总会以雷霆之力,"敢教日月换新天"之势荡涤旧污,按新的政治理念和建国方略部署全局。北平解放前半年多,党中央就开始策划高教改革,新中国成立前夕就开始了一场"院系调整"大风暴,"北京农业大学"正是全国"院系调整"中的首批力作。

清华大学农学院、北京大学农学院和华北大学农学院三院合并,成立北京农业大学,继而将森林系分出成立北京林学院,农机系分出成立北京农业机械化学院,这叫"三合一"和"一分为三"。还有如清华大学航空系分出成立"北京航空学院";北大、清华的地质系分出合并成立"北京地质学院""北京矿业学院"和"北京钢铁学院";北京大学医学院分出成立"北京医学院";等等。于是,北京城北就出现了有名的"八大学院",每个学院都对应一个国务院新建的部。

农业三院合并,校址定在复兴门外十多里的罗道庄,原北京大学农学院院址。

清华大学农学院院址 1933 年批准在圆明园遗址筹建,因抗战暂停。1946 年接收日伪时期一专科学校经修葺而为当时院址,所以比较新派(图 2-2)。而北京大学农学院的成立和院址的来头就大了。"京师大学堂"是

---

① 钱三强(1913—1992),核物理学家。原籍浙江湖州,生于浙江绍兴,中国原子能科学事业的创始人,中国"两弹一星"元勋,中国科学院院士。

图 2-3 原北京大学农学院，三院合并后的北京农业大学校址（资料来源：《北京农业大学校史》）

戊戌变法成果，光绪三十一年（1905年）又御批成立"农科大学堂"等分科大学堂。农科大学堂校址定在罗道庄一带，面积一千二百三十五亩六分，乃分科大学堂中最大者，因有实验农场。罗道庄校址1909年开始兴建，1912年落成，晚清风格，木混结构，古朴庄重。

农学院二门造型及上书"农科大学"已成为北京农业大学和现中国农业大学的标志物，如同清华大学二门。图2-3（上图借用了1957年家畜外科学进修班在二门的一张照片）右下是纯木结构的办公楼，因是一个长条，也叫"一字楼"，我就是在那里报到登记的。

1949年10月17日，我由清华园搬到罗道庄，先行的清华农学院和北大农学院新生早已集合到这里，见到了许多清华农学院和北大农学院的新同学，很高兴。11月初，几辆大卡车送来了290名华北大学农学院的学生。他们统一着黄军服，棉袄棉裤，系腰带，戴军帽，下车还要集合站队报数，不像清华、北大学生那般地着装各异，自由散漫，又潇洒飘逸。三军会师，安静的罗道庄一下子热闹了起来，男同学住北楼，女同学住东楼。

不久，来自三院的学生按系混合编组，一个组十多人，有男有女。我们组的组长是来自北大农学院的李绍良同学，组员有从武昌文华中学来的刘永安、朱凤鸣、李自立、胡寿田和我，人称"湖北佬"；女同学有华大来的吴兰英、牛玉清、崔汝镜等，一色"双辫"发型，人称"小辫儿"。三院的学生尽管背景差异很大，特别是与华大同学，但融合得很快，年轻人之间容易相处。

那时罗道庄一带，到处是农田，进城没有公交车，主要靠步行。这一带村子住着一些满族的"旗人"，特讲礼数。一天下午，我溜达到校外，看到两位妇女面对面相距两三米。一位五六十岁，一位二十多岁，年轻妇女背上还背着一个小孩。"家里姥爷好！""家里姥姥好！"……年轻妇女每问一句，屈一下腿，请一次安，一连六七次，请完安后两人二话没说，各走各路，看着真有意思。

北京开始冷了。遵照母亲叮嘱，赶紧到西单去做"棉袍子"。由罗道庄步行到西直门外，见一队骆驼，驼峰间搭着两大袋沉沉的煤。骆驼腰不弯，挺脖仰头，旁若无人，一步一步安详地走着，不紧不慢，大气傲气。这是

图 2-4　北京西直门及门外运煤的骆驼队

一个南方人第一次看到骆驼，一支给北京人送过冬取暖煤的驼队，我对骆驼顿生好感，还存几分敬意。我随着驼队进到西直门的瓮城，再进到西直门内大街。我的视线很快被一支送葬队伍吸引。八人抬着一副棺木，全是清末衣着，走路时手甩得很高，这副架势好像在电影里见过。驼队、瓮城和送葬队伍，给我的印象太深了，可惜不久就在北京消失了。

原来的北大农学院，一百多的学生规模，现在上千，大有人满为患之感。一间宿舍八个人，四张床，上下铺，共用两张二屉桌。食堂不大，一

张方桌八人，没有坐凳，到满八个人就可以自动打饭开餐，菜是先摆在桌上的。原来以为到北方最不好适应的是天气，其实最难过的是吃饭关。窝窝头实在难以下咽，小米饭也是在嘴里来回嚼，和着粥或就着菜汤才能往下咽。白高粱米饭还可以，多嚼嚼就行。这时才知道，大米饭是世界上最好吃的。

年轻人并不在乎生活上的艰苦，何况有革命乐观主义在激荡着我们。在又小又挤的男生宿舍里，晚饭后经常凑到某间宿舍里，拉胡琴，唱京剧，河北梆子；上海来的男同学还在"聚光灯"下跳当时美国电影上最流行的草裙舞。小组会在宿舍里开，下铺不够坐就爬到上铺。天气好，一般是在操场院子里开，一圈一圈地席地而坐，也许当时延安军政大学也是这样的。

记得第一次小组会讨论的是学校名称，中国农业大学？首都农业大学？中央农业大学？北京农业大学？……小组会还讨论过《中华人民共和国宪法》草案。12月17日在学校大礼堂召开了学校成立大会，宣布校务委员会就职。主任委员是原华大农学院院长乐天宇[①]，副主任委员是原北大农学院院长俞大绂[②]和原清华农学院院长汤佩松。1950年4月8日，教育部下文三院合并后的校名是"北京农业大学"。

新生9月入学，校长12月到任，半年后才知校名，以后的大学生会有此等经历吗？

卢 沟 桥

1949年11月中旬，终于开学了。

课程有外文、社会发展史、大学数学、普通化学和植物学。

[①] 乐天宇（1901-1984），原名天愚，汉族，湖南宁远人，中国农林生物学家、教育家、科学家，中国共产党早期党员，"南泥湾"的发现者、开垦倡议人，坚定的无产阶级革命家。

[②] 俞大绂（1901-1993），字叔佳，浙江绍兴人。著名植物病理学家，农业微生物学家和农业教育家。中国植物病理学科奠基人之一。"中央研究院"院士，新中国成立之后的中国科学院第一批学部委员。

第一次上大学，大学是怎样讲课的？

"社会发展史"是在图书馆下面大礼堂上的大课，一百多学生，每人自带马扎。讲课老师是华大农学院来的女教师刘炼，30岁上下，高挑白净，讲起课来口若悬河，引人入胜，说服力极强，展示出一股延安抗大的革命风采。从原始社会到奴隶社会，从封建社会到资本主义社会，再到社会主义社会和共产主义社会，逻辑缜密，丝丝入扣。国民党大军溃败，共产党以弱胜强，成立新中国等在"社会发展史"中都能顺理成章。如果说一年前在武昌华中大学礼堂懵懵懂懂地跟着唱"山那边哟好地方，穷人富人都一样，你要吃饭得做工哟，没人给你做牛羊"的话，一年后我就到了这个"好地方"，还学到了理论根据。

讲授普通化学的是留英回国的女教授吴亭，40岁上下，其气质和神态不亚于在清华农学院见到的留美归来的李竞雄教授。第一堂课就给我们开了一个参考书单，都是英文原版的，主要参考教材是英文原版的《戴明化学》。吴教授讲课风格不同于刘炼，概念清晰，简明扼要，不紧不慢，板书秀丽，中英文混用，专业词汇一色英语。听这种课很享受，还可以学到英语，这是我在中学听不到和想象不到的。

吴亭教授也有一股不可冒犯，震慑学生的气势。一次我小考试卷判分有误，我去找她，她说："这种事不要来找我，去找助教"，把我撅了回来。我觉得架子似乎大了些，但又觉得教授也许就该是这样的。那时，教授上课都是由助教准备粉笔、擦黑板、发提纲、做辅导、判作业，这是有明确分工的，教授就得有派。

第一学期上了不到十周课就放寒假了。"社会发展史"课让我一睹抗大风采，"普通化学"课又让我感受了一把过去大学教授上课"遗风"。为什么说"遗风"？因为不久，第二年的课堂就不能讲英语了，教授威风也收敛了许多，下面会有交代。

北京冬天真冷，比现在的北京冷得多，雪下得很厚。那时没有暖气，一个教室里生一两个炉子，学生手都冻得记不了笔记。我们这些南方人，大多是手脚生冻疮。因为刚到北京不久，这个寒假我没回家，是留在学校里过的。

1950年春季始学，学校就通知上一个月的农业知识课后，3—10月的庄稼生长季节到学校卢沟桥实习农场"农耕劳作实习"。这又是怎么回事？显然，这是应承了解放区华北大学重视实践的教育理念。三院合并，按说清华农学院和北大农学院的实力更强，但新中国是共产党领导的，北京农业大学的第一届校务委员会主任委员当然是原华大农学院院长乐天宇。华大办学理念当然起着主导作用，"农耕劳作实习"就是北京农业大学的首个"新政"。3月初，学校隆重召开了全校一年级学生"农耕劳作实习"动员大会，随之是小组讨论，表决心。第二天，二百多新同学像游行一样，打着横幅标语，列队走到卢沟桥农场（图2-5左上）。

卢沟桥农场是建在永定河泛滥冲积的一片砂石地上，面积不大的一个实习农场。农场只有一栋石砌的简易办公用房（图2-5右上）和几间职工宿舍。为了迎接这批新生，又盖了几排简易宿舍和铁皮屋顶的大礼堂，蓝天和大地都是我们的教室（图2-5左下）和食堂。三月的北京还很冷，多大风，把永定河滩的砂石刮得漫天飞舞，睁不开眼睛，打得脸上生疼。露天"食堂"中间放着粥桶和捂着厚棉被的窝窝头大筐箩，各组围圈，蹲在

图2-5　1950年春卢沟桥农场劳作实习组图（左上引自《北京农业大学校史》，其余来自陆漱韵编《北京农业大学一九五三届大学生活掠影》）

地上，捧着饭碗。风沙来了就用手捂着饭碗，吃完小米粥后的碗底总有一层沉淀下来的沙子。

更大考验是洗脚。劳作一天，总要洗脚，从井里打上来的水冰冷刺骨，脚不敢往水里放。后来小组间传出一个经验，就是晚饭后全组男同学聚在一起，坐在马扎上，把打好水的水盆放在面前，由组长喊口令："一、二、三"，大家一起将脚猛伸进水里，随之一阵大笑，就不觉得冷了，当时叫"精神胜利法"。小组会上谈体会时都说，有了革命乐观主义和革命英雄主义就没有克服不了的困难。

春耕结束后，在铁皮礼堂召开了"农大春耕总结大会"（图2-5右下）。主席台挂着毛主席和朱德总司令的大幅照片，学生坐在自带的马扎上，一派延安抗大作风。

"农耕实习"的大部分时间是在大田里劳动，整地、播种、间苗、除草、中耕、追肥等。还有一个特别的劳动是"捡石子"，将新开荒的永定河床砂石地里的大小卵石捡到筐里，抬到地头，倒在一个坑里。这可是个重体力活，半天下来就会腰酸腿痛，躺到床上不想起来。结合这个劳动，安排土化系的一位教授在地头给学生讲了一堂课，什么是土壤？为什么土壤里能长庄稼？为什么要把大卵石捡掉？深入浅出。这是我第一次听土壤学和土壤改良学，真是别具一格。

农场北边有8亩地，土质较好，开为菜地。请来了一位"菜把式"，40多岁，胖胖的，朴实敦厚，我们叫他"老戴"。每个同学每周两次，轮流到菜地向他学种菜，他先简单讲解示范，然后是学生开干，我们叫"菜地劳动"。

同学们自愿组织兴趣小组，有积肥小组、玉米小组、种菜小组、昆虫小组等。我们班的女同学夏云，烈士子女，湖南人，清秀温雅，湘音很重，勇担积肥组组长重任。这里的厕所是在沙地上挖一排浅坑，坑两侧放上两块砖，用玉米秸一围即成，比村里老乡家的厕所还简易得多，半小时就能盖一个。夏云同学就是带着她的积肥小组天天掏厕所积肥，因此获得"老板"雅号。我在玉米小组，有一块由我们精心管理的玉米丰产地，干得很来劲儿。

每个小组都有自己的"包村",就是负责附近一个农村的农民夜校,教农民识字和普及农业知识,一周一次。我这个湖北佬在"包村"中可是出尽洋相,一次我给夜校农民科普农药"666",学员问我:"什么叫'流流流'?"因为湖北口音里"N""L"不分,"流""六"不分。黑板上写的是"666",口里说的是"流流流",引起夜校学员哄堂大笑。农民夜校是我第一次与农民近距离接触,并不觉得疏远,很自然。

"农耕劳作实习"中的文娱活动很丰富,周末常有各系各班的活报剧、合唱、相声、大鼓等的演出,有时在吃午饭的露天食堂里也有说快板之类的表演,印象最深的是6班(畜牧系)班主任(班主任皆由年轻老师担任)的"拉洋片"演出,他就是后来的安民教授,我的前任校长。看来,这是华大农学院带来的这股清风,是解放区的政工传统。我倒觉得挺好,确实能鼓舞士气,特别是针对青年人。

地里的玉米和花生长出来了,越长越高;菜地里自己种的菜,已经吃过几茬,大家心里有说不出的高兴。"劳动创造世界""是农民养活了地主,不是地主养活农民""劳动者最聪明,高贵者最愚蠢"之类的体会在小组会上交流得很多。这不是虚言套语,是实实在在的亲身感受。

我出生于殷实家庭,但未曾娇生惯养,来到"农耕劳作实习"这极具革命气息的环境里,对艰苦的生活条件和繁重的体力劳动一点也不发怵。我干活主动积极,除草间苗中耕常是冲在前面,曾有"拖拉机"外号,但很快就被外号"石头"取代了。

事情是这样的,原华北大学农学院农机系同学中途从石家庄来到卢沟桥实习,他们演出了一场土改反霸的活报剧。剧中有个叫"小石头"的小孩控诉恶霸地主到声泪俱下时,台下的农民就愤怒地喊道:"小石头,打呀!""小石头,打呀!"第二天小组上就有同学冲着我说:"小石头,打呀!"我的"石头"外号最早是这么喊起来的。

"农耕劳作实习"中,学生的革命情绪高涨,很多人要求入党入团,我自不例外,我的入团介绍人是室友李绍良。1950年党生日这天,我们这批新批准入团的团员到卢沟桥头宣誓,这是我一生中非常有纪念意义的一天。

炎夏将过，地里的玉米开始吐穗，校务委员会主任委员（相当于校长）乐天宇来看望我们"农耕劳作实习"同学，还带来一车白面。中午饭可以吃到富强粉白面馒头和粉条炖肉的消息很快就传开了，吃八一粉馒头是打牙祭，吃富强粉馒头和炖肉是过大年。就在那个铁皮顶棚的大礼堂里召开庆功会，同学们个个群情激奋，几个代表讲了他们参加"农耕实习"的体会，生动深刻。乐主任委员给我们讲话后，会场出现高潮，竟有人喊出："乐天宇同志万岁"，其狂热程度可见一斑。

10月回到罗道庄校部，自是一番交流、庆功与表彰。"农耕劳作实习"是一次原汁原味的、"延安式"的，在劳动中改造知识分子的成功实践。我就想，一年前张富伦等进步青年想到延安去感受革命、接受改造，现在我们不是在北京也能接受"延安式"革命教育和改造吗？我这个不到20岁的城市青年，能够开始适应艰苦生活，从事繁重体力劳动，与朴实农民接近，有"粒粒皆辛苦"的感受有什么不好？这是时代镌刻在我思想和情感上的一道永久印痕。

1950年11月开始上课，我已是农艺系二年级学生了。1950年入学的新同学报到，校园里更是人丁兴旺，喜气洋洋。学生会是一年一届，改选后的新一届学生会主席是昆虫系的陆铭贤同学，我被选为学艺部副部长。和在文华中学被选为高三班级长一样，不知道我怎么会被选进学生会的，至今仍是个谜团。

学生会执委会第一次会议后，到北楼前合影（图2-6）。从照片上的衣着看，这年北京冬天很冷。照片中间偏左，弯腰手扶在前排二人肩上，戴眼镜微笑的是主席陆铭贤。这时党团已经公开，他曾是中共地下党员。左一立者邬桐是生活部部长，我们农艺系三年级的学长；右四立者是多才多艺的文娱部长；右二立者林文光，文质彬彬的学艺部部长，来自武汉的老乡；右一立者是学艺部副部长，湖北佬石元春。我身上穿的就是临行前母亲嘱咐我到京后必须立即要做的驼毛棉袍。

长衫、西服裤加"西装头（发型）"，飘逸潇洒，过去文人学者、大学男生里都很时兴，可惜很快就在时代进步中消失了，这是我赶上穿长袍"末班车"的一张留影。照片左一的邬桐和右一的我，都是双手插在西

第二章 大学生活

图 2-6 1950 年冬北京农业大学第二届学生会执委会合影（站立排右一是我）

服裤的裤兜里，这是当时一种很流行的拍照姿势。这张照片的背景就是北楼，男生宿舍，我在这里住了 7 年。

抗美援朝，保家卫国

1950 年 10 月，开完"农耕劳作实习"庆功表彰会，正要安心上课，国家出了一桩大事，"抗美援朝"。"美帝国主义的军队已经打到了鸭绿江边，我们不对朝鲜兄弟施以援手，就会唇亡齿寒，我们的革命果实就会得而复失"的悲情文字流载于报刊，激荡于校园。一天下午，著名作家刘白羽在学校大礼堂讲演，师生们挤得满满的，全神贯注。当他讲道："卢沟桥事变，北平沦陷，偌大一个华北，再也放不下一张书桌。多少大学生走出校门，与工农结合，走上了抗日斗争的道路。"台下有同学已泣不成声，有同学高喊："抗美援朝！保家卫国！"此情此景，此言此行，犹如昨天。

年底学校开始报名参军，我与很多同学都报了名，信心满满地一直等待走上朝鲜战场，报效国家，哪里还有心思上课。这年寒假回家探亲，但不敢告诉家里，想既成事实后再说。春季始学不久，农艺系宣布批准了陈普源、魏振东等四位同学参军消息，我着急地去找团总支问个究竟。解释的原因是我是独子，父亲年老有病，我无话可说。但还是向组织再次表态，如果有第二批，一定要考虑我的请求。为此，我还闹了好几天情绪。

刚获得解放的中国人民无不义愤填膺，在"抗美援朝，保家卫国"运动中，开展了群众性的捐献活动。著名豫剧演员常香玉巡回演出，用演出的票款捐了一架飞机。我也将离家北上前母亲帮我收拾箱子时，撕开箱底衬布，藏进以备不时之需的一枚金戒指取出捐献。

抗美援朝开始，学校里就开展批判崇美、恐美思想，树立仇美、蔑美思想，这个弯子转得太大了，但是刚刚站起来的中国人民很快就接受了，有能比"保家卫国"更重要吗？自此，我们再也没有听到留美留英归国教授在课堂讲英语，英语必修课改成了俄语，英语在大学校园悄悄地消失了。

1951年4月11日，《人民日报》发表了魏巍的文章"谁是最可爱的人？"震撼了5亿中国人民。杨根思、罗盛教、邱少云、黄继光这些英雄的名字一次一次地激动着校园的个个学子，是这些最可爱的人用他们年轻的生命保卫了祖国，保卫了我们宁静的校园。当时的大学和中学里开展了一对一的交志愿军朋友的活动。图2-8是我的志愿军朋友从朝鲜战场前线寄来的三张照片，我一直珍藏至今，快70年了。

第二次世界大战后，美国如日中天，科技发达、经济繁荣、政治民主、军事强大。而刚经历了八年全面抗日战争和四年解放战争，刚成立一年，科技和经济仍然十分落后的新中国，竟敢

图2-7 欢送魏振东同学抗美援朝（1950年冬，校东门外）

第二章 大学生活

图 2-8　我的志愿军朋友从朝鲜战场前线寄给我的照片（1951 年）

把连飞机大炮也没有的解放军开过鸭绿江，与打着联合国旗号、以美国为首的 16 个参战国进行了一场综合国力和军队装备极其悬殊的不对称战争。打了三年，八次大战役，美军三易其帅，最后是 1953 年 7 月 27 日在"三八线"上的板门店签订停战协议而告终。

从鸦片战争、八国联军、甲午海战等的对外战争中，中国哪一次打赢过？人说抗日战争胜利也是美国和苏联帮的忙。这次朝鲜战争证实了中国共产党有敢于以小打大、以弱胜强的气势与魄力，打出了中国人民的自信和威风，给全中国人民团结在共产党周围、建设新中国以极大信心与鼓舞。

我们这些大学生、热血青年，更是心潮澎湃，共产党太伟大了，新中国太可爱了，我们愿意为她献出一切。60 多年前的"抗美援朝"对新中国和 5 亿中国人民的精神激励是怎么估计都不为过的，因为我们是过来人，敢这么说。现在有人用某些"内幕"和"得不偿失"之类的闲言碎语来诋毁一个伟大的历史事件是很不应该的。试问，中国以一己之力，战胜世界头号强国，历史上有过几次？这样的国家不值得你爱吗？作为一个中国人，有什么必要以大事件中的某些枝节而一叶障目地混淆视听，作践自己？

如果说日军侵占武汉在我童心中有了"国家"的概念和"受辱"的伤痛，那么十年后的"抗美援朝"在我心中第一次有了国家的"自信"与"强大"，有了"保家卫国"和"自我责任"的明确意识，成为我青年时代人生观形成中的重要组成部分。

参加土改，脱胎换骨

新中国成立初期，为了巩固新政权，在全国开展了土地改革、"三反""五反"和镇压反革命的"三大运动"。为了让大学生接受革命洗礼，受到锻炼，学校组织农艺系和农经系的部分老师和同学参加农村土地改革；有些系老师和同学参加"三反""五反"，以及为打破美帝国主义对战略物资橡胶的封锁，森林系和土化系部分老师和同学到南方作橡胶种植的资源调查。建国初期，百废待举，干部极缺，在校大学生无疑也是一支可资派用的有生力量。

"10月，全校274名师生参加中国人民政治协商会议全国委员会组织的全国土地改革工作团，赴江西参加为期6个月的土改工作。全校组成两个分团，第14分团共129人赴赣县；第15分团，共145人赴信丰县。10月30日由京出发，11月15日到达江西赣州，12月9日分别到达土改工作地点，参加轰轰烈烈的土地改革运动，1952年4月返校。"（《北京农业大学校史》第58页）我被分在第15分团，团长是农经系系主任应廉耕教授。

我们两个土改工作团出发江西前，学校召开过一次参加这次土改的动员会，新上任的校长孙晓邨作动员报告。孙校长气质儒雅轩昂，谈吐不凡，讲演内容太精彩了，讲得我们每个团员精神振奋，摩拳擦掌。记得动员报告讲到土地改革的伟大意义时，更强调了对知识分子思想改造的重要性。报告中有四个字是我终生不忘的，"脱胎换骨"！要求每个土改工作团员在参加土改中"脱胎换骨"地改造思想，回校时要用"脱胎换骨"的标准衡量和总结自己的思想进步。

北京农大土改工作团先到南昌集中学习中央的土改政策，学习期间安排参观南昌八一起义纪念馆。那时军事化盛行，由驻地到纪念馆的路上，土改工作团是列队走在南昌市大街上的。我们团农经系申宗祺教授，一米八五以上个头，皮肤白净，器宇轩昂，走在我们队伍最后，比前面队员高出半头。于是有"北京派来的土改工作团有苏联专家"的传言，成为我们

图 2-9 北京农业大学土改工作队（1952 年）

二团的一桩佳话。

南昌集训后乘火车到赣州，集训数日后下到信丰县。县委书记张政委亲自介绍信丰县情况、具体土改政策和经验，再集训数日，一切安排停当，宣布农大土改工作团团员分到各乡工作队的名单，我和胡寿田、农经系的韩永金三人被分配到信丰县庄高乡土改工作队。工作队的指导员姓谭，东北人，是南下解放军部队的一位排长，耿直豪爽，对我们非常客气，一口一个"大学生"地叫。另外还有四位地方干部，其中一名女干部，负责土改中发动妇女的工作，我担任这个乡土改工作队的副指导员。

土改的时间性很强，晚稻收割后工作队进村，来年插秧前必须撤出。工作队到庄高乡后立即与贫下中农协会开会，研究工作，两天后召开全乡土改动员大会。大高台，大标语，大喇叭，有来自各村的几百上千农民参加，比电视上看到的更加鲜活精彩。老谭是老"土改"，从东北土改到江西，在台上那一套一套地讲得可棒了，我们工作队员都听得入了神。工作队的 8 名队员，一人包两三个村子，动员大会后就各自分别下村开展工作。

土改的第一阶段是扎根串联，访贫问苦；第二阶段是诉苦发动；第三阶段是开展斗争；第四阶段是划阶级定成分，最后是分胜利果实和动员春耕。扎根串联要一村一村、一户一户、一人一人地摸情况，做工作要非常细。那些表面积极、热络工作队员的，往往动机不纯，而真正苦大仇深的"苦主"都是顾虑重重，不言不语，观望等待和远离工作队员。土改工作队员都是住在"苦主"家里，与他们交心交友，访贫问苦，启发他们的阶级觉悟，鼓励他们站出来斗争。这是一项既艰苦又细致，需要真诚又要有耐心的工作。

经过"农耕劳作实习"的磨炼，土改中的"生活关"和"劳动关"不在话下，最难过的是"语言关"。特别是在扎根串联和访贫问苦中，江西方言我们听不懂，老乡们也听不太懂我们讲的普通话。我的语言能力还算不错，半个多月后，自觉还能应付一些。一次积极分子会议上，我用普通话夹杂当地方言做了一个"谁养活谁"的启发阶级觉悟讲话，自我感觉挺好，甚至有些自鸣得意。讲完后问身边的积极分子："我讲得怎么样？"积极分子附和着说："你的哇斯嘎平儿！"（你的话讲得很好）我又问："我讲的是什么？"他红着脸说："听不懂。"

我选的一个"苦主"对象是陈姓夫妇，40岁上下，三个孩子，房子十分简陋狭小，家徒四壁。我在他家柴房里，将柴火挪挪，放上两个条凳和一副铺板就住下了。我与他们一家同吃同住同劳动，随时都能聊天做工作。他们家有一亩多地，土质不好，打的粮食不够吃，特别是"多个娃子多张嘴"，结果生了五个娃儿剩下仨。不得已向地主家租了三亩地，交完租子后勉强能维持一家生计，还要上山打柴做些弥补。最难过的是年成不好，租子照交，家里就揭不开锅了，靠一家人出去挖野菜果腹。类似的例子在工作队员的汇报中很多。

扎根串联和访贫问苦阶段的工作质量决定了整个土改工作的质量，这一环没做好，就会使这个村或这个乡土改工作出现"夹生"，甚至要"回炉"。负责这个村或这个乡的工作队员是要做检讨挨批评，甚至受处分的。

经过扎根串联和访贫问苦，基本群众、"苦主"和斗争对象的阵线清楚以后，就要进入发动斗争阶段。老谭负责的那个村先取得突破，组织召开斗争会，其他村的工作队员带着他们的"苦主"和积极分子参加，启发他们的阶级觉悟。就这样，村村发动，村村召开斗争会。我们庄高乡有一个恶霸地主，罪大恶极，有两条人命，县委批准在全乡斗争大会后执行枪决。头天晚上研究工作时，老谭对我说："明天的斗争会我主持，宣判后就立即拉到会场外执行枪决，这事就交给你了，练练打枪，怎么样？"我忙说："不行！不行！我不会打枪。"第二天说肚子不好，连斗争会都没去参加，在村里整理汇报材料。事后，我在检查思想中做了深刻检讨，是"阶级感情不深和斗争性不强"的表现，申请入党中也不止一次为此做检查。

每一个阶段结束和下阶段开始前，乡工作队正副指导员和骨干队员都要到县里汇报工作。县大礼堂是夯实的土地，没有座椅，可容三四百人，张政委和他的桌椅放在正中间，桌上除了他的一本厚厚的笔记本外，最显眼的就是一个大茶缸子和一个烟灰盆子。乡指导员和工作队员一人一个马扎，围绕张政委的桌子随意坐着。宣布开会后，一个乡一个乡依次汇报，张政委听得非常专心，边听边记，不催不急，有时插话提问，但香烟却从不间断，一支未完就续接上下一支。张政委40岁上下，瘦瘦的，中等个子，脸庞轮廓清秀，两眼深陷有神，一看就是位有丰富斗争经验的领导干部，听说是南下大军中的一个团政委，也是个大学生。

各乡一起听汇报，可以互相交流与借鉴，政委点评各乡工作可以共享。政委用各乡的事例来总结经验和不足，听起来特别实际、生动和有说服力。听完各乡汇报后，政委总是先提出几个问题让大家讨论，以加深大家印象。最后由他全面总结成绩、经验、不足、教训，以及对下阶段工作的部署，特别实在具体，清清楚楚。散会时，各乡指导员和工作队员都是胸有成竹、信心满满地回到驻地。会期一般两天，一天半开会，半天在县里休息，看看朋友，买点生活用品，这天晚饭必定是改善生活，少不了粉条炖肉。

我参加过四五次这样的汇报会，觉得这套工作方法真好，真有实效，推动力和操作性极强。我知道了，原来一个县的土地改革就是这样指挥和实施的，这场4亿农民历史性的土地改革运动就是这样一个县一个县地推进和完成的，这就是共产党发动群众的一套工作方法。我有幸见证和参与了这场历史性的土改运动，图2-10（左）是信丰县全面完成土改工作，召开全县总结表彰大会后，我们庄高乡土改工作队在县照相馆的合影。前排右一是谭指导员，右二是胡寿田，后立的右一是我，右二是韩永金，其他四人是当地干部。次日，北京农大土改工作信丰（县）团就启程回京了。

参加土改的这7个月里，我始终抓紧自我思想改造，68年前的一个笔记本可以作证。图2-10（右）的照片是1949年刚成立的"中国人民全国政治协商会议"发的笔记本，咖啡色封面上有烫金的"学习笔记"四个繁体大字，下面是繁体字"中国人民政治协商委员会，参加三大运动筹备委

图 2-10　庄高乡土改工作队合影（左）和我的土改笔记本（右）

员会赠",扉页上有我自己笔迹写的"北京农业大学石元春1951年10月15日",这是参加土改运动出发的日子。笔记内用工整的钢笔小字写下了参加土改的过程,有工作,主要是自我思想改造的记录,5万余字。

下面是我21岁生日,1952年正月初二（1月28日）前一天晚上写的日记片段。

在思想上,还存在着解放者、教育者的恩赐观点,所以在作风上,是不够满意的。因此,不能深入群众、搞好工作。未与农民建立感情,也就不能改造自己的感情。分析其原因,主要以一个教育者、解放者的身份出现。思想上,对领导教育群众,群众教育领导和群众的自我教育,这个思想领会不够。以为自己是来教育群众的,而自己怎样受到群众的教育,这个想得太少。例如,第一,在诉苦会上,我启发诉苦的群众诉苦,但是却没有联系到自己的思想,从中受到教育,从感情上来接近农民,这是第一个例子。第二,在反霸斗争会上,以及群众的会上,我自己当作一个任务去完成,而没有利用这个机会,使自身受到教育。例如,在某某村进行反霸斗争时,那个时候我思想就开了小差,没有认真听贫下中农对地主恶霸的控诉。第三,我写日记的时候,检查思想很少,体会收获写的也很少,这些说明我自己对自己要求不严格。

参加土改的"脱胎换骨"思想改造的核心是解决为什么人的问题。

第二章　大学生活　61

与"苦主"同吃同住同劳动，扎根串联、诉苦发动、批判斗争中的大量生动事实，使知识分子一遍又一遍地思考着"为什么人"的问题。为淳朴善良、贫困交集、几千年被剥削被压迫和被压在社会最底层的劳动农民，还是为地主和剥削者，问题竟是如此明朗和尖锐。书本里和课堂上可以讲清楚这个问题，但是参加土改则是在社会现实中去寻求答案，在思想和感情上站到劳动农民一边。"脱胎换骨"式的思想改造是树立革命人生观的基础。

在"社会发展史"学习中知道，随着社会生产力的发展，从奴隶社会进步到以土地所有制为基础的封建社会，两千年封建制度下土地所有制的发展却又制约了社会生产力的进步。1924年，革命先驱孙中山先生提出"耕者有其田"，共产党通过土地改革，实现了孙先生的主张，这是中国实行了几千年的封建土地所有制的终结。

见证和参与国家的这个伟大历史性事件，大学的一课，人生的一次重要经历。

回校后我向农艺系党支部递交了入党申请书。

学习苏联，向往美好

1949年12月12日，开国大典后才两个多月，毛主席就对苏联进行了正式访问，1950年2月签订了《中苏友好同盟互助条约》。刚刚诞生的新中国实行了"一边倒"政策，在全国轰轰烈烈地开展起一场学习苏联的群众运动，"向苏联老大哥学习"家喻户晓。北京农业大学党委书记兼副校长施平同志于1952年访问苏联季米里亚席夫农学院归来，召开全校大会传达和号召全校师生员工全面学习苏联，明确提出北京农业大学的办学目标就是办成苏联"季米里亚席夫农学院"式的农业大学。

学校的教学计划参照季米里亚席夫农学院的教学计划重新进行修订，还试行了"6小时一贯制"，即上午一连上6节课后才吃午饭，下午组织各种课外活动。可是中国人的胃是中午 12 点一定要吃饭的，下午一两点吃饭实在受不了，试行两周后只好叫停。学校规定各年级大学生都要上俄语课，老师叫米洛斯，俄国人，在大礼堂上大课，讲课时烟卷不离口，一支接着一支。后来又兴起了"俄语速成法"，介绍各种各样的速成经验。为了迎接大批苏联专家到校讲学，从各系紧急抽调一批大学生，突击学俄语，组成"翻译组"，我们班的王象坤、蒋谐音、张湘琴、沈克全等同学未待毕业就被选进了"翻译组"。

国家开始向苏联派送留学生。1951 年全国派送留学生 375 名，1952 年在北京成立了留苏预备部负责培训工作，到 1953 年的三年里共派出 1700 余名。当时留苏生的选拔方针是"严格选拔，宁缺毋滥"，由高校等有关单位党组织按名额报送。我们班就有两位同学，品学兼优的李丽英和赵世绪。

图 2-11　北京农大校长孙晓邨（左）、党委书记施平（右）和苏联专家（中）

赵世绪和我还是同届学生会的学艺部副部长，山东青岛人，父亲是小学老师，本人思想进步，一表人才。他去"留苏预备班"前，我二人在校园长谈了一个晚上，难分难舍。

"留苏"，谁不想去？但名额很少，由组织闭门选拔。如果哪位思想上有点不服气的苗头，肯定会在团小组上以"患得患失""个人主义"思想做深刻自我批评。我觉得这样很好，人活得很纯真、潇洒，该干什么干什么，个人考虑多了，思想包袱反而重了。我出身资产阶级家庭，成分高，连想的资格也没有。好在 40 年后的 1989 年，我终于来到了梦寐以求的莫斯科，不是"留学"而是"讲学"，这是后话。

校园里"学习苏联"的气氛极浓。《钢铁是怎样炼成的》和《卓雅与苏拉的故事》等苏联小说;《列宁在1918》和《保卫斯大林格勒》等苏联电影;"莫斯科郊外的晚上"和"喀秋莎"等苏联歌曲流漫于整个校园,对青年学生教育和影响很大。和两三年前看美国电影不一样,美国电影是娱乐性的,苏联电影、小说和歌曲都是励志性的,鼓励青年人爱国上进。一本《钢铁是怎样炼成的》几乎人手一册,无人不读,保尔是每个青年人的偶像。

对我影响最大的还有电影《金星英雄》,说的是苏联卫国战争中受伤腿残,获"金星英雄"勋章的一位英雄,复员到一个集体农庄当党委书记的故事。讲他带领全庄农民克服困难,发展生产,共同富裕,以及和农庄美丽姑娘谈恋爱的故事。电影中的故事吸引了我,电影中的拖拉机和康拜因更吸引着我,完全替代了我心目中驰马挎枪的美国牛仔,一门心思地想着毕业后和电影里的"金星英雄"一样,开着拖拉机和康拜因在农田上驰骋,当然也希望遇到一位美丽的姑娘。

"学习苏联"对国家有什么意义不说,但作为一个大学生,我的切身感受是,让自己的整个身心都被浸润在"报效国家""追求美好"的向往之中。这是"农耕劳作实习"课、"抗美援朝"课和"参加土改"课都给不了的一种心理暗示,一节毕业前的励志课。

大学毕业,留校读研

大学四年,政治活动一个接着一个,静下来上课的时间很少。四年级的最后两个学期里,学校说补偿性地为我们突击上了一批课程。有气象学、土壤学、达尔文主义、遗传育种、作物栽培、植物病理、农业昆虫、耕作施肥等。"临阵磨枪,不快也光",还是挺实用的。数理化基础只有靠以后工作中随用自补了。

农艺系是个大系,到毕业时还有128人,分成六七个学习小组,我保

图 2-12　四年级我们小组的合影（前排坐在地上中间的是我，笑得多开心）

留了一张四年级我们小组的照片，摄于 1952 年秋。照片里 7 男 11 女，多么年轻可爱的面孔啊！我现在看着，仍然往事如潮，涌动心田。

四年级，出现过两个小高潮，入党与配对。

三年级，土改回校后我就向农艺系党支部递交了入党申请书。毕业前，农学系党支部书记赵燕生找我谈话，我汇报了农耕实习、抗美援朝、参加土改中的思想收获。看得出来，他对我这三年的表现是满意的，安排我学习党章和刘少奇同志的《论共产党员的修养》。在学习《论共产党员的修养》时，我想起一事做了补充汇报。即土改中我包的 3 个村子中有一个村子麻风病人多，因怕传染而去得比另二村少，写学习心得中检讨了这个思想。赵燕生同志再次约我谈话时发现态度有变，一面肯定了我积极要求进步和靠近组织，但考虑到我汇报的下麻风病村较少的思想，是一种革命性不够坚定的表现，需要继续接受党的考验。一个补充思想汇报，毕业前没有入党。

说到"配对"小高潮，很有意思。突然在两三个月里，我们班像发生传染病一样，一对一对地宣布了恋爱关系。都说大学同学知根知底，到工作岗位就不好找了，填在毕业分配表上，还可以照顾分配到一个地方。我在这方面比较滞后，经同学撮合才与小组的一位女同学交往。人品、相貌、性格、家庭都很好，无可挑剔，可我就是找不到那种感觉。只好暂时放下，以后再说吧。

1953年是新中国第一个"五年计划"的开局之年，我们是新中国培养的第一批大学生，第一个"五年计划"的光荣建设者。正是这份光荣，激发起我们多少激情与幻想。1953年元旦的前夜，我们1953届农艺系毕业同学组织了一台晚会，布幕上别着用8张方块纸写着的8个大字，"20年后再相见晚会"，报幕人是赵珍美同学（图2-12照片后排右四，弯腰前倾者），晚会节目主要是对毕业20年后的畅想。如某同学是新疆军垦某农场的总农艺师在汇报他的工作业绩；某同学是某农学院的教授在介绍他培养了多少学生；某同学介绍他培育小麦新品种如何高产优质；还有当上全国农业劳动模范的某同学讲他的模范事迹等。晚会上，台上台下的同学个个心情激荡，摩拳擦掌地要奔赴祖国农业战场，在第一个"五年计划"中大显身手，建功立业。

晚会结束时大家同声唱起"歌唱祖国"：

> 五星红旗迎风飘扬，胜利歌声多么响亮；歌唱我们亲爱的祖国，从今走向繁荣富强。越过高山，越过平原，跨过奔腾的黄河长江；宽广美丽的土地，是我们亲爱的家乡。英雄的人民站起来了！我们团结友爱坚强如钢。我们勤劳，我们勇敢，独立自由是我们的理想；我们战胜了多少苦难，才得到今天的解放！我们爱和平，我们爱家乡，谁敢侵犯我们就叫他灭亡！

歌曲是青年人的兴奋剂，每唱起这首歌总是会心情激荡，不能平复。不仅曲谱慷慨优美，荡气回肠，歌词也唱出了我们的心声。每唱到"我们战胜了多少苦难，才得到今天的解放！""从今走向繁荣富强"时就有一种想哭的冲动。因为歌词道出了我们祖国的悲惨经历和"从今走向繁荣富强！"的豪情壮志。

7月填写的毕业分配表中的"志愿"栏可以填6个志愿，记得我的前5个志愿填的都是"到最艰苦的地方去，到农业生产第一线去"，只在志愿栏的最后一行填写了"坚决服从组织分配"。结果分配留校当研究生，我只感遗憾，没像"抗美援朝"未被批准那般闹情绪，因为当时"坚决服从组织分配"的意识非常浓。

60年后的"采集工程"中，他们从我的个人档案里看到当时农艺系对我的毕业鉴定是："工作积极努力，工作能力很强，学习努力，成绩很优良，适于技术工作。"我最感激的是为我终生定调的6个字："适于技术工作"，给了我一生的安宁。图2-13中记载了我1953年大学毕业、留校当研究生和1956年研究生毕业再留校的字样。

图2-13　档案中我的入校信息卡

毕业典礼和聚餐后的第二天，北楼前的操场上停着好几辆送毕业生到火车站的大卡车。凡被留校当老师和当研究生的应届大学毕业生都出动帮忙搬行李，像欢送开赴战场的战友一样。欢着、跳着、拥着、抱着，不知是哪个系的欢送人群里唱起了苏联卫国战争时期的歌曲"共青团员之歌"，那悲壮而又有些哀婉的歌声，引起了共鸣，整个操场被送的人和送行的人一起唱起了：

听吧！战斗的号角发出警报。
穿好军装拿起武器，
共青团员们集合起来踏上征途，
万众一心保卫国家。
我们再见吧，亲爱的妈妈！

第二章　大学生活　　67

请你吻别你的儿子吧！
再见吧，妈妈！
别难过，莫悲伤，
祝福我们一路平安！
再见了亲爱的故乡！
胜利的星会照耀我们。
再见吧，妈妈！
别难过，莫悲伤，
祝福我们一路平安吧！

"空前绝后"的四年大学生活结束了，用以下"七言"抒我情怀。

求学京城逢开国，地覆天翻慨而慷。
社会发展开心智，为我初树世界观。
农耕实习尽艰苦，追求实践第一桩。
抗美援朝血与火，强国安民决心强。
土地改革心为民，脱胎换骨换立场。
学习苏联情浪漫，保尔卓娅是榜样。
四年学习革命课，为国为民人生观。
大学生活别样美，姹紫嫣红我心狂。

我的人生画布（二）

大学四年，学到了什么？
第一课是"社会发展史"，初树"人类社会发展"历史观；
第二课是"农耕实习"，初树"艰苦劳作""崇尚实践"的品性；
第三课是"抗美援朝"，初树"国强才能民安"的爱国主义思想；

第四课是"参加土改",初树"为劳苦大众服务"的人生观;

第五课是"学习苏联",插上"报效国家,追求美好"的翅膀;

第六课是"临阵磨枪",浅学一批农业科学和技术知识;

第七课是大学毕业填写志愿时的"一切服从祖国需要!"

"大学之道,在明明德,在亲民,在止于至善。"我大学四年的收获极丰,主要是奠定了我的"为国为民"人生坐标。激情燃烧的四年大学生活,浓墨重彩地在我人生画布涂上了鲜艳的红色,浓浓的。

第三章
不忘师恩（1953—1958年/22—26岁）

三年研究生学习，将我引入土壤学与第四纪地质学殿堂；三年新疆考察，将我引入地学综合体，由此打下了我一生的科学生涯的基础。这六年里的一事一情，永志铭记；一世师恩，终生不忘。

研 究 生 班

1953年夏，是我第一次留校过暑假。暑假里的校园，少了喧嚣和快节奏，显得宁静和散漫。慢节奏浸润到校园的每个角落。

校团委和校工会联合组织新留校的老师和研究生到北京西郊妙峰山休假。同学们都走了，闲极无聊，干脆休假去！我们30余人，住在山上寺庙两个偏殿的禅房里，一边男生，一边女生。妙峰山，幽深静谧，真是个上好的度假休闲去处。此时的我们，大学毕业了，研究生没开学，两头不接，了无牵挂，只顾得游山玩水起来。看到从树上落下的板栗，原来果皮满身长刺，像个小刺猬，剥开后是两三个板栗挤在一起，着实亲密。柿子树开始挂果，青青的，小小的，满树都是。出去游玩，男生一拨，女生一拨，唯独畜牧系叶同学和农艺系刘同学正在热恋，出双入对。这对如蝶恋人给我们休假平添不少浪漫气息。

一天下午，我独自一人随意溜达到一个山林僻静处，两侧山坡陡峻而郁郁葱葱，一条溪水在沟底大小乱石中逶迤穿流，静静的，有时也在跌水处发出清脆响声。我在沟边寻得一块不大不小的石块坐下，脱下鞋袜，脚正好伸进清澈冰凉的溪水里，拿出带来的《卓雅与舒拉的故事》，就这样度过了一个下午，这个景象在我脑海里再也抹之不去。

上大学赶上新中国成立，大学毕业赶上第一个"五年计划"，真是一步赶巧步步巧。第一个"五年计划"，国家需要培养大量高层次人才，才有了扩展培养研究生的计划，也与大批苏联专家来华讲学有关。当时尚未建立学位制度，所以没有硕士研究生和博士研究生一说。

1953年，北京农业大学毕业研究生1名，招收研究生60名。其中农学系30名，土壤农业化学系（简称土化系）23名。农学系是大系，研究生名额自然要多，为何土化系会有23名呢？因为教育部聘请了一位叫尼加诺夫的苏联专家，要在北京农业大学举办全国性的"威廉斯土壤学"讲习班，全国高校的土壤学教师都要参加，自然也就带动起了土化系的研究生规模。农学与土化研究生来自全国农业高校，北京农大为主。土化系研究生生源不足，靠农学系本科生转入，我就是其中一员。土化系研究生班的23人中，北农大10名，南京、华中、华南和广西四农学院分别是7名、3名、2名和1名。

从妙峰山休假回校，我就参加了繁忙的迎新工作。上午刚接待南农来的陆锦文等7位研究生，吃完午饭回到宿舍一看，吓了一跳，床上躺着穿着背心裤衩的两位男同学，其中一位身材高大、皮肤黝黑，心想咋会有外国留学生。原来这两位是华南农大来的吴显荣和李金培。第二天，在食堂吃午饭，有人来告知我："你们土化系又来研究生了！"我赶到食堂门外一看，一个男同学和一个女同学坐在行李卷上，是从华中农大来的林培和邵则瑶，是一对，赶紧领他们去报到和安排宿舍。

我们这个土化研究生班来自5校2系，男同学16人，女同学7人。青年朋友来相会，几天就成好朋友。系里为研究生班安排了一间宽敞的学习室，乒乓球台居中，七八张公用书桌四边靠墙，开班会也是在学习室里。

第三章　不忘师恩

一同上课，一同打球看电影，一同参加国庆节和五一节游行，十分融洽快乐。班党小组长王立德，团支书李韵珠，我是团支部宣传委员。图 3-1 上图的照片里只有同学 22 人，少了 1 人，是来自南农的裘凌沧同学在为全班同学照相。图 3-1 下左图是 1953 年冬天我们班到北海滑冰，6 位男同学合影中的右三就是裘凌沧。图 3-1 下右照是我们班 7 位女同学毕业前的三八节在天安门的合影，男同学昵称"七朵金花"。

因为多数是由农学系转来的，土化系给我们安排的课程计划里大补化学，有定性化学、定量化学、物理化学和胶体化学，学得很解气；把我在大学里的化学短板补超了。政治课有政治经济学和自然辩证法，专业课有普通地质学、地貌学和"威廉斯土壤学"。地貌学是用汽车把全班同学拉

图 3-1　1953 年土化研究生班集体照（上，前排左五是我）；男同学北海溜冰照（下左，左三是我）和七位女同学天安门合影（下右）

到北京大学去听地理系王乃梁①教授专为我们班开的课，一周两次。王教授留学法国，地貌学的故乡，讲得非常精彩，黑板上随手画的地貌素描，惟妙惟肖。

说到尼加诺夫"威廉斯土壤学"讲习班，更是大有来头。

20世纪50年代学习苏联中，我认为有件不好的事，就是学术问题政治化。20世纪四五十年代，苏联学术界发生米丘林遗传学与摩尔根遗传学之争，这本属平常。可是1948年全苏列宁农业科学院会议宣称米丘林遗传学是"唯物主义的、科学的、进步的、社会主义的、无产阶级的"，孟德尔—摩尔根遗传学是"唯心主义的、形而上学的、资产阶级的、反动的"，并得到斯大林的正式批准。政治干预学术，影响极坏。土壤科学也受到影响，苏联的"威廉斯土壤学"是唯物主义的、科学的、进步的和无产阶级的，西方土壤学是唯心主义的、形而上学的、资产阶级的和反动的。

中国的近代土壤学是20世纪30年代由美国传入，我国李连捷、侯光炯、马溶之、宋大泉、陈华葵等老一辈土壤学家多留学美国，这次也多来参加"威廉斯土壤学"讲习班。学术交流本是好事，涂上政治色彩就不好了。好在讲习班上，尼加诺夫教授，一个老布尔什维克，比较低调，这些美归教授也虚怀若谷，算是相安无事。

我 的 导 师

研究生的第二年，全班23名同学分别被分配到土化系的土壤地理学教授李连捷、农业化学教授彭克明、农业水利土壤改良教授叶和才、农业地质学教授刘海蓬和土壤学教授华孟等5位导师名下。裘凌沧、亓毓喆、

---

① 王乃梁（1916-1995），地貌学家、地理教育家。1948年6月至1951年12月留学法国。回国后，积极倡导沉积相与地貌结合的研究，以相关沉积方法研究地貌形成过程，是我国从新构造运动角度研究地貌发育的倡导者之一，是我国高等学校第一个地貌专业的创建者，为我国培养了一批地貌学人才。

第三章　不忘师恩

林培、钱光熙、蔡如棠和我 6 人在李连捷导师名下。

上清华和读研是我人生的两个重大拐点，第三个重大拐点应该是师从李连捷教授。如果我的导师不是李连捷，我的人生轨迹会大不一样。

连捷导师出生于河北省玉田县的一个农民家庭。北平汇文中学毕业后考入北平燕京大学理学院修生物学和地质地理学。1932 年毕业获理学学士，受聘于"中央地质调查所"，协同来华美国土壤学家梭颇（J. Thorp）到全国多地做土壤和地质调查。1940 年赴美深造，1941 年获理学硕士学位，1944 年获哲学博士学位。论文研究是对印第安人 1800 年前用"卑罗软黄土（peorianloess）"营造的墓地，进行土壤发育速度的研究。后应美国军事制图局之聘到美国联邦地质调查所军事地质组工作，从事土壤地理与制图工作，跑遍了大半个美国。

1945 年 6 月回国后任经济部中央地质调查研究所研究员；1945 年 12 月 25 日，在重庆北碚与熊毅、侯光炯、李庆逵、马溶之等联合发起成立中国土壤学会，任第一届理事会理事长；1947 年被聘为北京大学农学院土壤学教授、土壤系主任；1949 年新中国成立后任北京农业大学土化系土壤学教授。

连捷导师 1951 年受中华人民共和国政务院派遣，两次随进藏部队到西藏考察土壤和农牧业。1954 年当选第二届全国政协委员，1955 年当选中国科学院首批第一届学部委员（后称院士），1956 年受聘高等教育部一级教授，时年 48 岁。连捷导师是我国著名的土壤地理学家，为开创我国近代土壤科学和新中国早期土地资源勘查做出了重要贡献。

连捷导师相貌堂堂，尽占了中国中年男子的那股成熟与帅劲。又因在美多年和在美军供职多年而帅劲中透出一股洋气，常常是言而有度，笑而不纵，幽默诙谐，气度非凡。一次导师带我们到京郊考察，深灰绿色防雨卡其布的束腰美式中长夹克，高到膝盖的美军皮靴，斜挎相机，腰别康帕斯（罗盘仪），一副墨镜，真是英气逼人，学生们往他身边一站，就觉得能沾上几分仙气。

新中国成立前，农学院学生很少，土壤系学生更少，一年招三两个大学生就不错。公共课和专业基础课随大班听课，修读土壤学课的学生三三两两，有时学生到教授家里，喝着咖啡上课，师生关系非常亲密。我们6个研究生分到导师名下不几天，系里就通知下午3点到李先生家上课。那时教授住的是罗道庄日伪时期建的独栋日式小洋楼，独门独院，不宽敞，但很实用。

图 3-2　李连捷导师随军进藏（1951 年）

我们围坐在客厅里，边喝茶边聊天。导师一个一个地问我们学过什么课，对什么感兴趣，业余爱好以至家庭情况，兴之所至，无所不谈。一个多小时过去了，李先生家的"姨"送上了咖啡，谈兴更浓了。导师也谈他为什么上济南医学院后又转到北平上燕京大学理学院，在美国那几年干了些什么，以及他对土壤学的体会等。一下子就拉近了第一次见面的师生关系。

下午五点多了，导师说："我们到外面照张相吧"（图3-3）。照完相后对我们说："老师和学生间，最重要的是互相了解。明天晚上到家里来吃饺子。"这是上课吗？这是我终身最难忘的一堂课。

第二天傍晚到导师家吃饺子，我们几个南方来的小伙子还是头次吃到如此鲜美地道的"北方水饺"，连吃相也不顾地大快朵颐起来。导师一旁看着我们吃，一边微笑着，轻松和高兴。导师家的"姨"又端上来两小碟番茄沙司，我们好奇地问："吃饺子怎么还要番茄酱？"导师笑着说："你们蘸着吃，尝尝。"果然是，中西合璧，其味无穷。我们6人中，以裘凌沧身体最棒，食量最大，连他都说吃得弯不下腰了。

我的研究生学习就是从家庭上课和吃饺子开始的。

导师对我们师兄弟6人各有考虑和安排。一天，系里通知我到连捷导师家去一趟。这次是导师和我单独谈话，可以谈得更广更深，连我因为喜欢美国西部牛仔片才报考农学院、喜欢体育和打乒乓球等都说了。谈话结束前导师对我说："我为你联系好了，这学期你到北京地质学院旁听袁复礼

第三章　不忘师恩

图 3-3　李连捷导师和他的六个研究生合影（左起：裘凌沧、钱光熙、林培、连捷导师、亓毓喆、蔡如棠和我，导师前面站的小孩是他的二子李爽。1954 年初秋于连捷导师家窗外）

先生①的第四纪地质学。"又补充说："听课就要听最好老师的课。上次给你们安排到北大去听的地貌学，就是国内最好的地貌学家王乃梁教授讲授的，他是从法国回来，是世界权威地貌学家的真传弟子。袁复礼先生是我国第四纪地质学的奠基人，是我的前辈，你要好好学。"自此，"听课要听最好老师的课""学术上要追求高起点和高要求"让我受益终生。我开始体会"师从"的含义了。

谨遵师命，我到北京地质学院办了旁听手续，每周两次，从罗道庄骑自行车到五道口北京地质学院听课，单程就要个把小时。名师上课学生多，在百余学生听讲的大教室里，我这个旁听生总是坐在阶梯教室最后一排的一个角落里。但我听课很认真，笔记记得很仔细。正如导师所言，名师讲课听着就是过瘾，越听越有兴趣。自此，我与第四纪地质结下了一生学缘。

何谓"第四纪地质"？就是地球历史上最晚近的一个地质时期。地球

---

① 袁复礼（1893-1987），河北徐水县人，地质学家、地貌第四纪地质学家、地质教育家。1915 年留学美国，先后在伯朗大学、哥伦比亚大学学习教育学、生物学、考古学和地质学。1921 年 10 月回国，把当时新兴的地貌学引入国内，是中国地貌学及第四纪地质学先驱。

存在了46亿年，第四纪时期只有400多万年，就像中国5千年历史中最近三五年的"历史"一样。正因为它离现在最近，所以与现代气候、地形、地貌、水文、动植物、土壤、气象和地质灾害等的关系最密切。"第四纪"过去地质学上也曾叫过"灵生代"，意是有人类出现的最晚的一个地质时代。

论文研究

将我们6人的论文研究安排到中科院黄河中游水土保持综合考察队，也就是安排到国家最高学术殿堂，这是导师的又一着高棋。还是那句话，"高起点"。

新中国成立之初，周总理就十分重视资源考察，这正是连捷导师的强项。亲身参加了东北考察和西藏考察，也深知综合科学考察对培养青年土壤地理工作者有多么重要。1955年，中科院组织了黄河中游水土保持综合考察队，导师就把我们6人科学生涯的起点安排在这次的综合考察上。

1955年5月13日，导师带着我们6人由北京乘火车到太原，住在山西省人民政府迎宾馆。我们几个没见过世面，见什么都新鲜，省长的欢迎会和听晋剧，刀削面和大碗喝醋，深厚的黄土和精致的窑洞等都感到特别有趣。一天下午，导师领我们6人去见综合考察队队长、中科院土壤研究所所长马溶之教授[①]，将我们介绍给队长时说："老马，他们几个是我的学生，我的学生就是你的学生，一切都拜托你了。"队长说："强将手下无弱兵，你这是在给考察队加强力量嘛，谢谢你啦！"导师与马溶之教授是我国土壤地理界的两位巨擘和挚友。

回到房间后，导师交代我们，林培、钱光熙、蔡如棠和亓毓喆安排在

---

① 马溶之（1908-1976），河北省定县人，土壤地理学家。1933年毕业于燕京大学地质地理系。历任南京地质调查所、中国科学院地质研究所研究员，中科院土壤研究所研究员兼所长，自然资源综合考察委员会副主任，中国土壤学会理事长，国际土壤学会会员。

土壤组，裘凌沧安排在水土保持组，我安排在第四纪地质组。又分别带我们到这三个组见了组长，又是一番叮嘱。最后，把我们6人叫到他的房间说："这是一次难得的学习机会，你们要好好把握住。至于你们论文研究的选题，就在考察中自己去找吧！"。经过层层交代，导师回京去了。我体会，这就叫"师父领进门，修行在个人"。

晋西考察的第四纪地质组，组长是谁？中科院地质研究所副研究员刘东生[①]，后来的中科院院士、国际第四纪研究联合会主席、国家科技最高奖得主，当时他才38岁，但为人与治学却超常成熟。东生导师与连捷导师一样，擅长野外考察与制图，"Sketch"（野外素描）简直是出神入化。十几分钟，就能将眼前地形地貌勾勒在笔记本上，重要的是，一些重要的地质地貌现象跃然图上，这是任何照相机都做不到的。据说这是地质工作者野外考察的基本功，我叫它是"绝活"。我也试着画过，不堪入目，因为我自小就不善画画。

图3-4（右）是2003年师生二人参加北京人民大会堂科技工作者迎春晚会上的合影。

考察队有地貌组、第四纪地质组、土壤组、经济地理组、农牧业组、水土保持组等，上百号人。先集中在晋西离石县（今离石区）王家沟，协调统一工作方法，然后单组或联组按设定的考察路线行动。那年头，科考队还没有配备汽车，早餐后，后勤人员用毛驴驮着行李辎重准备上路。考察队员各自背着考察用工具和水壶出发，边走边考察，每天要走四五十里路程。夏天的太阳下，实在热不可耐，身上还要背着各种装备，和作战的士兵一样。

第四纪地质组有王挺梅、丁梦麟等五六个队员，均来自中科院地质所第四纪地质研究室。这几个年轻人见到刘先生像耗子见到猫一样，大气都不敢出。刘先生从没给过他们笑脸，没说过一句与工作无关的话。刘先生

---

① 刘东生（1917—2008），辽宁沈阳人，祖籍天津，中国地球环境科学研究领域的专家，中国科学院院士，被誉为"黄土之父"。1942年毕业于西南联合大学地质地理气象系，1980年当选中国科学院院士，1991年当选第三世界科学院院士，1996年当选欧亚科学院院士，2003年获国家最高科学技术奖。

图 3-4　2003 年与刘东生导师在人民大会堂合影

在考察工作上要求极严，一是一，二是二，绝不含糊。稍有差池，瞪眼就训，毫不留情。据说这是老地质调查研究所的一贯风格，学术严谨和严师出高徒的学术风格。

每天野外考察总要看几个黄土剖面，一般是十多米深的一个黄土陡崖，可以被选作观察剖面。记载地质剖面是每一个地质队员的基本功，自上而下地挖去浮土，露出新鲜面，然后分层、按要求仔细观察、记载和取样。和我们看土壤剖面差不多，只是记载的内容和划分标准不尽相同。土壤剖面一般是一两米，黄土剖面是一二十米；土壤剖面要现挖，黄土剖面一般是找"地质露头"。

一次，剖面太陡太高，很难爬，很危险。一个队员对最上一层的操作不太符合要求，刘先生铁着脸说："重来！"队员可怜巴巴地说："爬不上去了。"刘先生大声训斥说："怕难怕危险就别搞地质。""搞地质最怕马虎，也许就是在这个马虎中你漏掉了一个重要地质现象。"我从未经历过这种场面，既受教育又有些害怕。

刘先生对我这个"俗家弟子"十分客气，但也只是在与我单独相处时才能看到他露出笑脸。其实他笑得很温和、含蓄与和蔼，和训斥组员时截然不同。刘先生对我的另眼看待，也出于他对我的导师、第四纪地质界前辈的尊重。听地质所的年轻同志说，地质界的学风中，除治学极严，就是长幼辈分极清。刘先生常对我说："石元春，李先生是我的前辈，你有什么问题就问，别客气。"凡有一个好的现场，刘先生就把我叫到一边去跟我讲解，给我吃"小灶"。

第三章　不忘师恩

记得那天的考察路线是晚上赶到"五寨"宿营，下午我和刘先生背着地质包，手提地质锤，翻过一道大梁向坡下走时，我请教刘先生："刘先生，我们现在看到的地层、岩性、地貌、土壤和植被，如果过几十万年后，经地质过程和新构造运动而被埋藏到地下，不也是古地层了吗？"刘先生回答说："是的。"我又问："那么我们对现在被埋藏在地下的 Q_3、Q_2 和 Q_1 地层不是也可以'将今论古'和'以古论今'吗？"刘先生开心地笑着说："石元春，你有点入门了，悟性还蛮高的嘛！"

为什么我会请教这个问题，因为我在王家沟的黄土剖面上就看到过被埋藏的古土壤层。观察剖面中发现，古土壤在 Q_2 层中最发育，棕红色调，深浅不一，也就是成土过程强弱不同。后来在不厚的 Q_3 马兰黄土层里也发现了两三层不是棕红色，而是灰黑色的埋藏古土壤，农民叫黑垆土。此时，我已感觉到 Q_2 和 Q_3 黄土层的古土壤类型不同，也就是这两个地质时期的成土环境和条件是不同的。反之，不是也可以用土壤性质和类型的差异来推论四百万年间的古环境演变吗？我把这个想法告诉了两位导师和考虑以埋藏古土壤作为我的研究选题。两位导师都非常喜欢我的这个想法和选题方向。

黄土中的古土壤，搞地质的人叫它"红色夹层"，搞土壤的人叫它"黄土母质"，是跨学科的研究项目。一次，刘先生对我说："研究第四纪地层有 ^{14}C 测年法、古生物学法（化石）、新构造运动法等，现在苏联提出古土壤法，你研究的就是古土壤法，是第四纪研究的前沿和热点。目前古土壤法在国内还是空白，你的研究非常重要。"这个高屋建瓴的点评，使我顿开茅塞，否则我会把人参当萝卜吃的。

这是一次原汁原味的地质调查，俗家弟子虽未领悟真谛，但也受益终生。感谢连捷导师为我的此次精心安排，感谢东生导师手把手的教诲。原来，科学考察真是人生一大享受，它的魅力在于有无穷的现象可以任凭你去发现，去思考，去寻求大自然的奥秘。如此深厚的黄土是怎么来的？是连续堆积，还是断续堆积？近四百万年里气候是相对稳定，还是起伏，甚至大起大落？植物、动物、水文、土壤如何相应演变？古人类又是如何生存和演化？……太多的悬疑，我开始有了福尔摩斯探案中的那股激情、冲动、困惑、思考和求证的感觉。探索自然奥秘太有意思了，我开始着迷了。

参加了四个月的晋西黄土高原的科学考察，9月10日，我们6人返京回校。也带回了我的一份永久记忆。

处 女 作

回到学校不几天，科考队后勤组送来了我采集的四箱标本，紧张的实验室测定工作开始了。要对不同地点黄土的 Q_2 和 Q_3 地层中不同层位的古土壤剖面（Q_4）的形态、颗粒、结构、腐殖质、易溶盐、碳酸钙、硅铁铝率等各种理化性状进行测试对比。那么多的测试样品，那么多的测试项目，工作量太大了。稍做准备，过了"十一"就开始了长达半年之久的、"日以继夜"的实验室测试工作，有时就在实验室过夜。研究生靠自己做，没人帮你。

当各项测试陆续得到结果，不同时期土壤形成的成土母质、地形以及气候特征逐渐显露真容的时候，一个重要的成土因素——生物因素资料缺席了。我到中科院地质所找东生导师商量古植物孢粉测试一事，他面带难色地说："现在国内做不了古植物孢粉测试。"过了一会儿，像突然想起什么地又对我说："对啦！石元春，我帮你联系苏联专家试试，他们能做。"我赶紧准备供试样品，不想三四个月后刘先生就将苏联专家的测试结果交给了我。当我将孢粉资料与其他资料整合在一起时，一幅黄土沉积的数百万年间的自然地理景观演化过程开始清晰起来，"案子"终于可以破了。

北京农业大学1956年秋季学术报告会上，我报告了这项论文研究，题目是《晋西黄土中古土壤的初步研究》。60年前手刻油印的、6000多字的论文，我非常珍惜，用相机把它照了下来，附在了这里（图3-5）。该文系统阐述了红色黄土中的古土壤层、黄色黄土中的古土壤层，以及从黄土中古土壤层看第四纪气候三个部分，文中有大量分析测试的数据和图表。

20世纪上半叶，黄土成因有水成与风成之争，难分难解。水成说认为深厚黄土层里多次出现的红色土层是间冰川时期的流水沉积物；风成说认为是风成过程中的气候周期变化的结果。限于当时的研究程度和技术手段，难有定论。东生导师是风成论者，我的现场观察也是这样。关键是要论证"红色夹层"不是流水沉积物而是土壤，是成土过程的遗迹和土壤"化石"。在两位导师指导下，我在论文中先以土壤形态学分析提出了"是土壤而不是流水沉积"的7项证据。继而又提出了古植物孢粉和动物化石证据和土壤分类学以及古自然环境上的推断。论文里是这样写的：

> 从剖面形态及理化性质看来，它不同于山地的森林土壤（如灰色森林土或棕色森林土），也不同于一般的草原土壤，而接近于在温暖、干湿交替的气候和旱生森林下发育的褐色土型土壤（淋浴的和典型的）。根据孢粉分析的资料，证明当时植被亦为旱生森林型，其中有欧洲赤松（Pinus silrestris sp.）、桦树（Betula sp.）、桤木（Alnus）等木本植物。根据动物化石资料，证明当时为森林和森林草原景观，除田螺外，尚有马、小牛、鹿和穴生的啮齿类哺乳动物，古生物学的研究资料也同样符合于古土壤研究的结果。

图3-5 我的研究生论文《晋西黄土中古土壤层的初步研究》

论文研究提供了黄土中十数层"红色土层"的成土过程痕迹的证据及其土壤学特性，有力地支持了黄土的风成学说。这项工作一般地质工作者不好做，因为缺少土壤学知识和测定手段；一般土壤工作者也不好做，因为不熟悉第四纪地质过程和不容易阐述清楚黄土沉积时期的自然环境演替。而我是在两位导师苦心孤诣的安排下，在学科交叉中才取得了重要进展。

20世纪50年代，第四纪科学是地质科学的一个全新的研究领域和学科前沿。经中国科学院批准，1957年成立了"中国第四纪科学研究会"，2月11日—15日召开了成立大会暨学术讨论会。我随连捷导师，应邀参会和提交论文。我想，在这样一次隆重而正式的学术大会上，提交论文的分量应当重一些，题目改为《晋西地区的黄土及其形成过程》。在提供大量研究资料的基础上，做出的结论是：

> 根据以上对晋西地区地貌的演化，以及各种黄土的分布、产状、岩性、花粉孢子、动物化石和古土壤层的研究，使我们不能不怀疑认为黄土（指晋西以至黄土高原）主要是河流（湖泊）沉积的观点。黄土物质的主要来源应当是风的沉积，但是在堆积过程中随着气候的周期性改变而堆积速度不同，时强时弱，时止。当气候变得比较湿润和堆积速度减缓时，地面上存在着流水所引起的小规模的坡积或洪积作用，以及进行着强烈的成土过程，它们大大地改变了黄土原来堆积时的性状。但是它们毕竟只是在风积物质的部分层面上起着变性作用，所以我们也不认为黄土的成因是坡积的、洪积的或残积的，因为物质的来源和堆积后的变性是不能混同的。
>
> 在红色黄土堆积的整个时期里，气候是有节奏地、周而复始地变动着。但是在黄色黄土堆积的时期里，这种变动的次数减少，而且变动的幅度也变窄。

"中国第四纪科学研究会"的成立大会何等隆重，专家云集，济济一堂。我随连捷导师到会和安排停当后，会务组通知导师，明天上午是开幕式，下午是学术报告，学术报告有石元春的发言。导师当即应承下来，我胆怯地说"这么隆重的会，我能提交一篇论文就不错了，能否跟会务组商量一下，把我的发言撤了。"连捷导师不容商量地说："没事儿，这是我和刘先生商量过的，他是大会秘书长。"看来没有商量的余地，我只好硬着头皮上了。

第二天下午一到会场，我傻眼了。好大的场面，讲台下有四五百人，都是本领域专家。特别是坐在前面两排的都是我十分仰慕，只能在教科书、专著、文章上才能看到大名的大专家。当时我真是有些慌了，赶紧到坐在前排的连捷导师身边悄悄说："李先生，这么大的场合，还是把我的报告撤了吧？"导师瞪了我一眼："怕什么，去！讲！"

一时间，我脑子一片空白。但是，当会议主持人宣布："下一个报告人石元春"时，我顿时清醒起来，稳步走上讲台，在这样一个高级宏大的学术讲坛上，做了生平第一次的学术讲演。我不知道当时讲演时的表现，但没有心慌和语乱是肯定的。我的这篇论文（节要）发表在1958年的《中国第四纪研究》第一卷第一期上。

现在想来，在第四纪科学研究会成立大会，业内专家云集，该科学领域的最高学术殿堂上，让一个研究生刚毕业、尚未出道的青年人登上业内最高讲坛，两位导师要下多大的决心啊！如果我讲砸了，且不说影响后果，至少在我个人学术起步阶段就会投上了一道长长的阴影。幸亏是有惊无险。

老师对学生的影响有言传与身教，更有无声的熏陶。连捷导师超常起用新人，提携后进的这着险棋也影响了我一生。30年后，在我主持黄淮海项目和水盐运动研究课题中，我的博士生李保国刚通过论文答辩，我就在水盐运动课题组宣布他协助我主持这个国家重大课题，引来众专家的诧异。又如30年后我任校长期间，力排众议地拔擢了两位年轻的副校长。

《晋西黄土中古土壤的初步研究》和《晋西地区的黄土及其形成过程》是姊妹篇，是我的处女作。2014年出版的《石元春文集》土壤卷的首篇和

第二篇即此。

1956年春，是我样本测试和准备写作论文的冲刺阶段。一天上午，我到科学院地质所找东生导师请教苏联方面寄来的古植物孢粉资料，在谈完和准备起身离开时，东生导师说："石元春，你的研究方向对我们第四纪地质研究很重要。我已经和所领导谈过了，如果你愿意，欢迎你毕业后到科学院地质所工作。"我当即表态愿意，也说这要由李先生决定。不出半个月，连捷导师到我们研究生学习室对我说："石元春，科学院成立了新疆综合考察队，你愿不愿意跟我一起去新疆考察？如果愿意，毕业后就留校了。"我把刘先生的事说了，导师说他知道。我明确表态："我的工作安排请李先生定。"

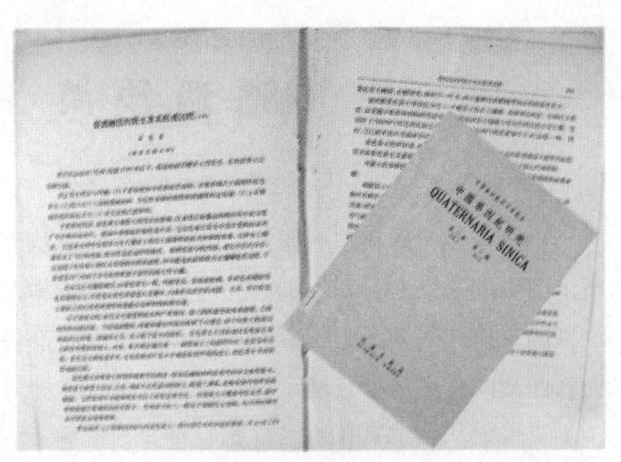

图3-6 《晋西地区的黄土及其形成过程》(《中国第四纪研究》第一卷第一期)

自此，开启了在连捷导师领导下的三年新疆综合考察，以及在北京农大工作一辈子，当时和我一起留校和参加新疆考察的还有师兄林培。没有来得及研究生论文答辩，1956年5月中旬，我二人就随同连捷导师登程赴疆科考了。出发前，也就是研究生毕业前，我被批准入党了，介绍人是土化总支书记陈心枚和研究生党支部书记王立德。

18岁，上武大，还是上清华？25岁，去中科院，还是留农大？这是两次人生转折，都会带来完全不同的人生。人的一生中会遇到很多重要的转折和拐点，这里有选择和被选择，有机遇和必然。自己唯一能把握和做主的，就是在任何时候都要把研究和工作做到最好最优秀，因为机会是为优秀者准备的。

遭遇沙漠

自辛亥革命到新中国成立,战乱不断,主政者都是些匆匆过客,谁顾得上清查国家家底。新中国成立之始,百废待举,周恩来总理就十分重视清查国家自然资源,为国家大规模经济建设做准备。国务院最早组织了东北和西藏的科学考察,与军垦和戍边有关,连捷导师两次都是参加考察的主力科学家。50年代中期,在周总理亲自部署下,通过科学院先后组织了黄河中游水土保持综合考察、华北平原土壤调查和新疆综合考察。1956年初,科学院任命连捷导师为新疆综合考察队队长,我们这些学生都喜不自胜,以师为荣。

一个考察队的水平在很大程度上取决于各专业组组长水平,能否请到高水平专家又决定于队长的学术权威与人脉关系。这次新疆队的地理组、地貌组、地植物组、水文组、水文地质组、土壤组、草原组、农牧组等的组长都是该领域的国内领军人物,如李连捷、周立三、周廷儒、贾慎修等,他们又各自带来了一批像我们这样的,新中国成立后培养的研究生和大学毕业生。考察队的后勤很重要,新疆队配有十几辆新进口的越野车,有大批军用帐篷和各种罐头食品,后勤总管是由部队调来的一位团级干部,特别干练。

考察队浩浩荡荡从北京出发,在兰州停留5天,住中科院兰州分院,收集有关资料和补充后勤给养。那时的兰州还是"无风三尺土,有雨一街泥";兰州以西,河西走廊的铁路是新修复的单线,火车走得很慢,站站停。火车到酒泉站,要停留两三个小时,年轻的综考队员发思古之幽情,说起汉武帝赐霍去病美酒一坛,未自享而倾泉,与全军将士共欢,故有"酒泉"之美名;对"葡萄美酒夜光杯,欲饮琵琶马上催。醉卧沙场君莫笑,古来征战几人回?"的诗句也议论了一番。一位提议:"走!赶紧出站去买夜光杯。"年轻人聚在一起,花样就多,特别热闹。

火车慢慢吞吞地,好不容易地从酒泉开到了铁路的终点,安西。据说，这里每年只刮一场风，从年头刮到年尾。考察队自安西弃火车改乘汽车，路面很不好，颠簸了两天多，身子骨快颠散了才到乌鲁木齐。旅途中的招待所床铺上，臭虫成群结队，很可怕。好在太累了，躺下就能睡着，随它咬去。

从北京到乌鲁木齐，又是火车又是汽车，走走停停地小半个月，真不容易。

那时的乌鲁木齐汉人不多，街上多是维吾尔族男女老幼，房子是维吾尔族建筑风格。考察队队长、副队长和各组组长住在市内唯一的一座三层小洋楼——乌鲁木齐宾馆，大队人马分住在附近的几个招待所里。这里与北京有4个小时的时差，北京人快要准备上床睡觉了，这里才是夕阳西垂的傍晚时分。维吾尔族男女青年三五成群，潇洒悠闲地在大街上溜达，卖煎包的店铺散发出浓烈的羊油味道，大喇叭里大声放着维吾尔族音乐和歌曲，弥漫着与内地城市完全不同的风情。我们这些汉族考察队员吃了晚饭后，也是三五成群地在大街上闲逛。

那时国内流行跳青年舞，时兴由政府和单位出面组织舞会。新疆维吾尔自治区在政府大礼堂为考察队组织了专场舞会，来了不少维吾尔族姑娘。那色彩斑斓的连衣裙、婀娜的身材、美丽的面庞、甜蜜的笑容，将我们这些汉族小伙子看得呆了。维吾尔族姑娘邀请我们跳舞，我们一个个地红着脸往后躲，真后悔没有早些学会跳舞。个把小时后，音乐停了，主持人说有舞蹈表演。维吾尔族姑娘轻歌曼舞，舞姿妙曼、衣袂飘飘，那"杨花曼舞翩纤姿"将舞会推向了高潮，一个维吾尔族小伙子骄傲地说："这就是我们维吾尔！"这样的舞会，在内地是绝对享受不到的。

按考察队计划，北疆和南疆各考察两年，第五年总结。1956年考察北疆的第一站是东邻蒙古国，北接苏联的阿尔泰山地。由乌鲁木齐到阿尔泰山地需穿过吉尔班通古特沙漠（也称准噶尔沙漠）东部宽约20公里的狭长通道。考察队先一天由乌鲁木齐转移到离沙漠通道最近的奇台县整装待发。出发的这一天，考察队要求全体队员不得外出，全时休息，养精蓄锐，准备一夜奔袭沙漠通道。次日晨走出沙漠，进将军戈壁。

晚餐后，趁太阳西垂无力时，大队人马与辎重，精神抖擞地乘坐十多辆汽车向北进发，好不威风。行十多千米，抵沙漠通道南端的北道桥，天已黑了下来。沙漠还真不给面子，让这批崭新的越野车，一进沙漠就趴了窝。只好拿出每辆车上事先准备好的、六七米长的宽厚木板，由我们这些年轻队员倒着给汽车铺路。不到半小时，走了不到1千米，汽车就"开锅"了。就这样，一百多人侍候着十几辆车，一夜走了不到5千米。天亮了，人与车都筋疲力尽了。队里通知，队员们吃些西瓜和馕后，钻到汽车底下睡觉，以避太阳淫威。沙漠的阳光和温度，人和汽车是不能白天行动的，只能像蝙蝠一样地昼伏夜出。

图3-7（上）是考察队过沙漠时队员为汽车铺木板开路中的狼狈相，镜头内有5辆汽车，还有5辆在后头，正中间前面穿深色上衣，抬木板的是我。这张照片是科考时的经济地理组学术秘书，后来中科院南京分院院

图3-7 中科院新疆综合考察队穿越吉尔班通古特沙漠（1956年5月）

长佘志祥研究员 2003 年送给我的。图 3-7（下）是走出沙漠前，队员们爬上沙丘，向北远眺将军戈壁的情景。

在沙漠里，水比金子宝贵。每人限量饮水，不得用水洗脸漱口，第二天连煮粥的水也不敢用了，只吃干饭。考察队发电报给新疆军区求援，回电说某时某刻将有飞机空投饮水和食物，大家无比兴奋地期待着。果然某时某刻头顶上有飞机盘旋，可惜错投给别的车队了，大家只是收获了一场空欢喜。第三个清晨，天刚亮，估计离沙漠边缘不会太远。有另一车队趁清晨凉快，从我们车队身边经过。经联系，考察队派我一人搭乘他们的汽车先行走出沙漠，找到将军庙泉眼，准备迎接大队人马。

我站在他们的卡车上东摇西晃，身边汽油桶里的汽油晃荡如水，我真希望能晃荡一些出来，是汽油也想喝它几大口，实在太渴了。这个车队出沙漠后，我随即找到了将军庙泉眼，两个多小时后，我们的车队才脱离沙海，在将军庙稍事休整，补足了饮水，登程将军戈壁，向阿勒泰地区的清河县进发。在清河县午餐后，北经富蕴，天黑后方到阿勒泰哈萨克自治州首府阿勒泰。

沙漠！您好生地不客气，难道就是这样接待北京来的科考队员吗？

阿尔泰练兵

两年北疆考察，包括阿尔泰山地、萨乌尔低山、天山北坡和准噶尔盆地四地。

阿勒泰，哈萨克，一派牧区景色与风情，全然不同于维吾尔族农区景观。木质起顶平房，外涂各种鲜艳色彩的油漆。街上很少车辆，多的是骑马的哈萨克汉子，提着马鞭，强壮威武。机关和商店门外设有拴马用木栏。此情此景，似曾相识。哦，对啦！这不是高中时在美国西部片中常看到的景象吗？一模一样，只不过是中国哈萨克替换下了美国牛仔。

科考队对阿尔泰山地的考察，设计了阿勒泰、富蕴和清河，即北、中、南三条路线。有了从山下到山顶的三条横断面考察，大抵可以掌握阿尔泰山的全貌，编绘一万万分之一的地貌、植被、土壤等各种图幅的精度是足够了。出于安全考虑，每个专业组配两名新疆军区派来的民族战士，骑着马，斜背着枪，好不威武，和《冰山上的来客》电影里一样。科考队员也是骑着马，斜背相机、高度仪、罗盘仪、标本夹、军用挎包和水壶等，好不风光，和"年青一代"电影里的肖继业一样。图 3-8 是上山前我和新疆大学派来的民族大学生骑在马上的照片，我左腿后挂的是挖剖面用的美式军用铲，可不是什么冲锋枪。

阿尔泰山太美啦，是荒漠中的一颗绿宝石。

山脚下是一片荒漠，和图 3-8 照片上一样。山口是旱生灌木草原，进山不久是落叶阔叶林，海拔 1400 米左右开始出现浓密的以落叶松为主的针叶林，到海拔 3000 米的山顶，是平坦的大片高山草甸草原，草丛茂密得像厚厚的一层地毯，踩上去软软的。这里是当地牧民与羊群的夏草场，叫"夏窝子"，秋凉后再将羊群由山上的"夏窝子"赶到山下的"冬窝子"过冬。

科考队登上山顶夏草场时，太阳开始偏西，上山的先头部队已安排好

图 3-8 我和新疆大学派来的民族大学学生准备进阿尔泰山科考（1956 年 6 月）

考察队与哈萨克草场部落头领见面的隆重仪式。连捷队长穿着美式军靴和夹克，戴着一副墨镜，骑着马，两面斜挎着相机、罗盘仪和高度计，后面是他的科考马队。离哈萨克帐篷一箭之地停下一字排开，部落头领也带着他的马队一字排开，好像古时对阵打仗一般。科考队队长和部落头领下马行礼寒暄（通过科考队带的翻译），互赠礼物。他们的礼物是羊肉和马奶子酒，我们的礼物是从北京带来的砖茶和绸缎。这天晚餐，队员们美美地吃了一顿手抓羊肉，喝足了马奶子酒。

富蕴线考察发生了状况。马队到达山顶的高山草甸时，骤然刮风飘雪。哈萨克向导说："今天下不了山啦！"考察队只好做宿营山顶的准备。夜间真冷，考察队员躲进帐篷，穿着皮大衣，盖着厚棉被过夜。早晨走出帐篷，脸盆里的水冻成了大冰坨，一抬眼，山顶的景色把我们惊呆了。太阳刚升到山顶，金黄色的阳光从东面斜洒过来，沾着水汽的草甸变成暗绿鲜嫩，草尖上挂着水珠，像夜间星星般地闪光，还有那一顶顶军绿色帐篷和向东而立，睡眼惺忪的科考队员。这是海拔 3000 米以上高山顶上的一抹晨曦，是我一生中见过的最美晨景。

阿尔泰考察中，在驻地吃完早饭后，各组到后勤领取罐头、馕或面包、马奶子或凉开水以充午饭。晚饭是在驻地吃厨师做的正餐，在露天围成一圈一圈地开饭。问题来了，阿尔泰是林区，天刚黑，蚊子成堆地往人脸上撞，吃饭时蚊子也往嘴里钻，给队员们补充动物蛋白。后勤给我们每人发下一个纱布脸罩，这才避开了蚊子对晚餐的骚扰。

阿尔泰山考察结束后，大队人马由阿勒泰出发，顺额尔齐斯河西下，转移到克拉玛依。额尔齐斯河是中苏间的一条国际河，当地人说，每年丰水季节，就有苏联轮船到阿勒泰城，大量购买中国的暖水瓶。科考队朝发阿勒泰，夜宿克拉玛依，各组汽车各自行动，走一路考察一路，准噶尔盆地北部的考察就是这次完成的。

1956 年的克拉玛依，好一座新兴石油城，一派欣欣向荣景象，城市居民主要是油田职工和家属。这是我第一次看到油井和油田，非常壮观，感受到了"咱们工人有力量"的那股子气息与激情。第二天，考察队的汽车顺克拉玛依到独山子炼油厂的笔直公路南下，夜宿石河子新城，新疆农垦兵团司令部所在地。总结休整数日，开始第二阶段的，分两组以玛纳斯河流域为轴心的准噶尔盆地土壤路线考察，为来年做准备。十月初，科考队大队人马回乌鲁木齐总结十日后返京。

我是科考队队长的秘书，留下帮队长准备向自治区党委汇报的材料。汇报对象是自治区党委常委张仲翰，兼新疆兵团政委，可厉害啦！考察队的汇报会在自治区党委大会议室召开，党政和兵团主要领导参加，很隆重。参会人等坐定后，张仲翰政委和连捷导师一同走进会议室，在宾主位落座。二人谈笑风生，好像老朋友般，导师的那种含而有放、潇洒倜傥，表现无遗。散会后我问导师："您认识张政委吗？""不认识！""好像你们两人很熟。""见面不就熟了吗？"老师真幽默！

第二天，我随导师乘飞机到兰州，那时只有二三十个座位的小飞机、苏联的伊尔。这是我第一次坐飞机，真高兴。随着飞机升高，乌鲁木齐在变小和远去，平原与农田尽收眼底，心中无比兴奋。半小时许，飞机穿越博格达山脉，因气流不稳而忽起忽落。我心中突感一阵翻涌，呕吐起来，最后吐的都是黄色的胆液苦汁，经受了从未有过的一种难受。飞机到兰州后下榻兰州宾馆，我对导师说："李先生，明天您坐飞机回北京，我还是坐火车回去吧。"

"石元春，没关系，吐两次就不吐了，和我一起回北京吧！"李先生淡笑着说，笑里好像藏着很深的哲理。

准噶尔之"地学综合体"

1957年的新疆考察，队伍更加壮大了，迎来了十几位苏联专家，土壤专家有诺辛教授和扎哈琳娜研究员。也新来了一批中方新队员，一批新毕业的大学生，土壤组有北京农大土化系1957届大学毕业生石玉林、黄荣金、韩炳生和马式民四位师弟。科考队新增了水文组和水文地质组。第二年的新疆考察队，人气顶旺，年轻人多了，气氛更是活跃。

我带一支小分队考察准噶尔界山（萨乌尔山），师兄林培带一个小分队考察天山北坡，还有一个小分队在玛纳斯流域的下野地详查。

"山不在高，有仙则灵"。

正因为萨乌尔山个子不高，却成为大西洋冷湿气流南下进入北疆的一条主要通道，在高耸的天山阻截下，使准噶尔盆地的年降水量达到150—400毫米，造就了天山北麓众多河流在山前堆积了深厚黄土质的泛滥平原；造就了新疆建设兵团开发的2000多万亩农田。此外，它是国际界山，东中国而西苏联。

我们科考小分队住在某边境小镇，小镇边上的一条小水沟就是国界。队员早晨在小水沟边洗脸，竟然引起对面苏联边防岗哨的注意。电话通知中方边防岗哨："我们在沟边发现不明身份的可疑人员。"

萨乌尔山属塔城地区，居民主要是俄罗斯族，人文风情又不同于阿尔泰的哈萨克，与苏联电影里看到的差不多。塔城夜景很美，有繁华夜市，有公园昏暗灯光下的对对情侣和嬉闹孩童，手风琴演奏声是不能没有的。我们小分队在俄罗斯族的边防战士骑马挎枪的保卫下，用了将近一个月时间完成了萨乌尔山地的考察。

第一阶段考察结束后，各小组回到石河子集中小结和稍事休整。第二阶段是集中兵力，考察玛纳斯河流域，这是北疆农垦的重点区域。图3-9是我随队长连捷导师过玛纳斯河（左）和考察一座废弃旧城（右）的情景，说到过玛纳斯河还有个小故事。一次随连捷导师乘美军吉普过玛纳斯河，眼看要上岸，汽车打滑开不动了。我立即把鞋脱下来，两只鞋系在一起，挂在吉普车的顶棚柱子上，随即下水推车。车上岸了，鞋却被河水冲

图3-9　随队长连捷导师过玛纳斯河（左）和考察一座废弃旧城（右）(1957年)

第三章　不忘师恩　93

跑了。导师哈哈大笑着说:"石元春啊石元春!叫我说你什么好呢,考察队发给你们军靴,就是让你们涉沙蹚水的,怎么遇到水你就把靴子脱了呢?"真倒霉!丢了鞋子还落个大红脸。

第四纪里的新构造运动活跃,将天山推拥得高耸挺拔,还在山前留下了低慢起伏的一个低山丘陵带。经山上流下的河流穿切,留下了第四纪早期,即 Q_1 和 Q_2 的累累台地,以及凌乱纷呈、不大的山间平原,像镶围在天山脚下的一道花边。这里虽然雨水较盆地为多,但已无山地护育,坦露于荒漠,地面上铺着一层低矮的灰蒿-狐茅草丛,发育的是一种半荒漠的淡灰钙土。图3-10的第一张照片是土壤组的黄荣金、韩炳森和庞纯涛在天山北麓低山丘陵带观察土壤剖面。

走出低山丘陵带就是开阔平展的 Q_3 洪积扇、洪积平原戈壁。大风将细土粒吹走,留下的是鸡蛋大小的卵石和石砾,将地面铺盖得严严实实。高温和巨大温差在每块石砾表面涂上了一层乌黑发亮的荒漠"漆皮",石砾背面附黏着半透明的石膏晶体。使舒展平坦的洪积平原戈壁,像是由粒粒黑宝石镶嵌的飘逸裙装,洒落在天山脚下,上面还零星点缀着几株角果藜灌丛与毛蒿,下面发育的是灰棕色荒漠土。图3-10的第二张照片就是山前 Q_3 洪积扇、洪积平原戈壁,照片上的笔

图3-10 天山北麓的主要地貌、植被和土壤景观(1957年摄)

记本是我放作参比砾石大小用的参照物。

大自然的一个神奇杰作是在洪积扇边缘撒布了如串珠般的泉眼群，清澈晶莹的泉水冒出地面，在荒漠里滋润出一片茂密的芦苇滩和沼泽土，这就是"沙漠绿洲"，地貌学叫"洪积扇扇缘潜水溢出带"。这里还产生了举世闻名的"坎儿井"和绿洲农田。

准噶尔盆地是个古老地台，天山山前的凹陷堆积平原。来自天山的河流将石砾堆积于山麓洪积扇后，继续将细粒的黄土类沉积物一次一次、一层一层地覆盖叠加在盆地里。每一次大的洪水泛滥和河道的迁徙，都会留下河床、自然堤、河间平原、积水洼地等中小地貌类型。可惜因地势平坦和风力的再塑造，肉眼已不易分辨了。不要紧！有线索可寻。因为不同地貌部位有着不同沉积物、不同土壤类型和积盐特征，地面就会生长出不同的植被类型，我们能一眼看出差别的植被类型。

在山洪很少漫及的稍高地势部位，一眼望去，是多么纯净、疏密有致、深灰绿色的、既耐盐又能泌盐的琵琶柴低矮灌丛，下面发育的是强盐化的灰棕色荒漠土或盐土。反之，能积水的低地，土质较细，脱盐较好，则生长着一人多高的琐琐柴灌木群落，下面发育的是含盐量不高的灰棕色荒漠土。处于二者间的大片河间微倾低地，则是中度或强度积盐的灰棕色荒漠土，上面长着稀疏的圣柳灌木草丛。

在第四纪沉积物基础上的地貌、水文与水地质、植被与土壤竟是如此和谐地相依相随，像大型交响乐演奏中一个音符也不能差错一样。由此我悟出大自然"有机体"概念（当时还没有"系统"的概念），以后又正式提出了"地学综合体"概念。正如同人是一个统一的有机体，医院却分有内科、外科、心脑血管科、呼吸科、泌尿科等；大自然也是一个统一的有机体，现代学科却分出地质学、第四级地质学、地貌学、水文学、水文地质学、地植物学、土壤学等，都是一个道理。

一旦这个统一有机体的平衡被打破，人就会生病，"地学综合体"也会生病。如新疆建设兵团农垦7师在北疆黄土质堆积平原上组织了大规模开垦，一个团建一个农场，叫"团场"，团长就是场长。农田灌溉打破了自然态的水盐平衡，次生盐渍化就会发生，有的团场被迫弃场撤离。图3-10

第三章　不忘师恩

的第三张照片就是下野地刚撤离抛下的一片新场房遗址，我站在那里似沉思，又像在找些什么。第四张照片是准噶尔盆地最低处的艾比湖，周边远近的尾水都汇集于此蒸发，这里成为准噶尔盆地的一片天然盐泽。这也是地学综合体家族中不可或缺的一员。

两年考察，我们编写了"新疆阿尔泰山土壤""准噶尔界山土壤""准噶尔盆地土壤"等文字报告。还有 1∶100 万的北疆土壤图，以及由我和林培师兄执笔编写的、近 4 万字的"北疆土壤考察报告"（图 3-11）。全文已载入《石元春文集·土壤卷》。

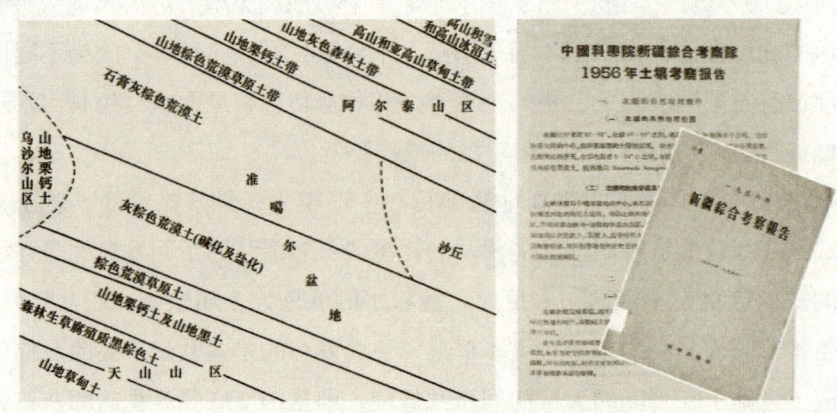

图 3-11　土壤类型与分布图式（左）及北疆土壤考察报告（右）

两年晋西古土壤研究是单学科单要素的时间维研究，两年北疆考察则是多学科多要素的空间维研究。"地学综合体"是我在北疆考察实践中悟到的；是我在读大自然界"天书"中的"人之初，性本善"和"天地玄黄，宇宙洪荒"；是认识大自然的"基本功"。正是这个"基本功"让我在第二年的南疆考察中狠露了一脸。

南 疆 展 翅

1958 年，新疆综考的第三年，南疆综考的第一年。

因苏联专家到达考察现场较晚，中方队员先行对东疆进行了考察。分哈密、鄯善和吐鲁番三个考察小分队，我在吐鲁番小分队。

5月的吐鲁番，天气已如火炉旁边。上午10时到下午4时县城店铺关门，街上很少行人，人躲在家中地下室，或浸泡在一个一米多高的大水桶里。科考队员不能穿短衣短裤，以免灼伤皮肤。即使如此，被烤热的长裤裤筒一贴到皮肤，就如刚烫烤过的热膏药贴在了皮肤上。这次考察，是从火焰山到海拔 −155 米的艾丁湖。我们几个人，站在旷野无人的艾丁湖边，一手举着铁锹，一手举着高度计，齐声高喊："一、二、三，我们到海底啦！"

按考察计划，艾丁湖边应设置一个土壤剖面。可是挖起来太费劲，全是坚硬如石的盐壳，一米多深还不见土。我说："别挖了，记下这里只有盐岩，没有土壤，做好自然环境描述就可以了。"

盐壳表面散落着零星石块和几株盐蓬，偶然间，我发现一块水成岩基的风成"三棱石"，太宝贵了，我爱不释手。作为标本，理应上交，但作为纪念品也是可以收藏的。历经60余载，虽辗转流离，我仍保存至今，且题有小诗一首，均可见于《石元春文集》杂文卷第389页。[①]

言归正传。中苏双方考察队员6月齐集焉耆县，考察开都河和孔雀河流域，重点是焉耆盆地。焉耆盆地是一个比较完整的地理单元，这里是中苏专家综合考察中的一次大规模"军演"。

焉耆盆地位于新疆塔里木盆地东北侧，是天山主脉与其支脉之间的中生代断陷盆地。面积约1.3万平方千米，由西北向东南倾斜，边缘海拔1200米上下，最低的博斯腾湖面为1047米。各专业组按各自专业要求制定了考察路线和计划。一时间，盆地的山前台地到洪积扇，河流冲积平原到博斯腾湖面，到处都留下了中苏考察队员的身影，水文组还乘橡皮船下了博斯腾湖。

半个月后，各考察小分队回到焉耆县城，先是分组总结，再开全科考

[①] 1956年，石元春在海拔零点以下百余米的吐鲁番艾比湖边采得一方"风棱石"，十分喜爱。1992年校长任期间，有感于繁艰而题此明志，并附于石背，置办公桌，以自警示。全诗为：历经磨难志犹坚，天生佳质展雄颜；边有缺失一撇角，角棱锋锐胜当年。

队总结交流会。

交流会是各专业组展露拳脚，竞放异彩的一个舞台。这天下午，我代表土壤组汇报考察小结，参会的苏联专家只有扎哈琳娜一人。我从海西期褶皱基底，燕山晚期挤压抬升，以及挤压效应从盆地边部向内部传递，和经多期构造运动改造成如今的一个中、新生代复合盆地的地质背景说起。然后是对山前第三纪剥蚀台地、第四纪剥蚀堆积台地、Q_3和Q_4两级河流堆积平原以及湖积平原等的地貌、堆积物和地下水状况，刚要讲到土壤部分时，扎哈琳娜站起来说："主席！对不起，我建议暂时休会。"大家摸不着头脑地被休会了。

二十多分钟后，七八位苏联专家陆续到场，会议重新开始。扎哈琳娜先解释说："刚才 товарищ 石（石同志）讲得很好，建议他再从头讲，让我的苏联同行也听一听。"我又从地质背景讲到第四纪地质和新构造运动，以及对现代地貌的形成和结构的影响，顺理成章地引申出了植被和土壤的类型和分布规律，以及在人为开发中应当如何保护生态环境，如行云流水般，娓娓道来。会后扎哈琳娜对我说："товарищ 石，你讲得太好了，没有一个土壤学家能有这么系统的地学知识和分析能力。我要让更多一些苏联专家了解中国年轻科学家的实力。"我心里美滋滋的。

其实，这是上节说到的，北疆考察中开始学会运用"地学综合体"的焉耆版。

焉耆总结后，各小分队又开始分别行动，我们土壤组一组由林培带队，和诺辛专家一起考察天山南坡土壤；二组由我带队，与两位苏联专家进入天山南麓和塔里木河流域。扎哈琳娜专家和宾斯可依专家的特长是盐渍土水利土壤改良，我们组专门在兵团塔里木一场设置了一个盐渍土改良工程样板并安排了工作助手。随即我带着一个小分队出发考察天山南麓，塔里木盆地北部的土壤。有了北疆和焉耆盆地考察经验，再来个"地学综合体"的天山南麓版，应当是驾轻就熟了。

9月中旬，南疆考察进入尾声，各小分队集合阿克苏，时逢中秋佳节，野外奔波的考察队员每返驻地，总是兴奋难当，如同刚收割小麦准备打场的农民心情。中秋节下午，土壤组开联欢会，我们六个男队员头系花巾扮演采茶女,手中抖动彩扇,轻盈跳起"采茶扑蝶舞",站在一旁的组员一齐唱起"采茶调"。

溪水清清溪水长,溪水两岸好呀么好风光。
哥哥呀,你上畈下畈勤插秧。妹妹呀,东山西山采茶忙。
插秧插得喜洋洋,采茶采得心花放。

舞蹈表演结束后我又即兴表演了"林培吃西瓜"的神态,把三位苏联专家笑得前仰后合。连沉默少语的诺辛专家也说:"想不到你们中国青年人也是如此活泼幽默。"联欢结束后全组到室外照了一张弥足珍贵的合影(图3-12)。你看,穿着皮夹克的诺辛教授(后排左四)还余兴未消地对我(后排左二)笑着说些什么,我右边的扎哈琳娜(左一)还含笑地牵着我的手,我满脸堆笑。中排右四是宾斯可依专家。

此次天山南麓,塔里木盆地北部考察虽仅月余,然成果甚丰。1959年科学院编辑出版的,由苏方队长 Э. М. 穆尔扎也夫教授和中方队长周立三

图3-12 新疆综合考察队土壤组全体队员合影(后排左一和四是苏联专家扎哈琳娜和诺辛,左二是我。1958年中秋节于阿克苏)

第三章 不忘师恩

图 3-13　1958 年考察天山南麓和塔里木河流域后写的论文

研究员主编的《新疆维吾尔自治区的自然条件论文集》，登载中苏两国专家的考察文章。不想，我这个年轻科考队员的一篇 1.5 万字长文《塔里木盆地北部盐分的积聚规律和盐渍土的利用改良问题》也被破格选入（图 3-13）。这是我"地学综合体"思想的第三次亮相。

我在文中论述了塔里木盆地北部盐分积聚的气候、地层、地形、地貌条件和一般特征后，系统讨论了前山带含盐地层的坡积盐化过程、山麓洪积冲积扇积盐过程、山麓洪积冲积平原积盐过程、河流三角洲积盐过程、河流冲积平原积盐过程，以及次生盐渍化过程。在河流冲积平原积盐中详细论述了塔里木河中游的大量堆积阶段、叶尔羌河下游的开始下切阶段和塔里木河上游的下切阶段的三类积盐特征和规律；论述了现代积盐过程和古代积盐过程。这是一篇极端干旱地带基于地学分析的易溶盐积聚规律的研究论文，3.0 版的"地学综合体"。此文已载入《石元春文集·土壤卷》。

1958 年是我学术上大丰收的一年，有焉耆盆地的阶段总结和塔里木盆地北部盐分积聚规律长文两大成果。20 年后，在黄淮海平原我写下的多篇易溶盐积聚规律的研究论文，以及 50 年后出版的《黄淮海平原的水盐运动》都与此长文一脉相承。

一所大学校

综合科学考察，是一所大学校。

这里有地质地貌组、水文组、水文地质组、地植物组、土壤组、经济地理组、农牧业组等。组长都是我们师辈，国内顶尖的学科带头人；各组的学术秘书和考察队员都是我们这批新中国培养毕业的年轻研究生和大学生；还有苏联专家的指导与助阵。这是一个有组织、有明确工作目标的高素质学术集体，一个科学大家庭。不是实验室研究，不是大学课堂讲课，不是科学论坛演说，而是在大自然里，通过实践探求自然规律，一步一个脚印地为国家探查自然资源。

考察那高山、中山和低山，山麓台地、洪积扇、冲积扇和扇缘潜水溢出带，河间平原、河漫滩、自然堤和河流阶地；考察那高山和亚高山草甸、针叶林、落叶阔叶林、森林草原、干旱草原、荒漠草原和荒漠；考察那高山和亚高山草甸土、山地生草灰化土、山地灰色森林土、山地黑钙土和栗钙土、灰钙土、灰棕色荒漠土、沼泽土、盐土和碱土。这一串又一串艰涩和乏味的科学词汇，像一部天书，让我们去寻求她的规律和奥秘，还要按制图规范绘制出比例尺为1∶100万的地貌图、地植物图、土壤图等，提出可利用的资源与利用途径，这是一个多么令人神往的科学追求啊！

徜徉于大自然、与大自然亲密对话的青年科技工作者，无比幸福地沉浸在科学考察中。日行百里，上山骑马，平地乘车，时时捧着笔记本和地形图，看着高度计和汽车里程表，不放松任何一点有科学价值的发现。

傍晚一到宿营地，不是先休息而是趁天尚未黑，马上整理标本。晚饭后在帐篷里的烛光下整理当天的考察笔记和地形图。注意！必须是当天，不能过夜，这是行规。我们年轻队员如此，连时年70岁的植物学界老前辈秦仁昌学部委员也为我们做出了榜样。考察的每一天都会有丰富的新资料和新思考，若非当日事当日毕，必然导致混淆和疏失。为了培养少数民族科技力量，我们每个专业组都有几位从新疆大学和科学院新疆分院抽来的少数民族科技人员。起初，考察汽车一开动，他们就引吭高歌，随之是东倒西歪地打瞌睡。后来他们也知道了，汽车马达一响，野外考察就开始了。

每小段考察结束做小结，每阶段考察结束做阶段总结，每完成一次考察任务写正式报告。除了吃饭与睡觉，队员都是在不停地忙碌着，思考着，高兴地享受着野外工作的乐趣和浪漫。综合考察中培养的这种勤观察、勤思考、勤总结、勤写作的工作习惯让我养成了一种做一段工作就总结，就成文的工作习惯。我做了 8 年校长，没让秘书给我起草过一次发言稿，都是按"发言提纲——口头宣讲——文字报告"的流程成文存档。2013 年，应中国工程院之约，仅一年多时间就整理出版了含"土壤卷""农业卷""生物质卷""教育卷"和"杂文卷"5 卷共 200 余万字的《石元春文集》，没有在科考中培养的这个好习惯，没有几十年的积累是不可能做到的。

上山骑马，平原行车；风餐露宿，天地为家；探索规律，查探宝藏；孜孜以求，为国为民。科考生活，浪漫充实，丰富多彩，每当我们宿营山林，扎寨戈壁滩，簇拥在篝火旁时，就会自豪地唱起佟志贤作词、晓河作曲的"勘探队员之歌"。

> 是那山谷的风，吹动了我们的红旗，
> 是那狂暴的雨，洗刷了我们的帐篷；
> 是那天上的星为我们点亮了明灯，
> 是那林中的鸟向我们报告了黎明；
> 是那条条的河汇成了波涛大海，
> 把我们无穷智慧献给祖国和人民。
> 我们用火焰般的热情，战胜了一切疲劳和寒冷。
> 背起我们的行装，攀上了层层山峰。
> 我们满怀无穷的希望，为祖国寻找着丰富的矿藏。

这首歌激励着我们每个科考队员，激励着我们的一生。这首歌后来成为 20 世纪 60 年代初《年轻一代》电影的主题曲和北京地质学院的校歌。《年轻一代》里的故事好像就发生在我们身边，我们每个人都像是"肖继业"和"林育生"。

在这所大学校的 6 年里，从晋西到新疆让我学会了，在面对复杂大自然时，如何在时间维和空间维上进行思维的能力，学会了运用"地学综合体"的洞察能力，找到了我喜欢的、愿意献出终身的土壤学与地学。是这 6 年，开启了我人生的科学之旅。

我的人生画布（三）

"饮水思源"。为什么我能较好地认识和把握诸多复杂的地学现象？因为：

导师家的饺子宴和师生照；

王乃樑先生的地貌学和袁复礼先生的第四纪地质学；

刘东生先生的晋西第四纪地质考察中手把手的教导和黄土层中的古土壤研究；

我的处女作与初登学术讲坛；

三年的新疆科考和"地学综合体"思想的萌生；

如此丰富的浓墨重彩，在我人生画布涂上了一片科学蓝天，和蓝天中飘移着的朵朵白云。

"老归江上寺，不忘旧师恩"。

特写七言《师恩》如下：

　　土壤地貌第四纪，黄河新疆师两地。
　　解读天书觅规律，系统地学综合体。
　　六十年来风云路，报国为民心铭记。
　　天涯海角皆有尽，唯我师恩无穷期。

第四章
"白专典型"（1957—1973年/26—42岁）

取得晋西和新疆的6年科学实践时，我才27岁，多好的事业发展势头啊！可惜，随之而来的是政治运动高发期。由疆回京后，科教与"运动"共舞了7年，"文化大革命"又让我无科无教地"运动"了8年，转眼"不惑"。新中国培养的这位"一儒"的前半生，就这样地过去了。本章讲我前七后八的这15年是怎么过的。

"反右"余波

1957年，正当我在萨乌尔山和准噶尔盆地，以天为房，以地为床，唱着"勘探队员之歌"，尽情享受野外考察生活的时候，一场狂飙汹涌的政治风暴，"反右"运动在北京和全国开始了！多少学人志士蒙羞陨落，多少不更事的热血青年如临深渊。

1956年，知识分子沉浸在中共中央发出的《关于知识分子问题的指示》和"双百方针"的愉悦之中。次年4月，赴疆考察前夕，中共中央发出了《关于整风运动的指示》，全校师生积极学习和准备"帮助党整风"。

此时的北京，尚是风和日丽，歌舞升平。才两个月，我在塔城考察时的6月8日，《人民日报》发表了社论"这是为什么？"，"反右"的狂飙骤至。北京农大6月19日召开全校"反右"动员大会，停课两周搞运动，大字报铺天盖地。开始抓不出右派，后来硬抓，未完成指标再抓，最后抓了143人，其中党团员70人。143人中，142人后被改正（《北京农业大学校史》第200—212页）。也就是说99%被"错划"。

1957年初冬，北疆考察结束返校时，校园一片压抑、沉闷与困惑。如果说我对章伯钧、罗隆基、储安平等一无所知，而与我抵足而眠，对党忠诚，一心追求进步，才二十几岁的一些年轻同学和同事，怎么转眼间就变成了"反党反社会主义的右派"？是他们出了问题，还是政策出了问题？但这一切都是真实地发生了。正当我不解和伤感时，一个"如果石元春在北京，他也可能是右派"的传言令我毛骨悚然，不寒而栗。

1957年的新疆考察，让导师和我避开了"反右"凶险，但没有逃过随之而来的"双反"和"交心"运动。1958年3月3日中共中央又发出《关于开展反浪费反保守运动的指示》。"反浪费"却掀起了对"无形浪费"的揭发，如"重理论轻实践""重业务轻政治""重研究轻教学"以及"名利思想"等的揭发，用的是"大字报"武器。运动中对连捷导师的揭发批判是，他把土壤学讲成了"玄学"，宣扬资产阶级的"地质学派"和反对毛主席提出的"除'四害'"。于是停止了他参加新疆考察和担任队长的职务。连我这个研究生刚毕业、新疆考察才两年的青年教师，也被指投靠资产阶级专家（指连捷导师）和不重视苏联专家而在党内受到批判。

1958年出发新疆考察前，土壤教研组党支部召开了对我的批判会。

记得是在开完晚饭后的教员餐厅后面的一角，宽敞、明亮。除了土壤支部的党员外，还请来了几位政治水平高和火力猛的外支部党员。发言人声色俱厉地指出："对待苏联专家的态度就是对待苏联的态度，就是对待党的态度。""追随资产阶级知识分子和不重视苏联专家是严重的立场问题，大是大非问题"等等，虚设一个"莫须有"，然后义正词严，无限上纲。

其实，也太高估我了，刚参加工作的我，只知道连捷导师，没想到什么资产阶级知识分子；只知道我是新疆考察队队长的秘书，没想到要去投靠资产阶级专家；只知道一心向往苏联，尊重和亲近苏联专家，干吗要去冷落他们？我有"作案动机"吗？再说，我一个刚毕业的青年教师，有资格和够得着去"冷落苏联专家"吗？正是"欲加之罪，何患无辞"。

这种小型批判会的一般程序是：确定对象、开预备会抛材料、确定发言人分工（发言人要有上纲上线能力和战斗力）、开批判会、发言人依次批判、主持人总结，被批人只需简单表态，不必做说明或辩解。

当时"挨批"是件极普通的事，那么多教授和老师都"挨批"和"颜面扫地"，多我一个不算什么。何况当时有一个很好的说辞，就是"有则改之，无则加勉"，那么，我就权当是"无则加勉"罢了。这是我人生中的第一次"挨批"，还附"延长入党预备期一年"的处分。批判会后我即出发新疆考察，组织上没来得及停止我的新疆考察工作，真是万幸。当然，1959年我是不能去了，林培照常。

"白专典型"

1958年南疆考察，我在焉耆盆地小试牛刀，在天山南麓大展拳脚，浑然不知全国正在如火如荼地"大跃进"。即使是"大跃进"，也没忘记对知识分子的思想改造。

事情是这样的，生产战线"大跃进"，教育战线也掀起了"红专大辩论"和"插红旗，拔白旗"运动。北大著名哲学家冯友兰教授三次"自我检查"，承认自己是哲学界的"大白旗"，在学生帮助下制定了"红专规划"；复旦大学的周谷城和谭其骧、中山大学陈寅恪、科学院华罗庚等一大批学术权威被赶下"神坛"，斯文扫地。武汉大学在拔白旗运动中，14%的教师和300多学生受到批判。

如果说"拔白旗"的主要对象是我们师辈大知识分子，而"红专大辩论"则覆盖了更大面积的青年知识分子。每个知识分子都要自审是"红专"还是"白专"？是"粉红"或是"灰色"。"1958年5月29日，北京农大举办了'思想展览会',展示与批判了几个'白专'典型。"(《北京农业大学大事记》第106页）新疆考察中的我也在"白专典型"榜上有名。这些都是我由新疆回京后才知道的,这是第二次"挨批",没有面对面。

"两弹一星"的功勋科学家多是资本主义国家培养的,他们是"红专"还是"白专"?能说清楚吗?红专与白专本是个无是非定论和毫无意义的伪命题。两年后中共中央发布的《高教60条》做出的政策界定是："只有坚持反对共产党的领导,坚持反对社会主义,才叫作白。把在业务上比较努力,但是在政治上进步较慢,或者政治上处于中间状态的人,指为走'白专道路',是不对的。"这种政策性的澄清非常必要,但是与"白专"不沾边的我却留下了"前科"和舆论流言。

还是说说1958年"大跃进"中,北京农大上演过的一场闹剧吧。

"大跃进"热火朝天的7月里,中央文教领导小组副组长康生三次来北京农大,在全校大会上,发表了许多极其荒唐的言论。什么"以后教授评级,搞1000斤的只能当五级教授,2000斤的四级,3000斤的三级,4000斤的二级,5000斤的一级。"在全校大会上问："河南遂平县农民的小麦亩产5000斤,蔡旭教授,你的小麦多少斤?"蔡先生是我国著名的小麦专家,实事求是地回答："顶多六七百斤。"康生就大放厥词了："好啊!农民将了教授一军。农业大学的科学宝座,教授的宝座已经动摇了。现在发生了农民还需要不需要大学的问题,农业大学的牌子应当挂在哪里的问题。"(《北京农业大学校史》第219页）

康生公开羞辱大学教授后向毛主席进谗言："全国高校中以北京农大等三所农林院校最为落后。"毛主席当即指示："北京农大全校下放农村劳动改造一年"。指示传达下来的第五天,1958年8月5日校党委召开了"北京农大下放师生誓师大会",会后组织了京郊、河北、河南、山东、山西、内蒙古、青海、宁夏8个下放大队"下放农村劳动改造"。

从新疆回京次日的清晨,我到食堂吃饭,没几个人,售饭窗口上面的"1070"四个大数字（大炼钢铁的指标）赫然映入眼帘,给人以很强刺激。饭后找土化系副系主任赵镶汇报工作,他说："土化系大部分老师参加'大炼钢铁'去了,你和林培回来晚了,就不用去了。郝文同志（时任校党委副

图4-1　1958年下放誓师大会和施平书记作动员报告（摘自《校史》，难怪我11月初由疆回京，校园里冷冷清清的）

书记）现在兼东北旺公社党委书记，你和林培去公社帮助他们测量道路吧。"他又补充说："土壤教研组主任还是李先生（连捷导师），你还是秘书。"到公社接受测量道路任务时我问负责人："路修多宽？""两个康拜因能对开就行。"好嘛！一个田间路居然宽及8—10米，简直是疯了。我和林培扛着经纬仪、平板仪和塔尺，开始在永丰屯一带测量。天黑下来了，二人就进到一个村子找饭吃，好像是挂甲屯。这时村里的大戏即将开锣，社员们挤得满满的，开场锣鼓敲得震天价响。我二人找到厨房，厨房里热气腾腾，人来人往，好不热闹。给大师傅说明来由后就被安排在一张桌子坐下。不到20分钟，端来两脸盆饺子，可把我二人吃美了。吃完后向大师傅交钱，"不用交钱！""要签字吗？""不用签字！难道你们不知道现在走到哪里都是吃饭不要钱吗？"这是我第一次亲身感受"人民公社好！"和"吃饭不要钱！"。

测量道路，总要串村过户。凡村里的大块墙面都新画上了大幅宣传画，如一辆卡车拉一个玉米棒子、小孩子坐在等待收割的麦浪上、比牛还大的猪、人民公社好、大炼钢铁、全民皆兵等，目不暇接。"洞中方七日，世上已千年"，从新疆回来，好像到了另一个陌生世界。我总算赶上了1958年"大跃进"尾声，有了些亲身感受。

大　婚

1959年除夕，我刚满28岁，要结婚了！

我以为，婚姻中出现的种种机遇巧合，最好的解释就是"缘分"。

大学毕业前，我们农学系53届班上兴起"配对风"。我有一次很好机缘，却主动放弃了，因为"缘分"未到。我们班毕业时是129人，能配上对的还是少数。那时在班上最受男生关注的应该是那批活泼伶俐的"上海小姐"。可是在"上海小姐"中却有一位端庄谦和、善良恭谨、学优低调、沉默寡语而气质非凡的李韵珠，居然也未参与"配对"。农艺系53届学生多，全班活动少，主要是小组活动。我二人没在过一个小组，所以四年里没说过一句话。1953年毕业，我们一起留校当研究生，又一起转到土化系；她当团支书，我当团宣委，这不是"缘分"到了吗？

确定关系以后，少不了看电影、下馆子、逛公园，更多的是在我从晋西考察回来后，实验室工作十分繁重时，她常来助我一臂之力。

53届同班同学毕业后多已结婚生子，我们研究生都毕业了，该谈婚论嫁了吧。她却淡淡地说："你不是要去新疆考察吗？考察完了再结婚吧。"如此又过了三年，1958年新疆考察结束，没法再推了，将婚期定在1959年除夕。真是，碰到慢性子人，你一定要沉得住气，打持久战。

1958年11月由新疆考察回校，完成测量道路任务后就被派去帮助搞"下放成果展览"。搞"展览"很忙，直到1959年除夕当天早晨才获准假。我骑着自行车，驮着准新娘到西北旺派出所登记。派出所的同志说："管结婚登记的同志回家过年了，你们到东北旺公社派出所去看看吧。"我们又骑车到东北旺派出所，挨了一通批评："结婚登记为什么不早来，现在都回家过年了，你们到海淀区去看看吧。"驮着准新娘转了一上午也没登记上。先回学校吃午饭吧，车骑到上肖家河桥的陡坡时，腿实在没劲了，两个人都从车上摔了下来。

下午两点，又驮着准新娘去海淀区，好不容易领到了结婚证。真悬，如果没领到结婚证，这婚是结还是不结？现在想起来都后怕。已经下午4点了，赶紧回学校准备吧！可是走出海淀镇，到北大南门公共汽车站，我又对她说："你先回去准备，我还要到王府井去把毛衣买了。"

真傻，大年三十，居然敢闯王府井。这里已经像赶庙会一样，人挤人，走都走不动。东安市场卖毛衣的柜台已经挤了几层人，好不容易挑了

第四章 "白专典型" *109*

一件，看也没看，交钱就走人。到东安市场站等汽车，来了一辆车没挤上去，一直等到第四辆才上去。天渐渐黑下来了，我心里真是急了，真想插翅飞回去。快7点才到学校，赶紧往食堂里跑，婚礼聚餐已经开始了，一大桌，十几个人，我走到桌旁还是呼哧带喘的，衣未换，脸没洗。桌上的客人们笑着说："好啦！好啦！新郎官终于来了，总算没有逃婚。"当时我就傻到为了一件可有可无的毛衣除夕夜闯王府井，差点误了大事。

我一辈子做的错事不计其数，仅大婚这天，连犯两个大错。

那个革命年代，婚礼很简单，一应事等都是土壤教研组同事操办的。新房是暂借其他老师为我们腾出的单人宿舍。两张单人床一拼就是双人床；一张方桌和两把椅子是向学校事务科借的；脸盆、暖瓶、茶杯等日常用品是同事们的份子钱买的；铺盖是从二人单身宿舍搬来的，我们一共花了一百多元（相当于两人的一个月工资），主要用在买喜糖和聚餐上。

聚餐后，大家簇拥着新郎新娘到了新房。那时不太兴"闹新房"，但有一件事我是记得的。刚从苏联学成回国的赵世绪拿出一粒红豆问我："石元春，这是什么？""红豆。""有什么意义吗？""红豆生南国，此物最相思。"引起大伙儿一阵哄笑。

后来，新房挪到我在土化楼三楼的办公室。用书柜排成一排，在进门处隔出一条过道，书柜背面就是一张双人床，靠窗户处放着我的办公桌，一住就是两年多。1962年初，因韵珠有孕在身，土化系在学生宿舍4号楼的筒子楼里给我们分了一间房，真不容易。每家的炉子搁在自家门口过道里，十几家共用厕所间和洗脸房。我们已是心满意足，喜出望外了。1962年4月，长子石平就诞生在这里。

图4-2　韵珠在武汉长江大桥留影（1961年）

婚礼办得如此仓促狼狈,哪顾得上结婚照。图4-2是韵珠1961年夏回武汉省亲时在武汉长江大桥照的。我很喜欢这张照片,潇洒飘逸,能展现当年风采。且犬子石平已在腹中。

这场婚礼过去60年了。事实证明,婚姻质量与婚礼排场和婚后生活条件无关。

转 战 北 京

战士无处不战场。

我因挨批不让参加1959年的新疆综合考察,却有了机会将战场转移到了北京。

不曾想到的是,"土壤学"在"大跃进"里也曾火过一阵。

毛主席在"大跃进"期间针对农业讲过很多话,如"猪多肥多,肥多粮多,粮多猪多"等。最有名的是"农业八字宪法",即"土、肥、水、种、密、保、管、工",土是基础。毛主席在一次中央政治局会议上说,每个省的书记和管农业的领导干部,都要认真学习土壤学。并指示在全国开展一次"土壤普查",国家农委和农业部立即组织了对全国2000多个县的土壤普查。于是,"学土壤"和"查土壤"成为当时的一项重要政治任务。试问,哪个自然学科有过此等政治待遇?

1958年在"南疆展翅",1959年3月却带着十几个土化系高年级同学,承担了北京市密云县的"土壤普查"任务。这次土壤普查与新疆土壤考察有两大不同,一是自然土壤,一是农业土壤;一是1:100万的小比例尺制图,一是1:5万的大比尺制图,但是道理和方法是相通的。6月结束普查,编写了《北京市密云县土壤志》和七八个图幅,很专业。据《北京农业大学大事记》114页,"土化系三四年级同学和部分教师200余人参加全国土壤普查,3、4月间共普查土地4000多万亩"。

土壤普查结束后,我又带着几个土化系四年级同学到京郊顺义县(今

第四章 "白专典型" *111*

顺义区）毕业实习，学习总结农民认土辨土经验。这里农民从作物生长和耕作角度称壤性土"口松"和黏性土"口紧"。我抓住这个切入点，创造了土壤"口性"这个专业词汇，进行专题调研和取土测试，最后成文"北京土壤口性的研究"，发表在《土壤通报》1961年第2期（图4-3左）。此乃晋西和新疆考察中养成的"考察－成文"习惯使然。就论文内容而言，这在当时是相当时髦和为数不多的农业土壤研究。但是在土化系也有议论，带实习就带实习嘛！怎么还在杂志上发表文章？真是"白专"之性不改。

再说一件事，中宣部授意，中国农科院出面，1960年2月在青岛召开了关于"学术思想讨论会"（实为批判会），土化系派晋竞和我参加。根据对苏联威廉斯土壤学、新疆考察，以及密云普查和顺义调研的大量实例，我作了一个关于自然体土壤是可以人为利用和改造的发言。这个"大实话"却引起会议主持方的高度重视。回校后，校党委通过政治课主任杨舟同志找我谈话，说我在青岛会议上的发言上面很重视，党委指示他帮助我从哲学高度上提高并撰写成论文。后以"正确认识土壤的矛盾运动，能动地利用改造土壤"为题成文和发表在《哲学研究》杂志1961年第1期上（图4-3右）。

看来，由疆回校后我在工作中表现不错，1960年1月被任命为土壤教研组副主任。2月13日，全校召开了"1959年校级先进集体和先进工作者表彰大会"，我以土壤教研组先进集体代表在大会作了参加全国土壤普查的经验交流发言。交流前，会议组织者、校党委吴汝焯副书记把我叫到一边，嘱咐我该怎么怎么讲，还指着我对旁边的同志说："这个石元春，好用。"

图4-3 20世纪60年代初在《土壤通报》和《哲学研究》杂志上发表的土壤学文章

同年 6 月 1 日，我又以北京农大唯一的先进集体代表参加了在北京人民大会堂隆重举行的"全国文教卫体先进集体和先进个人群英会"。这是我第一次走进北京人民大会堂和受到"英雄"般的待遇。这里还有个小插曲，1960 年 4 月整党，我是党支部整党的重点对象，这是我的第三次"挨批"，记不得批我什么了。一个多月后即出席全国"群英会"，当时我在笔记本曾写下："东边日出西边雨，道是无晴却有晴。"

1960 年春季始学，我与张祖锡合开土壤学Ⅱ（土壤地理学）和备课土壤调查。1961 年 9 月国务院发布了《高教 60 条》，为高校赢得了随后 4 年的正常教学环境。我也得到连续 4 年的这两门课程讲授以及在京郊带过三次土壤调查课实习的任务，这是我教学生涯中的一次宝贵经历。有尼加诺夫讲习班教材和土壤Ⅱ教材，有晋西研究、新疆考察和北京工作实践，加以我的综合能力与口才，讲课效果不错。重要的是给了我一次系统学习和领会土壤地理学的机会，这是专题研究和综合考察所不能为的。

我在大兴和通州带过三次土壤调查实习，积累了不少资料。1963 年 8 月，中国土壤学会在北京和平饭店召开"全国盐渍土改良学术讨论会"，我作了"京郊盐渍土及其改良区划"的学术报告，展示了十余幅图件，很系统，很有学术影响力。我想说的是，正是这次会议期间，我国北方连续大雨，海河流域洪水成灾，冀南平原及天津市南郊一片汪洋。毛主席的"一定要根治海河！"就是这时题写的。

塞翁失马，焉知非福。

由新疆转战北京，从 1959 年到 1964 年的 6 年里，教学科研一体，业务基础厚实多了，学术思路也展宽了，特别是激发了我的"水盐运动"思想。

饥饿中的科学梦

1958 年年末我和林培在东北旺公社"吃饭不要钱"的第二年，就开始进入"三年困难时期"，全国人民饿肚皮时期。一个月 29 斤粮食和半斤油，对一个三十岁上下的青年人显然是不够的。走起路来腿软人打晃，上土化楼三楼还要中间歇一次。只有挨过饿的人，才知"饱餐"意味着什么，这年除夕的年夜饭，最大愿望就是"吃顿饱饭"。值此腹中空空，两腿发软，我这个"白专"却异想天开地做起水盐运动的"科学梦"来。

1957年全国大搞水利化，黄淮海平原治水方针失误，导致农田大面积次生盐渍化，农民"谈水色变"。在1960年我参加的一次黄淮海平原土壤次生盐渍化防治学术讨论会上，各路专家其说不一，水改？农改？台田？……莫衷一是，谁也说不服谁。这时我的"塔里木盆地北部盐分的积聚规律和盐渍土的利用改良问题"论文刚发表，于是将黄淮海平原与新疆作了地理对比，发现问题的症结在于黄淮海平原的水盐运动太复杂，不搞清水盐运动规律，只能是"瞎子摸象"。

此时，我正下放京郊大兴县（今大兴区）芦城公社，这里就有盐碱地。于是脑袋一热，干脆就在这里建立一个水盐运动长期定位观测点，做起"水盐运动"科学梦来，全忘了"吃不饱，腿发软"那档子事儿。

天不亮就出发，由校门口坐上公交车，半个多小时到动物园，天开始亮了起来，吃些早点，转车到永定门。去永定门的车要经过城里，城里车多人多站密，车走得很慢。永定门是个大站，来往的乘客很多，找到开往南郊的长途汽车站，登上去大兴县的郊区车。车行个把小时，到黄村镇站下车。步行十三四里才到达目的地——鹿城公社的一块采取土样和地下水样的盐碱地。这一路花了三个多小时。

到鹿城村已是上午十点左右，连歇脚喝水的时间也省去了。放下洛阳铲，打开背包，取出土袋、铝盒、水样瓶、剖面刀等一应家什后，开始用洛阳铲取土，这就要靠两臂的力气了。每钻20厘米深取一份土样，一直取到2米以下的地下水面。再将由一个绳子吊着的、擀面杖粗细的铸铁小桶放进钻孔里，一桶一桶地取埋藏在两米以下的地下水样，直到装满250毫升的试剂瓶。

取一个样点的土样和水样要用个把小时，取完两个点，太阳当顶。坐在田埂上，吃几口干粮，对着军用水壶喝上几口水。稍事休息，再取两个点，然后取出地形图，在标记好的取样区勾画盐斑图。太阳已经偏西了，原程返校，但这时的挎包里已装满了二三十斤重的土样和水样。负重步行十几里是这一天最累的时候，没有了矫健步履，只有疲惫身躯。

已经是万家灯火了，回到家里，一股脑地摊倒在床上，一动也不想动。

如此这般地每月取样一次，除去冬三月，一年要取 9 次。每次取的土样和水样都要做 8 种易溶盐离子的化验，还有土样的含水量等，是三四个工作日的工作量。就这样，一干就是四年，直到 1965 年到涿县"半农半读"才不得不停止。为何做得如此辛苦与执着，是科研项目吗？不是；是上级下达达的任务吗？不是，只是为了回答自己给自己提出的一个科学问题，黄淮海平原的水分和盐分在土壤和地下水里周年是怎么运动的？

"文化大革命"开始了，到大兴取土样又成为批判我走白专道路的一条铁证。最令我可惜的是土化系的革命小将"抄家"时，把我的水盐运动观测资料统统抄走了。仅"大兴县土壤改良试验站西芦各庄盐碱地改良样板田 1964 年试验工作报告"因另放而被保存了下来。四年艰辛与执着，转眼付诸东流，一个稚嫩的科学梦想成为"一枕黄粱"。在那个年代，每个人都必须学会逆来顺受与吞咽痛苦的本领。

不料天公作美，十年后派我到河北曲周改碱，水盐运动旧梦可以重拾，而且是一个团队的大干。1983 年出版了《黄淮海平原的水盐运动和旱涝盐碱的综合治理》；1986 年出版了《盐渍土的水盐运动》；1991 年出版了《区域水盐运动监测预报》；2015 年出版了《黄淮海平原的水盐运动》。

水盐运动的科学梦，梦想成真了！"水盐运动"是继"地学综合体"以后的又一个科学思想。

图 4-4　水盐运动的最早资料（1964 年）与四本专著（1983 年、1986 年、1991 年、2015 年）

第四章　"白专典型"　*115*

又临险境

饿肚子的"三年"刚过，1963年全国又开始"运动"起来。

1963年年初，先是经济"四清"，又是政治"四清"，随之是反对贪污盗窃、反对投机倒把、反对铺张浪费的"新五反"运动。"根据中央和市委关于开展'五反'运动的指示，我校于4月中旬准备，5月15日开始在全校师生员工中进行群众性的揭发和检查。"（《北京农业大学大事记》第135页）。人逢倒霉，喝凉水也塞牙。"新五反"运动把我这个小人物又给捎上了。

事情是这样的。1960年我当上土壤教研组副主任后，工作特积极。1962年从教务处争取到一万元经费，为教研组建了资料室、制图室、土壤标本室、黏土矿物测定室、土壤微形态室等"五室"和一个"仓库"，我称为"五室一库"。在当时动荡不定的形势下，这绝对是件太该做的好事。特别是"土壤黏土矿物测试室"和"土壤微形态测试室"在当时全国土壤界绝对是超前和先进的。倒霉的是正好撞在了"勤俭办一切事业"和"反铺张浪费"运动的枪口上了。先进的制图室花600元买的一张高级制图晒图两用桌，成为挨批的重要"物证"。想不到好端端的一个"政绩"却当"铺张浪费"给批了。

我捋了捋，这次是1957年后对我的第四"批"。6年4"批"，平均一年半被批一次。我真是个又好用又好批的"双料"人才。

1963年国家最大的政治事件莫过于中共中央自9月针对苏共中央公开信连续发表的9篇评论，叫"九评"。在与赫鲁晓夫的论战中，国内意识形态领域打起了"防修、反修"和"防止和平演变"大旗，"政治斗争"气氛顿时浓厚起来。1964年2月13日，毛主席在召开教育工作座谈会（即"春节座谈会"）上说："教育的方针路线是正确的，但是办法不对，我看教育要改变，现在这样还不行。"指的是四年前国务院发布的《高教60条》，刚消停四年的教育系统又该掀起新一轮大动荡了。

果然，1965年5月，教育部召开"关于全国农业半农半读教育会议"，会议给中央的报告中写道："半工半读半农半读是一种新型的学校制度，是社会主义、共产主义教育的长远发展方向,对中等教育和高等教育来说,将来要成为我国教育制度的主体。"中央的批示是:"推行两种劳动制度、两种教育制度,是努力促进文化革命,逐步消灭工农之间、城乡之间、脑力劳动和体力劳动之间的差别,防止资本主义复辟的大事情,必须引起全党重视。"一时间,"半农半读"风生水起。

1964年6月,国务院任命中共中央农村工作委员会副主任王观澜同志为北京农业大学党委书记兼校长,到任即提出北京农大"防修反修任务很重"和"防止资本主义复辟的任务很重"。1965年1月,全校组织试行半农半读大讨论,运动序幕拉开了。1965年2月7日,王观澜校长以个人名义给毛主席的信中说:

> 在600多个教师中,一部分是留学欧美的老教师以及大部分是他们和苏联专家培养出来的新教师,他们的特点是醉心于个人的名誉地位,教学上重业务轻政治、重理论轻实际、重书本轻实践、重分数轻效果。他们的世界观基本上是资产阶级的,他们传授给青年的还是那一套东西,使许多青年受到腐蚀,就连一些劳动人民出生的子女(包括党员)也被熏染,甚至是"青出于蓝而胜于蓝"。培养的学生中废品和半废品多得惊人,有些系和专业占学生总数的百分之一二十,甚至三四十。培养研究生的问题更大,从考试、录取、论文选题、学术思想体系、论文过关、毕业答辩甚至分配工作,都是资产阶级专家掌握大权,以他们的模型塑造自己的接班人。据调查,有百分之八十的研究生走了只专不红(或重专轻红)的道路。[①]

"新教师""醉心于个人的名誉地位"和"世界观基本上是资产阶级的";大学生培养"废品惊人";研究生培养是"资产阶级专家掌握大权,以他们的模型塑造自己的接班人。百分之八十的研究生走上了只专不红(或重专轻红)的道路"。新到任的党委书记兼校长对当时北京农大教师队伍,大学生和研究生培养做出如此不堪的政治估计,后果可想见一般。一

---

① 参见《北京农业大学校史(1949—1987)》第284页。

场政治风暴正在北京农大上空聚集,等待这个有"白专典型"前科的我又会是什么?不想而知。果然,有了"土壤教研组党组织烂了"的说法,土壤党支部书记还辩解说:"石元春烂了不等于土壤支部烂了嘛!"。怎么"反修防修"和"防治资本主义复辟"又找上我了,这可是一场狂风骤雨啊!

王校长刚到任,当然先推"半农半读",后上"运动"。

农垦部在紧靠京城的涿州办的一个有 2 万余亩农田的农业机械化实验站,通过时任国家农业委员会副主任兼北京农大校长的运作,整建制地划给了北京农大作为"半农半读"实习基地。一区队以水稻为主,二区队以养殖为主,三区队以果树为主,四区队有 4000 多亩农田,以大田作物为主。整地、播种、冬灌、耙苗、中耕除草、收割、秸秆粉碎还田等小麦田间管理全程机械化;玉米套播、中耕除草、间苗定植、收割、秸秆粉碎还田等玉米田间管理也全程机械化。

"半农半读"中,给我安排了四区队分管生产的副区队长职务。

我是个"工作狂",见到新"工作"就兴奋;像个跳水运动员,双脚一弹出跳板,就一头往水里扎,什么白专典型、反修防修、挨批危机等统统忘在了脑后,到时再说吧。小麦机播我就站在后面的播种机上,康拜因机收,我和机手坐在驾驶室里,果园平地我亲自操作平地铲。每天早饭后我就去机务组和机手们一起做准备工作,然后机器一台接一台地轰鸣,一台一台地出发。真过瘾,总算是圆了我大学毕业时的"农艺师梦"。大难临头了,我还是傻乎乎的。

只干了一年零三个月的生产队长。1966 年 6 月,一场飓风级的政治运动到来了,不是王校长的"整顿教师队伍,防止资本主义复辟"运动,而是"文化大革命"。

"文化大革命"风暴

1966 年的 6 月,涿县农场正值紧张"三夏",金色麦粒堆积如山,北京校园里却大字报铺天盖地。6月20日上午，接校部通知，"北京农大教师和学生立即回校参加'文化大革命'！"吃完中午饭，我们立即爬上等在食堂外面的解放牌大卡车，一个多小时就到了学校。第二天，土化系红卫兵即宣布我"上楼"，写交代检查材料。

贯彻《高教60条》那几年的夜晚，农学楼、土化楼、植保楼、畜牧楼的灯光通明，书声琅琅；教室里上着辅导课，实验室里学生在做实验，办公室里老师在灯下备课；图书馆进门处新矗立起的，朱老总1959年写下的"认真读书"牌匾；校园林荫道灯下有匆匆路人和交谈着的男女学生，好一派静谧动人的校园夜景！

瞬间，高音喇叭在主楼顶上反复播放着"革命无罪，造反有理""一切反动的东西，你不打它就不倒"。不时发出"通令！×××，立即到主楼×××号报到，否则一切后果自负"，搅得人人自危。更恐怖的是，"通令"前播放的一段可以让人撕心裂肺的音乐，以及校园林荫道上不时出现的、一拨一拨红卫兵推搡着被揪出来的人，戴着高帽，游街示众。

8月初，土化系红卫兵在土化楼一楼大教室召开对执行资产阶级反动路线的土化系走资派的揭发批斗大会，我这个教研组副主任也被押上台陪斗。我站立低头地听了一个多小时慷慨激昂的揭发与批判，其实什么也没听进去。批判会后宣布我和六七个土化系走资派一起，每天半天劳动，半天写交代材料。我是唯一挤进土化系党政走资派队伍的教研组副主任，这次我又"脱颖而出"了。

国庆节前一天的下午，土化系的监督劳动对象被安排在土化楼东侧小院里拔草。开始劳动前，红卫兵领我们念了几段毛主席语录后，大声宣布："出来！石元春，你不够走资派资格！"本来就是嘛！我只是个土壤教研组副主任，哪够得上走资派？这一段时间里，红卫兵小将对我念叨得多的头衔是"资产阶级接班人"和"资本主义苗子"，可能这是当时对我比较恰当的政治定位。

开始"监督劳动"，但还不是"革命群众"，是随时听候"通令"的"审查对象"。10月底，全国开始大串联，来京的革命小将和革命群众越来越多，学校教室成了接待站。我和晋竞、徐正等几个"审查对象"在教学楼做接待工作，直到年底。为了宣传毛泽东思想，我还帮土化系革命小将刻钢板，印传单，练出一手漂亮的钢板字体，现在看起来我都认不出是自己写的了。

1967年春天开始，土化系红卫兵团通知我和徐正、辛德惠三人下放到土2班，接受革命小将监督和审查。每天上午学毛选、背"老三篇"、写交代材料，下午看大字报，有时参加他们的班会，接受革命教育。因为我们是"审查对象"，不能与革命小将们坐在一起，在靠墙边给我们三人安排了三个凳子。

由于无所事事，一个星期天，我到王府井外文书店买了英文版的毛主席语录和老三篇，意在复习英语。回想起来，我还真是个死不改悔的"白专典型"，幸亏没被发现。

一天中午，正在家里吃着午饭，突然敲门进来四五位戴红卫兵袖章的土化系革命小将。我们立即在一侧站着，红卫兵小将向我们念了毛主席语录："革命无罪，造反有理""凡是反动的东西，你不打它就不倒"，然后就宣布抄家。我和抱着半岁女儿的韵珠站在门外，半小时许，小将拿着几大包东西走了，也不知道拿走了些什么，不敢问。

为什么王观澜校长到校就开始有"土壤党支部烂了"的传言？为什么我能挤进土化系走资派队伍？为什么为我成立专案组审查？为什么要抄一个青年教师的家？看来问题不那么简单，光"白专典型"头衔是不够用的。我自信对组织没有任何政治隐瞒，是不是组织上掌握了连我自己都不知道的重要材料？

专案组同学对我不错，有了结论后找我谈话，这才真相大白。

原来新中国成立后父亲将公私合营得到的股份分写在我母亲和我姊妹四人名下，我姊妹四人毫不知情。问题是我的专案组纳闷，为什么三个姐妹名下都有股票，唯独我这个独子没有？专案组到重庆总公司调查后才搞清楚，原来是我的那份股票手续不全，没有生效。事后专案组同学和我开玩笑说："我们正准备抓出一个钻进党内的资本家，是'手续不全'救了你。"我又是一阵"后怕"，如果"手续齐全"，还真不知道会怎么折腾我。

从"反右"开始的多次政治运动中，我多次有惊无险和化险为夷，这使我想起父亲"散发米票"和"行善积德"善行。我不迷信，但"行善积德"绝对是好的。

1968年，"文化大革命"进入胶着状态，既不是革命群众、又不是革命对象的我，当上了"逍遥派"。整个夏天，几乎天天到运河游泳。我喜欢以仰泳姿势平躺于水面，轻松地划动双手，让身体顺着缓缓流动的水面移动。两岸高耸的钻天杨缓缓向后退去，之间的蓝天白云不断变换，把我带进了一个什么烦恼也没有的天堂世界。

清 泉 沟

1958年，全国"大跃进"的7月，康生三临三批北京农大和向中央进谗。毛主席除指示"北京农大全校下放农村劳动改造一年"外还有一条，"以后再办农学院不要办在城里。"(《校史》第219页)第一条指示执行了，第二条指示因"三年困难"而暂缓。好啦！现在时机到了，趁"一号命令"和"文化大革命"正好把北京农大赶出北京，迁到农村去。

经校军宣队的一番紧张联系，决定将北京农业大学迁校延安甘泉县清泉沟。校军宣队还放下一句狠话："这次搬迁延安，农大的每个职工都必须去！不想去的也要把你抬去。"最厉害的一手是北京户口全部吊销，没有口粮，吃什么？如果夫妇一方不在农大还有选择余地，如果是双职工，只此"华山一条路"了。

1970年夏，校革命委员会派先遣队赴延安甘泉县清泉沟做搬迁准备工作，要求立即启程。我又是先遣队员之一，怎么哪儿都有我这个批用结合的"双料"干部？

1955年，我在晋西黄土高原走过数不清的塬、梁、峁，而黄河西岸甘泉县清泉沟的自然条件和风景算是极好的。沟深百米，两坡树木茂密，一条泉水小溪蜿蜒流淌，沟底片片沃土，沟坡黄土壁立。如此人间仙境，却也暗藏杀机，克山病区！为什么会选清泉沟？因为这里原是一个劳改农场，因克山病而每天都要拉走几个病死的犯人，因而被迫迁场，留下了成排的窑洞和废弃农田。一个劳改犯都不能待的地方居然搬来一所大学，劳改犯是人，难道"老九"连犯人也不如？

校部大本营设在清泉沟中段，也是原劳改农场场部所在地，沟宽地多窑洞多，边整修边往里住人，我一家人就是第二年秋天从清泉沟口搬进沟里的。

"沟里"的这所大学，教师的主要任务是参加劳动、改造思想和大批判。副校长、一级教授沈其益负责养驴，批判会上说他的动作比驴还慢。土化系主任、一级教授黄瑞伦在沟口农药厂负责烧开水，批判会上说他烧的开水一块钱一杯（他一个月拿三百多块钱工资）。一级教授、我的连捷导师，在深山伐木烧炭，学习张思德"为人民服务"。我这个青年教师又在干什么？参加过一段建筑"施工队"，当瓦工，砌墙盖房修窑洞。我还在小组会上介绍过"横平竖直上下齐"的经验，小时砌砖数名列前茅，可谓是"干一行爱一行"。

在清泉沟的这两年，全国"文化大革命"进入胶着状态。北京批什么，清泉沟就批什么，好在不是校内批斗对象，所以还算平静。

日子就这么过着，谁也不知道以后会怎么样，听天由命吧。

大 难 不 死

1970年初冬，北京农大搬迁延安清泉沟稍定，校党委书记兼革委会主任带着一批中层干部，翻过几座黄土梁去了"南泥湾"。回来号召学习"南泥湾"精神，要搞大生产运动，并决定在清泉沟上段的北沟截溪建库。11月，任务交到了土化系，土化系工宣队又把这个任务交给了我。在当时，有点事干比无所事事强，我乐意地接受了。现在想想，当时我真傻，我是搞土壤的，哪懂得修水库，为什么不找水利土壤改良组的老师，这是他们的本行啊！再说，修水库的风险很大，要是出点事，就会落下"对社会主义不满"和"阶级报复"的罪名，多么可怕！我全没想到可能发生的严重后果，傻乎乎地干得可欢啦！这正是家庭给我培养的"不设防"性格的又一次表现。

从未修过"小水库"，如何下手？

天很冷，我坐着解放牌卡车到了西安，找到陕西省水利勘察设计院、北农大1953届毕业的老同学曹振东。请他帮我借阅一些类似的农村小水利工程资料。就在设计院的阅览室里待了三天，通过学习消化这些资料，结合清泉沟现场，我心里有底了。回到沟里，请求土化系派测量教研组的老师到库区测量，然后在坐标纸上绘制了整个工程的设计图。

一稿和二稿图纸上注明的时间都是1970年12月，三稿图纸注明时间是1971年2月22日（见图4-5），图纸及相关资料均完整保存至今。原土化系主任，讲授农田水利课程的叶和才教授看到这张像模像样的图纸惊讶地问："石元春，你什么时候学的？""我是刚从省水利勘察设计院的资料里学的，照着葫芦画瓢。"

"麻雀虽小，五脏俱全"，什么边坡、坝体、输水道、溢洪道等一样不能少。设计中遇到的一个大难题是，如果按二十年一遇标准设计输水道和溢洪道，坝体趋短，稳定性受影响。正在久思不得其解时，突然冒出一个想法，土化系化学实验室里的无离子水不是利用倒虹吸原理，通过一根细玻璃管将水从大瓶子里自流引出来的吗？对，就这么干，用倒虹吸代替输水道。于是通过水量、水压、减压等的测算，确定了倒虹吸输水管的管径和法兰盘位置。

完成设计后，找校革委会汇报。领导说："石元春，既然把任务交给你了，你就瞧着办吧。"我说："那可不行。一定要领导听一次口头汇报，或是在我的设计报告上有个批示意见。"这次我留了个心眼儿，学会了自保。

自施工开始，每天有几十或百余号人到工地劳动，时时刻刻我都必须盯在那里，指东点西地安排劳动和检查质量。于是有了"库长"之名，有人还用此二字的谐音"裤裆"取笑于我。建坝需要大量料石和土方，一面请来当地石匠开石凿料，一面炸山取土。

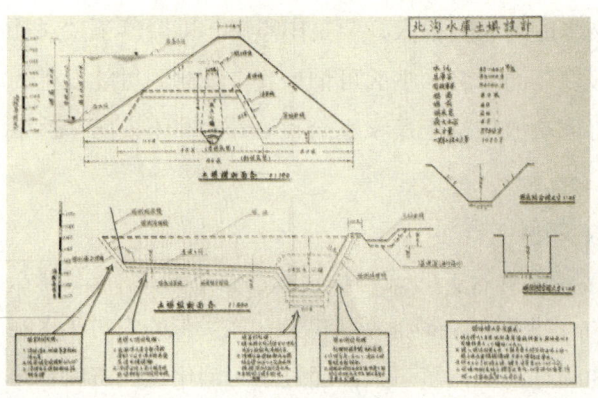

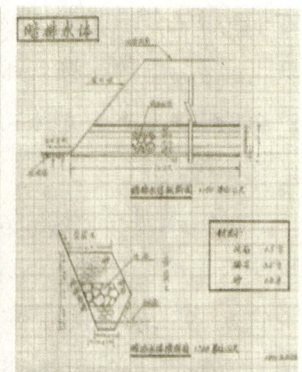

图4-5 清泉沟北沟水库设计的部分图纸（1971年2月22日）

  一天在水库对面坡上炸山取土时，一个如碗口大的黄土块飞了过来，正砸在离我不远的一位石匠师傅头上，当场毙命。不几天，兽医系的一位副教授和一位讲师在烧荒中因没有经验而活活被烧死。一连出事，校区里人人情绪压抑低沉。

  又过了几天，我在库区布置了七八个炸山点，做好各项安全检查，下令点炮。此次没出事故，只是有一个哑炮。按规定半小时后可以排炮，离中午下工还有个把钟头。我说，下工后再排吧，不急！

  下工后，我和土化系的王坚和农经系的曾宪榕三人扛着铁锹路过哑炮点，一看就是埋土过厚，夯得过实。我们挖了挖，估计半小时完不成。我说："走吧！吃饭去，下午再来处理。"当我们三人转身刚离开炮点，轰的一声，三人应声倒下。我只觉得一股强大的气流冲击波，像一扇大门板一样向我后背猛拍过来，我向前窜了几步就趴在地上，起不来了。当时无疼痛感，不害怕，只是脑子一片空白，大概挨炮弹的人都是这种感觉，或就此见了上帝。

  曾宪榕走在我前面，离炮点远些，伤得最轻，趴在地上喊："石元春！石元春！你怎么样？"我应了一声，他就爬起来走到我跟前，把我扶了起来。我问道："王坚呢？"回头一看，离炮点最近的王坚已不省人事。我说："曾宪榕，你赶紧回去报信，派担架来！"不一会儿，来了两副担架和好多人，把王坚和我抬回了校部。一些人围着，不知二人是死是活，伤轻伤重。谁也不说话，空气好像被凝固似的。

这是我此生难得的一次挨炮弹和大难不死的经历。

坝体和溢洪道完工了，小水库工程进入尾声，劳动队伍也撤了。我和学校的管工师傅一起，按设计图纸安装倒虹吸输水管。到快下班的时候，我让管工师傅先走了，水库工地只剩下我一人。我一个人将输水管出水口的节门关紧，再爬到坝顶将灌水口打开，从水库里一桶一桶地提水往里灌，灌满后将节门关紧，再回到坝底将出水口的节门打开。

成功与否，在此一举。

我使劲儿一拧，节门一开，一股水流冲了出来，持续不断。

乌拉！成功啦！可以交差了！历时半年的"库长"可以卸任了。

在设计图纸中有一份有我署名的文字材料，"关于北沟水库尚需进行的几项工作"，一共14项，好多专业词汇，我现在看着好陌生，落款日期是1971年5月28日。

清泉沟是克山病高发区。克山病是因饮水和食物中缺硒，导致的心肌劳损。这种地方病一是欺侮外地人，因为外地人适应性差；二是欺侮劳动量大的人，因为劳动量大会导致心肌缺氧。这两条我全占上了。水库施工的四个多月里，我一天不落地在工地上，上工早下工迟，有时下工后看到不合质量的工段，一个人拿起两个人打的夯补夯。施工期间我的劳动量大得惊人，工程尚未结束，就开始感到心悸气短和头昏乏力。施工结束后仍日甚一日，我骑着自行车到延安医院检查，拿到一张克山病判决书。

我把诊断书拿给了校卫生院，大夫说："校领导有指示，不能说得了克山病，这对革命圣地的影响不好。我给你换一张心肌劳损的诊断书，你就可以回北京'异地疗养'了。"难怪沟里人都说"心肌劳损诊断书"就是"毕业证书"。

1972年夏天，我把一双子女送武汉姑姑家"投亲靠友"，1973年春节后我又只身回京"异地疗养"，"平贵别窑"式地把韵珠一人留在了窑洞里，过着一家四口三分的日子。

瞧，我这一家子！

说说"文化大革命"中的我这一家子。

"文化大革命"半年多了，也看出些端倪，主战场在中央和各级领导层，运动对象不在下面"群众"。

我早就盼着有个女儿了，于是 1967 年冬，我有了第二个孩子。

那时母亲在医院分娩，不需要父亲陪护。韵珠送医院的第二天下午下班后，我到家属区门房，打电话到北医三院的产科病房，是一个护士接的电话。"喂！您是北医三院妇产科病房吗？""是""请问 ×× 号病房 × 床的产妇生了没有？""等等""生了""男孩，女孩？""等等"我都急死了，像等待一个重大宣判一样。"是女孩。"我一下子喜出望外，像中了头彩。出生时间是 1967 年 12 月 15 日。

12 月的北京很冷，北医三院产房没有暖气，也没有护士看护，都闹革命去了。韵珠产后大出血，又得乳腺炎，一点奶水也没有。我整天伺候月子，却心里美滋滋的。女儿起名石琼，生下来就比五年前、"三年困难"时期出生的哥哥石平重两斤。月子里的石琼一天一个样，越长越好看。"韵珠！谢谢你，伟大的母亲！"图 4-6（左）是韵珠抱着刚满周岁的石琼在毛主席像前，真可爱！

在北京当"逍遥派"的时间不长。1969 年 10 月 18 日，林彪发布"一号命令"，全校由北京搬迁到涿县实习农场。我们极不情愿地把韵珠从上海老家搬来的家具卖了，一家四口住在了涿州实习农场四区队。儿子在四区队小学上一年级，住集体宿舍，吃食堂；我和韵珠在二区队校部参加劳动和"文化大革命"，分住在职工宿舍；一岁多的女儿寄养在一区队附近边各庄的一户农大职工家里，一家四分。

周六吃完中午饭，我骑自行车先到边各庄去接女儿。看到站在炕上、那充满期盼和有些哀怨眼神的女儿，我一把就把她抱在了怀里，油然生出一股无奈的愧疚。驮着女儿重回校部接上韵珠，前面坐着女儿，后架坐着

图 4-6　女儿石琼一岁了（左）；父子到颐和园与北京告别（右）

韵珠。回家啰！真是幸福。

校部到四区队七八里土路，中途还有三区队两三里沙地，只能推着自行车走。远远已经看到四区队的大片青灰色平房，和院子外面的一大片花生地。想不到8岁的儿子石平傻站在花生地里苦等着我们。石平小时候虎头虎脑，淳朴憨厚，特别可爱。石平的傻等和一家四口在花生地相聚的情景，已经深深地刻入了我的脑海。"稚子翘首盼，亲人何迟归。相聚花生地，相对泪巾湿。"这是一幅多么动人的画面啊！

冬去春来又一年，日子过得还算平静，只是学校搬迁延安之风甚紧。

以后不知何时再能回到北京，于是趁着到北京办事，带着儿子石平一起去与北京告别。父子骑自行车20多里，由四区队到涿州县城，换乘长途汽车到京。办完事，去了颐和园，在万寿山前照相（图4-6右），作告别北京念。

下午由县城回四区队的路上遇雨，道路泥泞，推着自行车走了十几里，累坏了父子俩。

第四章　"白专典型"　*127*

韵珠腿不好，需要手术，商量去延安前在北京做了。于是她留京手术，我带着一个8岁、一个不到3岁的两个孩子，带着已经处理得所剩不多的细软，随着学校搬家大军西迁。先乘火车到西安住了一夜，次日换乘解放牌卡车到清泉沟。车厢下面铺垫着一层行李，人就坐在行李卷上，像逃难一样，一路颠簸了6个多小时，着实辛苦。

数百户家属，清泉沟哪能容得下？洛河两岸的沟沟叉叉的不少窑洞里都住着农大职工家属。土化系被安排在清泉沟沟口一带，我和胡秉方教授两家住在沟口姚店村的两个相邻窑洞里。窑洞离公路百十米，站在窑洞口就可以看到公路上来往的汽车。

窑洞是新修整的，火炕和灶台还是潮乎乎的，柴火在灶膛里只冒烟不起火苗，熏得眼泪直流，锅里的水怎么也烧不开。我心里着急，两个孩子坐在一旁不哭不闹，不知所措，面带惧色。下午四点多，天色有些暗了，忽听外面叫喊："姚店的行李到了，快来拿。"

我对两个孩子说："你们在这里坐着，爸去拿行李，一会儿就回来。"小女儿说："我怕。"我只得说："石平，你牵着妹妹跟我一起去。"在公路的汽车上拿到行李，我扛着往窑洞走，兄妹俩跟在后面。小女儿说："爸！我走不动。""石平！你背着妹妹。"一个城里来的8岁小男孩，哪有背人经验，没走几步，就摔倒在路旁，妹妹大哭。我赶紧放下行李，回身去到兄妹身旁，石平站着，满脸的无奈和不好意思的神情我还记得。一个8岁小男孩的这种表情，让我心情十分沉重与不安。

天已经黑下来了，锅里的水还是烧不开，灶膛里的烟不断向窑洞里弥漫。隔壁窑洞的胡师母端来一盆粥，这才解决了一家三口的晚饭危机。喝了粥，吹灭蜡烛，三人倒在炕上就睡着了，这一天实在是太累了。

家暂时安在清泉沟口，我和韵珠在沟里上班住集体宿舍，两个孩子由土化系临时托儿所照顾，一周聚一次。只有回到家里，孩子围在身边，幸福感才会油然而生。石琼爱黏着她哥，一次石平委屈地说："石琼老要我跟她玩，那我玩什么？"一对小兄妹，太可爱了。我们安慰说："不要紧，再过几个月，我们家就搬到沟里，住在一起了。"

1971年秋天，我们一家由清泉沟口搬到沟里，算正式安家了。这里人气旺多了，更重要的是下班就可以回家看见孩子。一家四口，睡在一张炕上，真好。孩子怕冷，我们就多上山打柴，把炕烧得热和一些。住在黄土窑洞里，上班、开会、购物（小卖部）、串门，都要爬几道坡，没有几步平地可走。比较吃力的是到井里打水，要挑着一担水上一个大坡，久了也就习惯了。烧柴靠自己到山里去打，过着"董永式"的田园生活，享受着"老婆孩子热炕头"的幸福温馨，为我留下了一段美好的记忆。

但是，"身在深山沟，心向毛主席"和"一刻也不能忘记阶级斗争"的政治环境，会不时传来在黄土坡上的窑洞里，大批判的怒斥与口号声。平时我们很忙，忙于劳动、学习和大批判。

1972年除夕的中午饭后，我和韵珠借了一辆排子车到后山去打柴过春节。我在前面架车，韵珠跟在后面，遇到上坡就帮着推一把，遇到下坡就拽着点。当我们将一车柴火拉到窑洞门口，进窑洞一看，我们傻了。石平在炕上翻滚着喊肚子痛，石琼惊恐地坐在炕沿不知所措。我们赶紧把石平背到校卫生室，正好是华大夫值班，诊断是阑尾炎急性发作，用保守疗法控制了病情。1972年的除夕夜就是这样度过的。

春节刚过，元宵节将临，我去延安办事，想着养病中的石平和可爱的小石琼，带回了一包元宵。不知是哪位关心我思想改造的革命教师向工宣队打了小报告，于是工宣队队长在土化系全系大会上义正词严地说："有人利用工作之便，到西安买元宵，不忘那腐朽的资产阶级生活方式。这种阶级斗争新动向应该引起我们的警惕。"我低头无语，知道这叫"不点名批判"，对我这个"老运动员"不算什么。

1972年春天，有孩子得大骨节病的传言。开始只是下面偷偷地传，怕当作"阶级斗争新动向"。后来事例越来越多，恐惧心理越来越重，就公开地传开了。职工们说："我们不能不来清泉沟，凭什么下一代也要受到牵连？"校党委张书记不得不宣布，教职工可以送孩子出沟"投亲靠友"。我和韵珠商量，由我带着两个孩子，投奔到武汉的大姑姑家。

到武汉后，石平上小学，还算顺利。当我抱着四岁多的石琼，第一次送她去幼儿园时，她一路哭着喊着就是不肯去，两只小手在我脸和脖子上抓出好几条血印。到幼儿园，像卖孩子一样将她强交给幼儿园阿姨，翻身离开后，躲在一旁看她，她一直是大哭不已。

亲情如斯，我心欲碎。

瞧，我这一家子。过得真不容易，酸甜苦辣都有，着实丰富多彩。

1973年年初到北京"异地疗养"；韵珠1974年年初回京；二兄妹1977年由武汉回京，一家人又团聚了。石平兄妹回京就急着逛长城（图4-7上），都是大孩子了。38年后一家人在海南分界洲又留下了一张合影（图4-7下）。

这就是生活，这就是人生。

图4-7 瞧，我这一家子！

异 地 疗 养

1973年过了春节，我就回到阔别两年多的北京农大校园。这里失去了昔日的教师执鞭授课，失去了学子琅琅书声，失去了实验室夜间灯光，失去了体育场上健儿身影。当然，这里也失去了铺天盖地的大字报、高音喇叭、"通令"和令人撕心裂肺的音乐、游街的老教授。一切回归于宁静，一切都过去了。

北京农大的校园已经被移交给一个军事机关，只留下了几栋孤楼充作"留守处"。"留守处"安排了几间教室作延安"异地疗养"和因病因事不能去延安的职工的集体宿舍。土化系的秦树国、刘合源、吴金如和我等六七个人就住在教学楼一楼西头的一间大教室里。"集体宿舍"的靠墙四侧放着几张单人床，每张床前有个二屉桌，供看书写字和生活之用，房中间还有个比较宽裕的活动空间，爱踱方步的刘合源可以在这里踱来踱去，不时发表些奇谈怪论。

每天我们三三两两，溜溜达达，敲着饭碗，一日三餐地吃食堂。一人吃饱，全家不饿，没有任何家务牵挂，过着好不惬意的单身汉生活。高兴的时候，也会到西苑餐厅去吃熘肝尖、炒饼什么的，打顿牙祭。其实，食堂的饭菜也是挺好吃的。因为校园里特别安静，晚上和中午觉睡得很踏实，其他时间就是聊天、下棋、看小说，悠闲自在极了。"春游芳草地，夏赏绿荷池，秋饮黄花酒，冬吟白雪诗。"大有那种怡然自得的感觉。

我因患克山病，不时到西苑中医研究院找老中医开个方子，效果不错，心悸心慌好了许多。集体宿舍不许用电炉，煎药是个大问题。我到肖家河废品收购站买了好多个废铁皮罐头，在宿舍里自制煤油炉，反正有的是时间。煤油炉不仅可以煎药，还能煮挂面，于是室友仿效起来。一时间，宿舍里叮叮当当地成了个小作坊。

最令人高兴的是，这里没有革命委员会，没有领导，没有文件学习，没有批斗会；不必看大字报，不必写大字报，不必挨整，不必整人，不必说违心话。什么批林整风、中共十大、邓小平给毛主席写信、32届世乒赛、白卷英雄张铁生、王关戚等都只是我们茶余饭后的话资而已。好像我们是些世外高人，每天过着谈古论今、海阔天空，与世无争、与人无争的超人生活。于是写下了以下的"七言"。

闲云野鹤真零压，持卷对弈方道挥。
天下是非由它去，可惜今生只此回。

我的人生画布（四）

和善温馨之家庭、名校严师之中学、树立"三观"之高教、古代土壤之研究、新疆资源之考察、亦教亦政之7年,以及"文化大革命"延安之8年,这是时代为我安排的前半生。在我的人生画布先涂上了粉红、大红和蔚蓝,前七后八的十五年涂上的是凝重与坚韧的灰色。

40年的每一天我都过得都很认真,很充实,很努力,无一刻懈怠。

我已经"不惑"了。

2011年秋,80岁,得与老伴和女儿作苏州游。老伴腿不好,我扶着她下桥,石琼趁机抓拍一张照片(图4-8)。这张"双不惑"照很好,我制作为2012年的新年贺卡,并题写了四句七言。

  上桥下桥人生路,有顺有逆几十年。
  天晴天雨都可乐,相依相扶到永远。

图4-8 与老伴游苏州(2011年4月15日,石琼摄)

第五章
黄淮海科技战役（上）[①]
（1973—1983年/42—52岁）

1973年5月接到的一个电话，像亚马孙蝴蝶抖动了一下翅膀，发生了"十年曲周治碱"，扩展到"十年黄淮海科技攻关"，扩展到"十年校长"，扩展到"十年学术云游"，以及16年的"决胜生物质"，环环相扣，无缝衔接，给我安排了后半生长达45年的科学生涯。当然，必须感谢改革开放给我带来的长时段平静工作环境。

一个安排后半生的电话

1973年5月，我在北京"异地疗养"，过着零压状态下神仙般的生活。

一天上午，在集体宿舍与吴金如对弈，学校电话室的小芹推门进来。"石元春在吗""在""有你长途"，我随她出了教学楼，绕道图书馆背后。一路上在想，不会是武汉来电话吧？两个孩子有什么事吧？干脆问道："哪儿来的电话？""沈副校长的电话。"这下我放心了。

"石元春啊，王观澜同志在邯郸主持召开全国植棉工作会议，指示北

[①] 2013年曾出版《战役记》一书，本传第五章和第六章是该书的缩写本。

京农大在邯郸地区搞一个盐碱地改良的低产点，你能下来看一下吗？"沈副校长说话总是那么一字一句，慢条斯理。第二天我赶至邯郸，见到沈副校长，这天正好是1973年的六一儿童节。

次日，在邯郸地区农委常华庭副主任陪同下，随同沈副校长一同驱车曲周县，约两小时车程。

6月初，冀南小麦正准备开镰。

汽车经过邯郸粮仓永年县，阳光下的滚滚麦浪，如在地面铺上黄色绸布，随风抖动飘逸。当车驶入曲周县境，景色一变，麦田少了，稀疏低矮的小麦已无力摇曳成浪；荒草地、枸杞地、小块缺苗断垄的春玉米地，七零八落，特别是白花花光秃秃的盐碱地给人以冷肃与凄凉之感。

情由景生：永年麦浪，开朗愉悦；曲周荒芜，寂寥压抑。

曲周县委书记李立身和主管农业副县长赵迎在县政府接待了我等一行，介绍县情和吃罢午饭后，一同登车北上。越往北越荒凉，渠边路旁和田埂涂抹上了一层灰白色盐霜，农田里出现大片大片不长庄稼的暗灰色盐碱斑块，像暴风雨来临前的朵朵乌云。走着走着，零星出现一些四五米高的小土丘，越往北越多越密，以致农田变得形状各异，大小不一，成为散布土丘间的点缀。这可是从未见过，太稀罕的农田景观。

赵迎副县长说，这些盐土堆是农民把盐碱地表面上的盐皮刮去淋盐后剩下的弃土堆积而成的。熬制的盐叫"小盐"，质量不及海盐，但价廉而为远近农民所食用。值此准备开镰的农忙季节，地里却鲜有农民劳作，只有几处淋盐土丘间的袅袅孤烟在扭动。汽车走近一看，一个中年农民用一个平耙无精打采地刮着"盐皮"，两个老年农民蹲在熬盐锅旁抽烟袋锅。炉中有火，锅里卤水翻滚，冒着热气。由于烟熏火燎，两个老汉满脸满身乌黑。当我们问起熬小盐时，一个老汉说："一方水土养一方人，我们这一带的盐碱地不长庄稼只出小盐，我们只好淋小盐去换点粮食。""换的粮食够吃吗？""哪够！还要吃半年多的国家救济粮。"

汽车继续往东北方向行进不远，停在了我们将访的东陈庄大队，曲周县的改碱试验点。车进村后，没有北方农村的鸡犬相闻、孩童成群、碾子转动；没有房顶上的粮垛、房前挂着的辣椒和大蒜的那般富庶景象，满眼

图 5-1　曲周北部的淋盐土丘（上）和刮盐皮熬盐（下）

单调与凄凉。村民住房是用土干打垒堆砌起来的，墙厚半米有余，墙根因盐碱腐蚀而斑驳得缩进了许多。大队部的房间不大，只有自制的一张方桌和四张条凳。大队支书和大队长接待了我们，穿的是自纺粗布白衣黑裤，毛巾包头，结在脑后，一人手里拿着一支长长的旱烟管。我顿生一种似曾相识的感觉，这不是"敌后武工队"和"平原游击队"里抗日战争时期的冀中农村和农民吗？

大队支书向我们介绍说："东陈庄大队有 512 口人，900 多亩地。1958 年修东风渠，浇了两三年地，1963 年盐碱上来了，1964 和 1965 年亩产不到一百斤。1959 年到 1966 年，政府给咱村放了 38 万斤救济粮、2 万元救济款，穷就穷在这盐碱地上。咱这一片是老区，老党员多，民兵靠这些盐土疙瘩给鬼子打黑枪，鬼子始终就进不来。鬼子走了，国民党

第五章　黄淮海科技战役（上）　　135

也不来，因为这里没什么可搜刮的。"果然！这里还真是"敌后武工队"出没的地方。大队长插话说："咱支书就是当年的民兵队长！"我更增加了对这一带农民的敬意，更感到日本鬼子被赶走 30 年，为什么这里的农民还是这般困苦？

从东陈庄出来，汽车绕了一段曲周北部的"老碱窝"，景象差不多。四分农田，六分盐场。天苍苍，地茫茫，只出小盐不长粮。

回邯郸的一路上，我脑子很乱。在新疆、内蒙古等地见过许多赤地无垠的盐碱地，见过不少穷困农村，却不曾想到离京城仅数小时车程，富饶的中原腹地竟会有如此严重的土壤盐渍化，这么穷困的农村和农民。我被所见所闻震撼了，坐在车里心情沉重，一语不发。

还是沈副校长先开的口："石元春，你看得怎么样？"我只冷冷地说了一句："我们应该来。""你回去找人商量商量再告诉我。"沈副校长这样叮嘱我。人说搞土壤改良是"地球修理工"，如今地球的这片皮肤上有了"癣疮"和"溃疡"，主人苦不堪言，我等"修理工"责何旁贷？

回校后，我联络了林培、雷浣群、毛达如、陶益寿、黄仁安，他们都说："反正没事儿，下去看看！"辛德惠家住在林业大学，几天后在土化楼门口见到他，我又叙说一遍。辛说："我去！"

7 月酷暑挡不住这批求工作若渴的中年汉子，买好火车票就登程曲周了。别小看这批齐刷刷的、40 岁上下的"讲师"，来头可不小，是国务院王观澜同志派下来的，邯郸地区和曲周县领导都待若上宾。这次来曲周，时间很充裕，县农业局、水利局、科技局等各有关业务局都与我们座谈和按我们要求提供所需资料。当我们问及哪里盐碱最重时，不约而同地说："北部的张庄、高庄、连珠村和史庄一带，是远近闻名的'四大碱'。"于是，我们对这四个村逐个访问调查，情势确实严重。

我们住在县招待所，晚饭后客人多在院子里纳凉聊天。一位 60 岁上下的退休老干部与我们搭讪起来，他观察我们的言谈举止后问："你们是从北京来的吗？"我们说是北京农大的老师，他不经意地脱口而出："哦！教书先生。"又问："你们是来干什么的？"我们说："是来改碱的"，这话可把他的话匣子捅开了。

"什么？大老远地跑到这里来改碱？""曲周县志上有记载，北部的盐碱地有上千年历史，要是能治，也不用等到现在，还要从北京请人来治"。"远的不说，新中国成立后数不清来过多少拨工作组，地区来的，省里来的。来的时候都是信心十足，折腾一阵子，不了了之地走了。来时是只虎，走时是只鼠，灰溜溜的。反正他们是'飞鸽牌'的，回去继续当他们的干部，拿他们的工资，可是苦了当地农民啊。"

这老头心直口快，敢说实话，句句都刺激着我们这几个"外地来"改碱的老师。像狠狠地扎了我们一锥子，因为我们也是拿工资的"飞鸽牌"。可是，能看得出来，他并无一丝恶意，只是就事论事，发表自己看法罢了。

他把话锋一转地说："你们要知道，群众对治碱根本没有信心，宿命论思想很严重。农民认为他们生在这里受穷是老天爷的安排，命里注定的，改碱工作组来这里挖挖填填，白耽误工夫。农民对工作组的意见可大了，只是不敢说而已。"

"你们是下放锻炼的，参加些劳动就可以了，回去还是好好教你们的书。"看来，这位老同志不像是在挖苦我们，也不像是在吓唬我们，倒是在关心和奉劝我们这些后生。这是我们到曲周上的第一堂课，一堂终生铭记不忘的大课。在他的这番教诲中传递了这样一个信息，曲周北部盐碱地确是块不怎么好啃的硬骨头，技术、社会和农民心理都会给我们带来极大挑战。这番"曲周夜话"虽然没有吓退我们，却也平添了不少心理压力。

考察得差不多了，难题也出来了，改碱试验点放在哪里？

赵迎副县长代表县委正式找我们谈话，明确的意见是在离县城不远的白寨公社。这里盐碱不算太重，易见成效，也便于县里在工作和生活上对我们的照顾。我们却说："白寨改好了，不等于能改好北部的'四大碱'，可否把试验点放在北边？"赵迎副县长连声地说："不行！不行！那几个村生活和工作条件太差了，我们县里的干部都不愿意去，怎么能让你们去。"说到这里，赵副县长亮出了底牌："我把县委的底也交给你们。你们是国务院王观澜同志派下来的，甭说生活照顾不周我们无法交代，过几年你们总要回北京，如果久战无果或成果不明显，我们县委也无法向上面交代。"看来地方工作干部就是老道，真有一套。

这天晚上招待所停电，我们几个躺在床上讨论县委意见，白寨方案和张庄方案各有利弊，还有提折中方案什么的。正在议而不决时，"就去张庄，睡觉！"率真耿直的辛德惠"嘎巴脆"地一锤定音结束了讨论，他的特有语气也特权威。

我们这几位也算是土化系的"少壮派"，有较好业务根底，有十多年教学、科研和生产实践经验，毫无"畏虎"之心，更何况"文化大革命"多年无所事事，早就手痒，想舒展一下筋骨了。次日上午正式向县委汇报了我们的最后意见，县委只好同意把点设在"四大碱"中心的张庄。

大局已定，历史的一页终于被我们揭开了，一个大剧即将上演。

盐碱"猛于虎"

经过一番准备，秋后辛德惠、林培、毛达如、雷浣群、陶益寿、黄仁安和我7人到了邯郸和曲周，是赵迎副县长将我们7人陪送到张庄的，记得这一天是1973年9月5日下午四时许。

老天爷给了我们一个下马威，一个多月前的7月28日，曲周县连降暴雨，大面积积水半米以上，道路不通，电话中断，不少房屋倒塌。"七涝八旱"的"四大碱"当然首当其冲。9月初的张庄仍被涝水围成一个水寨，我们是提着鞋、蹚着水进村的。

张庄是个中等大小村落，五六百口人，土墙青瓦，一色平房，因树木稀少而显得单调和缺少生机。支书赵俄，大队长赵文把我们一行让进大队部。一排坐北朝南的6间平房，中间是个三间大小的大队部会议室，两侧是三个单间。会议室里除了一张自制的木桌和三张条凳外，一无所有。我们两三个人挤坐在一张条凳上，支书和队长蹲在地上给我们介绍情况。

赵俄快人快语："你们这会儿来还行，早来几天，这屋里的水还没退尽哩！"边说边指着墙上的水印："你们看，十天前这屋里的水还是齐腰深，刚把水撤下去。县里为迎接老师还拉来了几捆油毡，铺在地上隔隔潮气。"介绍完大队情况后说："我们这里条件不好，老师们将就地住着。这间大队办公室大些，你们可以办公开会用。两侧的两个单间房，原本是会计室和库房，老师们就住在那里。以后老师来得多了，还可以住到村里的社员家里。"

正说着，一个社员给我们一人端来一碗凉白开。好嘛！刚喝一口，比酱油汤还咸，而且苦涩。不知是哪位皱眉头时被赵俄看见了，他笑着说："我们这片盐碱地下的水也是苦的。不要紧，以后你们白天少喝水，吃饭的时候多喝汤。哈哈！"第二天开始，一连好几天，我们每个人都"跑肚"，因为水里的盐成分中有硫酸镁，就是"泻盐"，肠胃三五天后才得适应。

赵俄又领我们看了旁边的两个单间，每间房四张铺板，一边两张，剩下中间一米宽的走道，再也没有空余地方了，各人的多余生活用品就塞在床铺下面，好在地面铺上了厚厚的隔潮油毡。盐蚀、风吹和水侵，墙根缩进不少，四壁的土坯与土坯间也留下好大缝隙，光线和风在室内外流通无阻，加以房顶落土漏雨，更增加了室内外的沟通。赵俄幽默地说："这房子通风透光空气好，就是有些漏雨落土的，是个'三透房'，冬冷夏凉。"我在农村住过很多的老乡家，这里的条件算是最差的。

躺在床上，一时睡不着，看着穿透墙缝和门缝投进到房里的月光，想着从此就和张庄结下不解之缘；想着人生新的一页就此揭开；想着未来会是怎么样；想着明天该干什么，想着想着就睡着了。这一天很累。

说到张庄，赵俄常挂在嘴上的话是："春天白茫茫，夏天水汪汪，只听蛤蟆叫，不见粮归仓""在我们这里，用碗盐不用还，喝碗水还得给，张庄喝的是三町村和高庄村的水""这一带是兔子不拉屎的地方，走出十里地见不到一棵树""张庄村里的姑娘都想往外嫁，外村的姑娘不愿嫁到张庄来，张庄先是个'光棍排'，后来发展成'光棍连'""我们这里有句顺口溜：要想富，不在盐滩住；要想好，挑起担子往外跑"。

我们在村里住得久了，认识的人多了，串门聊天的机会也多了。张庄农民家里除一铺土炕、一张灶台，能有一张桌子和两个条凳就不错，真乃"家徒四壁"。

说到麦收，张庄村的社员说，麦收本是农村最忙最累的季节，这一带却很闲散。收麦子不用镰刀，只需背着一个大布口袋，在稀稀拉拉的麦地里，东一把西一把地将麦穗揪放在布口袋里就完成了。打麦场更不需要，将布袋里的麦穗拿到自家院子里，用旧鞋底碾巴碾巴就完事了。一年收的麦子，只够年节蒸馒头包饺子吃。

说到粮食，张庄每年要吃国家救济粮七八万斤，领救济款两三万元。有社员说："我们是种地的，不能给国家交粮食，还要吃国家的粮食，我们心不安啊！但又有什么法子呢？"有社员说："我们离不开救济粮本，纸皮封面揉烂了，后来就发塑料皮的，有的社员干脆加上了铁皮，好像我们世世代代都要吃国家救济粮似的。"

那时农民一天三顿吃的是"三红"，就是"红高粱面窝窝头、红辣椒和手里捧着一大碗红薯面汤，面汤清亮得可以当镜子照"。那些年，秋收后，马上就是男女老少齐上阵，学大寨，大搞水利化。11月的天已经开始冷了，可是在渠道旁玩耍的孩子还穿着单衣，小脸小手冻得发紫，靠蹦蹦跳跳取暖。问起妇女们时，她们无奈地说："谁不心疼自己的孩子？地里的活家里的事忙都忙不过来，孩子春天换下来的棉衣来不及拆洗就上了大堤（指修水利）。"

说到民兵。如此恶劣生活条件下长大的青年，体质好得了吗？河南町公社武装部长对我说："这一带的征兵任务总是完不成，不是青年人不愿意当兵，而是身体合格的太少。即使出去当上兵，到现在连一个特种兵都没有，体质太差。"

一次，与赵俄商量完工作后，他来了兴致，谈了一些张庄往事。

中华人民共和国成立前的张庄是被三条自然沟割切成的一片高低不平的盐碱滩，地碱水咸。中华人民共和国成立后，全村有3400亩地，能种的只有1780亩，其他都是盐碱荒地。这里是"只听耧声响，不见粮归仓""秋三麦二斗，种麦不还家"，顶好的地也只打百十斤粮食。

十数里或数十里以外的邻乡邻县，与张庄同顶一片天，相同的降水与热量；共踏一块地，同样的平原与厚土，那里何以能生产生活得红红火火，这厢却食不果腹，衣不蔽体，不就是地里的那盐碱闹的吗？

盐碱"猛于虎"也。

我有感写下了七言《苦张庄》：

年年旱涝处处碱，地不生粮长小盐。
半年口粮靠救济，手捧三红饥断肠。
家徒四壁炊烟稀，生下儿郎沙袋藏。
有女外嫁拦不住，留村尽是光棍汉。

1958年南疆考察，我著文论天山南麓易溶盐地球化学分异，纵横捭阖；60年代初京郊盐渍土改良，我著文论易溶盐四季演变规律，头头是道。不料，70年代初在曲周再遇盐碱地时，却面对的是农民的不堪困苦与灾难。让高谈阔论先靠边站！赶紧"亮剑"！真刀真枪地把地给改了，让产量上去，让农民生活好点吧！

新疆、京郊、曲周，面对的同是盐碱地，心情截然不同，一种强烈的"责任感"和"为民感"油然而生。

我们的指挥所

9月进驻张庄。不几天，县水利局局长王文勉把行李铺盖搬来了。高个子，大块头，声音洪亮，一脸霸气。冲着我们就说："试验区改碱，水利工程是'大头'，县委派我到张庄和农大老师一起蹲点，老师们说怎么干就怎么干。哈哈！"真豪放。第二天，县农机局局长王成文也把行李铺盖搬来了。瘦矮个子，眯缝眼，满面风趣，言语诙谐，一到我们门前就高声说："农大老师，县委派我来是和王文勉做伴的！"（两个王局长是一对好斗嘴的"宝贝"）"老师们搞改碱工程，用什么机器跟我说，我是曲周县机械化部队司令。"他真是个见面熟的可爱小老头。

未曾想到的是，几天后，县公安局局长刘东杰也搬来了铺盖卷。他高高个子，腰板挺直，一看就是行伍出身。脸方眉浓，皮肤黝黑，仪表堂堂，相貌威严，不苟言笑，恐怕那些不肖之徒一见到这位黑面包公般的局长就会心慌腿软。刘局长虽有云长气势，却为人十分谦和，见我们就说："农大老师从北京来帮我们改碱不容易，县委叫我在张庄蹲点，任务是保曲周试验区一方平安，以后有事就找我。"一下子，三位正局长也都到张庄蹲点了，可谓是"屋陋品高"。

县委对农大老师的生活关怀备至。为张庄改碱点单开了食堂，粮油肉菜等一干物品均由县委大院直接供应。不是县委大院标准，是高出许多的北京标准。

照片上的几间土房（图5-2）是我们的起点，旱涝碱咸（咸指咸水）综合治理的指挥所，旱涝碱咸综合治理的大船就是从这里起航的。6年后从这里走向黄淮海；10年后全国三结合经验交流会和12年后盐渍土改良国际会议的主要参观点；15年后李鹏总理莅临视察和20年后黄淮海项目获国家科技进步特奖皆源于此。我仿学"陋室铭"，写下了：

> 苍穹虽阔，"神舟"可攀。海沟虽深，"蛟龙"可探。斯是陋室，惟"赛"①德馨。风雨无遮拦，台前映盐霜。旱涝又盐碱，同心治理忙。可以搞科研，求增产。无名利之所累，无案牍之劳形。西北地窝子，东北干打垒。吾等云："此又如何？"

自7月决定设点张庄，紧张的前期工作就开始了。先是到省、地、县

---

① "赛"指"赛先生"，意"科学"。

联络有关政府部门和科研单位，广为收集资料，遍访先行名士。在省科委收获最大，他们说："根据周恩来总理指示，国家科委于1973年开始组织'河北省黑龙港地区合理开发利用地下水'的科技大会战（当时还没有用'科技攻关'）。你们曲周在黑龙港地区，又搞盐碱地改良，可以作为第9个'旱涝碱咸综合治理试验区'。"太好了，我们不再是"孤军作战"的"散兵游勇"，而是科技大战役中的一支部队了。

图5-2 张庄大队让出大队部（上）和民房（下），给农大老师工作和居住

这两个月，我们腿没少跑，口没少开，书没少看，脑没少动，想的只是一个问题，"这场仗怎么打？"。

黄淮海平原春旱秋涝，土盐（地下）水咸，四害狼狈为奸，交相危害，错综复杂。此次调研中，对我启示较大者有三。一是北京地质大学蒋副教授提出的"深井运动"后患无穷；二是科学院禹城实验站提出的"井灌井排"；三是沧州乌马营试验区的"抽咸换淡"。

我的思考是，春旱和秋涝是水在时间分配上的过少和过多；土壤盐渍化是地下水位高而导致土壤旱季积盐多，雨季脱盐少；浅层地下水变咸是区域水循环不畅的结果，这是一个旱涝盐咸并存的复杂的水盐运动系统。因此不能"头痛医头，脚痛医脚"，而要通过对水盐运动规律的认识和科学调节，做到旱季有水灌，土不返盐；雨季能排，土壤脱盐，咸水变淡

第五章 黄淮海科技战役（上） 143

的，不旱、不涝、不盐、不咸的水盐运动系统。而这种水盐运动调节系统是可能通过田间工程手段实现的。于是大胆提出了"突破地下咸水禁区"和以"浅井深沟"为主体的井沟渠结合，农林水并举的工程系统。①

思虑熟则得事理，得事理则必有成。

1973年10月15日，我在出差石家庄的宾馆里，按上述构思在小方格的笔记本上勾勒出了曲周试验区的工程设计示意图（图5-3）。图虽粗草，却是源自先进的水盐运动理念。40年后重睹此图，仍压抑不住内心的激动。因为在它的背后，闪动着土丘散布、盐碱遍地、禾苗稀弱的昔日惨景；闪动着人喧马嘶、机器轰鸣、战天斗地的施工场景；闪动着田方渠直、林路纵横、麦浪滚滚和亩产吨粮的现代化农田。

你们能从这张小图上看得出来吗？

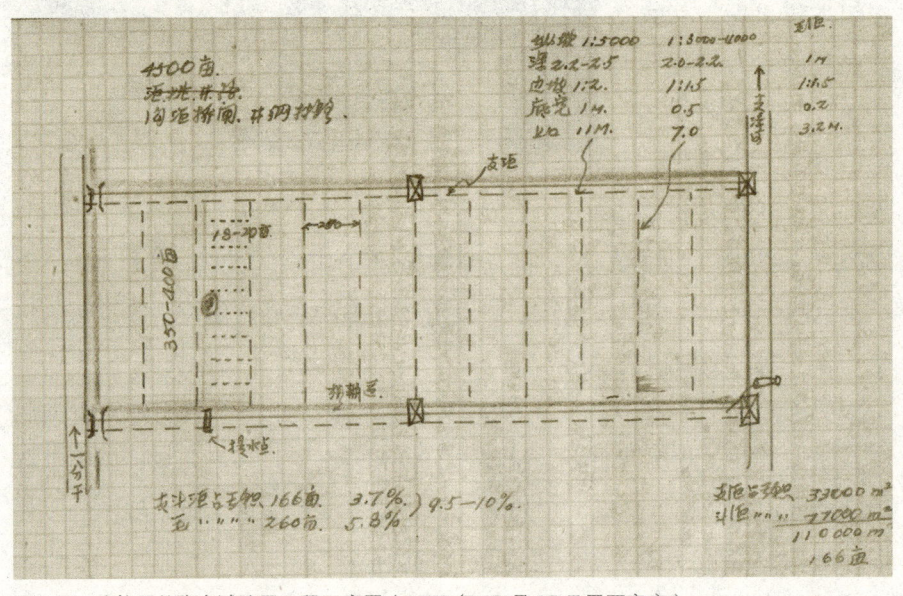

图5-3 我构思的张庄试验区工程示意图（1973年10月15日于石家庄）

---

① 碱为当地对盐渍土的俗称，咸指地下咸水；前期称治理项目为旱涝碱咸综合治理，后来又称旱涝盐咸综合治理。

打响前哨战

在构思的这张工程示意图基础上,我们团队经反复讨论和计算,于1973年11月8日绘制出了正式施工图纸和编写出了《邯郸地区曲周县旱涝碱综合治理样方规划草案说明书》。这份施工图和万言书是深入思考和大量调研的结晶,是曲周试验区旱涝碱咸综合治理、沟渠林田路统一规划的第一份蓝图,是一份对旱涝碱咸的宣战书!

《说明书》上写道:

>治理样方处在黑龙港地区中上游的滏阳河东侧。东沿支漳河,西沿一分干,南起三町村南支渠,北抵马兰头村南支渠。土地面积28000亩,区内耕地14976亩,枸杞地1399亩,林地1070亩,重盐碱荒地2118亩。样方内土地分属于张庄、高庄等14个生产队,人口5024人,男女整劳力1968人。
>
>历史上这里就是一个旱、涝、碱危害严重的地区,1949年全国解放后的20余年,发生较大水旱灾害7次之多(1949年、1956年、1958年、1960年、1961年、1963年和1973年),盐碱地占总面积的71%。这里"三天无雨苗发黄,下场小雨苗死光,到了夏天水汪汪""春天种,夏天补,秋天白辛苦。"
>
>设计思想与目标:以水盐调节为中心,使春旱秋涝土盐水咸的自然态水盐运动模式向春不旱秋不涝土脱盐水淡化的人工态水盐运动模式转变,实现土肥粮丰民富的目标。调动水盐运动的农田工程措施是深浅井成网,深浅沟系统,田林路电整体规划;农业技术措施的平地、压盐、深翻、施肥和作物栽培管理。各项工程和技术都另有详细设计和要求,整个工程期四年。
>
>1973年冬和1974年春的工程是首战,必须成功,才能鼓舞全军将士

士气，给地方领导和群众以信心。王局长负责 4500 亩试验区的大工地的施工，农大老师负责 400 亩地的样板工地施工。

400 亩地工程的分工是，黄仁安和县水利局袁海峰工程师负责农田水利工程和平地；辛德惠和雷浣群负责打浅井和抽水试验；陶益寿负责压盐整地；林培负责麦田保苗增产；毛达如负责准备有机和无机肥料；我负责工程指挥和水盐动态监测。县水利局王文勉局长负责检查施工质量和与邯郸地区水利局联系由岳城水库调水能及时到达试验区小麦冬灌和压盐；县农机局王成文局长负责调集施工现场用的拖拉机、推土机、开沟机、铲运机、平地机等。

万事俱备，只欠东风，就等施工大军进场了。

工程环环相扣，一环延误，今冬明春的施工计划就要"泡汤"，后果不堪设想。工程任务重，时间紧，距土地封冻不到两个月，可是工地仍是静悄悄的。我实在是急了，和辛德惠、林培、黄仁安一起，拿着施工图纸，把赵俄、赵文约到 400 亩地的工地现场，商量开工时间。赵俄面带微笑，带些调皮，不紧不慢地说："石老师，有句话不知道该问不该问？"

"老赵，你怎么啦？挺爽快的一个人，赶紧说吧！"我接上了话茬。

"农大老师在这里能待多久？"赵俄带着几分狡黠的笑容。

"老赵，你问这话是什么意思？"我反问道。

"过去工作组来过很多拨，这个说这么挖，那个说那么挖，来年开春就走人，什么问题也解决不了，社员很有意见。所以我才问你们能待多久。"赵俄振振有词，赵文在一旁笑而不语。

"治不好碱，我们就不走啦！"我也是个敢作敢当的直性子。

"对！治不好碱就不走了！"辛德惠一旁附和着说。

"石老师，我们等的就是这句话，今天晚上开支部大会，明天上工！"

直性子碰上直性子，真有劲儿！

果然，第二天天刚亮，村里就集合社员，推车的、扛锹的、使镐的，浩浩荡荡的施工大军进入村南 400 亩地；农大老师也拿着图纸、标杆和测量仪器一同进入了工地。图 5-4 的左上图是开挖张庄村南的四支渠，深

3.2—3.8 米，挖到 2 米就见水，赵文大队长（照片前右一）亲自带领村民兵连在水下作业。图 5-4 左下是已经修成和验收的四支渠。右上照片是支漳河骨干排水渠，右下照片是 400 亩地的盐碱地正在冲洗压盐。

工地上除人力劳动大军外，"机械化部队司令"，王成文局长调来的那几台红旗 100、东方红 75 和铁牛 55 拖拉机牵引着的开沟犁、推土机和铲运机一直在工地上轰鸣，大显神威。时而大步地来回奔驰，时而力不从心地喘气冒黑烟，真能营造工地气氛。可谓是，人畜机惊天动地，试牛刀豪情奔放。图 5-5 记载了当时的一些场景。

12 月中旬，农田的土方工程基本完成了。如赤壁之东风，县水利局王局长从邯郸岳城水库要来的水进到一分干了！赶紧部署二期工程——冬灌和盐碱地冲洗压盐。大大小小的机泵均已整修完毕，电力到位，柴油充足，按位进入阵地。赵俄赵文一声令下，马达轰鸣起来，沟水渠水滚滚流入到刚平整的田间。"水漫金山"，几天前耸立的那些盐土小丘已是水下世界。水层越来越厚，达到设计要求即刻停水，开始让水有充分时间入渗淋盐，落干两天后再上二水，按设计使上层土壤达到非盐化要求，以备明春

图 5-4　开挖四支渠、支漳河骨干排水渠及盐碱地冲洗组图

图 5-5 盐土堆原貌（上）；铲运机正在起高垫低粗平地（左下）；五台推土机在推平淋盐土丘（右下）

播种。图 5-4 右下照片是平整后的田块正在放水冲洗压盐，这是今冬农田工程的最后一道工序。

当农大老师全力投入"400 亩地"施工的时候，整个 4500 亩的试验区大工地也是红旗招展，奋战正酣。这里的总指挥是县水利局王文勉局长，搞水利工程，他们太有经验了，指挥若定。

前哨战，1973 年的冬季工程战打得很漂亮，为旱涝盐碱综合治理的农田工程勾勒出了轮廓，为综合治理大厦打下了基础。

九层之台，起于累土

1974 年的元宵节刚过，老师们就回到张庄，讨论开局年的工作计划。

到张庄，未进村先到"400 亩地"。这里灰沉沉，有一股冷肃之气，但是当看到那笔直规整，纵横成方的沟渠路田、平整的土地，就想起一个多月前这里曾人喧马啸和机器轰鸣，心头马上热乎了起来。这不就是刻印在大地上的施工图纸吗？眼前的灰沉沉景象瞬间变换成一幅隽秀的彩照。这张照片就是我们当时在"400亩地"最北头拍的。有田块麦苗露出，有田块被银白色冰层覆盖，远处是深机井房，左侧是为机井房送电的电线杆。一眼望去，过去地面上的那些大大小小的盐土"山头"不见了，反倒有些许不习惯。

工作会议开了一天半，当时的热烈场面历历在目。

"沟、渠、路、田有了个轮廓，但井、机、电和田间建筑物都没到位！""我们的战略思想是开采浅层地下水，现在一眼浅井也没有！""不将咸水利用起来，开采浅层地下水就是一句空话！""我们的措施上去了，水盐情况如何？没有一套土壤和地下水的监测系统，我们就是聋人和盲人。""有了监测系统，大批的土样水样到哪里去化验，还得先建化验室。""说到底，产量上不去都是白搭！这里的农田管理太粗放，农业技术水平很差，农业生产技术必须跟上！""这么多事，光靠当地干部和我们几块料哪行，还得培养当地农民，他们才是'永久'牌的地方军！""今年是我们到张庄的第二个年头，如果看不见显著性成效，会影响群众和领导信心和积极性的！"

你一言我一语，记不得哪句话是谁说的，而句句箴言，重若千斤，条条意见，都要办，立即办。可谓是，"意气风发书生情，句句千钧论乾坤。莫道他日蹉与跎，敢为人先缚蛟龙"。会后我将大家意见整理成《曲周基点1974年工作计划草案》（图5-6右），重点有二：一是抓好建化验室、水盐监测系统和办农民技术学校等基础工作，二是抓好综合治理的田间工程和农业生产。

没有想到的是，试验区刚开局，3月3日，体弱多病的王观澜校长就顶着春寒来到张庄视察了。按说，领导视察，或为成绩，或为问题，现在既无成绩又无问题，纯粹是来鼓劲和定调的。他对农大老师和地方领导说：

> 农大同志是来帮助工作的，不是把棋子拿过来自己下，必须要走棋的人自己动手。低洼盐碱地区怎么搞？要搞个典型，但是要他们自己动手。开门办学，培训技术干部都是必要的。农大在这里大有前途，要努力工作，这是真正为群众为国家谋福利。

第五章 黄淮海科技战役（上）

图 5-6　1973 年冬季施工后的"400 亩"新貌（左）和 1974 年工作计划草案（右）

好雨知时节，润物细无声，王观澜校长为试验区洒下了第一场春雨。

九层之台，起于累土。善其事，先利其器，立即建化验室。

我们整天面对的是土、水、盐和农业生产，治理中的平地、灌溉、压盐、抽水、施肥等每一个措施下去以后，土壤水分、盐分（8 个离子）、养分（氮、磷、钾）等有什么改变，这是必须靠数据说话的。到医院看病，没有血压、血常规、胸透、核磁等测试数据，医生怎么做出诊断？

我们先请来了土壤化学分析课老师周斐德负责筹建化验室，第二年农化分析课的邵则瑶老师也来了。县里专门批拨下来的木材和从县里请来的木匠高手打造的化学试验台诞生了。化验员是从附近几个公社的高中毕业生中，优中选优地挑选出来的。

图 5-7 是周斐德在手把着手地培养化验员和 1976 年新建的化验室照片，照片上从左到右的 8 位土化系老师是李韵珠、林培、陆锦文、石元春、黄仁安、雷浣群、邵则瑶和周斐德。这 8 位长期和多年驻守曲周试验区，戏称"常委"。就是在这个化验室，十年出数据十余万，对曲周旱涝盐碱综合治理试验区立下了赫赫战功。

化验室测试的样品从哪里来？这就要说到第二件基础工作，建旱涝盐碱综合治理试验区的监测系统。

我第一个想建的当然是水盐动态监测系统，就是十年前我在京郊大

图 5-7　周裴德（左）在手把着手地培养化验员；1976 年新建的化验室（右）（左起：李韵珠、林培、陆锦文、我、黄仁安、雷浣群、邵则瑶、周斐德）

兴芦城公社的水盐动态监测，以掌握土壤和地下水系统中水盐在一年四季的动态规律，这是黄淮海平原旱涝盐碱综合治理所必需的基本资料。十年前我单枪匹马，现在是一个专题小组。选择有代表性的田块和三个重复取样点，每个月自土壤表层往下到地下水，每 20 厘米取一个土样，一直到地下水（包括地下水），送到化验室进行土壤含水量、易溶盐 8 个离子和 pH 的测定。同时，还建立了常规气象观测和农田气象观测的气象站。

我们培训了一批实验员，协助老师做各种观测和试验。此处所附照片是观测员在麦田测空气干湿度，可提供干热风预报数据，此照片右上角照片是观测员观测地下水水位及采水样了解地下水水质及化学组成，请注意田埂旁地面上有一个埋在地下深达 3 米以下的地下水观测孔。

第三件基础工作当然是办农民技术学校，建设一支"永久"牌的综合治理地方部队，这也是王观澜同志"让走棋人自己下棋"的嘱托。对此我们已有准备，他走后才半个多月的 3 月 20 日，农民技术学校就正式开学了，校址在张庄村南 4 里地的原劳改农场旧址。办学的主导思想是以"邯郸地区曲周县旱涝碱咸综合治理试验区"为田间课堂，教学、生产和科学研究结合，做到出产量、出科研成果、出人才。培养目标是县以下不脱产或半脱产的"赤脚"农业技术人员。办学形式是一年制长训班与专题短训

图 5-8 农田气象观测和地下水观测（右上）

班相结合。曲周县委马洪宾副书记任校务会主任，曲周县水利局局长王文勉和我任副主任。教师有北京农大老师，也有县农业技术人员和有实践经验的农民。

一年制培训班要求学员学习期间不脱离本队生产劳动和工作，离队学习时间约占 1/4，做到既是学员，又是公社社员和技术员。1974 年的一年制培训班招收学员 30 名，专题性的短训班办班 22 次，参加学习达 2063 人次。如农机手和农村机电人员短训班、果树管理员短训班、植保员短训班、畜牧兽医员短训班等，一般一周左右，规模有大有小，灵活机动。

按此方式，1976 年、1977 年及以后每年一直办了下去，不过随着形势变化，办学方式和内容也在不断改变和提高。"文化大革命"结束后，学校名称改名"曲周农民技术学校"，校长仍是曲周县委书记马洪宾。

切勿小觑此"曲周农民技术学校"，不仅有过一级教授、我的导师李连捷讲课，1981 年还在这里举办了"黄淮海平原五省一市旱涝盐碱综合治理培训班"。1982 届学员袁文学因酷爱上了农民教育，于 1984 年以民办形式在曲周办起了三年制的"河北农民中等专科学校"。

图 5-9 曲周农民大学第二届一年制培训班结业式集体照（1975 年）

布"三阵"，用"奇兵"，首战告捷

与文艺工作者一样，自然科学工作者也要有激情，甚至"狂热"。

1974 年，正式向旱涝碱咸全面宣战了，战场就设在 4500 亩的旱涝碱咸综合治理试验区。东西长 3600 米，南北宽 1000 米，约 504 个足球场大小。为了阻隔与区外的水盐联系，在四边布置了三四米的深沟。我们做了个比喻，用深沟切出了一块，500 个足球场大小，重约 1000 万吨（按 2 米厚土层）的大"蛋糕"。人说"螺蛳壳里办道场"，我们则是在"大蛋糕上唱旱涝盐咸综合治理大戏"。

为什么说是对旱涝碱咸的全面开战呢？当时，在河北以至黄淮海平原从事治碱改土的试验点不少，但多囿于专业领域与门户之见，重灌溉或重排水；重地上水或重地下水；重水利改良或重农业改良。我们来自高校，比较超脱，只凭自己认知与理念，该咋办咋办。我们的理念是，旱涝碱咸是区域水盐运动系统的一种外在表现，水盐调节则是管理而已。

第五章 黄淮海科技战役（上）

我们在"蛋糕"上摆下了三个阵势,"水阵""盐阵""农阵"。

"水阵"是调动地上和地下水以活全局的主阵,由深浅沟系统和深浅机井群两部分构成,图5-10是布阵图。试验区处在滏阳河灌区上游,冬季与早春常有来自岳城水库的渠水过境,通过深沟可边抢灌边存蓄。深沟配以浅沟,可构成雨季农田排水系统和蓄存汛末雨水。灌排蓄一体的深浅沟系统具有良好的水调节功能。5眼深井和27眼浅井构成的机井群,既可扩大抗旱水源,又可通过抽排地下水以强制土壤脱盐和防治农田渍涝。按设计,"水阵"可使试验区抗旱防涝能力提高到20年一遇标准。

"盐阵"一是在雨季到来前及雨季中,利用浅井群强制性降低地下水位,增强自然降水对千百年积聚在土体中易溶盐分的淋洗;二是利用丰水期深沟水进行强制性的地面压盐冲洗。对"盐阵"的要求是,在较短时间将土体盐分减少到作物能正常生长的范围。

"农阵"是在"水阵"和"盐阵"创造的优越条件下,通过平整土地、培肥土壤、增施肥料、使用良种、优化栽培、适时灌溉、机械化耕作等多项农业技术措施全力增加农作物产量。没有"水阵"与"盐阵"保障,"农阵"再强也使不上劲,有了"水阵"与"盐阵"保障,"农阵"才能"大显身手"。话又说回来,没有"农阵","水阵"和"盐阵"再漂亮,只能是

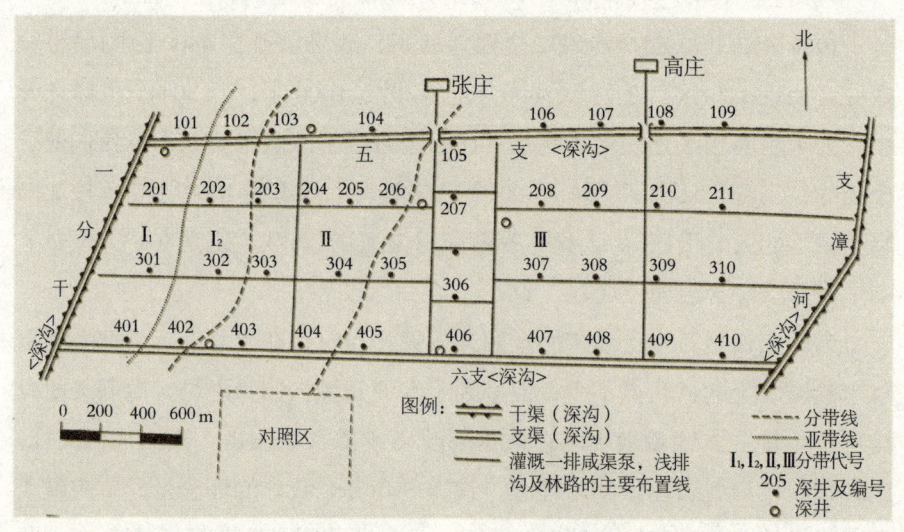

图5-10 旱涝盐咸综合治理试验区的"水阵"——深浅沟-深浅井系统布置图

"样子货"，因为产量上不去。

"凡战者，以正和，以奇胜"。"三阵"外，还必须布置一支突破地下咸水禁区的"奇兵"。春季土壤返盐、雨季土壤自然脱盐及农田渍涝都与地下水位有关，强制性雨季土壤脱盐和农田冲洗压盐也与地下水位有关，旱涝盐咸四害横行中，高地下水位扮演了重要角色。反之，综合治理旱涝盐咸中，调节地下水位可起"奇袭"的"奇效"。

如果浅层地下水是淡水，用于灌溉即可降低地下水位以减少土壤返盐、增加雨季脱盐、防除渍涝、吸纳降水，搞活全局，当然最好。而试验区的浅层地下水是矿化度4—6克/升的微咸水（灌溉水矿化度一般在1克/升以下）。千百年来，咸水是不能用于灌溉的，这是一道禁区，怎么办？我们走了一步"险棋"，叫"突破咸水禁区！"

我们组织了"咸水利用"专题，但"醉翁之意不在酒"，不是缺它这份水，更重要的是要它在调动水盐运动中发挥枢纽和杠杆作用。"奇兵"的战斗力，决定于地下咸水地层的岩性、出水量和对地下水位的调节能力。到水文地质大队查资料，资料很少，回答不了这个问题，只好赌它一把。

1974年早春，地还没有开冻，打第一眼浅井的钻机就拉上位了。县水利局派来的打井队主要是打三四百米深井的，听说打40米深的浅井，"小菜一碟"。关键是雷浣群负责的抽水试验，出水量多少？单位出水量的地下水位降深多少？矿化度多少？易溶盐的离子组成以及酸碱度如何？

第一眼浅井抽水试验的结果是令人满意的，矿化度低于7克/升，微碱性，每小时出水量30—40立方米，这是1974年春天给我们带来的第一个大喜讯。随后又打两眼，结果相近。于是按4500亩试验区的布点，一气儿打了27眼，足以调控地下水位了，我们称为"27门红衣炮阵"。

雨季快到了，"红衣炮阵"要上阵"奇袭"了！

1974年我们部署了两次浅井群的"奇袭"，一次是雨季前抽水17天（6月29日—7月15日）；另一次是雨季中抽水35天（8月1日—9月4日）。24眼浅井电机齐鸣，24条水龙翻舞了52天，非常壮观。

1974年雨季，7月10—30日的20天里，自然降水160毫米。未抽水的对照区W15观测孔的地下水位由3.02米很快上升到1.71米，直至雨季后的 9 月上旬，地下水位始终维持在 1.4—1.6 米。这正是盐渍地区雨季因地下水顶托而土壤脱盐率低下，雨季后迅速返盐以至渍涝的自然态地下水位动态。

请看有浅井群抽水的试验区则是另一番光景。雨季前的 15 天抽水中，地下水位下降了 0.6—1.06 米，地下水埋深 3.2—4.1 米，土壤返盐停止。7 月中旬降雨 160 毫米后，距抽水井 50 米的 E6 和 E9 两个观测孔的地下水位由 3.2—3.5 米回升到 2.6 米左右。8 月 1 日开始雨季抽水 8 天后，地下水位又迅速回落至 3.5 米以下，使整个雨季地下水位维持在 3.5 米以下，既有利于防涝和土壤脱盐，又利于雨季后不会产生返盐，真是个太成功的数字，"奇袭"效果太好了。

强制性地降低地下水位的主要目的是为了强化雨季的土壤自然脱盐。未抽水的对照区，雨季初期土体上部出现轻度脱盐，7 月下旬后的雨季里，随着地下水位上升和顶托，土体就不再继续脱盐了。有浅井抽排的试验区内，因整个雨季始终保持深地下水位而土体持续脱盐。根据 1974 年雨季后的 9 月 9 日观测资料，整个测试区的 2 米土体的平均脱盐率是 54.9%，而对照区是 1.9%。如此突出的脱盐效果，是我们始料不及的。

最后，看看那沉睡千百年的地下咸水，1974 年被 24 眼浅井抽水彻底搅醒了，以下是摘自辛德惠整理的地下咸水水质动态报告。

群井抽水时，每个井都形成了一个降落漏斗，井管中动水水位和周围潜水位之间的落差，使得咸水层上部的高矿化水层在抽水时，首先向井中移动，故而抽水初期矿化度较高，随着这个高矿化度水层的逐渐消失而井水开始变淡。24 眼井经两期抽水后，19 眼井水矿化度已降至 5 克/升以下，表现了淡化趋势。另 5 眼仍维持在 5—7 克/升。这个长期沉睡地下、近于停滞的咸水，一经浅井抽取，加速其运动，打破了原来的平衡状态，迈出了淡化的第一步。

说一千，道一万，产量上去才能算，这时该"农阵"发挥威力了。1974 年的技术总结报告里是这样写的：

试验区的张庄大队粮食总产由历史最高水平31万斤（1971年）增至60万斤，单产达到463斤。1970年以前，张庄大队平均每年需国家供应商品粮食约4万斤，1974年向国家交售商品粮食11万斤。皮棉也由单产20多斤提高到57斤。试验区的大街大队粮食总产也由历史最高水平的13万斤增至24万斤，单产450斤。这两个大队的粮食产量当年就翻了一番。

好大的气派！粮食产量当年翻番，这才是真正的"大跃进"。

这一带盐碱地区麦收时有这样习俗，因为自家麦地没有多少麦子可收可打，妇女和孩子们常到附近村的好麦田地头蹲着，等主人收完后进到地里拣拾麦穗（这是允许的）。过去张庄社员是到外村拣拾麦穗的常客，今年变了，张庄麦地的地头围着许多外村拾麦者。这是一种宣示，盐碱地是可改的！

过去这一带老乡们常说，"碱是天生的，盐是地长的，能治早就治好了"。"碱有根，盐有源，是改不好治不完的。"现在又开始流传："那可不一定，听说从毛主席身边来了高人，把张庄千百年的盐碱地给镇住了。在祖祖辈辈都不长庄稼的老碱地长出了可好的麦子，不信你们去看！"试验区开始热闹起来，附近三村六屯的农民来这里看麦子和玉米，有的老乡还问："我们村是不是也可以参加试验区？"

1974年9月29日，我和王局长一同到县里汇报，立身书记说："石老师，张庄试验区改碱的影响很大，你能给我们讲讲是怎么做的吗？"我一五一十地作了汇报。立身书记最后说："石老师，今天你给我们上了一堂改碱课。下星期县里开水利工作会议，部署今冬明春农田水利工程。你能不能在大会上做个报告，就照你刚才怎么讲就行。"看来，我的汇报被立身书记面试通过了。

"三阵"和"奇袭"成功！首战告捷！我们的水盐运动及调节管理理念开始有了实证，从科学思想到实践验证的飞跃为我们带来了极大喜悦。

浅 井 风 波

1975年的春节过得特别惬意。正当踌躇满志于1974年的首战战绩时，接到省地下水领导小组的通知，3月6—10日在衡水召开黑龙港项目工作会议，要求各组汇报1974年试验成果和1975年打算。正好！给了曲周试验区一个亮相机会。我们立即返回曲周做准备。

我们是支敢想敢干、说干就干的团队。干脆，把我们的新理念和1974年试验战果制成展览版面。搞展览，谈何容易？何况是不到十天时间。但也要拼它一把，当时确有那么股子劲儿。

搞展览最有经验的当然是县文化馆，经县委布置，2月25日我就和老辛到县文化馆安营扎寨，有一间很大的制作室和六七位画家。当时搞展板，从制作展板、美工人员打底裱糊，到作画写字和裱贴照片等全部是手工式操作，哪有现在用计算机那么方便。当然，版面内容及初步构图肯定是我和老辛的活儿。

第一块版面是"向旱涝碱咸宣战"，接着是"坚持综合治理——抓住主要矛盾，水！""浅井深沟体系的构成""灌排蓄结合，旱涝碱并治""利用咸水，抗旱增产""建立地下水库，抗旱除涝""防止土壤返盐，加速土壤脱盐""抽咸换淡，改造咸水"等，最后一块版面是"促进农业大上快上"。整个汇报展览的标题是"运用浅井深沟体系，综合治理旱涝碱咸"。何以能记得如此清楚具体？因为我有幸翻找出了40多年前办此次展览的部分"小样"。

从2月25日到3月5日我们与画家们一起干了一个多星期，最后一天是通宵。3月5日的晨曦已经在窗外露头，画家们将最后审查过的版面打包好，回家休息去了。我和老辛一人躺在一条长条板凳上，和衣而卧，昏昏沉沉，似睡非睡。9点半钟，一辆中吉普停在了文化馆门前，将打包好的二十多块展板搬到了车上，老辛一人随车赴衡水参会汇报去了。我回张庄，准备农民技术学校二期开学事宜。

就在当天晚上，老辛从衡水打来电话："我们拿去的版面经审查后不让展出。""为什么？""他们说，强调打浅井和开采浅层地下水是违反省委治水方针。""那怎么办？"我一时没了主意。老辛说："会上说如果把'浅井'去掉，还可以展出。"我说："把'浅井'去掉，那还叫综合治理旱涝碱咸吗？"可以用"怒火中烧"来形容我当时听电话时的心情。我又问："你说怎么办？"辛说："我想在展板上先将'浅井'二字涂掉，里面内容不动，让展板先展出来。反正看展览的都是同行，谁都可以从展板内容猜出来这两个字是什么字，更能暴露省领导压制科学的嘴脸。我在口头汇报时照讲'浅井深沟'不误。"我说："这个'暗度陈仓'的办法好，就这么办。"

老辛沉着稳重，思维敏捷，看问题尖锐，挺复杂的事他能很快抓住实质，几句话就能说到点子上去。但是他也有个弱点，对外打交道上遇到问题就会生闷气，发牢骚，不如我泼辣。第二天我赶去衡水，声援老辛。我们商量好，老辛照常参会和汇报，我在会下活动。

我先找省地下水领导小组办公室主任许铁城，因为跟他最熟。"许主任，我们这是科研项目，汇报的是去年试验结果，凭什么不让提浅井？"我急起来就会不管不顾。"老石，先别生气，这是上头的意思。""既然方针定了，还搞什么试验？我们说浅井，也没说不打深井。我们只是如实汇报试验结果，又不是政策建议。即使是政策建议，省委可以不采纳嘛！怎么就不让人说话呢？"我得理不饶人，越说越不像话。后来回想真有些后怕，记住！当时还是"文化大革命"时期，太危险了。

老许带我去找这次会议的最高领导，省科委副主任赵华。高高个子，50岁出头，戴一副黑框深度眼镜，温和谦恭，没有领导架子。见面客气了几句，我就将在老许那里说过的话端了出来，但话语温和了许多，情绪也平静了许多。"石老师，不要生气，我会把你们的意见反映上去的。"赵主任说话很慢。我问："省委哪位领导主管这件事？我可以当面向他汇报和解释。"赵说："是迟主任管这件事，我和他联系联系。"当然，我知道不可能安排我去见迟主任，但也算给省里亮明了我们的态度。但衡水会议上还是"大会点名"地"批判"了曲周的浅井观点。

"浅井风波"在继续发酵。

衡水会议后的夏天，王观澜同志秘书专程到张庄来找我，向我通报说："河北省委对你们在张庄的工作是满意的，但是在打浅井问题上，违背了省委的治水方针，他们有意见，王观澜同志叫我向你们转达。"好嘛！省里这帮人还真到国务院去告黑状了。我将实情汇报给了这位秘书，请他转告王观澜同志，并问："你这次专程下来，王观澜同志对此事有什么指示精神吗？""王观澜同志有两个意思，一个是既然是搞试验，就要坚持按科学办事；二是要注意与地方搞好关系。"太好了，第一句话是实，是在给我们说真话撑腰。至于与地方搞好关系，我们与地、县、社、队的关系好得很，至于省里少数人不尊重科学，搞极左，那是他们的事，与搞好关系无关。

"浅井风波"在继续发酵。

学校来了两个工宣队队员找我谈话。"学校里批林批孔搞得热火朝天，你们张庄基点的老师也应该回去参加运动，接受教育。"当时我就意识到来者不善，我说："全国都在开展批林批孔，曲周和张庄也在批林批孔，在三大革命斗争第一线开展批林批孔不是更有意义吗？""那不一样。你们是老师，应当回学校参加运动。学校里对你们基点有不少反映，批评你们以生产压革命。"终于给我们扣帽子、打棍子了。

"我们没意见，可以回学校参加大批判。但这个点是王观澜同志下的任务，去年春天还亲自来视察过，要我们安心在这里做好工作。你们是不是请示一下王观澜同志？他让我们回去，我们马上就回去。"我使出的这个撒手锏太厉害了，校工宣队哪够得着王观澜？

这两位工宣队队员还找到曲周县委，请县委给我们施加压力。果然，没过两天，县委立身书记请我们驻张庄全体农大老师到县招待所吃饭。我直纳闷儿，不年不节的干吗要请我们全体吃饭。

饭桌之上，酒过三巡，立身书记说话了："前天农大的两位工宣队同志到县委说，农大老师到曲周下放是落实毛主席关于资产阶级知识分子要接受再教育的指示，是来接受思想改造的，希望县委加强对他们的监督改造。希望县委动员你们回校参加批林批孔。"立身书记突然把话锋一转："今天我把老师们请来，是想向你们表个态，曲周县委不管什么老九老八，不管什么接受再教育和思想改造。你们来到曲周，就是我曲周的尊贵客人，曲周欢迎你们和贫下中农一起改土治碱，请你们不要听有些人的胡说八道。"

立身书记的这一席讲话，像一股热流充满了我们全身，我的眼眶红了，这不是明说不让我们走吗？"文化大革命"期间，"老九"的政治地位很低，曲周县委的这个表态需要多大的政治勇气，会冒多大政治风险啊！患难见真情，这份政治表态对我们重若千钧。

短短的三四个月里，封杀展览，点名批判，到国务院告黑状，校工宣队"调虎离山"，实际上是一回事，就是要"釜底抽薪"，把我们从曲周轰走。

"浅井风波"还在继续发酵。

秋天，一个重磅新闻在河北省科技界传开了，沧州地区召开了批判"坏分子"贾春明的万人大会。贾春明，何许人也？沧州地区农科所一般科技人员，黑龙港项目乌马营试验区负责人，开发浅层地下水和"抽咸换淡"的倡导者。他怎么会是"坏分子"呢？问题也出在"开发浅层地下水"上，摸了"打深井"这个"老虎屁股"。"治不了你北京来的，还治不了我河北省的？"

贾春明能言善辩，性情直爽，脾气倔强。1975年年初，沧州地区农科所领导要他撤回乌马营试验点，放弃"浅井"观点，贾不干。3月专区强行撤销了乌马营试验点，威胁要批斗他，他说不怕，这才惹恼了省、地领导。现行反革命、作风问题、经济问题等罪证都搜集不到，最后捏造个"使用科研经费不当"的罪名，扣上了"坏分子"帽子，召开万人批斗大会。

为什么"浅井"二字在河北省如此犯忌？

20世纪五六十年代，黄淮海平原治水方针失误，以致河北平原土壤次生盐渍化最为严重，农业萎靡，民不果腹。60年代后期，正当领导束手无策时，发现"一眼深井一片绿"，有立竿见影的增产效果。且水利部对深井有优惠补贴，每年可从中央得到大笔拨款。于是打深井成为当时河北省的"治水方针"。

何为深井？深井开采的是地面三四百米以下，源头在西面太行山，千百年间形成的深层地下水"矿"。如果开采量大于补给量，就会越抽水越少，形成"地下水漏斗"。一眼深井形成一个漏斗，一批深井形成一片漏斗群。据河北省资料，当时河北平原已相继出现 22 个大大小小的地下水漏斗群，总面积 1.56 万平方公里，占河北平原的 1/5，比较大的有沧州漏斗、衡水漏斗和石家庄漏斗。沧州一带地面已经下沉，海水开始倒灌，生态后果严重。正是因为这个缘故，70 年代初，周恩来总理才指示组织河北黑龙港地区地下水合理开发的科技大会战。

科技会战中，北京地质大学蒋副教授尖锐提出，深层地下水超采后果十分严重，应作为战略后备水资源而限制性开采。曲周试验区和沧州乌马营试验区又明确提出以开采浅层地下水为主，曲周试验区还提出开采浅层地下水是综合治理旱涝碱咸的中心环节，这不是与省领导唱对台戏，又断"财路"了吗?

眼前利益与长远利益，权力与科学之间的矛盾激化了。请看原省革委会地下水领导小组办公室主任许铁城同志在"文化大革命"后，1980 年 3 月 15 日给当时省委领导写的"应予平反的科学冤案"的信中说的这段话：

> 听到黑龙港项目研究中提出的这些观点（指限采深层地下水，大力开采浅层地下水，石注），省委几个主要领导人拍案翻脸了。认为这项科研任务，妨碍他们向中央说假话。于是刘子厚同志（时任河北省委书记）亲自出面批评说：什么地下水漏斗？这都是知识分子们造的，他们像孙悟空一样钻到地下看过了吗？不要听他们那一套。马辉同志也在全省计划会议上讲，什么地下水漏斗？难道把水都给漏到美国去不成？我就不相信这一套。王金山同志则多次在几个公众场合里，声色俱厉地说，目前在河北省有一些人大讲浅层水，大讲地下水漏斗，这是一股反对打深井的妖风，同省委治水方针抗膀子。
>
> 前省委几个主要领导人这样一批，衡水地委赶紧在 1975 年年初召开的四级干部会上传达；沧州地委强行关闭了设在该区的五个科研试点，将敢于坚持科学态度的技术人员贾春明抓起来达四年之久。《沧州日报》发表文章批判国际上水文地质通用的"地下水漏斗"这个学

术用语。省农办于 1974 年 12 月 27 日抛出：科研不要干扰生产，研究不要左右生产，科研不要指挥生产的"三不"方针，反对科研与生产相结合，反对科研走在生产前面。向办公室全体人员传达，批评办公室，如实向国务院几个主管业务的部门汇报情况，妨碍了省委向中央要深井补助费。随后，一方面采取措施整肃办公室内几个敢于有异议的同志，乃至进行政治陷害；另一方面又派农办高健付主任，点名批判北京农大搞的张庄试区的科学试验反对省委治水方针。

原来，1974 年年底和 1975 年年初，已是山雨欲来，乌云翻滚，发生在科技战线的一场政治风波已经开始了。而我们这些"省外来客"还蒙在鼓里，将"运用浅井深沟体系，综合治理旱涝碱咸"制成展览版面往大会送，这不是往枪口上撞吗？"文化大革命"期间，不经意中就会大难临头，贾春明式的灾难是否会在北京农大上演？我没敢多想，该干什么干什么。我一辈子靠的就是这股子傻劲儿。

"浅井风波"刚过半年，还是这位省科委赵华副主任，1975 年 9 月 16 日又主持召开了一次长达 11 天的政治表态会。请注意，当时仍在"文化大革命"中，河北省科委和赵主任要担多大政治风险啊！

1976 年春节刚过，王观澜同志之子、农业部政策研究室的王远同志到张庄蹲点调研（估计是上面授意），帮助我们从学习毛主席哲学思想的角度写了一篇题为"昔日老碱窝，两年过黄河"的文章，发表在 1976 年 2 月的中共北京市委机关刊物《前线》上。这是对"浅井风波"的又一次正面表态，河北省委挡不住我们在北京市委刊物发表文章。

与此同时，我们在 1976 年 9 月的《中国农业科学》杂志第 3 期上发表了题为"掌握水盐运动规律，综合治理旱涝碱咸"的学术性文章，作者是"北京农业大学驻曲周基点"。这次是学术性表态。

苏轼贬谪黄州，沙湖道遇雨写下了：

莫听穿林打叶声，何妨吟啸且徐行。
竹杖芒鞋轻胜马，谁怕。

一蓑烟雨任平生。

有感于"浅井风波",仿学如下:

莫听点名批判声,何妨吟啸且徐行。
浅井深沟据科学,谁怕?
一期工程现真身。

栽好梧桐树

辛德惠从衡水会议回到张庄,一口一个"他妈的"地介绍衡水会议情况,赵俄和赵文急了:"明天我们组织贫下中农到省里去理论。祖祖辈辈没改好的老碱地,农大老师来了才一年多,地里盐碱少了,粮食打得多了,社员有盼头了,凭什么要点名批判?"

我们是搞科学实验,地改好了,粮食产量上去了,有群众拥护,地方领导支持,何惧之有?

其实不用着急,旱涝碱咸综合治理的一期工期是四年,1975年才是第二年,好戏还在后头。

1974—1977年的一期工程中,每年的年中年末都要向县委、地委和省科委送《战报》,年终交《技术总结》,四年如一日。这些保存至今,早已发黄的"战报"和"技术总结",见证了我们团队的那份认真与执着。1977年,"治理期"的最后一年,年底写了一份《工作总结报告》和一份20余万字的《技术总结报告》,这两份弥足珍贵的科学档案。

《工作总结报告》记载的一期工程的田间工程量是:

试验区有深机井10眼,浅机井48眼;挖沟8.85万米,动土78.5万方;建筑物110座,大型扬水站1座,植树28万余株;平旧沟73

条,平盐土堆200多个;新开碱荒地1400余亩;6300亩耕地全部粗平,其中1500亩细平;井沟渠林路田电已具规模。

《报告》记载的一期工程运行情况是:

引河水180万立方米,开采深层淡水32万方,浅井抽水205天,抽出咸水235万方,排除盐量1.18万吨。全试验区已达到河水灌溉7—10天,井灌15天普浇一遍;防涝能力由过去一次连续降雨100毫米发生涝害,提高到1976年318毫米未受涝;盐碱地面积由87%下降到28%,2米土体盐储量由4.03万吨降到2.90万吨,减少了28%(参见图5-11);60%的浅井水矿化度由7克/升左右降到5克/升左右。

《报告》记载的一期工程中张庄和大街两个大队(全部农田在试验区内)的农业产量及贡献是:

治理前(1972年)张庄大队历史最高亩产264斤(1973年因水灾仅130斤),总产333666斤;综合治理的第一年(1974年)大踏步上"纲要",第二和第三年连续过"黄河",1977年跨"长江",亩产802

图 5-11　试验区五支渠(1973年冬施工和1978年春建成后)

斤，总产 922368 斤，比历史最高总产增加了两倍。综合治理期间的平均亩产年递增 133 斤，年均增长率为 30%。对国家的贡献也发生了根本性变化，治理前仅 1971 年和 1972 年分别贡献 2 万斤和 3 万斤，其他年份每年吃返销粮 4 万—10 万斤。治理后的 1974—1976 年平均每年贡献 10 万斤左右，1977 年贡献 35 万斤，人均贡献 526 斤。大街大队在原来最高亩产 200 斤左右，综合治理后实现四年三大步，粮食亩产跨"长江"。过去连年吃返销粮，治理后贡献连年翻番，1977 年人均贡献 310 斤。试验区的其他大队也有类似的变化。

《报告》记载的一期工程的资金投产分析是：

> 1974—1976 年三年的农田基本建设固定投资（井机泵、电网、机电配套及建筑物）合计 16 万元，亩均 27 元；消耗性投资（油料电力、化肥农药等）13 万元。三年内净增粮食 209.5 万斤，皮棉 7 万斤，折款 27 万元。即全部回收了农田基本建设及主要生产费用。

《报告》对一期工程的结语是：

> 曲周试验区 4 年科学研究与生产实践已经证明，旱涝碱咸是可以治理的，初步找到了高速度综合治理的途径和方法（一整套行之有效的综合措施），而且是能够一年初见成效，三年大见成效的。

"一年初见成效，三年大见成效"，这个结语太厉害了。这么多年和有这么多"改碱点"，恐怕这是头一份。

《工作总结》讲的是一桌美味佳肴，《技术总结》是这桌美味佳肴的烹饪过程与方法秘籍。20 余万字的《旱涝碱咸综合治理的研究》的第一章总论是我写的；第二章"咸水利用"是黄仁安、周斐德和我三人合写的；第三章"井沟结合，除涝防托"是辛德惠和雷浣群合写的；第四章"盐渍土的水盐运动及调控"是我和李韵珠合写的；第五章"咸水改造"是辛德惠写的；第六章"盐渍土土壤肥力的调节与作物丰产"是林培、毛达如、周斐德、邵则瑶合写的。这是我们团队和当地百姓及政府领导共同努力的结果。

1975年年初，为赶参加衡水会议展览版面，我和老辛在曲周文化馆曾苦战十天，最后一夜通宵达旦。1977年年底赶《研究总结》又现此象。数据与资料成堆成摞，还要成表、成图与成文，工作量巨大。我一面与各写作老师协调和调度，一面与印刷厂的几位拣字师傅（当时是铅排）边拣、边排、边校，忙得不可开交。

由我一人执笔的第一章总论，总觉得是最高概括，需要深思熟虑，好在篇幅不大，最后再写不迟。不想忙乱起来就把它忘在了脑后，当最后的那个下午下班时，全部排版完成了，印刷厂来人找我，说最前面的一章还空在那里，后面的页码编号没法排。这次我是真急了，连说"对不起，对不起，你们先下班，明天早晨上班前我一定把稿子送到。"

整整一夜没有合眼，不会抽烟，没有咖啡，全靠桌旁的一盆冷水和毛巾提神。次日晨上班时刻，我满眼血丝和疲惫不堪地拿着稿子去了印刷厂，随即与师傅们一起紧张地边拣、边排和边校。幸好中午下班前完成了全部工序，下午可以全书开印了。我长长地舒了一口气，举步时的两腿如注重铅。以后每当我翻到此书此章时，总会想起这段难忘的经历。

这一章的题目是"季风区旱涝碱咸的发生规律及其综合治理"。内容有"季风气候区的旱涝碱咸地理景观""水分运动和水盐平衡""水分运动的不均性和积盐性的转化""运用浅井-深沟体系，综合治理旱涝碱咸"，主要是理论性阐述。

这四年，我们是实实在在地开始把旱涝碱咸给综合治理了，

图5-12 综合治理一期工程书面总结（1977年12月）

第五章 黄淮海科技战役（上） *167*

实实在在地让粮食"过江"和理论上有了高度表述。这些都是"货真价实"的"真材实料",是战场上的一次真正"亮剑"。

把论文写在了地上,也写在了纸上

一个新时代来了!

"四人帮"是 1976 年 10 月 6 日倒台的,这么重大的消息,我们在张庄全不知晓。10 日上午,省地下水办公室来电话,要我当天赶到石家庄汇报曲周 4 万亩地二期综合治理工程规划时,这才知道这个消息的。在当天的日记本上写下了一句话:"'四人帮'终于恶贯满盈,推上了历史审判台,大快人心。"

当时我们一门心思"综合治理",政治敏锐性特低,没想以后会有什么变化。但是,国家政治生活的天翻地覆的冲击波,很快就传递到了我们身边,新时代的春风一阵一阵地拂面而来。

1978 年年初的一次黑龙港项目会议期间,赵华主任单独约我到他房间谈话。"石老师,1975 年省里点名批评北京农大曲周试验区的浅井深沟体系是错误的,我代表省领导正式向你们表示道歉。"赵主任说话的态度严肃而恳切。

不久,1978 年 6 月初,河北省委书记刘子厚以视察小麦为名,亲临曲周北京农大曲周试验区,这才是一次正式的、最高层次的政治表态。从照片上可以看到,我正在地头汇报,书记笑容可掬,不时提问,北京农大党委书记高鹏先(图 5-13 左一)也在场。其中有个细节,站在刘子厚书记和包着白头巾的赵俄身后,仅露出大半张笑脸的,正是 1975 年到衡水"单刀赴会"的辛德惠,他正"偷着乐"哩!

次年,1979 年的 6 月 2 日,河北省召开全省科技成果奖励大会,曲周试验区获一等奖。王金山副书记在介绍获奖项目时的第一个就是曲周试验区,他说:"北京农业大学驻曲周基点组的同志与曲周干部、群众一起,五

图 5-13　1978 年 6 月河北省委书记刘子厚到曲周试验区视察（右一是我）

图 5-14　华国锋总理签署的国务院嘉奖令
（1979 年 12 月）

年来通过采取深沟浅井、抽咸换淡、农林水并举的综合治理措施，在利用改造咸水的方法和理论上取得重大突破，为我省黑龙港地区低产变高产闯出了路子。"

同年，在"国务院关于表彰农业财贸教育卫生科研战线全国先进单位和全国劳动模范的决定"中，河北省的全国先进单位中有"曲周县张庄旱涝碱咸综合治理试验区科研组"，并获 1979 年 12 月由华国锋总理签署的国务院嘉奖令。

1975 年"衡水会议"上掀起的"浅井风波"，一次又一次地发酵，风力一次比一次强劲。"文化大革命"后的"改正"风力也是一阵比一阵强劲。作为一个科学问题，我们更看重的是在后来的河北省文件中，明令深层地下水为战略后备水资源，限制性开采和鼓励利用浅层地下水。这才是为历时多年的"浅井风波"划上科学句号。

第五章　黄淮海科技战役（上）

"栽好梧桐树,引来金凤凰。"

后来我们才发现,四年的一期工程,是辛辛苦苦地在栽一片"梧桐树"。在改革开放的春风中,引来了一个又一个"金凤凰""喜碰杯,两个500万""IFAD 与 WB 争夺曲周项目"以及"全国高等农业院校教学、科研、推广三结合经验交流会""总理视察""北戴河休假"等。下面将一一道来。

所以,我有时对学生说:"我是崇尚实力的,没有足够的实力和优秀,一切都会苍白无力。"鼓励他们:"必须优秀!再优秀!"

喜碰杯,两个 500 万

实力是最有力的语言。

成果如何?首先是要得到试验区社员认可,继而是曲周县领导的认可。

"一期工程"的第二年,1975 年 6 月 9 日。曲周县革委会给邯郸地委的"关于我县北部'旱涝碱咸综合治理区'的工作报告"中写道:"事实说明,这块具有三四百年以上历史的老碱地是可以改的,可以在不长的时间内就能改好,为农业大上服务的。""我县下决心在今冬以前按原规划设计标准拿下试验区的全部土方工程、建筑物和浅机井任务。"

"一期工程"的第三年,1976 年 2 月。曲周县来了位年轻的新书记冯文海,到任第二天就到张庄看望农大老师。他说:"我是广平县(曲周邻县)人,对这一带情况很熟,曲周北部的盐碱地是远近闻名的老碱窝,谁也拿它没办法。这次你们终于找到了办法。"随即他提出了一份雄心勃勃的"曲周县革命委员会关于北部水利资源合理开发利用和旱涝碱咸综合治理工作规划意见的报告",递到了邯郸地委,要将张庄试验区的试验研究成果推广到整个北部的 23 万亩盐碱地区。年轻书记,好大手笔!

报告里说:"对我县北部盐碱地的治理,县委决心加快步伐,以点带面,迅速铺开。为此,我县计划在张庄综合治理试验区 4500 亩的基础上进行面积扩大，先把占全县面积的三分之一的北部的'拉腿田'搞上去。"

地方领导的信心和决心惊动了农业部领导。

1978年秋，正是玉米、高粱、棉花等秋庄稼兴兴旺旺生长的季节，农业部部长杨立功来到曲周试验区视察，这是飞来的第一只"金凤凰"。

一副黑框眼镜显出部长的儒雅，领导人的气势更是不凡，满面严肃而不苟言笑。一路上我向他介绍时，总是面无表情。走到"400亩地"东南角的一块地的地头，一干人等停了下来，我介绍说："这块地去年什么都不长，今年麦季收了一茬好麦子，现在玉米全苗，长势很好。"我如实地向他介绍。

"是这样吗？"

"是的。"

"去年这块地里什么都不长，我没见到。今年麦收我也没来看过。"

好嘛！好像我是在骗他，部长这话叫我何以回答，当时弄得我很难堪，现场十分尴尬。请看图5-15上图，部长两手叉腰，歪着头，一脸的狐疑和不屑，随行和陪同人员也神色凝重。此时在场的有邯郸地委逄书记、地区农委主任常华庭、曲周县委韩琛书记、河南町公社胡文英副书记、张庄大队支书赵俄等，大伙儿一时都无言以对。对啊！部长去年是没来看过啊！照片上的我在摆弄着双手，不知所措。

"没错，这块地去年是什么也不长！这几年张庄地里的麦子长得好着啦！"

不想，半路杀出来个程咬金。原来是肩上扛着粪筐在地里拣粪的两位在一旁围观的农民，路见不平，拔刀相助，救场来了。

"你们是哪个村的？"部长问那两位社员，面部表情还是没有放开。一个说是张庄的，一个说高庄的。看来不像是事先安排的"托儿"，部长这才释然了。

自此，雨过天晴，部长面有喜色，谈笑风生，原来他并非不苟言笑之人。图5-15的另外两张照片可以为证，在回来路上（下左）和在张庄座谈（下右）时，他与赵俄谈得十分投缘，部长在照片上表现得何等的笑容可掬可亲啊！部长有了笑容，随行人等的脸上也如花朵绽放，刚才的那份尴尬烟消云散了。

部长带着这份好心情，次日到石家庄会见了省委书记刘子厚。宴会

第五章　黄淮海科技战役（上）　　*171*

图 5-15　农业部部长杨立功视察曲周试验区（上图中间侧脸是我）（1978 年 9 月）

桌上谈到曲周试验区，都说要支持。杨部长给刘书记敬酒时说："我出 500 万，你出 500 万，怎么样？"书记说："好！一言为定，干！"两个 500 万元，曲周试验区这次可发大了。

1979 年的春天，农业部的 500 万元拨款到了河北省。可是省里说只有农业部的 500 万，省里就不给拨款了。于是有了一个"一言为定"的段子："刘书记的'一言为定'是说杨部长的 500 万元一定要，河北省的 500 万一定不给。"不仅如此，秋后只给试验区拨下 400 万元，另 100 万元做了个顺水人情，给了隔壁的丘县。原因是"丘县比曲周更穷"。

400 万元在当时也是个很大的数目。1982 年 3 月，曲周县的"曲周县人民政府关于国家拨付治理盐碱地 400 万元使用情况的报告"报送了国家农委、国家科委、农业部、财政部、河北省人民政府、邯郸地区行署和北京农业大学。《报告》是这样写的：

> 在北部 23 万亩盐碱地的中心，划出一块旱涝碱咸较重的作为项目区。跨 8 个公社，68 个大队，计有 12340 户，53453 口人，19801 名劳力，集体耕地 113662 亩。按张庄试验区模式制定了详细规划设计和施工计划，工期两年。
>
> 此项目共投资 486.2 万元，其中水利建设 306 万元，占 62.9%。项目区打深井 58 眼，浅井 160 眼，深井配套 82 眼，浅井配套 230 眼，扬水点 15 个，平整土地 19220 亩，组装 500 型钻机 5 台，铲运机 3 台，机动喷雾器 105 台，185 型割晒机 28 台，架设低压线路 25 公里，高压线路 56.7 公里，配变 47 台 2115 千伏安等。
>
> 项目区内有 60765 亩盐碱地，轻度的由 16808 亩减少到 15242 亩，中度的由 16027 亩减少到 10641 亩，重度的由 12695 亩减少到 8342 亩，碱荒地由 15235 亩减少到 11005 亩，非盐渍化土地由 71422 亩增加到 86957 亩。
>
> 1978 年以来，曲周县连续四年大旱，正是由于搞了打井配套，充分发挥了地下水的作用，避免了大幅度的减产，获得了较好收成。1981 年向国家交售粮食 280.5 万斤，较 1978 年增加 43%。400 万投资的回收系数是 21%，即 4.7 年可全部回收。

这是改革开放后飞来的第一只"金凤凰"，1978 年的秋天。

IFAD 与 WB 争夺曲周项目

"曲周效应"在放大，特别是在感动了农业部部长后，随之引来一连串的改革开放连锁反应。1980年联合国国际粮食发展基金会（IFAD）与中国农业部会谈援助项目时，农业部首推了曲周试验区。1980年6月17日，IFAD副总裁阿金斯先生到曲周试验区作项目考察，由我全程陪同。阿金斯先生原是中东某国农业部部长，个子高挑，为人谦和。这是我1958年送别苏联专家后见到的第一个外国人，已经是22年后了。

此时正是麦收季节，由邯郸到曲周的一路上，他对麦收的宏大场景夸赞不已。让他感到惊奇的是，一些农民将割下的麦秸麦穗铺在公路上，让来往的汽车碾压。"这是怎么回事？"阿金斯问我。我解释说："割下的麦子铺在马路上，既好晒干又有来往汽车帮助碾压，比起拉到麦场上晾晒和用畜力石磙碾压省事得多，还节约了畜力人工，这是中国农民的创造。"又补充说："中国有句老话，'靠山吃山，靠水吃水'，这里的农民靠着马路吃马路。"我的这个补充让阿金斯哈哈大笑起来，连声说好。

交谈与沟通是最好的润滑剂，我和阿金斯逐渐热络起来，话题越来越多，不像刚见面时的那般拘谨与干涩。汽车到曲周县，先是赵迎副县长介绍县情，午饭后驱车考察试验区。曲周北部没有了麦浪和热闹的收割场景，只有零星小块麦地，有的是大片盐渍土、淋盐场和盐土堆的荒芜与凄凉。阿金斯问："这就是这一带农民的谋生手段吗？"赵迎副县长凄然点头称是。

汽车驶进曲周试验区，完全是另一番景象。6年的治理与建设，试验

图5-16 我在地头给阿金斯介绍"浅井深沟体系"；六支渠护田林带的合影（右）（前排正中高个子戴墨镜的是阿金斯，左侧是赵迎副县长，右侧是张庄大队长赵文，前左三是我）

区内外已经是两样天地。试验区内，沟渠林路，纵横交互，田方地平，庄稼硕实，成荫的护田林带看上去着实可人。汽车走得很慢，边走我在车上边介绍，不时下车看工程和翻滚着的麦浪。我介绍了什么是浅井深沟体系，什么是平地压盐，为什么通过浅井群能强降地下水位和增加土壤脱盐，我们用了哪些农业增产措施等。特意解释什么叫粮食"上纲""过河"和"过江"。由于他有很深的农业背景，我讲得省事，他听得容易，一路上问个不停，赞声不断。像两个老朋友、两个农业专家在聊天。

现场考察后，回到张庄。我把1978年刚印发的曲周试验区四年治理期技术总结，以及1979年组建二代试验区的资料给了他。由于他的农业背景，介绍时既讲治理工程与生产结果，更要讲科学依据和试验设计，数字、表格和曲线等如数家珍。

阿金斯在听完介绍的最后讲话中说："今天下午我亲眼看到了很多东西，它们都是真实的，有说服力的。我到过许多发展中国家类似地区考察过，没有一个地方像今天下午给我留下了如此深刻印象。它不仅是生产上的，而且是科学上的，因为这里有一批大学老师在帮助你们，使得你们的成就有了科学的支持和依据。""这样类似的项目，我们一般需要派专家组考察半个月，这次半天就足够了。我可以向你们坦白地讲，我已经同意了这个援助项目，但是要等我回到总部向总裁先生报告后得到他的同意才能成立。但是我相信，总裁一定会同意我的意见。"

在回邯郸的车上，我们谈了一路。他问我："石先生，你们在盐碱地改良上做了这么优秀的工作，难道你们就没有在一些国际性的专业杂志上发表过论文吗？""阿金斯先生，如果在几年前的'文化大革命'期间，我和你坐在同一辆汽车里，就可能犯'里通外国'罪。"我也幽了他一默。"OK! OK! 我明白了。"他又一次地哈哈大笑起来，记不清这是他的第几次开怀大笑。

阿金斯先生离开曲周后的秋天，接到农业部外事司的一个电话："你是石元春吗？阿金斯先生对曲周项目的考察非常满意，不知怎的，这个消息让世界银行（WB）知道了。最近世界银行又与部里联系，说他们的实力比IFAD强得多，像曲周这样的好项目应该由他们来做，你有什么意见吗？"电话里我说："这不是谁的钱多，谁的钱少问题。中国人讲'先来后到'。再说，黄淮海有那么多的试验区，可以请世界银行去援助黄淮海平原盐碱地治理的其他项目嘛！"我回答得很干脆，打电话时心里还想着与阿金斯相处一天的交情。

外事司的同志又说："下周世界银行来人，要求你们曲周来人介绍。""那好，让辛德惠去。"我想我还是不去的好，省得尴尬。经与老辛商量后，促成了世界银行投资6000万美元，加上国内配套资金共3亿元人民币的黄淮海平原9县300万亩盐碱地的治理项目。

此后，曲周项目事一切遵照农业部外事司的安排推进。1982年7月至11月，农业部和河北省政府派出谈判代表赴罗马与IFAD代表进行谈判。11月24日正式签订了"贷款协定"，项目名称是"河北农业发展项目"。该项目贷款于1983年2月22日生效，项目施工期5年，贷款金额为2294万元，年息4%，贷款期20年。项目执行过程中，贷款方还无偿给约700万元的食品援助。

IFAD和WB按严格程序对此项目组织了检查和验收，给予了很高评价。通过记者采访，在国际刊物上发表了题为"中国农民与盐龙的战斗"的文章中指出："我们到过很多国家和地方，从未见过这样好的项目"；"中国是唯一的一个国家用自己的技术和专家搞建设，这种自力更生的精神给我们印象很深"。先后有52个国外代表团到项目现场参观考察。

1997年出版的《曲周县志》对IFAD项目执行情况有如下记载。

> 项目区包括整个曲周县的北半部，面积280平方公里，占曲周县境总面积的42%。涵盖2.97万户和12.31万人口，可耕地面积35万亩。项目区的农田工程有：沟渠土方753万立方米、桥闸涵建筑物867座、平整土地9万亩、新打和修旧机井1242眼、修防渗渠400公里、高低压输电线路655公里、营造农田防护林网3.18万亩等。还有养殖业发展、科研推广和技术培训、水盐和土壤监测等专项规划。项目施工期为5年，即1983年1月1日到1987年年底。
>
> 在5年的边施工边治理过程中，盐碱地面积由16.6万亩减少到5.44

万亩；灌溉面积由 9 万亩增加到 21.2 万亩；9.5 万亩易涝农田的防涝能力有了很大提高；林木覆盖率由 4.7% 提高到 18%；配电农田由 8 万亩提高到 18.7 万亩；农机总动力由 5.256 万马力增加到 9.359 万马力。

项目区治理前最高粮食总产 3.478 万吨和单产 363 斤，1987 年总产 6.765 万吨和单产 732 斤，分别比治理前增长 94.5% 和 101.7%；分别比对照区高 28.7% 和 33.9%。项目治理前，项目区粮食基本自给，1987 年提供商品粮 11585 万吨、皮棉 3521 万吨，分别比治理前增长 300% 和 310%；分别比对照区高 119% 和 75%。

项目执行前，项目区年农民总收入 1415.8 万元，纯收入 995.6 万元，人均收入 76.2 元。1987 年，此三项指标分别达到 9672 万元、5071 万元和 379 元。此三项指标的 5 年累计分别是 24723 万元、14532 万元和 1140 元。

在过去，出了曲周县城往北，春天白茫茫，秋天水汪汪，盐土堆林立，沟渠杂陈，田块零乱，苗稀草旺，村穷人贫，满目疮痍，一片荒凉景象。现在是沟渠林路成格地成方，井群电网齐布农机忙，旱涝碱咸让路人气旺，林茂粮丰收入一起上。

这是飞来的第二只"金凤凰"，是在 1980 年麦子成熟了的时候，来自联合国。

激情燃烧的团队

"前哨战"也好，"浅井风波"也好，"一期工程"也好，"栽梧桐树"也好，一切都是"事在人为"。是张庄和试验区农民的劳作与认同，是曲周领导的大义与指挥，是农业部领导的信任与支持……但是，还必须说说我们团队，一个激情燃烧的团队。

1973 年夏天，因地方病暴发，北京农大老师纷纷由清泉沟回到北京。

一时间，校园里尚未交出的两三栋楼房和一些平房的教室和实验室，地震棚和简易房里，也就是凡能住人的地方，住的都是一家一家的男女老幼，像逃难一样。居无定所，上老下小，户口不在北京的我们这批中年教师，后顾之忧重重，但还是义无反顾地住进了张庄的"三透房"，喝着跑肚的"咸水"。这是为什么？因为我们太需要工作了。三四十岁的中年教师，七八年无所事事，谁受得了？特别是赵俄讲1943年大水，460口人的张庄死了270口，现在村里还有一支"光棍连"的时候，我们每个人都为之情动，摩拳擦掌，像一团火般地扑向了与旱涝盐碱的战斗。

1973年秋入驻张庄，两个月后就打响了前哨战，人喧马嘶，机器轰鸣，如火如荼，直到天寒地冻，临近除夕，工程停止，农大老师们才回去北京。黄仁安提出，他要多留两天，与张庄"民兵连"一起引支漳河水压盐灌溉。正是除夕这天，河水冲决一处堤坝，黄仁安第一个跳入刺骨冷水中堵口，待回到北京家里，连年夜饭也没有赶上，落下了夫人的好一顿埋怨。黄仁安工作极端负责，性子又急，在工地上指挥检查，四处奔走，声色俱厉，以至呵斥，但社员们特别喜欢他，称他是"黄老总"。

我是"异地疗养"的"克山病号"，身体虚弱。一次和赵俄到四支渠工地，因晕厥而被赵俄用排子车拉回村里。一天早晨我到地里画盐斑图，回到房间，躺倒床上就起不来了，一抬身就恶心呕吐不止。经四町赤脚医生建议，每次下地前喝杯葡萄糖水，这才好了许多。

我们团队主力是土化系老师，有"常委"十人。

1979年，农业部何康副部长来张庄，发现这里有三对夫妇，林培与邵则瑶，雷浣群与周斐德，李韵珠和我。何部长口中一边自言自语地念着"三对！三对！"一边问辛德惠："你的爱人怎么不来？""我爱人在林大，在云南，来不了。"何部长大笑地说："好！那就算半对。"何部长离开张庄时说"三对半"，到曲周讲"三对半"，到邯郸讲"三对半"，一直讲到农业部。北京农大归属农业部，何康副部长分管北京农大，对当时学校的极端困境非常了解。他不无感慨地说："不是你们'三对半'不顾家，是'文化大革命'剥夺了你们的工作机会，你们是想找回丢失的时间啊！"

林培与邵则瑶的两个上中学孩子全靠一位有病的七旬岳母照顾；雷浣

群与周斐德的两个上中学小姊妹相依为命，自己生活；黄仁安的上小学的女儿靠全职上班的母亲一人照顾。老辛更惨，夫人每次从云南回京，辛德惠如大难临头，因为到曲周工作而对留京上中学的两个双胞胎女儿照顾太差，每次都要受到夫人斥责。

我一家四口挤住在土化系的一间仓库里，将一个刚上初中的小男孩和一个上小学三年级的小女孩托付邻居刘友文夫妇照顾。小兄妹中午吃食堂，下午放学后哥哥打篮球，妹妹做饭。一次我和韵珠从曲周回京，晚上8点才多到家，两个孩子四平八叉地躺在床上睡着了，收音机大声响着，炉子上的红薯还在烤着。煤气！着火！哪个父母不心疼自己的孩子。至今我和韵珠仍对兄妹俩心存愧疚。

我们家家都有一本难念的经，但是没有一个人谈及家里困难，没有过半句怨言，一干就是十年。是时代培养了我们这一代人在对待工作和家庭上的这种坚毅和韧性，是事业追求和社会责任的心理支撑。这伙人像是"一心追求名利"的"资产阶级接班人"和"臭老九"吗？图5-17是曲周试验区"十常委"中的八位，其中就有那"三对夫妇"。

图5-17　北京农大曲周试验区"十常委"中的八位在调查张庄村北小麦地的苗情

第五章　黄淮海科技战役（上）

待久了，农大老师与村里的乡亲们相知相惜，乡亲们把"农大老师"当作亲人一般，说是从毛主席身边来的。有时大队干部讨论工作中意见分歧难定时就会说"走！听听农大老师怎么说"；社员自留地出现害虫，天还没亮就来找"农大老师"求援；两口子吵架也来找"农大老师"评理；农大老师到县城餐馆吃饭，有服务员不肯收钱，还说"农大老师帮曲周老百姓做了那么多好事，吃顿饭怎么能收钱。""农大老师"已经成为当地的一种"昵称"。农大老师在曲周如鱼得水，如沐春风，享受着家一般的亲情。

1983年，试验区建区十周年，共同战斗的赵迎副县长写了一篇题为"水乳交融，十年一剑"的纪念文章，饱含对曲周试验区十年巨变的赞美与褒勉，洋溢着同一战壕的战友之情。他写道："北京农大老师们在曲周县艰苦奋斗了十年，促进了我县科学技术与农业生产的迅速发展，农大老师们为'四化'建设献身的崇高品质，获得我县广大群众的热烈赞扬，他们为改造盐碱地做出的巨大贡献，永远会牢记在曲周县人民心中。"

试验区是临时性的，实验站才是有建制的正式单位。1979年夏天，何康副部长首先向我们提到建站问题，拨下了50万元建站基建款。赵迎副县长立即到张庄和我们商量选址事，当然，张庄村南原劳改农场的那片二三千亩盐碱地无疑是站址的首选。赵迎对我和老辛说："我说啊，二位！我来以前请示过县委，书记明确表态，'农大实验站要盖在哪里就盖在哪里，要多少地给多少地，'现在是你们俩说了算。"我们三人骑着自行车去现场看地，赵副县长抓起一把秫秸抱着，跟在我和老辛后面说："你们指在那里，我来插秫秸。"当时我忽然有了一种"跑马圈地"的快感。

1980年10月5日我拿着农业部"批复"，与科研处的邓芳棣同志去了石家庄，与河北省政府联系办理有关建站"落户"事宜。第三天，李锋副省长在农牧渔业部文件上的批示就下来了，批示是："北农大的曲周治碱成绩很大，同意他们的要求。30人户口定下来以利工作，党的关系落在邯郸地委"。然后就是按行政程序层层办理了，我与老辛也紧张地商量起建站有关事宜。

实验站大院面积约40亩，4000平方米建筑面积盖起来很快，但附属设施较多，实验室要求较高，施工期一年，1981年春投入使用。从7年前进驻张庄时的"三透房"到现在的实验站，真是"鸟枪换炮"了。

1993年，曲周实验站举办20周年站庆，李锋副省长等省、地、县领导莅会祝贺，20年战斗历程中的几位指挥员留下一张合影，他们是王文勉、马洪宾、石元春、辛德惠、冯文海、赵迎、赵金钟（图5-18，自左至右）。2003年，曲周实验站举办了30年站庆，留下了珍贵的何康部长和原曲周县委书记、时任河北省委副书记的冯文海同志的合影，他们是曲周试验站30年的见证者和领导人（图5-18）。

2013年，曲周实验站举行了40周年站庆，一位80多岁老人在座谈时泣不成声，40年后回到故土张庄，我感慨万千。这一组照片里有我与赵文牵手，有与副支书拥抱，有与赵文夫人嘘寒问暖，有陈列室故居前的合影，有感于"热烈欢迎石元春老师等老战友回到故乡"的场面，写下了《回张庄》一首：

> 五十离家八十还，故人相对两鬓斑。
> 欣逢盛世天地变，张庄老幼心喜欢。

20周年站庆上我曾讲过这样一句话："英国洛桑实验站今年建站160周年，曲周实验站建站才20年，到曲周实验站100周年站庆时，我还要来参加"。

光阴荏苒，2018年10月曲周实验站隆重举行了45周年站庆。因"十常委"之一的李韵珠老师生病，我要在家照顾，未能参加。希望50周年站庆我能参加盛典。

图 5-18　曲周实验站（上）；20 周年和 30 周年站庆（中）；40 年后回到故乡张庄（下）

第六章
黄淮海科技战役（下）
（1978—1994 年 / 47—63 岁）

改革开放是从农业开始的，大规模农业开发是从黄淮海平原开始的，黄淮海平原的大规模农业开发是从黄淮海科技战役开始的。曲周试验区是黄淮海科技战役的主力军，我也跟着受任为"六五"专家组组长和"七五"攻关项目首席专家。从 1973 年进驻张庄到 1993 年获国家科技进步奖特奖整整 20 年，从 42 岁到 62 岁。

时 代 使 命

时代是个人命运的主宰，福祸沉浮，皆由系之。

每个时代有每个时代特殊的使命，我们的时代使命是改革开放，改革开放是从农业开始的。1979 年，第十一届三中全会《关于加快农业发展若干问题的决定》指出："摆在我们面前的首要任务，就是要集中精力使目前还很落后的农业尽快得到发展……我们必须着重在最近两三年内采取一系列措施，加快农业发展，减轻农民负担，增加农民收入。"

在"加快农业发展"中，领导与专家目光逐渐聚焦到黄淮海平原开发上。

黄淮海平原是我国第一大平原，面积32万平方公里，地处中原腹地，政经和文化中心，有2.8亿亩耕地。这里水热条件好，地形平坦，土壤肥沃，是盛产粮、棉、油、蔬、果等多种农作物的重要农区。20世纪80年代后期的粮食产量占到全国总产量的20%，其中小麦、玉米、棉花、烟草分别占全国总产的43.6%、23.6%、57.0%和41.1%。黄淮海平原年成的丰歉，对全国农业形势举足轻重。

问题是，这里的自然条件非常复杂，旱涝灾害频繁、土地易盐碱，产量低而不稳。50年代后期又因治水方针失误而导致大面积土壤次生盐渍化，偌大的一个粮仓大平原，却赖"南粮北调"维持。变拉腿平原为粮仓平原，对扭转全国缺粮和农业不振局面意义重大。

黄淮海平原的农业开发从何入手？一种观点是抓高产田的再高产，因为这里条件好，投入少，见效快，缺点是增幅和潜力空间不大。反之，占七成的中低产田面积大，增产空间和潜力大，但难度和投入也大，见效较慢。过去30年的治理中，旱、涝、盐碱，按下葫芦浮起瓢，乏善可陈。抓中低层田有办法吗？有把握吗？值此决策关键时刻，黄淮海大平原冒出个曲周试验区，说："一年初见成效，三年大见成效"。农业部部长、河北省委书记、IFAD总裁，以及世界银行专家都亲眼得见。天平明显向中低产田方向倾斜。

改革开放，科技先行。

1977年8月，中央召开"科技与教育工作座谈会"；1978年3月在北京举行"全国科学大会"，10月颁布了《1978—1985年全国科技发展规划纲要（草案）》。《纲要》108项重点科学技术研究项目中的第5项就是"黄淮海盐碱旱涝地区中低产地区的综合治理"，我代表曲周试验区参与了005项目的讨论。

何谓"科技战役"？是指针对某重大科技或生产命题和目标，有领导、有计划、有组织、有投入的、多学科大兵团地进行"科技攻关"的一种国家行为。"黄淮海盐碱旱涝地区中低产地区的综合治理"项目就是列入国家计划，由国家科委负责组织实施，由农业部牵头，水电部、中国科学院等6部委联合主持，从"六五"到"九五"，整整科技攻关了20年。

参战主力有中国科学院的地理研究所和南京土壤研究所；中国农科院的农田灌溉研究所和土壤肥料研究所；北京农业大学的土壤农业化学系、农学系和农业气象系；中国水科院的农田水利研究所和中国林科院的林科所，以及冀鲁豫苏皖五省的农业科学研究院等，到"七五"末，有204个科教单位的1141名科技人员参战，规模大焉。

战役司令员

这么重要的科技大战役，"司令员"是谁？当时没有设这个位置，但当我们重温这段历史时发现，整个战役离不开一位关键人物，即时任国家农委副主任、农业部部长何康。

1978年秋，是他第一次到曲周试验区考察和落实农业部500万元扩大试验区治理面积；1979年1月，是他召开黄淮海科技战役的第一次会议，"商丘会议"；1979年4月，是他在邯郸部署黄淮海平原旱涝盐碱综合治理区划任务；1980年6月，是他将2294万元联合国IFAD第一批农业贷款安排在曲周试验区；1981年10月，是他部署黄淮海平原农业发展战略研究；1982年6月，是他在济南主持召开了"黄淮海平原农业发展学术讨论会"，黄淮海科技战役誓师大会；1982年10月，是他将世界银行6000万美金贷款安排在黄淮海平原11县进行

图6-1 何康部长（右）和我在圆明园
（1999年）

第六章 黄淮海科技战役（下）

旱涝盐碱综合治理；1983年5月，是他在邯郸召开"全国高等农业院校教学、科研、推广三结合经验交流会"，推广曲周试验区经验；1985年5月，是他在济南召开"盐渍土改良国际讨论会"；1987年，是他参与策划"1988—2000年农业区域综合开发计划"，将黄淮海中低产田治理开发经验推广到全国；1988年5月，是他陪同李鹏总理考察曲周试验区和8月邀请黄淮海战役一线参战科技人员代表到北戴河做客休假；1991年，是他主持的农业部为黄淮海项目颁发特等奖和支持申报1993年度国家科技进步特等奖。发现黄淮海战役中每个里程碑式的战役都是他策划与主持的，他是黄淮海科技战役当之无愧的司令员。

何康，1939年在重庆南开中学加入中国共产党，1946年毕业于广西大学农学院，派到上海做党的地下工作。1949—1952年任上海市军管会农林处处长，华东军政委员会农林部副部长。1957—1978年任华南热带作物研究院党委书记和院长，兼任广东省农垦总局副局长。1978年奉调进京供职，任国家农委副主任兼农业部副部长，1983年任农业部部长兼国家计委副主任。

建军与备战（一）

"文化大革命"结束后的头几年，人们都有"把失去的时间抢回来"的那股子劲儿，工作劲头和效率特高。《1978—1985年全国科技发展规划纲要（草案）》1978年10月颁布，1979年1月，国家农委和国家科委就联合在河南商丘召开了黄淮海平原旱涝盐碱综合治理工作会议，打响了黄淮海科技战役。

打仗先建军。

农业战线有一种常用的工作方法叫"搞点"，或"基地""样板""试验区"。如粮、棉、油的高产样板、改土治碱试验区、养猪积肥基地、种植绿肥示范点等。书记有书记的点，科研单位有科研单位的点，中央部门有中央部门的点，省、地、县、乡村也有自己的点。

黄淮海平原有许多不同时段不同单位不同叫法的改碱试验点。"文化大革命"前有中国农科院河南商丘李庄改碱试验点，打的旗号是"沟洫台田"；河北农科院南皮刘八里改碱试验点，打的旗号是"农改"；江苏农科院睢宁王集镇改碱试验点，打的旗号是"花碱土改良"；"文化大革命"前夕中科院地理研究所在山东禹城改碱试验站，打的旗号是"管井工程"。"文化大革命"期间，这些试验基点多处于停顿或半停顿状态。

"文化大革命"期间新建的有中国农科院的山东陵县旱涝盐碱综合治理试验区，打的旗号是"深沟扬灌扬排与农业措施相结合"；中国农科院灌溉所河南商丘李庄试验区，打的旗号是"水利土壤改良"；河北水科所在沧州南皮乌马营旱涝碱咸综合治理试验区，打的旗号是"抽咸换淡"；北京农大曲周旱涝盐碱综合治理试验区，打的旗号是"水盐运动调节与旱涝盐咸综合治理"。

据农业部农业工程规划设计研究院1982年资料，黄淮海平原旱涝盐碱治理试验基点有50多处，其中水利部门10处、农业部门6处，余为地方建的试验基点。这些各自为战的"散兵游勇"是组织黄淮海科技战役的星星火种。

《商丘会议》后，第一批整编入列的是中央单位建的河北曲周试验区、山东陵县试验区、河南商丘试验区和河南新乡人民胜利渠试验区。第二批有1979年重组的山东禹城、河北南皮乌马营和江苏睢宁3个老试验区，以及山东寿光滨海盐渍土改良和安徽蒙城砂礓黑土改良两个新建的试验区。第三批是1983年启动"六五"科技攻关计划时根据整体布局需要新建的河南封丘、河南开封和河北吴桥3个试验区。历经4年，按黄淮海平原旱涝盐碱综合治理要求，分三批完成了12个试验区的布局。他们是黄淮海科技战役中的12路纵队，是绽开在黄淮海平原上的12朵科技之花。曲周试验区是这12个试验区中的佼佼者和领头羊。

北京农大曲周试验区是1978年首批被整编进入黄淮海科技战役的。1979年1月"商丘会议"后，我在黄淮海项目中的工作越来越多，在曲周基点的工作时间越来越少，试验区工作主要靠老辛和团队的老师们了。1983年正式建站后，站务老辛主持，我在曲周只有水盐运动的课题研究了。

黄淮海平原自然地理条件复杂，点上经验不等于面的治理，必须有"区划"环节将点与面衔接起来。黄淮海平原旱涝盐碱综合治理区划就是按治理旱涝盐碱的需要，划分出不同的治理单元，有利于点上经验与面的治理相衔接。

1979年1月商丘会议结束不久，时任国家农委副主任的何康副部长就到曲周试验区进行考察，到邯郸地区宾馆听取来自曲周、商丘、陵县、禹城等六个科研基点的汇报，并提出点上的试验研究初步摸索到了黄淮海平原不同条件下旱涝盐碱综合治理的路子，如何才能向面上推广和开展面的治理，当务之急是要制定和提出黄淮海平原的旱涝盐碱综合治理区划。

晚饭后，何康副部长将贾大林和我叫到他住的房间，地面上已铺着如乒乓球台大小的一幅黄淮海平原地图。当时室内灯光很暗，服务员拿来了几个手电筒，我们三个人就趴在地上，打着手电筒边看边说，这个情景我至今不忘。看完图后，众人回坐到沙发，何部长对贾、石二人说："区划任务就交给你们两个人了，动作要快，质量要好，怎么样？""没问题！"这是我进入黄淮海项目接受的第一个任务。

经贾、石商量，除北京农大曲周试验区和中国农科院农田灌溉研究所外，开出了中国农科院土肥所；中国科学院南京土壤所；山东省水利厅、水科所和农科院土肥所；河北省水利厅、地质局和地理所；河南省水利厅和农学院；江苏省农科院；安徽省农科院和水科所；北京市水科所、天津水利局等10多个单位以及20多位专家的名单，还有一份工作计划。国家农委同意了我们的工作计划。

贾所长的专业是农田水利工程，区划属地学范畴，是我的强项。5个月后的9月中旬在济南召开初审会，我代表区划组报告了初步成果，会后相继提出二稿、三稿。1980年7月开商丘终审会，我又对三稿和17个图幅做了汇报，获得终审通过和好评。此次区划三次审改，五易其稿，紧锣密鼓，环环相扣，如此浩瀚资料和繁重工作仅用时18个月。那些年工作效率就是高，每个人都是工作狂。

此区划根据黄淮海平原的气候、地形、地貌、水文、水文地质、土壤、灌溉排水条件以及农业生产状况等方面的区域差异，将黄淮海平原划分出太行山及燕山山前平原区、海河平原区、豫北黄河平原区、南四湖西平原区、淮北平原区、渤海滨海平原区等9个一级区，继而续分出59个二级区，它们具有更加接近的旱涝盐碱综合治理的途径与方法。

1980年7月国家农委在北京召开的"全国农业区划工作会议"上，我代表黄淮海区划组在大会做了题为"搞好专题区划，为综合治理黄淮海平原旱涝盐碱提供科学依据"的发言。发言中我提出了近30年黄淮海平原治理的基本经验和教训：

> 现实给"区划"工作提出了一个尖锐问题，即治理黄淮海平原的旱涝盐碱的科学办法是什么？这个问题不回答，为治理旱涝盐碱而作的专题区划也就没有了前提。大家共同总结的一条基本经验是，将旱涝盐碱作为一个有机整体看待，对它们必须统筹考虑，实行综合治理。张庄试验区的科学研究成果提出，综合治理中必须以调节水分运动作为中心环节。

"区划"带起了黄淮海平原旱涝盐碱综合治理热潮，《人民日报》《光明日报》《文汇报》等都有分量很重的报道。终审会后不久，1980年8月7日光明日报头版头条以"加快治理黄淮海平原"为标题和以"专家们建议尽快把黄淮海平原建成全国商品粮和经济作物生产基地"为副标题，以及"按客观规律办事才能征服旱涝盐碱"的短评报道了这次会议，以下是部分摘引。

> 加快治理地跨冀、鲁、豫、苏、皖五省和京、津二市的黄淮海平原，尽快把这里建成全国商品粮基地和经济作物生产基地。这是最近在河南省商丘召开的黄淮海平原旱涝盐碱综合治理区划座谈会上，各

图 6-2 《光明日报》和《文汇报》以头版头条报道黄淮海平原旱涝碱治理

有关方面的一百多位专家共同提出的意见。

河北省曲周县张庄大队在 1973 年治理前，一般亩产 100 多斤，实行综合治理后的第二年平均亩产 400 斤，去年平均亩产达 831 斤，6 年来共提供商品粮 160 万斤；山东省禹城县（今禹城市）的 14 万亩实验区，经过综合治理，亩产也由 200 多斤迅速上升到 470 斤。黄淮海平原能够得到治理，仅 5000 万亩盐碱地就可以增加百亿斤左右的粮食。

专家们认为，目前大规模治理黄淮海旱涝盐碱的条件趋于成熟。我国治理旱涝盐碱的科研工作已达到较高的水平，已研究制定出比较完整的综合治理技术措施，黄淮海平原旱涝盐碱综合治理区划的制定，为因地制宜地治理这个地区提供了科学依据。

1981 年 7 月 6 日的《文汇报》头版头条以 "黄淮海平原旱涝碱制服有望" 为题进行了报道，副标题是 "六个实验区的自然面貌和生产条件经综合治理发生根本变化"，以下是该报道的摘引。

北京农业大学、中国农业科学院农田灌溉所和其他有关单位的科技人员经过长期努力，通力合作，在大规模和多学科的科学实验基础上，最近已基本拟就黄淮海平原旱涝碱综合治理区域规划。

这项研究是国家重点科研项目之一。这一治理方案投资少，收效快，一般三至五年即可收回成本。总数达 20 万亩的 6 个实验区经过综合治理，自然面貌和生产条件都发生了根本变化。实验区成果证明，盐碱地改良后亩产提高 200 斤以上是完全可以做到的，按这个增产幅度计算，整个地区 5000 万亩盐碱地如全部改良，每年可增收粮食100亿斤以上，这个数字相当于全国大中城市和工矿区全年所需商品粮的一半。

"区划"由点及面，但仍在技术和战术层面。"区划"任务刚完成，国家农委副主任何康紧接着布置下了"黄淮海平原农业发展战略研究"，由石元春、贾大林和刘巽浩三人主持。此"研究报告"详细分析了黄淮海平原的有利和不利条件以及在全国农业格局中的重要地位，提出农业发展的总体战略目标是"以农为主，农林牧副渔综合发展和年净增商品粮100亿斤（较1980年粮食总产翻一番）。近期（至1990年）目标是争取大范围内粮食和肉类自给有余，提供较多的商品棉花和大豆，以及农民生活有初步改善。中期（2000年）目标是在生态环境与农业投入有显著改善的前提下，把本地区建成为我国最大商品棉基地、重要的商品粮基地和第二商品大豆基地。与此同时，农林牧综合发展，进一步治水造林，改善生态环境，发展多种经营，增加农民收入，基本改变贫穷落后面貌。"

"研究报告"根据6个旱涝盐碱综合治理试验区的成功探索与成果，提出经综合治理后，如能将平均每年成灾面积由5500万—6000万亩减少到2000万亩、新增灌溉面积3000万—4000万亩、低产田由1亿亩减少到5000万亩，以及化肥施用量由每亩85公斤提高到150公斤，黄淮海平原将可达到净增粮食100亿斤以上的目标。

"区划"和"研究报告"是自1957年黄淮海平原治水失败、土壤大规模次生盐渍化后，20多年改碱试验的总结，提出了治理方案和目标，是坚定领导和公众对黄淮海平原旱涝盐碱综合治理信心的一座分水岭。

制定"区划"是为了指导黄淮海平原综合治理旱涝盐碱工作，按国家农委安排，北京农大曲周试验区承办了十余期"黄淮海平原县级和小流域旱涝盐碱综合治理和农林牧副渔全面发展规划学习研究班"，培养基层业务领导和骨干技术人员，为大战培养大批指战员。

建军与备战（二）

技术、人才、资金是备战的大头。何康部长又在调动农口的资源了。

1979年年初夏天，学校外事办公室通知我，农业部将联合国粮农组织的援助项目——"全国农业遥感培训班"交由北京农大土化系和曲周试验区承办，李连捷教授任中方项目组长，我与林培协助。这是我国最早从国外引进的一项新技术，将它首先武装到黄淮海科技战役。

1980年秋，第一期农业遥感培训班开学，教师主要是联合国粮农组织聘请的，有美国人、英国人等，我和林培既当学员又当辅导员和管理人员，外方负责人是帕切克教授。20多位学员都是来自全国农林战线的中年科技骨干。图6-3（上）前排左二和左三是李连捷教授和帕切克教授，其他是部分辅导教师和学员；图6-3（下）是1980年秋季举办培训班的合影。

1982年，农业部派曲周试验区的石元春、林培、雷浣群和北京农大物理教研组俞和权教授组团到日本、菲律宾和印度三国进行了为期半个

图6-3　1980年农业遥感培训班合影

月的农业遥感考察,并将中国农业部农业遥感培训中心设在了北京农业大学。1980年的农业遥感培训班开我国农业遥感之先河。

农业部在引进农业遥感技术的同时,又选派了曲周试验区的石元春和辛德惠、农科院陵县试验区的杨守春三人于1980年5月组团赴匈牙利作为期一个月的盐渍土改良考察。这是我第一次出国,有新嫁娘般的欣喜和无措。那时出国非常复杂和隆重,除了办护照与外汇外,还要拿农业部出国证明信到前门"红都服装店"定做西服,叫"制装";拿证明信到"出国服务部"购置出国所需用品;还要到农业部外事司接受培训,听讲当前形势和国家对外政策、纪律、保密、礼仪,以及吃西餐左手拿叉右手拿刀等等。所有这些很琐碎麻烦,却乐而为之,心情极佳。

布达佩斯跨多瑙河两岸,典型的欧洲风格,很静很美。

图6-4 I.萨博尔奇教授在匈牙利科学院土壤研究所门前与我们三人的合影(左上);在野外盐渍土考察(左下合影中I.萨博尔奇教授左侧的女士是盐渍土改良研究室主任,右一是萨博尔奇教授的夫人K.达罗博教授,1980年5月)

第六章 黄淮海科技战役(下) *193*

第一阶段由匈农业和食品工业部所属植保与农业化学中心接待，参观考察了高尔察克盐碱土改良和土壤耕作研究所等8个单位。第二阶段考察匈牙利科学院土壤农化研究所，由该所所长、前国际土壤学会盐渍土专业委员会主席 I.萨博尔奇教授负责接待，是这次考察的重点。该所的主要研究室都参观了，重点是盐渍土改良研究室。到野外看了匈牙利的盐渍土剖面，参观了他们的盐渍土改良田间实验站。两次周末，I.萨博尔奇教授等均陪同景点观光和农民家做客、跳舞、吃烤牛排。

上报给农业部的访匈报告包括8个方面、6条建议和3个附件，还分写了3篇文章，发表在《灌溉与排水》杂志上。这次考察大大开阔了我们的眼界和思路，特别是交了一个重要的国际朋友、前国际土壤学会盐渍土专业委员会主席 I.萨博尔奇教授。

引进资金的重要性不言而喻。

前章已经谈到，最早引进的是1980年联合国国际粮食发展基金会（IFAD）给曲周试验区的农业贷款，将2.8万亩的曲周试验区的研究成果一步放大到23万亩。随之是世界银行贷款的"华北平原农业项目"于1982年10月生效，涉及山东、河南和安徽三省的齐河、禹城、陵县、商丘、民权、宁陵、蒙城、涡阳和濉溪9县的300万亩盐碱低产农田，贷款

图6-5 农业部华北平原项目县领导干部培训班合影（前排左二是我，1983年5月16日于北京农业大学曲周试验站）

总额 6000 万美元，加国内配套投资共计约 3 亿元人民币，亩投资约 100 元。

为了引用外资项目的有效实施，曾办过多期干部培训班。曲周项目和华北平原项目实施完成后由联合国粮农组织与世界银行合作计划署编写报告，世行评议局进行评估，均给以很高评价，这是后话。

济南誓师与曲周论剑

两年多紧张的建军备战，1982 年 1 月，战役"指挥部"在北京召开了黄淮海平原盐碱地改良工作会议，有国家农委、国家建委、进出口管理委员会、财政部、农业部、水利部、地质部，以及冀鲁豫苏皖 5 省的有关部门领导和试点县代表参加。国家农委何康副主任主持会议，会议决定于 1982 年上半年召开一次全国性的黄淮海平原治理与开发的学术会议。

于是有了中国农学会、中国水利学会和中国林学会于 1982 年 6 月在山东济南举行的"黄淮海平原农业发展学术讨论会"。有中央有关部门和五省二市领导，有长期从事黄淮海科研工作的专家代表和记者等 370 余人出席，会期 10 天。国务院副总理姚依林和全国政协副主席王首道出席会议和做了重要讲话。显然，这不是一般意义上的"学术讨论会"，而是推动一项国家重要计划的"誓师大会"。

姚依林副总理开宗明义地指出："在国家的 20 年规划中有一个农业规划专题，黄淮海平原的农业发展，是全国农业规划的一个部分，而且是重要的一部分。因为这个规划经过各级党政机关、各学科专家的讨论研究，广大农民的实践，在全国的农业发展规划里还是比较成熟的，可以起到示范作用。"

"司令员"何康部长在总结报告中把组织黄淮海科技战役的前因后果讲得非常清楚，代表了治理黄淮海平原的国家考虑：

> 黄淮海平原发展农业的自然资源和社会经济条件上有许多有利的

条件，但由于受季风气候的影响，降水的季节性和年际分配不均，历来是北旱南涝、春旱夏涝，旱涝交错，旱、涝、盐碱相伴发生，生态系统脆弱，农业产量低而不稳。

据一些实验区多年治理实践，每亩投资100—200元，快的3—5年，慢的5—7年，即可收到显著增产效果。经过综合治理的土地，粮食亩产由原来的100—200斤提高到500—600斤，甚至达千斤以上。实行综合治理必须多部门、多学科密切协作，重点是搞好综合性科学实验基地，建立地区治理样板，然后在面上推广。这个地区已经建立了一批实验基地和各种类型的试点。

六十年代范长江同志组织科研单位在禹城开辟实验样板，七十年代北京农大在曲周建立的实验基地，河北省水科所等单位在南皮搞的改良盐碱地试点，林业部门在扶沟、鄢陵等县搞的平原绿化，都获得了显著成效。

近二十多年来，这个地区累计治理面积达2000多万亩，平均每年治理100多万亩。特别是党的十一届三中全会以来，农村经济开始活跃，农民生活有显著提高，比以往更有力量来治理旱涝盐碱地。此外，这个地区引用外资的工作的也已开始，世界银行、农业发展基金会贷款8500万美元，加上国内资金一共是2.5亿美元。计划投放在11个县，改造面积350万亩。这些贷款若作为基金加速周转，治理的面积可以不断扩大。

所以无论从科学技术工作基础、实践经验以及治理资金来说，黄淮海平原治理开发的条件已日益成熟。同其他地区相比较，三江平原、西双版纳虽然开发的潜力也很大，但位于边远地区，人力和科研力量相对不足；西北黄土高原的自然条件差一些，治理收效的期限会更长；江南红黄壤丘陵山地，水热条件固然好，但土地分散，交通条件也差一些。而治理开发黄淮海平原，目标明确，力量集中，工作基础扎实，有利条件是较多的。有关部委的同志研究过，感到不仅在治理上有现实意义，而且从经济效益上讲也是好的，应当优先治理和开发。当前是要进一步组织各有关部门的力量制定总体规划，实行多部门多学科协作攻关和实施，把它作为一个重点来抓好。

这次我才明白，为什么中央和各个部门对黄淮海平原如此青睐，是有深谋远虑和进行比较研究后做出的重大决策。

两天大会报告、四天专题交流、三天专题汇报、讨论和提出建议，最后一天是大会总结。有水电部冯寅副部长等的大会发言；有刘巽浩、娄溥礼、石元春、李应中代表四个专题组向大会汇报了讨论情况。会议下发了《黄淮海平原旱涝盐碱综合治理区划》和《黄淮海平原农业发展战略研究》（原来我们拼搏两年的是黄淮海科技战役中的是两个重大专项战斗任务）；下发了冀鲁豫苏皖五省也组织专家对本省黄淮海平原地区进行专题调研并形成报告。大会收到论文和报告470余篇，编《论文集》5册120余万字。

济南会议是国家为开发黄淮海平原而举行的动员会，是黄淮海科技战役的誓师会。《人民日报》于1982年8月25日发表了题为"加快黄淮海平原农业的发展"的社论。

济南誓师大会开得非常成功。

何康部长在赴济南参会途中，未至山东而先取道河北，于1982年6月16日到曲周试验区"看小麦"。实则是在准备另一个全国性的大行动，"曲周论剑"。

果不其然，1983年的1月29日，农牧渔业部下发通知："为了加强高等农业院校科技的推广工作，贯彻党的'十二大'和中共中央1983年一号文件精神，充分发挥院校科学研究队伍的作用，我部决定于今年五月召开'全国高等农业院校教学、科研、推广三结合经验交流会'。"会议在河北邯郸召开，参观现场是曲周试验区，有全国30个省（区）的53个农业院校、中国农科院及10个省的农业厅局代表参加。

为了配合这次会议，农业部和首都6家新闻单位于1983年3月30日联合召开了一次农业科教人员为农业服务的座谈会，会上表彰了长期坚持深入农村，为农业生产服务，并取得显著成绩的11位农业科教人员，其中黄淮海科技战役的参战人员有中国农科院的王守纯和北京农大的石元春。

一个多月后，"全国高等农业院校教学、科研、推广三结合经验交流会"召开了，12日到邯郸报到，13日参观曲周试验区现场，14—16日在邯郸大会交流。13日早餐后，二百多位代表和随行人员从邯郸宾馆出发，浩浩荡荡的车队驶向了曲周试验区。

对曲周试验区而言，接待全国性会议和参观，这可是件大事！为了准备这次参观，我们可是下足了功夫，一组是参观现场，一组是参观新成立和新建成的曲周试验站。每辆车上必须有一个称职的讲解员，我主动承担了领导坐的1号车上的讲解员任务，雷浣群、黄仁安几位老师都是讲解员，唯独辛德惠说他干不来。当时没有电动无绳之类的扩音设备，讲解员人手一个铁皮喇叭筒。

代表加随行人员约二百号人，拥在一起效果不好。我们的设计是邯郸来的车队一进入曲周境内，即开始缓行和拉开车间距离，相距约15分钟车程，以便一批一批地参观。图6-6右上是一辆车上的代表在"张庄村北的改碱试验丰产方"参观和听讲解员介绍。每辆车的终点站是到曲周试验站的展室看展板。然后就是到休息室喝茶休息，也可以在试验站里到处转转，随意走走。

图6-6 到曲周试验站参观（上）；农业部召开全国高等农业院校三结合经验交流会（下）

这次参观曲周试验区有一个亮点，就是刚刚建成和投入使用的曲周试验站，以及实验站刚从匈牙利进口的一套化学测试设备。曲周实验站和新化验室靓丽抢眼，代表参观者众，图 6-6 左上就是我向林乎加部长（左第 2 人）介绍化验室时拍摄的，部长左侧是北京农大安民校长和另一位农业部副部长。

14 日大会正式开始，开幕式上有林乎加部长和省地领导讲话。开幕式后开始大会交流，我是第一个发言，为此发言我可是下足了功夫。作为农牧渔业部主持召开的一次全国性会议的参观现场，这也是对曲周试验区的一种肯定、褒奖与荣誉。这一天的曲周实验站像过节一样，从未有过同时来自全国的这么多的客人，也从未有过如此节日般的热闹。

打响"六五"战役

1983 年，黄淮海科技战役的"六五战役"终于拉开了帷幕。

为什么不是 1981 年而是 1983 年开始？改革开放之初，国家工作千头万绪，各项计划都是逐步协调到位的。黄淮海项目先是进入《1978—1985 年全国科技发展规划纲要（草案）》和 1979 年"商丘会议"后开始实施的，后纳入国家"六五"计划中的 38 项科技攻关项目协调运行，属 38 项科技攻关计划中的第 2 项，"农业区域综合增产技术"中的第一个课题。

1983 年 2 月，国家科委、农业部、林业部、水利部、中科院联合在北京召开第三次"黄淮海平原综合治

图 6-7　国家科委发文成立黄淮海项目专家组

理与综合开发"工作会议，全面部署了黄淮海科技攻关任务，何康部长与中科院叶笃正副院长在会上讲了话。1983—1985年黄淮海课题的研究经费1500万元。1983年上半年，各承担攻关任务的试验区及承担单位才分别与黄淮海课题主持单位和农业部签订专题攻关合同。其实，自1979年，各试验区已开始工作4年了。

1984年6月2日国家科委协调攻关局发文正式成立黄淮海科技攻关课题专家组，协助行政主管部门做科学技术指导和参谋。专家组组长石元春（北京农大研究生院副院长），副组长贾大林（中国农科院灌溉所所长）和左大康（中科院地理所所长），组员有中科院、中国农科院、中国林科院、水利部水科院以及冀鲁豫苏皖四省的专家代表共21人。专家组办公室设在北京农大研究生院。

两位副组长都是所长和研究员，组员多是教授和研究员，只有我这个组长是个平头讲师，太失衡了。于是我被学校突击提升为副教授并任命为研究生院副院长。

1984年7月中旬，国家科委攻关局在郑州召开了黄淮海平原中低产区综合治理和综合发展科技攻关专家组第一次会议暨9个课题组主要技术负责人会议。会议通知上是这样写的："主要议题是以课题为单元，回顾一年来计划执行情况，总结交流经验，进一步明确主要问题和技术关键，统一认识，统一计划，提出改进分工协作的建议。专家组根据本项目战略目标的需要和各课题的进展情况，进行综合分析研究。提出本项目的战略重点和改进实施工作的意见。"

"郑州会议"是黄淮海"六五战役"正式打响后的第一次作战会议。会议先由科委协调攻关局局长奚惠达主持，听取了各试验区汇报与交流后的发言中，回顾了本课题立题后的演化过程，重申了本攻关课题的重要意义、攻关目标与要求。会议的后一段由专家组主持。根据会议前段讨论的本项目战略目标与要求，一个试验区一个试验区地审议。这是我第一次以专家组组长身份主持会议。

专题技术负责人从技术角度报告试验区的条件、治理思路与依据、治理措施与难点、攻关内容与预计成果等，然后由21位专家组成员以及其他试验区技术负责人提问、质疑和建议，会议主持人最后作结论性意见。专家组成员中有多学科领域专家，他们深谙黄淮海平原及其治理，业务造诣颇深，问题提得尖锐具体，建议也中肯务实。就这样一个试验区一个试验区地过，大伙儿戏称是"过堂"。审议中对山东寿光试验区质疑较多，决定由我与部分专家组成员专程到寿光试验区现场考察审议。

1985年年末，农业部正式组织对黄淮海"六五"科技攻关6年的成果进行验收和鉴定。北京农大战区承担了曲周试验区、黄淮海平原水盐运动研究、提高化肥效益和快速培肥土壤研究、夏秋粮均衡增产研究、黄淮海平原低产土壤遥感调查研究6个专题。

已经有12年区龄的曲周试验区，一代（张庄）试验区的旱涝碱咸已得全面治理和实现有效的科学控制，进入农业高产优质发展阶段。粮食亩产由治理前的158斤提高到1984年的717斤；总产由37万斤提高到296万斤；人均贡献商品粮由11斤提高到2967斤；农民年人均收入由165元提高到1121元。1979年开始建立的二代（王庄）试验区，5年内粮食亩产由治理前的178斤提高到403斤；粮食总产由37万斤提高到185万斤；人均贡献商品粮由67斤提高到2261万斤；农民年人均收入由117元提高到733元。四部委联合颁发给北京农业大学的"六五"科技攻关成果奖状。

1998年出版的，由国家科委农村科技司编撰的《中低产田治理与区域农业综合发展》提供的资料是：黄淮海课题"六五"期间投入的科研经费1180万元（国拨515.6万元，地方664.4万元），投入科技人员429人，通过鉴定成果78项，获奖25项，发表论文著作269篇，经济效益30090万元，推广面积2342万亩，社会经济效益74165万元。

黄淮海"六五战役"的

图6-8 四部委给北京农大颁发的"六五"科技攻关奖状（1986年5月15日）

丰硕成果，使各级领导进一步看到了中低产田综合治理与开发对提高国家粮食和农业产量，增加农民收入的巨大潜力，更加坚定了在黄淮海平原以及全国更大范围开展中低产田综合治理与开发的信心与决心。

走 出 国 门

郑州会议的试验区"过堂"是对黄淮海战役部队的一次检阅，是实战性很强的"单兵教练"，感觉不错。但作为专家组组长，我觉得还缺点什么。当想到访匈、访印、泰和日本，特别是想到 1980 年陪 IFAD 副总裁阿金斯考察曲周试验区时他说的："你们有如此出色的工作，为什么国际上不知道？"值此改革开放时代，我们不能关起门搞试验研究，不能把这支部队带成"看家护院"的武装力量，应当走出国门，把这支队伍拉到国际舞台上去见见世面。灵机一动地闪过一个念头："对！开国际会议！"

图 6-9　I. 萨博尔奇教授夫妇来华帮助筹备"盐渍土改良国际会议"（左上，左起：翻译葛苏、石元春、I. 萨博尔奇教授夫妇、辛德惠。曲周试验站主楼楼顶）；在曲周试验区看剖面（右上）；在杭州西湖（左下，1984 年）

熟悉我的同志常说:"石元春总是想到一出是一出"。刚改革开放,别说召开国际会议,也没几个人参加过国际学术会议,我就没有参加过国际会议。"外事无小事",国际会议是小事吗?你会开吗?我顿然想起了1980年访匈时认识的 I.萨博尔奇教授,他不是前国际土壤学会盐碱土专业委员会主席吗?不妨把他请来当老师,教我们怎样开国际会议。

我到农业部找何康部长说了这个想法。

"哈哈!石元春啦石元春!你的心越来越大了,搞起国际会议来了。""好啊!这是好事,我支持你。"这位黄淮海治理的热心人和司令员怎会不支持这样的好事呢?这时的何康,已是农业部部长兼党组书记,一言九鼎了。

通过农业部外事司,把 I.萨博尔奇教授夫妇请来了。他们头次来中国,非常兴奋,非常热情。在农大科研楼二楼的外宾接待室里,和他们二位谈了整整一个下午,仔仔细细地给我们讲什么是国际学术会议和怎么召开国际会议,"Workshop""Symposium"和"Conference"有什么不同。怎样请主讲人,怎样写邀请信,国际旅费谁出,国际上有名气的盐渍土专家有哪些,现场科学考察和学术报告如何组织等。他们一边讲一边在纸上写写画画,我们一边写着笔记,教与学双方都非常认真,只可惜他那时写写画画的纸片已经找不到了。

我陪 I.萨博尔奇教授夫妇在京稍做停留后即赴曲周。从试验区现场和试验站、从研究资料和仪器装备看了两整天,关键是我把我们的水盐运动理念和工程设计讲得比较清楚。I.萨博尔奇教授最后说:"石教授,在北京时我心里最没底的是中国的盐碱土改良工作是否具备召开国际会议的条件,这次到现场一看,完全放心了,相信这次国际会议一定能够成功。"听他这么讲,我心里也踏实多了。

我的"跳水运动员"性格使我的脚在跳板上一弹起,就义无反顾地一猛子往水里扎。此时间,我脑子里全是"国际会议",送走 I.萨博尔奇教授夫妇后的 8 个月里,我只做了一件事,就是准备国际会议。再说,曲周实验站有老辛坐镇,水盐运动课题研究有李韵珠、陆锦文等一整个团队在坚守,全无后顾之忧。

20世纪80年代初期，在国内召开大型国际会议的真不多，黄淮海算是敢想敢干敢吃螃蟹中的一个。一切从零开始，就说我的那点英文水平吧，在文华中学打的底子不错，上大学就改念俄语了。30年后重拾英语，能好到哪里去？找了一位英文翻译葛苏，还有一位刚分配来的助教朱德举，准备国际会议只能靠这三个人的日夜苦斗了。会议通知要发三次；每位邀请外宾至少也有三次信件来往；最大的工作量还是百余篇会议论文的中译英和英译中工作。

那时，没有电脑，没有打印机，没有互联网，没有Google和百度，最先进的是一台只有葛苏会用的英文打字机。情急时，我也会用一个指头敲打英文信，中文也是请打字员手敲油印的。其工作量之大，现在想起都后怕，而当时能拼得上去的也就是大量投入时间和精力，更重要的是毅力。

我的办公室在新落成的科研楼11层，这是我们三人准备国际会议的唯一工作室。葛苏家不住在学校，朱德举住宿舍，这8个月我每天晚上就住在这间办公室，家只是吃饭的食堂。晚饭后带着第二天早餐重回办公室，一直工作到深夜。天冷了，室内有了暖气，没有冰箱，早餐牛奶放在屋子里肯定会坏，于是巧妙地用网兜把奶瓶吊在窗外天然冰箱过夜，整整一个冬天都是这么干的。

因为日夜都工作在办公室，其他很少活动，所以在这半年多的时间里，从不乘电梯，每天靠爬楼梯往返于1楼和11楼。那时报纸上有篇报道说，每爬一层楼梯可以多活4分钟，所以每上楼一次，就暗示自己，又可以多活40分钟了，爬楼梯时的心情特好，腿也特别有劲，准备国际会议就像吃了"大力丸"一样。

我对葛苏和朱德举说，我们就是要用武侠小说里的"闭关"办法修炼真功，用"愚公移山"和"蚂蚁啃骨头"的笨办法准备国际会议，交出一份黄淮海专家组将队伍带出国门的优秀作品。会议上发出的中文版论文集428页，英文版上下册共692页。图6-10的展示是为了表彰我们三人的文字劳动成果，可是辛苦大了。

正在紧张准备国际会议时，我遇到一生中的又一次艰难选择。

我们这批中年教师，科学事业上的黄金年龄被"文化大革命"耽误了，那些年对世界科技发展到什么样子，两眼一抹黑。改革开放了，可以走出国门，去看看外面的世界，谁不渴望出去见见世面，开拓专业眼界，结识学界朋友，提高英语

图 6-10 为"盐渍土改良国际会议"准备的中英文论文集（1985 年）

能力，为以后的业务发展创造条件。特别是对我们这些年届五旬的中年教师，这是"最后一班车"了，切莫错过！

20 世纪 80 年代初，国内高校开始出国潮，学校已将我列入"高级访问学者"，赴美康奈尔大学进修一年。1984 年 5 月通过了体检，也就是万事俱备，只等订机票了。

是圆出国梦，还是圆国际会议梦？思想斗争非常激烈。

这年秋天的一天下午下班后，在家属区 14 号楼前见到学校教务处分管师资工作的副处长李士钦。"喂！李士钦，我不去美国了！""什么？"他显得一惊。"我说我工作离不开，不打算去美国进修了。""你不会开玩笑吧，多少人想去都去不成，你的所有手续都办好了，就等买飞机票了？""我不是开玩笑的，真的是不去了。"我说得很认真。"那你可想好，别后悔！我可要把这个名额转给别人了。""放心吧！送给别人吧！"这也许是北京农大唯一案例，因为谁也不会傻到"临门一脚"时放弃这么好的出国进修机会。

难道我不想搭最后一班车出国开阔眼界吗？当然不是。黄淮海项目"六五"科技攻关刚起步，我是专家组组长，临阵脱逃吗？我梦寐以求的"盐渍土改良国际会议"，能放弃吗？

30 年后回头看，如果选择出国，我人生轨迹就不会是现在这样。"有舍才有得"，在需要做出重要选择时，目光一定要大些、远些，该舍就得舍。

开 国 际 会 议

1985年5月,"国际盐渍土改良学术讨论会"终于在中国泉城济南召开了!

这次会议是由农业部主持,北京农大和中国农科院承办,名誉主席是农业部何康部长。参加会议的有来自澳大利亚、加拿大、匈牙利、伊拉克、日本、荷兰、泰国、美国、苏联、南斯拉夫和中国等12个国家的代表,外国代表30名,中国代表50名。

12日晚,何康部长在北京友谊宾馆举行欢迎宴会,那五洲四海、群贤毕至、众星璀璨、中西交融的场面是从未感受过的,何康部长和I.萨博尔奇教授热情洋溢的致辞更将气氛推向了高潮。我朝思暮想和为之日夜拼搏的大梦终于开场了。(图6-11)

图6-11 何康部长在北京友谊宾馆参加"国际盐渍土改良学术讨论会"欢迎宴会

迎宴会的次日，为期四天的野外科学考察开始了。

13日由京赴邯郸转曲周，14日参观曲周试验区一天，看了治理前的盐渍景观、一代和二代试验区的田间工程与林网、治理后的高产稳产农田、壮观的麦浪和浓绿的棉田、生态适应性和合理施肥的田间试验等。回到实验站，介绍了主要研究成果，参观了水盐运动研究的田间监测系统和室内模拟实验室。图6-12是外国专家在曲周实验站科学观察现场。

15日由曲周乘汽车赴山东陵县参观中国农科院陵县试验区，考察了古黄河背河洼地的盐渍原貌、提灌提排等水利工程设施和盐碱地植棉技术。16日由陵县赴禹城参观中国科学院禹城试验区、治理前后的现场以及水盐

图6-12 "国际盐渍土改良学术讨论会"代表在曲周试验区考察

第六章 黄淮海科技战役（下） *207*

运动模拟试验等。野外科学考察是此次国际会议的重要组成部分，特别是对外国专家。他们多是头次来中国，到实地了解黄淮海平原的盐渍土及其形成条件、我们的综合治理理念、措施和成效非常重要。许多概念在大会报告和讨论中不容易说清楚，到现场边看、边讲、边问、边讨论就比较容易沟通了。

我们有过这样的经验。去年 I. 萨博尔奇教授夫妇到曲周试验区之前，对他讲突破浅层地下咸水禁区和以浅层地下水位作为杠杆的浅井深沟体系，他们很难理解。到了曲周现场，我指给他看，这就是深沟和浅沟，这就是深井和浅井，这里是地下水位水质监测点等，春天和旱季怎么调动水分和盐分，雨季和秋季又怎么调动水分和盐分，再将我们测定的有关数据和曲线摆给他们看。他们听得津津有味，对我说："石教授，你们是在变戏法，这是东方思维与智慧，西方人理解是很不容易的。"这次是将"百闻不如一见"工作法用在了国际会议上。

此次国际会议的野外科学考察和大会学术报告提问中，I. 萨博尔奇教授起着至关重要的作用，凡中国专家讲不清楚、翻译词不达意、外国专家感到困惑的时候，他就主动站出来，用西方人容易理解的方法和语言做解释和补充，老外听着直点头。每当这个时候，我总是暗暗地说："感谢 I. 萨博尔奇！去年把您请来太对了"。

16日晚，全体参会代表聚会济南南郊宾馆，这个相当于北京钓鱼台国宾馆的省迎宾馆。17日大会正式开幕，有农业部何康部长的开幕词、山东

图6-13 "国际盐渍土改良学术讨论会"开幕式会场（1985年5月17日）

省省长李振的欢迎词、北京农大校长安民、农科院院长卢良恕、国际土壤学会盐渍土专业委员会主席 P. Abrol、美国土壤学会主席 Donald R. Nielsen 教授相继的大会致辞。

学术讲演第一个出场的是中国农业部农业局副局长张世贤主旨讲演"中国北方的一种重要土地资源——盐渍土的利用和改良";第二个是 I. 萨博尔教授的"盐渍土是个世界性的问题",随之是联合国粮农组织代表 Maurice Purnell 博士的"为改良服务的盐渍化土地评价"。在三天大会学术交流,共 40 位中外专家做了学术讲演,有美国、南斯拉夫、苏联、墨西哥、印度、泰国、澳大利亚、伊拉克、伊朗等多国专家介绍了各国盐渍土状况和改良的最新研究成果;有我国老一辈的土壤学家宋达泉和陈恩凤的"中国的海涂资源"和"以水肥为中心的综合措施是改良盐碱土的有效途径"讲演,水利工程专家黄荣翰的"中国盐碱地的水利土壤改良"讲演,以及黄运祥等报告了新疆焉耆盆地盐碱土综合治理与博斯腾湖生态保护优化模型研究,我的讲演题目是"半湿润季风气候区盐渍土的水盐运动特点及其调节"。

图 6-14 "国际盐渍土改良学术讨论会"大会学术报告会(1985 年 5 月 17 日)

第六章 黄淮海科技战役(下)

苦心孤诣地要开国际会议，是因为我这个专家组组长想把黄淮海这支综合治理队伍带出国门，走进世界大舞台。开这个会一方面是为了向世界展示黄淮海项目研究成果，一方面是可以不"出国"就能在家门口获得大量国外信息，学习他人经验，扩展自己思路，特别是那些国际知名专家的讲演。

我把这次国际会议看作是一次有全国和多国部队参加的"联合军演"，是为了提高"黄淮海部队"的素质和战斗力。

最后一天，21日上午的安排很"中国"。除了有大会总结性发言外，会议举办方提出用1个小时真诚征询与会专家意见，这是国际会议惯例没有的一种中国式议程。I.萨博尔奇等几位专家都认为大家对此次会议非常满意，没有征求意见的必要，但是还是同意了我的建议。

结果却引来与会专家对这次国际会议的诸多褒奖，以及充满对友谊的珍惜和未来交流合作的期待。意见簿上满满地书写着英文、中文、阿拉伯文的热情洋溢文字。中科院土壤所副研究员王遵亲在留言簿上写道："这次在我国召开国际盐渍土改良学术讨论会，是首次，加强了国际盐渍土研究和改良经验的交流，增进了国际盐渍土工作者的友谊，是一个非常好的开端。"华裔加拿大籍专家张治教授在留言簿上写道："我们很感谢大家的热情招待，此次大会很成功，中国各地渐渐改进，将来一定会成为世界一大强国。"

会议主席团的几位外国专家起草了一份会议纪要并在闭幕会议上宣读。纪要对中国黄淮海平原的盐渍土改良研究和实践工作给予了很高评价；对这次会议的成功充分肯定，认为这是中国与各国盐渍土改良专家的一次成功的交流，一个很好的开始。会议纪要中写道：

> 通过讨论和黄淮海平原的野外考察，会议对中国科学家提出的半湿润季风气候区盐渍土的水盐运动的有关理论，以及采用灌溉、排水、水管理、农业和林业开发的综合治理盐渍土的方法予以肯定。外国土壤科学家认为，中国人民可以为他们在盐渍土改良和利用方面的成就而自豪。中国在此领域的成功给外国与会者以深刻印象。

闭幕式后全体代表在济南南山宾馆会议大厅门外留影（图6-15上）。会议后，《光明日报》头版头条大篇幅地做了报道，标题是"中国的盐渍土改良工作是世界一流的"，援引自国际土壤学会副秘书长、著名土壤学家 I.萨博尔奇教授的原话（图6-15左下）。会议结束后，美国土壤学会前理事长 D.R.Nielsen 根据会议纪要主动撰稿，在《国际土壤学会会员通讯》1985年2期登载了长达2页的中国济南会议介绍（图6-15右下）。

济南"国际盐渍土改良学术讨论会"落幕了，开创了中国盐渍土改良走向世界之先河，是黄淮海科技战役中的一次"多国部队联合演习"。在"六五"科技攻关期末，"七五"科技攻关即将开始的时刻，这次"大练兵"大大鼓舞了全体指战员的士气与信心，在科学思想和技术上也会产生深远影响。

有志者，事竟成。

图6-15 "国际盐渍土改良学术讨论会"会议闭幕后的一组照片（1985年5月）

这是我作为专家组组长做的第二件事,召开国家会议。

决战"七五"战役

我这个专家组组长要做的第三件大事来了。

1986年春天,在完成各专题"六五"验收鉴定后,黄淮海课题专家组就接到国家科委和农业部关于制定"七五"科技攻关计划的通知。不久,我们在北京西郊动物园附近的一个宾馆里安营扎寨和"闭关"了十天,完成了黄淮海"七五"课题科技攻关计划,一份黄淮海科技战役的决战性作战计划的制定。

我们从总结"六五战役"经验教训入手,讨论制定战略和战术。认为当时黄淮海平原存在的主要问题是,旱涝盐碱威胁仍存和综合治理任务仍重;种植结构尚需调整和牧业比重太小;水肥投入不足和转化效率太低;优质高产抗逆的栽培技术推广太慢,以及必须尽快提高农民收入水平等。讨论中特别注意到十一届三中全会《决议》和五个"一号文件"表明,中国农业已经走出低谷和农民生产积极性普遍高涨,产量快速增长的积极因素开始出现。以上是对"七五"黄淮海战役面临形势的认识。

在"知己"上,12个试区少则四五年,多则十余年,对该类型区综合治理途径与模式已经或初步形成,普遍存在的问题是农业生产发展较慢,跟不上农村改革的发展形势。

我们提出的"七五"攻关战略是:"在继续加强综合治理的基础上,面向区域经济建设,大力发展商品生产,使农民尽快富裕起来",这是黄淮海科技战役在战略理念上的一次升华。要求各试区按不同类型区特点,提出改变生产条件、调整农业结构、加强农业技术措施、加快发展农林牧副渔业的指导思想和工作原则。

12个试区是"七五"战役的主战场,但有个仗如何打法的问题。

按《黄淮海平原旱涝盐碱综合治理区划》的9个一级区部署的12个

类型试验区覆盖了 8 成以上的黄淮海平原中低产地区。每个试区应该是打开所代表类型区综合治理和农业发展大门的一把科学"钥匙"。因此我们提出了"分兵把口，各负其责，各个击破"的战术，要求各试区干净利索和不拖泥带水地提出 12 种中低产类型区综合治理和综合发展的配套技术和模式，共同的考核目标是：

> 针对本类型试验区提出综合治理与综合发展的规范化综合配套技术，出一批高质量的综合治理和综合发展的样板和高质量的研究论文与试验研究报告。具体的技术经济指标是在万亩左右的试验区，五年内达到粮食亩产 400—750 公斤，棉花亩产皮棉 75 公斤以上，畜牧业在农业中的比重在原基础上增加 3%—4%，人均收入达到 700—1500 元，此 4 项的年均增长速度在 10% 以上。

兵法云："以正合，以奇胜"。"以正合"，12 个战区和 12 支战斗部队部署上去了，"以奇胜"的奇兵何在？

过去不少试区常犯的一个毛病是"重治理，轻生产"。我们布置的"奇兵"就是"大幅增产粮食"，这也是治理的终极目标，是显示治理开发成果的最具说服力的标尺，是对群众和领导最具影响力的一种动员。"举贤不避亲"，我介绍了曲周试区四年治理期不仅在旱涝盐碱综合治理上有突出表现，粮食也由 100 多斤"上纲""过河"和"跨江"的体会。在整个战局中"奇兵"可起到投一子而全盘皆活的意想不到的效果。

正是出于这种经验与考虑，黄淮海"七五"攻关设计中，对 12 个试验区提出了粮、棉、牧、农民人均收入以及年均增长率的 5 项具体生产和经济指标。为了展示试验区的影响力和推广其成果，在总面积 21.7 万亩的 12 个试验区周围条件相近的地区又布置了 369 万亩的示范区和 724 万亩的扩散区，形成试验区成果和经验三级放大扩散的稳定机制，以带动整个黄淮海平原中低产地区的治理与开发。由此提出了通过"七五战役"，黄淮海平原增产 900 万吨粮食，十年后新增 1500 万吨粮食的预计，这对国家和省市该是多么重要啊！

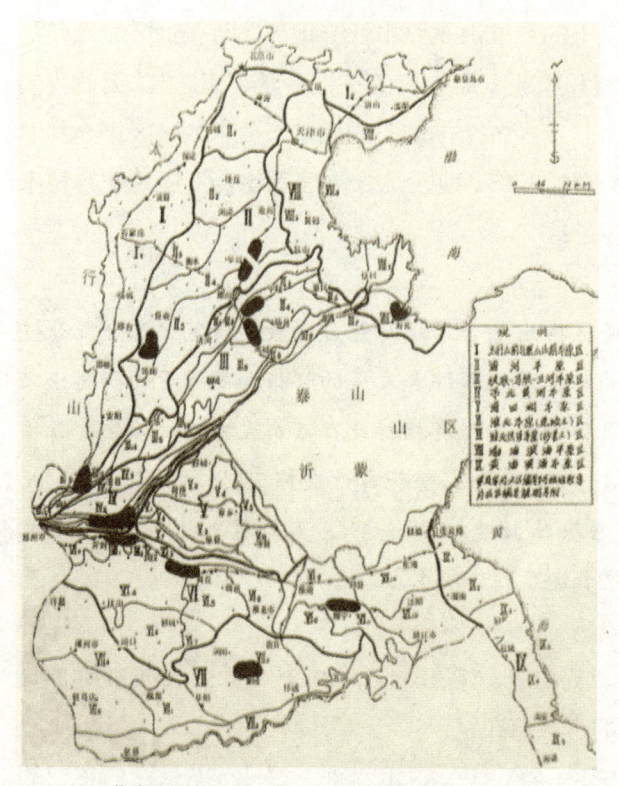

图 6-16 黄淮海科技战役中的 12 个试区分布图

黄淮海平原条件十分复杂，试验区解决了区域性综合治理技术与农业增产，但还有一些有关的共性和重要的技术难题需要解决。讨论中，一是认为必须克服过去研究分散、重复和零星的缺点；二是要选高起点的、对黄淮海平原具有共性和超前意义的关键技术作为主攻目标，我们称之"重大技术专项研究"。这些技术研究过去是分散在各试区和单位，不集中和低水平重复。经反复讨论和筛选，提出了 6 项专题，集中资金和由优势单位和人员主持。6 个专题是：区域水盐运动规律和水盐监测预报技术研究、大面积培肥地力和经济施肥技术研究、灌排技术措施的研究、主要作物优质高产抗逆配套栽培技术研究、不同类型区综合防护林体系配套技术和生态、经济效益的研究，以及农业资源开发利用的总体方案和农业结构、布局与种植制度的研究。

将试验区战场与专项研究战场明确区分开来。将试验区战线与专题研究战线明确分开，既有利于各试验区集中注意力于其所代表地区的综合治理和综合发展研究；又有利于突出对黄淮海平原有全局意义的重大关键与超前技术的专项研究，做到黄淮海平原的区域差异性研究与共性研究的两不误和有机结合。这种"两线作战"的设计也是此次"七五"攻关计划制定中的重要创新。

我们编制的黄淮海"七五"科技攻关计划于1986年4月29日，经19位专家组成的专家组论证正式通过。同年8月11日和14日，农业部与国家科委分别审查批准。随后，根据此课题"七五"攻关计划书的精神和要求，12个试验区和6项技术的18个研究专题承担单位分别制定了专题级研究计划，并分别组织论证和签订专题合同任务书。"七五"战役的起讫时间是1986—1990年，五年总经费1750万元。

黄淮海"七五战役"的大幕于1987年4月8日拉开。

1987年4月8—10日，在北京召开了《黄淮海平原中低产地区综合治理》课题的专题负责人会议。会议由课题负责人石元春和贾大林主持。国家计委、国家科委、农牧渔业部参会人讲话和宣布北京农业大学为黄淮海课题主持单位，中国农科院为参加主持单位；北京农大副校长石元春教授、中国农科院灌溉所所长贾大林研究员为课题主持人。

我在会议总结发言中提出了8点意见，强调：

> 1987年和1988年是"七五"攻关的关键年，这次会议是一次战地动员会、作战部署会。在座的都是18个专题的主持人，也是"黄淮海战役"中的18路部队的指挥员。请你们把国家计委、国家科委和农牧渔业部的指示精神带回去，向上汇报，向下传达，部署好工作，动员好群众，迎接秋后的互查互学。
>
> "黄淮海平原中低产地区综合治理"科技攻关课题，是一个多部门多学科和综合性很强的一个有机整体，与会同志一致表示要加强单位之间、专题之间、个人之间广泛的横向联系。要团结协作，协同作战，向国家交一份满意的答卷。

根据四月会议的决定，5个月后的9月和10月间，组织了13人检查组对12个试验区和6个关键超前技术专题进行了历时25天的现场检查，以贯彻四月会议精神与要求。现场检查工作既是"督战"，更是加强各战区间的联络和鼓舞前线战士士气。在现场检查工作和掌握前线战况基础上，1987年12月24—26日在北京召开了"黄淮海课题科技攻关1988年工作会议"。

我在总结发言中再次强调少数试验区仍然存在不同程度的攻关目标不集中问题，再次提出试验区的攻关的目标是治理旱涝盐碱和必须把粮食产量搞上去；攻关的面向是试验区所在的类型区；攻关的主要内容是水土肥与粮食产量；攻关的特色是发展农林牧。我把话说得如此直白、明确与具体，因为我最担心的是一些试验区的工作很努力，事情做了许多，但分散而没有集中在要害上，就怕鼓声阵阵，没敲在点子上，所以才三番五次和苦口婆心地念这本"集中经"。

1988年的攻关工作会议很重要，它是1987年四月会议的继续与深入。通过这两次工作会议以及其间的现场检查，才将整个攻关战役的战场形势纳入轨道，作战部署到位，使仗越打越精，越打越出战绩。同样的年度工作会议在1989年1月和1990年1月也召开了，步步为营，环环扣紧，直到课题"七五"攻关的最后总结与验收。

作为黄淮海"六五战役"和"七五战役"的一名指挥员，对把握战略目标和战役全局必须保持清醒认识，恪尽职守，不偏不倚地使科技攻关取得最佳战绩。

图 6-17 "七五"黄淮海课题每年开一次工作会议

总理视察和北戴河做客

黄淮海"七五战役"打响后，李鹏总理亲临一线视察，邀请科技人员代表到北戴河做客、休假，并向他们颁发国务院嘉奖令，以鼓舞全体将士士气。

1988年6月14日，李鹏总理到北京农大曲周试验区视察。陪同视察的有国务院秘书长、国务委员陈俊生，国务院农村政策研究中心主任杜润生，农业部部长何康等。在河北省委书记邢崇智、省长岳岐峰及地县领导陪同下，视察了曲周试验区旱涝盐碱综合治理现场，在北京农大曲周实验站听取了站长辛德惠教授的汇报。

1988年7月，国务院作出了"关于表彰奖励参加黄淮海平原农业开发试验的科技人员的决定"，并以李鹏总理的名义邀请参加黄淮海平原综合治理的科技人员代表到北戴河休假。参加这次休假活动的有我、辛德惠和王树安；中国农科院的贾大林和张雄伟；中科院的王遵亲、傅积平和程维新；中国水科院的黄荣翰；中国林科院的宋兆民等十余人。自这年开始，邀请科技人员到北戴河休假也成了惯例。

1988年8月的一个清晨，我们一行十余人乘汽车由北京出发，中午抵达北戴河，下榻中国铁路职工疗养院。疗养院院长与部分职工、服务员等已经在院门外两侧列队欢迎，下车时一边搀扶一边说："欢迎总理的客人！"我们这些刚从黄淮海农村一线回来、身上还散发着泥土气味的"战士"，还真有些手足无措，颇不适应。

疗养院很大，格调雅致，布局不俗。我们每人住一个套间，宽敞明亮，有大露台、藤躺椅，可一眼望到院外海滩，那有节奏的阵阵涛声让人逐渐平和舒展起来。图6-18是一组休假照片。

次日上午10时许，我们的车进到国务院北戴河驻地，在一座不高的楼房外停了下来。我们陆续下车，李鹏总理一行也正从楼内走出，迎到车前与我们一一握手，说着："欢迎你们啊！黄淮海的科学家们！"接待规格

图 6-18 参战黄淮海治理的专家代表到北戴河休假做客（下榻中国铁路工人北戴河疗养院）

可谓高矣。和总理一同欢迎我们的有副总理姚依林、副总理田纪云、外交部部长吴学谦、国务委员胡启立、国家科委主任宋健、国务院农村政策研究中心主任杜润生、农业部部长何康等。

在工作人员引导下，我们与总理一行走过了一段小坡，边走边聊地在一座大礼堂似的建筑物前停下，准备照相。大家随意地聚拢起来，总理说："同志们！邀请你们来是休假的，大家都随便些，可别拘束了。"工作人员安排一行人分四排站好，李鹏总理在前排正中，我与他相隔一人。忽然，他站出来说："今天你们是客人，我不能站在中间。"一把将我拉在了他站的位置，还说："你们是黄淮海功臣，你们应当站在中间。"我一时毫无思想准备地被拉到了中间位置。

照完相后，总理说："今天中午就在我们食堂吃个便饭。"

食堂中等大小，摆有七八张大圆桌，我们和随同工作人员坐满了四桌。桌上已经摆好了六盘菜，给每人先上了一只好大的螃蟹，然后才上四大盘热菜，三荤一素，质与量都是上乘，随后上了一大盆香味浓厚的排骨汤。对我们这些来自农村一线的将士，这顿便餐可是大快朵颐了。

第二天吃晚饭时，工作人员通知我们，明天下午两点，首长与我们座谈，听取我们对中低产地区综合治理的意见。次日早饭后我们开了个短会，然后留下几位重点发言人，酝酿一下发言内容就分头准备去了。

座谈会是在国务院北戴河驻地的一个会议室里开的，李鹏总理，主管经济的副总理姚依林，主管农业的副总理田纪云，国务委员、国务院秘书长陈俊生等参会。陈俊生主持会议，先是李鹏总理的开场白："你们是黄淮海平原治理与开发的功臣，这次请你们来休假，本不该开会，但是我们不想放弃这个机会，听听你们一线工作专家对中低产地区的治理开发、增产粮食的意见。大家放松些，随便谈。"

我第一个发言，简单汇报了黄淮海平原中低产地区综合治理与开发的情况。紧接着发言的有黄荣翰总工、贾大林研究员、王遵亲研究员等四五位，他们各就某一方面提出了建议，都是言简意赅，最后是领导们的提

图 6-19　国务院颁发的奖励证书（1988 年 7 月 27 日）

问与座谈。座谈中比较集中的问题是：黄淮海平原情况复杂，过去很难办，现在何以能走上有效治理轨道？黄淮海平原的增产潜力如何？对开展全国中低产地区治理与开发有什么看法等（国务院正准备在全国开展中低产地区综合治理与农业开发的文件）。田纪云副总理提的问题多，问得也仔细。

一天晚餐时工作人员通知我们，国务院驻地今晚放电影，有车在疗养院门外，愿意看电影的代表可到时乘车去。我等对看电影并不感兴趣，但都不愿放弃这个机会，好奇心让我们都想去感受一下在国务院驻地看电影是什么感觉。

这里不像是个正式的电影放映厅，像是个中等大小的会议室临时改用的。一侧挂上了大幕布，前面放了六七排有扶手的沙发椅，后面放的是有靠背的软椅，放映前的室内灯光很暗。工作人员将我们安排坐在第三到第五排的中间，应当是给客人留下的最好位置。我们后面软椅上坐的多是国务院领导和工作人员的家属，小孩子叽叽喳喳声不断。我们总有些拘谨，但不便东张西望。

一周的北戴河休假就这样匆匆过去了，给我们留下了"总理客人"的难忘记忆。能得此佳遇的只是我等十多人，但却是代表着参加黄淮海战役的千位将士。

各人回到单位后不几天，得到通知，国务院给黄淮海治理有功人员颁发的奖励证书已经下发到各单位了。但谁也顾不得去领，因为早已回到前线，这时正是争取1988年大秋收成的关键时候，一刻也耽误不得。

国家队访苏

1988年夏天到北戴河做客，1989年夏天访苏，好事连连。

1989年春节刚过，接国家科委通知，派我作为中国科学家代表团成员之一于 7 月访苏。安排我的讲演题目是"中国黄淮海平原的综合治理和农业开发"。1985 年济南国际会议只是一次学术讨论会，而这次是正式作为国家队出访的。黄淮海项目已经是国家队了，真好！

此时我虽已出访过多个国家，但这次听说访苏，却高兴得夜不成寐，为什么？这要从新中国成立之初，上大学的我们这一代人的"恋苏情结"说起。

当时全国"一边倒"地"向苏联老大哥学习"；北京农业大学的目标是"要办成中国的季米里亚捷夫农学院"；苏联农业科学鼻祖米丘林，土壤科学宗师道库恰耶夫都在苏联。苏联小说《母亲》《钢铁是怎样炼成的》和《卓娅与舒拉的故事》；苏联电影《列宁在1918》《保卫斯大林格勒》和《金星英雄》；苏联歌曲《莫斯科郊外的晚上》《喀秋莎》和《红莓花儿开》，几乎无时无刻无地在我们的身边和心里。"留苏"是当时青年学子的无限向往，但这个极佳的机会只能赐予那少数的幸运儿，端的是与我无缘。吃不着葡萄，更觉葡萄甘甜。

想不到，30 多年后还能圆上青年时代的苏联梦，能不激动吗？

根据中苏两国协议，1989 年将在苏联举办"中国年"，科技交流方面有举办科技成果展览和科学家学术讲演，访苏的中国科学家代表团团长是时任的国务委员兼国家科委主任宋健。

飞机到达莫斯科的时间是 7 月 11 日傍晚，多么希望飞机能够晚点，可以出站第一眼看到"莫斯科郊外的晚上"。飞机下降的那一二十分钟的时间里，我耳边重复出现弗拉基米尔·特罗申那浑厚男中音的"夜色多么好，令人心神往，在这迷人的晚上。""小河静静流，微微泛波浪，银月照水面闪银光，你仔细听得到，有人轻声唱，多么柔情的晚上。"可惜，飞机着陆的一声巨响，打断了歌声的浪漫情怀，随之而来的是苏方官员到机场欢迎等俗务。

在汽车从机场驶往下榻地的一路上，天色渐渐暗了下来，我两眼一直盯着车窗外，在寻找着"静静的小河"和"水面上的银光"，看到的却是一栋栋建筑风格单调的大楼。"到啦！"不知是哪位团员喊了一声。哦！夜色下的中国驻苏大使馆气势竟是这般恢宏，好一派大国风范。晚上中国驻

图 6-20　中国科技展在苏联莫斯科开幕式组图

苏大使设招待宴，工作人员向我们交代了在莫斯科期间的注意事项。次日上午，我们移住到苏方安排的宾馆。安排停当后，我急不可待地到宾馆附近走动，莫斯科街景、建筑等任何的气息我都会让我感到新鲜和亲切，如久别重逢一般。

第三天，"中国科技展"在苏联国家展览中心正式开幕，观众十分踊跃。苏联部长会议副主席和中国国家科委主任宋健分别致辞，随后领导和观众一同进入展厅（图6-21）。我顾不上了解中国科技展全貌，直奔农业科技成果展区，协助讲解人员接待参观者。

农业展区的观众很踊跃、文明、守秩序，凡三人即自觉排队。参观者对中国农业成就和科技充满好奇感，似乎总想透过它了解一些中国改革开放的秘密。讲解员用电动模型介绍曲周试验区时，观众很关注，两位年长的观众与我交谈，希望知道更多的治理细节，看上去，他们是农业科技工作者，问得很专业。曲周综合治理是农业展出项目之一，电动模型十分抢眼（图6-21左下）。

中午在餐厅吃过工作餐后，稍事休息，学术报告一点半开始。

图 6-21 中国科技展展区、农业展区以及访苏中国科学家组图

  报告厅在展厅一侧，200多个座位，已经坐得满满。主持人介绍后我做了1个小时讲演，题目是"中国黄淮海平原的综合治理和农业开发"，边讲边放幻灯片演示（图6-22左）。

  讲演中我介绍了黄淮海平原及近20年的治理与成效；介绍了10项理论和技术研究成果，它们是：黄淮海平原的自然与农业条件研究、农业生产与增产潜力研究、半湿润季风气候条件下的水盐运动理论研究、综合治理和开发试验区研究、综合防护林体系建设研究、节水农业体系建设研究、区域水盐运动监测预报体系建设研究、科学施肥体系建设研究、作物良种和科学栽培体系建设研究，以及农业信息系统建设研究等。

  讲演结束后有20分钟提问与回答，一切都很规范与流畅。

  次日下午安排了一个十多人的小范围专业对口交流座谈，主要是参加过报告会的、对此内容有兴趣的大学教师和科研院所研究人员。座谈中，他们对中国政府能持续20年，依靠科技治理一个平原感到非常钦

图 6-22　在莫斯科作学术讲演（左）和提交的论文（右）

佩。有人问科技攻关是什么意思，是不是就是改革开放。另外，对我们黄淮海平原综合治理的思路感兴趣，一位专家说："这是一种东方的思维方式和智慧。"有两位年轻专家对我讲的水盐运动监测预报技术和农业信息系统感兴趣，问得很仔细，可能与他们正在进行类似的研究工作有关。

访苏的最后三天是参观访问，我主动向邀请方提出希望参观季米里亚捷夫农学院、莫斯科大学土壤系和道库恰耶夫土壤研究所三处，因为这是我30年前魂牵梦绕的"圣地"啊！

上大学时，党委书记就说过："把北京农业大学办成苏联的季米里亚捷夫农学院"，我这次是以北京农业大学校长身份访问季米里亚捷夫农学院的。院党委书记和几位系主任和教授陪同参观后，在学校的一个小餐厅休息室座谈，座谈后摆上饭菜，一同用餐，甚是方便。同是农业院校工作者，有谈不完的共同话题，大有相见恨晚之感。用餐中，我举杯答谢院长等的热情接待，并代表北京农业大学对他们发出回访的邀请。

莫斯科大学是世界著名高等学府，苏联的骄傲，我心中的偶像。学校主楼建在莫斯科市西南的列宁山上，是莫斯科大学最宏伟的标志性建筑。楼顶正中有一颗标有 CCCP 的大红星，有镰刀锤子的苏联国徽。正门门厅高大宽敞，上方有一面浮雕的旗帜，一男一女两个手执长杖的雕塑，两侧各有一个类似于中国华表的灯柱。主楼正门外是大学广场，广场正中有俄罗斯科学之父罗蒙诺索夫的大型雕像，两侧是俄罗斯历史上著名科学家的大型群雕。我点名参观访问的是土壤系，由系主任和几位教授出面接待，教学计划、教材、教具、教室、实验室等都引领我一一参观和介绍。

走马观花地看了两所苏联高等学府，给我突出的印象是，从方方面面和细枝末节中表现出苏联高等学府的那种学术至上、教育至上、严肃与严谨的科学态度与学风，感受不到一丝浮躁，这正是高校之精髓与灵魂。深感今日中国之高教，最缺的不是先进科技和经费，而是浮躁多了，科学精神与教育灵魂少了。

访问苏联科学院道库恰耶夫土壤研究所又是另一番景象与感慨。

俄罗斯民族有着优良的科学传统，有俄罗斯科学之父罗蒙诺索夫、有化学元素周期表发现者门捷列夫、"条件反射"现象发现者生理学家巴甫洛夫、有切连科夫和弗兰克等世界著名的物理学家等。苏联学界有许多学派，各学派各具其独立学术思想、成就、风格与团队。这次我们要去访问的道库恰耶夫土壤研究所就是享誉世界的苏联土壤发生学学派的发祥地。苏联国土东西地跨欧亚两洲，南北自寒带到亚热带的地域优势成就了土壤发生学学派，一个有着深厚哲学和方法论基础的土壤学派。

中华人民共和国成立后成长的我们这一代土壤科学工作者，无不深受苏联土壤发生学学派的影响。在我的半湿润季风气候水盐运动的理论研究、黄淮海平原旱涝盐碱综合治理区划、易溶盐地球化学过程研究等工作中无不反映苏联土壤发生学在我学术上的痕迹。这次能拜谒土壤发生学的圣地，实乃三生有幸。

土壤博物馆门外立有一尊高大的道库恰耶夫全身铜像，我主动要求，在铜像前留下了一帧极有纪念意义的照片（图6-23上）。随后进到土壤博物馆，高大肃穆，令参观者敬而仰之（图6-23右下）。参观后在大厅一角的一张圆桌旁坐下休息与座谈（图6-23左下），我向馆长提出了道库恰耶夫土壤学在苏联发展的最新情况，是想与30年前我学习道库恰耶夫土壤学做些比较。当然，馆长只是一般性地和恰如其分地回答。

图 6-23　在莫斯科参观苏联科学院道库恰耶夫土壤研究所（1989 年 7 月 15 日）

　　这次访苏的意外惊喜是在我作学术演讲时见到了 1958 年参加中科院新疆综合考察的苏联专家扎哈琳娜教授。故人重逢三十载，相见唏嘘两鬓霜，本书第三章已曾表述。

"七五"大捷

　　1990 年，一个金色的年度，是黄淮海课题"七五攻关"丰收的一年，黄淮海战役战绩辉煌的一年。收获季节也是最忙碌的季节，上面的作战指挥部和下面的 18 支作战部队都在忙着"验收"与"鉴定"！

所谓"验收"，是指上级主管部门组织由有关科技管理人员和技术专家组成的验收组，按合同任务书上的任务和指标检查执行情况；所谓"技术鉴定"，是指上级主管部门组织由技术专家组成的专家组，对技术资料的完整性、技术路线和研究成果进行检查并做出技术水平评价。"验收"与"技术鉴定"都是按照严格规定和程序进行的。

12 个试验区的验收是分两批到各个试验区现场进行的，一批是 1990 年 5 月后半月，一批是 9 月后半月；6 个重大与超前技术专题以现场与会议相结合的形式分别于 9 月进行。18 个专题分别准备着技术资料、研究成果、技术总结、工作总结、成果展览、现场录像，以及验收和技术鉴定会议上的口头汇报。这时的 12 个试验区，如同黄淮海大花园中盛开的 12 朵奇葩，披上了节日盛装，各领风采。

你看那，曲周试区通过水盐运动的科学调节与管理，旱涝盐碱已悄然遁去，粮食亩产早已过千斤，棉、油、牧和农民收入大幅增长，还总结提出了半湿润季风气候水盐运动理论与农业生态经济统一发展理论与配套技术；你看那，陵县试区提出了适用于背河洼地等涝洼盐渍地区综合治理与开发的"提灌提排水利工程和培肥改土，农牧结合"的配套技术系统；你看那，禹城试区提出了适用于河间浅平洼地盐渍类型地区的"以生态学原理和系统工程方法"。还有商丘等试区各展风采。

以上 12 个试验区累计面积 21.7 万亩，区内盐碱地面积下降了 70%，林木覆盖率提高到 14%—20%，1989 年试区粮食平均亩产 527.7 公斤、人均收入 734.8 元，分别比 1985 年增加 93% 和 56%。在 369 万亩示范区，粮食平均亩产 411.6 公斤、人均收入 596 元，分别比 1985 年增加了 62% 和 107%。在 724 万亩的扩散区，粮食亩产由 250.5 公斤提高到 310 公斤，5 年累积平整土地 471 万亩，改良盐碱荒地 190.3 万亩，盐碱地面积由 368.37 万亩下降到 148 万亩。由于科技攻关成果的及时推广，节约耕地 14.2 万亩、化肥 3.7 万吨、农业用电 7.1 亿度、农业用水 63.1 亿方。

第二战区是 5 项重大和超前技术和 1 项软科学攻关的分别验收和技术

鉴定。

区域水盐运动监测预报技术专题。在区域水盐运动基础性研究基础上，建立了土壤水分与盐分，地下水位与水质四个子系统模型，依其物质流和能量流的流向与流量构成了系统预报模型。监测预报是从实验室模拟到实地，从单点和多点，并攻克了向面上扩展的技术难关，实现了全程计算机自动化操作的短期实时预报。此项研究是在总面积为2821平方公里的6个水盐运动测报试区进行的，经技术鉴定达到了国际领先水平。

低压管道输水灌溉技术研究专题。研制成系列的薄壁PVC塑料管和内光外波纹PVC双壁管，质量性能达美颁标准，原材料消耗较轻工部部颁标准降低40%—50%，提出管网优化设计和微机监控系统，使渠系水利用率由40%提高到90%以上，节约土地2%，节电23度/年·亩。此项研究是在总面积为4.8万亩的5个试验示范区中进行的，至1990年，PVC管推广30万亩，现浇管20万亩，预制管10万亩，年净增效益2192万元。

优化施肥技术专题、种植制度改革与优质高产抗逆栽培技术专题、农田综合防护林体系建设的配套技术专题、农业发展战略的软科学研究专题也都取得喜人成果。

完成18项专题验收后，农业部下发了对黄淮海总课题的验收通知，是1991年2月25—26日在北京农业大学进行的。我代表课题组作了"七五"科技攻关工作及成果汇报，图6-24是我在汇报。

《验收报告》对12个试验区验收情况的表述是：

图6-24 黄淮海课题验收中的汇报（左）和《科技日报》的报道（右）

试区总面积21.7万亩（原计划12万亩），粮食亩产达到441—741公斤；皮棉亩产达到64.9—77.2公斤；人均收入600—1447元，畜牧业产值在原基础上增加了4至7个百分点，全面完成或超额完成合同书中的指标（合同任务书上的上述四项指标分别是400—700公斤、60—75公斤、700—1500元和3—4个百分点）。通过试验、示范和扩散，带动了1093万亩中低产田的改造。试验区5年累计增产粮食205.6万吨，皮棉78.5万吨，油料19.8万吨，肉类3.1万吨，获得了明显的经济效益。

通过对黄淮海中低产区的盐碱土区、沙区、砂姜黑土区三个主要类型的治理开发研究，提出了相应的综合治理配套技术，并建成了12个综合治理样板。试验区的生态环境、生产条件和社会经济状况均发生了巨大变化；灌溉除涝面积扩大，盐碱地面积减少70%，农田抗旱抗涝功能增强，土地肥力增加，土地生产率提高，从而发挥了应有的示范作用，对国家农业综合开发工作产生了有力的推动作用。

《验收报告》对6个关键技术研究的表述是：

6个关键技术专题研究中，取得了116项研究成果，其中有两项达到国际领先水平，19项达到国际先进水平，45项居国内领先。五年来在国内外学报和期刊发表论文448篇；向国家和地方政府提交或发表建设性咨询论证报告或建议76篇，在国际和国内都产生了较重大的影响。据不完全统计，五年来仅推广技术成果即达81项，累计推广面积1.08亿亩，获经济效益34亿元。

《验收报告》的总体表述是：

本课题攻关目标明确，研究内容总体设计体现了远近结合、宏观微观结合、治理与开发结合、研究与示范推广结合。专题分解和设置合理，技术路线可行。在加强课题的组织管理方面，采取了建立专职办公室与各系统各单位科管部门结合，认真执行了各项管理办法，搞好对各专题的服务，以及定期召集各类会议和编好攻关信息刊物等，保证了黄淮海农业综合治理攻关这项庞大而复杂的农业系统工程得以顺利实施和完成。本课题各项专题均完成或超额完成了任务，技术资料齐全，数据可靠，验收鉴定工作抓得及时，课题总体研究水平达到国际先进。验收组一致同意通过验收。

1991年2月26日，《科技日报》头版头条以醒目的标题报道了黄淮海课题通过验收的消息。课题验收完成后，农业部组织专家组进行了技术成果鉴定。《科学技术成果鉴定证书》写道：

> 该项综合治理和开发研究总体设计合理，技术路线正确，方法先进，资料翔实，规模宏大。研究成果丰硕，综合性、针对性、实用性强。为黄淮海平原普遍开展综合治理和开发提供了先进实用配套技术、可行的治理模式和关键性的重大超前成果。建立了具有巨大示范意义的12个综合治理开发样板，也为国家进一步开展其他类型地区的综合治理在组织管理方面提供了宝贵经验。经济、社会、生态效益显著。在理论上和关键技术上均有许多重大突破性进展，在国内外已产生重大影响。是农业科研领域中一项少有的大规模的综合性多学科重大成果，在同类研究中居国际领先水平。

黄淮海科技战役"七五大捷"，科技生产双丰收。黄淮海科技战役的成果不仅是在黄淮海平原，更是在全国范围产生的"黄淮海效应"。

黄淮海效应

从曲周建盐碱地改良点到建4000亩旱涝碱咸综合治理试验区，到农业部拨款400万将试验区扩大到3万亩和IFAD国际贷款扩大到23万亩，是县域的三级放大。从黄淮海平原中低产田治理到国家"六五"科技攻关计划增"松嫩－三江平原";"七五"增黄土高原和北方旱区;"八五"增南方红黄壤丘陵区,是国家科域的三级放大。

国家科委1998年出版的《中低产田治理与区域农业综合开发》对科域的三级放大有如下表述:

> 黄淮海平原旱涝盐碱沙漠综合治理与农业发展研究是国家最早设立的区域科技攻关项目,也正是它的成功,创造了适合中国农业科研实际的新型模式——综合试验区,这在世界上也是一个创举,它为我国农业区域治理科研工作确定了一条有效的道路,促进了区域经济的发展。此项目的成功,也推动了三江平原、黄土高原、北方旱区和南方红黄壤等中低产地区综合治理科技攻关工作的开展。黄淮海平原农业区域攻关研究成果也为我国农业重大决策的制定提供了依据,如为建设四个全国性成片商品基地方案、"区域综合治理和农业开发"规划(1998—2000年)以及在我国北方发展"节水农业"等重要决定的形成提供了科学依据和经验。特别是20世纪80年代末开始的全国农业综合开发就是以攻关研究成果为依据制定的,而且也是按照各试验区的典型模式实施的,从黄淮海平原开始逐步推向全国。

> 从"六五"开始,国家陆续将黄淮海平原、松嫩－三江平原、北方旱区、黄土高原、南方红黄壤五大区域的农业综合治理与开发研究列为国家科技攻关计划,先后在五大区域建了51个综合治理试验区,开展了以中低产田改良和区域农业综合发展为主攻方向的科技攻关。经过3000多名科技人员近20年的艰苦努力,团结奋斗,取得了辉煌的成绩。从理论上、实践上提出了一系列技术体系和发展模式。据初步统计,五大区域农业综合开发共取得科技成果809项,获省部级奖励323项,发表论文5300多篇,推广实用技术500多项,累计获社会经济效益200多亿元,为我国区域综合治理和区域综合发展做出了巨大贡献。其中,"黄淮海地区农业综合开发研究"和"黄土高原综合治理定位研究"分别荣获国家科技进步特等奖和一等奖,受到党和国家

领导人的高度赞赏和重视。

黄淮海平原、松嫩－三江平原、北方旱区、黄土高原、南方红黄壤五大区域是我国农业资源富集带及全国农产品的主体产区，生产经济地位十分显要。这五大区基本覆盖了除新疆、青海等省（自治区）以外的大部分国土，分布着全国60%的人口、70%的耕地、80%的中低产田，生产了占全国约75%的粮食、80%的肉类。这五大区域的国民生产总值占全国农村社会总产值的50%。国家在20世纪末要实现新增粮食1000亿斤、棉花1000万担、肉类1000万吨、农民人均收入达到1200元的宏伟目标，这在很大程度上取决于区域农业综合开发。

以上是通过国家科技计划和系统推动的区域综合治理，通过国家计划的综合治理与开发就更加宏伟了。

1987年春，国家计委在北京友谊宾馆开会，邀请我在会上介绍黄淮海平原综合治理和开发的情况和经验。当时我不知缘由，后来得知是根据国务院的一个重要决策，紧急制定和实施的一项农业区域综合开发计划，它与80年代中期国家粮食生产形势有关。

全国粮食总产由1978年到1984年的短短6年间，由3亿吨跃上了4亿吨台阶，平均年新增近2000万吨。但是1985年以后，由于种种原因，粮食总产连续几年停留在4亿吨徘徊不前。此时的全国改革重点开始转向城市，经济迅速发展，对粮食与农产品需求剧增，而改革初期的农业政策效应渐减，被占用的耕地面积大增，农业基础设施老化失修，农业增长后劲严重不足等导致当时粮食与农产品供应形势十分严峻。

此时，黄淮海中低产田的综合治理和农业发展捷报频频，呼声正劲，导致了一个投资500余亿元的《1988—2000年国家农业区域综合开发规划》的紧急出台。1988年国务院设立了土地开发建设专项基金（后改为农业综合开发资金）后，一场史无前例的、有组织有计划的大规模农业综合开发的帷幕在全国拉开。

2008年9月，《中国财政》半月刊总第527期刊载的王建国文"农业综合开发二十年发展历程回顾"有系统的回顾。该文开始就提到"1988年，农业综合开发范围涉及黄淮海平原、东北平原和长江中下游平原等11个省（区）的746个县和国有农牧场。到2007年，开发范围遍及全国31个省（区、市）、3个计划单列市以及新疆生产建设兵团、黑龙江省农垦总局、广东省农垦总局的1916个县（市、区、旗）和220个国有农（牧、林）场，开发县数约占全国总县数的2/3"。指出，农业综合开发的主要内容是平整土地、兴修水利、改良土壤、开垦荒地、植树造林、装备机械、改进生产技术、发展多种经营等，以全面和综合配套地提高中低产地区的农业综合生产能力。

文章写道：

> 1988—2007年的20年间，农业综合开发共投入各项资金3193.4亿元，其中中央财政资金989.2亿元，地方财政配套资金765.4亿元，银行贷款327.8亿元，自筹资金1111亿元。农业综合开发累计改造中低产田5.2亿亩，新增和改善灌溉面积4.8亿亩，新增和改善除涝面积2.1亿亩，从根本上改善了全国中低产地区的农业生产条件，大大提高了农业综合生产能力。20年间，累计新增粮食生产能力1788.7亿斤、棉花生产能力34.3亿斤、油料生产能力89.6亿斤和糖料生产能力528.4亿斤。
>
> 20年间，还通过生态专项建设，改良草地和草场4897.4万亩、治理土地沙化面积182.4万亩、丘陵山区水土流失小流域治理351.5万亩、新增农田林网防护面积3.3亿亩等。

《计划》彻底扭转了当时农业的被动形势。1988年到2010年间，全国农业综合治理区的粮食累计年新增生产能力由1989年的130万吨平稳增加到2010年的9849万吨，即每年为国家新增448万吨粮食。即此22年间，全国新增粮食总量的66%来自综合治理与开发区。真没想到，黄淮海效应竟然在全国发挥如此巨大的影响，为全国粮食形势作了如此巨大的贡献。

1998年全国粮食总产迈上了5亿吨台阶，朱镕基总理在政府工作报告中宣布，"我国粮食总产已超过5亿吨，中国结束了几千年的缺粮历史，可以做到基本自给，丰年有余。"黄淮海科技战役为之立下了汗马功劳。难怪"两弹一星"功臣、中科院院长周光召在一次会议上说："黄淮海盐碱地综合治理，是我国历史上最大的一次农业科技大会战，在世界上史无前例，可誉为中国农业的'两弹一星'"。

获特奖，激流勇退

我参加国家科技奖和农业部科技奖的评奖工作多年，像黄淮海项目这样一个由国家四部委主持，204个中央和地方科技单位、1141名科技人员参加，持续近20年之久的一个大型、综合和多学科的国家科技攻关项目，和在改变我国第一大平原和重要农区面貌上做出如此显著成绩，以及"黄淮海效应"对全国中低产地区治理和粮食生产产生的重大影响，是极少能出其右的。再则，我在高校校长岗位工作多年，深知获奖对一个科技人员职称、晋级、工资和住房有着多么密切的相关，是千余名黄淮海参战将士切身利益所在。

1991年年初的一天，农业部主管科技和教育的副部长洪绂曾在北京农大继续教育学院召开全国部属农业高校校长会议期间，我在会外与他有过下面一段对话。

"洪部长，我们打算给黄淮海项目请奖。"

"好啊！应该报奖。"

"我们想报国家科技进步奖特等奖。"

"特等奖！对，可以试试。"

"那得先报农业部的特等奖，否则国家奖评委会说，农业部都没给特等奖，国家怎么给特等奖？"

"那倒也是！可是农业部的最高奖项是一等奖，没有特等奖。"

"没有可以设嘛！只要部党组和奖励委员会同意，修改奖励条例就行。"

于是，黄淮海项目获了农业部1992年度科技进步奖特等奖，随即准备申报国家科技进步奖特等奖。1993年9月27日，突然通知我单人前往京郊昌平镇第一招待所进行申报科技进步奖的答辩。评委有科学院副院长李振声、农科院院长卢良恕等十多人。给我的汇报时间是40分钟，那时的讲演或汇报工具已经由幻灯片进步到透明胶片，我准备了60多张胶片，边放边讲。这些透明胶片至今仍全部保存着。

汇报的第一部分内容是项目背景；第二部分内容是项目的研究设计、内容和主要成果；第三部分内容是黄淮海项目攻关的"效益、鉴定和获奖情况"。有比较才有鉴别。为了突出黄淮海平原治理开发的成就，特别制作了两张透明胶片，一张是黄淮海平原课题与国内的三江平原、黄土高原、旱地农业三个课题的比较；另一张是黄淮海项目与国外的巴基斯坦 SCAP 管井计划、埃及尼罗河三角洲暗管排水工程、美国 CV 计划、欧洲蒂萨计划的比较。也就是将视野由黄淮海平原扩大到全国和全球的同类治理工程作类比，黄淮海项目确是最优秀的。

提问和回答大约用了半个多小时，很顺利。

在答辩以前，国家奖励委员会还专门组织了一个特等奖的专家考察组，正式签署了一份长达3000字的报告。以下是部分摘引。

> 该项目总体达到国际领先水平。就应用基础理论、综合配套治理和重大关键技术三个方面取得了143项科技成果，其中80%以上达到国内或国际先进或领先水平。

图 6-25　申请特奖的答辩用胶片（左）和审查专家组提交的报告（右）

该项目在推动科技进步上的作用是十分明显的。MM 理论、12 项综合治理和开发配套技术、重大和超前技术均处国内国际先进或领先地位，获国家和部委级奖励 34 项。这些技术在各自专业领域已经起了明显的推动作用，覆盖面和效益相当可观。80 年代初吸引和建立了世界银行和联合国农业发展基金会贷款仅 1 亿美元，已完成 360 万亩土地的综合治理。1988 年，党中央和国务院提出和实施的"区域治理和农业开发"重要战略决策，黄淮海科技攻关成果起了重要作用。

该项区域治理和农业开发成果起始最早，效果突出，作法与经验得到国家有关部门的肯定，因而在"六五"后，国家"七五"重点科技攻关项目中增加了黄土高原、北方旱区、三江平原三个地区的治理开发攻关，"八五"又上了南方红黄壤地区及东北松嫩平原。

该项目技术路线正确、规模大、时间长、研究成果丰硕、综合性、实用性强，有许多重大突破性进展，推动了农业科学技术进步，为国家进一步开展其他类型地区综合治理和农业开发提供了宝贵经验，经济、社会、生态效益显著，在国内外已产生重大影响。是农业研究领域中少有的综合性多学科的重大成果，在同类领域研究中居国际领先水平。

考察组认为，农牧渔业行业组推荐的"黄淮海平原旱涝盐碱沙薄的综合治理与农业发展"项目符合特等奖条件，建议授予国家科学进步奖特等奖。

经评审组评议和投票，黄淮海科技攻关项目获得了 1993 年度国家科技进步奖特等奖。

1994 年 3 月 18 日，人民大会堂举行颁奖仪式。先是党和国家领导人在接待大厅接见获奖代表并合影。江泽民和李鹏等国家领导人与前排代表一一握手。握手时李鹏总理还对我说了一句："我去过你们曲周试验站。"

合影后由接待大厅进入会场，大会堂前几排坐的是胸前戴有红花的获奖代表，我坐第一排正中。颁奖仪式由科委主任宋健主持，李鹏总理讲话并宣布获奖项目名单，然后就是获奖人员上台领奖。给我上台领奖的顺序号是 A 队 7 号，即第一批正中位置，由江泽民主席授奖。

图 6-26　黄淮海课题受奖（1994 年 3 月 18 日于北京人民大会堂）

颁奖后，我代表 1993 年度全体受奖项目和人员作了 5 分钟大会发言。大意是感谢党和人民给予的荣誉；感谢改革开放给予的机会；成绩是在前人工作基础上由集体做出的；最后，对年轻一代科技工作者提出了期望，希望对他们精心培养，严格要求，大胆使用，让他们脱颖而出，早日担负起历史重任等。发言稿见图 6-27（右）。

参加颁奖典礼后回到学校，立即交代黄淮海项目办公室赶紧把授奖情况和证书正式通报参加黄淮海科技战役的所有单位和全体人员，并附黄淮海项目主持单位北京农业大学分发的受奖证明（影印件）。

荣誉归于每位黄淮海科技战役的参战将士。

三个月后，中国科学院第七次院士大会暨中国工程院第一次院士大会在北京隆重举行，李鹏总理、周光召院长和朱光亚院长作了大会报告。当天下午是两院联合举行的两院院士学术报告会，会上安排了两个学术报

图 6-27　参加颁奖大会的通知（左）和我代表 1993 年度获奖代表致辞的发言稿（右）

第六章　黄淮海科技战役（下）　　*237*

告，一个是潘家铮院士报告的"长江三峡工程重大科技问题研究"；另一个是我作的"以黄淮海平原为例谈区域资源开发和持续利用"报告。该文发表在 1994 年中国科学院院刊。

两院院士大会的闭幕会议上，还为 7 位院士和专家举行了 1993 年度陈嘉庚科学奖颁发仪式，我获的是农业科学奖。

一次趁洪绂曾副部长到农大开会，我向他正式提出，出于年龄和校长工作考虑，我不拟参与黄淮海项目的"八五"攻关了。

应该急流勇退了。从 1973 年 6 月到 1994 年 6 月，我在黄淮海科技战场上前后工作了 21 年，七千多个日日夜夜，终于画上了句号，翻过了我科学生涯中厚重的一页。时年 63 岁。

获特奖，也算是"功德圆满"。

双院士与两院士

感谢恩师在我初涉科海，在晋西和新疆工作中对我的科学思维训练，让我习惯于对自然现象的内在规律思考。从埋藏古土壤探寻黄土成因和二百多万年间的自然环境演变；从诸地学要素的结构中探寻北疆土壤和地学综合体；从塔里木盆地北部地学条件分析中探寻易溶性盐分积聚规律。这种科学探索的习惯与素养使我在曲周改良盐碱地，和黄淮海搞综合治理和农业发展的技术性与实用性极强的工作中，也一刻未忘理论性思考。以恩格斯的"一个民族想要站在科学的最高峰，就一刻也不能没有理论思维"为我的座右铭。

20 世纪 60 年代初，当科学阵地开始由新疆转移到黄淮海平原，正是这种理论思维训练让我提出黄淮海平原发生大规模土壤次生盐渍化，以及在防治中必须弄清复杂的水盐运动规律。十年后曲周试验区旱涝盐碱综合治理中大摆"水阵""盐阵"和"农阵"，以及出地下咸水"奇兵"正是这种理论思考的工程体现。

238

20 世纪 80 年代初,《黄淮海平原旱涝盐碱综合治理区划》为一个土壤地学工作者提供了展示的机会,并促成了对黄淮海平原水平衡研究;第四纪地质的科学背景又促使我对黄淮海平原第三纪易溶盐难以聚集,而第四纪气候转为干燥温凉而易溶盐开始积累,12 万年前的上更新世易溶盐积聚过程加快,以及黄淮海平原古地球化学分异中仍保存着北多南少和 HCO_3^-、SO_4^{2-} 和 Cl^- 盐空间分异的一般规律研究。

当发现近代易溶盐的地球化学分异受中区地貌条件控制,从而提出对综合治理旱涝碱咸的水盐调节与管理具有重要理论指导意义的 5 个易溶盐转移-积聚区。这是 1958 年新疆天山南麓易溶盐分异规律研究,20 年后的黄淮海平原升级版。

按传统和经典的观点,土壤盐渍化是干旱与半干旱气候条件下所特有的地理景观。但在新疆与黄淮海平原的地理差异性比较研究中,我提出了年降水量 600—1000 mm 的"半湿润季风气候区的旱涝碱咸地理景观"、旱涝碱咸综合治理中的水盐运动调节与管理观和区域水盐运动监测预报技术,以及"半湿润季风气候区水盐运动理论"。该理论的内涵是:

(1)旱涝盐碱和地下咸水共存和交相为害是半湿润季风气候和泛滥平原条件下区域水盐运动所表现出的一组自然现象,是一种独立的地理景观;

(2)旱涝盐碱是一个统一的系统和有机整体,因而治理的对象是综合的,不能"头痛医头脚痛医脚",在治理方法上也必须是综合的;

(3)综合治理旱涝盐碱的实质是对区域水盐运动的科学调节与管理,科学调节区域水盐运动的枢纽和杠杆是浅层地下水的开采与回补。

正当"七五"黄淮海攻关课题验收鉴定完成,科学院暂停十年的学部委员增选于 1991 年重新启动了,我以晋西古土壤与古土壤地理研究、新疆考察中的地理综合体研究,以及近 20 年黄淮海平原的理论与实践的系统研究成果被推荐为中国科学院院士候选人参加评选。那时申报院士、增选院士十分严格,要"过五关斩六将",但候选人则比较单纯,交上填表就完事,等候结果就是了。年底发榜,北京农大的阎隆飞教授和我入选为 1991 年度科学院生物学部学部委员。这一年我正好 60 岁。

1994年成立中国工程院，科学院可推荐部分有工程背景的科学院院士为首批工程院院士。我又因有黄淮海项目的工程背景和具有代表性而被科学院主席团推荐。这就是"双院士"的来源。

再说"两院士"。

中国工程院1995年首次遴选院士，辛德惠是我所在的农业轻纺与环境工程学部的候选人。评议中有院士提出，黄淮海项目成果突出，但已有石元春院士了。再说，辛德惠与石元春又同在曲周试验区和北京农业大学……这话听起来似乎有些道理，但是我的反驳也很有道理。

正好工程院秘书长葛能全在我们学部听会，我说："秘书长，您说推选工程院院士主要是考虑本人条件还是考虑他所在的单位等其他条件？"

"石院士说得对，主要是看本人条件。"秘书长回答得很明确。

"辛德惠同志与石院士同是曲周试验区的两位主力，工作和成果能分得开吗？"这位质疑院士对曲周试验区太知根知底，说到要害上了。

"这不难，我与辛德惠同志同在一个试验区，但我们是两个不同研究方向，我是水盐运动，他是农田生态系统。请各位院士仔细审阅辛德惠同志在农田生态系统研究上的成就和水平就可以了。至于我在科学院申报院士的材料中，完全不涉及农田生态系统，这是有案可查的。"我回答得不拖泥带水，再次据理力争。

其实我心里有底，别看院士们正襟危坐、淡然无语，但个个都是心中有数的评审高手，只要他们不被误导，我对老辛就有信心。

果然，老辛高票当选了。

后来不止一次有人问我，人说一山不容二虎，怎么一个试验区走出两个院士？我说曲周这座山头的风水好，出了两只老虎，还惺惺相惜，虎虎生威。这就是一个试验区出两个院士的故事。

回头一看，参加黄淮海战役的204个中央和地方科研单位和1141名科技人员中，果然只出了曲周试验区的这两个院士。

怀 念 战 友

这么宏大和持续了20年的国家科技战役，会有多少战士在冲锋陷阵，多少战友在默默奉献。我的战友，曲周试验区的土化系"十常委"，辛德惠、林培、雷浣群、黄仁安、毛达如、陶益寿、周斐德、李韵珠、陆锦文和邵则瑶；农学系的刘巽浩和周旺兴；农经系的贺锡苹；农业气象系的韩湘玲、鹿洁忠、魏淑秋、林家栋、曾席荃等，生物物理系的鲁铁相、白广存和潘大志，研究生马步洲、陈焕伟、谢经荣、耿雯、王少英、陶陶等，以及"七五"攻关加入的李保国、陈研、汪强等年轻团队。我将永记他们。

黄淮海课题"七五"攻关中，禹城试区的程维高和谢承陶；陵县试区的王守纯和魏由庆；商丘试区的贾大林；封丘试区的傅积平和俞仁培；南皮试区的罗焕炎和田魁祥；龙王河试区的王树安和朱福星；寿光试区的史立本；睢宁试区的赵守仁；开封试区的江汉霖；蒙城试区的张绍孚；人民胜利渠灌区试区的王士英和方成荣等都是12路纵队的"司令员"，我的亲密战友。

战友中与我共事最长和对我帮助最大的是辛德惠和贾大林。

我和老辛同在北京农大土化系土壤教研组，业务领域相近。自到曲周试验区，从不分彼此与得失，二人如一。随着工作进展，我的研究领域侧重水盐运动及其调节管理，老辛侧重于盐渍低产地区农田生态系统，根本没有商量过。沈副校长的电话和土壤教研组副主任的背景，使我成了曲周试验区事实上的头儿，"文化大革命"中校系却从未有过正式任命。在土化系，老辛的人缘比我好许多，他主动配合和协助我在试验区工作。我捅了娄子，他主动给我"檫"。逐渐在大家的心目中，我是"队长"，老辛是"政委"。可以用"工作"与"默契"两个词概括我和老辛关系的全部。

他有先天性高血压，又是个"工作狂"，完全不把自己的健康放在心上。1999年5月，年仅69岁的老辛倒在了生态考察途中，一位亲密的战友英年早逝地离开了我们。他的骨灰安放在曲周实验站，人们会永远怀念这位伟大的科学战士。每当我想到和老辛在曲周试验区十年共处一室的日日夜夜、人人事事时，总是悲由心生，也鼓励一个幸存者，"不用扬鞭自奋蹄"。图6-31是1989年曲周试验区"七五"攻关成果现场验收时，我和老辛在曲周试验区，我们两人曾住过的房间门外拍的照片。这天小雨，仍然是他高高兴兴地打着伞，为我遮风挡雨。

1979年"商丘会议"以后，我的工作重点由曲周试验区转移到了黄淮海项目，中国农科院新乡灌溉研究所所长贾大林研究员成了我的新搭档。老贾比我年长十多岁，毕业于北京大学农学院，是我的学长和前辈。老贾为人低调谦和，是一位令人尊敬和喜爱的忠厚长者。在"区划"工作中，他主我副，1984年后的黄淮海战役中我主他副，我们之间相互支持与尊重，配合默契。

老贾年长、体胖、血压高，开会休息中，时而拿出随身携带的血压计测血压。我不止一次劝他，"老贾，你年岁大，身体不好，以后要减少在第一线的亲自指挥了。"他的回答令我震动，"我早就做好在黄淮海马革裹尸了。"

1986年春天我们在动物园附近的一个宾馆讨论制定黄淮海项目"七五"攻关计划，完成初稿后，大家都松了一口气。"老石，咱们逛动物

图6-28　辛德惠和我在十年前我们在张庄住过的房间门外（1989年）

园去，犒劳犒劳自己。"这是老贾少有的一次如此善待自己的建议，当然会得到我的立即响应。

我们编写计划的宾馆就在北京动物园旁边，只要有宾馆的居住证，下午 3 点以后从动物园东侧门进去可以不用买票。我二人从侧门进去，溜达不远到了猴山。猴子动作与人酷似，十分矫捷可爱，于是驻足欣赏起来。此时，一只小猴从池底蹭蹭几跳就上到猴山顶上的一块方石上蹲坐下来，面不改色气不喘，悠闲自在地向四周游人观望，极尽的潇洒。

"这猴子登攀起来竟是如此轻松，为什么我们'七五'的登攀那么困难？"我不经意地说出了这番感慨。这些天，我们确实费了很大力气才算编完了攻关计划初稿，从计划里已经预感到未来五年的黄淮海"七五"战役会打得很艰苦，所以才会有感而发地道出这番话来。

"老石，你年轻又瘦，登攀起来会容易些；我年纪大，又胖，登攀就更难了。"老贾在揶揄和幽默中带着一丝伤感。我永远地记住了那个场景。1994 年，我二人在人民大会堂受奖时，我拿奖杯，他拿证书，并排坐着。记者来给我们黄淮海项目拍照时，我随手把奖杯递给了他，"你都拿着。"老贾不解其意，照了一张满脸狐疑的照片，我在一旁暗笑着（图 6-29）。

2013 年，为纪念黄淮海科技战役 40 周年，我写了《战役记》一书，书中曾填词"临江仙"三首，兹抄录如后。

图 6-29 我（左）和贾大林在人民大会堂领奖
（1994 年）

科技战役

浩浩平原东向海，阳光雨露大地。旱涝盐咸群魔舞。规律依旧在，当靠科学伏。

第六章 黄淮海科技战役（下） **243**

科技战役二十载，治理生产双馨。利国为民获殊奖。古今多少事，留写青史中。

科技战士

悠悠科海苦作舟，立志攀登险峰，一纸大地写春秋。科魂当常在，虚名不可求。

蹉跎坎坷二十春，青丝顿生华发，一片丹心图报国。三害初遁去，双魔再降伏。

怀念战友德惠、大林

悠悠上天降奇才，德惠国家人民，一抔净土撒曲周。实践治盐碱，立说泛生态。

献身农水气轩昂，大林竟放异彩，不惧革裹披肝胆。道德人皆颂，文章万世传。

五年后作传重读此词，耳边响起了《冰山上的来客》那"怀念战友"的幽婉激荡的歌词，悠扬和美，时而高亢的旋律。

当我永别了战友的时候，
好像那雪崩飞滚万丈。
啊……
亲爱的战友，
我再不能看到你雄伟的身影，
和蔼的脸庞。
啊……
亲爱的战友，
你也再不能听我弹琴，
听我歌唱。

第七章
草根校长（上）(1985—1990年/54—59岁)

1985年受任黄淮海科技攻关课题"六五"专家组组长时，被任命为北京农业大学副校长兼研究生院院长；1987年受任"七五"黄淮海科技攻关项目首席专家时，又被任命为北京农业大学校长。这十年，我一直是"双肩挑""两头沉"地两线作战。

受命副校长

1984年初冬的一个傍晚，天气阴沉沉的。

北京农大的一辆中型轿车载着十来位同志停在了北京人民大会堂北门，参加一个会议。进北门后的大厅灯未开，暖气不足，有些阴冷。主管科研的刘仪副校长与我一同步入大堂，边走边闲谈地到了一处摆有一圈沙发的地方，刘副校长说："时间还早，咱们坐会儿。"我就随他一同坐下，他问了一些曲周试验区工作情况后说："石元春啊，你不能只想曲周工作。现在学校工作很难，很需要干部，你也应当多关心关心学校的事。"我不明白他说这话的意思。

几天后，刘副校长打电话给我，叫我到他办公室去一趟。

我的办公室在科研楼11楼，他的办公室在6楼，很快就到。我刚坐下，他就开门见山地说："党委考虑让你到研究生院工作，任副院长。"尽管几天前给过我暗示，但还是感到突然。我说："刘仪同志，我下面工作实在很重，再说我从来没有在学校做过管理工作，恳请党委考虑安排其他同志。"

过了一个多星期，又把我叫到他办公室说："党委认真考虑过你的意见，但还是维持原来决定，你就把曲周那边工作安排一下，双肩挑嘛。"又加了一句："我们都是党员，要服从组织安排。"看来没有商量余地了，但我还是讨价还价地说："明年5月我要在济南主持一个盐渍土改良国际会议，会议完了再到研究生院报到行吗？"

"可以"他回答得很痛快。

1985年5月济南国际会议后，我抓紧安排黄淮海科技攻关项目工作，暑假结束前，如期到研究生院报到不是任研究生院副院长，而是任副校长兼研究生院院长。

从此我走上了一条十年的校长之路。

研究生院部有20多位同志，虽同在一个学校，却很少往来。我上任后做的第一件事就是到香山秋游，一起见见面，联络联络感情。女同志多，很快就活跃欢快起来，照了不少相片，图7-1是一张"全家福"照。

图7-1 研究生院1985年香山秋游（我躲在后排右二，戴着黑框眼镜）

香山游后，我分别到分管的科研处、研究生处等七八个部门了解情况，听取意见。好在自己是土生土长的农大人，容易熟悉与融合。

研究生院的摊子很大，分管研究生处、科研处、推广处、涿县试验农场、昌平实验站、曲周实验站、中心实验室、科技情报室、《北京农业大学学报》等，在学校的行政管理系统中，三分天下有其一。这么大的摊子，这么多的工作头绪，有必要凝聚整合，构成一个统一的管理运行系统。我想从信息入手，办一个内刊，传播国家教委、学校和研究生院的有关文件和工作部署，交流院内各处各单位的工作进展与经验，促进全院在精神、认知和工作上的沟通与协同。

经人举荐，"十一"假期后，我找到才杰同志，请她负责办研究生院的《院讯》，个把月一期，版式篇幅自定。"有什么困难吗？""试试看吧。""需要几个人？""先就我自己，人多了麻烦。"不曾想，1985年11月10日《院讯》首期就与大家见面了，才一个多月，真有效率。

才杰同志端庄文静，黑边眼镜，南方才女气质，却是地道的北方人，性格爽朗，说话干脆，东北口音很重，在全家福照片前排右四戴黑边眼镜的即是，研究生院的一位干将。

每期《院讯》都传递了大量上级和研究院的管理信息和院内各业务单位的信息，这在当时学校还比较涣散的情况下，确是起到了聚合和鼓舞人心的作用。我校有位对人对事极为挑剔苛刻、对谁都敢"无情"批评的校党委委员，她在一次党委会上说，"现在的《校报》办得还不如《院讯》了。"我听到这个间接性的表扬大喜，赶紧告诉才杰同志，她嫣然一笑，一句话没说，还是那么文静。

安民校长对我的工作特别支持。在1986年10月20日的《院讯》第16期上写了一篇鼓励性短文，"祝愿与希望"如下：

> 一年来，读研究生院《院讯》，感到内容丰富，富有朝气。虽创刊仅有一年，但已显示出指导科研、交流信息的作用。综观15期中的约168篇文章中，科研动态、进展、信息交流及学术性论述约占97篇，这些文章能使读者开阔眼界，了解动态，交流学术经验，自然也

就鼓舞了大家的科研干劲，活跃了学术气氛。相信这份《院讯》在把我校办成第一流的农业大学的道路上，会起到不可低估的作用。望继续努力，取得更大的成绩。

《院讯》是我上任副校长做的第二件事。

我刚上任不久，1985年9月27日，中共北京农业大学第13次党代会隆重召开了，这是学校的大事。大会安排我就学校研究生教育和科研发展作一个发言。我在发言（全文见1985年《院讯》）中谈了现状、优势和存在问题，重点是从国内外的大视角阐述了科研项目与学科建设、设备与组织建设，以及人才结构性缺陷及如何应对等。这些都没什么，可笑的是，发言中居然口出狂言地说："经过一番努力，农大能不能在我国农业院校挂'头牌'？不仅在国内，也在国外。一个运动员不想拿冠军不会成为好运动员，一个学校的校长不想挂'头牌'，不算好校长。目标是决定一切的，建议下届党委和校长发动大家就我校的办学目标开展讨论。"好大的口气，这话是你一个副校长该说的吗？太不知深浅了。难怪后来遭到了"下届校长干脆你来干"的"报应"。

这第三件事，做得很糟糕。

第四件事，是搞"学科发展战略规划"。

我在学校搞教学科研工作多年，深知学科建设的重要性。说干就干，1985年11月2日，研究院就召开了"北京农业大学重点学科发展战略与规划"座谈会。此举深得一些老教授支持，"这是一所大学发展的命脉，早就该抓了。"座谈会上大家情绪高涨，慷慨陈言，决定编写《北京农业大学重点学科发展战略与规划蓝皮书》。半个多月后，11月21日的《蓝皮书》撰写小组会

图7-2 我到研究生院做的三件事——《院讯》《成果展》与《蓝皮书》

上，我提出了 20 世纪后 15 年国际农业科技发展趋势和我国农业科技发展趋势等 8 个专题。

第五件事是办"北京农业大学'六五'科技成果展"。

由于我参加黄淮海国家科技攻关项目，与国家科委联系较多，得知国家科委正在组织总结"六五"和准备"七五"。我想，如果办个展览，向全校师生以及农业部和科技部领导汇报，展示我校的"六五"科研成果，肯定是件好事。

办展览动员的面广、工作量大，正好可借此测试一下研究院和系所的动员能力。备展时间只有三个多月，各项工作推进很顺畅，有条不紊，证实了北京农大这支高素质队伍仍保持着旺盛战斗力，我也为这位刚上任的副校长的号召力感到高兴。

"六五"是"文化大革命"后开始恢复，或改革开放后的第一个"五年计划"。农大敢办成果展的本身就占有了先机，当时很新鲜。

1986 年 5 月 29 日，如期开展了。

距开展还有半个多小时，农业部相重阳副部长和 92 岁高龄的土壤界前辈张心一教授就进场先睹为快了。相部长边看边点头说："想不到北农大在恢复建校的极端困难情况下，还能做出这么多成果"。农学会会长，前农业部副部长杨显东观展时听说不少重要成果出自中年教师，他高兴地说："好啊！看来你们北农大的中年人上来了。"

6 月 14 日国务院农村政策研究中心郑重副主任、22 日农业部何康部长、26 日北京市黄超副市长，还有国家计委、国家教委、国家科委的领导以及《人民日报》等媒体记者也相继观展，对北京农大鼓励有加。中国农科院、中国农业工程大学等兄弟单位也十分关注和组织观展。北京农业工程大学由书记和校长带队，先后组织了三批同志参观展览。农大的科研都是教师"各自为战"，互不通气，此次展览是整合了全校成果，鼓舞了自己，又给领导和外界提供一个信息，"'文化大革命'重灾户"北京农大正在"重新崛起"。

上任副校长做的第六件事是"研究生工作十条"。

上任不久，与研究生院副院长兼研究生处处长曹永华同志参加了国家教委在黄山召开的研究生教育工作会。通过一番准备，1987年4月4日召开了我校的研究生工作会议。我在会上做了题为"贯彻教委'通知'精神，以提高质量为中心，改进我校研究生工作的十点意见"的报告。通过这次会议，研究生教育改革的方向明确了，步伐加大加快了。

校党代会发言、《院讯》、《蓝皮书》、《科技成果展》、"研究生工作十条"等，都具有一定的整合性和统领性，对当时百废待兴，困难重重，尚处恢复时期的北京农大无疑能起到鼓士气、振精神、聚人心的作用。研究院工作，我的"出手"比较大，可能与我在自然科学领域的宏观性和战略性思维训练有关。两年副校长，我当得很认真，这符合我"要么就不干，要干就干出个样儿"的性格。

按1984年刘仪同志在人大会堂与我的谈话，是让我当研究院副院长，协助他工作。不料1985年7月3日，农业部下达的任命是副校长兼研究院院长，这不是"协助"而是"接替"。后来见到刘仪同志时开玩笑说："我中了你的金蝉脱壳之计，是你把我拉上这条船的。"

就 任 校 长

安民校长1987年任职期满前，农业部派工作组到校酝酿新校长人选，有两人入围。我有自知之明，干副手还行，当校长不可能，不过是"陪选"罢了。不料，副处以上干部的酝酿投票中，我的票不少，有些"走偏"。于是又到土化系去酝酿投票，可能与我在土化系"名声"不好有关。不料又出冷门，票还是不少。传言土化系的人说："石元春毛病多，但是能干，要把农大搞上去，他可能比较合适。"

一次我与前校党委书记和安民校长三人一同由五号楼走到科研楼开会的路上，这位前党委书记直言不讳地笑着对安校长说："用石元春有风险，但也可能鼓捣出点什么名堂来。"

调查和议论最多的时候我不在学校，1987年5月8日至23日，我参加国家教委组派的"大学校长代表团",访问澳大利亚去了。访澳回校,"黄袍加身"的小道消息更多了。当听到比较确切的消息时,我的心绪反倒是乱了,一时难以适应。我是北京农大成立时入学的学生,一想到"校长",就是孙晓邨、陈漫远和王观澜,都是令人仰视落帽的大人物。我是谁?是个连教研组主任也没当过的普通教师。

那些老校长的贡献、资历、水平和威望,我望尘莫及。但也非一无是处,土生土长,教过书,搞过科研,挨过批,去过延安,对农大最了解、最有感情,"草根"校长也有他优势的地方。

这时,"万马战犹酣"的曲周盐碱地改良和黄淮海科技战役给了我灵感,"不就是上了个'北京农大转型改革'的新项目吗?"还自我调侃地想,"曲周试验区23万亩,黄淮海平原综合治理的农田2亿亩,农大校园才千把亩,没什么了不起。"当时我还真是把北京农大转型改革作为新上的一个研究课题,做起了调研、查文献和制定研究设计。也就是说,我虽无政治家的资历、智慧和方法,但有教师和科技人员的资历、智慧与方法啊。

1987年4月8—10日,我在北京主持了《黄淮海平原中低产地区综合治理》课题的专题负责人会议。上级正式宣布北京农业大学为"七五"黄淮海科技攻关课题主持单位和我是课题主持人。黄淮海科技"七五"战役终于打响了。两个月后的1987年6月10日,农业部在北京农大召开全校大会,宣布新校长任命决定,校长正式上任了。是"双喜临门",还是"双担重负"?

会场设在学生大食堂,前面坐的是教师,后面坐的是学生,两旁走道挤满了学生,连最后面的洗碗水池子上也站着看热闹的学生,这是我入农大以来很少见的开会盛况。时间是下午三点,餐厅的所有灯都打开了,特别亮堂。

校党委书记周鹏程同志主持大会,农业部人事司司长王锵宣读了国务院任命决定。他的讲话热情、慷慨激昂,有一句话我是记得的,"狮子的队伍要由狮子来带,今天北京农大这个狮子队伍又有了新的带头人。"随后是老校长安民教授讲话,最后是我的就职演说。图7-3,我的右面是安民

第七章 草根校长(上) *251*

校长，左面是王锺司长、鹏程书记和农业部教育司贺修寅司长。

我已经完全忘记就职演说提纲是怎么准备出来的，可是30年后编撰《石元春文集·教育卷》时将此讲话稿翻找出来，恍如昨天般的鲜活与清新。题目是"靠农大人振兴农大"。对当时农大面临的严峻形势我是这样说的：

> 农大和每个农大人都要面对这个现实，必须更新我们的思想观念，那种因循守旧、以老大自居、以不变应万变的思想是绝对要不得的。现在已经不是"逆水行舟，不进则退"的时代了，而是进步慢了，就会落后，就会沦为二流、三流学校。这就意味着党中央要求创办的北京农业大学的消亡，意味着被时代淘汰。我们必须有这样的紧迫感和危机感，慢步前进不行，必须跑步前进。

随之提出了"民主管理，以严治校，人和第一"的治校理念。讲演的最后，来了个符合我讲话风格的8个"自问自答"：

图7-3 北京农业大学新校长任命宣布大会（我正在就职演说，下图是演说提纲手稿）（左二到左六分别是安民老校长、我、王锺司长、周鹏程书记、贺修寅司长）

有同志问：你对农大的前途乐观吗？我说，乐观！非常乐观！

有同志问：你意识到没有，你在今后的工作中会遇到很多的困难？我说，我意识到了，我在今后的工作中会遇到很多困难，有些困难是料想不到的。但是我认为，只要依靠党的领导、依靠群众，就没有过不去的火焰山。

有同志问：你能舍得你的业务吗？我说，舍得！我将全力以赴做好我的岗位工作。因为任职期间牺牲一点儿我的业务，而对其他同志的业务和农大的发展有帮助，我认为是值得的，有价值的。相比之下，社会效益可能要高几倍、几十倍。

有同志说，你可要担心你的弱点。我说，是的。我的主要毛病有两条，一是有时主观，固执己见；二是有时在工作中不冷静、态度生硬，不能和同志很好地共事。这些弱点，我要在工作中努力克服，也希望组织上、同志们对我进行监督和帮助。

有同志问：你认为当好校长的关键是什么？我说，团结大家，共同振兴农大。我坚定不移地认为，农大要由农大人来办。

有同志问：你对搞好农大有信心吗？我说，有信心！而且信心十足。我有这样的信念，信心是成功之母！

有同志问：你对大家有什么希望？我说，如果我做了一点好事，请不要夸奖我；如果我干了错事和蠢事，请批评我、帮助我和继续支持我，而不要嫌弃我，因为我也是农大这支队伍中的一员。

有同志问：你是不是要烧三把火？我说，新官上任三把火，是个好的传统经验，火是一定要烧的。但是，一定要大家一起烧，众人拾柴火焰高嘛！这个火还要一直烧下去，相信下任校长还会继续烧，一定要烧出个一流的"新农大"来。办好农大的事是很不容易的，更不会不费事地出现什么奇迹。如果不这样想，就会失望和灰心。我们需要的是信心和韧性，锲而不舍的精神和持之以恒的努力。

就职演说的结束语是：

"千里之行始于足下",路要一步一步走,仗要一个一个打,事要一件一件做。不急不行,太急了也不行。今天,我没有讲客气话和谦虚的话,讲的都是心里话。

一面是黄淮海科技战役的"七五"决战,一面是北京农业大学"转型改革",两条战线都那么重要,任务都那么艰巨。"双肩挑""两头沉"。

"三把火"(一)

"新官上任三把火,是个好的传统经验,火是一定要烧的。但是,一定要大家一起烧,众人拾柴火焰高嘛!"这是我在就职演说中说的。

"三把火"烧什么?任副校长期间,对有些事看不惯,甚至很看不惯,但无能为力。现在担任校长了,可以把有些"看不惯"的先放把火烧掉。

那几年,几乎每年夏天都有学生因游泳溺死于学校附近的京密运河。我曾亲眼看到被溺身亡的学生的家长撕心裂肺地痛哭。她哭诉说:儿子是全县第一个到北京上大学的学生,马上就可以盼到能回家乡工作,现在遭此不幸,她痛不欲生。谁听着都会悲痛不已,如此人间惨剧就发生在我自己身边。可是,书记校长会上讨论到是否要重建学校荒废多年的游泳池时总是议论纷纷,什么学校现在百废待举,要办的事很多,哪里排得上重建游泳池?再说,好多教职工还住在简易房,重建游泳池太奢侈了,影响不好。还有一条硬道理就是"没钱"!讨论来讨论去,就是"没法干"!

我当时就想,人命大于天,我们是在办大学,不是搞社会福利,怎能因部分教职工住简易房,就忽视学生安全。再说,钱是可以想办法的嘛。

上任校长不几天,总务处许文向我汇报工作时,我问道:"老许,修复游泳池的困难在哪里?""没什么困难,主要是没有这笔经费。""多少钱?""大概三五十万。""你们马上拿一个修复方案报上来。三天行吗?"

我想，何康部长体恤下情，修游泳池的事还得找他。我在电话里是这样说的："何部长，我当校长好多天了，有些工作想向您汇报。我们很希望您能来学校视察和听取汇报。""好的，我尽快安排。老石啊！好好干！"

一天下午，天气特别晴朗，白云在蓝天飘动，何部长来学校了。听取汇报后留下半小时由我陪他去看学校运动场，这是我的重头戏。废弃的游泳池就在运动场的西侧，何部长站在游泳池旁说："我到美国大学考察时，他们都有个很好的游泳池。"于是我把近几年每年都有同学到运河游泳被淹死，以及一对农民家长伤心痛绝的事说了一遍。何部长是个特别重感情的人，听着听着，也满面伤感地说："那怎么行？学校不是可以尽快把游泳池修复起来吗？""我们正有这个打算，部里同意就更好办了。"我沉住气，没提要钱的事。

陪同何部长从游泳池往校门走去的路上，我拐弯抹角地说："现在学校要修复的地方太多了，经费捉襟见肘，如果把游泳池排在前面，我的压力就很大。如果部里能给钱，我就好说话了。""多少钱？""五十万。""哦"了一声就没有下文了，我心凉了半截。当何部长走到他的汽车旁，一脚跨上汽车，一脚还踩在农大土地上时对我说："老石，你出一半，我出一半，怎么样？""谢谢何部长。"我如释重负，向着已经远去的何部长汽车挥手，脑子里还在想着"你出一半，我出一半"。

这个繁复、精致工程，180个工作日就完成了，第一个彰显"北农速度"的工程完工了。1988年7月的一个下午，游泳池旁拥挤着喜气洋洋的师生，在举行"开池"庆典。农业部相重扬副部长代表何康部长致辞后，我十分激动。我说：

> 现在，一个晶莹清澈、碧波荡漾的游泳池已经展现在我们的眼前了！让我们以十分高兴的心情，对北京农大游泳池的修复表示热烈的祝贺吧！（全场欢呼！）这个以国家体委陶然亭游泳中心为模板，集比赛池、练习池和小朋友的儿童蘑菇池于一体，比赛池长度误差和池面与水面误差都不超过5毫米，可用于正式比赛的高规格组合型室外游泳整体设施的修复重建，只用了180个工作日，这就是北京农大速

度。高质量、高速度地重建游泳池是北农大恢复、发展和振兴的一个缩影。农大人重建了游泳池，游泳池也振奋了农大人的精神。游泳池的修复重建也说明了一个问题，只要是认准了的事，就要齐心协力地干，排除万难地干，我们的事情就一定能干成、干好。有志者事竟成！（全场欢呼）

在一连串的感谢之后的最后感谢是：

我们还要欢迎国家花样游泳集训队和蹼泳队参加我们的庆典，感谢他们献上的精彩表演。（全场沸腾）

令我们自豪的是，北农大游泳池竣工后，经国家体卫部门评审，综合水平位列 1988 年北方高校室外游泳综合设施第一名，这就是"北农标准"。每做一件得人心的事，就会鼓舞人心，当时的农大太需要鼓舞人心了。
第二把火烧向哪里？

当副校长时，参加书记校长开会研究问题时常请有关处长参加，财务处长参加的机会最多。开始我不太关心钱的事，可是越听越让我糊涂，一会儿这样，一会儿那样；一会儿有钱，一会儿没钱，让人有翻手为云覆手为雨的感觉。而且总是财神爷风范，说一不二。

一天我在主楼一楼，安校长办公室汇报工作，有位处长进门径直坐在了校长旁边，递给一份文件要安校长签字。安校长说："我现在在谈事，文件也要看看。明天上班你就来拿，可以吗？"当时已是下午 4 点多钟了。"不行！这事耽误了，谁也负不起这个责任。"安校长一脸尴尬，犹豫一会儿，无奈地在文件上签了字。我在一旁实在看不惯，太欺侮人了。

几天后，也是在安校长办公室，征求"校长负责制"的意见。我无意中调侃了一句："还是处长负责制吧！"马上就自知失言，看到旁边坐着的几位处长脸色都不太好，这不是把处长们都得罪了吗？

接任校长后，鹏程书记对我的工作很支持。在一次书记校长会上谈校长分工时，我明确表态，人事与财务我管（我知道，没有人权与财权，就等于没权)。会后,我与书记商量,换一个财务处长。书记提醒我说,财务处是个大处,影响大,要慎重。又说财务处长是双管干部,还要看农业部财务司意见。

我的态度很坚决,鹏程书记也支持,一同到农业部面见财务司司长,好不容易才同意换校财务处长。意想不到的是,此事非同小可,诸处长中,财务处长是老大,最牛。校内传言,我一上台就对一号处长开杀戒,够狠的,还猜测下一个被撤换的处长可能是谁。用现在的话说,这叫"立威",其实我当时没那么高水平,就事论事罢了。

"三把火"(二)

第三把火烧向了整顿校园。

1978年,国务院才批准北京农大恢复原校名和迁回马连洼原校址办学。当时的校园是个大杂院,好几座大楼还有解放军持枪站岗,好几座大楼成为职工宿舍,校园里星罗棋布的简易房和唐山地震中留下的地震棚都成为抢手的办公室、实验室和宿舍。"大杂院"式的校园成为搬迁延安、转战涿县、重回北京这一系列动荡流浪后的一种新常态,农大人对此麻木了。

上任前刚访问了澳大利亚的十来所大学,对他们大学的校园羡慕不已。看看北京农大的校园,羞愧难当,实在是看不下去了。但是作为"三把火"来烧的决心起于一次偶然。

1987年秋季开学前的一天,早上不到7点我就去主楼办公室,校园里一片宁静。主楼前的毛主席像下面坐着一对农村夫妇,旁边是一个十几岁男孩,三人面色沮丧,母亲模样的妇女脸上还有泪痕。我上前问道:"你们是从哪里来的?"中年男子说:"我们是昨天半夜下火车赶到学校报到的。我们的孩子好不容易考上了北京的大学,我们到学校一看,这哪里像一所大学?"

这几句话像刀子一样挖一个校长的心。

"知耻近乎勇",我到办公室坐着发愣了许久,下决心立即整顿校园,明知这是谁都不敢碰、会得罪千家万户的一块难啃的硬骨头。

我先让总务处拿方案,到书记校长会讨论作决定,再开系主任和处长会讨论布置,一帆风顺。可是,实施中遇到很大困难,尽管各系对本系应拆除房已经有过安排,但在教学科研用房非常紧张的情况下,一些教师有了楼房也不肯交出该交的简易平房。理由是"老实人吃亏"和"谁的命令都不听"。当时的这种"文化大革命"遗风还是相当厉害的。负责整顿校园的总务处副处长老孟到我办公室叫苦说:"怎么推也推不动。"我说:"老孟,这是书记校长会上的决定,必须执行。"他说可不可以断水停电,我说可以。

过了两天,老孟气呼呼地来找我,"石校长!这差事我干不了啦!停了电他们晚上不去白天去,就是不搬。"我说:"把房顶揭了试试?"老孟还在自言自语地念叨:"这活儿没法干!"我说:"老孟,你要干不了,我可以换个人,你看……""干得了!干得了!发发牢骚还不行啊!"果然,揭房顶这一招管用。在后勤,老孟是个大大咧咧的"狠角色"和"大喇叭",于是总务处里就传开了:"石元春这人够狠,大伙注意点。"

一天上午,我在办公室,一个与我很熟的老师在电话里气冲冲地说:"石元春!用得好好的房子,为什么要拆掉?你是在办学还是在搞形式主义?"我心平气和地说:"老×,先别生气。系里给你安排房子了吗?""安排了。""老×,既然安排了,就该把简易房腾出来。办学是要有个好环境的,现在农大校园还像一所大学吗?这可不是搞形式主义,你就支持支持我的工作吧。"他没等我把话说完,"啪!"的一把就把电话挂了。但还是赶紧回去收拾东西交了房子。

两三年里,学校拆除木板房 84 栋,临建房 100 多间;植树 4555 株,占总树数的 40%;绿篱 4575 米,占总绿篱数的 75%;铺草坪 2.32 万平方米,占总草坪面积的 42%,修建道路 3000 余平方米:这是总务处给我报上来的战果。

第四把火才烧到正题,教学。

"文化大革命"十年,北农大迁出迁进又十年,被打乱了的思想和秩序仍然是乱乱的。

1978年恢复招生，但教育和教学秩序的恢复却是不易。教务处可以安排课程，而请哪位教师讲授却靠系主任低声下气地去商请讲课教师。在"老实人吃亏""谁指挥也不灵"的无政府主义风盛行时，老师可以用种种理由说"我讲不了"，农学系系主任王树安说自己是"磕头主任"，土化系系主任陈建成说自己是到处"求爷爷告奶奶"的"孙子主任"。当时，能有位老师上台讲课就不错了，至于讲什么和讲好讲不好都不重要了。

如何扭转这种被动局面，调动教师授课和授好课的积极性成为我日思夜想的大难题。最后采取的办法是，思想动员加大幅提高课时补贴的"双管齐下"办法。当时教师收入很低，经济很困难，提高补贴既可提高讲课积极性，也能增加些教师收入，一举两得。根据教务处给我的课程安排，按每课时补贴0.37元（现行）、0.5元、0.7元和1.0元测算出了4个补贴总数。然后找财务处长商量，问学校最多能拿出多少钱后，才敢找教务处长林家栋。

我问："老林，如果提高课时补贴，你觉得多少合适？"他想了想说："可以提高到5毛。"我说："再多点。""7毛？"我说："一块怎么样？"他愣了，还以为我在开玩笑。当我问他："如果提到1元，会有什么效果？"他兴奋地说："什么问题都解决了，教学质量肯定能上去。"我又补充了一句："另外，每年选30%的优秀课，另加5毛。你回去拿一个实施方案。"就是这把火，每年要从财务处长那里多拿出70万元。只要能立竿见影地把教学质量提上去，值！

我不是看不起教师，搞金钱挂帅，而是想给教师一个信息，学校已经开始重视教学和提高教学质量了。再说，课时补贴也不是白加的，随之颁发了教师工作量制度、晋级升职制度、挂牌上课和学生评议制度等，用制度保证教学质量。一两年里，教师抢着上课和想方设法提高教学质量成风，系主任再也不用"磕头"和当"孙子"了。这一招只有"草根校长"才能想得出来，因为我自己就是教师。

再说一件与提高教学质量有关的事。在当副校长时，教务处长在书记校长会上汇报工作时提到，在北京市外语统考中，北农大倒数。这还得了，太失体统了！过去当科研副校长管不了，现在是校长，哪能不管。于是找到外语教研组主任和老师座谈，提出了一个快速提升我校本科生外语统考成绩的计划，学校出政策，给条件。果然，第二年就上去了一大截。

烧"三把火"必须干净利落，刺刀见红，这是中国女排给我的灵感。

改革开放伊始，举国振奋，女排姑娘又献上"五连冠"大礼，"铁榔头""天安门城墙"，家喻户晓。凡女排夺冠，我场场必看，最让我惊叹不已的是让对手猝不及防的"背掮"，"短平快"，那利落！脆劲！真痛快！真享受！也给了我烧"三把火"的灵感，一定要"短平快"！

回头看，"三把火"意义不仅在这几件事情的本身，而是给大伙儿传递了一个信息："学校要真干"；"大伙儿对学校工作要有信心"；"全校师生员工只要振奋精神，振兴农大在望"。"民心"对一个新上任的校长很重要。

烧"三把火"让我找到一种"权杖"即"魔杖"的感觉。可以很快修复游泳池，很快整顿校园，很快提高教学质量，可以干好多好多的好事。一个土壤教研组副主任，一个曲周实验站站长能有这种"权感"吗？肯定没有。

老石啊！要抓紧这 8 年，用好校长"权杖"，为母校多干些好事，切切！

"8 月会议"与"六个不适应"

当校长与搞科研道同，理通，法近。

广为调研、查询文献、审时度势、顶层设计、工作方案、实施力行、发现问题、解决问题，如此等等，这些都是相近相通的。其实，任副校长期间就已经开始了大面积的调研和文献工作，就任校长后，更关注的是"审时度势"，因为它将决定我的大政方针与战略。

审时度势之一。国家改革的大形势很好，也就是农大发展的大环境很好，这是大势。具体到高教，1985 年发布的《中共中央关于教育体制改革的决定》提出:"当前高等教育改革的关键,就是改变政府对高等学校统得过多的管理体制,在国家统一的教育方针和计划指引下,扩大高等学校的办学自主权。"又提出:"加强高等学校同生产、科研和社会其他各方面的联系,使高等学校具有主动适应经济和社会发展需要的积极性和能力。"再提出:"改变高等学校全部按国家计划统一招生,毕业生全部由国家包下来分配的办法"。仅此三点,就足以宣布"文化大革命"前计划经济体制下建立起来的高教体制的终结;宣布以后的高校将逐渐失去了"计划招生,统一分配"的保护伞和安乐窝。高教改革是体制性的转换,也就是说,"文化大革命"前的北京农大再见啦!一个新的北京农大将在改革中诞生。作为校长,必须清醒地认识这个大势。

审时度势之二。1977年恢复高考,激活高校已经十年,各高校已经恢复和发展了十年。而"文化大革命"重灾户北京农大,至今尚奔波于恢复校名和复校北京,职工居无定所,党委和校长在学生宿舍办公。被要房、修房、拆房,和师生们的衣食住行的眼前困难牵扯住了校领导,哪顾得上教学质量与改革。因此,在改革的起跑线上,北京农大比兄弟院校已经晚了十年。作为校长,必须清醒地承认这个差距。

审时度势之三。了解国际科教动向是必须的,不能再像过去闭关锁校了。分子生物学、生物技术、计算机技术、遥感与航天技术、农业机械与工程技术等扑面而来;系统论、控制论、信息熠熠生辉;欧洲理事会的"大学问题常务委员会"对"公元2000年欧洲大学前景"的讨论;英国未来大学蓝图的"萨尔福试验";以斯坦福大学为中心的美国"科学园";苏联的教育科研生产一体化和日本的"学产合作",等等。新的科教理论和实践,美不胜收,目不暇接。在对国际科教形势发展的"恶补"中我才发现,原来"洞中方七日,世上已千年"。作为校长,必须清醒地认识到面前的这个残酷挑战。

审时度势之四。北京农大,虽出身名门,却经历十分坎坷。1949年三院合并,1952年学习苏联,1957年反右,1958年"大跃进",全校师生下放劳动一年,三年困难、1964年半农半读,除"高教60条"的四年外,这 17 年都是在动荡中度过的，是我亲身经历过的。就教育体系而言，既非欧美模式或苏联模式，又非延安模式或中国模式。除 9 系 29 个本科专业外，既无科学研究体系，又无研究生教育，然后就是十年动乱的"文化大革命"。这就是当时我们面对的北京农大，我的母校。作为校长，必须清醒地认识这个严酷的现实。

越想越不敢想了。

母校处境如此严峻，这个首届毕业生校长，能等闲视之吗？

我应当是一个"改革校长"，必须是一个"改革校长"，这是时代给我的使命。

千头万绪，集中一点，就是"转型"，就是在原北京农大的基础上，重建一个现代的新型农业大学。如果任期四年，一定要起个好头；如果是八年，一定还母校一个新型农业大学雏形。

"一万年太久，只争朝夕。"

上任两个月，立即召开工作会议，让干部和教工一起讨论北京农大的"转型"重建大计。

当时，凡是开会，想来则来、想听则听、想走就走的"文化大革命"遗风仍盛，这怎能担起农大的"转型"重任？特别是干部。我嘱咐校长办公室，在会议通知上注明，严格要求，凡应参会人员，不得无故缺席早退，不能出席或早退者必须向校办请假和得到批准。新校长，新气象，先从整顿会风抓起。我心还盘算，谁敢"闯红灯"，我就敢拿谁"以儆效尤"。

1987 年的 8 月 22—26 日，"第一次工作会议"召开了，主题是"提高教育和教学质量"，其实重在"转型"，从根本上提高教育质量。当时叫"八月会议"，百人参会，历时 5 天。会议开得很热烈，与会者情绪饱满，畅所欲言。我在总结讲话（全文见《石元春文集·教育卷》24—35 页）中讲了农大面临的严峻形势，提出了"六个不适应"。即教育层次和结构上的不适应，专业学科和院系设置上的不适应，培养人才的质量观上的不适应，学科发展上的不适应，在人才、思想和物质条件上存在的凝滞状态不适应，以及管理工作上的不适应。

相应地提出6项改革。一要改单一的本科教育为本科教育、研究生教育和继续教育的多层结构教育体系；二要改以知识传授为主的窄深专才型质量观为强基础、宽知识、重能力的现代质量观；三要改按专业招生为按系招生，以拓宽学生的知识面和适应力，并根据社会需要不断调整专业设置和培养计划；四要强化传统学科改造和与发展新兴学科相结合、单一学科与多学科交叉综合相结合、自然科学技术与社会经济和人文科学相结合、"硬"科技与"软"科技相结合、研究成果与技术推广和开发相结合；五要使人才、思想和物质条件上的人才流、思想流和物质流由目前的凝滞状态流动起来；六要建现代管理理念与工作体系。

总结讲话中提出的北京农业大学办学目标是："要办成一个面向未来、面向世界和有特色的，综合性和多科性的，一流新型农业高等学府。"这也就是当时提出的"转型"方向与目标。

会议中讨论最多的是"六个不适应"。北京农大的一号智囊、第一秀才杨士谋在讨论中说："我经历过好几任校长，从孙晓邨、陈漫远到王观澜，上任时都是说北京农大怎么好怎么好。石校长一上任就说'六个不适应'，看来农大是会出现转机了。"

图7-4　我在第一次工作会议上做总结发言（1987年8月）

对大家感触最多的一段讲话是：

当前存在的，不适应时代发展的旧的传统观念、体制结构和管理方法等犹如沉重包袱和无形枷锁，使我们在前进路上步履蹒跚，事倍而功微。它反映了脱胎于旧的传统的北京农大与新的时代要求之间的矛盾和不相适应。我们应当清醒和深刻地认识到，北京农大正处

第七章　草根校长（上）　　*263*

在由旧的传统的农业大学向新型的现代的农业大学转变的历史时期，需要的是敢于面对现实的态度，自觉而坚定地引导和促进这个历史进程的决心。

这次会议的总结讲话，是继"就职演说"后的"施政演说"；是"转型改革"的启动演说；是"校长科研"课题的开题报告。"八月会议"宣示了北京农业大学"转型改革"的大政方针，一所大学"转型"的大戏开幕了。

从这次会议开始，这8年，我就干了一件事，"转型"！

构建新型农业大学框架

建一座大厦，总体设计和搭好框架必须先行。

那么，一所新型农业大学的结构与功能是什么呢？

结合自身经历、认知与所做"功课"，可以形象地用"三层楼"与"三功能"概括。即在教育结构上改单一的本科教育为本科教育、研究生教育和大学后继续教育三个层次；功能上改单一的教育功能为教育、科研和服务社会三功能。

从何入手？先"补缺"，再抓"短板"。

我在曲周工作十年，与曲周县农业技术推广站的技术人员打交道较多，他们的境遇实在太惨了。"远看是个要饭的，近看是个卖炭的，一问才知是县农业技术推广站的"；"家里没有一间房，站里没有一张床"；当前科技发展日新月异，可是他们靠"吃老本"和"凭经验"工作，他们太需要受到社会关怀和补充新的农业知识和科技了。是"知识更新"与"终身教育"概念启发了我。学校有了本科教育和1984年开始试办研究生院，于是一个重要工作取向就逻辑地产生了，"办继续教育学院！"经党委研究和校务会讨论通过后，1988年5月6日给农业部报文，半个月后，5月28

日即获准成立了"北京农业大学继续教育学院"。这在当时高校是绝对领先的,因为观念领先,动作又快。

继续教育学院是对具有大专以上学历,有一定实际工作经验的在岗科技人员、教师和管理人员,以多种形式进行知识和技能上的更新、提高和补缺。这正是全国百万战斗在农业第一线的,农业技术推广人员的迫切需要,农民的需要,国家的需要。面积5000平方米的继续教育大楼、专用报告厅、教室和餐厅为开展继续教育提供了良好条件。

"栽好梧桐树,引来金凤凰"。中组部、农业部、国家教委每年都从各自角度下达农业方面干部的培训计划,广西壮族自治区等省市也委办农业干部培训任务。如北方六省县以上农业领导干部第二轮第5—8期培训班;如为期二年的农业技术与管理《专业证书》班;如为具有高级技术职称技术人员办的"北方吨粮田技术高级研修班""东北区域开发高级研修班"。这四年,与各院系联合举办的专业性培训班百余次,参加者六千余人次。音像教材和《通讯》等文字材料远播四方。

说到"继续教育",鹏程书记总是笑眯眯地,好言有加,还亲自讲课。

继续教育学院红红火火,人气兴旺,经费充实。两年后,1990年4月13日获农业部授予"农业成人教育先进集体"。"八五"期间,北农大的继续教育学院在全国又领先办起函授教育和远程教育。

看来,只要是顺应时代需要,概念超前,又占先机,准能把这台戏唱得有声有色。

"三层楼"的补缺是"继续教育","三功能"的补缺是"社会服务",首先是农业技术推广服务。

曲周十年,整天与农民和农业生产打交道,深知技术投入可以使农业产量倍增,看得见,摸得着,真真切切。实践养成我以农业科技服务于农民和农业的习惯性思维。我特别欣赏美国"赠地法案"和"赠地大学"的教育、科研、推广三结合体制;1987年访澳和1988年访德,对他们农业大学的技术推广工作印象深刻。中国是个农业技术落后的农业大国,一头是农民和农业生产急需农业科技,一头是农业大学拥有大量科技与人才,作为一个农业教育工作者能对此无动于衷吗?靠谁把这条红线搭接起来呢？教师、课题组和系都可以就某一项技术搭起这根红线。作为校长，有责任将整个北京农业大学与农民和农业生产之间的这条粗红线搭接起来。为此我做了4件事。

一是组织建设。1987年的第一次工作会议上我提出农业推广应作为现代农业高校综合职能和支柱之一。1988年将原来中德合作的CIAD项目、黄淮海开发项目办公室、推广处（部分）和研究院的情报室等共同组成了"北京农业大学农业推广中心"。"中心"含推广部、培训部、信息服务部、项目管理部和办公室，有专职工作人员30人（其中10人是新留校的应届博士、硕士和大学生），有一栋新楼——CIAD楼，有国际合作项目——中德CIAD项目，有参与黄淮海平原区域开发和扶贫的国家任务。整合力量，准备大战。分管科研的靳晋副校长没少为此操心。

二是组织大战役。我校是黄淮海平原综合治理和农业发展国家科技攻关项目的主持单位，我是首席专家，具有在黄淮海平原开展农业技术推广工作优越的先天条件。1988年，学校通过"农业推广中心"组织16个院、系、所的485名师生，建邯郸、沧州、盐城三个工作团开赴第一线。印发资料1.4万册，推广实用技术36项，以及1.2万人次接受了农业技术推广和咨询服务。农业推广可取得增产和经济效益，深受农民和地方干部欢迎，同时也可增加师生参与农业实践的机会和提高实际工作能力。可别小看这个农业科技推广战役，它在1993年申报黄淮海项目特等奖中也曾立下汗马功劳。

三是成立农业推广专业。在一所大学里，一门新学科的稳定发展，必须与学科专业和招生结合，否则在国家学科目录上没有它的"户口"。学校把报告递上去了，问题是国务院学位委员会和国家教委能批准成立农业推广专业和设置学位点吗？正好我是国务院学位委员会委员和国家教委科技委副主任，便于与高层沟通。

这年国家学位委员会讨论学位点设置的会议是在京郊大兴县的国家教委大院的"校长大厦"里召开，委员多来自各大学校长和教授。讨论中委员们提出："工业和医学都没有技术推广学位，为什么农业要设技术推广专业和硕士学位？"不巧，我在外地开会，清晨乘飞机回京正往大兴赶。正当会上争论激烈，不拟设置农业推广学位点的意见占上风，正准备投票表决时我赶到了会场。会议主持人说："好啦！石校长在这个问题上最有发言权，听听他怎么说。"经过我的一番解释和强调其重要性，结果全票通过。"救场成功啦！好险啊。"

1991年5月30日《科技日报》刊载了"一个创举"的报道（图7-5），副标题是"有关领导评我国开始培养推广专业博士硕士和学士"。

图7-5　1991年5月30日《科技日报》的一篇报道

文中小标题有"我们纺织行业也应培养多层次的推广人才""要加快培养多层次的林业科技专业推广人才""让英雄有用武之地，让用武之地有英雄""各级领导要强化推广意识""可喜的一步""成果推广画卷上的艳丽一笔"。如果不是我及时赶到大兴会场，险些误了这个"创举"和"艳丽一笔"。

在原来基础上的"继续教育"与"农业科技推广服务"的两个"补缺"，一个新型农业大学的框架雏形和感觉开始显现出来了。

"转型"改革，迈出了第一大步。

26年后的2017年，我偶尔在中国农大校园网上看到，中国农大等中国首批10所试点新农村发展研究院高校与科罗拉多州立大学等5所美国高校于2017年3月23日在杭州成立了"中美大学农业推广联盟"（图7-6）。建立了"中美大学农业推广联盟"网站，定期召开"现代农业推广与技术转移国际会议"，以及共同开展农业推广与技术转移培训与合作。我不胜感慨地想起30年前我险些误了农业推广学位点的投票；想起8年校长任内为推动农业推广的事情和日日夜夜，从中找到一种"待到山花烂漫时，她在丛中笑"的慰藉。

图 7-6 "中美大学农业推广联盟"成立大会（2017 年 3 月 23 日于杭州）

改变本科培养模式

培养模式，办学头等大事，最让我心急火燎。

我是 1949 年北京农大成立时入学的第一届大学生，是学习苏联"专家"型培养模式的第一批试验品。当时大学生以"агроном"（农学家）自豪，如"作物栽培专家""作物育种专家""果树学家""蔬菜学家""昆虫学家""植病学家"……因为"窄深"，学果树的不学蔬菜，学植病的不学治虫。全校就是按照这样划分的 29 个专业，分别招生和实行四年一贯制培养。在计划经济体制下，每年需要多少"栽培专家"或"育种专家"，"果树专家"或"蔬菜专家"，国家是可以统一计划，统一培养，统一分配的。

可是，改革开放后的市场经济对人才需求是多样和不断变化的。《中共中央关于教育体制改革的决定》要求"高等学校具有主动适应经济和社会发展需要的积极性和能力"又不包分配。高校培养的大学生必须是宽口径和广适应能力，"窄专型"培养模式已经过时了。

我在第一次工作会议上谈"培养人才的质量观上的不适应"中是这样说的：

社会经济和科学技术的迅速发展和变化以及大学教育不再是一次性教育而是终身教育的一个阶段的教育思想，要求现代的大学生应具备良好的品德、事业心和进取精神，业务上基础扎实，知识面宽，动手能力和应变能力强。而长期以来，我们实行的是专才教育，强调专业知识学习而基础不厚、知识面窄，导致适应和应变能力差；强调理论和课堂教学，忽视实践教学，导致实际工作和动手能力差；强调传授知识，以教师为中心和注入式教学方法，忽视学生智能开发和能力培养，导致学生分析和解决问题的能力差。只有更新教育思想和质量观，改变教学内容和方法，才能从根本上全面提高教学质量。

"窄专型"还是"宽适应型"？
"专才型"还是"通才型"？
本科教育的两种不同教育模式，是两种不同教育观、两种不同社会经济发展体制的反映。我把这个问题尖锐地提到工作会议上，受到大家拥护。转变培养模式是从根本上和整体上提高教学质量。

具体做法是改"按专业招生"为"按系招生"，改"四年一贯制教学"为"三段组合式教学"。当时北农大有1院8系29个专业，过去按29个专业招生，现在按1院8系招生，口径一下子就展宽许多。一二年级以学基础课、公共课、初级实践教学课为主；三年级以系为单位，学习专业基础课和部分专业课和实践教学课；四年级可自主选择专业方向和相应的课程和实习内容。这就是"三段组合式教学"。

我们将这项改革的核心与灵魂总结为"立德、基础、拓宽、能力"8个字，做到这8个字需有严密的系统设计。包括四年2900学时的"课时结构"变革的设计；课堂理论教学、实验教学和实践教学三部分教学内容的变革设计；教学"细胞"，课程的变革与建设设计；硬件设施建设设计四个部分。分管教学的毛达如副校长和教务处林家栋处长等有很深的研究，在1988年到1990年的《北京农业大学年鉴》上有过两篇对此详细介绍的长文（《石元春文集·教育卷》第112—121页）。

转变培养模式中，有个重要环节，"实践教学"。

"文化大革命"前17年，从1950年"农耕实习"到学习苏联；从1958年"下放劳动"到"高教60条"，又到"半农半读"，都是在系统理论教学和参加生产实践的问题上，大起大落地摆动了3次，我是见证者与参与者。此次教改充分肯定"实践教学"的重要意义，又反对将实践教学与系统理论学习相对立，应当纳入一个整体的教育教学体系。

具体做法是"四段实践教学法"，即利用四年学习期间的三个全生长季，分农事实习、田间技术与生物学观察、科研训练和生产实习四段的安排，累计24周，占总教学时数的15%。1990年的《北京农业大学年鉴》上有毛达如副校长详细介绍的长文（《石元春文集·教育卷》第121—124页）。

转变培养模式中，还有个重要环节是"精神素质培养"。

我个人的成长经历，我的同学和农大校友，以至中外知名人士等的经历中，学习成绩是重要因素，但不是根本因素。人与人之间，其智商与勤奋差异不是很大，而在"精神素质"和"机会"上的差别却是很大，这是事业成功和贡献于社会的主要因素。"机会"可遇而不可求，而提高人的"精神素质"则是可行的，即进行"非智力因素培养"。我在第一次工作会议上是这样讲的：

> 在全国，农口和我校对近几年毕业的大学生质量追踪调查中提出的共同问题首先是缺乏社会和工作责任感，事业心和负责精神不强，不适当地强调个人追求。这种精神状态在很大程度上影响了他们才智的发挥。现代教育学研究强调，在学生培养中非智力因素的重要作用及其对智力因素培养的重要影响。良好的和积极的个性品质能促进智力的发挥，不良的和消极的个性品质则起着阻碍作用。其影响程度随学生年龄和年级的增加而增加。提高精神素质的培养质量在全面提高教育质量和学生素质中有着根本性的意义。
>
> 一个人的精神素质的培养，最经常的、大量的和起着重要作用的

是通过每个人自己的学习实践、社会实践和生活实践得到的。古今中外的革命家和爱国主义者,科学家和文学家以及各方面的仁人志士莫不如此。他们的坚定信念和勇于献身的精神都是在他们的工作、生活,科学和学习实践中逐渐形成的。回顾我们自己的成长过程,性格信念的形成无不与个人的经历和实践有关。青年人可塑性强,比较容易接受客观环境的影响,问题是什么样的客观环境和受到的是什么样的影响。

"精神素质培养"很抽象,具体内容是什么?怎么培养?如何纳入培养计划?我做了很多思考和功课,1988年的第三次工作会议上我提出了精神素质培养的"五个教育",即形势教育、献身农业教育、民主教育、品德风貌教育和纪律教育。提出了实施"五个教育"的具体操作途径和方法。同时,与党委配合,建设一支以行政为主体的强有力的精神素质教育队伍,增加了一名主管学生工作的副校长,成立了学生工作办公室,各院(系)要配合设负责学生工作的副院长(副系主任)和秘书(或助理)。学生处的职能要做相应的调整,集中精力抓学生非智力因素培养。以务实的精神把虚的工作往实处做。做到思想、组织、内容、措施和时间"五落实"和工作、感情、时间"三投入"。

在"精神素质培养"中,教师的教书育人有着十分重要的意义。学生受教师的影响最大。任课教师要与学生多接触、多谈心,教师们要理解学生,爱护学生,要诲人不倦、谆谆教导。对待学生要像作家、艺术家对待自己的作品一样,"精雕细刻",精心培养。精神素质的培养要渗透到智力培养中去,要渗透到学生的社会实践、学习实践和生活实践中去。各部门密切配合,主动做好工作,形成一个良好的大环境,使学校变成一个陶冶英才的熔炉。

我在会议上一再强调,"精神素质培养"必须"虚事实做"。

上任刚半年,1987年12月11日就报文农业部"北京农业大学关于八八级本科生试行按系(科类)招生的请示"。一个多月后即获批准回文。

转变培养模式是"转型改革"顶层设计的核心内容,是"转型改革"迈出的第二大步。

强化研究生教育与组建科研高地

1950年，北京农大刚成立时全校只有2名研究生毕业。"文化大革命"前17年，一般每年招研究生三五名，仅有三年招生规模在50名以上。研究生规模小而不稳定，没有明确培养目标与要求，没有规范教学计划与管理，也就是尚未形成研究生教育层次。改革开放后的1984年，国务院决定在包括北京农大在内的全国22所重点高校试办研究生院，北京农大的研究生教育才开始走上轨道。

我曾是北京农大1953年入学的研究生和1985年担任研究生院院长。1985年全面修订培养方案和开课计划；1986年编写出了310门课，近百万字的教学大纲和制定了重点建设27门研究生课程的计划；1987年开始实行"五定"（定课程名称、定学时、定学分、定开课时间、定主讲教师）和"三会签"（主讲教师、教研室主任、系主任）制度，以强化课程教学的规范化和质量保障。研究生教育体系初成。

研究生教育的关键一环是论文研究。我个人科学生涯的起步即得益于导师对我研究生论文研究的全面考虑和安排，这是导师和校系整体科研水平的综合体现。因此，1988年8月召开的第三次工作会议主题就是"提高我校整体科研水平"。会上我提出大学的科研，要处理好科研与教学、多争项目与自主部署、"小山头"与大综合等"五大关系"。根据多年与科学院、农科院打交道，大学科研的弱势是无稳定科研任务和国家经费投入，主要靠教师和课题组争取而存在的先天性的散、小和被动式接题的弱点，但具多学科性、综合性和易于整合，以及研究生教育的优势，因此提出了"强化二线，支援一线"的战略。"强化二线"是指加强学科建设、研究生教育和科研管理，以支援科研"一线"，我称之为"内生型"地提高学校整体科研实力与水平。

"学科建设"是国家教委在高校建设中的重点，有规划要求和少量经费投入。在1985年的《北京农业大学学科发展战略和规划蓝皮书》基础上，进一步提出加强生物技术、农业资源和环境、管理科学和新技术科学（包括计算机、遥感、信息科学等）"四大战略重点"；支持微生物发酵工程、猪生长素、玉米育种、增产菌、种衣剂、农业遥感、农业专家系统等具重大潜力与前景的课题。

1988年7月，国务院学位委员会在我校召开的"农林业重点学科审定会"上，我校11个学科被评为国家级重点学科。另7个学科被评为部级重点学科和20个校级重点学科。

北京农大的另一个优势是有如涿州实验农场、昌平实验站、268科学园、温室区、各类实验室和仪器设备，以及图书馆、计算机中心等均可教学科研共用。1991—1994年，重点学科建设投资0.26亿元，重点实验室建设投资1.22亿元；校园网、农场、实验站、科学园和图书馆等支持系统累计基建投资0.54亿元，大大提高了我校科研实力和竞争力。此外，针对当时普遍存在的高中档仪器设备利用效率不高的问题，通过校内外调研，学校专门制定了针对提高利用效率的管理条例。

在软件建设上学校强调学术思想开放自由，我在会上常讲英国牛津和剑桥大学"烟斗加咖啡"的故事。

我将以上工作总结为，在"被动"中寻求"主动"，在"散小"中寻求"重大"的整体优化战略。1989年12月召开的"在北京农业大学第二届教代会"上我说道："我们相信，如此坚持多年，必见成效，使我校的科研水平提到一个新的高度。"1991年我校承担项目242项，1994年548项，科研经费由802万元增加到4490万元（4年累计）。基础性研究经费在学校总研究经费的比重由"六五"的2%增长到1990年的26%和1994年的47%。"七五"和"八五"分别获国家和省部级科技奖44项和59项，特别是获得1993年度国家科技进步奖特等奖，是全国高校获得的最高级别奖项。"内生型"整体优化战略将我校科研实力与水平提到一个新的高度。

自1983年到1990年累计毕业博士生59名，硕士生696名；到1993年年底，研究生院累计招收硕士生2179名和博士生354名；已毕业硕士生1479名和博士生137名。导师队伍也由1983年的硕士生导师155名和博士生导师 8 名，1993 年分别增加到 425 名和 74 名。

规模上去了，课程质量上去了，学科建设和科研项目上去了，学校的整体科研实力和水平上去了，管理也比较规范了，研究生教育在事实上已成为我校"三层楼"教育结构中名副其实的"顶层"了。

我的目标是要把北京农大建设成为研究型大学，因此研究生教育和提高学校整体学术实力与水平还要大大强化。

强化服务社会功能

来自曲周试验区和正在参与黄淮海科技战役的我，十分看重现代大学的社会服务功能。

在构建农业科技推广支柱中，正逢国家启动《1988—2000 年国家农业区域综合开发规划》，北京农业大学和我又是"七五"黄淮海科技攻关项目的主持单位和主持人，于是顺理成章地在黄淮海摆下了第二战场，农业科技推广服务战场。1989 年 5 月呈农业部的"关于北京农业大学参加黄淮海平原开发工作的报告"中写道：

> 去年，我校组织了 485 名师生，在以邯郸、沧州和盐城三个地区为主的 80 个县市的 2000 余万亩土地上推广了我校的 36 项实用技术。参加技术培训班的有 2.3 万人次；利用集市进行技术推广和咨询的约 620 场次和 33 万人次，散发技术资料 32 万份。据初步估计，通过技术推广，增产粮食 3.41 亿斤、棉花 8100 万斤、油料 5300 万斤，直接经济效益 3.48 亿元。详情已作报告。
>
> 根据去年和多年我校参加黄淮海平原开发工作的经验，去年年末进行了系统总结，制定了 1989 年和 1989—1991 年的三年工作计划。

《报告》提出了 7 项原则和内容后，计划进度和效益估算是：

以 1989 年、1990 年和 1991 年三年计，麦棉、玉米、花生的综合配套技术三年推广面积分别为 196 万亩、760 万亩、2500 万亩；秸秆覆盖免耕技术三年分别推广 150 万亩、300 万亩和 600 万亩；肉牛增重剂三年推广头数分别为 0.2 万头、6.0 万头和 300 万头；低产田综合治理 100 万亩。到 1991 年，技术投入的年增产能力为粮食 22 亿斤、棉花 180 万担、花生 8600 万斤、肉 7.5 万吨。

到 1990 年，北京农大为河北省 20 个县的基点承担农业部和地方建立了 9 个综合示范推广基地，5 个农业区开发研究项目，向邯郸、沧州、衡水等五个地（市）派去地区专员助理 1 人，科技副县长 4 人，县长助理 4 人，协助地县组织实施丰收计划。春、夏两季共派大学生、研究生和青年教师、专家 1700 人深入开发区结合农事实习、毕业实习，推广农大 30 项适用技术组装配套。与地方推广系统（河北省推广总站）结合，面向 1000 个农户，组织了以培训为先导的大学－地方－农民三位一体的"农业推广协力集团"，受到中央和地方重视与好评。

此外，在全国 23 个省、市推广"农大 60"玉米良种 200 万斤；"农大 146""农大 142"小麦良种 300 万亩，优良种蛋 150 万枚，果树苗木 52.25 万株。仅玉米一项，就可增产粮食 2 亿斤。生产和推广菊脒菊脂、百虫灵、83 增抗等多种农药 43.5 吨；推广种衣剂、增产菌、缩节胺、尼卡巴嗪等多种物化产品。仅增产菌一项就在 30 个省市推广 1.27 亿亩，新增产值 60 余亿元。

将可以物化的高科技转化为产品也是一种服务社会的形式。改革开放初期的全民经商热的大气候，学校经费过于短缺，学校确有一批可物化为商品的技术，以及北大方正和清华紫光等就在身边，以我的性格，能无动于衷吗？在 1988 年 8 月召开的第三次工作会议上我是这样讲的：

办学经费严重不足和教职工待遇太低已成为达到办校目标的一个重要的和带全局性的限制因素。北戴河高教工作座谈会上提出，以后学校经费来源靠税、费、产、赠和基金。其中，税、费、赠和基金都是手心向上地去"要"，而"产"，即靠学校的智力和技术优势去开发高科技产业，手心向下地去"抓"。最近，教育部批准我校成立了北京农业大学京农新技术产业开发公司（京农总公司），打算拿出5%左右的人力，专门从事技术开发经营，用企业管理的办法办好公司。这是一项牵动全局的战略行动，希望得到全校师生员工的理解和支持。

关于建京农总公司的请示报告呈上仅月余，农业部1988年5月的批复就下来了。批文中说：

> 京农总公司是在学校领导下的企业性质经济实体，其主要任务是开发学校智力资源，尽快将新技术成果转化为生产力，增强学校面向经济建设的动力和活力，为学校的教学、科研及农村商品经济发展服务。该公司具有独立的法人资格，经济上实行独立核算、自负盈亏。公司实行总经理负责制，企业编制暂定六十人。

次年3月，京农总公司正式核准注册为海淀区新技术产业开发试验区的新技术企业，下属2个分公司、6个校办工厂和1个设计事务所。公司直接组织开发的有增产菌、种衣剂、缩节胺，有食品级赤霉素、玉米赤霉醇、莫能菌素等微生物发酵产品、新农药和微孢子虫制剂等新技术产品。1991—1994年的年产值累计两亿余元，净利润约4000万元，上交学校986.8万元，高新技术产业开发队伍已增加到169人。公司在创造经济和社会效益的同时，对缓解当时学校和院系办学经费不足，改善职工收入上起了雪中送炭的作用。

现代大学的社会服务功能短板补上去了。

构建新型管理系统

我只有教研组副主任和曲周试验站负责人的经历，谈不上管理，更不懂现代管理。既然推到了校长位置，只能在"游泳中学游泳"了。

作为一个普通教师，对学校管理不了解，只觉得颠沛流离和无教学无科研的十年里，学校管理只是随着任务走，缺乏正常运行的教育科研管理系统。另外，部分后勤人员"不侍候老九"之类的"文化大革命"遗风犹存。当副校长期间，对管理的了解多了些，感觉是书记主持全校工作，掌决策权，校长作用不大。另外，校决策大事是虚，而处置实权在处级。还有，学校首脑机关在学生宿舍5号楼办公也很别扭等。这都是些切身感受。

1987年8月的第一次工作会议决定了大政方针——"转型改革"；1988年春节后的第二次工作会议，主题就是"管理体制改革"，也就是要立即建立起"转型改革"的高效指挥系统。会议目标是"统一认识"和"厘顺关系"。

"统一认识"是指管理工作人员必须明确，所有管理工作的最终落脚点是为学校实现教学、科研和服务社会三大职能服务，为实现"转型改革"服务，为学校的主体，教师与学生服务。"管理"不是"管你"，而是"服务"。进中南海新华门第一眼看到的，不就是"为人民服务"吗？在会上我一再强调管理系统要为教学和科研一线的教师和学生服务。说句私房话，我当"老百姓"时，就很不喜欢有些管理人员的"居高临下"与"盛气凌人"的作风。所谓统一认识，就是统一到"服务"两个字上。

"厘顺关系"，什么关系不顺？

学校管理是台复杂的机器，只有各部件各得其所，各司其职才能正常和高效运转。我第一个感到不顺的是校和处位置不顺。大学是高教的一个基层组织，"校"是秉国家和社会意图，依自身办学理念管理，是学校的"大脑"和权力中心。另外，系（院）是完成教学科研的"前线指挥部"，应当是主体。会议上明确提出将事实上存在的，权力分散与不明的

"校、处、系、组"四级管理体制转移到以校系为主轴的两级管理体制上来。"处"是"校"按工作职能分工的办事机构,对上执行学校的办学思想、计划和部署的各项工作,对院系和师生员工提供服务和组织协调,处长无权召开系主任会。

根据职能,将全校管理系统进一步分为教学科研系统、技术支持系统、后勤保障系统和行政管理系统。

我在土化系当了30年教师,深知系一级在教学科研上的重要作用,犹如作战部队的团,院就是军团。因此提出了在校长领导下的"系主任负责制"。给系主任放权授权,包括人权(进人权、用人权、出人权、技术考核和晋级职权)和财权(学校将对科研项目经费提取的5%管理费的60%回归本系、各系创收收入全部由系主任支配等),极大地调动起系主任的工作积极性和主动性,我这个校长也就好当了。

1978年,在大幅度提高课时津贴的同时,制定和出台了《专业技术职务评审和聘任的有关暂行条例和规定》。20年后,当时的人事处副处长汤以文同志把我于1988年2月上任半年多起草的一份手稿交给了我,我很珍惜这份文档(图7-7)。

管理系统改革之二是建立一套高效运行的决策-审议-执行系统。

有书记副书记、校长副校长参加的,一周一次的校务会是学校工作的决策机构;二到三周一次的,有系处负责人参加的行政办公会是布置、通报和讨论学校近期校事的执行系统;三到四周一次的校务委员会是由校长任主任,党委书记、副校长任副主任,委员由各院长、系主任、工会主席、团委书记、研究生会主席、学生会

图7-7 《专业技术职务评审和聘任的有关暂行条例》手稿

主席及教师代表组成的审议机构。审议机构是本着民主协商精神，审议学校的办学方针、院系及专业设置、教育改革方案等重大事项，如1989年审议通过的《课程建设的实施意见》《校园建设总体规划方案》和《纪念建校85周年活动方案》等。

教代会，是民主监督和群众性参与的一种重要形式，校长在教代会上报告学校工作，听取代表的意见、建议和批评。如1989年年初召开的首届三次教代会下设了提案、生活、教育改革、民主管理和经费管理五个委员会。教代会设经费管理委员会，1989年就召开了两次会议听取学校财务处的工作汇报，并提出了意见和建议。一届任期内制定了30余项规章制度，规范管理系统和干部的工作与行为。

半年一次的学校工作会议是我的发明创造，8年共15次，从未辍缺。由全校副处级以上的党政干部、校务委员会委员、各民主党派负责人、特邀的专家教授等百余人参加。主要是讨论学校大政方针、重大决策、年度工作总结交流、布置下学期学校工作等。工作会议还起着上下交流，互通情报，统一思想，增进共识，动员团结的作用。

管理系统改革之三是建立信息流系统，这在当时也是相当先进的。

就任校长前夕，随"大学校长代表团"访澳有两个重要收获。认识了信息是促使社会和一个单位发展的一种资源和财富，是推进管理的一种动力因素；知道了"宣传"（propaganda）只是将信息由某个主体传送到某些客体的单向信息流，而"信息"（communication）则是信息可双向与多向互动。

一个好的概念可以开辟一片天地。就任校长后，立即找到潘大志等同志商量筹备建立信息中心。以"北京农大报""闭路电视台""广播站"和"文字出版物"等为传播媒介，使学校的办学思路、规划和计划、规章制度、工作进展等信息能及时准确地传送到每一个师生员工；使各院、系、处、组有一个发布信息和互通信息的平台；使每一个师生员工可以通过这个信息平台了解学校在想什么和做什么，发表自己的意见和批评。要让信息流四通八达，做到"政通人和"。头四年里，出《北京农大报》70余期，闭路电视台播放"农大要闻"和"校事发布"340次。编印了三部年鉴（1988—1990年），以及我校校史和中共组织史、教授名录、北京农业大学介绍等文字和图片材料等。

现代的大学是社会整体中的一个部分，只有她被社会了解与认同，监督与支持，成为一体，才可能更好地服务社会和发展自己。在改革开放和逐渐市场化的形势下，大学间的生源竞争中农业院校是处于劣势的，更需要让社会了解北京农业大学，其知名度必须不断提升。所以，农大的信息流不仅闭合于校内，而且要流向社会。据不完全统计，这四年里，多种报刊登载有关我校报道300余篇条、中央电视台和北京电视台播放16次。

一次我与信息中心的同志探讨，北农大在中央电视台"新闻联播"节目里一年出现不低于10次的可能性时，他们说学校的摄像器材档次低，录制的节目送到中央台不能用，只有中央台下来摄制的才能上"新闻联播"。我问有什么办法可以使送去的农大节目可以直接供他们选用。"那就要有'三管机'。""买个三管机多少钱？""七八万。""啊！"我愣了一下。七八万可不是一笔小钱，特别是在当时学校财政极紧、用钱地方很多的情况下。我还是咬了咬牙说："如果给你们买了，能保证一年10次吗？""肯定可以大幅度提高农大新闻的播出率。"三管机买了，摄制组的积极性高了，农大新闻在中央台播放频率多了。钱真是个好东西，除了"权杖"外，"钱杖"也是很有"魔力"的，只可惜我能自主支配的钱很有限，实实在在地当了8年"穷校长"。

信息流还有一个向上的流向，即北京农大为中央在农业方面提供高质量建议的信息流。授意信息中心与校长办公室合编了《北京农大信息》，每周一期；又与"中德中心"合编了《农业发展思考》，鼓励教授们撰写为我国的农业发展献计献策的文章，"短、平、快"地送到农业部等中央有关部门。

管理系统改革之四是作风建设。

从主楼二楼我的办公室到厕所要经过人事处，有时我就突然拐进去坐会儿。一次路过，看见办公桌前坐着年轻的办事员，旁边站着一位50岁上下的老师。我进门和颜悦色地说："小×，请这位老师坐下谈。"小×脸红了，赶紧请这位老师坐下。我又说："小×，给这位老师倒杯水。"在工作会议上我就拿这个例子说事："在一所学校里，'尊师'要形成风气，以后各处，对来办事的老师都要请坐敬茶。'门难进，脸难看，事难办'在一所大学里是绝对不允许的。"

半年一次的工作会议，副处以上的干部都会参加，我都会和他们谈些"私房话"，谈"草根校长"对管理工作重要性的认识，谈"服务"和"高标准服务"问题。到1990年召开的第7次工作会议上就讨论形成了"北京农业大学关于加强工作作风建设的意见"的正式文件，要求校系和处管理工作人员必须做到"沉下去，做实事，服务好"。

不曾想到，北京市教工委将此件转发到了北京市所有高校。

校长负责制之夭折

1985年颁布的《中共中央关于教育体制改革的决定》提出，"要扩大高等学校的办学自主权。在执行国家的政策、法令、计划的前提下，高等学校有权在计划外接受委托培养学生和招收自费生；有权调整专业的服务方向，制定教学计划和教学大纲，编写和选用教材；有权接受委托或与外单位合作，进行科学研究和技术开发，建立教学、科研、生产联合体；有权提名任免副校长和任免其他各级干部；有权具体安排国家拨发的基建投资和经费；有权利用自筹资金，开展国际的教育和学术交流，等等。"改革太好了，太有力度了。

一段话里5个"有权"，谁来行使？1986年提出"校长负责制"改革，即由校长负责学校的全面工作，党委起监督保证作用，这是一项事关领导体制的重大改革。听说1987年在北戴河召开的"全国高教工作会议"上，赵紫阳总书记曾说："办学权要交给校长，党委书记主要是管好党的工作和起监督保障作用。"

1988年1月27—31日，我出席在西郊宾馆召开的"全国高教工作会议"，主题是讨论高校改革，讨论的第一个文件就是"校长负责制"。鹏程

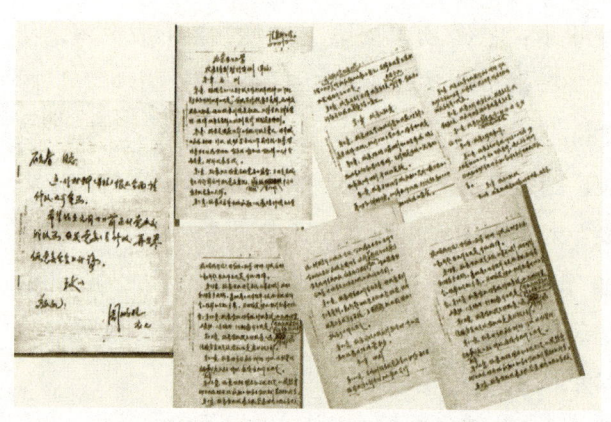

图 7-8　鹏程书记给我的校长负责制草稿（1988年1月）

书记在推进校长负责制上很积极，我上任不久就送来《北京农业大学校长负责制暂行条例（草稿）》（见图 7-9），征求我的意见。这个《条例》是 1988 年 6 月由农业部正式批准实施的。

1989 年夏天，我就听到停止实行"校长负责制"的消息，有些想不通。一次在国家教委开会，休息时在大厅见到教委副主任朱开轩。他是原北航党委书记，温和沉稳少言。我问他："开轩同志，为什么要停止实行校长负责制？"他冲着我笑而不答。在当时的敏感时期，有些话我们可以说，但他不可以说。

对我比较熟悉的同志常说："石元春有了个主意，9 头牛也拉不回来。"1990 年 5 月 8 日，我直接写信给江泽民同志说明我的意见，全文如下。

江泽民同志：

　　我是北京农业大学的校长，想就高校领导体制问题向您说点想法和建议。

　　我校自 1988 年开始实行校长负责制。普遍反映很好，党委书记总结有六大优点。我认为主要原因是调动了两个积极性和发挥了两个优势。校长一般由比较熟悉教育和科技，又有一定领导和组织能力的专家担任，能较好地集中教师意见，提出办学思想和办法，并能主动和独立地运用行政系统付诸实施。作为学校政治领导的党委则可摆脱一般业务工作和日常事务，集中精力抓好党建和全校思想政治工作，对学校工作起着政治领导和保证监督作用。学校的重大决策是由校长和书记共同组成的校务会，在集体领导下做出的。

　　实践证明，在党中央各项方针政策和上级党委和业务主管部门的领导下，这种能发挥两个积极性和两个优势的高校领导体制是一项成功的改革。尽管校长负责制试点的高校还不多，但不少试点单位都取得了成功经验。邓小平同志曾多次肯定的《中共中央关于教育体制改革的决定》和党的十三大决议都是以此作为改善和加强高校党的领导和充分发挥行政职能作用的一项重大改革，并决定学校要"逐步实行校长负责制"。

可是去夏以来，先是缩小校长负责制试点，最近的高校党建会议又明令换届时取消。是不是校长负责制出了问题？但又未发现资产阶级自由化和去年春夏之交的政治风波中的表现与实行校长负责制有什么直接联系。当前加强高校党的领导和思想政治工作具有十分重要的意义。但是，提到加强党的领导和思想政治工作，校长负责制似乎成了障碍，高校领导体制的变动也较少听取校长们的意见。

我觉得学校作为一个基层单位，正确和有效地贯彻执行党的方针政策，在上级党委和业务主管部门领导下开展工作和完成各项任务，这是党的领导的主要体现。在校内，党委是政治领导的核心，校长全面领导和负责学校的教学科研等行政工作，并以校长和书记组成的校务会作为学校决策机构的高校领导体制不仅没有脱离或削弱党的领导，而是改善和加强了党的领导，发挥两个优势和积极性的一项改革。在部分学校继续这种改革试点是不无好处的，何至于达到连试点也要停止的程度。

工厂、学校、医院、剧团等是专业性很强的企事业单位，是在党领导下，为实现党的总体政治目标的有关专门性任务的组织。大学是培养高级专门人才的场所，是国家科学技术和文化水平的重要象征。邓小平同志提出科技是第一生产力，教育要面向现代化，面向世界，面向未来。您也曾多次，特别是在最近"五四"讲话中全面阐述了发展科学技术的重大意义和对知识分子的殷切希望。当前和即将来临的21世纪，是一个全球性的经济、科技和人才激烈竞争的时代。培养不仅具有坚定正确政治方向，而且具有优秀科学素质、很强竞争能力的一代科技专门人才将决定着我们国家和民族的兴衰荣辱，教育的责任太重大了。完成此任，充分发挥以校长为代表的，熟悉现代科学技术和教育的知识分子的作用和积极性是必要的。办大学，校长应当处在中心位置，犹如工厂厂长、医院院长、剧团团长一样。这对加强党的领导和发挥党委的政治核心作用只会有好处而不致削弱。

领导体制是个牵动全局的大事情，希望多听一些校长和教师们的意见。体制上的改革也希望既考虑当前，也着眼长远，有一定的稳定性。现在的校长十分难当。校长本人又多是专家教授，巴不得少管事少负责，不搞校长负责制才好，但是从国家大局和长远来看是不利的。这次校长负责制试点"刹车"，若以后再捡起来，十年八年过去了，在21世纪的人才素质上是会有所体现的。我们过去耽误的时间不少了，在激烈竞争的时代，时间是耽误不起的。

我是在学习了《中共中央关于加强党同人民群众联系的决定》，其中提到"鼓励群众反映真实情况和对不同的意见要认真考虑"，以及最近您的"五四"讲话以后才鼓起勇气写这封信的。我是个有30多年党龄的党员，无时无刻不在想着国家的富强和党的壮大。我去过十多个国家。走的国家越多，越感到中国大有希望，越不愿甘居他国之后和激起奋发之情。"夕阳无限好，只是近黄昏"，我已年近60，明年到届。我可以顺理成章地退下来，结束校长负责制试点。但是，作为一个共产党员和中国的知识分子，应当对国家和自己从事的事业负责，如果允许有一所学校继续校长负责制试点，我愿自告奋勇；如果再给我5年时间和必要支持，我相信能在党的领导下，和广大师生员工一起，将北京农业大学办成一流的和在国际上有较大影响的农业高等学府，为21世纪培养更多更好的高级农业专门人才，为我国农业和农业科学发展作更大贡献。

纸短情长，言不尽意。认识片面和错误之处望予批评。

致以

敬礼！

北京农业大学校长　石元春
1990年5月8日于北京农业大学

"校长负责制试点"在全国很快就停下来了，试行不到四年就夭折了。

可能是我连续参加中南海召开的"科学家座谈会",也可能是因为我写了这封信,1991年北京农大校长换届时网开一面,继续实行校长负责制,直到我1995年离任。估计我是全国享受"校长负责制试点"时间最长的一位校长。

三次中南海座谈

1989年8月28日在中南海召开了"部分著名科技专家座谈会",我接到了这份邀请。受邀专家有农业专家李竞雄、袁隆平、李振声,核科学家于敏,化学家唐敖庆,医学专家胡亚美等21位。专家代表住在北京饭店,我与于敏同住一室,在江泽民同志接见我的照片侧面就是接见中的于敏同志。座谈中强调实现四个现代化要依靠知识分子,党的知识分子政策不变,以及要进一步改善知识分子工作和生活条件等。

第二次是半年以后,1990年的5月26—29日,中共中央和国务院再次召开"科学家座谈会"。如果说上次是及时表明党的知识分子政策不变,安稳情绪的话,这次则是坐下来认真听取科学家对发展国家科技事业的心声和意见。这次邀请了师昌绪、金怡濂、唐有祺、王大珩、王大中、吴阶平、柳传志、沈士团等24位科学家,上次的21位科学家中仅我一人再次受邀。

这次就人才培养、科技投入、国际合作等座谈了4天,每位专家都有书面发言和口头发言,会议发了26期简报,送到每个常委。29日下午与政治局常委座谈,有8位代表发言。我代表清华大学校长王大中和教授倪以信联合发言,主题是人才问题。此次又从故纸堆找到了发言稿,将增补到《石元春文集·教育卷》中。

当了几年校长,比较了解实情,在这种场合,我又敢说话、说真话。可能是这个原因,在众多专家发言中选我在常委座谈会上代表发言。这种"通天"机会是可遇不可求的,这种场合的一句比在一般场合一万句都管用。值此难逢场合，光说些虚头巴脑的捧场话才是不负责任的，要说点真话实话。再说常委们也是真想了解下情听意见的。

科学家座谈会《简报》第四期上有我26日下午小组会上的发言：

> 石元春（北京农业大学校长，教授）说，目前高校有"四愁"。一是学生学习积极性不高，政治上比较冷淡，业务上凑合，对毕业后的出路感到困惑。二是教师队伍中间断层，两头不稳。三是学校教学经费极端困难。自1985年以来没有增长，而物价不断上涨，老本都吃光了，不得不砍掉30%—40%的实习，影响教学质量。四是学校的社会地位日益下降，在外面联系工作都困难。如"文化大革命"前很多高校是部级，现在都变成司局级了。又如北京农大的全国人大代表四届时有6位，六届时1位，七届就没有了。对知识分子政策应有一个较大的转变和突破，否则很难解决问题。解决人才断层问题，编制上要宽松些。针对目前人才市场疲软，应把储备人才作为一个战略问题来对待。对重点高校，国家应采取特殊政策。培养高级人才要立足国内，就要有一批高水平的学校。

第三次是1991年接到通知，10月7日江泽民同志邀请李竞雄、徐冠仁、李振声、侯云德等18位农业科学家座谈"生物工程科学"问题，北

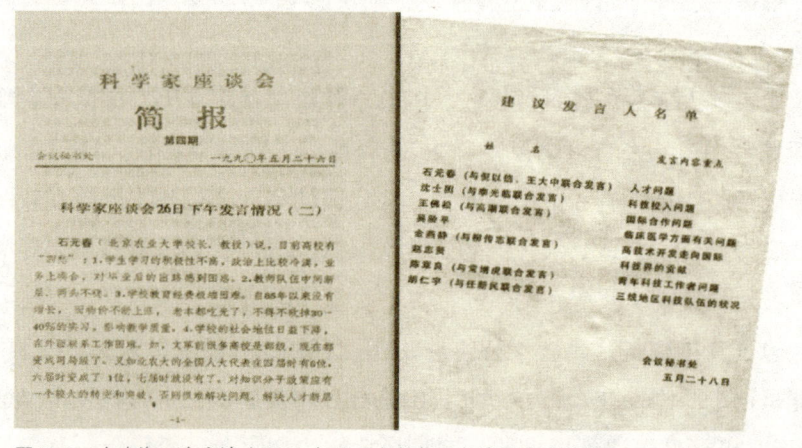

图7-9 中南海二次座谈（1990年5月）简报及与常委座谈的发言

京农大有齐顺章教授和我参加。7日全天在中南海勤政殿座谈，江泽民同志介绍常委时说："我们几位常委大多是工科出身的，只有宋平同志是农科的。今天请农业科学家来给我们补补课。"这次座谈更实了，每位专家谈的都是农业科技中的某一方面问题，常委们随时插话提问，气氛很活跃。

我是下午靠后才发言的，勤政殿窗外的天色开始暗了下来。我发言时宋健同志介绍我是北京农业大学校长时，江泽民同志说了一句："北京农大的校长很年轻嘛！"我走到投影仪旁，一张一张放准备好的七张透明胶片，题目是"农业科技与农业科技人才培养"。中间宋平和姚依林同志曾有提问。我讲完后天色已经黑下来了。江泽民同志说："这一天听下来，我们的收获很大。有的专家还没有发言，不知道你们明天上午有没有时间？如果可能，座谈会延长半天。常委们没有十分重要的事就继续来听课。"

座谈会延长了半天。

八十五周年校庆

1949年秋，北京农业大学成立和我入学，以后从未听说校庆一说。想必那时中华人民共和国成立，百废待举、激情燃烧，谁还会去关心历史旧账。

改革开放，国泰民安，北京农大，复校振兴，方萌盛世修史之情。校党委副书记王步铮同志整理研究了校史资料，在1989年秋的一次校务会上，从八国联军和辛丑条约、从维新运动和光绪帝下诏成立京师大学堂、从庚子赔款到成立清华学校农科、从延安自然科学院到华北大学农学院，他讲了个遍。那么，现在的北京农业大学最早始于何时？讨论结果是始于光绪三十一年，公元1905年10月御批京师大学堂设分科和在卢沟桥瓦窑村建农科大学。校务会决定以此为北京农业大学校庆日，并做出1990年举办八十五周年校庆的决定。

"这么多来宾，哪有那么大的会场？"校务会上有人说。

"主楼前广场，一万人也没问题。新图书馆的平台不是现成的主席台吗？"以我不按常规出牌的性格，自然会想出这种高招。

1990年10月9日，秋光明媚，风和日丽。一大早，全校师生员工，身着盛装，满面春风地在主楼前广场迎接参加校庆的校友与来宾。重逢的喜悦，不尽的寒暄，校园里洋溢着喜庆的节日气氛。

国家副主席王震、中央政治局常委宋平发来贺信贺词。农业部前部长、我校名誉教授何康，北京市委副书记汪家镠，农业部副部长洪绂曾，农业部前副部长相重扬，总参政治部主任张黎以及国家科委、国家民委、国家体委、北京市委和北京市等43家有关业务司、局的领导人，22所兄弟院校领导以及88615部队、中央警卫团的领导，我校历届党、政领导人，不同时期在我校工作过的老教授、老职工及在我校工作的外国专家和留学生，以及本校师生员工六千余人出席庆典。还有在我校举行的"农业教育现状与展望国际研讨会"的德国、日本、苏联、新西兰、澳大利亚、美国、印度的专家、学者也作为嘉宾参加了校庆活动。

值此隆重盛典，我在代表全校师生致辞时讲道：

自1905年成立至1949年，培养了1300多名农业科技人才，他们是我国现代农业科技和教育的先驱和奠基人。从1949年至今，北京农业大学培养了本科生15000余名、研究生1500余名、外国留学生150余名，管理干部和继续教育培训3769名、函授教育4000余名。从祖国的北大荒到海南宝岛，从东海之滨到富饶的大西北都有我北京农业大学的校友。他们在祖国的农业生产、科研和教育战线上辛勤耕耘，默默奉献，立下了赫赫功绩。我们为培养了这支优秀的农业建设人才和他们在祖国农业建设中所作的卓越贡献而感到无比自豪。这是一个高等学府和教育工作者的最大欣慰和满足。

近十二三年来，我校承担了国家和部委级等各种科研项目近千项，有210项获国家和部委级奖励。一批科研成果，达到国际先进水平。40余项实用技术的推广和开发，经济效益达70多亿元。

我校先后与8个国家的14所大学以及8个国际组织建立了正式关系。我校与联邦德国霍因海姆大学、日本东京农业大学等姊妹学校的合作成果累累，进展喜人。

北京农业大学曾经遭受了"文化大革命"的十分严重的摧残。十一届三中全会以来，在党的改革开放政策指引下，在农业部、各级领导和社会各界的关怀和支持下，经过十年的努力，我们已经胜利地完成了恢复时期，在恢复中有所发展，我们取得了成绩和进步。全校师生员工以矫健的步伐迈入90年代，迎接一个新的发展时期的到来。

在新技术革命的挑战和我国改革开放的形势下，北京农业大学正经历着一个由传统的农业大学向现代的新型农业高等学府的历史性转折时期。这是时代的挑战和机遇。我们恳切地希望，各部门、各级领导、各兄弟院校和单位、社会各界以及国外的大学、国际组织和学者教授们，继续和更多地给我们以支持、指导和合作。

亲爱的校友们：希望你们继续和更加密切地与母校取得联系，以你们的亲身体验，反馈意见，促进母校的教育改革，在你们工作岗位上，加强对母校的支持和合作。

5000余名全体师生员工同志们：尽管在我们面前还有不少困难和问题，任重而道远。但是，我们完全有理由相信和满怀信心地在党的领导下，沿着社会主义道路，团结一心，把握这历史转折的时机，勇

图7-10　北京农业大学八十五周年校庆（右）和校长致辞（左）（1990年10月9日）

敢地迎接时代的挑战，继续发扬"理实并重，严谨求是，艰苦朴素，团结奋进"的校风，弘扬崇尚科学，献身农业的精神，不负众望地将北京农业大学办成综合性和多科性的、一流的新型农业高等学府，开创我校历史的新纪元。

随后，南京农业大学校长刘大钧、德国霍因海姆大学前校长、北京农业大学名誉教授莱希博士、日本东京农业大学理事长内田计手、校长松田藤四郎、苏联季米里亚捷夫农学院第一副院长丘里居可夫分别向大会致贺词并向我校赠送了礼品。我校67届毕业生、黑龙江省委常委、常务副省长陈云林代表全国各地的校友发言，农业部前部长何康在大会上向校庆献诗。最后，北京市委副书记汪家镠代表北京市委市政府发表了热情洋溢的讲话。

大会结束后，我校近200名教工表演了韵律操，88615部队的军乐队进行了精彩的军乐表演。下午，校友和来宾参观了介绍我校历史和教学、科研、推广等情况的十几个成果展览及图书馆、科研楼、实验动物研究所等单位。入夜，彩灯高悬，火树银花，往日宁静的校园变成了一片欢乐的海洋。

八十五周年校庆是北京农业大学由传统的农业大学走向现代的新型农业高等学府的一座里程碑，凝聚和鼓舞着坚强不屈的农大人，继续奋发向前，完成历史性的"转型"大业。

第八章
草根校长（下）(1991—1995年/60—64岁)

第一届任期提出"转型"和将"转型"改革的主体铺上去了，大格局有了。第二届任期，亦"转型"改革二期，在于人才、硬件、软件和国际化四大建设，以及以建"八大学院"、全面修订培养教学计划作为8年改革的"冲刺"。最后以进入"211工程"谢幕，为母校完成"转型"大业。

"二届任期"开局

我的第一届任期是到1991年6月。农业部人事司王锵司长在电话里提前给我打了招呼："石校长，部党组讨论同意你再干一届。让你辛苦了。"

第二届任期，亦"转型"改革二期，是从选拔两位副校长和制订"八五"计划开局的。

原科研副校长和后勤副校长，因另有任用与到龄离岗。按校长负责制，新副校长人选由校长提名，农业部批准。这是件大事，直接关系到第二届任期工作的推进。

先说科研副校长，不仅要分管全校科研、推广和开发，还要接替我主持"八五"黄淮海科技攻关项目。当时我设想的条件是：年龄在40—50岁，为人正派、身体好、知识面宽、有实践经验、有领导能力，还有重要一条是相容性强，因为要与校内外的许多单位和个人打交道。

当时校内能胜任科研副校长的人选大有人在，但多年龄偏大。1989年秋天，刘巽浩教授在学校主楼门前对我说，想从北京市农科院调一位科技骨干，是北农大农学系1966届毕业生，搞农业生态和耕作学的，叫程序，44岁。看完材料后，感觉不错，于是请人事处办理调动手续。不料到校不久，即进入了我的科研副校长候选人视线。次年春，我与几位教师赴东北农垦农场考察，这是个了解考察的好机会，于是邀请他参加。从北京到哈尔滨的火车上，与他交谈一路，天南海北，海阔天空，重在了解知识面、思维与谈吐能力。

在黑龙江农垦农场考察期间，要走许多团场，每到一处，考察完后总有一次与当地干部和技术人员的座谈，在我作总结性发言前，我总让他先讲。这也是我最厉害的考题，他不怯场，言之有物，这可是需要真功夫的。回京后，他成为副校长的第一人选。当时有同志提醒我，北农大人才济济，能任科研副校长的人选不少，选一个新调来的合适吗？

我仍然坚持我的选择，程序任科研副校长了。

程序任科研副校长才两三年就被农业部要去当科技司司长了。当了4年司长感到不习惯当官，要求回农大当教授。有同志提醒他要求上级保留司局级待遇，他说教授就是教授，要什么司局级待遇？还有，这位农大教授在部里当了4年科技司司长，居然自己名下一个科研项目也没有，连出差开会的经费也没着落。

后勤副校长人选更爆冷门。北京农大后勤方的"老同志"大有人在，可我却看中了一个刚由总务处副科长提拔到基建处当副处长的年轻人，张立强。一年多前，基建处处长因病离职，我提他当处长，让整个基建处炸锅了。鹏程书记亲自带他到基建处，召开全处会宣布任命的时候，有同志拒绝到会，有同志把桌上的文件文具弄得满地，以示抗议。张立强只说了一句话："我用行动和大家一起做好基建处工作。"他的出色工作改变了大家态度。可不到两年，又要提副校长，太快了，毕竟才36岁啊！质疑声更多了。

从修新游泳池、建新图书馆、筹建天然气工程等几件事，他的人品、能力和勤奋给我很深印象，又年轻，潜力大。我认定他是北农大后勤工作的"新一代"。

校内对两位副校长人选的质疑声不断。农业部人事司司长王锵和我关系不错，就两位副校长事提醒过我几次。一次他到农大开会，专门问我："石校长，副校长的事你考虑好没有？""考虑好了，原方案不变！""好！既然你说原方案不变，就按你的意见办。"尽管张立强的副校长当得很出色，但有人还是不甘心地说："他每年经手一两千万基建款，整天与建筑商和承包商打交道，不可能那么干净。"鼓捣上面派人来查，查不出问题。"常在河边走，哪能不湿鞋？"再写信，再查，查它个"底儿掉"，还是查不出问题，这就叫"过硬"。

路遥知马力，日久见人心。今年，他们一位75岁，一位63岁。时间过得好快，时间证明我看人没"走眼"。

第二届任期适逢国家"八五"计划，不如把"转型"改革二期与面上的"八五"计划结合起来，相辅相成。还是我的老习惯，做事先做"功课"。做"功课"中发现一篇佳文，"欲与哈佛、伯克利试比高"。不是我不知深浅，而是"见贤思齐"之心人皆有之。我把这篇文章发给校务委员会委员们参阅共享。

1991年8月的第九次工作会议上，我作了关于制定我校"八五"计划思路的报告（全文见《文集·教育卷》）。经大会讨论和部门院系的积极投入，半年里编制了一部近十万字的《北京农业大学

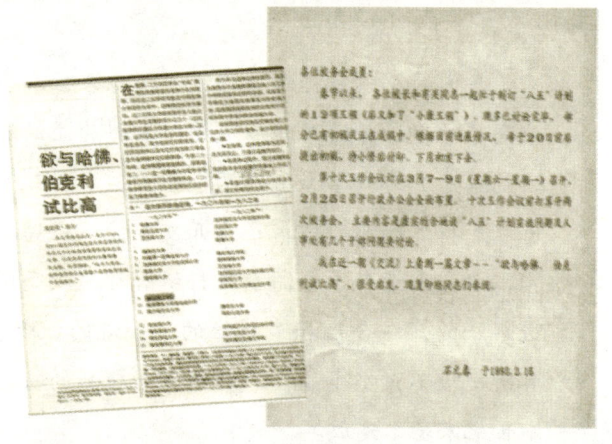

图8-1　发佳文《欲与哈佛、伯克利试比高》（1992年2月16日）

"八五"计划》。分综合计划、重点建设计划和各院系及分部门计划三个部分,"综合计划"由我执笔。几十年后回头看,发现"综合计划"的前部分是我对第一届任期工作的总结和提升,后部分是第二届任期的工作部署。

"综合计划"对当时形势的表述是:

> 九十年代,我们将面临全球性的新技术革命挑战。新理论新技术日新月异,知识更新和社会变革加快,传统的教育思想和农业科技受到严重冲击。当今不仅是逆水行舟,不进则退,而是激流冲浪,只有荣枯沉浮的选择。具有这种强烈的时代危机感和紧迫感对一个国家、一所大学和每一个人都是至关重要和极为宝贵的。
>
> 北京农业大学进入了一个十分有利而又充满挑战和竞争的时代,一个重大的历史转折时期。这个弯子转好了,我们就上去了;转不好,或是发展的步子慢了,许多年都缓不过来。在这个一日千里的时代,停不得,慢不得,更退不得。农大人一定要认清时代,大局为重、团结一心,把握这个千载难逢的时机,在"八五"期间,将农大推向起飞的跑道。

"综合计划"对1987年提出的学校总体发展目标没有动,但作了如下补充。

> 我们的总体目标是,建设一所综合性和多科性的,一流的新型农业高等学府,并进而发展成为以农科为主的综合性大学。进一步的表述是:建成为教学和科研两个中心,本科教育与研究生教育并重并具有农业推广和高新技术产业开发职能,以培养高层次农业专门人才为主,以高质量教学和高水平科研著称,较高国际化程度和具有国际先进水平,综合性和多科性的,一流的,以农科为主的综合性大学。具有规模不大水平高,人员不多思想新的特色。"八五"末形成雏形,本世纪末基本建成。

在"综合计划"里，我提出了对现代的、以农科为主的综合性大学的十点认识，明确而具体。这是从一期转型改革实践里总结出来的。"综合计划"包括总体框架、业务工作系统、国际交流、技术支持系统、后勤保障和基建、队伍建设、管理—信息系统等7个方面的23条内容。

第二部分是部门计划，包括13项重点工程。它们是"熔炉"工程（学生德育）、本科"三体系"建设工程、高层次人才培养基地建设工程、"四大战略阵地"和"三重"建设计划、继续教育工程、农业推广工程、高新技术产业开发工程、"场、站、园"建设工程、保障和服务工程、校园建设工程、人才工程、信息工程，以及"小康"工程。

第三部分是院（系）部门计划。

1991年8月的第9次工作会议提《思路》，年底"北京农业大学二届二次教代会和十四届二次工代会"上审议通过，1992年3月的10次工作会议布置实施，前后三次会议，历时7个月。计划大家订，订出来大家干，各院系和处是计划的制定者，更是执行者，是一线指挥员，一定要让他们知道为什么干、干什么和怎么干。

制定计划，贵在实施。

本章将讲学校基建是怎么列入"国家大中型基本建设项目"的，如何实施"人才工程"？"校园文化"和"国际化"建设了什么？"转型"改革的最后"冲刺"以及最后进入"211工程"是怎么回事？

"终于批下来了！"

两年的不懈努力，1991年8月，北京农大基建终于被列入了"国家'八五'大中型基本建设项目"，给二届任期来了个"碰头彩"和"开门红"。

我就任校长面临的诸多挑战中，用房严重不足的困扰最大。30多年前建的校园，十年"文化大革命"的摧残、部分楼房被占、一些教职工住教室和实验室、校园填满了简易房和地震棚，活像个难民营。修修补补和零打碎敲是必须的，更必须的是要有个重建校园的全面解决方案。

1989年的一次行政办公会上讨论学校基建工作，觉得农业部每年给四五百万元基建款，是兄弟院校的两三倍，够意思了。但就北农大现况，杯水车薪耳。记不得是哪位在会上说："1984年国务院拨款5亿元，重点建设十所高校，北京农大是其中之一，可是让农业部自筹。"我接过话就问："什么？什么？你把详细情况说说。"听后，我非常生气，明明是国家教委把钱分给了"亲儿子"，太欺侮人了。记得会上我说过这样一句气话："既然爹妈不给钱，姥姥不爱，干脆找太爷爷去。"还说："'会哭的孩子吃奶多'，我们受了这么大的委屈还不哭，那才叫有病。"于是，发起了一个争经费，上项目，建校园的强大攻势。

要钱也要讲策略。此时国家正为发展农业和增产粮食发愁，我校又正组织三个工作团分赴黄淮海农业第一线，如火如荼地搞农业科技推广。我灵机一动，叫推广中心的同志给我准备一个正在推广的实用技术材料。1989年3月25日，我以北京农业大学校长的名义分别写信给万里委员长和李鹏总理并七届人大二次会议；又写信给政协主席李先念并政协七届二次会议，讲当前农业发展急需技术和北京农大有一批行之有效的农业技术，并附上了一份38项实用技术的清单和简介，没提要钱的事。李先念主席三天就有了"真正报一下"的批示。这只是顶层铺垫，10天后的4月5日，又以学校名义分别给邓小平、李鹏、田纪云呈上了"关于落实北京农业大学作为全国重点建设院校问题的报告"。下面是《报告》中的几段摘录。

当前，全党全国十分重视农业问题和教育问题，作为一所农业大学我们深感欣喜和责任重大，愿为我国农业和农业教育的发展多作贡献。但是，在1984年国务院批准的全国重点建设的十所高校中，唯独北京农业大学未能落实，我们不得不向您报告。

1979年十一届四中全会通过的《中共中央关于加快农业发展若干问题的决定》中指出："中央要办好中国农科院和北京农业大学等几所重点的高级农业科学院和高等院校。"1984年我校被国务院列为全国重点建设的十所高等院校之一。1985年,国家计委批准同意北京农业大学的办学规模和校舍建设面积为36万平方米,总投资8600万元。

当时,国务院拨款5亿元作为重点建设高校的建设投资,但我校未被列入而由农业部自筹。几年来,农业部十分重视我校的建设并给以特殊安排,但终因财力所限,每年基建经费仅四五百万元,而且至今尚未列为国家计委的大中型建设项目。这样的进度,到本世纪末也难完成。这与其他重点建设院校无法相比,因此我们急切希望尽快将我校建设列为正式的大中型建设项目和得到计委的拨款。

我校基础好,实力强,地处北京。但是,"文化大革命"中辗转于涿县、陕北,校舍长期被占,元气大伤。当前又面临经费、校舍、设备严重不足和陈旧,目前我校的条件还不及印度一个邦的农学院,可比经费不及他们的1/3。我校的社会地位和政治待遇也是每况愈下,"文化大革命"前我校有7位全国人大代表,到七届人大就一个也没有了,教职工对此反映强烈。十所重点建设院校中只有农业大学没有人大代表,连参与讨论农业和农业教育的高层决策机会也没有了。今年中央专拨2亿元教育投资,教委所属及非委属一些大学,还有卫生部、文化部、体委等均有份额,仍是把这所农业大学忘了。香港知名

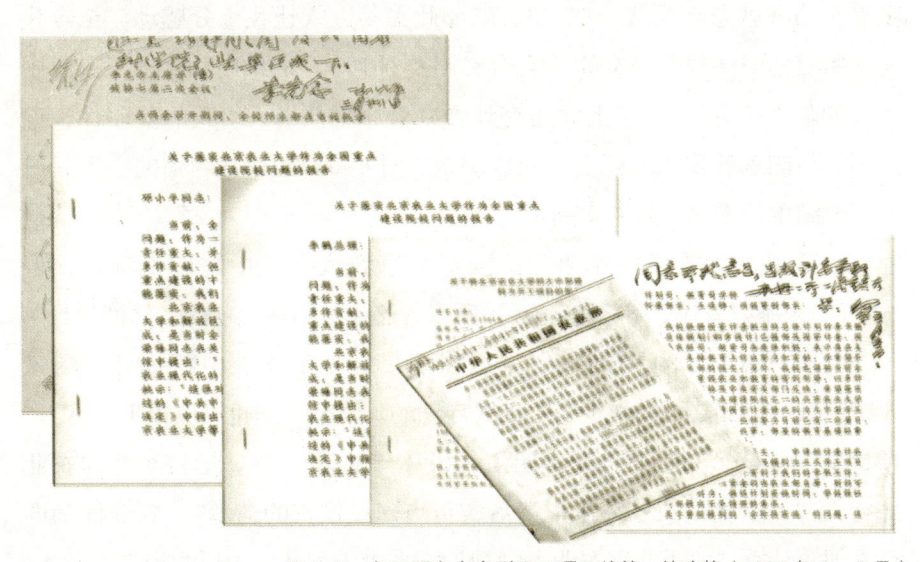

图8-2 争取国家大中型开工项目的第一轮攻势(1989年3—7月)

人士邵逸夫先生的1.21亿元港币的教育赠款，我校上报的项目材料被砍掉……谁都说农业重要、教育重要，为何这所农业大学得不到应有的重视，这是我们的不平之鸣，望能明察。

我们以急切的心情向你们提交这份报告，希望得到了解、理解和支持。殷切希望在你们的关怀下，早日解决作为十个重点建设院校之一的北京农业大学的基建列项、资金及其他问题。

这次可真是哭诉和号啕，倾诉委屈和发泄不满了。

政协和国务院的顶层工作做到了，6封信上去了，总会有批示的。批示必然先到国家计委，这要靠农业部去跑。好在农业部和学校的观点和利益是一致的，何康部长对北京农大和我们的工作又十分支持。一次我问何部长，从上书国务院领导和批到国家计委操作层面一般要多长时间？他说最快也要一个多月。7月初，学校给国家计委的"关于北京农业大学的大中型建设预备项目转为开工项目的报告"准备好了，为了加强力度，最好能请何康部长同时给几位主管建设项目的计委副主任写封信。

一天，何部长来农大，我把他请到我办公室，建议他如何如何地给计委副主任写信。何部长干脆向我要了张信纸和笔说："老石，你就说吧！要我怎么写我就怎么写。"一个部长能如此平易近人让我十分感动。至今我还保留着他回部修改成文的，给国家计委刘中一、房维中和甘子玉三位副主任的信件（图8-2）。上面还有计委办公厅主任当天给我的复印件，说送到三位国家计委副主任手上的日期是7月8日。也就是写信的当天就送到三位副主任手上，效率太高了。

忙活这一大阵子的结果是，同意北京农大上大中型建设项目，但"七五"末不好安排，等上"八五"项目。这就是同意立项的上好消息！

众所周知，1989年国家发生过大事，好多工作被中断拖延，国家"八五"计划实际上是1991年才正式启动的。学校一刻也没放松上"八五"项目事，于是第二轮攻势又开始了。1991年5月25日，学校正式向农业部行文"关于北京农业大学申请落实重点建设投资的请示"，农业部随即行文国家计委"关于北京农业大学列为国家大中型开工项目的报告"。

后得知批这个报告的是邹家华副总理，于是动员了我校的俞大绂、娄成后等14位名教授联名给邹家华副总理上书，既言真意切，又用词犀利。我还以我个人名义给国家计委副主任、原农业部副部长刘江同志写信，请他从旁助力。

图 8-3 争取国家大中型开工项目的第二轮攻势（1991年5月25日）

7月的紧张活动，8月就得批准，这也是两年持续努力的水到渠成吧。9月4日我给计委的感谢信中说："当得知我校基建已被列为国家'八五'大中型续建项目，全校师生员工欢喜若狂。……现附上给邹家华副总理写信的14位教授在得知此消息后以其激情再呈的谢书。"

欣悉北京农业大学获准列为"八五"国家大中型开工项目续建工程，我等的心情可以用两句话来形容：一句是"初闻涕泪满衣裳"，一句是"漫卷诗书喜欲狂"。我等前次上书所抒管见得领导明察，有一致共识，自然兴奋得老泪纵横。

我国人口众多，无农不稳，而农业教育与农业科技实乃兴农之本。我等得知领导决心兴农业科技、兴农业教育，并落实兴我农大，使老者得以磬其余热，夙愿得偿；壮者将能驰骋于广阔农业天地之中，建功业于世纪之交，自当漫卷"诗书"，欢喜若狂了。

领导为民、为农、为农业科技教育与为我农大之苦心没齿不忘！故再上书，以表感激之忱！

俞大绂、娄成后、沈其益、沈隽、裘维蕃、李连捷、孔繁瑶、曾士迈、周明牂、杨传任、安民、张树榛、闫龙飞、李季伦（按签名顺序）

为何如此千方百计，孜孜以求？为何"漫卷诗书喜欲狂"？可不能小

第八章 草根校长（下） *299*

看这一纸批示，这八年我校基建大踏步前进，教学科研用房和生活用房根本改善，抚平了"文化大革命"创伤，告别了颠沛流离，能不"涕泪满衣裳"吗？

1987年和1988年，拆除遍布校园的木板房84栋和临建房100多间；收回部队占房1.9万平方米；整修年久失修的校舍4.7万平方米，改建教室实验161个；翻建游泳池和体育场，以及完成改善全校排水状况的小清河下水排污工程和3000余平方米校园道路改造。新建继续教育楼、101教授楼、研究生10号和11号楼、农业综合发展中心楼、同位素楼，以及面积1.2万平方米的新图书馆等7座新楼，累计建筑面积3.5万平方米。还购置和建成268亩地的科学园区，新购仪器设备2927台件。

被列为国家"八五"大中型工程建设项目后的四年基建经费分别达到1300万元、1530万元、1820万元和2221万元，累计6871万元，相当于部属17所高校总经费的三分之一强。后四年累计完成基建项目17项，41977平方米，竣工用房10345平方米，在建2.34万平方米。完成的教学科研用房中有兽医预防医学楼、动物医院、科学园区的两栋温室和锅炉房，以及我校的头号基建工程，1.6万平方米的教学实验大楼。完成的基建项目中生活用房占76%，其中校区生活住房4栋（102、103、18、16号楼）共2万平方米，住房282套；涿州农场家属宿舍3栋，7500平方米；在建的住房105套，7000平方米；生活用房中还有北家属食堂、校医院、昌平实验站餐厅等。全校有580户教职工迁入新居或改善了住房条件，占校区住户的60%左右。

建设由西苑中央党校至北京农大天然气中压管道3.5公里，建设家属区、教学区12公里双路供气低压管网、22座自控式调压箱以及将燃具、烤箱和热水器、淋浴设备免费安装到每个教职员工家庭，彻底解决学校教职工生活由燃煤、液化气罐向管道天然气升级的燃眉之急，成为当时北京高校中唯一全部住宅安装管道天然气热水器、全部安装家用燃气烤箱的单位。电力实现（东北旺、黑山扈）双路供电，确保北京农大教学科研安全用电，天然气及燃具、烤箱和热水器免费普及到每个家庭。电力双向保证，电话中继线由36条增至112条，电话由700门增至1600门，家用电话由 150 门增加到 900 门，安装率达 80%，在北京市高校和全国农口兄弟院校中，我校教职工的住房条件稳居前列，已是名声在外了。

"安得广厦千万间，大庇天下寒士俱欢颜。"

这是"哭"出来的，"拼"出来的，"跑"出来的，等是等不出来的。

没有"广厦千万间"，"转型"改革就缺失了物质基础。

说到这里，还要感谢年轻的副校长张立强和他属下的部门，他们为"跑项目"立下了汗马功劳。

人才工程之"五子登科"

我身在大学，执教多年，深知大学的学术水平和教学质量，根子在教师。学校工作千头万绪，抓住师资队伍建设就抓住了根本。当一期转型改革全面铺上去和基本到位后，我就可以有更多精力用在师资队伍建设上了。

上岗校长前我曾做过一个"功课"，向校人事处调阅了全校教师状况资料，对年龄结构、学历结构、职称结构等做了现状及预测统计分析研究，又是曲线，又是柱状图什么的，完全是搞科研的那套方法。研究中发现"文化大革命"十年，学生停招、学校停课、教师停进中出现了教师队伍的"断层"现象。

预测到 20 世纪末，"文化大革命"前毕业的教师只剩下 5% 左右；35—50 岁的最佳年龄段教师只占总数的 16%，高于 50 岁和低于 35 岁的各占 42%，呈哑铃形。50 岁以上教师面临退休而情绪不稳，多短期行为；35 岁以下青年教师多面临工资、住房、出国等问题也不能安心工作，这才是真正令人担忧的事。这个问题解决不好，学校转型改革就会成为无本之木，无源之水。

"人才断层"是我研究师资队伍得出的一个结论和概念，"断层"是借用地质学的术语。

正因为副校长期间已做过这番"功课",在上任两个月的第一次工作会议上就提出了一、二、三代教师过渡问题:

> 目前年龄在50岁以上的教师占41.2%,30—45岁的教师只占15.8%,这是"文化大革命"造成的"人才断层"。到1992年,"人才断层"的年龄段上移到45—55岁,以及退离休制度的逐步贯彻,现在我校正处在由中华人民共和国成立前培养的第一代教师和新中国成立后培养的第二代教师向"文化大革命"后培养的第三代教师的迅速过渡时期。我们对这个历史性的转折要有清醒认识,不能掉以轻心和任其自流,否则会贻误工作,耽误大事的。

当时采取的应对措施是,按老中青三代人的不同特点,提出了"严控规模,加快流动,促进优化,平稳过渡"的思路和政策进行结构调整。一是离退休教授和副教授6成返聘,延长他们在教学、科研和培养年轻教师上做贡献的时间;二是力促中年骨干教师上位,压担子,严要求;三是大力扩充和培养青年教师。头两条是应急,根本在第三条。

20世纪80年代初期有个出国留学高潮,80年代后期有个学成回国和国内培养的博士生陆续"出炉"高潮。我下决心在这两个高潮中引进一批人才,充实教师队伍。在一次工作会议上我讲到"人才断层"时形象地说:"20世纪末和21世纪初,北京农大有50个'土'博士和50个'洋'博士,这台戏就好唱了。"不想,这句话竟成我以后的一个重要施政目标。

上任不到一年,我就与前任校长安民教授一同访德,与霍因汉姆大学谈二期合作项目时就注意给国内培养的博士生上项目。两位校长还专程去看望在学的留学生,与他们座谈,介绍北京农大情况,期待他们学成回国回校工作。这次看望,后效不凡,图8-4照片就是这次见面的留存,我很珍惜。

一次,在办公室与一位从日本学成回国的农经博士面谈,双方很投缘,很满意。几天后他来电话问我:"石校长,我到农大工作,能安排住房吗?"我老成而留有余地地说:"问题不大。"结果,就是因为这句"问题

图 8-4 和安民校长访德期间，与在德攻读博士学位的留学生和家属座谈，欢迎他们学成回国回校工作（后排站着的两人是我和安民校长 1988 年 5 月）

不大"让他去了人大，因为人大不留余地地给了他住房。我在懊恼之余，得出一个"住房就是人才"的概念。

适逢总务处处长许文向我汇报关于新完工的几栋家属楼，准备分房拿号事。我说："老许，给我几套行吗？"他丈二和尚摸不着头脑地愣了一下问道："校长，你不是有房子了吗？"我说："不是我自己要，我是要吸引人才用房。"处长面有难色地说："校长，您不是不知道，现在还有好多教职工住在实验室和简易房里，多少人都盯住这次分房了，前几天分房委员会上都吵翻天了。"我说："这我知道，当前吸引人才是学校大局，各高校竞争得很激烈。"我就把农经博士的事说了一遍，老许点头说："是这样啊！您要多少套？""一二十套，你回去给分房委员会多做工作，这都是为了学校大局。可能有一二十户这次搬不了，明年不是又有一批住房要分配吗？让他们先挑，对他们的高风亮节给以补偿。"

几天后，老许在电话里高兴地说："石校长，分房委员会讨论同意给您留 20 套。"我得寸进尺地说："老许啊，这 20 套房里至少有 12 套是阳面的，你挑好后把房号给我。"当他把 20 套房的房号给我时，我又叮嘱："这 20 套房子可是我的了，你不能动也不能换。只要有人拿着我写的有房号的条

第八章 草根校长（下）

子，你就给他钥匙，派人带他去看房。如果需要维修或有什么困难，都要积极帮助解决。"

这件事后来传得有些邪乎，有说我衣兜里揣着钥匙，有说我办公室有个专门放钥匙的抽屉，等等。连清华大学张孝文校长也问我："石校长，听说你们农大留了吸引人才用房，由你掌握，有这回事吗？"我点头称是，他不无感慨地说："我也有你这种想法，只是没敢做。现在住房这么敏感，是会触犯众怒的，你真敢干。"

其实，我的压力也很大。一次在回宿舍路上遇到一位系总支书记，他一脸不高兴地对我说："学校里那么多老同志现在还住在简易房里，他们跟着农大颠沛流离十几年，没有功劳有苦劳。现在这些年轻博士刚进校门，寸功未立，凭什么一来就住进新楼房里？"我耐心地说："老×，咱们都是农大的老人了，我们颠沛流离十几年，不就是为了办好农大吗。现在农大教师队伍的'断层'现象这么严重，不马上吸引年轻人才怎么办？你在××系当了二十几年书记，难道你不着急吗？"又把"农经博士"的事念叨了一遍。我看他面色平静了下来，就开玩笑地说："老×，别忘了，咱们可不是居委会干部啊！"

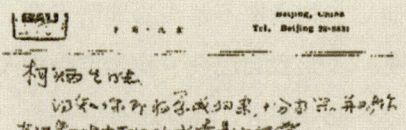

图 8-5 我的回信（柯炳生夫人留存）

一次，校办的一个同志气喘吁吁、愤愤不平地到我办公室告诉我："石校长，有几个同志在主席像下面大声议论，说你当了校长忘了本，把房子不分给老同志，先分给洋博士，想出风头。"我说："人家有气就让人出气嘛！没事的。"

1988年11月，我收到一封来自德国的信，是半年前我和安民校长访德时见过的留德农经博士柯炳生的来信。说他已经完成论文答辩和取得博士学位，问我回农大工作有没有住房和爱人工作好不好安排。我立即回信说都没问题（再也不敢说"问题不大"了）。信中还深情地写道："学校今后的发展和水平主要寄希望于你们这一代人，是厚望，是重托，相信你们会不负所望的。学校目前条件尚差，管理水平低，也希望你们学成回国后共同努力。"

不料这封回信在霍尔汉姆大学的农大留学博士生里议论开了。"现在学校住房那么困难，石校长答应得也太痛快了点，会不会有虚？"另一位博士生说："行啦，让老柯先回去为我们探听一下虚实也好。"

柯炳生回到学校后，在我办公室谈了他论文的答辩情况和回国后的打算，最后我给了一张上面写着房号和有我签名的纸条给他说："炳生，你拿这张条子找总务处许文处长，他会安排人带你去你宿舍的。另外，你让小倪到人事处办手续，她是学德语的，先安排在'中德中心'工作。"

几个月后，我又收到一位留德博士的信问："我能有柯炳生同样的待遇吗？""当然有，一视同仁。"张福锁、龚元石、何秀荣等7位霍恩汉姆大学留德博士陆续回校工作。就这两三年，留美博士武维华，留英博士罗云波，留法博士孙宝启和李绍华，留日博士彭友良、陈青云和李赞东等；国内培养的博士如李小云、夏国良、孟庆翔、李宁、吴文良、李保国、韩振海、高启杰、朱德海等，"土""洋"博士纷至沓来，英才云集，群星荟萃，农大校园里的祥瑞之气越来越重。一次工作会议上我喜不自禁地说："50个'土'博士和50个'洋'博士的梦想正在实现，北京农大的这台戏会越来越好唱了。"我心想，"断层啊断层，再过几年就能把你给填平啦！"

1989年，我校畜牧系派往美国学习的李德发一家三口回国了，我感动地说："德发，你是第一个在特殊情况下举家回国的，谢谢你带了一个好头。"武维华也是我校植物生理专业派出赴美学习回国的博士。回国后在我办公室谈了很长时间，他在哈佛做博士后，正进行"离子通道"方面的研究。我问他回校工作有什么困难，他说最担心的是没有工作条件，研究工作会中断。此时正好齐顺章教授在主楼三楼的三间实验室要搬往科研楼，此三间实验室已安排作校办用房了。我立即通知校办，这三间房校办不要用了，给武维华博士当实验室。

还有件有意思的事。从日本回国的女博士李赞东总是面带微笑，着衣装扮讲究，彬彬有礼。一次在主楼门口见到我，她腼腆又不好意思地说："校长，我回国前在日本答应过一个组织，每年给他们作一次讲座，我现在很为难。""为难什么？"我问。"要去日本讲学，能被批准吗？""没问题，请外办帮你办签证。"她又吞吞吐吐，不好意思地说："不是一次，是每年一次。"我说："那就办一个多次往返签证。"她居然像孩子般高兴地说："校长，难道您不担心我不回来了吗？"我说："你要是不想回来，何必费这么多事。"

在吸引人才的过程中，先是考虑解决房子和爱人安排问题，后来又考虑孩子入托上学问题、职称和科研项目与经费问题。在一次与回国博士座谈时我说："房子、妻子、名子、位子、票子都要逐项落实，这才叫'五子登科'嘛！"不想这"五子登科"不胫而走，特别是报上登了以后。有的归国留学生来到农大后对我说："我们是慕农大爱才之名而来的。"1990年8月29日《人民日报》海外版登的"求贤之道——记北京农业大学校长石元春"起了不少好作用。

说到"名子"，职称是大事，也是很难办的事。由于"文化大革命"，一大批老讲师老副教授未能及时升职，我1979年研究生毕业33年后才升副教授，当校长前的1985年才升的教授，都54岁了。像我这样的老讲师老副教授有的是，排的队可长了。

"粥少僧多"，如果论资排辈，这些年轻才俊不知何时能熬到头。"名子"不落实，留得住人吗？我一面到农业部找部长、人事司司长、科教司

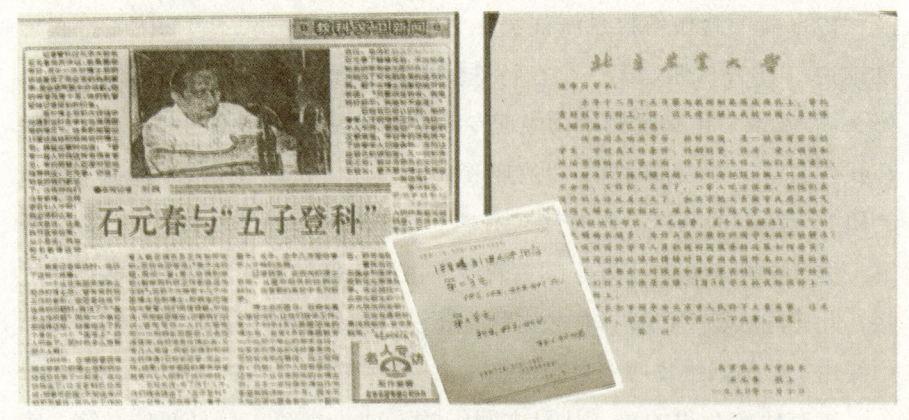

图8-6 "五子登科"的报道（左）；人才用房的房号（中）；给北京市委要煤气罐的信（右）

司长争取名额，一面在学校里实行"老人老办法，新人新办法"的"双轨"政策。1992年一次评出了时年31岁的孙其信、彭友良等5位年轻正教授，在北农大和有些高校引起不小震动。

还有，看似生活小事，也必须当大事去办。比如，那时北京市居民家多烧煤饼炉，这对刚回国的"洋"博士太难了。总务处老许说，一位回国的博士不会用煤饼炉，吃了一个多礼拜的方便面。我说："那怎么行？"可是煤气罐是定量配给各单位的，有钱也买不到。于是写信给北京市委，信中是这样说的：

> 这些同志响应号召，按时回国，是一批很有前途的青年教师。学校在工作条件、科研经费、住房、爱人调动和政治思想的关心等方面，作了不少工作，他们是满意的。唯独解决不了煤气罐问题，他们要把煤饼搬上四楼五楼，不会用，工作忙，一家人吃方便面和他们在国外的生活反差太大了，和北京市绝大多数市民用天然气和煤气罐也不能相比。

分管后勤副校长张立强立即拿着信到北京市委，这才拉回了一批煤气罐，解了博士之忧。

我体会，"五子登科"不仅在于"五子"本身，更在于求贤若渴的那份心意。

人才工程之"百博计划"

"穷人家的孩子早当家"，是样板戏《红灯记》里李玉和的一句戏词，我在一次讲话中用上了。

80年代初有个出国留学高潮，80年代末有一个留学研究生学成回国小高潮。清华大学的回国留学生牵头成立了欧美回国留学生联谊会，1989

年 11 月 5 日下午在清华开成立大会。可能因我是引进人才积极分子，也被邀请。

清华园庄重宁静，会议室气氛暖人。百人规模，除回国博士外，有人事部的一位副部长等领导和专家参加。主持会的副会长是北京农大刚回国不久的罗云波博士，我们还是头次见面，好帅的小伙儿！会前他给我打招呼，要我做半小时发言，我毫无思想准备，又不便推脱，只好赶紧把要讲的内容和思路捋了一下。

第一位讲话的是全国博士后管委会主任、人事部副部长程连昌，第二位是国务院经济技术发展研究中心顾问马宾教授，他们的讲话很正式，有发言稿。他们讲了什么我一句也没听进去，全神贯注在打我的腹稿。上场前几分钟脑子总是一片空白，往讲台上一站，就能进入状态，侃侃而谈，这已不是第一次了。

从如何发现"人才断层"到"有 50 个土博士和 50 个洋博士，农大这台戏就好唱了"；从"问题不大"失去一位博士到掌握 20 套"引进人才用房"；从"我兜里有钥匙"到找市委书记要煤气罐等娓娓道来。这些都是我想的和做的，讲起来生动具体，没有虚词套话。随之，我把话锋一转，"十年'文化大革命'造成的'人才断层'没有给青年教师和留学回国的你们留下缓冲时间，必须立即披挂上阵，把教学科研的重担担当起来，'穷人家的孩子早当家'嘛！这是历史留给你们的责任。"

从掌声中感到我的讲话很成功。会上有归国博士当场问："石校长，我能介绍回国博士到农大工作吗？""当然欢迎。"会后人事部留学生司司长对我说："人事部明年 3 月在福州召开全国人才工作会议，能邀请石校长到会介绍农大经验吗？就像你刚才讲的就行。"

1990 年 3 月 12—16 日，人事部在福州召开了"全国专业技术队伍建设和高级人才管理工作会议"，我是特邀代表，这次讲话我可做了充分准备，内容比在清华讲的丰富多了，但大会上印发的仍是我去年 11 月在清华的讲话录音文字稿，用题是"人才断层与历史重任"，也挺好（图 8-7 左）。

1991 年 5 月 24 日中国科协召开的第四次代表大会，我的大会发言是"发展科技,人才为本"。发言最后说:"发展科技,人才为本。培养人才这个环节弱了,必将为无本之木,无源之水。发展经济,搞现代化建设,首先要抓能源交

图 8-7 《博士后通讯》和在中国博士后联谊会上我的讲话(左);《光明日报》载文(右)

通,我希望在贯彻小平同志科学技术是第一生产力思想的战略部署中,像抓能源交通一样地切实把教育抓上去。国家有那么多重点工程,为何不设个'人才工程'呢?"

这年 12 月《光明日报》召开专家座谈会,我的发言题目直奔"人才工程"。1992 年年终又开专家座谈会,我的题目是"再谈人才工程",成了货真价实的"人才工程"迷,三句话不离人才工程。在座谈会上我说:

去年十二月,在光明日报社组织的一次座谈会上,我曾谈到"人才工程"。时过一年,还想再议论此。

谁都清楚,当今世界,军事和意识形态对抗被全球性的激烈的经济竞争替代;经济竞争实质是科学技术的竞争,核心是人才。从美英到二战后崛起的德、日、"四小龙"等,无不具有很强的科技和人才优势。今日之发达经济皆以其科技实力和拥有一大批高级优秀科技人才和良好的国民素质为后盾。且不谈"星球大战计划""尤里卡计划""人类新领域研究计划"这些发达国家现在都在紧张地为 21 世纪更加激烈的经济和技术竞争作人才准备。欧洲的"大学问题常务委员会"和英国的"萨尔福实验"、已在世界各国广泛兴起的"科学园""孵化器"和 1989 年制定的全美农业教育改革紧急动员计划,还有日本等国已经开始的着力培养国际科技领袖计划等都说明人才的准备和竞争在悄悄而又紧张地进行着。

我国的经济底子薄、人才底子更薄,具有大学文化程度的只占总

人口的1%，而印度、韩国、日本和美国分别为2.5%、8.9%、14.3%和32.2%。经济要大发展，能源、交通、通讯要先行，国家投巨资搞了一大批重点工程，这很必要。而经济建设和搞所有的工程都是靠人去干的。特别是在这科技日新月异，市场瞬息万变，竞争激烈残酷的时代，人的素质和水平就是效益、速度和成败的关键。

在目前我国经济发展规模和人才状况之间存在很大反差的情况下，要取得实质上的高效益高速度很难，必须付出多么惨重而又不易明察的代价。"硬件"工程看得见摸得着好定量，人才之类的"软件"工程再重要也因先天性地缺乏实感而易被忽视。所以抓起来很容易一手硬，一手软；抓"短平快"有劲，抓"基本功"松劲。在经济热度很高的情况下，很需要这方面的远见卓识和冷静，要两手都硬。无论从哪个角度看，我们国家再次迅速发展经济、百废待兴的时期，一定要高瞻远瞩，以国家之强力，制定和推动一个迎接21世纪的"人才工程"计划，只有"希望工程"是不够的。百年树人，是个慢功夫，要有相应的提前量，抓晚了损失太大。

我这个"人才工程"积极分子自然会受到人事部的关注，多次受邀参与讨论。令我高兴的是，居然还真喊出来个"人才工程"。即1994年7月国家人事部提出，人事部、科技部、教育部、财政部、原国家计委、中国科协、国家自然科学基金委员会七个部门联合在全国实施的"百千万人才工程"。

"人才工程"在北京农大就很具体了，就是我提的"有50个'土'博士和50个'洋'博士，农大这台戏就好唱了"的"百博计划"。在《学校四年的发展与我的述职报告》（1991年）中有这样一段：

> 到1990年年末，全校教职工2059人，在292名中新进人员中，具有博士或硕士学位的占62.7%，四年共进博士45名，其中国内培养的31名，国外取得学位的14名。虽"断层"仍在，但结构发生变化。1986年和1990年50岁以上教师占总教师人数分别为41.9%和36.5%，

35岁以下分别为33.5%和48%，人均年龄由47.5岁降为41.1岁；教授年龄由68岁降为61岁；副教授由58岁降为53岁，讲师由51岁降为36岁。学历结构上，具有研究生学历的由1986年的11.5%上升到1990年的44.2%。先后有126人晋升教授，428人晋升副教授及相当职务。

二届任期内，大抓了人才引进和队伍建设，自1986年到1995年的8年间，教职工总数由2019人净减85人；教师和科技人员由1302人增至1389人，占比由64.5%提高到70%；专任教师平均年龄由47.5岁降为39.9岁，其中35岁以下的占比由42%增加到50.1%，50岁以上的占比由42%减少到32.0%；具有研究生学历的由11.5%上升到49.8%。我这个"人才工程"迷对这样的结果是心满意得的，这是为北京农大"转型"夯实的人才基础。

20年后的2016年春天，我由海南过冬返京，第一个由德回国博士柯炳生、中国农大校长来家看我，说到他当时回农大和他们这批博士队伍成长经历时不胜感慨。他如数家珍地说："在德国取得博士学位后，1989年3月回北京农大任讲师；1990年春破格提副教授；1991年任经济管理学院副院长和研究生院副院长；1993年破格提升教授；1994年任经济管理学院院长；1995年9月任中国农业大学副校长；1998年调农业部农村经济研究中心任主任10年；2008年1月回中国农大任校长。"我马上接上话茬："这不就是'穷人家的孩子早当家'吗？"他还说："那时先后回来的博士和国内培养的博士，现在都是学校的业务骨干了，院长和博导主要是这些人。"

我顺势地说："柯校长，能请你向学校人事处了解一下，我在任校长的1987年到1995年进来的'土''洋'博士情况好吗？""没问题。"

不久，人事处给了我两份统计材料，我任校长的8年间，共进留学回国博士49位，国内培养的博士54位（图8-8）。我高兴得哈哈大笑起来，我当时提出的50位"土"博士和50位"洋"博士的"百博计划"居然是如期如数地实现了！

看着两张表上的百位博士倍感亲切，多数我熟悉。武维华、李德发、

图 8-8　1987—1995 年入校的留学归国和国内培养博士名表

李宁、孟安民（后调离农大）、张福锁都是院士了，柯炳生、孙其信、李召虎是校长了，龚元石是副校长了，彭友良、罗云波、李小云、吴文良、李保国、韩振国、朱德海等都是老院长和老系主任了，其他也都是博导和教授。这"百博"活跃在农大舞台已20余年，还可以干十余年。正是这批早当家的"穷人家的孩子"弥合了农大教师队伍的"断层"，在三分之一个世纪里成为农大教师队伍的骨干。

"十年之计，莫如树木；终身之计，莫如树人"。

"江山代有才人出，各领风骚数百年。"

"衣带渐宽终不悔，为伊消得人憔悴"，我心慰矣！

人才工程之"推广教授"

上章讲到1991年春，为成立农业推广专业"救场"成功，以及"一个创举"与"成果推广画卷上的艳丽一笔"的这只"蝴蝶翅膀"仍在不停地抖动。

就在这年秋天，北京农大教师职称申报和评议中发生了一件事。有三位在农业推广工作中非常出色的副教授因为教学工作量和发表研究论文数量不够而失去申报教授职称资格，而与他们同届毕业的、从事教学工作的教师均具申报资格或已经是教授了。

我的直觉反应是"太不公平了"！是他们资历和业务水平不够吗？是

他们业绩不佳和工作不努力吗？都不是，原因就是他们把时间花在了农业推广工作上。如此残酷的现实，谁还愿意做农业推广工作？职称问题不解决，我所推崇的新型农业高校三大功能之一，服务社会和农业推广功能就如同沙滩建楼，"人才工程"在结构上就会失衡。问题出在哪里？就出在落后观念下的职称评审条例上。

我是职称评审委员会主任，于是召开评审委员会，提出问题，让大家讨论，结果是一致同意修改条例，增加了教学－推广型教师及其评审条件。1992年1月23日的评审会上评出了蓝林旺、李金玉、梅汝鸿三位推广型教授和四位副教授。

"晚日寒鸦一片愁，柳塘新绿却温柔。若教眼底无离恨，不信人间有白头。"

按说，此事顺理成章，以后照章办理就是了，未曾想到"蝴蝶翅膀"又扇起了一连串的社会效应。

农业部刚批准"推广教授"评审结果不久，1992年3月12日的《人民日报》海外版就报道了"北农大评聘首批推广型教授"的消息，还是繁体字版。两天后的1992年3月14日，《光明日报》在显著位置报道"北京农大率先评聘推广型教授"，并撰短评"远见之举"。1992年4月25日的《中国教育报》报道"北农大评聘'推广教授'"和短评"推广'推广教授'"。1992年5月4日中央电视台新闻联播播出了"我国首次评聘'推广型教授'"，同一天，《人民日报》再发文"强化推广职能，参与经济建设，北京农大建立推广教学科研体系"，并加本报评论员文章"从战略高度认识农技推广"，文中写道：

> 北京农业大学率先建立农业推广教学科研体系，评聘这方面的教授，此举对全国34万农业科技推广工作者是个很大的鼓舞。从数量上说，这次评聘推广方面的教授只有几位，但这是一个开拓新领域的标志，对农业科技推广队伍的提高和发展，对促进科技成果转化为现实生产力，具有重要意义。

说到"全国34万农业科技推广工作者",我想起农业部何康部长在一次报告中深情地说:"现在农业科技人员中境遇最惨的是基层农业科技推广员。有这个一句顺口溜'远看是个要饭的,近看是个卖炭的,一问才知道是个农业技术推广站的。可是你们知道,他们的工作有多么艰辛,多么重要。发展农业,没有农业科技推广行吗?"

对评农业技术推广教授一事,农业部反应最快最大,乃情理之中。不想也惊动了国家教委,两个月后的1992年5月3日,国家教委系统的"推广教授工作会议"在北京农大召开,常务副主任朱开轩亲自主持会议(图8-10)。一些非农兄弟院校也纷纷来"取经",最让我高兴的是北京医科大学校长、我的好友曲绵域教授带着一支干部队伍也来了。他说:"石校长,你们评聘'推广教授'的做法太好了。实际上,这个问题在医科也非常严重。教师和医务人员都愿意搞研究,带研究生,出论文,既好升职又有名气。一些教师不愿意出门诊,一些拿到博士学位的医学博士看不了病,这怎么行?"据国家教委的领导说,其实这种现象在工科也很普遍。

评聘"推广教授"后不到半年时间里,媒体报道、召开会议、领导视察、采访交流,纷至沓来,连我自己也猝不及防,比1991年成立农业推广专业和培养博士硕士的社会反响还快、还强(图8-9)。此本出于我十年"曲周实践"和服务农民的朴实感受,搞出个什么"推广博士""推广教授"的,不料"一石激起千层浪",不仅在农业系统和高校,在林业、医学、纺织等领域都有广泛共鸣。我当时有一种点到了"穴位"的感觉,这个"穴位"可以叫高校和知识界走出"象牙之塔",服务实践,服务民众的"地气穴"。

你认为这件事是对的,就"大胆地往前走",因循守旧是最要不得的。

图8-9 关于"推广教授"的部分报道

图 8-10　国家教委在北京农大召开评聘推广型教师职务座谈会（前排左三是我，左五是国家教委副主任朱开轩，左六是农业部副部长洪绂曾，左七是农科院院长王连铮）

校园文化建设之"家文化"

我访问过很多国外大学，喜欢住在大学的 guest house；喜欢到学生餐厅和同学们一起用餐；喜欢到学生的社团活动中心和体育馆游逛；喜欢看学生贴在墙上的海报；喜欢看夜色下校园的图书馆灯光；喜欢澳大利亚大学办的农民培训中心的农民读书室，让我久久不愿离去。

在康奈尔大学校园的一个不大的广场里，有两座相距六七十米、面对面的坐姿石像，是康奈尔大学创始人埃兹拉·康奈尔和第一任校长、教育家安德鲁·怀特，石像间地面有来往的带血色脚印。陪同介绍说，石像和血色脚印象征着二人为办好康奈尔大学在激烈争论中追求真理和自由的精神。康奈尔不仅有 13 所学院和 6 个国家研究中心，还有 500 多个注册学生团体，独木舟、马上枪术比赛、福音歌咏团、在学生餐厅里我惊讶地看到马克思主义研究小组的开会通知。

我钦佩德国洪堡大学校长洪堡，200年前提出大学要进行科学研究的"科研教学合一"的大学思想文化；我欣赏有800年历史的巴黎大学崇尚自由的校园文化；我羡慕牛津与剑桥一年一度划艇比赛的体育文化。校园文化的无形魅力和精神力量感染着我，让我沉醉于对校园文化的享受中。

在享受校园文化时，总会有股思绪冲击着我！北京农大，你该做点什么？

上任第二年，1988年的除夕，农业部在北京农大召开部属8所院校及16个干部分院的农业高教工作会议，农业部部长何康、国家教委常务副主任何东昌、20多所院校的书记和校长聚集一堂。除夕晚餐桌上，何康部长问我："老石，今天是除夕，学校有晚会吗？""有啊。""吃完饭咱们这伙人去参加除夕晚会，与同学同乐，比在房间里看电视强，行吗？""太好了！我们求之不得。"何部长是个爱热闹的人，喜欢和同学老师打成一片。

大礼堂的舞会已是人头攒动，当团委书记在扩音器里宣布两位何部长和会议嘉宾要来与同学们共度除夕的消息时，舞场沸腾了。最积极的是女同学，摩拳擦掌地要向部长和嘉宾们请舞，当时的气氛好极了，我的感觉好极了（图8-11右）。于是我萌发了一个想法，以后每年除夕晚会都可以这么做，像一家人团聚在一起过年多好。

于是，自1989年开始的每年除夕晚会的新年钟声敲响前的一刻钟，学校的全体党政领导上台，一字排开，向全校师生拜年。我用七八分钟讲七八句最简短、最具鼓动性的话，也就是七八个口号，如"我们学校的按系招生和组合式教学改革已经开始啦！""我们的游泳池已经修复和投入使用啦！""我们学校的基建批准列入国家'八五'大中型建设项目啦！""我们学校的新图书馆已经建成啦！""我们学校主持的黄淮海综合治理项目获国家科技进步特等奖啦！""我们学校已经通过'211'预审了"……每一句话都会迎来一阵全场舞者的欢呼（图8-11左）。只剩下几秒钟了，我就会说："老师们！同学们！让我们屏住呼吸，一起聆听新年钟声，迈入新的一年吧！"这时扩音器里的新年钟声响了，全场欢呼了，晚会进入了高潮。

我在任时，年年如此，同学们叫"农大春晚"。十年二十年后遇到那时

图 8-11 我在学校的除夕晚会上

在校学习的校友，他们总会回忆起那个场景。有同学说："我不喜欢参加除夕舞会，但到新年钟声敲响前，总会挤进大礼堂，享受这个激动人心的时刻。"

每年秋季始学的开学典礼和迎新会上我总会说"北京农业大学这个大家庭又迎来一批新的家庭成员，你们从自己的小家庭来到了北京农大这个大家庭。"在夏季的毕业典礼上我总会说："你们无论分配到哪里，北京农大都是你们的娘家。有了成绩给娘家报个喜，工作中遇到难题，回学校找老师和班主任。记住，'儿行千里母担忧'啊！"一次我突然想起，新来的大学生和研究生有迎新会，那几十位新来的老师也不能冷落啊！自此，开始了欢迎新老师的座谈会，会上我也是说："北京农大是个大家庭，相信你们会很快融为这个大家庭中一员的。"

"大学是个大家庭，校长是家长"的意念在逐渐形成。记得是1990年的教师节，我又突发奇想，咱自己的节日一定要好好过，要让节日农大校园的夜晚更加多彩温馨。于是找来总务处长许文，要他从学生一食堂到主楼前的南北主干道上，摆上美食一条街，插有小演出，在新落成的图书馆打上变色的多彩灯光。还动员老师晚饭后走出家门，享受"美食一条街"的美食，享受大家庭的温馨。

我是"土生土长"的农大人，我的老师和学生、同学和同事、司机和工人都生活在一个院子里几十年，是他们看着我成长起来的，见面打招呼，总是亲切地叫一声"老石！"或"石老师！"。他们有事有想法有意

第八章 草根校长（下） *317*

见，见面就说或是写信打电话，这正是"草根校长"的优势。我刚上任，召开第一次工作会议（"八月会议"）期间，曾经教过我昆虫学的管致和教授给我递来一信，信中附了一张他的剪报"见怪不怪，其怪不败"（图8-12左）。我如护身符般地存放在校长办公桌抽屉里。信的全文是：

> 元春同志：今晚听了电视里中央广播交响乐队的"外国名曲欣赏"真叫人高兴。从指挥到每个演奏家都很年轻（与中央乐团大不一样），如果您把校长看成交响乐队指挥，您能容忍一位"滥竽充数"者当第一提琴手吗？您能容忍指挥奏鸣曲的时候突然敲响了定音鼓吗？我相信您连黑管吹错一个音符也不会允许的。如果我当指挥，不但低音提琴配错了音听不出来，连指挥棒该往哪里指也不知道，乐队非乱套不可！只因为我根本不懂音乐。
>
> 管致和八月三十夜

图左下面 6 行手写字是信正文，右上角 11 行是补写的："但愿在'八月会议'上揭一揭'见怪不怪'的现象和原因。农大群众中流传一句话，

图 8-12　管老师给我的警示信（左）；与部分老师和同事的留影（右）（前排右四是管致和老师）

'在农大是一条虫，出去是条龙。'这句话里听着不少人的心酸泪，根源就在这张剪报上。"

我与管老师比较熟，我常向他请教治虫和英文翻译，他的英文极好，打字如飞。此信寓意极深，他借听交响乐有感而提醒和点拨我。校长是乐队指挥，"配错了音听不出来""指挥棒往哪里指都不知道，乐队非乱套不可"。信中说的"滥竽充数"和"虫龙论"是指过去农大对知识分子的打压，我自己就有切身之痛。我时常用管老师的这个点拨来反省自己，配错了音会听不出来吗？指挥棒不知道往哪里指了吗？你是怎么当校长的？

我的老师和同学经常以不同方式提醒我，指点我，批评我，鼓舞我。

分配出去的同学也常有给我写信的。一位女同学，小小个子，文静清秀，一人被分配到南方一个较偏僻的中小城市，举目无亲无友，又没有及时安排工作，十分苦恼，情绪低落，给我写信倾诉。我写信安慰鼓励她，又让校办查那个城市有没有校友，请校友施以援手。她的工作状况改善了，生活逐渐习惯了，与我不断有信来往。最让我高兴的是她交男友要我替她把关，信里不再叫校长，改口"伯伯"了。

"学校即家庭，校长即家长"的感觉和家的校园文化是一点一滴积累起来的。冰心回忆她的燕大校长司徒雷登时写道："你添了一个孩子，害一场病，过一次生日，死一个亲人，第一封短简是他寄的，第一盆鲜花是他送的，第一个欢迎微笑、第一句真挚的慰语，都是从他而来的。"看到冰心写的这段话，我对这位"别了"的司徒雷登校长充满着"别样"的钦佩和敬意。

校园文化建设之"橄榄球队"

校园文化中体育是不可或缺的，我觉得体育是生机与活力的一种象征。改革开放前 30 年的北京农大，政治运动多多，体育运动寥寥，我不敢奢望像牛津剑桥一年一度划艇比赛那样的校园体育文化。但不敢奢望，

一 石元春自传

不等于不会发生。

1990年12月10日的校园里，体育教研组贴出了一张招收英式橄榄球队队员的布告。就在这个上午，200多位同学争先恐后地挤进体育教研室报名。三天后，由曹锡璜教授任领队，4位教练、1位裁判和30位运动员的中国第一支橄榄球队成立了，揭开了北京农大，也是中国体育史上新的一页。

出海报的一个多月前的一个傍晚，天开始暗了下来，我还在办公室。体育教研组主任、人高马大的曹锡璜教授风风火火地敲门进来对我说，他认识一位59岁的日本橄榄球队前主力队员叫森本泰行，想帮助中国发展橄榄球运动。森本曾找过国家体委和××大学，他们态度都不积极，问我有没有兴趣。我对他说："我有兴趣，但关键是校长有没有兴趣。"好嘛！你老曹是来将我军的。我说："对橄榄球运动一窍不通，我没兴趣。但是校长有兴趣，因为一所大学应当有她丰富的体育文化。"老曹的心一阵凉一阵热的。我接着说："老曹，你就大胆地干，有事找我，我会支持的。"老曹高兴地连说："石校长，有你这句话，我就算拿到通行证了。"

老曹工作能力和活动能力极强，热情极高，果然一个多月就把中国第一支橄榄球队建起来了。

三个月后，1991年4月10日的《人民日报》海外版以"中国第一队"为题报道了北京农大橄榄球队。《北京日报》《文汇报》《光明日报》《中国青年报》等争相报道，在国内掀起一股小小的橄榄球热潮。英式橄榄球在欧美风行百余年，在中国（大陆）也呱呱落地了。

我与森本先生相识相交了，他对我说："我少时和父母住在大连。日本战败后我们非常怕中国人报复，但中国人天性善良，不仅没有报复，我们回日本前食物非常缺乏时，中国邻居还送给我们不少食物，所以我总想着要报答中国。我搞了一辈子橄榄球运动，快要退休了，就有了帮助中国发展橄榄球运动的心愿。"森本很实诚，学校聘他为北京农业大学橄榄球客座教练。

每当操场上有橄榄球训练，总会有好多好奇的同学围观。每个队员都在全场奔跑传球，交叉换位，进攻冲撞，"斯诺克""蜂拥""扑搂"，我以为橄榄球是所有球类运动中队员肢体接触及碰撞最多，强度最大的一种球类。我看不懂，但是觉得很好看。她体现了团队精神，表现着自信和霸气。

一花独放不是春。以老曹在体育界的资历与人脉，很快就与国家体委联系将橄榄球列为第16种球类，联系了北京市的9所大学成立了橄榄球队，成立了"北京市大学生橄榄球协会"。按照老曹和森本先生的计划安排，1992年初秋，在北京农大举办了"全国橄榄球教练员裁判员培训班"，你看图8-13，我在培训班上讲话时的姿势是不是也很神气？训练是基础，提高靠比赛，第一场比赛应当是1992年7月，由北京华远集团资助举办的"92北京'华远杯'橄榄球邀请赛"。

此后，赛事一个接一个。1993年5月11日"北农杯"橄榄球赛在北京开幕，有香港警察豹队、台湾开南校友队、北京大使馆联队、北京大学队、中国政法大学队、北京农大队、沈阳农大队、华东工学院队8支橄榄球队参加。台湾开南校友队和北京农大队分获冠亚军，我给他们颁奖，我

图 8-13 北京农大开展英式橄榄球运动，校园体育文化的一枝奇葩

第八章 草根校长（下）

已经是橄榄球运动的积极分子了。国内首次大学生橄榄球赛是1993年秋在上海体院举行的，北京农大队和上海体院队分获冠亚军。

1992年4月11日，北京市大学生体育协会橄榄球分会在原北京农业大学成立。曹锡璜教授任秘书长，给我的任务是当分会主席。1993年冬举行了北京、上海、广州、沈阳联合举办的"芝华士杯"邀请赛；1994年8月全国大学生橄榄球协会主办的"莱思康"橄榄球联赛在北京农大和北京大学两个赛场同时举行。

搞一场比赛是要花很多钱的，好在老曹是拉赞助能手，大陆的、香港的、台湾的、日本的、澳大利亚的，都要。我也是他拉"赞助"的对象之一，但赞助形式不同一般：橄榄球运动的极强对抗性对运动员的体格和毅力有很高的要求，1991年暑期的招生工作开始了，老曹要求到山东减分特招，我批准了；秋天的第一场比赛，运动员的比赛服装没有着落，我特批三万元；赛前宴会和闭幕式颁奖我都出席了；成立中国大学生橄榄球协会要我出任主席同意了，几乎是有求必应，这算"赞助"吗？

真正应当感谢的应当是老曹，是他在发展我国和我校橄榄球运动所做出的特殊贡献。1993年12月《中国体育报》上一篇橄榄球方面的特写，结束语是"千尺之台起于累土，千里之行始于足下。中国橄榄球，你大胆往前走"我觉得很贴切。

1994年5月27日，中国大学生体育协会橄榄球分会在原北京农业大学队的基础上成立。根据老曹给的任务，农业部副部长洪绂曾任名誉主席，我任主席，老曹等9人任副主席，老曹还兼任秘书长。说话橄榄球队4岁了，1995年4月老曹给学校的汇报中写道："我校自1990年率先成立我国大陆第一支橄榄球队以来，该运动项目进展很快，取得了较好的成绩，国内外影响很大。"并提出"积极努力克服一切困难，千方百计保持在北京以至全国这个项目的冠军称号或前三名，至少保持在甲级队行列"；"由于该项目国际活动日益频繁，影响面大，体育交流也应成为我校国际交流中心的工作内容之一"。

我校橄榄球队历经百余场大型赛事，还多次以我校队员为主体的国家队出战，在国内和亚洲都是强队。2004年的第19届亚洲杯橄榄球锦标赛，

图 8-14　中国农大橄榄球队 1992—2005 年的比赛成绩（武晓军提供）

我队战胜印度队和斯里兰卡队，获碗级冠军。图 8-14 是 1992—2005 年国内部分赛事成绩，大多是冠军或前三。橄榄球运动已经成为北京农业大学的一张名片，校文化中的一支可人花朵。

校园文化建设之"农民科技日"

1992 年春天，北京农业大学校园里的春光特别明媚。

当推广教授被风靡，国家教委 5 月 3 日在北京农大召开"推广教授现场会议"刚结束，酝酿已久的"农民科技日"于 5 月 11 日开幕了，校园的节日气氛浓浓的。5 月 13 日的《人民日报》以"农民喜赶科技集——北京农大'农民科技日'见闻"为题作了以下报道。

11 日一大早，北京农大校园里涌来数百名来自十多个省市的农民。校门南侧的综合农业发展中心楼前 20 多个摊位一字儿排开，由农大举办的"农民科技日"正开得热闹。

摆在中德中心楼门口的电视正播放介绍农大成果的录像片，迎来许多爱看热闹的群众。各系、处精心制作的展板和免费提供的技术资料让这些庄稼汉流连忘返。"增产菌"展台前,热情的观众快要把桌子挤翻,近千份资料和展品被抢购一空。山东来的一位农民则被"牛羊增肉剂"吸引住了。

设施堪称一流的中德中心学术报告厅,被农民围得水泄不通,有人干脆坐在地上,伸着脖子听着一场又一场技术讲座。"能听懂吗?"记者悄声问道。来自宁晋县大极村的妇女张端凤抢先回答,"能!以前知道农大是搞学问的,从不敢想到能让咱农民跨进校门,农大老师课讲得真好。回去后我要向乡亲们多宣传,让大伙儿也来转转,开开眼界。"当了30年农民技术员的盐山县盐山镇农技站长王岐风对你们科技意识的迅速提高感到欣慰,他深有感触地说,农大举办农民科技日,抓准了时机,是个大胆的探索。他们研制的系列种衣剂在我们当地很受欢迎,光是"缩节胺"一项,全镇5000亩棉花全都用上了。农大这个头带得好,如果全国都搞起来,对促进农业发展作用会更大。

《科技日报》《农民日报》等也作了相关报道。

怎么想起搞"农民科技日"的呢?还是要从"曲周改碱"说起。当时我有个想法,终年在田间耕作的农民和常年在大楼里教学科研的农业大学教师,都姓"农",何以"天各一方",疏于来往?作为一个普通教师,想想而已,当上校长,我就可以挥动起手中的"魔杖"了。

教师可以"下乡",农民能到大学里来吗?看来是缺少一座桥,农民来农业大学走动的桥。于是就有了办"农民科技日"的想法。一年至少有一天农民可以到农业大学"走走亲戚",有个"七月七"总比没有的好。1992年的5月11日,首届"农民科技日"在北京农大校园举行了。农大校园里,有400多位朴实憨厚的农民在走动,看展台,听讲座,这本身就是一种宣示。

第二年,1993年的5月11日举行了第二届"农民科技日",规模和气势更大了。有1000多农民参加,广东和浙江等南方省市的农民也来了;有40多个展台;有60多位正副教授的"教授咨询";有"计算机咨询""专题讲座""科技成果发布会""技术项目合作洽谈""校地合作洽谈"等。除北农大外，中国农科院、北京农学院、北京市农场管理局等40多个单位也来展出了269项技术成果，参会的除农民外还有11个省市的基层官员和农民企业家。

图8-15 《农民日报》以大篇幅广告形式报道'94全国农民科技日

唐山市农委主任包了大轿车，组织100多位农民来赶会。7家出版社的农业科普图书也来为"农民科技日"增色助阵。

不少参会者是带着问题和目标来的。浙江海盐县刘桥村青年农民周社良从小报上看到这则消息，在火车上坐了一天一夜赶来，找到果树教授孟昭庆说："我在村里包了几十亩桃园，桃子长得很好，就是桃树流胶多，虫害就多，想了许多办法都没效，请教授帮帮我。"孟教授从原理到办法，说得详详细细，小周非常高兴，拿出相机与孟教授合影，"我回村说我在北京拜了一个老师"。唐山市迁西县畜牧局当场购买北京农学院的500对肉皮兼用的滩兔，11日上午就签了40多份技术转让协议。河北省故城县饶阳店乡党委书记秦子来说："我们乡是依靠北农大技术才成为河北省农业综合开发乡的。我们乡决定拿出15000元在北农大设立'农民奖学金'。"

不知不觉我有了一种感觉，这不就是个农民科技庙会吗？好红火的一个农民科技庙会！主管科教的农业部副部长洪绂曾在庙会上到处走动，感触颇深地对我说："石校长，北农大办了件大好事，明年其他农业大学也要办，主会场就设在你北农大。"

1994年，北京农大第三届"农民科技日"改为"全国农民科技日"了。农业部教育司司长在1994年5月21日首届全国农民科技日的北京农业大学主会场举行的开幕式上的讲话中说："这次农民科技日是应广大农民的要求，在北京农大前两届农民科技日活动的基础上搞起来的，是由北京农大等全国18所农业院校联合发起举办的。北京农大是这次活动的主会场，在其他17所农业院校设有分会场，活动遍及全国。目前我们正通过热线电话，同各分会场保持联系，解答农民朋友的各种问题。"

当我走出北京农大"综合农业发展中心楼"时，一群记者堵在了门前，要我讲几句话。我看着面带欢喜的农民在满校园里走动，即兴地讲："农业院校本来就是为农业和农民服务的，农大和农民之间没有围墙，农民科技日里农大向农民兄弟开放，平时照样向农民兄弟开放，随时都欢迎他们来农大做客。""农大与农民之间没有围墙"一时成为新闻报道热门话题。这是我脱口而出，又是深发的"心声"。

"首届全国农民科技日"举办的第二天，《人民日报》的报道是："5月21日，全国8亿农民有了自己的一个新节日——农民科技日。"《光明日报》在报道中说："这些年华夏大地这'节'那'日'可谓层出不穷，但真正为农民办的节日却寥寥无几。像'中国农民科技日'这样直接以传播农业科技为内容的活动更为鲜见。"

自有"农民科技日"以后，农大与农民的来往就多了，给我的来信骤增。要良种的、要饲料配方的、要治虫良药的、要科技科普书籍的、请教授到他们那里讲课的……每封充溢着农民朴实真情的信都感动着我、鞭策着我，我叮嘱秘书小张必须每信必回，按信中内容到各院系处逐项落实和以我的名义回信。当然，有的信我是必须亲自处理和复信的。

例如有一封比较特殊，是来自鲁南监狱服刑的犯人、失足青年陈付启的信。情况特殊，回不回信？我脑子里马上浮出"有教无类"的圣训，失足青年更需要关怀。我通过校保卫处与鲁南监狱取得联系后，我就与陈付启本人回信和以后又有多次信件来往，还嘱教务处和农大出版社多次给他寄书。这位青年在《集宁日报》发表了他的征文"难忘这份情"（图8-16），很感人，也感到作为一个教育工作者责任的重大。

> 炼狱洗礼的日日夜夜，每每在我失意、彷徨时，不由得就会想起一位既亲切又陌生的长者，他就是北京农业大学校长石元春教授。

话还得从头说起。1993年背负10年刑期的我来到鲁南监狱服刑改造。面对茫茫的沼泽，不由使我发出无奈的哀叹，不知何处才是自己停泊的港湾。正当迷惘悄不知所措时，政府干警及时找我谈心，并根据我的爱好和特长让我担任了犯人技术教员。

　　一个偶然的机会，我从报纸上看到石校长的介绍。我想，何不求救于他呢？可转念一想，"一个劳改犯，谁管你的闲事。再说，一名大学校长多忙？"当我把这一想法告诉挽救我的干警后，得到了他们鼎力的支持，"不要怕，可以试试看嘛！"于是我怀着一颗虔诚之心写信给了北农大校长石元春。一天，二天……正当我感到失望时，可第19天我惊喜地接到石校长的来信和赠书。顿时，一股暖流瞬间传遍全身。

　　"一个人犯了罪并不可怕，可怕的是执迷不悟，继续沉沦。失足只能是对一个人的过去而言，但却不能注定将来，只要你痛改前非，勇于进取，同样能开辟崭新的事业……""我期待着你走向新生的好消息。"捧着沉甸的来信，读着慈母般的话语，双眼不觉湿润了。身为一名日理万机的高级干部，能对一个陌生浪子如此关心，这怎能不让人感动而难忘呢？

　　他那一封封震撼人心、热情洋溢的来信和赠刊，自1993年起，不断地穿过万水千山，飞进大墙，像一把把冬天里的火炬，温暖了我的心，点燃了我新生的火焰，照亮了改造的前程。在石校长的关怀和干警的教育下使我逐步走上改造正轨，已先后连续两次被狱部评为文明个人、优秀教员、优秀通讯员，三次分别获得社会征文佳作二等纪念奖。说真的，这些成绩和荣誉是与石校长的鼓励和政府的挽救密不可分的。

　　时光悠然而过，转眼已近3年了，此事此情犹如犁铧划出的深沟难以忘却。我明白，这是长者对浪子真挚的爱，博大的爱。我坚信，这爱今生今世我不会忘记，它将是奔新的助推器、人生的坐标。

　　"农民科技日"已经过去20年了，我一直在怀念着她。

图 8-16　陈付启给我的信（右）和他在《集宁日报》发表的文章（左）

国际化建设

"文化大革命"前中国只与苏联等社会主义国家交往，"文化大革命"中完全闭关，30 年后的改革开放，才洞开世界之门。北京农业大学也面对国际化挑战，逐步走向世界。

当时我对"国际交往"的认识很朴素，就是学校带头，鼓励广大教师"走出去"和"请进来"，像海绵般地吸纳国外新科学理论和技术，新教育思想、新观念、新管理，以填补我们 30 年时间的缺失。最早的国际交往是 1979 年开始的联合国粮农组织援助的农业遥感培训班；1984 年开始的"中德农业综合发展合作项目"；1985 年举办的盐渍土改良国际会议；1988 年开始的与日本东京农大互派 15 名大学生实习项目；1989 年开始的与加拿大圭尔夫大学合作项目；1990 年开始的与苏联捷米里亚农学院合作项目等。

1990 年，请来 11 位美国专家用英语为研究生和大学生作"实验动物系列讲座"；1993 年开始美国洛克菲勒基金会提供 35 万美元资助的中国留学生学者短期回国合作研究；1995 年该基金会又提供 100 万美元资助的由我校主持，为全国培养中国农业经济学博士的项目。二届任期内建立姊妹学校关系的国外大学新增了 13 所，除美、荷、泰、加、德、新（西兰）外，还首次与韩国、巴西、墨西哥、斯洛伐克诸国的大学建立了校际合作关系。

在我校长任期的国际交往的前四年，我校派出攻读学位、访问讲学、合作研究和参加学术会议的有 567 人次；请进外国专家 150 人次；接待来访 1079 人次；接受外国留学生和实习生 59 人次。第二个四年的合作研究、考察访问等派出累计达 640 人次；请进短期和长期文教专家 382 人次；接待国外友人来访 1067 人次；接受外国留学生和来我校学习的外籍人员 98 人次。国际交往由 70 年代末以来的"大进大出"阶段开始向"重点进出，扩大领域，相互交流"方向发展，即派出人员的层次提高了，合作研究和讲学多了，举办国际会议和国际培训班多了，一般性的请进派出少了。8 年累计引进国外资金约 8000 万元人民币。

在众多的校际合作中，必须浓墨重彩一提的是由安民校长始建和持续十年的，与联邦德国霍恩海姆大学合作的"中德农业综合发展合作项目（CIAD）"。我就任校长次年 5 月，即与安民校长一同出访联邦德国，讨论签订二期 CIAD（综合农业发展）项目。当时校内还有小道议论，"刚上任的新校长怎么会和老校长一同出国？"因为人们总以为新老校长间关系微妙，其实我尊安民校长为师长，尊他的品德与学识。且不说这次访德是怎么谈 CIAD 二期项目，先讲几个小故事。

我们到霍恩海姆大学校长莱希教授家参加欢迎聚会。没有辞藻华美的欢迎词，却在高大宽敞客厅里挂着和摆着许多中国字画和礼品，他一个一个地介绍中国礼品是什么时间、什么地方和谁送的，还插科打诨地讲些小故事，一下子就拉近了我与这位陌生校长间的距离，这是最好的欢迎词。来到农药专家米勒教授家做客，他更是将中国朋友送给他的礼物挂摆得琳琅满目，像个展室。米勒教授介绍起来眉飞色舞，热情奔放。安民校长对我说："米勒教授比中国人还爱中国。"他们夫妇俩连忙点头说："Right! Right!"

来自红色中国的两位校长，德方陪同自然会问："要不要参观马克思故居？"青年时代入党时就已经把马克思主义作为终身信仰了，当然是想瞻仰马克思故居，并留下两位校长在马克思头像前的合影（图 8-17）。20 年后我把这张照片放大作为给安民校长 90 岁的生日礼物。瞧！照片上

图 8-17　安民校长和我参观马克思故居（1988年）

的我多么年轻，才58岁，风华正茂的。

CIAD 二期项目是在我任期内实施的。1994年项目完成庆典上，我作了热情的致辞，下面是部分摘引。

C1AD（综合农业发展）项目，是在北京农业大学和联邦德国霍恩海姆大学校际联系的基础上，于1984年10月经中德两国政府签订协议后建立的国家级科技合作项目，其目的是合作开展14个农业课题的研究，并建立一个综合农业发展中心，通过培训和推广实现对黄淮海地区农业的开发工作。

在10年的两期合作中，联邦德国对外经济合作部和德国技术合作公司为我校总共提供了1660万马克的援助，其中约400万马克为我校建立了土壤水、植物营养、药理、作物品质、作物生产、农业机械、农药喷雾、动物遗传、动物营养、生产经济、食品加工11个现代化实验室。约150万马克用于建立和装备综合农业发展中心；为我校在德培养博士生21名，进修生和技术培训人员50余人。通过合作，增设了植物营养、农业推广、果蔬加工三个专业，新开设了植物营养学、农业市场学、农业推广学等14门课程。

10年中，德方专家学者和GTZ官员来华讲学指导工作近200人次，在14个农业应用课题的合作研究中发挥了重要作用，使得这些研究工作取得可喜的成果。综合农业发展中心也逐渐发展成一个设备先进，人员经过培训，素质得到较大提高的集研究、推广、培训于一体的国际农村发展中心。这个中心不仅在国内农村发展中起到应有的作用，同时在国际合作中也起到良好作用。

这一段带总结性的讲话，即使现在看起也会无限感慨。北京农大在恢复转型之初，联邦德国的这个援助项目真是雪中送炭。发展新学科，建立实验室，培养人才，特别是通过 CIAD 中心积极倡导和推进了农业推广和服务农村的农业高校的办学宗旨，CIAD 项目当时对我校真是"雪中送炭"。原来德国产品质量极佳，"援助"也是极佳的。

1993 年秋，我家搬进了校长小楼，楼上楼下，还有个不小的院子，够气派了。我也与国际接轨，效仿莱西校长，在"中德中心"庆典完后，把德国的十几位教授请到家里聚会。夕阳西垂，金黄色的光线斜洒在院落里，洒在放满饮料和茶点的茶几上。大家拿着饮料和点心，站着、走着、坐着，随意交谈，气氛好极了，有点与国际接轨的感觉。这种场合下，最受欢迎的是我们家的"狗狗"，你看照片上的莱希校长弯着腰与他谈得多好（图 8-18）。

与日本东京农大是第二个大学间合作项目。

事也凑巧，日本东京农大校长松田藤一郎与我同是 1987 年任校长的，二人都说是"有缘"，平添了几分好感。两校间签了一个每年交换 15 名大学生实习的协议，他还邀请我参加东京农业大学百年校庆，见了日本天皇夫妇，授予我名誉农学博士学位等（图 8-19）。这个项目进行得很顺利，两校走得也勤，双方收获均丰。

与国外农业企业合作则是另一番风景，有捐赠，也有合作研发。

图 8-18 CIAD 二期项目完成庆典后到我家庆祝（1994 年 9 月 28 日）

图 8-19 我与松田校长在东京农大校门的合影；授予名誉农学博士学位的仪式（1992年）

泰国正大集团是华裔谢氏家族的、亚洲最大的养鸡业集团公司，乘中国改革开放的东风，成为当时中国国内红极一时的明星农业企业。1992年捐赠建立"北京农大正大肉鸡发展中心"于涿州实验农场。我在1994年落成典礼致辞中说：

> 现在呈现在大家面前的，是一座耸立在河北省涿州市西部古代称为"潇潇易水大地"上的，具有21世纪水平的现代化养殖企业。由一个万套父母代种鸡场和配套的孵化场组成，采用国际先进水平的生产工艺，主要设备全部由国外引进，占地面积150余亩，总投资956万元。

由于北京农大与泰国正大集团合作成效显著，正大集团又向华南农大和浙江农大各捐赠一套，签字仪式在人民大会堂举行，吴学谦副总理参加（图 8-20）。北京农大与正大集团二期合作项目已经签署，是正大捐资1750万—2000万元人民币扩大我校继续教育学院规模和建设"北农－正大培训中心"，一套人马，两块牌子。很可惜，因我离开校长岗位，这个项目夭折了。

与国外企业合作的第二个项目是洪绂曾副部长推荐的，中日友好人士、日本农业企业家神内先生无偿资助2.2亿日元建立北京农大神内农牧业经营研究开发中心，我在1995年6月9日的奠基典礼致辞中说：

图 8-20　1992 年 7 月 9 日泰国正大集团向北京农大等三校捐赠现代化养鸡场的捐赠仪式（左）；北京农大正大肉鸡发展中心奠基仪式（右）

神内中国农牧经营研究中心是集研究、培训、推广于一体的一个应用性研究和开发推广机构。它以服务于农民为宗旨，也必将推动我校农牧学科和农业推广工作的发展。我相信，历史悠久和有着雄厚科学技术的北京农业大学，必定能把神内－中国农牧经营研究中心建好办好，必定能实现神内良一先生造福社会、造福农民的愿望。

与国外企业合作的第三个项目是由中国驻日本大使馆、国家教委外事司牵线搭桥，1993 年 11 月接待了来访的日本京食株式会社五十岚胜顾问，讨论学生营养餐事宜，1994 年 6 月签订了"合作意向书"。1995 年 2 月由我带队访问日本京食株式会社，与小林末男社长全面讨论了合资组建北京都丽梦食品有限公司事宜，4 月 4 日在北京正式签订协议和举行奠基典礼。北京农大以土地和新建厂房占股 50%。日方以中央厨房设备、运输车辆占股 50%，注册资金 2400 万元人民币，副校长张立强任公司董事长（图 8-21）。

该车间具备日产 50000 份中、西式快餐生产配送能力。这是中国第一个现代化中央厨房；中国高校后勤社会化第一家中外合资食品生产大型企业；国内设备最先进、生产规模最大的学生营养餐企业；中国首家通过"中国质量认证中心"ISO 9002 体系、HACCP 体系"双认证"食品快餐企业。连续 8 年荣获"北京市学生营养餐先进企业"称号，北京奥运会比赛场馆优秀保障快餐供应企业"金厨奖"。

"现代化中央厨房"是北京农大创造的又一个"全国第一"。

图 8-21　日本京食株式会社合资组建的北京都丽梦食品有限公司

有一点我是清楚的，8 年执着于国际交往，起步与初级阶段耳。国际化怎么才算成熟和高级呢？我来不及想，也不是我该想的事了。

"八大学院"

1992 年是中国改革开放历程中的重要年。年初小平南巡，年末"十四大"，从十年的"为主""为辅"之争到"中国经济体制改革的目标是建立社会主义市场经济体制"的一锤定音。这年，全国改革风劲，高教改革风劲，北农大改革风劲。

这年 3 月，我校第 10 次工作会议启动了"八五"计划；6 月提前召开第 11 次工作会议启动了人事分配制度改革；7 月召开二届三次教代会，热议"两年综合改革"和发表《倡议书》；10 月 14 日我给校务委员会委员写信报告综合改革进展；10 月 20 日以校长名义就当前改革形势给全校师生员工发表《公开信》；11 月召开第 12 次工作会议讨论"调整优化专业结构"；1993 年 3 月提前召开 13 次工作会议讨论教育教学改革。

"一万年太久，只争朝夕"，北京农大的"转型"改革二期还有很多事要做。

如此紧锣密鼓，与"南巡"有关，更与我心情有关。在制定"八五"计划中，我思想压力越来越大，"忙忙碌碌五年，只剩三年任期了！"还有那么多的事情要做，怎么办？心里着实急了。于是借"南巡"东风，来了个"两年综合改革"的紧急行动计划。为什么是两年？因为我的任期只剩两年多了，就算"冲刺"吧！

一期转型改革搭起了新型农业大学的框架，然而"冰冻三尺，非一日之寒"，根子还在于没有彻底动摇计划经济体制在高校的基础和影响。

《两年综合改革》计划开门见山地指出："社会在急剧变革，我校要迅速做出适应性反应。可是现行的陈旧的教育教学体制、落后的管理体制以及经费严重不足这三个沉重包袱压得我们步履蹒跚，喘不过气来。不甩掉这三个包袱，农大就不能腾飞和实现我们的宏大目标。"正是当时的这种心情让我用"三座大山"或"三块心病"来形容学校面临的形势。具体部署是"以教育和教学改革为主体，以内部管理和人事分配制度改革为突破口，大力抓好校办产业。"

选管理和人事分配制度改革为突破口，意在为主体改革铺路，且准备工作已较充分。提前两个月，于1992年6月13日召开了11次工作会议，会后不到4个月就陆续出台了如业务系统内部管理改革暂行条例、校办服务性经营实体管理暂行条例、校办农业高新技术产业管理暂行条例、人事管理和分配制度改革方案、工资包干实施办法、住房制度改革方案等十个条例，可谓"短平快"是也。管理与人事分配制度改革的关键是把教师的积极性和主动性调动起来了，这盘改革大棋就好下了。在一期"转型"改革基础上，二期改革又加上了6条。

一、严格实行择优上岗－聘任制，乃系主任之首要职责；二、严格实行年终述职考绩制，即从校长到教职工，从院长系主任到每位教师都要进行年终述职考评，1993年有1636人参加了述职考绩，占应参加人数的93.7%；三、绩效分配和扩大级差制，即以高课时津贴和优质加奖励替代职务工资，农学系1993年全年津贴最高者5548元，最低者1560元；四、评定职称一般是五年才具提职申请资格，改革后的绩高质优者三年即可申请，绩少质差者十年也无望，评工资、分房、受奖一并参用；五、设"农大人"等教书育人和为人师表的师德奖；六、凡得不到聘任和绩少质差的教师可转"校人才交流中心"另行安排工作。

以上6条集中起来就是一条，用规章制度"奖优罚劣"。这正是我刚上任时管致和老师在信里警示我的："如果您把校长看成交响乐队指挥，您能容忍一位'滥竽充数'者当第一提琴手吗？您能容忍指挥奏鸣曲的时候突然敲响了定音鼓吗？我相信您连黑管吹错一个音符也不会允许的。"说白了，"奖优罚劣"6条就是专治"滥竽充数"的。

一位和我很要好的教师对我开玩笑说："老石，你真有招儿，过去的校长可想不出这么多的招儿。原来教师整教师，整起来更狠。"我也开玩笑地说："那咱们再改回去？""不行！不行！教师欢迎学校的这套奖勤罚懒、奖优罚劣的改革，要打破平均主义，就得这么干！"我把刚当校长时管致和教授给我的信和剪报里说的"滥竽充数"，"能干的不如能说的，能说的不如捣蛋的"的故事说给他听了，两人大笑起来。

5个月后的11月20日，第12次工作会议上，教育教学改革终于出台了，主角是院系专业结构调整，以及相应培养模式与课程内容的调整优化，"转型"改革的压轴戏上场了。

上任伊始，我即提出"6个不适应"和开始进行调整，只是个初步。再则这5年，国家改革开放形势突飞猛进，对高校要求不断变化加码，二期改革势在必行。如何深化完善？如何适应新形势？经过一番思索，主要"抓手"还在于调整院系专业结构，将院系专业的"炮位"调整到更能适应国家经济建设和市场经济的需要、适应日新月异的学科发展需要、适应将我校建设成为一个综合性、多科性、新型性和一流的农业高等学府的需要上来。"三需要"的体现和载体主要是在院系专业结构上。我之所以着急，是因为离任前必须对此有个交代。

此次院系专业调整重在内涵，组织架构上更搞了个"大动作"，即构建以"院"为中心环节的"校、院、系三级管理体制"，这是一所成熟大学的基本建制。"文化大革命"前北京农大只有农学、园艺、植保、土化、气象、畜牧、兽医和农经8个系，这是"农学院"建制。"文化大革命"后安校长远见卓识地成立了生物学院，孤掌难鸣。1992年我在原土化系和农业气象系基础上，扩展土地资源和生态环境等新兴学科，首先组建了"农业资源与环境学院"，又将兽医系改"兽医学院"，农经系改"农业经济学院"，都是修修补补。在此基础上，通过"两年综合改革"，构建一个能适应国家计划经济体制需要的、完善的院系专业结构体系，以了心愿。

我在调整院系专业结构的发言中指出："院是由相邻学科组成的一级行政管理层，有利于学科之间的渗透、交叉以及在教学和科研上的协调。院下设系，是按本科招生口径设置，是负责教学、科研和学科、师资队伍建设的一线业务单位。系可根据人才市场需要，在有明确和相对稳定的服务领域设置若干专业方向，以有利于学生就业。研究所、中心、站和国家、部、校正式批准成立的实验室等为院下与系平行，不招收本科生的科研教学机构。"这样，学校教学科研的整体框架、结构与功能就清晰了，完善了。

只动架构，不及内涵，乃"表面文章"。我在第12次工作会议上谈优化内涵时强调："院系专业调整中要注意向以下6个方向延伸，向学科前沿、新兴交叉学科的方向延伸，如生物技术、资源与环境、计算机应用科学、信息管理、化学控制、生物环境控制工程以及工程学科方向延伸；向当前及今后农业生产中的技术需求方向延伸，主要是加强产前、产后，如种子、肥料、水土、饲料、植保、兽医兽药、农机、信息和推广等；向经、贸、管方向延伸，特别是农村乡镇企业；向国际化方向延伸；向我校优势专业延伸；向当前和中近期的热点方向延伸（如财会、金融、草坪、花卉、果树等）。"这样，新的院系专业结构更具时代感和适应时代需要。

这次改革是在一个大学的"心脏"动大手术，是教师们最关心和最有发言权的事，必须最深度地发动全体教师。所以改革采取自上而下和自下而上相结合的方法进行，即先由学校提设想和方案，在第12次工作会议上讨论修改，由各院系带回去发动教师再讨论，将结果报校汇总，经校务会议讨论通过后再报部。

这次教师与管理层动员的广度与深度是前所未有的。有众多教授、院长系主任、总支书记的长篇发言；有多年搁笔的我校大秀才杨士谋、王金昌的文章；有第12次工作会议上7个小组发言摘登；有各种各样的报道，可谓是群情高涨，积极献策。在这次会议上，农业学院、生物学院、资源环境学院、动物科技学院、动物医学院、经济与管理学院、基础科技学院、人文社会科学学院等"八大学院"浮出水面，登台亮相了。

通过"基础科学与技术学院"和"人文社会科学学院"的成立，强化了理工和人文社会学科，缓解了长期存在和难以解决的基础课与专业课、教学与科研相衔接的问题；通过农业设施工程、计算机和信息管理、土地资源和管理等系的成立，一批新兴和交叉学科发展了；通过兽医、畜牧、农经、资源和环境等传统学科的学院更名将在内涵上得到更新改造，焕发新的活力生机。我称此次改革是以形式带动内容，做到"以表带里，表里结合"。

1993年2月22日给农业部递上了"关于调整组建八个学院的请示"报告，4月获得同意此方案的正式批复。

宏观改革到位了，立即启动微观改革，布置研究生院、教务处和各院系分别制定新的培养计划和教学管理制度的改革方案。教学管理制度改革的"软件"部分包括全面实行学分制、主辅修和有条件转系（院）制、专业证书制、奖学金和单项奖励制、预淘汰和试读制、导师制等。"农民科技活动日"结束不久，5月下旬，提前三个月召开了第十三次工作会议，主题是"培养计划和教学管理方面的微观性改革"，使此次教育教学改革落地生根。

我在第13次工作会议总结讲话的最后说：

> 国家的这种重大和历史性的变革，对高校提出了新的挑战，也提供了改造自己和求得发展的大好时机。没有这场伟大的社会变革，我们怎能冲破计划经济体制下的僵化办学模式，建立新的教育教学体系；怎能因社会需求的多样化而大力改造传统学科和发展新兴和交叉学

科，怎能由一个缺理工少文科、专业范围狭窄的农业大学向着以农科为主的综合性大学方向发展；怎能有如此多的机会与世界各国交往，吸取先进理论技术，开阔眼界，发展学科，提高教师学术水平。我们是时代变革和改革开放政策的受益者，应当充分利用和珍惜这个时机，加快学校的改造和发展步伐，实现我们的宏伟目标。

目前我们进行的综合改革是一次深刻的革命，一项十分复杂而艰巨的工程。这里有思想观念上的碰撞，习惯势力的影响，个人利益的冲突，社会大气候的冲击以及缺经验少经费的制约。现在最需要什么？最需要发扬农大人精神！最需要坚定信念和信心！最需要互相支持鼓舞和团结协同！

至此，两年综合改革的主要任务完成了，1993年11月13日又给农业部递上了"关于我校综合改革的汇报"。报告的最后写道："当前我校形势很好，对前景充满信心，这是狠抓改革的结果。改革在我们面前展示了'柳暗花明又一村'，改革才能缓解当前困境，改革才能发展，改革才有光明前途，对此我们有着深刻的切身体会。"

"八大学院"的成立，是北京农业大学从架构与内涵上完成向一个现代和新型农业大学"转型"的标志，完成了我任职以来的夙愿与承诺。

十年后，中国农大瞿振元书记和陈章良校长上任不久到我家做客。瞿书记说："石校长，我们现在是在您搭建的院系框架下工作的。"陈校长说："现在的院长和系主任大多是您那个时候吸引的人才。"书记和校长好像知道我的心思，说到我心坎上了。他们走后，我立即打开中国农大校园网的"学院"栏，看看与农业工程大学合并后的中国农大的院系结构。发现除"工学院""信息与电气化工程学院"和"水利与土木工程学院"三个学院外，原来的8个学院基本未动，仅食品科学系提升到"食品科学与营养工程学院"。

记得我在会议上说过："过去北京农大按29个专业招生，校园里长的都是'草'，现在长出了8棵树，以后会长成参天大树的。"

"十年树木"，这些树已经根深叶茂了。

以"211工程"谢幕

一茬接一茬，一事连一事，都是大事和好事。1994年7月，"两年综合改革"刚告一段落，"211工程"就开始了。

1993年2月国务院颁布的《中国教育改革和发展纲要》指出："要集中中央和地方等各方面的力量办好100所左右重点大学和一批重点学科和专业。"为此，1993年7月国家教委发出《关于重点建设一批高等学校和重点学科点的若干意见》，1994年5月启动部门预审。一时间，进入"211工程"计划成为全国高校的热门话题，哪个大学不想进？既有一个闪烁发光的"211大学"名头，又有建设项目与充裕投资。我4年前争取北京农业大学列入国家"八五"大中型建设项目时的那股激情与冲动又上来了。

我是国家教委科技委副主任，自始就参与了"211工程"的酝酿与策划。北京农大进"211"估计不会有问题，问题是以怎样的认识高度和境界进入。于是，我给自己出了一道毕业考题：七年两期的转型改革基本到位了，下个世纪前十年的北京农大该是个什么样子？战略制高点在哪里？

争取进入国家"211工程"成为我校长任期的最后一张"考卷"。

我大量查阅了美国的十几所常春藤大学、英国的剑桥大学和牛津大学、法国的巴黎大学、德国的洪堡大学和霍恩海姆大学、澳大利亚的悉尼大学和墨尔本大学、日本的东京大学和东京农业大学、台湾的台北大学和中兴大学等的资料，逐渐形成了对北京农大未来的三个战略定位。一是全国有70多所农业高校（含大专），各省都有自己的地方农业大学或农学院，北京农业大学宜为国家级和高层次的农业大学；二是北京农大宜为规模不大的研究型大学，我谓之"普林斯顿模式"或"约翰霍普金斯模式"；三是北京农大宜以农科为主的综合性和多科性的大学，我谓之"康奈尔模式"。

我明知"以农科为主的综合性大学"的提法太敏感，国家教委的阻力最大，但还是迎难而上。我游说了国务院学位委员会、国家教委、农业部和部门评审专家组，争取他们的理解和支持。第二个敏感问题是：为了体现高层次和研究型，为了实现普林斯顿大学和约翰霍普金斯模式的梦想，将本科生和研究生之比由1993年的1：0.22（清华为0.34）分别调整到2005年的1：0.67和2010年的1：1。不少同志说我疯了，说我异想天开，不切实际。可是时间眷顾了我，2005年以后的中国农大，多个院系的本研比都在向1：1靠拢。国家级和研究型的定位决定了研究生教育的大发展，这不是疯不疯的问题。

第三个"敢想"是大胆提出的学科发展计划。将现有的75个二级学科规划增至120个。其中农学由36个增至44个，工学由6个增至12个，理学由23个增至34个，人文社会科学由10个增至30个。规划建设国家级重点学科29个（现有11个），部级重点学科45个（现有7个）；并在以上学科建设的基础上，组建生命科学和资源环境科学两个国家级学科群以及信息和计算机农业应用、农业经济和农村发展、农工结合三个部级学科群。与学科建设相应的是规划建设7个国家级重点实验室、工业性中试基地和工程研究中心（现有2个），17个部级重点实验室，11个国家或部级中心、工业性试验基地。

"北京农业大学'211工程'建设计划（1994—2005年）"10余万字，我撰写的《缩写本》也有1.3万字和由大量数据构成的12个附表（参见《石元春文集·教育卷》，2016）。《缩写本》的最后写道：

> 公元2005年，北京农业大学将以其全新的面貌举行成立100周年校庆。届时，一所具有高学术水平，培养高级人才，出高质量科研成果和新的学术思想，享誉国内外的一流新型的、以农科为主的综合性大学必将展现在拥有13亿人口的伟大的社会主义中国的首都。这是国家发展和社会进步的需要，这是中国农业现代化建设的需要，也是农大人义不容辞的光荣的历史使命。

这是一个"草根校长"的"农大梦"。

1994年8月25—27日第十五次工作会议召开了，主题是讨论《211工程建设规划》。这是我任上的最后一次工作会议，谢幕的工作会议。第一次工作会议也是在8月召开的,是7年前的1987年。

十五次工作会议结束才半个多月,1994年9月18日,农业部副部长洪绂曾及部有关司局组成的考察组听取了关于北农大"211工程"预审准备工作情况汇报。9月21—29日分别邀请青年教师、中年教师、老年教师,以及各院系处代表座谈会,听取对"北京农业大学211工程建设规划"的意见。两个月后,11月21—24日,正式迎来了以洪绂曾副部长为组长的,15人组成的专家组。专家组听取了我关于北京农业大学申报"211工程"的报告和进行了3天考察,最后一致同意北京农业大学首批进入"211工程"重点建设项目(图8-22)。

1994年11月24日,送走了预审专家组,我长长地吁了口气,回到家里瘫倒在床上。这是我校长8年交给母校和全校师生员工的最后一份答卷。

二届任期,收官在即。

"211工程"预审后,隆重举行了北京农业大学研究生院成立十周年暨研究生教育研讨会;1994年年末,参加最后一次学校除夕晚会;1995年年

图8-22 "211工程"预审专家组与北农大校领导合影(上);北农大"211工程"报告(下左);预审专家组名单及预审意见(下右)

初，部署 1995 年四件大事和 52 项工作；5 月 19 日举行了第四届全国"农民科技日"；5 月 26 日作离任述职报告；8 月 31 日央视在我办公室录制了"对我国农科教育适应性调整的思考"，我的"临别赠言"。一切按部就班，有条不紊地完成了北京农业大学 8 年"转型"工程的最后一道程序。

"寸草心"

农业部党组找我谈话，希望我再干一届，我的表态是 16 个字。由于准备"211 工程"报告，我说了"江郎才尽"四个字；由于工作后期党政及与个别同志矛盾凸显，我说了"积怨已深"四个字；由于疲劳和健康状况日下，我说了"年事已高"四个字，最后的四个字是"不能再干"。

我一直在准备离任述职报告。

想到了上任时的"就职演说"；想到了"六个不适应"；想到了组建"三层楼"和"三功能"的新型农业大学架构；想到了改"窄专型"为"宽适应性"培养模式和按系招生与组合式教学；想到了建立全国第一个"推广专业"和"学位点"，以及黄淮海农业科技推广的轰烈场面；想到了国家"八五"大中型工程建设项目的 7000 万元投资和 6 万多平方米的千万间广厦；想到了"五子登科"与"百博计划""推广教授"与"农民科技日""农大春晚"和"中国的第一支橄榄球队"；想到了将原 8 系一院重组为 8 院 29 系 74 个专业方向的现代大学构建；想到了新图书馆、新教学大楼和千人报告厅；想到了全体教职工住房改善与收入提高；想到了莱西校长和松田校长；想到了……

像一幕幕电影，更像一部连续剧，一部在国家改革开放时代、北京农业大学全校师生员工导演和演出的一部连续剧，剧名叫"大学转型"。

准备离职报告时，翻出了八年前就职演说中的"八问八答"自查。

8 年前的承诺，墨迹已干，但言犹在耳。我没有辜负母校和全校师生员工对我的期待，实践了诺言中的字字句句。我的母校！您的学子尽心了，尽力了。更要感谢改革开放时代给予我们的大好机会。美国加州大学名誉校长克尔在总结美国200年中100所大学的发展变迁时指出，"时代的重大转变是导致大学排位升降的重要因素，而影响学校发展的内在因素则系于学校主要领导人。"

1995年5月26日，在有农业部人事司司长参加的北京农大副处以上的干部会上，我做了第二届任期及离职的述职报告。述职报告最后说：

> 在这个岗位上一晃8年了，不论干多干少，干好干差都已成过去，但是有两点我是敢说的：一是我在自己的岗位上是尽了心的，也尽了力的，从无懈怠；二是无愧坦然，即从未做违反法纪规章制度和道德准则的事，没有获取任何不应该得到的东西。请上级和广大教职工对我严格审查。
>
> 国家和九亿农民需要尽快有一所高质量高水平的农业大学，学校兴旺了，每一位师生员工都会受益，反之都会受损，个人和学校是同呼吸共命运的。学校兴衰，人人有责。我在北农大生活了46年，是她培养了我，我对北京农大怀有深厚感情。值此重大转折时期，多么企盼她能兴旺腾飞，在新世纪再度辉煌！

述职报告后，只剩两三个月时间，做了些维持性和扫尾性工作。

一个长途跋涉者终于看到了这段旅途的终点，疲惫与兴奋，扑面而来。

自1987年，我在校长岗位和黄淮海科技攻关两线作战了8年，着实很累。最后一年，早晨起床眼睛发肿，时而头晕，血脂高出常规两三倍。党政矛盾也使人心累，毕竟已是花甲之年。回到家里对老伴说："我太累了，回到家里不想说话，只想平静。现在只有家才是避风躲浪的港湾。"

交接完工作和交出校长办公室钥匙，如释重负。向身边的人半开玩笑地宣布了我的"六字方针"和"三不政策"。一把手多年，离任后常会被"功过、是非、恩怨"所扰，我宣布对此"六字""抹了桌子不算"，爱怎么评说就怎么评说，毁誉随便。对以后学校工作采取"不闻、不问、不说"的"三不"政策。

下决心换一种活法，一身轻松的活法，做一个无"任职"无"项目"的"自由人"。

在任期间，每年出版一本《北京农业大学年鉴》，一共8本；应中国工程院之约，2015年出版了《石元春文集·教育卷》，二者共同记载了这八年的方方面面。

我是1949年北京农大成立时入学的首届毕业生，34年后任第9任校长，卸任后的北京农大即转为中国农业大学。北京农业大学成了历史，草根校长成了末代校长。图8-23（上）是从首届毕业生（胸前白牌是北京农大学生用校章，教职工是红色的）到末代校长的两帧照片，摄制时间相隔40年。图8-23（下）是8本《年鉴》和《石元春文集·教育卷》文字汇报。

写完两章"草根校长"，有感而作《寸草心》一首。

图8-23 北京农业大学的首届毕业生和末代校长（上）；《年鉴》与《文集》（下）

寸草心

十年面壁谢师恩,有幸鏖战黄淮海。
三十八载风云路,草根校长衔草来。
八年转型志弥坚,期颐北农换新颜。
拳拳赤子寸草心,报得母校三春晖。

第九章
世纪游学（上）(1996—2004年/65—73岁)

僧人道家，居山修行数年后，可随心所欲地云游四方，访名士，参学悟道。1995年，卸下校长与黄淮海项目两副重担，我也想做一个无职务、无项目的"自由人"，"下山云游"一番。此时正值世纪之交，有幸游学于"211""S-863""973""中长期国家科技发展规划"等科教战略工程，以及"西部开发"的科技考察等达十年之久，平添了一段我的"世纪游学"经历。

"211工程"预审大使

世纪之交，千禧之年，国家、组织、单位和个人都在忙于辞旧迎新。科技界的报告会、座谈会、庆祝会风风火火。国家科委与国家教委、全国政协与全国科协、中国科学院与中国工程院的活动频频仍仍，为我的"游学"提供了大好机会。

第一站是参与国家教委的"211工程"预审。

"211工程"，即面向21世纪、重点建设100所左右的高等学校和一批重点学科的大事。这是新中国成立以来由国家立项，在高等教育领域进行的，规模最大和层次最高的重点建设工程，是实施"科教兴国"战略的重要内容。

在任北京农大校长时，曾担任国务院学位委员会委员和国家教委科技委员会副主任，20世纪90年代初国家提出"211工程"设想时，我即参与了酝酿策划。当时讨论得最多的是，在重点建设100所左右大学和一批重点学科的同时，如何提高国家高教的整体水平，即建设以"211"大学为骨干的中国教育和科研计算机网、高等教育文献保障体系以及重点仪器设备共享等高教公共服务体系。

中国教育和科研计算机网是为满足"211工程"高校及全国高等学校日益增长的高速接入的信息通道，部署加强36个主节点的接入能力、网络管理能力、安全防范能力和重点学科公共信息系统的服务能力。高教文献保障体系是建设中文全文数字资源、数据仓库、数字图书馆基地、联机编目中心和公共服务平台，设立省级文献信息服务中心，促进全国高校图书馆的自动化和网络化，以提高高校图书馆的信息化服务水平。重点仪器设备共享建设是结合"211"大学和重点学科建设，建立重点仪器设备的购置与共享网络与机制。

1994年5月开始部门预审试点，11月，北京农业大学首先通过了部门预审（参见本书8章11节），我自己也先接受了"211"洗礼。一年后的1995年的11月，国家教委下发《"211工程"总体建设规划》，预审全面启动。1996年7月东北农大、11月华南农大、12月初四川农大、12月底浙江农大，以及1997年6月的内蒙古大学的预审我都是预审专家组组长，俨然成了名副其实的"211工程"预审大使。这次不是当运动员而是当裁判员。

对我来讲，"预审"是一次"游学"，参学悟道的机会。东北农大的动物医学学科和开阔整洁的校园；华南农大的植物保护学科和壮观的亚热带植物园；浙江农大的土壤化学学科和秀美的华家池校园；四川农大的水稻育种学科和雨城雅安；内蒙古大学的胚胎工程与民族教育，真乃"千佛千面，各有千秋"，就像哈尔滨、广州、杭州、雅安、呼和浩特那样各领风骚，千姿百态一样。各大学做了充分的准备，展示他们的精彩与辉煌，让

图 9-1 参加 4 所大学的 "211 工程" 预审（1996—1997 年）

我在一年多时间里游学了 5 所大学，感悟大学教育的精彩。

与理工科和文科大学不同，从事生命物质生产的农业和农业科技有其共性，又深受自然地理条件的影响而有很强的地域性。中国疆域辽阔，自然地理条件复杂，以省域为单位建立地方性农业大学是非常科学和必要的。这从另外一个角度，印证了我在主持制定北京农大的 "211 工程" 建设规划中提出的北京农大与省域农业大学的不同功能定位与分工，以及强调了综合性（以农科为主的综合性大学）、研究型（本科生与研究生之比为1:1)、高层次（以高级研究人员和高校教师主要培养目标）和国际化的定位是对的。

一辈子工作在大学，世纪之交游学大学，"别是一番滋味在心头"。

游学高技术王国

参加"S-863"高技术发展战略研究6年。

1993年年末，北京很冷。一天，我到国家科委大楼参加了一个小会，除清华大学副校长倪维斗外，其他几位专家都不认识。听说要搞21世纪的高技术发展战略研究，我与倪校长窃窃地说："还有六七年，是不是早点？"他应和着说："可不是吗？"主持会议的是高技术司张钰珍副司长，她说宋健同志提出，21世纪竞争最激烈的是高技术领域，我们要早做准备。20世纪我国的《863计划》是跟踪性质的，21世纪怎么发展？要早做战略研究。她还说，宋健同志建议暂时叫"Super-863"，或"超级863"，后来我们习惯叫"S-863"。看来这还真是国之大事。

1994年2月15日正式召开了S-863计划软课题研究核心工作小组二次工作会议，宣布14位专家为核心工作小组成员并颁发了证书，很隆重。除了倪维斗副校长（能源）和我外，有计算机专家汪成为、自动化专家蒋新松、电子工程专家吴康生、通信专家钱宗钰、材料专家吴人洁、生物工程专家陈章良等8位技术专家，以及国务院政研室、国家计委、经贸委和科委的5位司局长，组长是国务院外国专家工作局马俊如局长。自此，开始了我对高技术王国的游学。

身在"核心工作小组"有个方便，可以了解全局和各课题组情况。一次，讨论要求各领域提出十年发展预测时，计算机专家汪成为说："计算机技术日新月异，随时都可能蹦出个'颠覆性突破'，预测十年不可能，顶多两三年。"能源专家倪维斗却淡淡地说："能源领域可以预测30年，不会有太大偏离。"学科之间差异竟如此之大，让我大开眼界。

一次，请来两位飞机制造专家，咨询他们十年后中国能造大飞机吗？他们摇头说："恐怕20年也不行"，还说了好几个难以克服的技术难点，特别是发动机。隔行如隔山，我几乎完全听不懂他们说的是什么，但是像个小学生，听得非常认真。当时我就纳闷，卫星都上天了，怎么就造不出个大飞机来？

　　对我影响最大的应该是计算机和信息技术。我对汪成为院士总有一种钦佩感和亲近感，他总能把计算机和信息技术的最新动态说得浅显生动，头头是道。"顶层设计"和"抓住伞把，才能纲举目张"就是最早从他那里听来的。计算机不仅是为了计算而应当是"电脑"；信息不等于消息而是人类除物质与能量外的第三资源，好多概念我都在被更新和"洗脑"。当我学习到图灵发明计算机和香农创信息论，知道了计算机与信息技术正在对所有传统产业，以至每个人的工作、生活与思维上都会产生革命性影响的时候，我被震撼了。

　　当时学术讲演用的最先进设备是幻灯机和胶片投影。让我羡慕不已的是，汪先生每次开会，都是一手提"笔记本电脑"，一手提"多媒体投影仪"，他开玩笑说是"左手一只鸡，右手一只鸭"。他要正式讲点什么，总是潇洒地打开笔记本电脑和多媒体投影仪，屏幕或白墙上马上显现出文字、图片、曲线、动画，以及字体和色彩的变换。这么多的形象化表达，当然为讲话内容锦上添花，效果极佳，让我既开眼又折服，太羡慕了。

　　"见贤思齐"。游学中想为自己做的第一件事就是学电脑和学做PPT，这年我65岁。学电脑的最大拦路虎是我的湖北口音，N与L不分、g与h不会发音等。我拿出40年前学俄文单词用的小卡片，不离手地抱着一本中文字典，苦学苦练。功夫不负有心人，两个月后就丢掉了拐棍，开始自如输入汉字和学习制作PPT了。从此，我的讲演道具也由"清唱"、幻灯机、投影仪进步到第四代的电脑－多媒体－PPT时代了。

　　因为PPT是自己制作的，与讲演内容默契配合得"天衣无缝"。我的处女作是1998年6月讲演用的，有43张幻灯片的"农业的科技革命和产业革命"PPT，我选了3张作为附图，以资存念（图9-2）。一次讲演后，主持人问我："是研究生帮您做的PPT吧？"我反问道："研究生能做得这

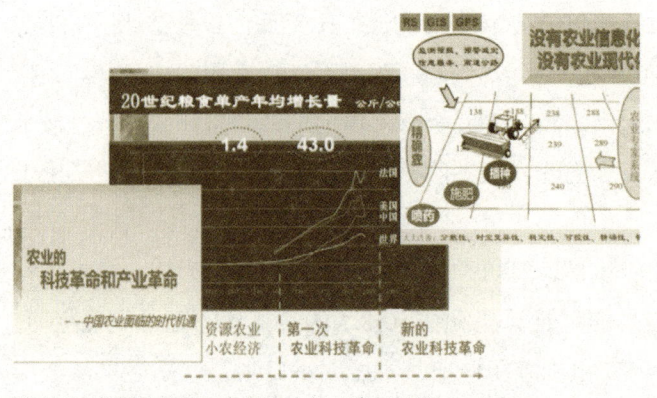

图 9-2 我制作的第一个 PPT 中的 3 张幻灯片

么好吗？"确实，电脑-多媒体投影-PPT 在当时是由"独奏"到"交响乐"的实质性转变。如此先进、时髦，"老专家"能做到的真不多，这次我又"敢为人先"了一把。这得感谢这次"游学"给我的学习机会。

"敢为人先"虽好，但多媒体投影仪在当时是个"稀罕物"。一次长春某单位请我讲演，我提出需要多媒体投影。邀请方问我什么是多媒体投影，他们在长春找了个遍，最后在吉林大学找到一台。自此，我干脆学汪先生，花 4 万多元买了台多媒体投影仪，也是"左手一只鸡，右手一只鸭"，还自诩是"讲演专业户"。

言归正传，回过头来还说 S-863。

1994 年和 1995 年两年，核心工作组和课题组的工作很紧张。提出的"S-863"原则是"市场导向为主，技术与需求结合"；指导思想是"重点选择几个对我国社会、经济、科技发展有广泛影响力和带动力的战略性问题、国家战略性工程项目，集中主要力量解决其中的关键性和重大的高技术问题，为促进和实现我国高技术产业化和提高我国综合国力做出重要贡献"。工作分三块进行，"发展战略""运行机制"和"示范工程案例"。

说到这里，有个小插曲和大事情是必须要说的。

在研究"S-863 示范工程案例"的选题中，有一种意见认为，"高技术说的是技术，不是某个行业的技术。农业的主要高技术是生物技术，有了生物技术选题就不必设农业高技术选题了。"好嘛！这个看似有理的意见，却意在灭我农业高技术选题。生物技术组的有些专家一直觊觎和取消农业高技术组。这还了得，以我作用力越大，反作用力越大的"皮球性格"，绝对是全力迎战。

生物技术选题组请来几位重量级农业生物技术专家与我面对面地各表己见。论战中我的第一个"撒手锏"是，农业的前沿高技术不只是农业生物技术，还有农业信息技术和农业机械化与自控技术。第二个"撒手锏"是，农业不是在实验室和车间里生产，而是依靠光、温、水、气等自然要素进行的非常复杂的生物性生产，即使转基因成功也只是一种新的育种材料。要成为生产上可用的"品种"，还必须与常规育种技术结合和纳入全国品种区域试验。第三个"撒手锏"是能源、新材料、先进制造，都不是单项技术，而是因为它们对国家重要和有旺盛的技术发展势头，难道农业就不重要吗？再说，农业已不是传统意义上的农业了，当代新兴的生物技术、信息技术、航空航天三大技术正在全面装备现代农业，而能源、新材料和先进制造领域又能用之多少呢？三个"撒手锏"打乱了生物技术选题组的阵脚。

论战中我再次享受到了"舌战群儒"的快感。

最关键的一点是，论战会刚开场才十几分钟，国家科委主任朱丽兰突然来听会。当我用 PPT 讲到农业高技术的"三环"概念时，她听得非常认真，向我提了好几个问题。她亲自听了论战双方的论点。会议结束时她表态了："对农业选题有不同看法，这很自然。我听过你们的汇报，今天又来听会。将农业作为一个高技术选题是恰当的，既合国情，也合事理。"有雄辩之铿锵，有部长之一锤定音，从此再无争议。

我们的工作紧张到每月都要有计划、要求和进度，是为了给1996年2月在北京香山召开的"2001—2010 年高技术发展战略研讨会"（第51次香山工作会议）做准备。

国务委员兼国家科委主任宋健出席和主持了这次重要会议。参加人多是科技界大佬，如

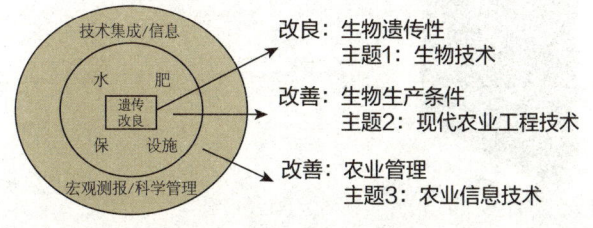

图 9-3 在农业选题存废大辩论中这张幻灯片起了大作用

朱光亚、卢嘉锡、周光召、路甬祥、许智宏、师昌绪、潘家铮、徐冠华、林兰英、何祚庥，以及"863"创始人王大珩、王淦昌、杨嘉墀、陈芳允等，还有国务院、国家科委、国家教委等部门的领导。上午是总报告和运行机制汇报，下午是农业、应用软件、信息、先进制造4个选题案例报告，我代表农业选题作第一选题案例报告。生物技术、能源和新材料只作了"专题研究"报告。

1999年6月3日，完成了S-863农业选题的文字报告；7月2日向科技部做S-863战略结题汇报，此次听汇报的是新任科技部部长徐冠华，我的汇报题目是"S-863农业高科技领域研究报告"。"大背景和大趋势"中提出："以生物技术和信息技术为主导，各种现代技术参与的，新的农业技术革命的序幕已经拉开，它必将把传统农业技术推向新的高峰和引发一场新的农业产业革命，也给我们提供了一个新的发展机遇！"选题原则是"重大生产需求、高技术前沿、近十年可产业化和大带动面同时具备"。

被选择的农业高技术重大项目有6个：①超级种培育（目标产品有超级稻、超级麦、特种玉米、抗性种——抗稻瘟病/稻飞虱水稻、抗黄矮病/白粉病小麦、抗虫棉、抗玉米螟玉米、良种牧草、超级猪、优种牛、生物反应器）；②农用生物工程制剂（生物农药、基因工程疫苗、生长调节剂）；③新一代高效复肥（专用复合肥、控释性专用复合肥、3S施肥）；④新一代高效节水设施；⑤工厂化高效农业设施；⑥农业信息产品和服务（智能化农业专家系统软件、农业信息网络、农业气象，病虫害，作物长势和估产等宏观动态预报、设施农业和水、肥、保精量投入等自控系统、农业数据库和信息服务等）。

图9-4 S-863正式启动会（1996年2月2日）和结题报告（2001年）

S-863软课题研究历经了

宋健、朱丽兰、徐冠华三任国家科委主任。1999年结题后立即转到国家"十五"和"十一五"计划实施。以上所述农业高科技项目多已进入国家"十五"和"十一五"计划，付诸实施。

六年辛劳，落籽沃土，耕耘以加，丰收可望。

几十年过去了，每当在报刊看到超级稻、抗虫棉、生物农药、基因工程疫苗、控释性专用复合肥、设施农业工程、全生物降解塑料、农业专家系统、农情监测预报……我都会感到一阵亲切，因为我曾为她们呐喊过，像幼儿园阿姨般地呵护过。

问道"新的农业科技革命"

高科技王国"游学"中，参悟到一个概念，叫"新的农业科技革命"。

不同学科，尤其是多个不同学科的交集，像注入兴奋剂般地让学术思想跳动活跃起来，不断摩擦出闪闪火花。

当得知图灵计算机和香农信息论起于20世纪50年代时，我就联想到沃森发现遗传物质DNA双螺旋结构也是在这个年代，这是引领20世纪科技发展的两座丰碑。于是，我又将时间维上索了100年，发现在19世纪中叶的这个时间节点上，出现过达尔文进化论、李比希矿质营养学说和孟德尔遗传学说，以及他们开创的农业育种技术和产业，化肥/农药技术和产业，加以工业革命为农业带来的机械和电力，打破了延续几千年的传统农业的封闭式物质和能量循环系统。正是这些外源性的物质、能量以及新科技的投入才使20世纪农业产出大幅增加。

我又顺藤摸瓜地查找相关时段的粮食产量，发现20世纪前50年的世界粮食单产的年均增长为1.4公斤，而1950—1980年的30年的年均增长是43公斤，31倍于前50年，我很高兴能找到这样的实证资料。我也高兴地找到了美国科技史专家B.帕维里斯提出的，促进20世纪农业高速发展的要素中，科技贡献率为73%，其中育种技术的贡献占3成，化肥与农药占 5 成，水利灌溉占 2 成的旁证。这不是勾画出了 19 世纪中叶开始的那场农业科学革命和技术产业化推动近百年农业生产发展的一幅清晰图景吗？

在时间维上，我再向上推 5000 年，人类开始野生动植物驯化和精细农作，正是这次的农业科技革命，开创了长达 5000 年的，物质与能量闭环式发展的传统农业。那么，19 世纪发生的以遗传学、农业化学和农业机械为代表的，应当是农业的第二次科技革命。外源性的物质、能量与科技投入打破了传统农业在物质与能量上的闭环式发展，进入产出腾飞的近代农业时代。那么，20 世纪中叶开始的，以发现 DNA 双螺旋结构的分子生物学和遗传工程，以及图灵计算机和香农信息论开创的信息化时代不就是第三次农业科技革命吗？这个概念在我思想上逐渐清晰起来，系统起来。

层层求索中感受到人类在认识客观世界上对真善美的执着追求与伟大智慧，从量变积累到质变跳跃。

提出"新的农业科技革命"思想的早期试水是在 1996 年年初，农业部科教司程序司长在中国农科院召开的一个小型座谈会上。我在发言中提到"当今正在兴起的新的农业科技革命是以生物技术和信息技术为主导的"。不料，一位小麦育种专家非常婉转地说："石校长说的新的农业科技革命以生物技术为主导是合适的，至于信息技术是否有些牵强。"我从另一个角度上感觉到我能参加 S-863 战略研究是多么幸运，学科交叉对一个科技工作者多么重要。

计算机与信息技术一日千里，1993 年克林顿总统推出信息高速公路的 NII 工程计划，使之日益深入地渗透和影响到人类社会生产与生活的方方面面。钢铁、能源、交通、制造等所有传统产业"无一幸免"，教育、文化、旅游和第三产业的各行业"无一幸免"，会与农业无关吗？恰恰相反，农业是以光、热、水、土、气等自然资源进行的生命物质生产，影响因素极其繁多复杂，且时空差异和变异性大，气象和病虫灾害频繁，生产稳定性和可控程度差，以及农业技术多经验性等都决定了农业对计算机和信息技术、遥感与精确定位技术有极大需求与依赖，农业太需要数量化、集成化、规范化和智能化了。

1996年6月中国工程院院士大会期间的农业学部报告会上，我做了题为"农业的信息化改造"（《石元春文集·农业卷》第227—233页）的学术报告，曾德超院士说："这是我第一次听到对农业信息化的全面阐述。"1997年5月2日《中国科学报》发表了题为"迎接农业的新技术革命"（《石元春文集·农业卷》第131—137页）长文，这是第一篇系统阐述"新的农业科技革命"观点的文章。1998年11月出版的《中外著名专家论中国农业》一书中有我又著文"高技术与中国农业发展"（《石元春文集·农业卷》第185—194页）。党中央理论刊物《求是》向我约稿，于1998年第3期发表了我的文章"新的农业科技革命与我国农业的发展"（《石元春文集·农业卷》第137—145页）。1999年7月17日《人民日报》海外版也发表了我的文章"农业新科技革命的挑战"。一时间，"新的农业科技革命"风生水起，越来越多地见诸报端。我查了一下，这几年保存有PPT的，在新的农业科技革命方面的正式讲演达20余次。

通过现象观察和抽象出来的，带有普遍意义和规律性的认识即为概念。当概念回到实践得到验证和指导实践才是一个完整的认识过程，才能实现概念自身的意义。下面讲两个实践反馈的故事。

1998年7月20日《中国科学报》登载了我的一篇短文"农业呼唤信息技术"（《石元春文集·农业卷》第233—236页），几天后接到从云南打来的一个陌生电话。"您是石院士吗？我是云南省民族事务委员会的。"接着说："云南山多，少数民族多，农业落后。我们在推广农业技术中用了电脑农业专家系统，非常受欢迎。当我们不知道下一步该怎么做的时候，在《中国科学报》上看到您的'农业呼唤技术'文章，使我们豁然开朗。我们领导想最近到北京向您汇报，也想请您到云南来指导。"2000年国庆刚过，我就去了昆明，当看到了一个边远省份跨越式地应用了农业信息技术，我真是喜不自禁。我与他们座谈，还作了一场"西部开发中的农业和农业信息技术"的讲演，给他们大大鼓励了一番，也出了好些主意。

第二个故事来自陕西宝鸡。

国家科委有位与我工作联系较多的处长到陕西宝鸡市科委挂职，说他那里农业信息工作开展得不错，邀请我去考察和给他们做报告。2002年元

图9-5 "农业呼唤信息技术"一文和《中国民族报》转载（左）；考察宝鸡市农业信息服务工作站（右）

旦刚过，我就去了宝鸡。他们说，去年全市核桃大丰收，就是卖不出去，收购商把价格压得很低。市农业局的一位技术员说："别在家里等死了，我到外面去看看。"果然发现江浙一带市场很大，价格也高，宝鸡的核桃以高价销售一空。这个甜头让他们开始认识到"信息也是一种资源，一种重要资源"（这是他们的原话），于是成立了一个拥有十几位工作人员和十几台电脑的"宝鸡市农业信息服务工作站"。

这个信息服务工作站有4大服务项目，一是突出市情农情和8大重点农业开发项目的信息服务；二是为建畜牧大市全面提供畜牧信息服务；三是"龙头企业专栏"和"农业招商引资信息专栏"；四是为农户发布"警惕上当"（假种子、假农药、假肥料一进市内就发布消息）专栏。全市的各乡各村的农民都可以打电话来咨询，每天电话不断。我看了值班员的电话记录，密密麻麻的，真是受到教育，这是"实践出真知"的一个很好的案例。我也给他们做了一场"现代农业和农业科技"的讲演，作为交流回报。图9-5右是我考察"宝鸡市农业信息服务工作站"时拍摄的。

在"新的农业科技革命"概念逐渐被更多人接受的时候，科技部的同志热情很高，立了"农业科技革命"研究课题，设了办公室。令我好奇的是，2001年11月6日江泽民总书记在会见参加"国际农业科技大会"的中外著名农业科学家时的讲话中也说："中国农业已经进入了新的发展阶段。针对农业新阶段的要求，中国正在探讨新思路、制定新对策。推进新的农业科技革命是促进农业持续发展的根本措施。"后来一打听，果然是科技部起草的讲话稿。

一介书生之言，音量甚微，总书记一讲，分量和影响就极重了。随后中央发布的一份党的历史性文件中也写进了"以信息技术和生物技术为标志的农业科技革命"，竟然将信息技术写在了生物技术前面。

没有世纪游学，哪来的"新的农业科技革命"心得？

钟情农业科技产业

科学认识世界，技术改变世界。

S-863 的核心是"高科技产业化"。

农业是一种产业，农业科技重在实践。有了我 20 年的曲周改碱和黄淮海科技攻关背景；有了我在任校长期间强化农业科技推广和成立"京农高技术公司"的背景，当我提出"新的农业科技革命"概念后，必然会逻辑地提出"农业高科技产业"。由于参加 S-863 战略研究，我的农业高科技产业化思想更强了。

S-863 结题后，2001 年 10 月，我在家乡湖北省科协组织的武汉科学报告会上第一次作了以"农业科技及其产业化前景"为题的讲演，同年 6 月 11 日在《人民日报》发表了"发展中国农业科技产业"；12 月 17 日又在科技日报登载了文章"新兴农业科技产业"（《石元春文集·农业卷》第 167—169 页）。

在讲演 PPT 中有张幻灯片很给力。就是在 1949—1999 年，化肥农药、机械动力和灌溉面积分别增长了 720 倍、6125 倍和 3.5 倍，相应的是粮食、肉类、禽蛋总产分别增长了 4.5 倍、27 倍和 53 倍，农业科技产业功不可没（图 9-6 上）。新的农业科技革命中又兴起了农业生物工程产业、农业信息工程产业、绿色农业化学产业等，它们将带来农业生产力的新一轮跨越。

新兴的农业科技产业的发展不会一帆风顺，成长的烦恼也不可避免。

我曾大力倡导的全生物降解塑料，因国内缺少政策性支持而不得不销往日韩和欧洲；混合肥和包膜肥一经面世就遭遇"假李逵"冲击；影响更大的是全球 GM（基因改良）风波。即正当生物技术和动植物遗传改良工程如日东升、方兴未艾的时候，1998 年秋，英国发生 Pusztai 转基因土豆事件，次年 5 月美国发生斑蝶事件。1999 年 6 月的八国首脑会议专题讨论 GM 议题；2000

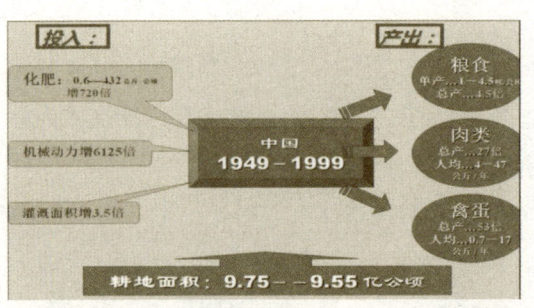

图 9-6　农业科技产业贡献 PPT（上）和发表的文章（下）

年 1 月，联合国在蒙特利尔召开了有 130 个国家参加的"基因改良食品会议"，形成了以美加与欧盟的两军对垒局面。

2002 年 4 月 22 日的科技日报上我发表了"从基因改良风波说起"文章（《石元春文集·农业卷》第 263—273 页）。9 月 24 日科技部在杭州隆重举行了一次 GM 表态性的会议，"中国首届农业生物技术发展论坛"。业内专家学者云集，拟以此会作为中国对全球"基因改良风波"的一种回应。我在大会做了"一座伟大的里程碑——农业生物技术"的讲演（《石元春文集·农业卷》第 258—263 页）。

我的"云游"是从 1995 年离任校长和走进 S-863 开始的。既有"舟遥遥以轻扬，风飘飘而吹衣"的舒展情怀，又有"忽逢桃花林，夹岸数百步，中无杂树，芳草鲜美，落英缤纷"的兴奋感，由此而带来的"新的农业科技革命"和"农业高科技产业化"冲动。正是在这种冲动中，我做了一件傻事。

1995 年夏天，一次偶然机会到深圳与市委书记相见，当我谈及农业高技术产业时，他欢迎我到深圳试试。在脑袋发热的情况下，我竟南下

图 9-7 "中国首届农业生物技术发展论坛"合影（2002年9月26日于杭州）

深圳，当上了深圳绿鹏农业科技公司的董事长。深圳市科技局局长说："石校长是教学科研功成名就，高科技开发壮志未酬。"我说："功成名就未必，壮志未酬是真。"此时的我，冲动有余，经验毫无。一上手就好高骛远，搞世界前沿的"生物反应器"。董事会上有人建议，先搞点成熟和挣钱项目，顾住自己的"人吃马喂"，我却说："深圳缺我这个从北京来的人赚钱吗？"董事长发话，谁敢再言。这说明一开始我就不懂企业的生存和经营之道，一头扎进了世界前沿，一个硕大的难题和风险迎面而来。

生物反应器是以动植物和微生物为载体，利用生物体所具有的生物功能，在体外或体内通过生物自身的代谢或生物化学反应获得目标产物。我们做的是以奶牛的乳腺生物反应器生产猪生长素，这是北京农大一位教授的成果。前期实验室工作进展顺利，乳腺生物反应器牛妊娠期正常，分娩顺利，大家喜不自胜地抱起了这个"金娃娃"。不料6小时后夭折，公司也难以为继，这是我做得最失败的一件事。

看来，经济学家和企业家，教授研究和企业经营不是一回事，经济学家不一定能经营好一个企业，教授搞企业，弄不好更是血本无归。事后的总结是，生物反应器是个好项目，但尚处风险投资而非产业化开发阶段，是热情与对企业经营的无知导致我犯下了一个如此低级的错误。

涉足基础研究殿堂

1997年9月初，国家科委通知我参加一个"部分专家座谈会"，没说内容，地点也不在国家科委大楼而在附近一个宾馆，这种情况过去不多。我以为是S-863的事，可是八九位参会人中很少S-863专家，会议主持人不是马俊如局长而是国家科委林泉秘书长。他在开场白里说："请你们几位来座谈是想听听你们对国家发展基础研究方面的意见。"我觉得有些突然，怎么不先打个招呼，但还是就事论事，有啥说啥地侃了一个下午。会议结束时秘书长说："今天下午的会你们就不要对外说了，可能过些天还会找你们几位座谈。"我与秘书长很熟，不禁脱口问道："既然是部分专家座谈会，怎么老找我们几个人。""石校长，以后你会知道的。"我纳闷，怎么有点神秘兮兮的。

原来是1997年3月的人大、政协两会上李鹏总理与科技界代表座谈时，采纳了加强基础研究的建议，在6月4日的国家科技领导小组第3次会议上做出了制定《国家重点基础研究发展规划》，即"973计划"的决定。国务院嘱国家科委征求部分专家意见，这才有了我们参加的"部分专家座谈会"，实际上是找我们几个人商量个"973计划"的思路和框架。因为"计划"尚在酝酿中，需要保密。

"973计划"的第一次讨论中就碰到"主导思想"上的分歧。一种意见认为，既是基础研究就应当"尊重好奇，崇尚探索"，不应该设置目标要求。从树上苹果落地到哥本哈根学派的量子力学；从日心说到基因双螺旋结构，专家们说的故事很生动，有理有据。参加这种讨论，一下子将我从高技术王国又跨进了基础科学殿堂。越讨论越觉得一个科学工作者不仅要"敬畏自然"，也要"敬畏自然科学"。另一种意见认为，作为国家计划，应以国家重大需求为导向。

讨论了两三次，最后趋同于"以国家重大需求为导向"与"尊重好奇，崇尚探索"不是对立的，而是在"国家重大需求"框架下的"尊重好奇，崇尚探索"。林泉秘书长的最后发言说："科学的好奇与求索是共同基础，'973计划'的主导原则可以是国家重大需求导向下的科学好奇与求索，面上的科学好奇与探索可以交予'自然科学基金会'。"于是，主导思想之争落下了尘埃。以后，设置了农业、能源、信息、资源环境、人口与健康、材料、综合交叉、重要科学前沿等8个领域，也就是8个"国家重大需求"导向。

1998年春节刚过，国家科委在科委大楼大会议室正式召开"973计划"工作会议，有中科院、部分高校专家与有关部委领导参加。我到会场，参会人已经满满的，个个喜形于色，因为得知将实施"973计划"的消息。我刚进会场，迎头见到国家科委副主任惠永正，他满脸堆笑地一边与我握手一边说："石校长，朱（丽兰）主任说你是大战略家，你是她钦点的。"弄得我有些摸不着头脑。原来这次会议是正式宣布实施"973计划"和成立"顾问专家组"，由"地下"转到"地上"了。

第一届顾问专家组组长是原中科院院长，时任中国科协主席周光召，副组长是国家自然科学基金委主任张存浩和国家外国专家局局长马俊如，组员有马宗晋、石元春、左铁镛、孙枢、曲钦岳、朱道本、汪成为、杨国桢、林其谁、张恭庆、施履吉、秦伯益、倪维斗、翟中和、霍裕平和戴立信等19人。除领导外，都是两院的院士。我的这次云游，从"211"到"863"，又到了"973"，从高教到高技术，又到了基础科学，大跨度的学科跨界让我大开眼界。学术"云游"，真是天高任鸟飞，海阔凭鱼跃啊！

每遇新挑战，我就会有一个新的欣喜与冲动。二十年前，为曲周改碱和参战黄淮海科技攻关而欣喜与冲动过，鏖战正酣中接任校长又欣喜与冲动过，这次从高技术战略研究高潮中转战基础研究又迎来一次欣喜与冲动。

新挑战能最大量地激发思维亢奋。参加"973计划"不久，1997年10月的《世界科技》发表了我的文章《我国基础研究和发展高技术的进军号》；1998年8月4日的《科技日报》发表了我的文章《农学基础研究思考》；1998年9月9日的《中国科学报》发表了《基础研究与国家目标》。这次走近基础研究的参学悟道中，使我对科学-技术-产业一体性的认识又有了升华，下面摘录了以上文章中的三段。

正是在麦克斯韦提出的统一电磁场理论（1864）的推动和支持下，取得了电机（西门子，1866）、电话（贝尔，1876）和电灯（爱迪生，1879）的发明，迎来了电的光明时代；进而使赫兹发现电磁波和制成电磁波发生装置而开创了无线电通讯时代。巴斯德发现一切发酵作用都和微生物的存在和繁殖有关，创立了现代微生物学和发酵学，研制和发明了兽用弱毒疫苗（1873）以及医用抗狂犬病疫苗（1885）沿用至今，李斯特进而将微生物灭菌应用于外科手术创伤而形成了现代医学上的外科消毒学，造福全人类。

李政道在21世纪中国科技战略研讨会上的讲演中提到狭义相对论和量子力学两项伟大发现时说：到1925年对这两个领域完全了解了，并且由此发展了原子结构，分子结构，核能，激光，半导体，超导体，X光，超级计算机，等等。假如没有狭义相对论和量子力学，这些都不会有。从1925年以后，几乎所有的20世纪的物质文明都是从这两个物理基础科学的发现衍生的。

基础研究在于认识客观世界的物质结构、运动形态和规律，而不以当前应用为目的。但是，它却是技术和生产力发展的强大原动力。随着近代科技的迅速发展和日新月异，基础研究在科学上的成就对技术和生产的影响越来越大，推动的周期越来越短。麦克斯韦的电磁学基础结构方程式是1865年写出来的，50年后，马可尼发展成无线电传播，再20年才有通讯话网的应用，真正发展只是近三五十年的事。而本世纪40年代末第一台计算机出现至今的四十多年间，微电子、大规模集成电路、高性能计算机、网络技术、软件技术等突飞猛进和日新月异，传输上的高速、宽带、大容量、多功能和网络化；服务上的多媒体、智能化和自动化以及用户上由专业人员走向个人家庭和社会，将人类带入21世纪的信息社会。第一颗人造地球卫星上天仅40年，空间科学和航天技术一日千里。

在"农学基础研究思考"文章中，我提出了育种的分子生物学研究、植保防疫的分子生物学研究、作物（林木）有害生物生态系和系统控制、作物－土壤生态系与水肥利用效率等四个重大方向及其中涵盖的众多课题内容。

"S-863计划"战略研究及设计6年，2001年开始的国家"十五计划"中由科技部负责组织实施，设计者与实施者是分离的，这很科学。

图9-8 国家科技领导小组发的第三次会议纪要（左）和《十年成果集锦》（右）

而"973计划"上得比较仓促，"顾问专家组"既是出题者，又是裁判员，肯定会出毛病。

当时的所有国家科研项目中，973项目的学术地位居于顶层，资助金额极高，一个研究团队如能申请到973项目，比获科技奖还要荣耀。正因为此，兼有出题与裁判双重身份，决策权无上的"顾问专家组"和"专家"变得被"众目睽睽"。"关系"与"人情"，"明言"与"暗示"在上项目中开始和持续发酵，我对此很不适应。于是给马局长写信主动请辞，马局长说："石校长，把第一届干完再说吧。"果然，干完第一届我就主动退出了。从1997年9月初的"部分专家座谈会"到2001年退出，前后才三年多时间。

如果说1990年主动退出黄淮海"八五"项目是"急流勇退"。这次"973"则是"乱流撤退"。本来嘛！我之"云游"，图的是个"清净"，干吗又陷入是非，做一些自己不愿做的事。

站在世纪门槛上的张望

人们总想在世纪之交做一些新事、大事，带着一份期盼进到新的千年。

以建筑设计著称的上海同济大学，设置了一个设施农业大课题，以其建筑设计优势推动上海都市农业的发展。1999 年年初，吴启迪校长特聘我为该校名誉教授和该课题组顾问。也是在 20 世纪末，上海交通大学合并了上海农学院，成立"生物与农业学院"，也聘请我为该校名誉教授和该学院学术委员会主任。反正我是个"云游方僧"，飘忽到哪里并不重要，那几年，云游上海的时间相当多。

在上海游学，作过一场"世纪讲演"，"站在世纪门槛上的张望"。

1999 年，周光召主席召开中国科协主席团会议。休息时，上海市科协主席叶叔华院士对我说："石院士，上海市科协 2000 年将举办'世纪之交的思考'讲演会，想邀请您为大会做一个讲演。""我只能讲农业，上海又没有多少农业，你们怎么会想到我的？""上海市没有多少农业，但上海人必须关心国家的农业。"叶院士说到了这个份儿上，我只好答应了，但也预想到给上海人讲农业的难度比较大。农业对上海很生涩，上海人眼界高，又善挑剔，且马虎不得。

2000 年 11 月 19 日，1000 多个座位满满的，叶主席亲自主持。我的报告开场就不俗。

"世纪之交的思考"，2000 上海科技论坛的这个主题很好，我也就拟了个"农业和农业科技的展望"的讲演题目。近代农业，曾经历了 19 世纪末开始的，以农业化学和育种技术为主体的第一次科技革命，带来了本世纪农业和农业科技的繁荣。本世纪后半叶，又拉开了以生物技术和信息技术为主导的新的农业科技革命的序幕。21 世纪离我们不到百日了，现在，我们是站在世纪的门槛上翘首张望，看看未来的一二十年里，在新的农业科技革命推动下的农业和农业科技的舞台上，将会上演哪些精彩剧目。抚今思昔和展望未来，是一件严肃而又令人倍感鼓舞的事。

讲演中提出了 8 个展望。展望 21 世纪里的新的农业科技革命；展望生物技术出现后的遗传工程和微生物基因重组技术出现后的农用生物制剂产业；展望可持续发展中为提高土、水、肥、气等自然资源利用效率和保护环境的技术发展；展望信息技术如何改造农业和农业信息化、智能化、网络化，以及3S技术应用；展望农业的产业化经营在中国的发展前景；展望农业将摆脱粮棉油、猪牛羊的初级产品生产的束缚，向着食品、医药、能源、生物化工、观光休闲等多元化

图9-9 《文汇报》等对此文多有转载（2000年12月2日）

方向拓展，以及一、二、三产界限趋于模糊；展望农业科技产业将喷薄而出和大有作为；展望上海将在全国率先实现农业现代化、缩小城乡差别和发展农业高技术产业。

我讲演的结束语是："上海不仅是上海人的上海，也是中国的上海。"

主持会议的叶叔华院士在讲演结束后的讲话中说："石院士是农学家，但他的'站在世纪门槛上张望'却充满浪漫的色彩。"2000年12月2日的文汇报对这次讲演报道的题目是"21世纪初农业风景画"。其他报纸杂志对此文也多有转载。

说说云游我自己专业领域的事儿吧。

1999年10月19日中国土壤学会在南京举行全国代表大会暨两岸土壤学术交流大会，这场讲演任务我是逃不掉的，我的讲演题目是"土壤学的数字化和信息化革命"，这可是当时土壤学界最前沿的命题。

从19世纪经典土壤学发展中化学与地理学的重大贡献讲起，到20世纪后半叶的数学与物理学在土壤科学领域异军突起。表现在现代土壤学中的模式化趋势、数字化趋势、智能化趋势、精确化趋势和网络化趋势。在最后的"方法论的思考"中提出了"土壤是在气候、生物、地学条件和人类活动影响下的，具有时空属性的地理体和能够提供植物生长条件的地球

陆地表层。"和"以'土素'为基本单元和以'物能信息流'为本质的运动形式。"此文发表在2000年第3期的《土壤学报》上，是我此次"游学"中对土壤科学的一次问道。

说到学术讲演，或受学术单位之约，或受地方党政机关之

图 9-10 在土壤学会报告的 PPT 及《土壤学报》上发表的文章

邀。1999 年 3 月 18 日受陕西省委之邀的那场讲演，可说是听众级别最高的。中共陕西省委正式行文，要求党、政、人大、政协、驻军五套班子听讲，省委书记和省长带头，居然还有将军听我"布道"，这是唯一的一次。

我这个游方学僧可是忙碌得紧，从 1997 年到 2003 年，每年有三个月不在北京，走访约 20 个城市，作 20 场以上讲演（按保存的 PPT 计），累计发表论文 50 余篇。"世纪游学"是我学术思想高度活跃和文章讲演的多产期。

两本农业巨著

著名华裔农业科学家左天觉先生是我的前辈，湖北同乡，忘年交挚友。先生旅居美国半个多世纪，在美农业部工作 30 余年，获美农业部杰出工作奖和美国总统授予的"高级文官杰出贡献奖"。1974 年，他第一个接待了访美中国农业代表团，此后在美接待中国农业方面的代表团和人士不计其数，不知有多少中国农学家和留学生在他家住过和得到过他的帮

助。先生平易，乐于助人，特别是对华人，他常说："祖国太伟大了，中国人是我的亲人。"

天觉先生在国内外农业界闻名遐迩，十分关心祖国农业发展。世纪之交，他组织了包括诺贝尔和平奖得主 Norman Borlaug 等 59 位著名农业科学家撰文编纂了《中国农业：1949—2030》，用中英文分别在中美两国出版，自任主编。先生约我写"序"，我在序中写有这样一段：

> 左天觉先生对祖国农业十分关心，20 年回国百次。这两年，他以 80 高龄，主编出版了《中外著名专家论中国农业》一书，亲自编撰，汇集整理了 50 多位中外著名农业专家对中国农业的论述。此书将时间定格在 1949—2030 年，既有半个世纪的回顾，又有对未来 30 年的展望，可谓是匠心独具。农业问题很复杂，中国的农业问题更复杂，很难用几个数字作结论，还是多一些讨论，多一些不同角度和侧面的审视更为有益，本书正是这样集思广益的。书中，资料充实，论述精达，坦诚陈词，是一部迎接新世纪的上乘之作，定将为中国农业的发展做出应有的贡献。

我提供该书的文章是"高技术与中国农业发展"。

左先生在美国给我来电话说："石校长，您在国内，怎么能掌握这么多农业高技术方面资讯的？"我告诉他我正在参加 21 世纪初国家高技术发展的战略研究（S-863）。他说："太好了，太重要了，我对祖国的发展充满信心。"1996 年布朗《中国人能否养活自己》发行时，左先生在美国刚做完心脏搭桥手术，从医院赶到会场，与布朗先生辩论"中国人能否养活自己"，先生就是这样地执着于对真理的追求和对祖国的热爱。

平时，先生有事给我通电话总是晚上十一二点，倒不是时差原因，是他知道这个时间最能在家里扑捉到我，所以我戏称先生电话是"夜半铃声"。

一个夜晚，家里的电话铃声响了，估计来自大洋彼岸。不过这次左先生的语音不似往日平和，"石校长，你知道 5 月在北京要召开一个有美国专家参加的中国农业问题讨论会吗？""有些外国专家，用选择性的数字对中国农业发表耸人听闻的警告,对中国,对不了解实情的其他国家的影响都不好,中国没有必要为他们提供宣传机会。"《中国农业：1949—2030》出版6年后,左先生再出巨著也与此事有关。

2000年年初,先生与诺奖得主N.Borlaug交谈时说,"如果共同预想一个值得预期的未来,那么就可以规划出实现这个目标的正确途径。"N.Borlaug说他有同感,于是二人孕育了《透视中国农业2050》一书。先生在书中说,140年前林肯总统期望农业生产者与消费者保持密切联系,于是成立了美国农业部;123年前爱迪生设想每个房间都能被光线照亮而发明了家用灯泡;100年前福特设想将汽车价格降到美国每个家庭都能买得起,这个设想实现了;40年前N. Borlaug设想世界能免除饥饿而1970年获诺贝尔和平奖。先生在该书开篇语中写道："只有那些拥有设想的人才敢于创新,透视那些看起来似乎不大可能的事情,正是这些设想引导着我们奔向充满希望的明天。"先生将"透视"用于了书名,并以"畅想中国农业的2050"为题写了序言。

我提供该书的文章是"中国农业的三次转型",并为全书写的开篇语是"'转型'意味着质变,意味着革命性的飞跃,谁能把握转型机遇,驾驭好这辆赛车,谁就能占有先机,站在浪潮之峰巅,时代给予了中国这个历史机遇"。

交谈中,先生常说："书生意气诚可贵,领导权力价更高。我们要把这两本书送给中央领导,向他们报告我们对未来中国农业的看法。"左天觉、N.Borlaug、孔宪铎、石元春、李振声5位中美农业科学家于1998年4月20日写信给江泽民主席和朱镕基总理,并赠书《中外著名专家论中国农业》。信中意真情切地写下了"我们认为,中国的资源潜力可以养活自己,中国人的智慧可以运用农业科技养活养好自己"的论断。在和先生的接触中,时时都能感到一位华裔科学家对自己祖国的由衷深情,对有伤祖国的事和人,他总是义正词严,绝不留情。

1998年7月3日,温家宝副总理在中南海紫光阁,代表中央领导接见了我们5位中美农业科学家。左先生坦诚陈述我们对中国农业的看法,提出了三点建议。半个多月后我收到了国办送来当时温家宝副总理接见我的

图9-11 与左天觉合影（上）；世纪之交的两本农业巨著（下）

照片。接见其他几位的照片可能都是送给了本人，这里无法附上。图9-11（下）是世纪之交的两本农业巨著（中文版）以及《透视中国农业2050》，扉页是左先生和N.Borlang的签名，以资纪念。

《中长期国家科技发展战略》

  1973年初夏的一个电话，把我引向曲周治碱，开启了我后半生的科学生涯。30年后的2003年初夏，也是一个电话，结束了我的"十年云游"，开启了我学术生涯的最后一程。

  可谓是"旅径悠悠又新景，晚霞清风映日斜"。

2003年初夏的一天下午，我在书房计算机旁工作，电话响了。

"你是石院士吗？我是徐冠华。"来人直接通名报姓。

"哦！徐部长，我是石元春，怎么电话打到家里来了？"我有些意外，通常科技部有事，总是由一位处长或司长给我打电话，这次怎么部长亲自打电话到家里来了，准有大事。

"石院士，国务院决定制定'国家中长期科技发展规划'，温家宝总理是领导小组组长，我是办公室主任。我们想邀请你参加农业科技领域的发展战略研究，怎么样？没问题吧。"

"谢谢邀请，那就'老骥伏枥'，志在'中长期'吧。"我与徐部长很熟，说话比较随便。

三四天后，徐部长又把电话打到家里。

"石院士，我们商量了，想请你当农业科技战略研究组的组长。"

"不行！不行！我已经70多岁了，找位年轻些的专家更合适。"

"我们已经考虑过这个问题，组长非你莫属了。你的身体很好嘛！就不要推辞了。你不是说过'老骥伏枥'吗？"堵得我无法推脱了。

自此，我进入了游学国家科技战略的第三个站点，即从"S-863"站、"973"站，转移到"中长期"站；或是从"高技术"站、"基础研究"站转战到"综合发展"站。世纪之交的国家科技发展战略研究的"三大战役"，我都有幸参加了。

《中长期国家科学和技术发展规划》（以下简称《中长期》）是2003年3月温家宝总理的新一届政府成立后力抓的一件大事。在2003年6月13日的《中长期》领导小组第一次会议上，温总理说："1956年周恩来总理亲自主持制定的《1956—1967年科学技术发展规划》为新中国的经济和社会发展奠定了非常好的科学技术基础。希望我们制定新世纪的这个规划，也能为全面建设小康社会，加速实现现代化奠定一个好的科学技术基础。"

总理亲任领导小组组长，国务委员陈至立任副组长，成员由23位有关部委的领导组成，办公室主任是科技部部长徐冠华。领导小组下设总体战略顾问组，由王选、王大中、王大珩、石元春等21人组成，召集人是周光召、宋健和朱光亚。这个阵势足可称"高大上"了。

北京的 SARS 刚解除，6 月 23—25 日，西郊宾馆举行了"国家中长期科学与技术发展战略研究论坛"，这是采取重大行动前的"吹风会"。吹风后一个多月的 8 月 16 日，在西郊宾馆召开启动会，会上徐部长传达了总理的三点要求。一要有一个正确的指导方针，这是基础；二要有主攻方向与目标，并落实到重点项目和课题上，这是最终结果；三要强调发扬民主，集思广益，开门研究。总理特别强调，高水平的战略研究是做好这次规划的前提和基础。

陈至立说，温家宝总理对此十分重视，此计划将决定 21 世纪前 20 年我国科技的发展。此次战略研究集中了全国有关领域的顶尖科技专家，用时一年零三个月。陈至立强调说，请专家们放心，你们的研究结果不会只是政府部门的参考资料，而是在未来几个五年计划中必须实施的项目。这段传达确是解除了存在于科技人员中"规划规划，纸上画画，墙上挂挂"的心疾。

研究内容有四：第一部分是宏观科技战略研究，设置了总体战略（徐冠华）和科技体制改革（马俊如）两个专题；第二部分是科技发展的重大任务研究，设置了制造业（徐匡迪）、农业（石元春）、能源资源与海洋（王大中）、交通（傅志寰）、服务业（胡启恒）、人口与健康（刘德培）、生态与环境（孙鸿烈）、城市发展（叶如棠）、高技术（路甬祥）、基础科学（陈佳洱）等 13 个专题，括弧内为组长名；第三部分是投入与政策研究，设置了 5 个专题，共 20 个专题；第四部分是重大专项，即在专题研究过程中，重中选重地遴选出若干"重大专项"，集中国力，高强度推进。

农业专题组有两位副组长，时任农科院院长翟虎渠和林科院院长江泽慧，成员有石玉林、朱兆良、李家洋、范云六、戴景瑞院士及教授研究员等 30 余人，队伍也颇庞大高端。好啦！新的，更大的冲动又来了。

"头三脚难踢"，但必须踢好头三脚。我一直相信，好的开端是成功的基础。

我还是老习惯，每接新任务，总以"查询资料加头脑风暴"开道。8 月 16 日启动大会前我即拟好 04 专题的研究提纲，26 日完成开题报告 PPT，9 月 8—9 日在北京岭南饭店正式召开专题启动会。启动会上我作了开题报告，对整个研究内容的基本框架提出了"1+9方案"。研究方法提出了"远离'综述'模式，提倡'升华'模式"；提出了把好专题和课题的顶层设计关、出题关和选人关"三关"。

经集体讨论后，于9月16日在九华山庄讨论形成了正式开题报告（图9-12），准备11月1日出席在京西宾馆召开的"专题汇报交流会"。交流会上，20个专题依次汇报，陈至立亲自主持。

在京西宾馆东楼等电梯时偶遇徐部长，他说："石院士，你的汇报很好，谈的是战略问题。"他的言外之意，我在汇报会上也感觉到了。专题组组长都是该领域的顶尖专家，但不少专题汇报中谈的多是"战术"而非"战略"。我之所以能早些到位，是因为刚经历过"S-863"和"973"战略研究的实践，对"战略"有些感悟罢了。"战术"是指某领域的具体科技，而"战略"是指从该领域科技中抽象出的，带有共性和全局，前瞻和指导性的问题；"战术"偏感性和具体，"战略"偏理性和抽象。

11月8日在北京农大继续教育楼，24—25日在金码大厦两次召开04专题会，12月9日完成04专题报告，结束了"专题研究阶段"。当晚到北京机场附近的"北京国家会计学院"集中一个半月，开始进入咨询阶段，即一面将专题研究报告提交科学院、工程院、社科院等有关部门征求意见，一面自我充实完善。进驻会计学院的第一件事是将专题研究汇总定稿。04专题按17个课题提交研究报告，汇总的研究报告550页，95万字，洋洋大观。

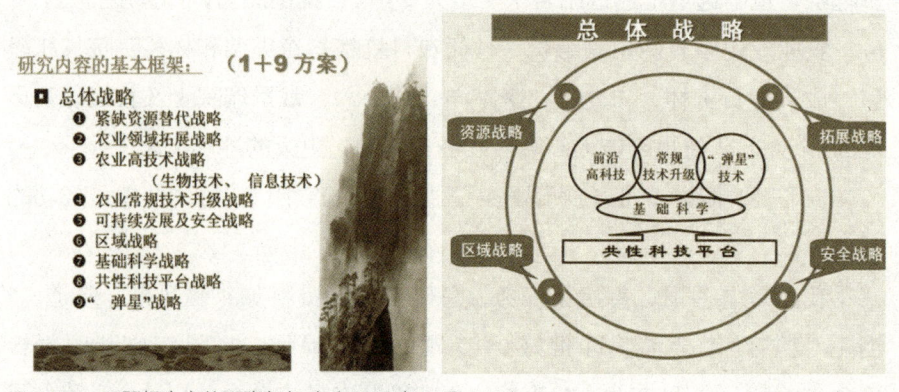

图9-12　开题报告中的两张幻灯片（2003年9月8日）

图 9-13　04 专题研究报告封面、课题和研究队伍

国家会计学院相当于一个小型的大学校园，集宿舍楼、教学楼、图书馆、报告厅、体育场（馆）餐厅的一个建筑群，很新，很现代，很安静，进门有一块巨石，上书朱镕基总理题词"诚信为本，操守为重，坚持准则，不做假账"赫然入目，有镇妖压邪之感。

我们专题组组长住在独栋小别墅的套间里，一切设施齐全。餐厅离宿舍不远，溜达过去就能享受美食。要求我们在此封闭期间不外出，需要组织会议或小范围谈话皆由办公室安排。工作安排得很紧，20 个专题，每周集体汇报一次进度，听候领导小组的安排。经常住在这里管事的是科技部李学勇副部长和部办公厅石定寰主任，还有有关的司长和处长。

我很喜欢这种"无丝竹之乱耳，无案牍之劳形"的潜心思考"战略"的环境。这一个多月，我一次未出过大门，难得地享受到这种"清净修为"的氛围和优越的工作与生活条件。我真觉得自己是深山修行的一个"老僧"。

《中长期国家科技发展战略》之"发现新大陆"

"04 专题组"的顶层战略是什么？

第九章　世纪游学（上）　　*375*

我从事农业半个世纪，最纠结的问题是中国农业的出路在哪里？中国农民为什么这么穷？

美国和加拿大等资源型农业的农民凭借拥有大量土地和机械化，欧洲国家和日韩等非资源型农业的农民则依靠农工一体化经济，这些国家农民的人均收入与城市居民持平。而在中国，既缺土地与机械化，又实行城乡二元化和工农二元化的计划经济，农业只是为国家经济建设和城市提供附加值很低的粮食等农产品的一台庞大机器而已。农业能强吗？农民能不穷吗？

荷兰全国人口 1630 万，农业人口 50 万，耕地 1360 万亩，1991 年的土地生产率达到 2468 美元/公顷而居世界第一；劳动生产率 4.5 万美元/人，稍逊于美国，是世界第二或第三的农产品出口大国，秘密在哪里？就在于集约种植和食品/农产品加工。以色列更是一个少土缺水的小国，又是食品/农产品出口欧洲的大国。如以初级农产品生产产值为 1，美、日、英的食品/农产品加工产值分别是 4.5、4.8 和 6.7，而我国是 0.4。

改革开放形势下，我不遗余力地呼吁国家打破城乡二元化和工农二元化的体制，要重视发展乡镇企业和农村工业。在主持国家中长期科技发展规划战略研究中自然地将农产品加工业放在重要位置，邀请了一些农产品加工方面的重量级专家。

正当我沾沾自喜，踌躇满志时，天上突降"大馅饼"。

在国家会计学院闭关修行半月余，2003 年只剩下几天了。住在另一座楼的程序同志给我电话："阮榕生来了，现在带他到你房间可以吗？""请他来吧。"

阮榕生是我校校友，美国明尼苏达大学的华裔教授，美国政府一能源机构的专家委员会成员。见面稍作寒暄，他即谈道美国最近在能源战略上有大行动，主要是发展生物质能源，特别是燃料乙醇。克林顿总统还发布了《发展生物基产品和生物能源》的执行令。我越听越觉得这里大有文章，模模糊糊地感到有可能与我们这次的中长期科技发展战略研究有关。我问得越来越细越具体，后来干脆问：

"克林顿的这个总统令你有吗？""我这里有，回头发到您的邮箱里。""太好了！谢谢！"第二天的邮箱里就收到阮教授发来的，1999年8月12日克林顿签发的13134号总统令"发展和促进生物基产品和生物能源"（图9-14左）。我如获至宝，迫不及待地看了起来。总统令的第一款"Policy"中写道：

> 目前生物基产品和生物能源技术有潜力将可再生农林业资源转换成能满足人类需求的电能、燃料、化学物质、药物及其他物质的主要来源。这些领域的技术进步能在美国乡村给农民、林业者、牧场主和商人带来大量新的，鼓舞人心的商业和雇佣机会；为农林业废弃物建立新的市场；给未被充分利用的土地带来经济机会；减少我国对进口石油的依赖和温室气体的排放，改善空气和水的质量。

这段话字字珠玑，意义深远，我翻来覆去地看了无数遍。

总统令还提出，"到2010年生物基产品和生物能源增加3倍，2020年增加10倍，以及每年为农民和乡村经济新增200亿美元的收入和减少1亿吨碳排放量"的宏大目标。总统令指令建立一个由农业部部长和能源部部长担任主席的"生物基产品和生物能源部际协调委员会""生物基产品和生物能源咨询委员会"以及"生物基产品和生物能源协调办公室"。与总统令同时，发布了《写给农业部长、能源部长、财政部长、环保署长的备忘录》，命令他们在120天内完成一份到2010年将美国生物基产品和生物能源增加3倍的报告。

于是以《总统令》为突破口，跟踪追击，查到了2000年的"美国能源部和农业部关于发展生物质基产品和生物能源给美总统的报告"、2001年美国制定的《植物-作物基可再生能源：2020》报告、2002年的《美国生物质技术路线图》、2002年美国农业部制定的"生物质能源及替代能源研究计划"，以及2005年美国能源部和农业部为美国国会提交的"关于每年为生物质能源和生物基产业提供10亿吨生物质原料的技术可行性报告"等（图9-14右）。

我越看越兴奋，好像长期关在一间昏暗的房间里，忽然洞开了一扇大窗，看到窗外好漂亮的一派景致；好像在茫茫大海航行中，看见了远远的一片陆地。如果说农产品加工是将现成的一节车厢，从工业列车换挂到农业列车上的话，"生物质能源和生物基产品"则是农业自产的一列新型、高速和大马力的绿色列车。这不正是我孜孜以求，为农业寻找新的发展门路，为农民寻找新的财路吗？

"众里寻他千百度，蓦然回首，那人却在，灯火阑珊处。"

一连数日，我的心情兴奋，不能自已。当我在每周五各组的汇报例会上兴致勃勃地介绍这个新发现时，却给了与会者一头雾水和浇了我一盆冷水。主持会的石定寰秘书长冷冷地问道："石校长，你说的生物质是什么？"

"广义而言，生物质是一切通过生命现象产生的一切物质，英文词是Biomass。狭义而言，我这里指的是所有农产品，特别是像农作物秸秆、畜禽粪便等农林废弃物，以及利用尚未被利用的土地生产的能源植物都是生物质。"我极力地解释着。

"那和你们，也就是农业科技发展战略有什么关系？"

"这些作为农业废弃物的生物质都可作为原料生产绿色能源……"

看来，这不是三言两语能"解惑"的，我热情有余，对难度估计远远不足。

过了两天，秘书组通知我，学勇部长要到04组座谈。我问谈什么，

图 9-14　克林顿的《总统令》首页（左）及相关文件资料（右）

回答是"生物质"。看来是石秘书长将我在碰头会上的生物质问题汇报给学勇部长了。好在大家都被"封闭"在国家会计学院里，走上几步就可以开会座谈，无须动用汽车和受堵车之苦。这是个下午，学勇部长、农村司王晓方司长，以及四五位处长和工作人员来到了我们04组的驻地。

"石校长，听说你在会上谈到生物质，我们感到很陌生，你能不能详细点给我们说说。"

这次是专题座谈，时间充裕，我可以敞开地说了半个多小时，将"总统令"也亮了出来。学勇部长很钻研，问了许多问题。结束时起身说了一句："石校长，现在我们明白些了。"将一行人送到门口时，我将王晓方司长留下了，他是北农大校友，与我很熟。我直截了当地问："晓方，你是怎么看生物质的？说说你的真实想法！""石校长，您提的生物质，想法很好，但可能是未来的事。"晓方的真话又泼了我一身冷水，我急不择言地说："不！晓方，这不是未来的事，是现在的事。"

一次到餐厅午餐，我端着取好的一盘饭菜找座位，正好清华大学王大中校长一人一桌地先我而食，他是能源专题组组长。我端着饭菜在他对面坐下，互打了招呼。说了几句两个专题组的情况后，我先挑起了话题："农业组提出了生物质能源问题，王校长，你们能源组有什么看法吗？"

"没有！"王校长严肃少语，不苟言笑。说了"没有"二字就没有了下文，连缓冲与回旋余地也没有。我只得硬着头皮把农业组对生物质能源的考虑简单地说了说。开始他面无表情，说到美国情况，表情放开了些，偶尔点点头。但还是疑虑地说："煤炭、石油、天然气都是有矿藏，有煤田油田的。生物质虽多，但能量密度很低，满地都是，怎么收集？怎么形成工业化生产和产品？"他振振有词地反问。

"纺织工业的棉花不也是一朵花一朵花摘下的，制糖业的甘蔗和甜菜不也是一株一株砍下的？只要有社会需求，人就会有办法的。"我也极力辩解着说。

"那倒也是！"看来有些松动。说完这四个字又没话了，深不可测。这顿饭快吃完了，我说："王校长，今天下午我请一位同志把美国的材料送给你。""好的，谢谢石校长。"后来又接触过两次，离开国家会计学院前我

第九章 世纪游学（上） *379*

把农业组的战略研究初稿给了他一份。最后得知，能源组研究报告中有了生物质能源，还是不短的一大段。看来我的努力没有白费。

一次在餐厅吃晚饭，边吃边和坐在对面的徐冠华部长聊天。能源组的专家，清华大学副校长倪维斗院士吃完饭从我身边走过，打了个招呼。突然又走了回来，弯下身来对我说："听说你要搞生物质能源？""是啊。""我劝你别搞，没什么搞头，搞不出什么名堂的。"说完就转身离开了，根本不给我说话机会。可是刚走出几步，又回过来对我说："石校长，如果你真想搞，生物质成型颗粒燃料还不错，我可以带你去看看。"

倪校长，上海人，热情，精明过人，我们在"S-863"战略研究中共事多年。自此，我二人在生物质能源领域多次上演了精彩的对手戏，第十一——十三章有述。

"杨家有女初长成，养在深闺人未识。天生丽质难自弃，一朝选在君王侧。回眸一笑百媚生，六宫粉黛无颜色。"如果将生物质比作此女倒也相当，只需将"杨家"改为"洋家"，"君王"改为"国家"即可。我一直是这么想的，以后的事实也是这样发展的。欲知其详，请看第十一——十三章。

《中长期国家科技发展战略》之"汇报"

2004年4月上中旬，在京丰宾馆二次集中两周，各专题组对研究报告做最后修改、加工，交流与协调，以及汇报预演。5月和6月，陆续向国务院国家中长期科技发展规划领导小组汇报。04专题组安排在6月15日。

6月15日上午，天气晴好，不冷不热，给人以神清气爽的感觉。

汽车直接开进中南海西北门，传达室前的接待人员问清来人后告知在第一会议室开会以及行车路线。第一会议室是国务院用于召开大型会议的，可容纳一二百人，此刻门前，已是熙熙攘攘。会议室近乎方形，正中纵放一大型长条椭圆形主桌，两厢各纵放桌椅五六排，供参会和工作人员用。主持人坐北朝南，面向放映用的大屏幕。

这天上午是04（农业）和08（人口与健康）两个专题组汇报。出席会议的有温家宝总理，黄菊、回良玉、华建敏、陈至立等国家领导人；有国家中长期科技规划领导小组成员中科院院长路甬祥、社科院院长陈奎元、科技部部长徐冠华等21人；有顾问专家组成员周光召、宋健、朱光亚、王大珩、石元春、孙家栋、师昌绪等14人。主持会议的温家宝总理在主桌北头就座，有关人等分坐两厢，我和中国医学科学院院长刘德培院士是主汇报人，坐在主桌南头，与主持人相对。

04专题组先汇报，我的电脑已与显示屏连好。规定每个汇报40分钟左右，讨论45分钟。我准备了66张幻灯片，平均每10分钟走15张幻灯片，这都要算计好。汇报中，该说的必须说到位，没必要的一句也不说，时间太宝贵了。

9时整开会。温家宝总理说："国家中长期科技规划战略研究课题汇报已经进行了六个专题，从今天起，后面这些专题我们把顾问小组的成员都请来了。今天宋健同志、光亚同志、光召同志，还有我们在座的这么多位老科学家都到会了。这确实是一项非常重要，而且非常庞大的工作，做好了意义十分深远，直接关系到我们国家今后十年、二十年，甚至更长远的经济社会发展。所以，党中央、国务院非常重视，规划战略研究20个课题，一个课题、一个课题都要听，国务院部门的同志也都来了。今天上午进行汇报的第一个课题是农业科技问题的研究，还有一个是关于人口和健康课题研究。先请元春同志汇报农业课题研究。"

我汇报PPT的第一张幻灯片，开宗明义地提出"本汇报是在对世界和中国农业形势分析的基础上，围绕未来15年中国农业发展中的四大主题提出相应的科技战略与解决方案"。语速不快不慢，字字着力。随后是世界农业形势的3点和中国农业形势的5点结论性认识，共走了8张幻灯片。最后一张幻灯片提出了中国农业的四个主题（粮食安全、农业生态安全、农民增收和农业科技）和相应的四大战略（替代战略、解铃战略、拓展战略和跨越战略）。

第二部分是汇报主体，分别用了10、9、13和19张幻灯片阐述四大战略和解决方案。科技发展的跨越战略最后提出了中长期科技问题的4个重点领域、12个优先主题和两个重大专项。汇报是以4点政策性建议结束的。共66张幻灯片，用了47分钟。

汇报结束后，温家宝总理说：

> 元春同志做了一个很好的汇报，这是他们研究成果的浓缩，用了不到一个小时的时间。下面，我们用四十分钟来进行讨论，大家发言都要简短，主要看他们的研究成果、提出的建议、对一些问题的论断，大家有什么意见，有什么要求，有什么建议。

路甬祥同志首先发言。他说听了石校长的汇报使人耳目一新，对农业和农业科技的世界大势和国内形势分析得很到位，四项对应战略的针对性很强，很有见地。我感到这个研究报告对今后我国农业和农业科技会产生很长时间的影响。我同意这项研究成果。

紧接着是宋健同志发言。说我同意甬祥院长的意见，老石他们的这个

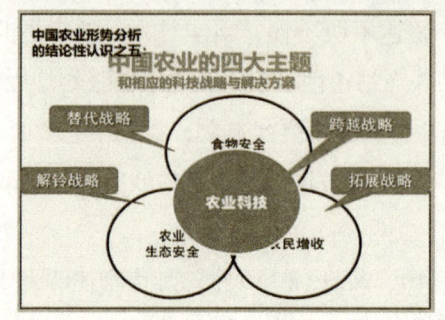

图9-15　04专题组汇报PPT中的首页（上）；第10张（左下）和第65张（右下）幻灯片

研究报告的确不错，很到位。报告中提出生物质经济，这很新，我建议在生物质研究中要注意薯类的重要作用。我有些这方面的资料，会后我叫人转给老石。另外，报告对农产品的品质问题和西部开发问题讲得还不够。

此外，曲格平同志对农业的面源污染问题、周光召同志对粮食成本问题、朱丽兰同志对农业科技推广中的主体与受体问题、李京文同志对发展生物经济的金融支撑问题、张宝文同志对农业的绿白兰三色革命问题，还有王大珩、张国宝等都做了重要发言。

每个发言时间不长，但都能高屋建瓴，说到要害，毕竟都是些国家级人物。当时我就有一种"高手过招"的感觉，受益匪浅。温家宝总理的最后发言是：

> 我们不可能都发言，有一些意见，特别是部门的意见还可以书面形式转给课题组。农业科技研究非常重要，确实是一个重大的战略课题。第一点，从美国布朗提出谁养活中国，我们就在思考这个问题。他提出这个问题以后，我们粮食连续五年增产，超过一万亿斤，因此就把他驳回去了。但是过了几年，我们又连续四年减产，于是他又提出问题来了，而且他这次不但从粮食的供求角度提，还从水资源、土地、人口等方面提。他倒不是一个很敌意的科学家，他还是从研究角度提出问题的。我认为这个问题确实还没有解决，就是说满足十多亿人口的生存问题、吃饭问题，始终是中国经济、社会发展的重大问题。
>
> 第二点，就是这个课题是从可持续发展来进行研究的，而且提出了新的农业技术革命的两大重点，就是生物技术和信息技术，我原来没有考虑把信息技术摆这么高，今天听了介绍，我感觉非常好，把这两大技术叫作主导技术，我觉得这是非常重要的。
>
> 第三点，他们提出了四大战略，实际上是解决当前农业发展的四个大的主题，这就是用替代来解决安全，即食物安全，用科技来解决跨越，用拓展领域来解决增收问题，用解铃来解决生态问题，解铃还须系铃人，解铃的意思是，我们自己造成的生态问题，要自己来解

决。耕地和水的问题，恐怕要引起高度重视，因为这是农业的两大载体，没有它们，就谈不上农业。耕地这两年因被占用而减少的过快、过多，去年耕地第一次降低到15亿亩以下，为14.9亿亩，是新中国成立以来最低的，而我们的人口已相当多了，所以这不得不引起重视。水的问题今天没有谈，但也相当紧迫。因此，必须保护耕地，节约用水，特别是灌溉用水。

第四点，就是这个课题研究的领域，也可能他们没有汇报得很全面，有些领域可能还要再丰富一些，应该树立大农业的思想，即包括畜牧业，特别是奶业；还应该包括林业，今天我们林业科学家们也都到了，但没有发言，林业是大农业的重要组成部分，林业不完全是果业；还应该包括海洋，即海洋生物的利用。总之，拓展领域应该是大农业的思想。

第五点，就是生物能源，实际上生物能源应该与生物废料的利用相结合。我已经看了参考资料，现在还有大量的烧秸秆，狼烟四起，石家庄，到现在也还在烧，没有解决。所以，生物能源的利用，不管是燃料，不管是沼气，不管是发电，都跟废料的利用结合在一起，跟环境的污染结合在一起，也与肥田有关系。

第六点，生物技术是战略高技术，对转基因必须有一个正确的认识。今天我们大家都统一一下认识，应该非常重视，转基因是战略高技术，中国必须重视和加强转基因技术研究。在贸易上采取的有关转基因的一些政策，绝不应该妨碍科学上的转基因研究，这点必须要划分清楚。绝对不能对转基因研究有一丝一毫的放松。而且，我们这个大国不靠转基因研究，要从根本上解决农业生物技术问题是不行的。我想这是我们今天议论的很重要的问题，其他的我就不说了，包括的都很全了。

大家都同意这个报告，并且提了很好的意见，农业小组是不是可以再继续作些补充修改。

615汇报会上温家宝总理对发展生物质的肯定与赞许，对我们是一个很大的鼓舞。像小学生拿着成绩单受到家长奖励一样。

7月13—24日北京会议中心第三次集中，是《中长期》战略研究的大总结和宣布圆满结束，历时一年零三个月，20个专题共提出了72个重点领域，174个优先主题和58个专项建议。会议开得很隆重，04组获得表彰。这是我十年游学中值得浓墨重彩的一站，可以用"大任务，大工作量，大收获"来概括。

后来了解，我们提的12个优先主体全部列入了科技部"十一五"重大科技项目，没白忙活。

"七三"大关

战犹酣，病耗传，立马横刀力不软。

2003年10月，开题报告刚完成，准备汇报PPT时，10月26日去北京医院做院士年度体检。这次体检查出前列腺有结节，当时并未在意，因PSA不高。集中国家会计学院，哪顾得上这个。可是随后的彩超、核磁复查仍有问题，最后只有靠穿刺裁决了。2004年1月15日，会计学院"封闭"结束的第二天即去北医三院穿刺，已经是腊月廿五，快要过年了。大夫问："春节前要结果吗？"我惴惴不安地回答："不用了，过了年再取吧！"我不想因穿刺"结果"影响这个春节和初二生日的心情。

正月初二，一家人在湖北风味的红番茄餐厅祝贺我73岁生日。在吹灭蛋糕上蜡烛时我的许愿是："希望穿刺没问题！"破五后取结果，却是一张前列腺癌宣判书。次日上午，通过中国工程院学部与北大第一附属医院泌尿科权威郭应禄院士联系，他当天下午就与我和老伴见面了。他看完各项检查结果和片子后说："可以确诊是前列腺癌。"又补充说："前列腺癌一般发展比较慢，特别是老年人。可以用服药打针的保守疗法，可以用摘除睾丸的半保守疗法，也可以用根治的切除疗法。"他说："美国有一种说法，73岁就可以不需做切除手术了。"

"我刚满 73 岁，能切除吗？"

"这由病人自己决定。"

经与老伴商量，决定根治，何必"带癌生存"，心里老犯嘀咕。郭大夫说："我们可以安排薛大夫主刀，这是国内最好的一把刀。床位我让住院部尽快安排。"回家后稍作准备，2 月 3 日，正月十五未过，就住进了北海公园旁的北大第一医院病房。我要求安排了一张桌子，看书写字敲电脑。大夫说大约需要半个月的术前检查和准备。

从会计学院"封闭"，转到病房"封闭"。除了应付复杂细腻的各种术前检查，照常在电脑上干我的事，仔细查寻和阅读生物质方面资料，心得颇丰，心情颇佳。唯独在医院大堂书摊上看到小册子介绍前列腺术后"存活期"时，引起一阵坏心情，这不是"死缓"吗？以后再也不去书摊了，干吗找不痛快。

手术时间定在 2 月 18 号。病房里待了半个月，认识了不少病友。每天清晨，手术室的护士都会用手术车推走几位当天手术的病人。病人静静地平躺在车上，一动不动，盖上一块非常白净的床单，露出一张脸来。这时一旁的病友都会屏住呼吸，神情严肃，盼望病友术后重回病房。我已有多次目送经历，这天清晨轮到我被目送了。几位病友默默地站在车旁关注地望着我，我轻快地对他们说了一句："我早就盼着这一天了"，病友对此"冷幽默"报以诧异眼光，"你真宽心"。其实！病房半个月不就是为了做手术吗？

候术室很大，已经有数十个盖着白布单的候术车候在里面，却是静得怕人，静得让人喘不过气来。不一会儿，我的候术车被推进了麻醉室。护士叫我坐起来，在后腰上打了一针，很快感到一阵酥麻，护士又叫我躺下，在口鼻处放上一块纱布，从此什么知觉也没有了，如同死去一般。手术 5 个多小时，听说输了 1000 多毫升血。术后送到监控室，手脚都被绑（固定）在床上，动弹不得，眼睛的余光看到窗外稀弱光线，知道已是黄昏时分了。好像护士又来打了一针，一直昏睡到次日清晨才送回到原来住的病房。

我的下身插着三根"尿管"，一根一根地拔。还有一根"尿管"未拔除，3 月 15 日就出院了。记不清为什么会有这样安排，第二天到农业部，第四天在学校，一连两场报告。估计是我自己答应安排的，他人不会如此不近人情，毕竟是大手术后的73岁老人。报告用的PPT是在病房里准备好的，但是带着尿管和尿袋上讲台还是头一次。

此次农业部的讲演题目是"新的农业科技革命浪潮"，学校的讲演题目是"国家中长期科学和技术发展规划战略研究的农业科技专题情况通报"。

生病和手术也是趁春节前后，插空安排，一点也没耽误《中长期》。"战略研究"的第二次大集中是4月5日到18日，地点在京丰宾馆。会议上知道我动过手术，特意安顿在宾馆一楼离餐厅和会议室最近的房间里，免受电梯上下之累。7月中下旬，在北京会议中心第三次集中，是此次长达一年3个月的中长期国家科技发展战略研究的最后总结，总结大会后是聚餐。我坐在主桌，旁边是李学勇副部长。

"石校长，你们农业组的汇报，温家宝总理没少表扬。这次你又是带病工作，真是辛苦你了，我代表科技部向你表示感谢。"李学勇副部长说着站了起来，端着酒杯向我敬酒。刚落座，好像想起什么，又站起来走到了另一桌。我想他是开始执行轮桌敬酒的俗礼了。可不大一会儿，他带了一位人高马大、五大三粗的中年领导，满脸堆笑，举着酒杯，来到我身边，我赶紧站了起来。李学勇副部长向我介绍说：

"这位是黑龙江省科技厅的潘厅长。我刚给了他一个任务，安排您今年夏天到黑龙江休假，疗养一下身体。""哈哈！石院士，您好！李部长给我的这个任务既光荣又艰巨。因为您是'国宝'嘛！"这位东北大汉声如洪钟，爽朗不羁，一见面就让我喜欢上这位新朋友了。"哦！原来我是属'熊猫'的。"我幽了他一默，三人都笑了。

"石院士，我考虑去镜泊湖好，这是黑龙江省最美的避暑胜地，您看怎么样？""好啊！太感谢了！""潘厅长，我把石院士交给你了。第一要保证安全，第二是要休养得好。"李学勇副部长嘱咐说。

这么大的手术，怎能不使身体元气大伤，何况是古稀之龄。据病房病友说："少则也要休养两年。"所以这份犒赏我是乐于接受的。8月4日，我和老伴开始了为期两周的镜泊湖休假，在我人生旅途又增加了一段美好

图9-16 镜泊湖及我的住处（上）；与潘厅长合影（下左）；与老伴合影（下右）（2004年8月）

记忆。

镜泊湖太美了。看看上面的照片，谁不点赞？

据说孔圣人终年73岁，孟亚圣终年84岁，故有"七三""八四"人生两道大关的说法。自然我是不会相信的，但我得前列腺癌和动大手术确是在73岁这年。

第十章
世纪游学（下）(2000—2002年/69—71岁)

20世纪末的1999年，中央做出开发西部的战略决策，掀起了"西部热"。以后的两年时间里，我6次参加西北学术考察活动，让我有机会在"世纪游学"中写下我的"西行漫记"。

西行序幕：沙尘暴

我的"西行漫记"序幕应当是被2000年北京的那场"424沙尘暴"拉开的。

大自然也爱凑热闹，当人们还沉浸在千禧愉悦之中，2000年4月下旬，北京一连刮起三天沙尘暴。风沙扑面，昏天黑地，喜庆中的北京人有些懵了，好像要大难临头似的。至少，我老伴每天要两三次地擦拭桌面上的落尘。

中央气象局、中国环境科学研究院很快提出了此次沙尘源及路径的观察报告；中国科学院地学部发表了《关于我国华北沙尘天气成因与治理对策》报告，都对这次沙尘天气做出了科学客观的分析。

媒体就不一样了，"黄龙直逼北京，龙头越过官厅""北京距沙'零'

公里""悬在头上的沙源地""沙漠化兵临城下""陆地杀手——沙尘暴"等。一时间，警世雄文铺天盖地，大肆炒作起来。

中央领导对此十分重视，江泽民主席授意，朱镕基总理亲赴距北京180公里的河北丰宁小坝子乡椴头沟村的一片沙地视察（图10-1）。使"黄龙直逼北京，龙头越过官厅"的媒体报道显得更加逼真与形象。

这一切都是真实地发生了，遗憾的是媒体炒作远离了科学，误导了公众，也使40多年前研究黄土的一位研究生感到困惑与不安。

这是怎么啦？普通的一个天气现象和地质过程怎会变得如此恐怖？

40年前，我在论文中引述过，公元前1150年的《竹书纪年》即有"雨土"记载；班固《前汉书》也记有"成帝建始元年（公元前32年）四月壬寅晨，大风从西北起，云气赤黄，四塞天下，终日夜下著地者黄土尘也"；还引述过张德二的统计，"自公元前1150年至公元1933年的3083年间，有过245年的'雨土'记载"。是啊！没有260万年间的沙尘暴，哪来的黄土高原？我做研究生论文时曾考察过北京西山斋堂的原生黄土，说明第四纪期间，北京一直是黄土高原外缘的黄土沉降影响区，其影响范围一直到南京和东海与黄海。

沙尘暴，是干旱和半干旱地区的供沙地面，在强冷锋与上升气旋以及环球西风带大气系统共同影响下产生的一种全球性的天气现象和地质过程。美国1935年5月12日的一次沙尘暴，从西部向东部运送了3亿吨沙尘；苏联1960年3月的黑风暴扬尘10多亿吨，使400万公顷土地受害；澳大利亚更是一个沙尘暴频发的国家。我国有165.3万平方公里的风蚀荒漠化土地的供沙地面，经过200多万年自西向东搬运，这才有了64万平方公里、地球上最集中和面积最大的一片黄土高原。

中央气象局和中国环境科学研究院就北京"424沙尘暴"的沙尘源及路径提供的示意图清楚显示，沙尘主要来自河西走廊、巴丹吉林、腾格里等沙尘源地，经风力在空中运移到北京。唐朝诗人刘禹锡在诗中也有过"九曲黄河万里沙，浪淘风簸自天涯。如今直上银河去，同到牵牛织女家"的描述。

在地学工作者眼里（其实每个人也可以认为），北京"424沙尘暴"就

> 这是朱总理2000年视察过的村子——丰宁小坝子乡榔头沟村。沙源来自山谷中的河流冲积物和洪积物，非外源性来沙。

图 10-1　朱镕基总理视察过的沙地

如同某年夏天降了一场暴雨，或某年冬天出现一次少有低温一样，不必大惊小怪。有意思的是，此次中科院地学部的研究报告称，北京"424沙尘暴"仅为"沙尘天气"而未达"沙尘暴"量级；又据华北气象台站网40多年观测资料分析，近半个世纪北京地区沙尘天气发生频率不是增加而是趋减（图10-2），平均沙尘暴日数、扬沙日数和浮尘日数，20世纪50年代分别是90年代的8倍、14.5倍和3.2倍。

再说，沙漠与沙漠化仅生成于干旱半干旱气候区，而北京处在半湿润气候，落叶阔叶林和森林草原地带，根本不具备发生沙漠化的地学条件，怎么会"黄龙直逼北京"和"沙漠化兵临城下"呢？

那么，朱镕基总理在丰宁视察的沙地又是怎么回事？

当然，丰宁不是供沙源区，只是河流冲积物经风力筛选而存积的零星沙地，地学上叫"就地起沙"。北京郊区卢沟桥一带的永定河河岸就有零星沙地；1938年花园口决堤，人为造成了黄泛区沙地；吉辽蒙东的大片沙

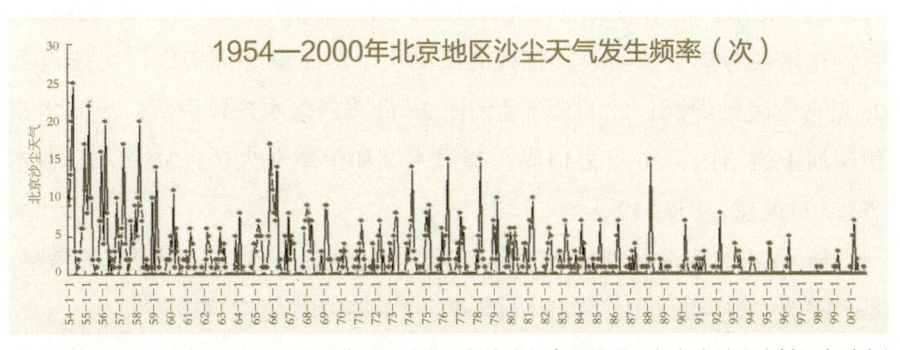

图 10-2　1954—2000年北京地区沙尘天气发生频率图（华北气象台站网资料，中科院）

第十章　世纪游学（下）　　*391*

地是2万年前盛冰期留下的"古沙翻新"。请记住，这些零星沙地与干旱半干旱地区的沙漠和沙漠化不是一回事。

不知是哪位高人推荐总理视察丰宁沙地，把"就地起沙"鱼目混珠于"沙漠化"，说成是"黄龙直逼北京"，误导国务院拨款558亿元，在京津附近造林56万平方公里的治理区，称之"京津风沙源治理工程"。而把真正的西部大片沙源地和"空中运沙"忘得一干二净。这不是"弃西就东"和"舍本求末"吗？

这是一次科学与世俗的碰撞，我很无奈。

我是带着这种困惑，甚至愤懑情绪"西行"的。

难怪"西行漫记"里净是些"质疑"啊、"误区"啊什么的。又发表文章，又告"御状"，好像是和谁"斗气""打架"似的。

质疑"三北防护林"与"退耕还林"

2000年的北京424沙尘暴刚过，8月下旬即参加了全国政协的西北考察团，团长是全国政协人口、资源与环境委员会主任，前湖南省委书记陈邦柱。团员20人左右，都是各界的全国政协委员。我想，这倒是一次机会，去看看沙尘暴源区情况。

考察团8月22日抵银川；23日考察民营企业"银广夏"；24日上午转移到中卫市，下午考察中科院的沙坡头治沙实验站；25日自中卫西行入甘，在景泰考察了黄河最高扬程的民勤引水济民勤绿洲工程，夜宿武威；26日考察民勤绿洲；27日驱车兰州；28日飞乌鲁木齐转伊犁；29日考察伊犁河上游恰西；30日去口岸、赛里木湖和伊犁河大桥；31日飞乌鲁木齐；2日返京，历时12天。

与40年前我在新疆的科学考察不同，这次是一次走马观花式的考察，是给团员"观美丽河山""看大好形势"和"参政议政"的机会。

这次考察中，从中卫乘汽车经景泰、民勤、武威到兰州一线，使我饱

图 10-3 "三北防护林"大段大片枯死（上）和被沙掩埋（下）

览了我国西部干旱地区的现况。一天下午，汽车行进两侧，多次出现"三北防护林带"，有的被沙掩埋得奄奄一息，有的成段成段枯死，正常生长的很少，"绿色长城"成了"黄色长城"。越看心情越不好，正好天气也是阴沉沉的，更感压抑。但是我还是抓紧时间下车拍了照片，图10-4是远处拍摄的大段枯死的"三北防护林"和近处拍摄的被沙掩埋的"三北防护林"。这是科考的习惯，又好像是在搜寻着什么"证据"。

趁停车休息，我与司机老张聊天。"你在哪个单位开车？""自治区林业局。""你说，这三北防护林怎么大段大段地都枯死了？""这些树种的时候浇过水，种活以后，将土里的水气拔干了，它也就玩完了。"好嘛！老张一语道破天机。清华大学雷志栋教授则为此论提供了南疆考察的科学数据，即在南疆对成年新疆杨生长季的单株蒸腾耗水量的观测是 273 毫米/年，而这里的年降水量不到 100 毫米。所以每株乔木，像个小抽水机在抽取土壤里的水分。

第十章　世纪游学（下）　*393*

看到"三北防护林"的此般惨状，我在汽车里想了许多。人们天天说生态，生态是什么？生态就是生物体与环境的相互适应与统一。长树或是长草，长什么样的树或长什么样的草是与当地的水热条件相适应的。森林、森林草原、草原、干旱草原、荒漠草原和荒漠的自然地带性规律是一点也不能含糊的。三北防护林的东北地段长势不错，是因为那里的年降水量在600毫米左右和蒸发量较小的半湿润森林草原地带，种树容易存活。而越往西，降水量越少，蒸发量越大，由半湿润森林草原带逐渐过渡到干旱草原和荒漠草原地带，这些地区的当家植被不是乔木而是旱生灌草。如果不是地下水补给的低地或人工灌溉是长不出树来的。

遗憾的是，我国西北90%以上面积是不宜乔木的干草原、荒漠草原和荒漠区，而三北防护林和90年代治沙工程中营造的476万公顷防风固沙林和37万公顷农田防护林，皆以乔木为主。造价高，成活率低，维护困难。

想着想着，突然自己也好笑起来。沙尘主要是通过风力在空中运送，而不是地面滚移，即使林带的树长得再好，能挡得了空中搬运的沙尘吗？长城可以有效防御古代步兵与骑兵，能防御现代飞机与导弹吗？这不是开了个历史笑话吗？

令人不安的是，在武威考察一个为三北防护林提供林木的林场时看到一份报告：

> 河西走廊有1200公里三北防护林，因缺水和地下水位下降而成片死亡，甘肃民勤县造林8.7万公顷，只剩下2万公顷了；10万公顷农田林网8成需要更新。三北防护林的三期工程款到位率很低，四期工程又将启动，一些林场种树越多，赔得越多，农民出钱、出力、出草而难有收益，眼前利益和积极性是个问题。

现在我们还在继续艰难地做着修长城以防飞机导弹的事，太搞笑了。一边是"三北防护林"难以为继，一边又高调地出台了"退耕还林"。朱镕基总理走运，上任前全国粮食年年丰收，以至上任就要处理陈化粮压库问题。为了消耗陈化粮，退 1 亩耕地每年补助 100 公斤粮食，还 1 亩林补助 90 元种苗费。退耕，当然是退那些生产条件恶劣，连极耐旱的谷子都长不好的劣地和远地，用来植树种果行吗？如果是"还草"就不一样了。耐旱灌草耗水少，见效快，周期短，投入低，具固沙和防治水土流失的生态功能，还能与养殖业和草业结合，能促进农业结构调整，增加农民收入。

实践者最聪明。且看 2001 年 4 月宁夏回族自治区政协的"宁夏固原地区退耕还林还草情况调查"是怎么婉转而明确地表达了他们强调种草意见的。

> 以往的实践证明，没有社会经济效益的生态建设，也就是说，在生态建设中不能有效解决退耕农户的吃饭、烧柴和增加收入等问题，生态建设既不能持久，建设成果也将遭到破坏，这是退耕还林还草中的一个难点。
>
> 退耕还草，发展草产业和带动畜牧业的发展，可作为山区农业产业结构的突破口和增加农民收入的重要渠道。一是坚持草地的保护、建设、管理与开发的结合；农区人工种草、秸秆利用和发展舍饲畜牧业相结合；轮牧和严格限定载畜量相结合。二是引选优良草种，大力种植以紫花苜蓿为主的优良牧草，走苜蓿产业化的道路。三要与牛羊品种改良相结合。

灌草占尽天时地利，就是不占人和，受到人们无知与偏见的不公正待遇。传统的重林轻草观念真是害死人，但根子还在于国家决策系统和监督系统的不健全。

考察团没有给团员布置"作业"，但是我看到和想到的这些，能无动于衷吗？我主动找团长汇报了我的想法和建议。团长听得很认真，要我写个简单素材给他，还建议我明年"两会"上写提案。

对啦！这不正是我们政协委员该做的事吗？

"新华社来了没有"

2000年8月25日早餐后，全国政协车队，浩浩荡荡，从中卫市出发了。

这天天气晴好，汽车行进在西北高原，天高地阔，蓝天如洗，离开了城市的人们，如出笼的鸟儿。

由于工作需要，我上车选座从不客气。常早些登车，选坐在了二排靠窗的位子上，不是为了舒服，而是为了便于考察。汽车上路后，拿出笔记本，眼睛盯着车窗外的过眼景象，像猎人搜寻"猎物"。我的前面，第一排靠窗坐的是团长陈邦柱，第一排斜上方一般是"导游座"，坐的是自治区离任不久的林业厅副厅长。他在与团长有一搭没一搭地搭讪这一带种树植草的事，却引起了我的注意。团长身边的座是空着的，我干脆就移坐到团长旁边，喧宾夺主地向这位老厅长"采访"起来，问东问西，让团长落得个清净。

中卫市紧贴腾格里沙漠南沿，车出市区西行，公路与铁路相伴，时而有火车从公路旁呼啸而过。我一面向老厅长采访，一面眼睛不停地向窗外扫视。发现铁道两侧的植被覆盖度和长势一般都很好，我随意地问："铁道两旁的草长得这么好，是铁路上种的吗？""不是，是自然生长的。""铁路上浇水吗？""不浇，哪来的水浇。""一般要多少年才能长成这样？""三五年就能起固沙作用了，5年可达50%以上的覆盖度""铁路上的主要办法是什么呢？""修道围栏，不让羊进来就行了。"

我脑子蒙了一下，原来就这么简单？围栏就这么神奇？当汽车走上一片稍高的沙地，视野豁然开阔了，老厅长指着窗外对我说："石院士您看，那就是围栏！"啊！好精彩的一幅画面呈现在眼前。

"停车！"我叫了一声。司机不知何事，给了个急刹车，让全车人身体都往前冲。身边的团长忙问："石院士，怎么啦？"我连声说："对不起！对不起！""我要照相。"想不到在新疆考察时，我这个常坐司机旁的土壤组组长，每遇要下车考察的点就会喊"停车！"的职业习惯40年后还会下意识地反映出来。

"现在休息一下，大家下车活动活动。"团长站起身，转过身来面向坐在后面的团员们说。

我抢先下车，迫不及待地寻找我要拍照的镜头。一连拍了几张后就拿出笔记本和笔，记录植被状况。图10-4（上）是我拍的照片，下是别人拍我查看植被的镜头。照片（上）用白色小圈标注的下面即围栏的水泥柱位置，看得很清楚，共9根。这里的植被是黑沙蒿群系，伴生植物有苦豆子、白草、沙生冰草、骆驼蒿等，覆盖度在90%左右。完成全部工作，又问老厅长："这里的地名是什么？""包兰铁路的甘塘段。"又问："这里年降水量大概多少？""不到200毫米。"问清"采样"地点是40年前野外科考上车前的最后一道工序，我没忘。

这张照片是上天对我的恩赐，甘肃给我的见面礼。它一下子在我的学术思路上洞开了一扇窗户，原来在200毫米年降水量条件下，生态的自我修复能力竟然如此强大，西北的开发与生态建设应该重新评价与思考了。

拍了这张照片，我的视线更离不开车窗外过往的景观了。甘塘西行不远，公路铁路，分道扬镳。公路两旁出现绵延的低山，微倾的洪积坡积平原，小片的起伏沙地。高原的太阳也开始炽热了起来，连天上的飞鸟也不

摄于包兰铁路甘塘段，2000.6.26.

摄于包兰铁路甘塘段，2000.6.26.

图10-4　由中卫进入甘肃后，甘塘路段铁路两侧各2公里宽的良好植物被覆（2000年6月26日）

见，车在一派肃静安详中前行。

　　1小时许，行至景泰境内，车窗外惊现大片密丛丛的深灰绿色植被，覆盖度在80%以上，"纯天然"。我要求停车，下车拍照，两三分钟就够，这也是过去野外考察的习惯。上车请教司机："这是什么地方？草怎么长得这么好？""这里属甘肃景泰。这一带人烟稀少，羊群也少，所以草长得好呗。"哦，原来这里的植被也享受着铁路旁围栏的类似待遇，且群落更加稳定丰满（图10-5上）。

　　车又行半小时许，看到远处村落，人气羊气渐旺，地面植被却只剩下些残茬根茎，局部地面已经起沙。这个镜头也必须拍下来，又停车拍照（图10-5下）。我这里忙得紧，车上的好几位团员一直在打瞌睡，东倒西歪的。因为团长知道我是搞野外考察的，干脆嘱咐司机："石院士叫你停车你就停车。"有了指挥停车权，方便了许多。

　　这个上午的三次停车和三张照片太有科考价值了，它们是同在景泰地区，相近的气候、地貌、水文和土壤条件下的"自然植被""受损植被"和"修复植被"。这不就是当地生态系统的人工干预与自我修复的记录吗？当地生态系统的自组织功能的现实表现吗？

　　一个系统的自组织功能愈强，其保持和产生新功能的能力也就愈强。生态系统，是生物体与气候、水、土等外在自然因素组成的一个相互依存

摄于甘肃景泰，2000.6.26.

摄于甘肃景泰，2000.6.26.

图10-5　在景泰拍的两张植被对比照片（2000年6月26日）

和制约，相对稳定和有自组织功能的大系统。某种外来因素的介入可以打破系统的稳定和平衡，一旦介入因素减弱或消失，该系统具有逐渐恢复或接近原状况的自我修复能力。

考察中，西北水土保持研究所提供了一个小流域，陕西安塞县纸坊沟从初级开发到强度开发，又到封育性开发的60年里的三组数据，非常宝贵。1938年每平方公里11.4人，植被覆被率51.2%，粮食亩产96.6公斤；强度开发后的1958年，三者分别为26.7人、0.4%和27.7公斤；20世纪80年代初开始封山育林育草，1999年的植被覆被率恢复到57%以上，粮食产量达到162公斤。这是大面积启动生态自我修复能力的一个成功案例。

2001年春节刚过，接到参加朱镕基总理邀请部分科技专家，征求对他三月两会上《政府工作报告》稿修改意见的座谈会的通知。机会太难得了，除了准备发言提纲外，请人专门放大了甘塘的照片，就是图10-5上面的那张照片，差不多有两版报纸那么大。

在2月6日座谈会上我先就《工作报告》本身提出修改建议3点（《文集·杂文卷》第88页），最后转到了目前在西部生态建设中重"三北防护林"和"小流域治理"的"工程干预"而忽视对生态系统自我修复能力的发挥，说着我就展示了我带去的放大照片。也是凑巧，我的座位正好在总理对面，相距仅三四公尺。这个行动很突然，很新鲜，估计没人这么干过，更引起了总理的重视和兴趣。讲完就有工作人员把照片

图10-6　在人民大会堂参加全国政协会议（左）；科协组在友谊宾馆讨论《政府工作报告》（右）（2001年3月）

拿到总理面前。

等下个发言人讲完后，总理说："石院士，你刚才提的发挥生态自我修复能力很重要，这张照片就很能说明问题。你是在哪里拍的？""是去年在由宁夏中卫进入甘肃后的甘塘地段铁路北侧拍的。"总理环顾工作人员座区问道："新华社来人了吗？"工作人员回答说："有人来。"总理说："请新华社的人到那里去再拍一张给我。"座谈中间有一次休息，我又到总理身边做了些补充，他饶有兴趣，又问了几个问题。

3月初，"两会"如期召开，我在全国政协科协组。一拿到《政府工作报告》，我就赶紧查找，找到了"要重视生态的自我修复功能"。

讨论《政府工作报告》会上，曾任甘肃省副省长的全国科协书记处书记，生态学家刘恕在发言中说："这么专业的生态用语，怎么在总理工作报告中也用上了。"我将此事原委说了一遍。刘肃同志说："哦！原来是这么回事。"我又补充了一句："只要意见中肯，总理还是很乐意听的。"

自此，"重视发挥生态自我修复功能"的字样常出现于有关文件和报端，逐渐被认同和在实践中发挥作用。

可是，我脑子里又冒出来一连串问题。这张甘塘照是雨季后拍的，旱季植被表现如何？能用现代技术大面积"禁牧封育"吗？"禁牧封育"了，羊又吃什么？……

考察"封育飞播"

机会总与我"过不去"，"天上的馅饼"老往我头上砸。

2001年"两会"过后不久，工程院来通知，钱正英副主席6月4日到9日，组织一次宁夏水土资源和生态专项考察，邀请我参加。

照例，出发前做资料准备，查到盐池县几年前建有"封育飞播试验基地"，这不正是我想考察的吗？

钱正英同志是个传奇人物。18岁上大学，修土木工程专业，参加地下党及抗日工作。新中国成立，她先后任水利部副部长和部长30余年，1988年开始连任第七、第八、第九三届全国政协副主席，1997年当选中国工程院院士，是一位学者型老革命和老革命型学者。一次在餐桌上聊天时，她说："新中国成立后的第一任水利部部长是傅作义，当时中央答应给他派一个共产党副部长。我去见他时他惊讶地说，'怎么派来个小丫头？'那年我29岁。"

也是在饭桌上，我说："钱副主席，我想到甘塘拍张照片，还想到盐池去看看'飞播封育'，能单独安排一下吗？""没问题。"我又说："我的专业是土壤学，对草地植被和牧草不熟悉，想找个老师。能否通过自治区邀请宁夏农学院的王宁教授参加调查吗？""没问题，可以把你的要求向自治区提出来嘛！"

7日上午，由中宁东行到盐池。开越野车的是自治区林业厅的张司机，中年，当地人，见多识广又健谈，一位很好的采访对象。

中宁县城附近是青铜峡灌区，沟渠纵横，林网方田，麦地待收，稻苗青青，一派生机。汽车离县城东行不远，进入荒漠草原区，地形起伏，墚洼交错，植被稀落，沙丘散布，景象萧肃。司机老张的话匣子打开了。"我是这一带的人。20多年前，这里的草长比现在好多了，一进大罗山（路南远处不高的一座山），林子长得可好啦！现在没有多少了。过去大罗山下面，有不少水洼子，我还在那里游过泳，现在是一片沙地。"他谈起滥垦滥牧，深恶痛绝，对控制人口，大声疾呼。

继续东行，景象更加荒凉，道道裸土低墚，片片沙地平铺，沙丘散落，洼处盐泽，村落稀疏，人烟了了。过度放牧下的植被凋零，土地退化，优良的牧草没有了，剩下的是连羊也不愿啃的、生命力极强的苦豆子。

"快到了。"司机老张漫不经心地说，我却心神忐忑起来。

"你来过吗？"我问司机老师。

"来过好多遍了。"

"封育三五年植被真能开始恢复吗？"

"当然。"老张的淡然更显得我的紧张。

我和老张在前面聊着，坐在后面的王宁教授一言不发，也许他在想，"这老头怎么跟孩子一般地好奇？"

汽车绕过一个村子，终于来到了柳杨堡乡大墩梁，好大一片绿油油的草被呈现在眼前，像在黄秃秃的沙地铺上一层厚厚的绿色地毯。车在不大空地的一块石碑前停下，下车后的第一件大事就是给石碑照相。石碑上有两个大字，"简介"，碑文有"面积17951亩。选用柠条、花棒、杨柴、沙蒿、毛条等树种，采取人工撒播，建立防风固沙林，植被覆被率达70%"。右下一行是"一九九七年六月"，即5年前。

对着这46个字的"简介"，我看着看着笑了。我对王宁教授说："这里是飞机撒播和人工补种，却写'人工撒播'，可能考虑飞机是人开的。灌草叫'树种'，把'草地'叫'防风固沙林'，这可能是林业部门的习惯用语。《简介》上没说是谁种的，想必一定是林业部门了。"

"石院士，您真仔细，这是当地的习惯用语。"王教授笑着说，有些解释的意思。

我毫无挑剔之意，只觉得西北人之纯厚与实诚。

在起伏沙地上，望不尽的黑沙蒿群系和混生其间的，人工及飞播的柠条、花棒、羊柴、沙蒿、毛条等，好似浓绿地毯上的个个花朵。这里不是沙漠，而是天人合作，绘在大地上的一幅壮丽画卷。王宁教授说："这里和甘塘一样，也是黑沙蒿群系。因为它是过牧退化性植被演替过程中的一种稳定类型，即短花针茅群系——苦豆子老瓜头等沙生杂草群系——一年生藜科植物群系——沙蒿群系。"

王教授接着说："黑沙蒿是一种菊科多年生半灌木，入冬后枝条枯死，来年靠越冬芽萌发新枝，营养繁殖能力强，且种子量大，种皮含胶质，遇雨膨胀和粘着土粒，繁殖力极强，能很快形成群落。如果过牧，新芽嫩枝被啃食，植物就不能正常生长和繁殖，所以封育是前提，只有在封育条件下的这些生物体的强适应能力才能尽情发挥，这就是铁路两旁、围栏内外植被泾渭分明的秘密和原因。伴生植物中还有一年生的棉蓬、刺蓬、星状刺果藜等，生育期结束后植株卷成球形，随风滚动扩散，来春遇雨即发，无雨蛰伏。"洞悉了植被的生态机理，其中奥秘也就不言自明了。

我在王宁教授的现场教学中学到很多，在司机老张和老厅长那里也学到很多。"云游"中的"遍访名士"真好。

我的专业是土壤学，特别注意到浓浓的植物被覆下，还有一个抗拒风蚀的重要屏障，叫"土被"，因为它的深藏不露，常被人们忽略。不同生物气候带有不同土壤，不同土壤有各自特性的土壤结壳，土壤结壳在干旱和半干旱地区具有特殊意义。干旱气候下的水热条件对地面的影响使土壤表面有约1厘米厚的充满气孔和片状层理，结持性很好的荒漠结皮。在紧贴地面，还不同盖度地长着苔藓类、地衣类、藻类等低等的非维管束植物以及真菌、细菌等。它们的地下部分是密集的网状茎、根、菌丝体及其分泌物和残体，与土粒相融合可增强土壤结壳的结持性和稳定性（图10-8右），土壤学上叫A1层，是抗拒风蚀的重要防线。结皮一有裂损（图10-8左），风即乘虚而入地掀开保护层而任意妄为。像人的皮肤般薄嫩，如有伤口，细菌即乘虚而入地引发感染。沙地上，这层结皮很脆，下面就是松沙，人脚羊蹄都能踩碎，所以更要注意保护。

如果把"植被"比作人的毛发，"土被"就相当于人的皮肤。

"王教授，自治区有遥感方面的资料吗？"我突然想起问道。"自治区

图10-7　周边未治理区景观（上）和封育飞播治理区内景观（下）（宁夏盐池，2001年6月7日）

农科院有遥感中心,就在银川市。"王教授说得很肯定,他说他曾用过。

于是抓住一个空档时间,拜访了这个遥感中心,居然得到了柳杨堡乡大墩梁"封育飞播",十年前后的卫星影像。一目了然,太有说服力了(图10-9)。

10日上午,团里没有专门安排,我要了车,再次来到了甘塘,在我去年叫"停车"的铁路旁的原地,补照了一张旱季植被状况的照片,对照雨季前后植被状况。资料收集完整了。

我对"封育飞播"越来越有信心和兴趣了。我在1999年的植物生态学报上看到李新荣等的一篇文章,"毛乌素沙地飞播植被生境演变的研究"。文中说,1978—1995年,毛乌素沙地的伊金霍洛等7个旗飞播面积达10万公顷;播区年降水量350—400毫米,流动沙地占70%—80%,植被盖度6%;草种为杨柴、籽蒿、草打旺、草木樨、柠条、花棒等,当年成苗面积率43%—85%;5年植被覆盖率为75%—85%,土壤结皮由无到厚

图10-8 封育飞播治理区(左)、周边未治理区(右)常常被人们忽略的"土被"

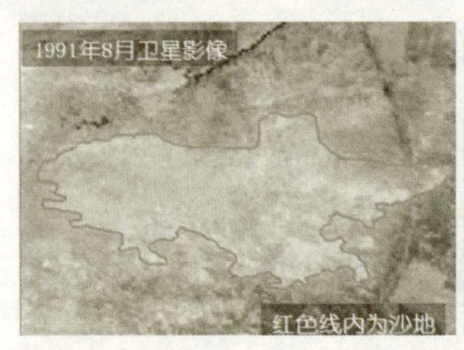

图10-9 盐池县柳杨堡乡大墩梁"封育飞播"前后的卫星影像(宁夏回族自治区遥感中心)

度为 0.8—1.6 厘米。由于飞播大大改善了沙地的生存环境，随着土壤水分状况的变化而发生群落演替，可形成一个优质的灌草牧场。

另一资料称，当时西北累计飞播治沙面积 80 万公顷，成效面积约 66%。每公顷投资 600—800 元，是小流域治理工程投资的 1/50—1/100。我以为关键是发挥了生态自我修复能力，可以多快好省地大面积改善我国沙源地的地被状况，大幅度减少空中东运沙尘源的补给，此乃北京和我国东部地区沙尘暴防治的"釜底抽薪"之正道。

把京津附近造林的"京津风沙源治理工程"的 558 亿元用到这里搞"封育飞播"多好，唉！

"封育"是飞播的前提，"封育"了，羊吃什么呢？

羊，换个养法

羊，是万年以前，人类最早驯养的动物，可能与它极强的生命力和温顺的性格有关。它具有登 60 度陡坡，如履平地；几乎无草不食，树叶树皮也啃；牛以舌卷食草的地上部分，羊用牙连地上叶带地下根茎"通吃"，还具繁殖率高和肉奶皮俱佳等优良品质。唯一的缺点是对生态的破坏性大（图 10-10）。

草场有限，羊群激增，必然草场超载与土地退化。石玉林院士提供的资料称（1999 年），我国西北有草地 19335 万公顷，其中 64.2%，11325 万公顷不同程度退化，蒙、新、青、甘、宁的退化率分别占本省区的 59%、61%、56%、48% 和 97%；蒙、新、宁草场分别超载 24.2%、22.6% 和 155.8%。太可怕了，宁夏回族自治区 97% 的土地退化，草场超载 156%。

超载过牧是西北的生态顽疾。

千百年来，羊皆放养，"苏武牧羊"已是两千多年前的事了。能像牛、猪、鸡一样圈养舍饲，让它换个活法，行吗？

图10-10 羊有极强的生命力,是西北头号养殖对象,也是西北生态的重要破坏者

首先要有适合圈养舍饲的羊种。

王宁教授陪我一起参观了宁夏农科院畜牧所的肉用种羊场(图10-11左组图,上右一是王宁教授);参观了该所指导下的双渠村农民自办良种羊繁殖场(图10-11右组图)。这是由5户农民出资250万元,租地60亩,每年租金3万元,已建羊舍8排,每排投资7.5万元,政府补助3万元,可养种羊200只。2001年春由山东购进小尾寒羊1400只,每只600元。一年需青干苜蓿1000吨,秸秆300—400吨和精饲料100吨。繁殖的5月令种母羊售价900—1000元,十分紧俏。近两年,这样的种羊繁殖场在银川平原有了100多个。

王宁教授还陪我参观了贺兰山农牧场由种粮为主调整为草业为主(图10-12)。2000年该场种植苜蓿6500亩,长势很好,已收干草1500吨,远销东部地区。2001年苜蓿种植面积将发展到3万亩,规划10万亩。草业的市场形势很好,效益可观。

宁夏考察中,看到一篇报道,"平罗县50万只羊换了'活法'"(图10-13上左),说的是银川平原上的平罗县,为了发展圈养舍饲,2000年一年就建了80个专业养殖小区,涉及3000多农户和50万只羊。人改变了生产方式,羊换了个活法,农田的秸秆用上了,草业发展了,养羊业兴旺了,农民收入增加了。还有篇新华社电:"黄土高原实施大面积禁牧",

图 10-11　游学种羊培育中心（左组图）和农民自办种羊场（右组图）（2001 年 6 月）

图 10-12　考察圈养羊的饲料生产体系

说的一个实例是延安市吴旗县舍饲的小尾寒羊由三年前的 3000 只发展到 83000 只（图 10-13 上右）。

圈养舍饲有利于规模化生产、应用先进技术、标准化管理、提高市场竞争能力和经济效益；有利于保护生态与环境，是现代养羊业的一种趋势。张英杰在甘肃定西县用新疆细毛羊作了舍饲、半舍饲和放牧的对比试验，结果在增重、繁殖率、死亡率、出栏率和经济效益上，以舍饲最佳，半舍饲次之，放牧最差（图 10-13 下）。放养羊的死亡率是舍饲羊的 6 倍，

图10-13 当时关于圈养舍饲的两篇新闻报道（上）和一个对比试验资料（下）

舍饲羊均纯收益比放养的高4.4倍。

放养的生产链条很短，草场与放牧。舍饲的生产链条就要长许多，不仅需要构建畜舍，还要有适合舍饲的良种与繁育体系、饲料生产与供应体系、防疫与治病体系、综合加工与市场销售体系，以及现代化管理等诸多生产管理环节，我国西北已经迈出了可喜的一步。

"封育"可长草治沙，草可放牧舍饲。"封育飞播"是制造人工草场，隔两三年放牧一次，用羊嘴羊蹄去更新复壮，长势可以更旺。

由放牧到圈养舍饲，这是几千年来养羊产业的一次生产革命。

地换个种法

广种薄收是西北生态的另一个顽疾。

2001年6月去盐池县考察"封育飞播"途中，看到一大片高平的沙土地，有羊啃过几遍的，稀稀拉拉的草茬，其中有一片被犁翻过了（图10-15左图的"三类地"）。

"停车！"好在这次车上只有我和王教授、司机老张三人。停车后，我直奔那块耕翻过的地里，他二人跟着我，不知我要看什么。我蹲下身，抓起一把土，手测是"沙壤"，又在犁沟里抓了一把土，手测是"细沙"，显然是犁翻后沙壤碎块中的黏质细粒被风吹走后剩下的细沙。我想，这些被吹走的黏质细土，很可能乘今年春天沙尘天气的西风，飞到北京城里去了。

我站起身问老张："这块地恐怕是两个月前耕翻的，现在都过芒种了，为什么还没播种？"老张说："这种'飞地'是等雨下种的，今年春天一直没雨，所以播不下种。""为什么那么早就犁地？""下了雨犁地就来不及了，雨后犁地，墒也保不住。""是种荞麦吗？""是的。""能打多少斤？""一般年成50斤上下。"好嘛！这50斤荞麦的生态成本太高了。

这次是来考察"封育飞播"的，没时间对此作进一步了解。回到银川，请来自治区农业厅的同志了解盐池县和上潘记圈村农业生产情况。在我说到广种薄收时，农业厅的同志说："上潘记圈村就是广种薄收的代表，盐池县多数村都是这样的。""这种'飞地'很普遍，产量越低越开，越开越低。这两年搞'退耕还林'，情况好些。"

"这些犁翻等雨的地，大风把细土吹走了，土质会沙化。"我还没敢说沙尘暴的事。

"那就再换一块。"农业厅的同志脱口而出。

"盐池县有没有搞得比较好的村和农户？"

"有啊！沙边子乡一棵树村的白春兰家又打井又种菜，是农科院的点。"说得我心里痒痒的，但哪有时间去看。

干脆，回京后请好友，摄影爱好者武晓军教授专程来此采访和摄影。

按武老师的采访，白春兰家承包了2000亩沙地，其中1500亩已经种草固沙，效果不错。羊全部圈养舍饲，年出栏2000—3000只；打井1眼，通过滴管将100亩沙荒地改造为灌溉农田，照片上正在通过滴管系统施用液体肥料。农民白春兰的现代农牧业经营代表着西北农牧业发展和生态建设的一种方向（图10-14）。

武老师还采访了上潘记圈村的一个占地3分，年收入3000元的"四位一体蔬菜大棚"（厕所、养猪和沼气）（图10-15）。武老师算了一笔账，

盐池县沙边子一课树村农民白春兰家

舍饲羊，年出栏2000—3000只

承包2000亩沙地，种草固沙

打井、滴管、可浇一百亩

图10-14　农民白春兰承包沙地种草、滴管和圈养舍饲羊群（武晓军摄，2001年）

图10-15　上潘记圈村四位一体蔬菜大棚（武晓军摄，2001年）

　　同样是一亩地，"飞地"产出为1，有灌溉条件的一类地为4—8，"四合一蔬菜大棚"为110—140。

　　回京后又查得一些资料。盐池县人均耕地是全国的3—4倍；化肥投入和生产支出是全国的1/4；亩均产粮和农民人均收入是全国的1/3，这是一种典型的低投入低产出和高资源消耗型的农业。在自然条件恶劣，经济和生产力水平低下的情况下，扩大耕地面积和广种薄收是农民的一种不得已的"饮鸩止渴"选择。

广种薄收的对症治疗，就是"精种多收"。将该退的地退下来，休养生息，遏制沙化；该种的地精种精管；调整农业结构，种养加结合，多种经营，做到生态与经济双赢，像白春兰家那样地告别几千年来的传统种养方式，走现代农业道路。但这是需要人才和资金投入的。西北农村有人才，农民有钱吗？

根据连续两年的宁夏考察，脑子里对半干旱草原和荒漠草原地区的现代农牧业的概念逐渐清晰了起来。即以居民点（这里的居民点非常分散）为中心的，由高标准农田－羊的圈养舍饲－农牧加工业－社会服务业构成的"主体农牧业圈"。"主体农牧业圈"外围是可供轮牧和发展大型加工业的"人工草场圈"。居民点与居民点之间是大片土地是先禁牧后轮牧的"生态用地圈"。我称为干旱半干旱草原和荒漠草原地区的现代农牧业经营的"三圈模式"，一种新型的人与自然和谐发展模式（图10-16）。

放养改舍饲，广种薄收改现代农牧业经营是几千年来传统生产方式的一次深刻革命，是对沙尘源区的根本性治理，一个十分艰难和长期的过程。如果政府明察，有得力政策与资金支持，可加快进程。

"京津风沙源治理工程"的558亿元好像成了我心中的一道魔障，把这些钱拿来"封育飞播"、农牧业现代化建设和大规模"脱贫"多好。一阵无奈的心情又涌上心头。

图10-16 我设想的半干旱草原和荒漠草原地区现代农牧业经营的"三圈模式"

钱副主席家访

2001年北京的初冬，阳光暖烘烘地照着，加上刚生的地暖，书房里漫溢着浓浓春意。我正在整理这两年西行和两访盐池的资料，电话响了。是钱副主席秘书打来的："我是钱正英副主席的秘书。钱副主席要到您家看您，想和您讨论今年的宁夏考察和沙漠化问题。""好啊！还是我到钱副主席那里去汇报，很方便。""钱副主席说，这次是请教，请教是要登门的。""钱副主席太客气了。"

11月23日下午，钱副主席来到我家，只有秘书一人陪同，没有按国家领导人出访带保卫人员之类的累赘。这天下午，书房洒满阳光，以和煦与宁静欢迎客人。除了茶水，还准备了电脑、投影仪和以PPT待客。稍作寒暄即进入正题，我的电脑是开着的，很快就在墙上出现第一张幻灯片，"关于沙化防治工作中的问题和建议"；第二张是"五个不争的事实"，其中最尖锐的是"半个世纪沙化治理的基本结论是：'局部改善，整体恶化'"；第三张"误区与问题"，这是今天要说的主题。

"好啊！今天我来对了。"她一边点头，一边微笑着说。

前面说过，钱正英同志当过三十多年的水利部部长，又是中国工程院院士，兼有老革命与学者的双重素质。我半句套话没有，直奔主题，问题越尖锐越有味道。随着就是关于"林草误区""点面误区""表象与本质误区""本末误区"和"天人误区"。

说到"源区沙化"和放映朱镕基总理视察河北丰宁的"就地起沙"时，她哈哈大笑了，"让朱老总（对朱镕基总理的昵称）知道了，他一定会大发雷霆，追查是谁让他去的。"她感慨地说："误导领导的视察是时而有之的。"

说到"三北防护林和长城阻挡不了飞机导弹"时，她又笑了，"这些我们都看到了，但没像你提得那么尖锐。"

说到"水利部抓小流域治理而忽视发挥生态系统的自我修复能力"时，她说："水利部没少抓小流域治理，主要是淤地坝建设，植被部分是归口林业部门的。""我一再对大家讲，以后不要再讲'人定胜天'了，'人定胜天'的口号害死人。"钱副主席的这话说得很重。

说到我在朱镕基总理召开的会上展示我在甘塘段铁路两旁围栏封育养草的照片时，总理很有兴趣，很重视，还喊问"新华社来了没有？"叫新华社再去照一张。我笑着说："是不是总理担心我拍的照片的真实性？"她说："我想不至于，可能是他的直觉反应。前不久，他在视察××地时，地方设计了一个假现场，事后他知道了，下令严查。"

五个"误区"，一共放了18张幻灯片。随之是小结："一是人定胜天有余，人与自然和谐发展不足；二是至今仍在广种薄收、粗放经营、小农意识的思想王国统治之下；三是下级搞项目，争资金，部门和地方利益至上；四是上级办法不多，偏听偏信，情绪浮躁和决策简单化。"

听完这个小结，她又笑了，"石院士，你说的都是实情，可是要改变不容易啊。"

最后，我用了17张幻灯片，近一半的篇幅提了三条建议：退牧圈养、封育飞播和推进现代农牧业经营。我不是空讲道理和提建议，幻灯片上的材料都是这两次考察中得到的，很有说服力和新鲜感。

"石院士，你是农业专家，你的这些建议非常重要。建议你给朱老总单独作次汇报，就像今天讲的内容就可以，我给你联系。"

我用PPT做过数十场讲演，听众少则百人，多则千人，此次是一对一，边讲边议，一种全新的感觉，很好的感觉。

实践－思考－PPT－讲演－成文，这是我长期以来养成的习惯，随之将PPT转换成了文章。在向钱副主席汇报时曾商量向朱镕基总理面陈我的意见，事后感到不妥。于是给钱副主席写了一信，同时给科技日报社总编室写信关于稿件事（参见《石元春文集·杂文卷》，第264页）。

钱正英同志：

您好！承蒙到家来看我和听取汇报，十分感谢。趁元旦假期，我将上次汇报整理成文字，现送上，请指正。

现在中央领导非常忙，大事太多，以不打扰为好。但听说8号下午国务院召开的环境工作电话会议上,朱总理又要谈沙漠逼近北京和迁都问题。我深感,媒体和舆论的力量实在太可怕了。还有我提到的三北防护林和退耕还林还草等都很敏感,所以当面汇报会很尴尬,请不要再向上面提汇报之事。我拟将此稿修改后试投《科技日报》。再一次感谢您对我的鼓励和帮助。

顺颂冬安!

石元春敬上　2002年1月12日

《科技日报》社总编室:

近两三年,多次到西北考察,感到治沙和退耕还林还草工作中存在一些误区,对国家投资、西北生态和农业建设有许多负面影响,因此成文。文中某些观点,可能引起争论,我想是件好事。考察中照了不少照片,如有需要,可以选用。其中一张朱总理很重视,并将我提的"要重视发挥生态系统的自我修复能力"的建议纳入了去年的政府工作报告。

我是全国政协委员,如此意见见报,就不再写提案了。贵报是否刊用此稿和是否能在两会以前或期间见报,望尽早决定和通知本人,春节前最好。顺致

节日问候!

石元春敬上　2002年2月1日

"走出治沙和退耕误区"

2002年是我西行第三个年头,收官的一年。

2002年春节后,2月25日的《科技日报》发表了我的题为"走出治沙和退耕误区"的文章(参见《石元春文集·土壤卷》第466—472页)。

文中提出违背自然地带性规律，重乔轻灌草的"林草误区"；违背客观现实，重林带与小流域治理而忽视面上防治的"点面误区"；违背沙尘运动规律，重东轻西，舍本求末的"本末误区"以及违背科学原则，重"人定胜天"，轻生态系统的自我修复能力的"天人误区"等。并针对性地提出了"退牧退耕，封育飞播""改羊的放养为舍饲"和"以现代农业替代资源农业"三项建议。

图10-17 《科技日报》发表的"走出治沙与退耕误区"一文

显然，这是一年多西行游学的心得总结。

3月，参加全国政协会议，提交了一份"关于改进治沙与退耕工作的提案"。同时收到《退耕还林条例》的"征求意见稿"，为我提供了名正言顺的"炮轰"机会。3月27日反馈了长达1500字的"修改意见"（参见《石元春文集·杂文卷》第144—146页），尖锐而不留余地，如：

> 过去一直提退耕还林还草，朱镕基总理的政府工作报告的提法也是退耕还林还草，为什么这里只提还林，不提还草？我们都知道，西北的绝大部分地区适合于种耐旱的草灌，不适合于乔木，条例中居然连还草都不提，"遵循自然规律，因地制宜"还有什么意义？建议条例的名称改为《退耕还林还草条例》。
>
> 在年降水量500毫米以上的宜林区，还林没问题；500毫米以下的干草原、荒漠草原和荒漠的非宜林区，还林一定要有补水条件，否则劳民伤财，条例中一定要交代清楚。
>
> 退耕的目标是为了改善生态环境。为什么要退耕？就是因为滥垦

第十章 世纪游学（下）

滥牧，是个农业问题；还林还草中也有大量农业问题。我国有近亿公顷的退化土地，是个整体的生态恶化问题，如果孤立地提退耕还林，就会重蹈"局部改善，整体恶化"的覆辙。鉴于问题的多重性，建议农业部和国土资源部参与此项目。

退耕的主体是农民，政府应当处在指导和扶持地位，激发农民的自主积极性而不是包办代替，不能喧宾夺主。政府管得越多，实际上漏洞越多，因为管了你不该管的事。管理得越具体，政府的权力就越大，效率就越低，滋生瞎指挥和腐败的土壤越肥沃。国家的退耕投资应当主要用在农民的地里，行政管理和"科技支撑"要严格控制，不要变成一个黑洞，切勿将退耕搞成形象工程和政绩工程。

2002年9月28日，温家宝副总理在中南海听取由中国林科院院长江泽慧主持的《中国可持续林业战略研究》的汇报，会后我给温副总理写信（参见《石元春文集·杂文卷》第267—269页），就"退耕还林战略"问题提出：

经自然界的长期演化，形成了相对稳定的，地理上的区域性和生态系统的多样性，形成了各生态系统中诸要素间的相互协调、制约、补偿关系和整体效应。自然条件下，除非有地区性（如地形）或人工性补水，否则，乔木树种是不能进入草地系统的。在草原和荒漠地区，稳定的补充水源是乔木正常生长的必要条件和前提，而草灌则是该系统自身的组分，具有很高的适应性和生态效率。且草灌生长周期短，见效快，能与发展养畜、农业结构调整和农民增收紧密结合，故在西北地区鼓励发展草灌，是件利民利国的大事，我们不应该以林压草。

对"荒漠化防治战略问题"提出：

自喜马拉雅山隆起导致我国西北干旱化以来，风沙在我国西北已经刮了二百多万年了，以后还要继续刮下去，这是个人力无法抗拒的地质过程，就如人不能使西北出现热带雨林一样，我们能做的，主要是防治人为因素造成的沙化。导致沙化的人为因素，主要是滥垦、滥牧和滥樵；防治的对象主要是半干旱和干旱地区超载过牧的8400多万公顷退化草地。

古人云："故以汤止沸，沸乃不止，诚知其本，则去火而已矣"，而防治沙化，根在制止"三滥"。治理的对策是，在严厉禁止新"三滥"的基础上，滥垦的农田退耕还草，超载的草地减牧舍养，人为造成的半活动和活动沙地实行封育加飞播。道理很简单，办法不复杂，投入也不多。过去的问题出在病急乱投医，防治不对路，这是政府部门职能和体制上的不顺造成的。

国家投资理应有方案对比和效益评估，我想，如果把钱投在退耕减牧和封育飞播上，可以少花钱办大事，还可以与当前的农业结构调整，农民增收紧密结合，避免"局部改善，整体恶化"之延续。

温副总理是学地质的，所以信里说了不少"喜马拉雅山隆起"之类的专业术语，可以增加沟通深度。

我的"还草观"见诸报刊和会议不少，成为西北灌草的铁杆粉丝，且如祥林嫂般地喋喋不休，当然会受到"中国草业学会"的关注，何况会长是我的老友和前领导洪绂曾教授。2002年8月1—5日，中国草业学会在山西太原召开"农区草业研讨会"，我自然受邀为座上客。

这次是乘大巴由北京到太原，午发夕至，领略风光一路，比坐火车有别样感觉。次日到临汾参观"农区草业"，一些鲜活实例和现场令人兴奋。临汾市种草面积已达10.7万公顷，其中人工草地7.2万公顷，改良草地3.6万公顷。农区传统的粮经二元结构正在向粮经饲三元结构转变，这里的退耕地主要用于还草养畜，不是"还林"。南辛店乡农业人口4.2万，耕地8万亩，全乡种苜蓿5000余亩，购苜蓿收割机2台。又投资250万元建养殖场5个，购良种羊2000余只与育肥牛500余头。我们还参观了两处饲料加工厂，这里的种草养畜业欣欣向荣。

图10–18　太原会议合影（上）；讲演用 PPT 的第一张和最后一张（下）（2002 年 8 月 2 日）

　　现场参观后回到太原，开幕式很隆重，上千人的礼堂坐得满满的。除领导讲话外，每个院士都有致辞。我刚从参观现场回来，激动心情尚未平复。致辞中除了从学术和道理上讲当前"退耕还林"中存在的不正确的"扬林抑草"现象，还讲道："在封建社会，只要是'嫡出'，智商再低也能当夫人，如果是'庶出'，再优秀也只能收房作小。""请注意，在西北，草才是'嫡出'，不过是尚未被'王子'发现的'灰姑娘'罢了。"

　　不平则鸣。我的学术讲演题目是"大声疾呼，发展草业"，副标题是"西北考察心得"。依此写成的文章题目是"西北呼唤草业"（参见《石元春文集·土壤卷》第 473—477 页）。

　　西行一路，为灌草喊冤叫屈了一路。

　　我在开幕式致辞结束时，念了一段《小草》歌词：

没有花香，没有树高，
我是一棵没人知道的小草。
从不寂寞，从不烦恼，
我的伙伴遍及天涯海角。

抢 救 绿 洲

沙与水是西北的两个永恒主题。

水利部正在实施一项通过黑河中游张掖绿洲节水100万立方米输送到下游，内蒙古的额济纳旗，挽救因缺水而正在消失的绿洲的"黑河流域水资源调节计划"。2001年6月10日结束随同钱副主席的宁夏考察后，即由银川乘火车到张掖，参加水利部在张掖召开的一个节水考察与座谈会。

11日现场考察高台的种子业和滨河的种苗和苜蓿草业，12日座谈。

黑河源自祁连山，是河西走廊的一条重要河流，南北纵跨青陇蒙三省区。张掖是黑河出山后在山前布下的最大绿洲，然后继续向北穿越巴丹吉林沙漠到达居延海，到居延海前又在内蒙古境内布下了额济纳三角洲。张掖绿洲和额济纳绿洲是黑河项链上的两颗明珠。可惜当处在上游的张掖经济越发展，额济纳明珠就越暗淡，问题出在水上。

1949年中游地区只有2座大于10万立方米的水库，1985年95座，总蓄水量3.6亿立方米，比1949年增加了20倍，还有8735眼机井在不断地抽取地下水。额济纳绿洲的来水量则由20世纪40年代的10.5亿立方米减至90年代的2.5亿立方米，农耕面积由50年代的0.67万公顷减至0.35万公顷。断流期由五六十年代的100天左右延长至90年代后期的300天以上，东居延海也不断缩小，地下水位下降，泉水溢出量减少，水质恶化；绿洲萎缩，草场退化，土地沙化盐化，风沙灾害严重，灾害性天气频增。

额济纳绿洲是我国第二大胡杨生长地和重要梭梭林区，且为SSW-

张掖绿洲向额济纳绿洲输水工程

图 10-19 张掖绿洲向额济纳绿洲输水工程

NNE 方向斜陈于我国西北干旱区中心，与蒙古高压进入我国的主风向正交，是我国北方阻挡风沙的一道天然屏障。由于绿洲生态环境恶化，大风将沿此风口侵入，经河西走廊的狭管效应，成为北京和东部地区沙尘暴的重要源地。1997 年水利部下发了"黑河干流水量分配方案"，2001 年朱镕基总理指示三年内实现分水，成立了黑河流域管理局。2000 年和 2001 年黑河水到达达来呼布镇，2002 年注入东居延海，生态环境恶化得到初步遏制。

现在回过头来说说张掖市。126 万人口，390 万亩耕地，地表水资源 25 亿立方米，国务院决定输 9 亿立方米水到下游额济纳旗。大规模节水工程包括将稻田面积由 10 万亩压缩到 3 万亩，发展日光温室、酿酒葡萄等 7 大产业和 14 个系列加工企业群体。除工程和设施节水外，主要是通过农业结构调整节水，种植业的粮经草比例达 50%∶30%∶20%；畜果产值达农业总产值的 45%。

我在座谈会上说，"农业节水"可以通过调整种植结构、耕作栽培技术和提高作物水利用效率的遗传改良等。张掖将稻田面积由 10 万亩压缩到 3 万亩以及将粮经草比例调到 5∶3∶2 是一个大胆举措，而北京市为了节水，20 多万亩水稻一亩也没留。

张掖的主要作物是小麦玉米，仍是高耗水作物，亩年灌溉用水 1000 立方米以上，苜蓿只要 400 立方米。如果改种 10 万亩可节水 0.5 亿立方米，还可以发展草业和养殖业，效益比种植业高 1—3 倍。现代农业中养殖业比重一般都在 50% 左右，张掖目前仅约 25%。我提出将种草养畜作为农业节水的一个重要方向。另外，改进耕作栽培技术节水的潜力也是很大，中国农大教授在河北吴桥县，通过改进耕作栽培技术，两水就能打 400 公斤小麦的经验。

在座谈会上我就农业的产业化经营提出，张掖节水规划中发展日光温室、酿酒葡萄等 7 大产业和 14 个系列加工企业群体，这是牵住了"牛鼻子"。有年集团的农业高新技术示范区、滨河集团的饮品公司和种苗公司、银光绿色农业示范园、高台的苜蓿和啤酒花生产基地、张掖市梁家墩的设施农业等都很有特色。但在生产链条上延伸得还不够，含技量和含金量还不够高。例如沙地野生植物苦豆子，这里开发作肥料，而有的地方已经从中提取了苦生素，经济价值很高；这里有玉米淀粉加工厂，但增值不多，我曾写过一个材料，玉米经四级开发，可增值 10 倍。

高台的种子业、滨河的种苗和苜蓿草业等是农业科技产业的萌芽。但考察中所见的温室大棚多较粗放，技术含量和水平不高。发展农业科技企业非常重要，生产优良品种、专用肥料、生物农药、温室大棚、灌溉设施、信息产品等等。经营喷灌、滴灌等节水设施、优质专用复合肥料、农用生物制剂、牛羊胚胎、农业信息产品和服务等的科技企业也很少。"欲善其事，必先利其器。"要搞现代农业，就要重视发展现代农业科技产业，它是现代农业的"兵工厂"和后勤部，是现代农业中不可或缺的组成部分。

我把近几年在参加 S-863 及发展农业科技产业的有关信息和心得都说了出来。还传播了刚刚的宁夏游学中的心得说："大家都知道'水利用效率'的概念，还有个'水利用效益'的概念，就是每立方米水能得到多少产值。去年我在银川考察时发现，素有塞上江南的银川平原的稻田，1 立方米水的产值是 1 元，而银广夏公司的葡萄是 12 元、麻黄是 27 元。"切实做到了"现买现卖"。

发言的最后，我提出了"建设绿洲现代农业"的大目标。现代农业是以农户+企业为基本组织形式实行规模化生产和农工贸一体化经营，有强大现代技术支撑的技术密集型产业；现代农业是资源节约，保护环境和可持续发展的绿色产业。一是在此基础上，进一步加大工作力度，向广度和深度上推进；二是始终把目光和工作重点放在开拓市场和增加效益上，这是农业产业化经营的生命线；三是加强对龙头企业的引导和培训，提高他们的素质（座谈全文参见《石元春文集·土壤卷》第 459—462 页）。

节水悟道：观念更新之魅力，一个绿洲的现代农业可以救活另一个即将消失的绿洲。

2002年夏天高温，我的西行游学不辍，7月再次来到宁夏，参加水利部7月9—13日在银川组织召开"宁夏红寺堡灌区研究报告论证会"。这是当时国内最大的扶贫移民工程，一面"吊庄"（全村异地移居），一面"开荒种粮饱肚子"。"工程"灌区面积260万亩，净灌面积56.8万亩，由多个扬水站点构成，扬水站的"扬黄造绿洲"几个大字特别醒目（图10-20）。这是西行游学的又一次学习和贡献建议的机会。

图10-20　宁夏红寺堡扬黄扶贫工程一扬水站（请注意"扬黄造绿洲"）

张掖调水救绿洲与红寺堡扬黄扶贫两个水利工程的游学，让我写下了"农业节水中的盲区与亮点"一文，发表在2002年6月17日《科技日报》（参见《石元春文集·土壤卷》第463—465页），成为同年2月25日《科技日报》上的"走出治沙和退耕中的误区"文的沙水"姊妹篇"。

看到什么，想些什么，讲些什么，都把它写下来，这是我的习惯。

新疆，回来看您啦！

新疆！回来看您啦，我的学术故土。

40年前的1956年到1958年，随导师参加中国科学院新疆综合考察三年，开始了我的科学生涯。

攀阿尔泰山登天山；走准格尔盆地过古尔班通古特沙漠；从吐鲁番的火焰山和海拔 −155 米的艾丁湖到博格达山的冰川；从戈壁滩到天山冰达坂；从额尔齐斯河到塔里木河；从西伯利亚落叶松到天山雪松；从北疆梭梭林到南疆胡杨林；从平地汽车到上山骑马；从天为房地作床到帐篷榻前满地霜；从篝火旁谈心的科考队员到高唱"勘探队员"的书生狂士；从……三年新疆科学考察给我留下了一生中最美好的科考记忆。

1959年以后，转战黄淮海，42年后重回学术故土，感慨万千。

飞机刚穿过博格达山峰，我的眼睛就透过舷窗盯着地面，希望第一眼就能看到乌鲁木齐。飞机早已不是20世纪50年代的小飞机，机场也不是旧机场，乌鲁木齐已经是一座现代化城市了。我想去看50年代乌市唯一的一座两层楼"洋房"——老新疆宾馆；我想吃烤全羊和手抓饭；我想喝马奶子酒；我想在路边吃刚出炉的馕和欣赏羊油烤包散发出的焦香味；我想……可惜，下午到乌市，什么感觉也没找到，吃完晚饭就登机去了伊犁。

人说，不到新疆不知中国之大，不到伊犁不知新疆之美，不到恰西不知伊犁之秀。

恰西位于巩留县东南部山区，由县城东上，穿过喀普其海峡谷和吉尔尕郎谷地，沿山路盘旋东行，穿过沙孜谷口，一条宽敞清秀的谷地呈现在眼前。东西两侧低山如垣，东侧山峦芳草绿茵，西侧山峦苍松凝翠，正南是势如屏障的高山。山顶角峰林立，苍岩露红，冰山隐约。传说蒙古公主恰西十分爱恋此地山水，愿意结庐于此，终老不悔。父王将此地作为世袭领地赐予公主，并赐地名恰西。

政协团在此人间天堂作了两天逗留与考察。

还是40年前新疆科考时养成的习惯，考察前查阅资料，考察中眼、口、手忙得紧，考察后及时整理成文。6月2日返京，7日就给考察团交了一封请转呈新疆维吾尔自治区党委和政府的信。

50年代，我随中国科学院新疆综合考察队参加新疆考察三年，这次又到伊犁作短期考察，亲眼看到新疆翻天覆地的变化，抑制不住内心喜悦。我是一个农业科技工作者，想就新疆农业方面谈几点个人想法和建议。

新疆人均粮棉产量居全国首位，且资源丰富，人才和技术实力较强，有很大潜力。但是，也存在水效率不高（单方水产粮约0.5公斤），水效益不高（单方水产值约0.6元）和农民收入不高的问题。我认为，问题的症结在于从观念和措施上，尽快由传统农业转移到现代农业的轨道上来。

现代农业是在现代技术和现代生产经营体制支持下的，高效率、高效益和可持续发展的商品农业；现代农业是农工贸，产供销衔接，经济、生态和社会三效益并进的农业。

乌洽会上，新疆的大宗优势产品——肠衣、棉布、番茄酱、食糖、烤烟羊绒衫等，1998年外贸出口额1.2亿美元，是出口创汇主力。此类初级农产品还可以多元化和多层次开发，这是商品农业的核心。例如，西红柿除加工番茄酱外，还可以提取番茄红素，利用鸡蛋生产动物疫苗和活性制剂等。高油玉米在收获籽粒的同时，尚可作优良青饲料养牛；可二级开发为淀粉、色拉油、饲料蛋白、低聚糖等；可三级开发淀粉为乳酸、多种工农业用酶、抗生素和农药添加剂等；可四级开发乳酸为超高分子材料，生产全生物降解塑料等，四级开发增值10倍以上。生产链条越长，产品含技量越高，经济效益（含金量）越大，如动物乳腺生物反应器生产医用蛋白可增值百倍。在已有基础上，新疆可以组织多个农产品生产链条，实行综合和系列开发增值。

这是游子42年后回到学术故土的一份眷念。

次年的8月21—26日，我又随全国政协民族和宗教委员会及科技部组织的赴新疆考察组二次进疆，团长是科技部部长徐冠华，这次考察重点是农牧业，太好了。可是团员里搞农业的主要是我，担子定会落在我头上。果然，去乌鲁木齐的飞机上，徐部长就给我打招呼，由我起草考察报告，可能他早就算计好我了。

图10-21 科技部部长徐冠华（左七）带队赴疆作农牧业考察（左九是我，2001年8月）

考察中听取了新疆维吾尔自治区有关业务部门和新疆生产建设兵团的介绍；参观了新疆农垦科学院、石河子大学、石河子农业科技园区、节水塑料制品公司、呼图壁种牛场；分别在石河子和乌鲁木齐与当地农牧业科技专家座谈。既然是我起草考察报告，我就主动提出需要地方提供的材料，还需要请哪些专家座谈，还要去哪里看看等，团里都一一做了安排。

考察结束后的第三天我就交上了"新疆农牧业考察情况汇报"。报告有成绩有优势，有问题有办法，有资料有分析，有难点有建议，很正式，6000多字（参见《石元春文集·农业卷》第95—101页）。报告归纳了"种植业结构调整起步晚难度大""畜牧业严重滞后""天然草场严重退化""农业产业化经营才刚起步""农牧科技队伍情况与问题"等5个问题。

"一黑一白"战略（能源与棉花）使新疆棉花播种面积由1993年的60万公顷猛增到1999年的100万公顷。棉麦和玉米三大作物占农作物总播种面积的75%，优势作物瓜果只占0.6%。棉田比例过大，造成重茬严重；病虫害蔓延；残留地膜对土壤肥力破坏日增；更为严重的是中国加入WTO后，棉价是悬在新疆种植业头上的一把达摩克利斯剑。

新疆拥有全国1/5的草原和可利用天然草场，而1999年肉类总产量只占全国总产量的1.4%；2000年奶牛存栏数占全国总数21.4%，而奶产量只占8.8%；2000年新疆畜牧业产值只占农业总产值的23.5%，远低于全国平均水平（33%）；新疆最大的乳业产业"物华畜牧股份有限公司"的乳制品年产和销售收入只是上海光明乳业公司的1/20和1/15。

在农牧业产业化经营上，种植业有 341 个，养殖业 112 个，特色农业 64 个，多属初创，规模小、初级产品多、技术含量低、机制不健全、市场开拓能力弱，在由计划经济向市场经济转型的大变革中，新疆较内地晚了六七年。

好像我是专挑毛病，但考察的任务就是要发现问题和提出解决问题的办法。考察报告提出了 6 条建议。

（1）新疆农业结构战略性调整的主体方向是：在保证粮食自给和安全的前提下，发展农牧结合，以牧为主的，高效率高效益和可持续发展的现代农业，畜牧业在农业总产值中应占到 60% 以上（现为 23.5%）。这将是新疆农业的第三次创业。

（2）"公司 + 农户 + 基地"是一种成功的模式。报告比较具体地介绍了内蒙古伊利乳业集团、河北三鹿乳业集团和上海牛奶（集团）公司的做法。跻身于河北三鹿、上海光明、内蒙古伊利等全国性大型乳业集团的行列。

（3）新疆畜科院以郭志勤教授团队的国家 863 计划动物胚胎移植项目达到全国领先水平。建议建立胚胎工程技术平台，重点研发胚胎克隆、体细胞克隆和性别鉴定等，以此为突破口。

（4）依托新疆农垦科学院和石河子大学的刘守仁院士团队建立新疆羊育种和饲养的科技中心和高技术产业化集团。应用基因改良技术选育 70 支以上的超细毛羊；应用体细胞克隆技术进行种群扩繁；培育高产优质绒山羊和提高山羊绒的生产水平。与内蒙古的额尔多斯品牌比美，与国际市场上的澳毛抗衡。

（5）新疆的节水设备塑料制品厂生产的滴灌、喷灌设施优良，价格只是内地厂家的 20%—40%。建议进一步改进技术，扩大生产规模，面向全国，建立以滴灌和喷灌为主的节水设施产业化集团。

（6）要重视农牧科技人才"一江春水向东流"问题，强化培养和引进人才措施。

我未随团回京，在乌市多留两三天写考察报告。

我一人到宾馆餐厅吃饭，要了我爱吃的新疆炒面片。"还要什么？""不要了。""那不行。您的规格是 100 元，炒片才十几块钱。""那就请你配点菜和汤。"就这样,我吃了四五顿新疆炒面片,真解馋。三天写完报告,特别注上"2001年8月29日于乌鲁木齐"。

回京将报告交到科技部,以为完事了。不料,2002年春天科技部通知我,新疆维吾尔自治区邀请我今夏去给他们做"现代农业"的学术讲演。9月18日,第三次赴疆,科技部派了两位处长陪同。我主动要求参观"中基红色产业工业园区",从田间种植的西红柿到加工到销售全过程。这个公司联系2.5万户农民,年生产番茄酱18万吨,行销世界各国(图10-22)。

19日的讲演,很隆重。自治区主席接见,上千人的报告厅坐得满满的,我做了充分准备,针对新疆实际,畅谈"现代农业"。当时我有很强的,离开学术故土40年的游子回家,向家乡父老汇报的心情,写下了以下"七言"。

图10-22 参观新疆中基红色产业工业园(2002年9月18日于乌鲁木齐市郊)

第十章 世纪游学(下) *427*

> 少小离家老大回，乡音无改鬓毛衰；
> 二八东行风华茂，回归故里古稀来；
> 世事轮回四十载，新疆更新又新颜；
> 游子捧出寸草心，现代农业报春晖。

2002年9月乌鲁木齐的"现代农业"讲演为我两年的"世纪游学"画上了句号。

西 行 悟 道

西北，我感恩与眷念的学术故土。

两年西行，可是热闹了一阵。

仔细想想，什么"自然地带性""两百多万年的沙尘暴造就了黄土高原""沙尘是自西而东空运来的""北京不可能沙漠化""防治风沙的重点在西北沙尘源区"等，"教科书"和"科普"而已；什么"三北防护林挡不了风沙""还林还是还草""生态自我修复""羊的放养与舍饲""广种薄收与现代农业"等，"教科书"和"科普"层次而已，都不是什么高深理论和复杂工程。

那么，为什么"三北防护林""京津风沙源治理""退耕还林"之类的政府工程频频高调出台？为什么西北宜灌草而不宜乔木而非要"扬林抑草"？为什么会出现媒体的过度炒作与误导？为什么……这里存在认识问题，但主要是体制与部门利益问题，更重要的是缺乏科学和健全的决策机制与工作系统的问题。

像这种技术性强，投资百亿计和工期十年计的国家工程项目，如果前期有严格的技术论证与审批，实施期有严格的监督与问责，会产生上面的问题吗？纵容部门利益和长官意志，其害无穷。

"农""林"身在"名门"，灌草却是个没有爹妈的孩子。

好啦！2018年人大通过了组建"国家林业和草原局"，灌草终于有了"名分"和"归宿"，希望一路走好。

歌德说："大自然是不会犯错误的，是永远正确的，错误永远是人犯下的"，真是至理名言。

第十一章
再披挂，决胜生物质（上）

（2004—2010 年 / 73—79 岁）

出云游，修学问道十载。年逾古稀，又罹大病，可安享晚年了。不料，参加《国家中长期科技发展规划》中发现"新大陆"生物质，痴迷之而不能自拔。于是，再披挂，又上阵，"决胜生物质"16 年，额外收获了别样精彩的一段科学经历。

明知不可为而为之

人说年龄大了，会变得安详沉稳，我却玩起了"痴迷"。

明明是金山，却视之渣土；明明是灰姑娘，却冷落一旁；明明是千里马，却"骈死于槽枥"，我能安详与沉稳吗？

"痴迷"应当是理性的，有时会是非理性的。"农林生物质工程"冲击《重大专项》就是一次非理性行为。

《国家中长期科技发展规划》的最高级别项目是《重大专项》，全国仅"登月"等十余项，投资百千亿，要求极高，一个组能摊上一个就不错。

04农业组报"超级种培育"顺理成章，报"农林生物质工程"则非理性之举。因认同感极低，成功率近零，乃明知不可为而为也。

有百分之一的可能，也要有百分之百的努力。

刚从牛津大学完成博士后学习回国的年轻才俊，生物化工专家李十中，得知我关注生物质而主动前来助战，一起住在北京会议中心。当时管"重大专项"申请的是江上舟同志，一次他冲着我二人笑着说："现在是申报'重大专项'的关键时期，其他申报项目都有像科学院、大学和大型国有企业在积极'跑项目'，怎么'农林生物质工程'只有你们爷儿俩在忙活？"他的话说得很形象，很有趣。

一次，十中对我说："能源化工界的权威，中国石化研究院前总工，两院院士闵恩泽非常重视生物质能源，发表过文章。"

"赶紧把文章拿给我看。"

天哪！这是一记震耳欲聋的响雷。

文章里写道："从长远看，石油终将枯竭，利用取之不尽、用之不竭的农林生物质资源将会逐步兴起。由石油碳氢化合物生产的化石燃料，终将会由碳水化合物生产的生物质燃料逐渐部分替代。让我们加强生物炼油厂的研究，迎接'碳水化合物'新时代的到来。"真是一言千钧，醍醐灌顶。

克林顿在发展生物质能源和生物基产品《总统令》中说的是"技术进步"，而闵老说的是"迎接碳水化合物新时代"，高出好几个层次。

"十中，赶紧联系，我要去拜见这位前辈。"

2004年9月的一个下午，我和十中去拜见了闵老，原来在科学院院士会上见过。因不在一个学部，少有接触，但他那儒雅、安详、自信和面带微笑的学者气质，给谁都会留下深刻印象。个子不高，皮肤白皙，四川口音，慢条斯理，一位令人一见就会起敬的学界前辈。有了生物质这个话题，我们谈得很投缘，他对"农林生物质工程"申报"重大专项"非常赞成。他说："对这件事要有长远眼光，早抓早受益。"我们商量尽快召开一个生物质能源方面的座谈会，把关心这件事的同志们动员起来。

10月15—16日，"农林生物质工程"座谈会在北郊泰山宾馆召开了，有来自各地约30位专家参会。我作了"农林生物质工程"重大专项背景情况介绍，闵老作了"发展生物炼油厂的探讨"主题发言；中石化原发展战略研究组组长张旭之作了"能源多元化发展"发言；美国生物质研发技术咨询委员会委员，明尼苏达大学生物质转化中心主任阮榕生教授就美国生物质科技和产业化发展现状作了发言。

其他有王孟杰、白凤武、鲍晓明、陈放、林向阳、陈国强、张俐娜、张政朴、李十中、董丽松、吕建雄、王宏民、王世和、陈定凯、余汉青、孙振钧等十多位教授与研究员分别就燃料乙醇、生物柴油、生物塑料、生物沼气，以及成型燃料等发展近况与技术作了讲演。会议规模不大，却是国内最早的一次关心生物质专家的聚会，我国早期生物质转化工作的一次检阅。

图 11-1 是一张有保存意义的照片，十中站在最后一排，躲在会标的"程"字下偷着乐，因为这次会是他一手策划准备的。左下角是为会议准备的资料，中文资料是这次会议的发言文集，题名《中国生物质产业的先声》，英文资料用名是《美国生物质产业之路》，其中有克林顿的"总统令"。

这次是小型学术性聚会，没有惊动媒体，但还是引起新华通讯社的

图 11-1　农林生物质工程座谈会参会专家留影（前排左起：程序、张俐娜、闵恩泽、我、阮榕生。2004 年 10 月 16 日于北京）

注意，2004年11月1日连发了两期供省部级以上领导参阅的《国内动态清样》。一期标题是"石元春院士建议优先发展生物质能源"，另一期标题是"资料：国内外生物质能源的发展现状"，都是以"记者采访"形式写的。

10月会后，我的主要精力集中于准备年末的申请"重大专项"答辩。

除美国资料外，还查到2003年发布的《欧盟交通部门替代汽车燃料使用指导政策》提出，在汽车燃料消费中生物液体燃料的比例要由2005年的2%提高到2010年的5.57%，2020年达到8%等欧洲资料；世界经合组织（OCED）2004年9月发表的研究报告的"各国政府应大力支持和鼓励生物质能源领域的技术创新，减小它与传统原油及天然气产品的价格差距，以最终达到替代的结果"的资料。还查到日本的"阳光计划"、印度的"绿色能源工程计划"，以及中国的陈化粮燃料乙醇计划等。

按申报《重大专项》要求，"农林生物质工程"提供了2.7万字的正式建议书、5000字的简本、500字的简介，以及汇报用的PPT和文字说明等，一应俱全。2004年11月25日的答辩会上，我按PPT的48张幻灯片，讲了40分钟。自以为陈述内容充实，回答应对得体。

准备及答辩等在战术上应当是成功的，然而弥补不了战略上的先天不足。《中长期》领导小组将于2005年4月29日开会讨论和最后投票决定"重大专项"，会前传来"农林生物质工程"可能落选的消息。这在意料之中，但还是"死马当着活马医"，再作最后一次努力。我给温家宝总理写信。除重申理由外，还打了"悲情牌"：

看到国家领导人为我国"三

图11-2　农林生物质工程的重大专项建议书及答辩PPT首页

农"和能源问题操碎了心；看到俄罗斯耍弄石油外交的报道；看到美国军舰在马六甲海峡游弋的报道；看到日本最近的那副嘴脸和对我国东海油田的垂涎，心里很不是滋味。我们完全可以种出个年产5000万吨的大庆绿色油田；完全可以在我国农村大地上雨后春笋般地出现千千万万个生物质企业和中小城镇。农业一定要有大量下游工业产品生产才能带动得起来，"三农"才能真正活起来。

以我对国内外情况和资料的掌握以及半个世纪来对"三农"的感受和领悟（在黄淮海平原治理盐碱地时，我在农村工作了整整12年），《农林生物质工程》绝对是个非常好，而且可以取得成功的项目。我今年74岁了，去年因癌症手术住院期间也从未间断这个工作，只想在人生的最后一站再为国家做最后一点事情。

"农林生物质工程"最后以5票之差落选，比预想的情况好得多。

虽落选而让生涩的"生物质"三个字走进国家最高领导层视野，这也算是可聊以自慰的成绩。

华丽亮相

"农林生物质工程"该"飞入寻常百姓家"了。

2004年，给总理615汇报的一个多星期前，中国工程院第七次院士大会上，我作了"生物质能源与材料工程"的学术讲演，千人报告厅坐得满满的。讲演后的提问中，杜祥琬副院长当场提问和表示支持。

更大的一次亮相是答辩后的2005年1月26日，在人民大会堂报告厅隆重举行的中国工程院"中国生物质工程论坛"。论坛由农业学部主任，石玉林院士主持（图11-3右），我的主题讲演题目是"农林生物质工程"。闵恩泽院士讲演的题目是"开发生物柴油炼油化工厂的探讨"、中国石化集团副总裁曹湘洪院士的讲演题目是"开发生物工程技术，利用可再生资

图 11-3　中国工程院第 35 场《中国工程科技论坛》（2005 年 1 月 26 日于人民大会堂）

源，生产车用燃料和石化产品"、王涛院士讲演题目是"中国生物质燃料油木本能源植物资源调查与开发、利用"、杨胜利院士讲演题目是"生物炼制"等。

对这次"论坛"，新华网、中国新闻网、人民网、中国科学网、央视国际等以"我国积极迎接生物质经济新时代""我国亟需发展'绿色油田'""专家呼吁发展生物质产业为农民增收辟'第三战场'"等标题作了大量报道，《光明网》还组织了一场闵老、我和十中三人的"光明对话"。

转眼就是 2 月，趁热打铁，要准备第三次亮相了。

要取得更广泛的社会影响，在报纸上发表有分量的文章很重要。我撰写了一篇文章送科技日报，文稿送出即出席全国政协 2005 年年会。在宾馆等电梯时，接报社总编电话："石院士，两会马上就要开了，大量两会报道是否会减少您这篇文章的影响力？""没事儿！我这篇文章就是写给两会代表们看的。""好吧！明天见报。"果然，2005 年 3 月 2 日，我在友谊宾馆房间里就看到了《科技日报》头版通栏登载的长文"发展生物质产业"（《石元春文集·生物质卷》第 3—8 页）。这是"生物质产业"在国内报刊第一次正式亮相，文章的开头是这样写的：

第十一章　再披挂，决胜生物质（上）　　**435**

地球上能量的终极来源，除形成之初集聚的核能与地热外，与我们关系最为密切的是地球形成后持续来自太阳的辐射。绿色植物出现前，辐射能尽散失于大气，唯绿色植物可利用日光能将它吸收的二氧化碳和水合成为有机物——碳水化合物，将光能转化为化学能并贮存下来。绿色植物是光能转换器和能源之源，碳水化合物是光能储藏库，生物质是光能循环转化的载体，连煤炭、石油和天然气也是地质时代的绿色植物在地质作用影响下转化而成的。

随后是"古老的新兴产业""国家的战略行动""企业竞占先机""多功能与循环经济""第三战场"与"四元结构"等。

一个重大而响亮的命题出台了，"种出一个'绿色大庆'"。文中写道：

如能利用全国每年50%的作物秸秆、40%的畜禽粪便、30%的林业废弃物，以及开发5%，约550万公顷边际性土地种植能源植物和建设约1000个生物质转化工厂，其生产能力可相当于5000万吨石油的年生产能力，相当于一个大庆（年产4800万吨），或2004年全国石油总产量的29%，净进口量的35%。

"种出一个大庆"命题，有很强的新闻性，不少报刊以类似标题跟进。基于"发展生物质产业"文，《科技导报》2005第5期以同题约我写了"卷首寄语"；《经济日报》以"与院士对话，石元春：发展生物质产业，实现以'绿金'替代'黑金'战略"发文，并分别在7月6日和7月13日以"在农村种出一个'绿色大庆'"和"'绿色大庆'将有效破解能源瓶颈"为题撰文两篇。安徽科技、农资导报、生命世界、科技信息、中国化工报、生物技术产业、中国农业科技导报、中国民营经济等报刊皆以鲜显标题，以全文转载、对话、编辑撰写等多种形式作了报道。

有篇跟进的文章还具体计算我国可以种出8个绿色大庆。

这种"一石激起千层浪"的舆论效果正是我想要的。

第四次亮相是2005年5月到河南考察小麦期间，省里邀请我给全省

图 11-4 《科技日报》"发展生物质产业"一文引起的连锁反应

副处以上农业干部做报告。5月22日上午,省委大报告厅里坐得满满的,我的报告题目是"农业的三个战场"。这是我头一次在正式场合全面阐述"农业三个战场"的观点,从传统农业到近代农业和现代农业;从初级农产品生产到农产品加工,到农林废弃物的生物质能源和材料生产产业。讲了足足两个小时。后《求是》杂志约稿,于是将讲演文发表在2006年该刊第10期上。即是通过党中央最高理论和政策性刊物,将"农林生物质"亮相到全国党政干部面前。

第五次亮相是从郑州回京,立即参加准备好的"香山科学会议"(中国科学院设置的高层科学会议平台),即5月31日到6月2日在北京香山饭店举行的"生物质能源利用的潜力与前景"学术讨论会。会议由我与匡廷云院士共同主持,科学院有关院所以及院外有关研究单位的40余位专家参加,有20多个学术报告。我的主题讲演"谈发展生物质产业中的几个问题",这是自科技日报3月发文后的一些新的心得与思考。按我的习惯,讲演后成文,发表在《中国基础科学》2005年第6期。在会议总结发言中我提出了"生物质能发展战略要点十条"。

2005年上半年，紧锣密鼓地五次大亮相，全年在全国飞行讲演了15场。

四院士上书

亮相不是目的，目的在于推动，在于使之成为一种由政府推动的国家行为，办法是"上书"。

2005年1月26日在人民大会堂举行的中国工程院"中国生物质工程论坛"是一个很好的契机，可以与闵老和曹湘洪院士等联名上书总理。石化界有两位重量级权威人士，农业界太单薄，于是联络了原北京林业大学校长，时任中国工程院副院长的沈国舫院士。我起草信稿，十中分别与三人联系修改与签名。四院士联名上书于3月23日呈送总理，用题是"关于为农业开辟'第三战场'和建设年产5000万吨绿色油田的建议"。信的开头是这样写的：

> 您在"两会"政府工作报告中指出的，"解决'三农'问题仍是全部工作的重中之重，实行工业反哺农业，城市支持农村的方针"；"缓解我国能源与经济社会发展的矛盾必须立足国内"，以及"加快资源综合利用和循环利用，积极开发新能源和可再生能源"是我国经济发展中带根本性和长远性的国家重大战略，我们深受教益。
>
> 想向您提出的建议是：提前启动已基本肯定的，国家中长期科技发展中的重大专项《农林生物质工程》，因为它紧扣"三农"、能源和环境三大主题，能起着全局性和实质性的推动作用。

紧接着提出"种出一个大庆"：

> 该重大专项的论证报告提出，如果能利用全国40%的作物秸秆、

30%的畜禽粪便和20%的林区废弃物使之无害化和资源化；再开发约7000万亩低质土地（我国有约16亿亩）种植高抗逆性的能源植物，以及发展一批从事生物质转化的龙头企业，每年生产出的燃料乙醇、生物柴油和生物塑料可相当于5000万吨的石油替代，即种出一个"绿色大庆"；可以每年新增3500亿元产值，农民新增400亿元收入和获得一千多万个就业岗位；可以通过沼气发电和固化成型燃料使全国1/5的农户在能源消费中将能效提高3—4倍，改变几千年来农民烟熏火燎的能源消费方式；可以用全降解的生物地膜替代石油基地膜，防止约2亿亩农田土壤肥力的下降和在源头上遏制住全国性的"白色污染"。

信的结尾有些煽情：

> 生物质产业在世界刚刚兴起，与发达国家几乎站在同一条起跑线上，他们有他们的优势，我们有我们的优势，看谁策划得好，看谁动作得快，应该有信心在这场国际竞赛中跑在前面。我们这个民族，是个创造奇迹的民族；我们这个国家，是个敢于创造奇迹的国家，相信在近一二十年里，生物质产业一定会创造一个令世人刮目相看的奇迹。

两天后的3月25日，总理就有了"请发改委、农业部研处"的批示。4个月后，发改委、农业部、科技部和林业局联合给温家宝总理呈送了"关于加快我国生物质产业发展的报告"。9月17日，总理在该报告首页批示："请元春同志阅"，似乎是在给我一个回话，整个运行过程是半年。

发改委办公厅还专门下发了《关于组织实施生物质高技术产业化专项的通知》（以下简称《通知》），开头写道：

> 各省、自治区、直辖市、计划单列市及新疆生产建设兵团发展改

革委（计委），国务院有关部门、直属机构办公厅，各计划单列企业集团：

为促进我国生物质产业的发展，减少对进口石油的依赖，保护环境和改善生态，缓解"三农"问题，我委决定在2006—2008年实施生物质高技术产业专项。

《通知》"决定在2006—2008年实施生物质高技术产业专项"和"实施目标"中提出：

通过实施生物质高技术产业化专项，提高生物质技术创新能力，到2008年形成替代进口石油436万吨/年和节省标煤200万吨/年的生产能力，减少CO_2排放量2000万吨/年，开发出燃料乙醇、生物柴油、生物质塑料、规模化生产沼气、生物质固化成型燃料、生物质供热/发电、聚乳酸、生物表面活性剂、酶制剂工业化成套技术，构建我国生物质产业的基础框架，为实现到2020年建设成替代5000万吨进口原油和节省5000万吨标煤的生物质产业的目标奠定基础。2006—2008年的具体目标如下：

①以甜高粱、薯类、甘蔗等能源植物为主要原料生产燃料乙醇能力达到150万吨/年及20万吨乙醇下游产品生物基乙烯。②以棉籽油、木本油料和间种油菜收获的菜籽油等为原料生产生物柴油及其关联化工产品30万吨/年。③以淀粉与可生物降解高分子树脂共混塑料为主要原料生产一次性防护包装材料、酒店及旅游用品、餐饮用具等生物质塑料20万吨/年；年产5万吨聚乳酸，5万吨碳吸附材料。④生物质固化成型燃料100万吨/年，生物质直接燃烧供热/发电能力270MW。⑤形成沼气发电能力60MW，年产天然气（甲烷含量97%—98%）1亿立方米。⑥形成年产生物表面活性剂500吨、纤维素酶和半纤维素酶5000吨的生产能力。

得陇望蜀。

图 11-5 国务院能源领导小组专家委员会合影（上）（前排右四是我）；国家"十一五"规划专家委员会合影；（下）（前排右一是我）；

此《通知》下发不久，我又给国家发改委马凯主任一信，是为国家经济与社会发展"十一五"计划提出的"关于'建设各年产 5000 万吨的绿色油田和绿色煤田'的建议"。

2005 年 5 月，国务院成立了温家宝总理担任组长的国家能源领导小组，下设由 40 多人组成的专家委员会，我也"滥竽充数"了一把。委员们都是些煤炭、石油、石化、核电、水电、煤电的掌门人和老总，生物质能源像这桌能源盛宴上的一碟开味小菜，一颗冉冉升起的新星。同年 10

月 21 日，我又接到国务院刚成立的"国民经济和社会发展'十一五'规划"咨询专家委员会聘我为委员的通知。这两个"平台"对我很重要，他为我提供了参与国是机会，特别是在推动农业和生物质产业发展上。如随后的"全国发展生物质能源工作会议"、财政部、发改委等五部委发布《关于发展生物能源和生物化工财税扶持政策的实施意见》等政府文件参与起草上。

自 2005 年 3 月四院士上书总理后的一年多时间里，发生了这么多事。集中到一点就是，我国的生物质产业在国家层面上全面启动了。

温家宝总理的礼贤下士和用心务实使我感佩之至。

夯实基础

在我忙于"重大专项"申请，无暇他顾时，中国工程院主动安排了由我主持的《中国生物质资源与产业化战略研究》咨询项目。其实，我是很需要这个项目的，因为生物质是在偶然和仓促中发现和提出的，对它还缺乏系统了解，此项目可谓是"雪中送炭"。我把项目分解为原料资源、产品与转化、与"三农"关系以及发展战略四块，分别由石玉林院士、闵恩泽院士、郭书田研究员（农业部原政策法规司司长）和我负责。

一波未平，一波又起。农业学部的生物质咨询项目尚未结题，2006 年 3 月 7 日下午，中国工程院又召开了"中国可再生能源发展战略研究"重大咨询项目的预备会议。杜祥琬副院长和能源学部主任黄其励院士主持，有综合、风能、水能、生物质能和太阳能 5 个课题组，我任生物质能组组长。

连续两次咨询项目研究，确是夯实了理论与资料基础，特别是在初步查清我国生物质资源家底上。我国可能源用的生物质约年产 11.71 亿吨标煤，其中有机废弃物和边际性土地年产能分别占 41.1% 和 58.9%。排在前 5 位的产能潜力大户依次是：宜农后备地（占 23.7%）、作物秸秆（占 22.9%）、宜林后备地（占 18.8%）、现灌木林（占 15.0%）以及畜禽粪便（占 8.3%）。年产能中 61.2% 来自农业，38.8% 来自林业；有机废弃物产能的 83.8% 来自农业，边际性土地产能的 60% 来自林地。图 11-6（上）的数字和柱状图清楚地描绘了我国可能源用生物质资源的家底，要开发也就心中有数了。

战略研究中做了一件有意义的事。不同生物质原料适合加工不同产品，例如糖类和淀粉类原料宜于生产乙醇类液体燃料及其衍生化工产品；油脂类原料宜于生产生物柴油及其衍生化工产品；畜禽粪便、加工业和城市排放的有机废水废渣宜于生产沼气系列产品；作物秸秆、林木剩余物等

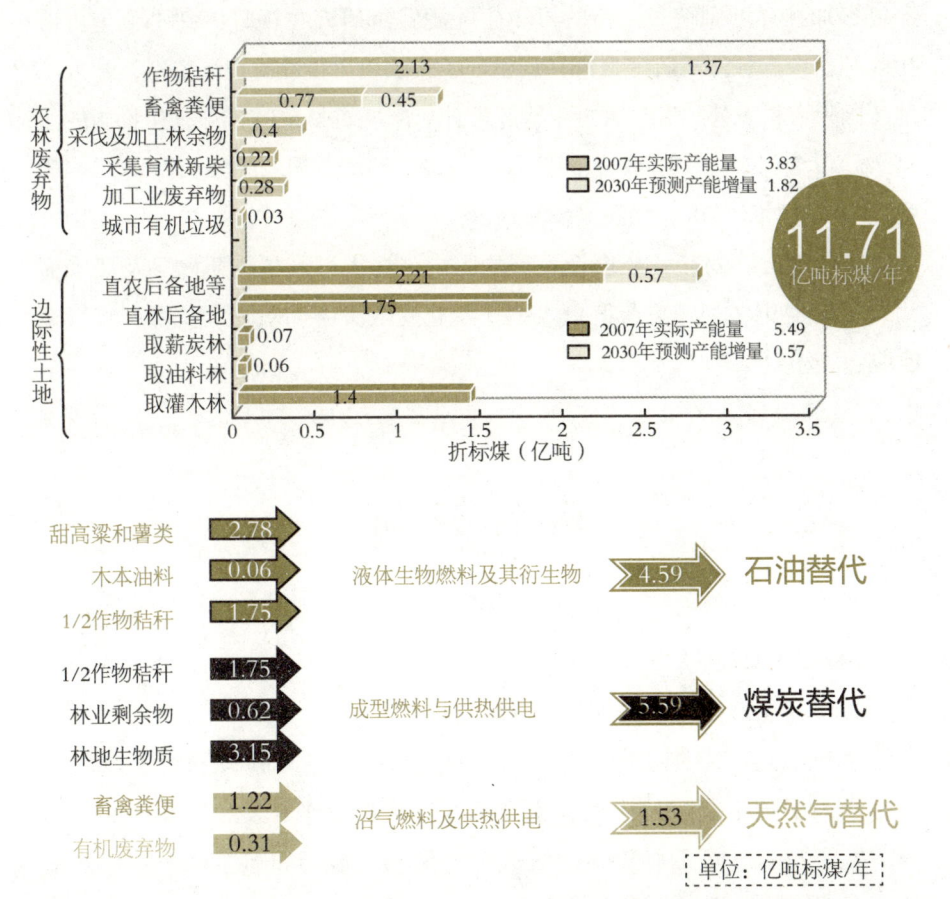

图 11-6 中国的生物质原料资源（上）和替代潜力（下）

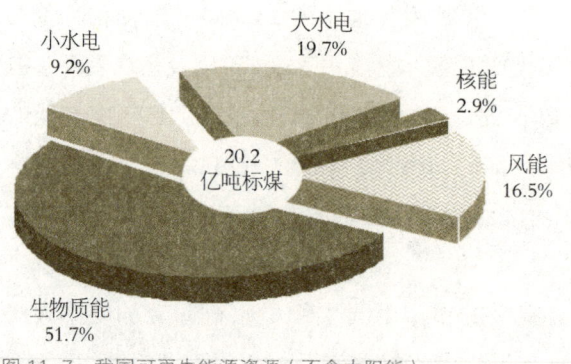

图 11-7 我国可再生能源资源（不含太阳能）

木质纤维素类原料宜于生产成型燃料和直燃发电，技术突破后也可以生产液体燃料等多种产品。经原料与产品间的搭配与组合，11.71亿吨标煤中约39.2%，即4.59亿吨宜于替代石油；47.7%，即5.59亿吨宜用于替代煤炭；13.1%，即1.53亿吨标煤宜用于替代天然气（图11-6下）。

参加杜祥琬副院长主持的可再生能源咨询研究将视野扩到了整个可再生能源。根据各课题研究报告，我整理了我国可再生能源资源资料，除太阳能（因无资料）外的五种可再生能源合计年产能20.2亿吨标煤，生物质能占51.7%，大小水电、风能和核能分别占28.9%、16.5%和2.9%（图11-7）。生物质资源之如此体大，使我又惊又喜。

除资源外，对生物质产业发展的国内外情况以及生物质产品及技术前沿也了解得更多了，思考得更多了。没有这两次咨询研究，我哪有底气写《决胜生物质》。

南行开局

2005年风风火火地过去了。

2006年出京南行，去生物质资源的富产区。

春节刚过，中国工程院一行，在杜祥琬副院长带领下到了广西南宁，代表中国工程院与广西壮族自治区签署"合作开发生物质产业"协议。2月22日，广西壮族自治区大礼堂透出一股节日气氛，签字仪式很隆重。签字仪式后举行学术报告会，杜院长、我和欧阳平凯院士三人作了学术讲演。这类讲演多是一般性的，如我的讲题是"发展生物质产业"，但是在"能源换代催生了一个新兴产业"和"起步中的中国生物质产业"之后的第三部分，用了13张幻灯片讲"广西：一个潜在的生物质产业大省"。

在广西部分的"资源和区位优势"中提出了广西处在"两种资源和两个市场"的中心位置的论断；在"原料与产品定位"中提出4类资源和9类产品的"多元发展，主副有序"的建议；在"生产经营方式定位"中提出了"农工一体与系统设计"的具体方案；在"几笔粗账：2020"中提出了木薯乙醇与沼气产值、农民工作岗位与新增收入、二氧化碳减排与CDM额度值等的预测等，这一部分用了大量数据。

讲演的结语是"天时不如地利，地利不如人和"，寄希望于广西壮族自治区政府。

中午用餐时欧阳院士低声问我："我们刚到南宁，你哪儿来的那么多数据？"我附耳说："我在南宁有'卧底'。"两人笑了。下午在南宁附近考察，第二天又到桂南钦州考察了民营企业"新天德能源公司"，该公司以木薯为原料生产乙醇年产近20万吨。这张照片（图11-8）左三是杜祥琬院长，左四是中国工程院能源学部主任黄其励院士，右二是程序教授。

图11-8 我（左二）和杜院长（左三）参观"新天德"的合影

此次广西行内容甚丰，意义很大，回京后立即给国务院能源领导小组写了详细汇报如下。

广西地处南亚热带，生物能资源非常丰富。首先，"铁杆庄稼"木薯真是个好东西，它能在贫瘠地上生长，产量高，耐旱耐台风，两三亩地就能产1吨乙醇（玉米要五六亩），因无须灌溉和管理比较简单，故成本比玉米、甘蔗低得多，去年广西种了600万亩。与之相匹配的是广西的荒坡地资源很丰富。

广西是产糖大省，蔗糖产量占全国总产的80%，仅制糖后的废糖蜜就可以生产40万吨乙醇（技术没问题，已有数家糖厂开发）。盛产于百色一带荒山的石栗树籽粒含油60%以上，开发利用起来，两三亩地也能产1吨生物柴油，柴油在−20℃时不凝固，质量优于欧洲用菜籽油生产的柴油，且有利于山区水土保持和农民增收。

还有件意想不到的收获，在与南宁市市长林国强同志谈到市民用煤气罐曾涨到130多元一罐时，他说市长最怕的就是"减气""断气"，能不能用沼气罐替代。这事启发了我，技术上没问题，经济效益和社会效益很高，气源可以从三方面解决，乙醇厂废水发酵（南宁市郊杨森乙醇厂每天可产沼气3万立方米）、大中型养殖场畜禽粪便、屠宰场下脚料。如果通过工业化规模生产沼气，不仅能缓解中小城市的供气，还能拉动养殖业和环保产业。

自治区对发展生物质能源的积极性很高，成立了以常务副主席为组长和四个副主席为副组长的发展生物质能源领导小组和办公室，制定了一个"生物能源基地建设规划"，将生物能源产业作为一个新的支柱产业和经济增长点。

我想，能抓一个省域的生物能源发展基地建设试点是件好事，如果你们能安排时间，去考察一次，一定会起到很好的推动作用。

2006年年末，受邀参加三亚"社会主义新农村建设论坛"。乘车由广西北海出发，经湛江、海口至三亚，一路饱览了南亚热带丰富和多样的生物质资源。北方一年一熟的甜高粱到这里可以三作；扔在地旁路边的那些粗壮的木薯秆和香蕉秆，还有那漫山无垠的杂树乔灌，让长期在北方工作的我眼馋至极，仿佛把我带进了堆满生物质原料的仓库。

通过海南省农垦同志，会后从三亚开车到兴隆，给我安排了一段休假时光。宾馆里绿树密茂，簇拥着一片明净水面，四周坡上参差散落着栋栋别墅小楼，宛如画中。我住的小楼要绕过一段湖岸和走过一段小桥才到餐厅，赐予我和老伴每天有几次惬意的散步时光。如此空气清新，温暖舒适，寒冬三九乎！阳春三月乎！

窄径下深竹，有堤平若席。开樽荫密树，正见溪水碧。

从随身带的笔记本电脑上下载了"2005年海南省经济和社会发展统计公报""前三季度我省农村经济形势及全年趋势分析""海南省国民经济和社会发展'十一五'规划纲要""2006中国·海南生态省建设论坛在海口召开""海南省政府与中海油签署战略合作框架协议"……海南，一颗镶嵌在华夏大地南端的绿色宝石，一座令人艳羡的国际旅游岛，正在热火朝天地建设着。

我不断在想，生物质，你能为这颗南方明珠添些怎样光彩？

想着想着，圣诞节快到了，灵机一动，给省委书记卫留成写信。

卫书记是原中海油董事长，不会对海南发展生物质能源没有兴趣。于是提笔与正在海口开会的十中联名写了封短信，请农垦的同志递了上去。书记日理万机，哪有闲工夫管这等闲人闲事，只当泥牛入海罢了。不料才两天，就接到电话，"您是石院士吗？我是卫留成书记的秘书。卫书记看到您的信很高兴，问您这两天是否有空，他想见您。"一时弄得我措手不及，毫无准备地去东拉西扯吗？不行！这不是我的行事风格。在电话里支吾了一会儿才说："谢谢卫书记！快过年了，领导一定很忙，年后我去海口拜见卫书记。"总算把事圆过去了。

留成书记的批示是："两位教授的建议应引起省委、省政府、发改委和工业部门的高度重视。生物质能源产业可能成为构建有海南特色的经济结构的重要内容之一。我拟近日约两位教授面谈。"2007年1月10日我由兴隆到海口，入住金海岸酒店，十中已经在海口。12日下午4时，二人来到省委办公大楼一会议室,秘书说:"卫书记正在主持一个会,晚来十几分钟。对不起。"不一会儿,卫书记风风火火地推门进来就与我们握手,连声说对不起。

卫书记有 30 多年石油勘探开采经历,从技术员到中国海洋石油总公司董事长兼首席执行官。50 多岁,个子不高,说话干脆,有河南口音,充满活力,给人以刚毅果断印象。

稍作寒暄即进入正题,在墙上放出我准备好的 PPT。做 PPT 要看对象,面对书记,要干净简明,直奔主题;要高屋建瓴,有战略又有战术。我设计的副标题是"国际、中国、海南",还放上了海南的标识图标。从世界到中国到海南用了 46 张幻灯片,其中 19 张讲的是海南。

果然是能源界领袖和专家,谈生物质能源很在行,特别是提出发展生物基塑料时说:"海南是个岛,可以封闭运行。禁用石化塑料,海南有条件。"这话从一位中国石油大鳄口里说出,使我心生钦佩。最后书记请我们帮助海南制定一个发展生物质产业的规划。这个光荣任务自然落在了十中身上。十中效率很高,2007 年 2 月即完成了《海南生物质能源产业发展规划草案》。

南行广西、海南过去了十多年,在生物质方面两地还真有了开拓性工作,且按下不表。

"工作会议"起高潮

2005 年年初的"四院士上书",年末国家发改委和财政部的下文,2006 年 8 月 19—20 日,国家发展改革委会同农业部、国家林业局在北京召开了"全国生物质能开发利用工作会议"(图 11-9 上)。有财政部、科技部、建设部、国家环保总局等国务院有关部门,全国人大环境与资源保护委员会,各省、自治区、直辖市发展改革委、经贸委(经委)、农业厅、林业厅(局),以及部分大型能源企业、科研机构、高等院校代表约 600

图 11-9　全国生物质能开发利用工作会议（上图右二是我。2006 年 8 月 19 日）

人参加。国家发展和改革委陈德铭副主任、农业部尹成杰副部长、国家林业局祝列克副局长、国家能源领导小组办公室徐锭明副主任等出席会议并讲话。

"全国工作会议"是推进生物质能在全国发展的重要一环。

这不是讲大政方针的"大会"；不是海阔天空的"论坛"，而是一次国家层次讨论和布置工作的行政工作会议，是我国生物质产业发展的一个里程碑。作为特邀专家，我的主题讲演题目是"关于我国生物质能产业的发展战略与目标"（图 11-9 下）。

会议纪要对此次会议的主旨是这样说的："会议的主要目的是贯彻《可再生能源法》，落实《国民经济和社会发展第十一个五年规划纲要》，统一思想，提高认识，明确任务，部署工作，动员各方面的力量，加快生物质能开发利用。""生物质能是重要的可再生能源，具有资源种类多、分布广、开发潜力大、与农业、林业、生态环境保护和农村发展密切相关的特点。开发利用生物质能是调整能源结构、保障能源安全的重要措施；是保护环境、实现可持续发展的重要途径；是促进农村经济发展、建设社会主义新农村的重要举措。各级政府主管部门和有关单位要充分认识加快生物质能开发利用的重要意义。"

本次会议提出对工作的部署是"国家发展改革委、农业部、国家林业局等部门，将在研究制定工作大纲和相关技术规范的基础上，落实资金，组织开展全国生物质能资源评价和开发利用规划工作。各省（区、市）发展和改革委、农业、林业部门要根据国家生物质能发展的有关要求，依据职能分工，结合各省（区、市）生物质能资源特点和经济社会发展状况，具体负责各省（区、市）生物质能资源调查评价和开发利用规划编制工作，并抓紧做好配套资金落实等有关准备工作"。

本次会议强调，"生物质能开发利用是跨行业、跨部门的新兴产业，涉及能源、农业、林业、财税、科技、环保等多个管理部门，产品包括电力、石油和生活燃料等多个能源领域。各有关部门和单位要齐心协力，密切协作，共同促进生物质能的发展。各级能源主管部门要把生物质能纳入能源管理范围，加大对生物质能技术研究开发的支持力度，加快推进生物质能利用技术进步。财税部门要制定促进生物质能开发利用的财政和税收政策，大力支持生物质能的开发利用工作。"

8月工作会议后，财政部、发改委等五部委11月随即发布了《关于发展生物能源和生物化工财税扶持政策的实施意见》（图11-12），也就是发布实施阶段的有关财税扶持政策。

从四院士上书、总理批示、四部门《报告》，8月工作会议和财政部、发改委等五部委的"实施意见"，我体会这是国务院部署一项工作的全过程，我有幸参与了生物质产业在国家层面上全面启动与推进的这个过程。整个工作程序走完，全国推进就项项落在了实处。

"八月工作会议"后，新华社、CCTV等国家媒体；光明、科技、中国科学等各大报纸；新浪、腾讯、阿里巴巴等网络媒体都已醒目标题进行了报道，着实掀起了不小的一阵生物质热潮。热潮中的 2006 年 9 月 7 日，央视十套《大家》栏目播放了"一个农学家的能源大梦"节目。

"一个农学家的能源大梦"

早在 2006 年的春天，央视《大家》栏目编导李妍与我联系，说《大家》栏目今年计划有我的一期节目，主要是关于我与生物质能源方面的内容。显然，这是给了我一个倡导生物质的大好机会与舞台。李妍到家里来得多，讨论整体构思，多次采访，内景外景拍摄等等。一次我说："下周我要出席全国生物质能工作会议和讲演。"李妍说："那好，摄制组干脆把装备搬到大会现场去。"李妍，二十多岁，高高个子，皮肤白皙，文静素雅，低声慢语，大学文科毕业的高才生。

8 月中旬，北京天气还很热，李妍到家来告诉我："下周三下午到摄制棚去录制'对话'，这是节目的主体部分，与您'对话'的是央视著名节目主持人曲向东。"我有些紧张地问："是彩排还是直录？""是直录，但会稍有剪接。您与主持人对话约 40 分钟，剪接到 30 分钟左右，插播约 15 分钟视频，全节目 45 分钟。""我要做什么准备吗？""不用准备，临场发挥就行。"

"对啦！您要着正装，摄制棚里很热，请您忍受一下。"李妍最后叮嘱我说。

摄制棚没打灯光，比较暗，制片主任张涛、主持人曲向东、编导组的李妍等迎接我。稍作寒暄，张涛拿出一个大的签字簿说："每一位参加栏目的'大家'都有留言，请石院士也给留言。"我随手翻了前面的留言，都是些名人大家，我忘记了都有谁和他们写了些什么，因为这时我脑子里正在紧张想着我该写些什么。当笔一上手，灵机一动，临场发挥地写下了"《大家》是大家的'大家'。"围观的几位同志都笑了，李妍对我竖起大拇指，曲向东也幽了一默："'大家'就是'大家'。"在会意的笑声中我和主持人走到荧光灯下入座。

凡这类场合，我倒是情绪镇定，头脑清醒，应对自如，从无慌张过。

主持人的开场白是：

曲：今天我们要为您介绍的是一位特殊的"大家"，一位土壤学家要跟我们谈能源问题。他是一位75岁的老人，但是他并不愿意谈自己的过去，而愿意为我们规划未来。他为我们描述了一个梦想，但是这个梦想却实实在在地扎根在他热爱了一生的土地里。

曲：您自己是不是也意识到，在您这个年纪，从事这样一个新领域，这种情况不是很多的。

石：这也是一个机会，正好我赶上了这个机会。过去人们常说："人到七十不学艺"，我72岁才开始涉足于这个领域。所以我觉得也算有幸吧，给了我这个机会。

曲：在这个转折的瞬间，您的心情也好，心态也好，有没有什么变化？

石：我突然感到了一阵惊喜，又有一个新的天地给我了。

写文章有充分时间去构思结构，起承转合，遣词造句，字斟句酌，修修改改；作报告与讲演，特别是用PPT，更可以准备充分，运用自如；演员出台上镜也可以背好台词，酝酿情绪，而这次"对话"是全凭临场发挥。这倒有个好处，可以朴实无华，流露真情，生动鲜活，因为有与主持人之间的思想与情绪的互动。下面是就布什国情咨文的一段对话互动。

石：布什总统在1月31日发表了2006年的国情咨文。我想国情咨文嘛，他谈的当然是什么外交啊、内政啊，很多东西。但是没想到他在国情咨文中，把能源作为一个重要主题来讲，其中有很大一块，讲的就是生物质能源。他说，当前我们美国存在一个很严重的问题，就是我们对于使用石油，就像一个吸毒者上瘾了一样。

曲：有毒瘾？

石：他接着说，"而这些石油又是从不稳定地区进口来的，所以我们现在唯一的出路，就是要依靠科技，摆脱石油对我们的束缚，离开石油经济。我们应当把依赖中东石油，让它成为历史。"后来他又讲了一句话"我们有一个伟大的计划，就是在2025年"，你看！都有时间计划的。"2025年我们要用我们的科技来自己解决，替代75%的中东石油。"真是雄心勃勃，3/4的石油让生物质能源替代了。

曲：这比克林顿当初那个计划，又提高了一步。

石：而且我可以跟你举出具体数字来，克林顿当时在他的计划里，已经相当先进了，提出到2012年生产1250万吨。现在布什加码到2270万吨，比1999年又提速了。

曲：又提速了？

石：所以我给领导汇报时说，美国正在紧锣密鼓，一浪高过一浪地在推进的这个事实。可是中国还是在犹豫、观望、徘徊，起步很艰难啊！我要是不知道这个事儿也就罢了，知道了这些情况，多着急啊！

图 11-10　央视《大家》栏目 "一个土壤学家的能源大梦"（2006年9月7日）

下面是就企业方面的一段对话互动。

石：我说最后解决问题的是企业，我必须要把企业动员起来。过去企业来找我，一般不太愿意跟他们接触，现在企业找我，我挺高兴。

曲：您是一个学者。

石：我是做学问，不是做生意的。

曲：现在要做生意？

石：不是自己做，而是大力支持企业做生物质能源产业。后来有些企业找到我，我就很热情地接待，跟他介绍宣传等。

曲：您觉得企业会是一个带动这种变革的很有力的力量。

石：不仅是一个很有力的力量。我是这么来形容的，我说："要在中国推进生物质能源产业，就要按照毛主席的教导：一手抓笔杆子，一手抓枪杆子。"

曲：您觉得企业是枪杆子？

石：对，企业是枪杆子。笔杆子我可以跟中央写信，可以写文章，可以做报告。我差不多一年要做一二十场报告。做报告、写文章、宣传等很重要，但最后要让它实现，要出来乙醇，出来生物柴油，那要靠企业。所以我说企业是枪杆子，真正出政权的是枪杆子。所以我就对企业突然热情起来了，不是我自己做企业，而是支持企业家做好做大生物质产业。

曲：我想，企业家对这种变革是会非常敏感的。

石：是的，企业对新兴的产业是最敏感的，"春江水暖鸭先知"嘛！

在我参加做这个节目中，感到编导的作用和贡献最大，可是只是在幕后和最后的工作人员名单中一闪而过。如歌唱家总是与掌声和鲜花相伴，又有几个人知道作曲者何人？节目播出后，李妍带着她的助手来我家征求意见，我主动提出合影，现在我把这张合影作为插图放在了这里，作为一束鲜花送给李妍（图11-11）。

图 11-11　与《大家》编导李妍（中）在家中的合影（2006 年夏）

为"生物基"而战

2006 年，召开"全国生物质能开发利用工作会议"和播出"一个农学家的能源大梦"的前夕，一场没有硝烟的"生物基"与"煤基"之战打响了。

事情是这样的。

在中国石油进口日增、国际油价迅涨的形势下，几位石化界专家向中央提出制定国家石油替代战略的建议，这是一项重要和具战略意义的好建议。国家发改委为此组织了一个石油替代战略研究组，一年后提出了初步研究报告。2006 年 6 月 23 日上午，国家发改委能源局在西郊中国科协大厦召开专家座谈会征求意见。

在背景和内容一无所知的情况下，我受邀出席了会议。

会议室很大，长方形围坐，百余人，主持人是国家发改委能源局局长。开场白后研究组报告了研究结果。我这才知道，研究组的主力是清华大学能源与汽车两方面的专家教授。研究报告对国内外能源形势分析后，提出了以煤基甲醇和二甲醚作为石油的主要替代能源的结论。我脑子轰了一下，怎么会得出这个结论呢？这不是以一种更糟糕的不可再生能源去替代另一种不可再生能源吗？

研究组报告后是专家发言，一个接一个，我都不认识，听发言可知多是煤炭和煤化工方面专家，异口同声地夸赞一番后表态同意这个研究结果。我越听越不对劲，如果我不发言就是默认了这个结论，如果发言，就会和研究组及全屋子专家对立，孤掌难鸣。怎么办？我如坐针毡，两次跑洗手间疏解情绪，琢磨对策。最后决定采取先按兵不动，最后放一炮就撤的"拖刀"战法。为了不给会议留反攻时间，11点半过了，会议即将结束时，我最后一个发言。

越是紧张，越要沉着，这点我能做到。

我慢条斯理地说："会上我学到很多东西，但也有些不解的地方。生产1吨甲醇需消耗1.3—1.5吨原料煤和2吨燃料煤，而热值是汽油的46%，也就是用4—6份煤能量去换1份甲醇能量，是不是能效太低？问题还在于生产1吨煤基甲醇要排放8.25吨二氧化碳，数倍于汽油精炼，是不是太不清洁了？甲醇腐蚀机械，对发动机伤害大，对人的毒性大，设备投资也大；而最大问题在于煤炭也是一种不可再生和高排放的化石能源。以煤基作为石油的战略替代我认为是不妥的。

1996年美国加州有1.3万辆汽车和500辆公交车使用甲醇燃料，建了80多个加油站，因使用过程中的腐蚀性以及对人体的毒性等问题而甲醇加油站全部关闭，洛杉矶和西雅图也宣布甲醇车用示范项目的失败。我国并未突破这些技术瓶颈，明知是陷阱，干吗还往里跳呢？"

我又说："我想大家都知道，美欧许多国家正在大力发展可再生的生物质能源。20世纪80年代，瑞典在斯德哥尔摩市曾对九种燃料车进行了十多年的替代化石燃料试验，最后选择了沼气和乙醇两种生物燃料。为什么我们不能考虑'生物基'替代呢？"我讲得很平静，很有风度。

我一再提醒自己，要冷静，不要"搅局"和"砸场子"。实际上就是在"搅局"和"砸场子"。十几分钟的发言，弄得全场哑然，或是惊愕。幸好已经12点了，发言结束，会议主持人就说："刚才石院士提了很好的意见，请课题组的同志考虑，今天会就开到这里。"散会后，自助式工作餐，每张桌子都坐得满满的，唯独我这张桌子只有我一人，好像谁也不愿意与会议中的"异类"同桌进餐。

对煤基甲醇和二甲醚，我怎么会知道那么多？好像有备而来似的，请别忘了，我正在做工程院的咨询项目，看了好多资料，现学现卖罢了。

这次对阵，于心不安的是，与我的好友，清华大学前副校长，能源大家倪维斗院士"撞车"了。他坐在与我同一排的另一头，我进会场没看见他。我与他在S-863战略研究中共事6年，他是能源组组长，我是农业组组长，谈得来又常同车往返。就是他在《中长期科技发展战略》研究期间劝我不要搞生物质能源的，却不料，两年后我们正是"遭遇"在生物质能源上。事后我在清华大学21世纪发展研究院办的，2001年第39期《发展研究通讯》上查到一篇文章，"二甲醚经济：解决中国能源与环境问题的关键"，作者就是倪维斗。

好在都是为学者，观点相左，友情依然。

两个月后收到修改后的《研究报告》二稿，基调未动，只是加重些生物基分量，似有安抚之意。没有了会议压力，我在近3000字的复信中更加直白地写道："'征求意见稿'第6页提出的'煤基液体燃料（包括煤制甲醇、二甲醚、制煤油）具有较好的资源基础和技术基础，是今后30—50年主要过渡性替代燃料，是可能将我国石油对外依存度维持在50%左右的现实选择'的提法和结论，我认为是不够慎重和不恰当的。"对"二稿"中生物质能源的不当提法和用语也一一指出。对"二稿"的复信是2006年8月27日。

9月下旬，《替代能源研究报告》审稿会到大连去开了，没邀请我。但我仍穷追不舍地于会后的10月6日给发改委能源局局长写信指出："综合以上五方面的分析结果，建议我国应将发展生物质能源作为国家战略，着力扶持这一既关乎国家能源安全和发展经济，又有利于保护环境和解决

'三农'问题的战略新兴产业。用燃料乙醇和生物柴油直接替代石油，生物基化工产品间接替代石油。"此研究从立题到研究组都是煤化工，怎么可能舍"煤基替代"而就"生物基"呢？我太不识相了。

随后，又给发改委马凯主任写信，围绕他在会上提出的5个方面重申了我们的观点。信的开始是这样写的：

马凯主任：

您好！得知国庆前，您在大连主持了对《替代能源研究报告》初稿的讨论，并就国际发展趋势、经济性、清洁性、安全性、可持续性等方面进行了深入分析，希望进一步对"煤基为主，生物质能源为辅"的替代石油观点发表意见。

我曾于8月27日就该报告二稿给发改委能源局反馈了意见，明确提出对以煤基为主的替代方案的不同看法。再就您提出的5点要求谈些我们的意见。

这封信是10月10日递上去的，11日马凯主任的批示是："请德铭、国宝同志批示，能源局、工业司继续研究，还须多听各方面意见，完善报告，研究符合我国实际的技术路线。同时，石油替代，应既考虑替代燃料石油，又考虑替代原料石油。"12日国宝副主任的批示是："以甲醇作燃料我们并不赞同，生物质我们尽可能发展。"13日德铭副主任批示："赞成马主任意见，报告拟继续研究，逐步完善。"

对"煤基替代"，四面出击，围追阻截，我的"搅局"变本加厉。

11月中旬，我出差芜湖参加一个论坛时接到北京电话，要我立即返京出席20日在中南海的会议。当日傍晚我赶回北京，得知是替代能源组向曾培炎副总理汇报，显然是大连审议后的一次正式汇报，我当然是要去听他们怎么说。汇报人是国家发改委副主任张国宝，基调与两个月前基本相同，煤基甲醇和二甲醚替代。我的脑子又轰了一下，很乱，时而一片空白。

汇报后，曾副总理的"大家有什么意见"话音刚落，一位××学会的"总工"立即站起抢着发言，慷慨激昂地猛夸了这次研究成果是如何正确和意义重大。显然是事先安排的"配套"发言,说给副总理听的。我憋着一肚子火,思绪很乱,发言的腹稿也没想好。但是,他发言刚停,我立即举手,"我有话说!"全场目光转向了我,副总理很客气地说:"请院士发言。"我直言不讳表示不同意这个研究结论和缘由,声称我曾两次正式提出过不同意见,但今天汇报中却毫无反应和解释,我对此表示不满。

我想,在中南海的此类会议上,能如此激烈发表反对意见和表示不满情绪的情况估计不会多。曾副总理还是温和地说:"好啊!有不同意见是好事,可以把问题考虑更周全一些。""今天是汇报会,你们可以下去再研究一下。"弄得汇报人张国宝副主任等一脸尴尬。

更加不可思议的事发生了。两天后的《中国化工报》报道"中国国务院已批准甲醇为替代性汽车燃料",随后国外媒体(*Dow Jones Newswires*)转载了这条消息,并注言:"我们知道的是以乙醇作为替代燃料,不知还会有人想到用甲醇作为替代燃料。"

《中国化工报》让我一下子明白过来,原来给中央上书、成立研究组、6月论证会、8月"二稿"、10月大连会议和11月中南海汇报,是一个事先设计好的甲醇"局",目标就是《中国化工报》上假传圣旨说的:"中国国务院已批准甲醇为替代性汽车燃料"。是谁如此执着和不择手段地想得到这一纸"尚方宝剑"?谁是主要受益者,不言自明。"局"做得很周密,却没料到会半路杀出了一个不依不饶的"黑李逵"。

双方博弈,重要的是找到对方的破绽,现在对方居然露出了这么大的一个破绽。11月26日我给曾培炎副总理写了一封长信,附上2006年11月22日《中国化工报》上"国务院研究发展替代能源会议作出重大决策,肯定甲醇燃料,开放市场准入"的"假传圣旨"的假消息和国外相关报道。信中最后写道:

> 11月20日是国务院内部的一次工作汇报会,但22日《中国化工报》却报道"中国国务院已批准甲醇为替代性汽车燃料"和国外媒体(*Dow Jones Newswires*)转载中提出"我们知道的是以乙醇作为替代燃料,不知还会有人想到用甲醇作为替代燃料"。这给国际社会传达

了一个"另类"的信息和我国在二氧化碳减排上的不负责任印象。如果真是年产 2000 万吨甲醇，将增排 1 亿吨以上的二氧化碳。

2006 年的 6 月到 11 月，我对煤基揪住不放，5 次交手，用北京话说，叫"死磕"，不知道我是从哪里来的这么股子劲儿。对方一定是恨死我了。

这事没完。两年后，《中国科学院院士建议》2008 年第 18 期登载了佟振

图 11–12 《院士建议》刊载的"两基"之争的二文

合院士等"关于发展我国可再生能源体系的思考"一文，提出"生物质能源发展宜慎重"；"在近期或中近期建议我国的车辆燃料以甲醇和二甲醚为替代进口石油的主选品种"。我立即写文"关于煤基与生物基之争——与佟振合院士等商榷"，一个半月后发表在《院士建议》的 2006 年第 21 期（《石元春文集·生物质卷》第 195—202 页），我又"死磕"上了。该文的小标题有"石油替代已是燃眉之急""甲醇/二甲醚能成为石油替代的主选品种吗？""生物基燃料被慎重掉了！""生物基产品也是对石油的替代油的替代""勿忘'三农'"。在最后的"建议"中写道："在中国，石油替代，特别是车用燃料替代是件大事，胡锦涛总书记 2005 年曾有过专门批示。煤基乎？生物基乎？事关国家能源战略和大政方针，建议更多院士参与这个讨论。"

能源替代中的"煤基"与"生物基"之争由政界延伸到了学界。

在"能源替代"上的"死磕"，做得对吗？是为国家做了好事吗？时间是最好的"裁判"。这场争论过去了十多年了，煤基醇醚低迷如始，生物质能越来越红火，这比写多少篇辩论文章和讲演都给力。再过十多年，又将如何？拭目以待。

布鲁诺有句名言："真理面前半步也不后退！"正因为"半步也不后退"，他被罗马教皇烧死在鲜花广场。

"最后的晚餐"

2006年冬，我从三亚开会转到兴隆休假。

北京传来消息说，11月在大连召开的粮食论坛上，中国粮食行业协会的一位有影响人士给国务院打报告，说玉米深加工使东北玉米价格上扬，调出量大减，态势正在扩大。还说，燃料乙醇"影响国家粮食安全"。这又是哪路神仙在惹是生非？但我预感此事非同凡响，因为碰到了国家的敏感神经，粮食！事情真相到底如何？要查个究竟。

我查到的吉林省资料是，2006年玉米总产1800万吨，用于加工的650万吨，其中燃料乙醇90万吨，占玉米总产的5%和加工量的14%。又查到2005年全国玉米总产1.45亿吨，以玉米为原料的三家企业燃料乙醇产量85万吨，消耗玉米272万吨，占全国玉米总产的5%。对啊！这两组数据哪有燃料乙醇影响国家粮食安全的证据？同年出口玉米400万吨，怎么不说玉米出口影响粮食安全？

针对大连粮食论坛的玉米深加工和燃料乙醇影响国家粮食安全论，兴隆休假中撰写了一篇资料性和辩论性文章，题目是"玉米加工风波面面观"（《石元春文集·生物质卷》第158—163页）。文中以大量事实和数据提出和回答了"今冬我国玉米价格为何反季上扬？""是玉米燃料乙醇惹的祸吗？""吉林玉米加工破解'三农'难题""玉米加工发展'过热'了吗？""玉米加工业影响粮食安全吗？"五个问题。报告在圣诞节前一天发到了国家发改委。

报告有理、有力、有节，但是没有用。

因为国家粮食形势发生了重大变化，且乙醇限令已经发出。

1998年和1999年全国粮食总产量分别是5.12亿吨和5.08亿吨，由于政策失误，2000年到2003年分别降到4.62亿吨、4.53亿吨、4.57亿吨和4.30亿吨，每年以2000万吨速度下滑，政府还敢扩大粮食深加工和生产燃料乙醇吗？原来，我的报告只说出了燃料乙醇用粮"真相"，这是"小真相"和"小局",全国粮食年年减产才是"大真相"和"大局",所以我的报告有理而无用。

2005年12月14日,国家发改委和财政部联合下发的《关于加强生物燃料乙醇项目建设管理,促进产业健康发展的通知》(以下简称《通知》)中说:"由于全球燃料乙醇需求不断扩大,造成我国乙醇供应趋紧,价格上涨。今年以来,各地积极要求发展生物燃料乙醇产业,建设燃料乙醇项目的热情空前高涨,一些地区存在着产业过热倾向和发展势头。"

《通知》从统筹规划、严格市场准入等四个方面将燃料乙醇禁闭在已建的四个定点厂,不再批准燃料乙醇项目,如有生产也不准收购和进入市场。但留了一个活口,即鼓励发展"非粮乙醇"和"十一五"新增200万吨的目标。由于没有配套政策措施,"虚晃一枪"而已。随着陈化粮消失、粮食形势变化和《通知》出台,燃料乙醇在我国进入了寒冬。

尽管"燃料乙醇"的冷空气前锋已经到了内蒙古,可还是有一群"热心人"在北京举行盛会。2007年6月9日,中国工程院与丹麦诺维信公司在北京钓鱼台举行了"中国生物燃料乙醇产业化发展战略研讨会"。

中国工程院能源学部主任黄其励院士主持研讨会(图11-13,左上),国家能源领导办公室徐殿明副主任在讲演中还充满激情地朗诵了他为生物质能源写下的一首新作(图11-13右上):

  黄土地上长能源,环保绿色可循环;
  固态当做煤炭使,发电清洁少污染。
  液态当做石油用,交通使用新能源;
  沼气应用好处多,农村大嫂乐开怀。

国家发改委工业司熊必琳副司长对中国燃料乙醇发展现状与"十一五"规划作一个全面而权威的发言;我在会上做了题为"中国生物质能源发展现状与前景"的讲演(图11-13中);中粮集团总裁于旭波在报告中介绍了他们在"十一五"期间发展燃料乙醇的雄心勃勃计划,提出"到2010年前后,中粮集团将形成310万吨年生产规模(玉米占34%,木薯占 26%，红薯及甜高粱占 40%），成为国家生物质能源战略实施的执行主体"（图 11-13 左下）。坐在我身边的诺维信总裁 Steen Riisgaard 对我说，他对中国发展燃料乙醇前景乐观，很有信心（图 11-13 右下）。

徐殿明副主任和熊必琳副司长在报告中也传递了国务院关于严格控制并不再审批以粮食为原料的燃料乙醇建设项目及提出的"非粮方针"。与会者对国务院叫停粮食乙醇和推行非粮方针都是拥护的，我在讲演中还提出了中国将走"试之以粮，发之以非粮"的道路。中粮集团在"十一五"规划中也将非粮乙醇比重提高到了 66%。当时大家还是信心满满的。

只可惜，大家的估计和预测都错了，"十一五"期间仅上了中粮集团北海年产 20 万吨的非粮乙醇项目，"十一五"新增 200 万吨燃料乙醇的计划只完成了 10%。后来见到中粮集团主管乙醇项目的总经理岳国君谈及此事，他无奈地说："不是我们不想发展燃料乙醇，上面不批准又有什么办法？"

尽管如此，大家还是抓紧时间，热热闹闹地享受了一顿丰盛的"最后的晚餐"。

"晚餐"过后不到半年，刮起了"世界粮食风暴"，真正的"寒流"来了！

图 11-13　中国生物燃料乙醇产业化发展战略研讨会（北京钓鱼台，2007 年 6 月 9 日）

"风暴"与"海啸"

2008，年头"世界粮食风暴"，年尾"全球金融海啸"，好个不吉利年份，鼠年。

中国有五千年的缺粮历史，粮食问题极其敏感，千万不能碰。你看，碰了一下"陈化粮"就惹来一身骚。这也不是中国专利，像美国这个粮食生产和出口大国，也有"粮食陷阱"。2005年美国以16%的玉米总产，生产了1200万吨燃料乙醇，减少了1.7亿桶原油进口，提供了177亿美元产值，创造了15.4万个就业机会，为美国家庭增加了57亿美元的收入，这本是"功莫大焉"，却也备受诟病。

全球政策研究所主席L.R.Brown，就是那个曾提出"谁来养活中国人？"的布朗，2006年发表"超市和服务站正在为谷物竞争"文章；著名时事评论家马修·L.沃尔德（Matthew L. Wald）发表的"乙醇燃料风波骤起"也都是冲着美国玉米乙醇来的，为孕育"世界粮食风暴"提供舆论滋养。

点燃导火索的火星是2007年年底，联合国粮食与农业组织（FAO）发布的"世界粮食库存降到近20年的最低水平，全球粮食供应趋紧"的新闻，引起了世界性恐慌。先是一些粮食出口国为了规避风险，纷纷限制本国粮食出口而引起国际粮价骤涨，这可就苦了那些粮食进口国的贫穷老百姓。

2008年2月5日莫桑比克的首都，大批群众涌上街头抗议粮价上涨，随即演变为暴力冲突；2月27日，喀麦隆首都发生了大规模群众示威游行和骚乱；4月12日海地总理亚历克西因粮价上涨被参议院罢免。像多米诺骨牌一样，波及了科特迪瓦、塞内加尔、埃及，进而到亚洲和拉美的菲律宾、印尼、秘鲁、墨西哥和孟加拉等30多个国家。

"世界粮食风暴"终于爆发了！

L.布朗更有了口实，再次把矛头指向了玉米乙醇。"由于石油价格失控而助长了世界性的生物燃料生产，影响到粮价上涨。灌满一个25加仑油桶的乙醇，需要用去的粮食可供一个人吃一年，世界上还有20亿穷人，他们中许多人是靠进口粮食维持生活的，生物燃料的发展将对他们造成威胁"。以他的世界威望，一时媒体频频出现"汽车与人争粮""人道危机""反人类罪"等的报道。粮食乙醇，一时成为千夫所指的"妖魔"。

未卜先知，2005年年底，中国早就限制粮食乙醇生产了。

2008年春天的北京，风和日丽，"爱管闲事"的我却如热锅上的蚂蚁，寝食难安。如果确如布朗所言，就应该世界范围地制止发展玉米燃料乙醇。但事实的真相又是如何呢？两年前在兴隆追索我国加工粮"真相"的老毛病又犯了。

我从国内到国外，从美国到联合国，查了不少资料，"五一"节前后，"真相"在脑子里逐渐清晰起来。一个资料是，近17年全球谷物及大米、小麦和玉米的总产一直在增长并高于消费量（图11-14左组图左上），且未出现过突发性粮食短缺和供需失衡现象。另一个资料是，世界粮食库存近年虽有减少，但库存消费比仍在20%，即安全线以上（图11-14左组图右上）。这两条基本面数据说明，既未减产又有存粮，怎么会闹出个世界粮食危机来的？

从美国农业部查到的资料更有意思，自2001—2007年，美国玉米播种面积稳定，单产由8.5吨/公顷增加到9.4吨/公顷，总产增加了0.3亿—0.5亿吨，虽生产乙醇用玉米由0.2亿吨增加到0.7亿吨，但玉米出口量增加，2008年创历史新高；玉米库存还由0.25亿吨增加到0.5亿吨上下（图11-14左组图左下）。这里哪有"汽车与人争粮"和"人道危机"的痕迹？

对！写文章！有了"子弹"，"笔杆子"就该上阵了。

文章的题目是"粮食！石油！生物燃料！"（《石元春文集·生物质卷》第172—187页），明确提出这次不是"粮食危机"而是人为的"粮价危机"；明确提出生物质"不是魔鬼，而是天使！"有理、有力、有节。文章支持某些经济学家的"金融投机和恐慌心理对此次粮价危机的贡献最大"的论点。该文有粮价危机的"数字解"、粮价危机的短效因素和长效因素等11个副标题，洋洋洒洒万言，刊登在2008年6月8日的《科技日报》

上（图 11-14 右图）。

我的这篇文章中，还拉了两位总统助阵。

一位是巴西总统卢拉，他在 2008 年 4 月在联合国粮农组织的一次会议上说："有人试图将世界粮食危机归因于生物燃料，这是荒谬的歪曲。巴西的经验表明，生物燃料不仅没有威胁到粮食安全，而且可以在农村地区增加就业，为农民带来了更多收入。""真正的反人类罪是将生物燃料抛到一边，将各国推向粮食和能源短缺的境地"；"巴西已为有关生物燃料的辩论做好了准备，我愿意为此周游全世界"。卢拉，真牛！

另一位是美国总统布什，面对千夫所指，在 2008 年 4 月 29 日的新闻发布会上直截了当地说："问题的实质是我们的农民种植能源，并不再从不稳定地区或不友好的国家购买石油，这是我们的国家利益所在。"布什，好样的！

文章发表了，我的心绪也逐渐平复下来，回到日常工作轨道。

想不到才个把月，2008 年夏季全球粮食增产了，7 月主要粮价下跌五成，粮食出口国的出口禁令陆续解除，一场人为的"世界粮价危机"消退了，谁还会记得去安抚那些深受伤害的粮食进口国的贫苦老百姓？谁还会记得给燃料乙醇还以清白？原来国际上也有很多不靠谱的事，这次算是领教了。

知识分子爱较"死理"，追"真相"。中国的和世界的"粮食真相"我

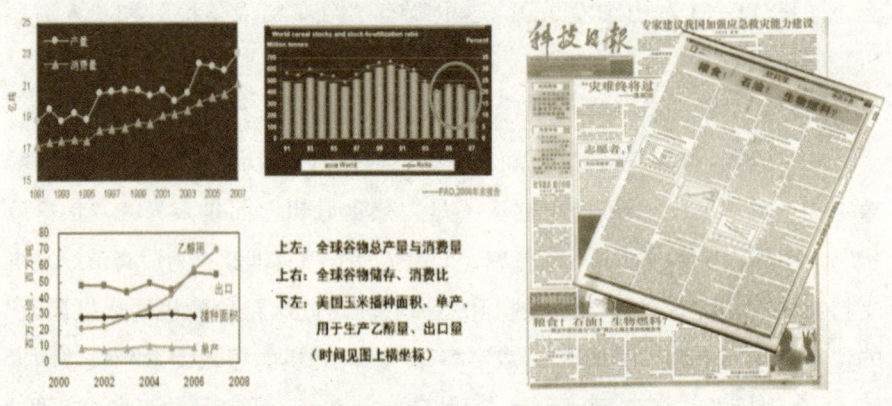

图 11-14　就世界粮食危机提供的有关资料（左）和 6 月发表的文章（右）

都追查了，其实，"真相"背后的"真相"更要复杂得多。我查粮食"真相"是因为关注受到牵连的生物质能源，他又怎样了？正像伽利略说的："真理就具备这样的力量，你越是想要攻击它，你的攻击就越加充实和证明了它。"经受世界粮食危机洗礼的生物质能源更成熟了。

"世界粮食危机"刚过，"全球金融海啸"又来。

2008年7月10日，国际油价达到高峰，每桶147美元。9月10日骤降到94美元；11月20日跌破60美元，犹如雪崩一般。是9月16日，美国雷曼兄弟公司申请破产保护点燃了世界金融海啸的导火索，东南亚国家以至中国的中小企业的一场灾难开始了。我国进城务工的1亿农民首当其冲，珠三角、长三角和江浙等地的大批农民工失去了工作岗位。

2008年年末，中央经济工作会议强调："要高度重视农民工就业和促进农民增收出现的新情况，最大限度拓展农村劳动力就业渠道和农村内部增收空间。"我很快意识到，利用农业的大量有机废弃物就地生产生物质能源，可以为返乡农民工提供大量工作岗位和增加收入。于是，2008年11月25日的《科学时报》上出现了"石元春为'三农'疾呼"的报道；2009年1月6日《工程院院士建议》第15期登载了我的"为农民提供岗位和增加收入的紧急建议"；2009年1月19日的《科学时报》刊登了我的文章"给'三农'一个新的经济增长点"。2009年5月6日在农业大省河南作了一场"农民增收问题"的讲演。

这次"全球金融海啸"中，我为中国农民工多提供一些工作岗位和增加收入频频支着，而对受到极大伤害的生物质能源却无能为力。你想，国际油价跌到这个份上，谁还会像高油价时那样地关注生物质能和其他新能源吗？如果说"粮食风暴"对生物质能源只是被"黑"了一把，伤及皮肉，"金融海啸"则是伤筋动骨，元气大失了。

从"风暴"到"海啸"，2008年，一直处在焦虑不安中的我，脑子里时常泛起"行到水穷处，坐看云起时"的王维诗句。2008年年末，在国家林业局召开的一个国际论坛上，我作了题为"生物质能源在2008"的讲演，从"粮食风暴"讲到"金融海啸"的生物质能源跌宕起伏经历，在最后的一张幻灯片写了24字"感言"。

粮食危机刚去,金融海啸又来;
三年蛰伏蓄势,明日黄花更香。

被边缘化了!

2008年,是生物质走霉运的一年,遭遇"风暴"与"海啸",继而"风电三峡",雪上加霜。

进入21世纪,基于《21世纪议程》和可持续发展,世界能源形势紧张和国际油价突破百美元桶价,各国发展可再生能源的呼声高涨。我国国务院也一直在忙着制定《可再生能源中长期发展规划》(以下简称《规划》),准备2007年提交人大会讨论通过。

2006年4月20日,国务院召开听取国家发改委关于《规划》的汇报会。温家宝总理主持,国家发改委副主任张国宝汇报,我作为专家被邀。人多会大,在国务院第一会议室开会。汇报中水能资料丰富,规划目标与措施清楚,而对生物质能、风能和太阳能却资料贫乏,目标不清,措施模糊。这也难怪,这些非传统新兴能源,规划编制者比较生疏。此时我正主持中国工程院生物质能源咨询项目,手头资料与建议充足。会上没有发言机会,将会前准备的书面发言,趁会议休息递给了总理。

信中介绍了美欧等在发展生物质能源的最新资料,提出了三个重要动向。即要在战略高度上提出"告别石油时代"和为此"做好心理和科技准备";在发展可再生能源上,越来越认识到"比较现实可行的是生物质能源",以及近年生物质能源生产技术进步很快。书面发言最后写道:

> 这两年,国内对发展生物质能源有了越来越多的关注,一些地方和企业的积极性越来越高,当前最需要的是有一个国家的发展生物质能源计划和强有力的推动。为此,建议制定一个"国家发展生物质能源计划"和成立相应的领导和工作机构。如果我提的"15年

建设一个年产 1 亿吨的绿色油田"设想有些参考价值，欢迎组织专家评议。

宣布散会后，人们穿梭凌乱，我找到张国宝副主任说："我这里有一些生物质能源方面的材料，可能对修改'规划'有用，明天我派人送到您的办公室。"他非常客气地说："太好了，我们正缺少这方面资料。谢谢石院士。"

2007 年 9 月，《可再生能源中长期发展规划》正式发布了，我送去的资料用了不少。《规划》中的可再生能源排序是水电、生物质能、风电、太阳能、地热能和潮汐能 6 项。根据《规划》资料，我按标煤折算的资源量（不含太阳能），生物质占 51.7%；2020 年发展目标中，生物质能、风能和太阳能分别是 1.29 亿、0.21 亿和 0.37 亿吨标煤，分别占 43%、7% 和 13%。生物质能是风能的 6 倍。

怪异的是，《规划》发布才半年，2008 年 2 月 4 日的《人民日报》就发表了国家发改委副主任，国家能源局局长署名的"打造'风电三峡'"文章。强信号与国家发改委的操作，果然风电在全国陡然升温，装机容量由 2006 年的 260 万千瓦飙升到 2008 年的 1217 万千瓦，5 倍。于是，随手将刚发布的《规划》中 2010 年的 500 万千瓦指标调升到 2000 万千瓦，将 2020 年的 3000 万千瓦指标调高到 1 亿千瓦，像变戏法般地"大跃进"起来。

反之，《规划》中发展目标比风能高 6 倍的生物质能却被边缘化了，"十一五"指标全面溃退，非粮乙醇只完成了 10%。中国新闻网 2011 年 4 月 20 日发表的一篇题为"尴尬的生物质能'十一五'规划"，客观地写道：

中国可再生能源学会风能专业委员会近日发布的《2010 年中国风电装机容量统计》报告显示，2010 年中国累计装机容量已达 4473 万千瓦，比原定规划目标增加将近 8 倍。太阳能发电装机容量同样实现突飞猛进。有权威业内专家称，预计中国去年光伏发电装机容量有望达到 100 万千瓦，这也意味着仅光伏发电装机容量便为既定目标的

3倍多。

然而，同样的发展奇迹却未在生物质能上重现。

国家《可再生能源中长期发展规划》和《可再生能源发展"十一五"规划》提出，到2010年，生物质发电总装机容量要达到550万千瓦，生物质固体成型燃料年利用量达到100万吨，沼气年利用量达到190亿立方米，增加非粮原料燃料乙醇年利用量200万吨，生物柴油年利用量达到20万吨。除生物质发电和生物柴油外，另外3项完成情况并不理想，而非粮燃料乙醇更是仅完成了既定目标的10%左右。

这不得不使人想,《规划》有什么用？人大通过又有什么用？既然官员想怎么干就怎么干，还搞那么多形式做什么？太浪费民力了。如果风能、太阳能真发展起来了也好，只可惜这种"官意志"（利益？）的"拔苗助长"，三两年就"露馅"了。害了国家，也苦了被边缘化的生物质。

"宰相肚内好撑船"

且不说风电光伏"泡沫"，还是说说生物质能被边缘化期间发生的一件事吧。

2009年11月初的一个下午，程序同志和万斌到我家谈生物质事。万斌无意间说昨天校党委瞿振元书记在一个会上传达他在人大会堂参加的一个科技大会，温家宝总理讲话说到发展风能、太阳能和地热能，没提生物质能。程序同志生气地说："怎么会这样？"我一听也懵了："万斌，说说详细情况。"这时我的脑子像个加速器，高速运转起来，等万斌稍作补充后，我连说："太好了！太好了！"把他们两人弄得丈二和尚摸不着头脑。

接着我说："和对手打交道，对手犯错就是你的机会。我早就想给温家宝总理写信，可是找不到由头，现在机会来了，马上给他写信！"

刚才万斌说在人大会堂开的是科技界的大会，不少院士参会。我拿起电话就给生物质粉丝，科学院植物所的师妹匡廷云院士通话，估计她会参会。

"匡廷云吗？我是师兄啊！前天人大会堂的科技大会，你去了吗？""我去了。""听说总理在讲新能源时，没说生物质能，是吗？""是的！当时总理是脱稿子讲的，说了风能、太阳能后就打磕巴了，冒出个地热能，却忘了说生物质能。我在下面听着心里直着急。"又说："我坐在前排，散会后就赶紧上台去给总理提意见。不料走到台上，总理身边已经被一群年轻人围上了，我不好意思往前挤。"

"廷云，咱们俩给温家宝总理写封信怎么样？"

"好哇！师兄起草，我签名。"

我立即起草信稿，二人修改定稿后由她请科学院的学部办公室代为上呈。三四天后，廷云给我来电话："学部的同志说，信中的有些用词和语调能不能改得缓和些，把'雪上加霜'去掉。"我一听就火了，"一个字也不改，文责自负。"一时弄得很尴尬，廷云说："我再去给他们说说。"后来还是"一字不改"地递上去了。

信比较长，对当时生物质能源处境的信息量很大，把我的心情说得也比较清楚，我舍不得删节，将全文附在下面，也是一份资料档案。

温家宝总理：

您好！

11月3日您在人大会堂给首都科技界发表的题为《让科技引领中国可持续发展》讲话给我们科技人员以极大鼓舞和鞭策，深感责任之重大。

您在讲话中提道："科学选择新兴战略性产业非常重要，选对了就能跨越发展，选错了将会贻误时机。"可是在您谈到发展可再生能源时，提到风能、太阳能和地热，而未提生物质能，使我们感到十分不解。

近来媒体上多次出现关于"风能、太阳能和地热"的提法，可能是根据奥巴马在今年1月就职演说中有这样一句话，"We will harness the sun and the winds and the soil to fuel our cars and run our factories"（直

译是"致力于利用太阳、风和土壤为我们的运输和工厂提供燃料")。句中"soil"显然是指通过土壤生产生物质能源，而一些译文却误译为"地热"（Geothermal），并以讹传讹地越传越广，误认为美国重地热而不再重视生物质能源了。

美国怎么会因资源有限的地热而忘掉已占可再生能源重要份额的生物质能源呢？2005年美国能源部和农业部给国会提交的一份专项报告中写道："生物质已经开始对美国的能源做出贡献，2003年提供了2.9 quads（约1亿吨标煤）能量，占美国能源消费总量的3%以上，超过水电而成为美国可再生能源的最大来源。"

2007年美国通过的《能源自主与安全法案》的可再生能源中谈的主要是生物质能源，制定了液体生物燃料由2008年的2700万吨增加到2022年1.08亿吨的目标及逐年发展指标。其中常规生物燃料（食物基）2015年发展到4500万吨后就不再增加，而以纤维素为代表的先进生物燃料则由2009年的180万吨迅增至2022年的6300万吨。纤维素乙醇和微藻已成为当今美国和世界生物质科技的两个技术制高点。这几年美国风能发展很快，2007年装机容量1.69万兆瓦，产能约430万吨标煤，只是生物质产能的1/30。

朱棣文上任后在宣布停止支持燃料电池电动车研发的同时提出："要大力发展生物燃料和低碳生物能源。"美能源部2009财年的能源效率与再生能源研发拨款中，燃料电池技术、生物质能、太阳能和风能四项分别为2.12亿元、10.04亿元、1.75亿元和1.73亿元，生物质能是太阳能和风能的5.8倍。

今年5月5日奥巴马总统对农业部长Tom Vilsack下达总统令，要求"加快生物燃料产业的投资和生产，在美国建立永久性生物燃料产业，扩大生物燃料基础设施，利用这个产业为美国加快发展农村经济提供唯一的机会（unique opportunity），同时减少对外国石油的依赖，迎接21世纪美国国家最大的挑战之一。"在总统令要求农业部30天内提出发展生物质能源投资的具体措施的催促下，美农业部6—9月下达了10多项生物质能源项目，金额数亿美元。Tom Vilsack还发表谈话说:"没有农业的参与,气候变化法案将一事无成。"

中国生物质能源的原料资源丰富(2007年为8.08亿吨标煤,2030年估算约为10.47亿吨标煤),是水电的5倍,风电的8.5倍;资源广布全国和集中于经济发达的东部地区和南方,而水能的70%集中于西南,风能和太阳能资源则富集于青藏高原和"三北"(内蒙古占全国陆地风能的50%)。中国最缺的是石油和天然气,生物能源是一支重要的替代力量,还可以使有机废弃物污染源无害化、资源化和循环利用。生物质能源的技术与商业化成熟度高,设备完全可以国产化。

生物质能源的最大优势还在于它可以大规模和大幅度,立竿见影地增加农民收入。每发1度生物电农民可得0.23元,每产1吨薯类乙醇农民可得1500元。截至2008年年底,国能生物发电集团已投入商业运行项目18家,装机容量396MW,发电18亿千瓦时,消耗秸秆等农林废弃物260万吨,替代100多万吨标煤,减排170多万吨二氧化碳,农民新增现金收入6亿元(2009年为10亿元,2010年预计25亿元)。

您一直在关注,我国每年1亿多万吨秸秆被露地燃烧,按以上参数用于发电,可建500个25MW的小型电站,相当于三峡年发电量的60%,可替代4350万吨标煤和减排9000万吨二氧化碳,农民可年新增收入250亿元和得到50多万个工作岗位。我国农村户用沼气已惠及万家,技术国际领先,工业化生产净化/压缩沼气替代天然气的技术不久可以实现商业化。

内蒙古毛乌素生物能源发电公司成功地在沙地种植沙柳,将治沙与生物质发电结合,25兆瓦机组已稳定并网发电近1年,上网电量近1亿度。吉林宏日生物质燃料公司以林业剩余物为原料制成颗粒燃料替代燃煤,为长春市四星级吉隆坡酒店4.5万平方米用房面积供热,热效率83%,节省费用50%。北京德青源鸡场日处理鸡粪212吨,产沼气1.9万立方米,发电3.84万千瓦时。这些星星之火正在中国大地燎原,可是由于政策原因而燃料乙醇的"十一五"新增量由400万吨减到220万吨,估计"十一五"连100万吨也完不成。2006年到2009年,美国燃料乙醇由1600万吨增加到3330万吨,巴西由1343万吨到

1900万吨，中国在发展燃料乙醇上严重滞后。

按2007年的产出，我国可收集利用的作物秸秆、林业剩余物、畜禽粪便、加工业有机废水废渣等有机废弃物具有3.83亿吨标煤的产能潜力；利用宜农宜林后备地及现薪炭林、油料林等边际性土地与生态建设和固碳相结合地种植能源植物具有年产能4.25亿吨标煤的潜力。这是国家可年产8.08亿吨标煤（预测2030年为10.47亿吨标煤）的一座多么宝贵和可持续开采的绿色巨型"矿藏"，农民多么渴望的一株"摇钱树"。现在国家拿万亿计资金到国外去买油买气，如果能拿出其中部分资金加强生物质研发和垦殖中国本土"绿色油田"，为农民栽种"摇钱树"，定将造福于国家和华夏子孙，望总理考虑。

自今年年初开始讨论《新能源产业振兴规划》以来，风能和太阳能炒得过热了，生物质能却被冷落一旁。这次您在如此隆重的场合连地热都点到而未提生物质能源，这对中国刚刚稍有起色的生物质产业的打击太大了，犹如雪上加霜。难道国家真是要兴地热而抑生物质能源吗？我们想是不会的。恳请您能以适当的形式为生物质能源做一些正名和弥补工作；恳请您能给我们一次机会，向有关部门汇报一次我国及国外生物质能源发展现状。渴望得到您的回复。不当处请您批评。顺颂

政祺！

石元春　匡廷云敬上
2009年11月7日

信中的用语确是太重，当时在气头上，顾不了那么多。不想，信呈上才半个多月，就在报上看到温家宝总理12月18日在联合国哥本哈根气候变化会议领导人会议上的讲话，讲话中有这样一段："我们在保护生态基础上，有序发展水电，积极发展核电，鼓励支持农村、边远地区和条件适宜地区大力发展生物质能、太阳能、地热、风能等新型可再生能源。"好嘛！生物质能变成老大了。这是唯一的一次，无论有否实际意义，但这是总理的一份心意和表态。在我们的信上还批示要与我们约谈，听取意见，

等等。

"宰相肚里好撑船"，以往只是望文生义，这次是切身感受。于是从网上下载了总理在哥本哈根会议上的照片，插图在这里留念，感谢总理的"礼贤下士"和"从善如流"。

两院士角力

给总理写信的事刚过，收到了国家能源局2010年3月9日下午召开生物质发电工作会议的邀请。

会议怎么开，全不知情，仍准备了一个篇幅不大的PPT，以备不时之需。会议是工作性质的，国家能源局刘琦副局长主持，有国能生物发电集团公司董事长蒋大龙、武汉凯迪董事长陈义龙等十几位国内主要生物质发电企业的重量级人物参加。我在主持人对面刚落座，倪维斗院士就进来坐在了我身边。老友多时不见，相谈甚欢。

主持人宣布开会，听取生物质发电汇报和讨论2010年工作。

"2009年进展""存在问题和困难""2010年打算和建议"等，老总们一个接一个按这样内容汇报。窗外开始暗了下来，主持人说："时间不早了，汇报就到这里，下面开始讨论，先请两位院士发言。"

倪院士抢先说："为了这次会议，我们作了些调研，请研究生把调研情况介绍一下。"研究生用事先准备好的PPT讲了调研结果，中心意思是"生物质发电的收集原料成本太高，得不偿失"。研究生讲完后倪院士又强调了几个要点和得不偿失的结论。看来他也是有备而来的。

我越听越不对劲，脑子里又嗡嗡起来。现在是生物质能源的寒冬，就剩下发电了。把生物质发电再否了，不就全军覆没了吗？我有个毛病，情绪上来了就会"不管不顾"。倪院士刚讲完还没坐下，我噌地站了起来，第一句话就是："你们用的参数有问题！"好嘛，好没风度！我把对几个参数的不同意见讲完后就进入主题："生物质发电才三年，原料收集存在些问题，是可以理解的，但不能由此得出生物质发电得不偿失的结论。"

"刚才倪院士只是算了经济账。去年 11 月国家发改委在合肥召开全国秸秆综合利用的工作，就是为了解决愈演愈烈的露地焚烧秸秆问题，这笔环境账怎么算？刚才国能生物发电集团蒋大龙同志汇报说，运营一台 1×25MW 生物质发电机组，每年消耗作物秸秆 25 万吨，农民可新增收入约 5000 万元和获得 1000 多个岗位，这笔社会效益账又怎么算？"

倪院士发言时，老总们在下面低声议论，我发言后几位老总情绪激动，要抢着发言。刘琦副局长说："时间晚了，就一个人发言吧！"结果是凯迪董事长陈义龙慷慨陈词，支持我的意见。刘琦副局长简单地作了总结，布置了 2010 年工作，根本没提争论一事，这就是领导艺术。

宣布散会，人们站起走动，还在议论纷纷。刘琦副局长在门口送两位院士，在和我握手时，我低声附耳说："您今天可是'挑动院士斗院士'了。"他的回应是"哈哈！"

这事没完。5 月 24 日的《科学时报》上发表了李晓明（可能是那位研究生）的署名文章"一座生物质电厂的账本"。和"两基"之争一样，这场"官司"从会议打到了媒体。来而不往非礼也，一个星期后我在《科技日报》发表了"当前不宜否定秸秆直燃发电"的署名文章（《石元春文集·生物质卷》第 227—229 页）。万斌也准备了一篇辩论文章，我说："算了吧，适可而止。"

截至 2008 年年底，国家发改委已审批 170 余项生物质发电项目，总装机容量 460 万千瓦；已投产 50 项，装机容量 110 万千瓦。当时在会上我就想，燃料乙醇刚被打下去，救命稻草生物质发电刚露头"得不偿失"的棍子打下去，非死亦残。这就是我在会上情绪失控的原因。

三年蛰伏，修文习武

"千锤万击还坚劲，任尔东西南北风。"

低潮中的生物质产业，像一头受伤的狮子，需要蛰伏，将养生息。

蛰伏中，我又能做些什么？修文习武，以利再战。

生物质产业在国内刚刚起步，领导、公众、学界，以至打算进入生物质产业的企业家对生物质皆知之不多。由于工作之便和中国工程院两期的"战略研究"，使我有了多一些的资料与思考，为什么不著书修文，与战友共享呢？是2006年年末海南兴隆休假时产生这个想法的。

2007年年初，由海口到南宁，继续南国越冬。住在邕江边的邕江饭店公务楼4楼的一个标间，比普通标间稍大。我喜欢看窗外的邕江，喜欢公务楼顶层的咖啡厅和休息室，喜欢一楼餐厅的美食和二楼餐厅的日餐料理。出饭店不远是万达广场，购物餐饮，应有尽有，我是西餐馆和路边"烧鸭饭"的常客。南宁没有冬天，花草长青，气候宜人。还有个很大的好处，舍妹是广西壮族自治区人民医院的医生，当过11年院长，这使我在南宁举目有亲和看病无忧，加以老伴相随，岂不乐哉。于是启动了长达四年的"南宁越冬修文"之旅。南宁冬天早晨天亮得晚，为了不影响老伴睡早觉，常是用报纸遮挡着台灯写作，所以我把蛰伏中的写作昵称"邕江边的灯光"。

2010年年末《决胜生物质》付梓，一部生物质产业低潮时期修文的成果即将面世。

"习武"是指结交企业家，指"笔杆子"要走与"枪杆子"相结合的道路。

2006年的"全国生物质能开发利用会议"刚刚掀起热潮，即遇"风暴""海啸"和"风电三峡"。原来跃跃欲试，甚至雄心勃勃的有些央企，纷纷"兵退三十里"，只落得天冠、丰原等四个定点燃料乙醇生产厂在天寒地冻中原地踏步跺脚。在生物质能产业一片凋零凄凉中，却有一些名不见经传的中小民营企业家揭竿而起，演绎着动人的故事。

最早，2005年，经诗雷介绍，我结识了两位原解放军转业的师级干部，北京某建筑企业的董事长和老总。他们在建筑行业赚到第一桶金后，想为国家多做些事，对生物质能源产生了兴趣，创办了"骏天生物质新能源科技公司"。可惜介入时机不巧，燃料乙醇遭遇寒冬，计划夭折。数年后，在山东烟台以苹果园枝杈材为原料，生产高档成型燃料，行销欧洲。

数年后见到我时，挺直腰板对我说："石院士，我们没有掉队。"军旅之风可敬！

2006年广西考察中结识了一位李十中的留英同学，桂林某环保产业董事长罗浩夫。2007年他到海南创办了"海南神州新能源建设开发有限公司"。收集处理来自海口市、澄迈县及周边的城乡有机废弃物。每天可将400吨市政有机废弃物、150吨农业有机废弃物以及焚烧发电厂600吨垃圾渗滤液，转化生产3万立方米生物天然气，统销给中国石油昆仑燃气（海南）公司，供应海口各加气站点。将城乡有机垃圾转化为绿色能源，罗董称之"神州模式"，生命力很强。

2007年，我结识了一位30多岁的青年才俊，洪浩博士，在吉林西部从事草业环保有年。他发现长白山林区有大量弃置枝丫材，动了搞生物质能源的念头，办了个"辉南宏日新能源公司"。他一头把成型燃料生产车间设在长白山原料基地，一头瞄准长春市的宾馆、大学、工厂、开发区，开发"一站式"供热服务的大市场。2008年的第一个客户是长春市四星级吉隆坡大酒店的4.2万平方米供热，将一个供暖季花500万元使用燃油供热，改为250万元使用生物质成型燃料供热，既清洁环保又可持续，参观中让我大开眼界。2015年冬又为长春第一汽车制造厂大规模供热，继而由吉林走向山东、北京和全国。洪董已经是中国工商联新能源商会副主任和世界生物质能委员会（WBA）委员。

也是在2007年，一位山西的煤老板李京陆来我家。说他过50岁生日时许了个愿："50岁以前只想赚钱，50岁以后只想做点利国利民的事。"于是继承晋商走西口的传统，在毛乌素沙漠的腹地乌审旗成立了"内蒙古毛乌素生物质发电公司"，一边种沙柳治沙，一边用平茬的枝条发电。他被评选为2008年度全国沙产业十大先进人物。几年的努力，治理了2万公顷沙地，电厂发电1.8万度，消耗了原料25万吨，当地农牧民得到了7000多万元现金和7000多个劳动岗位，还减排了20万吨二氧化碳。他们又收集发电厂烟囱里的二氧化碳生产优质螺旋藻。李总称之"三碳经济"，吸碳、减碳和用碳。

在北京，德清源的鸡蛋妇孺皆知，却很少有人知道他们生产的生物天然气。董事长钟凯民说，最头疼的是每天那 200 多吨鸡粪，堆积如山，臭气熏天。后来以鸡粪生产沼气和发电上网。2009 年 5 月我出席了他们的沼气上网发电庆典，日发电量 3.84 万千瓦时，相当于日产原煤 100 吨，随后成立了专营的合力清源生物质能源公司。2011 年年初，时任联合国秘书长的潘基文来访中国时视察了德清源，年末美国农业部副部长也率团考察德清源时说："中国走在美国前面了。"

还有个故事。21 世纪世纪初的一个麦收季节，山东沂蒙山区农民的儿子，陪同丹麦朋友由北京驱车济南，中途因秸秆烧得昏天黑地而受阻。丹麦朋友说："丹麦有 130 多个秸秆发电厂。"于是这位农民的儿子 2004 年引进了丹麦生物质直燃发电技术，两年后的 2006 年 12 月 1 日，中国的第一个生物质直燃发电厂（1×25MW）在山东单县建成投产，中国大地出现了丹麦童话。这位沂蒙山区农民的儿子就是国能生物发电集团公司董事长蒋大龙。三年后的 2009 年，国能生物发电公司已投入运行了 20 个这样的生物质发电厂，向农民支付了 10 亿元原料收购费。

这些在"革命低潮"中揭竿而起的中小民营企业，或感召于绿色理念，或寻求新发展机遇。正是因为他们凭借生物质优越的先天禀赋，如执柳条，可插枝成荫；如扬蒲球，可落地生根，这批"枪杆子"到处编织着自己的创业故事，他们是我国开创生物质创业的脊梁。

"堂吉诃德"在思考

稚幼可爱的生物质产业，在中国出生不久即遇苦寒。什么"煤基"与"生物基"；什么"风暴"与"海啸"；什么"风电三峡"与"得不偿失"，弄得我心情不宁。

一天下午，程序同志和万斌来家看我，我说："这一段我心情一直不好，谁要是与生物质过不去，逮谁就跟谁干，对总理也敢发飙。但是我没想明白，'我的对手是谁？'我觉得自己成了当代的堂吉诃德。"

"堂吉诃德"在思考!

问题的实质是什么?

《决胜生物质》写作中,对生物质了解越多,钟情越深,信心越大。生物质凭借其优越的先天禀赋,具有成为替代化石能源主力,防治大气和水污染首选,改造传统农业和提高农民收入希望的极大潜力。其"先天禀赋"与"三大功能"是任何其他物质与能源替代不了的,而"先天禀赋"与"三大功能"的发挥则在于"枪杆子",在于"两杆子"的结合。这才是事物的本质,是决定事物发展的内因,成长过程中的顺境与逆境只是外因与条件。

问题想清楚了,我们该干什么也就清楚了。就是抓住问题实质,"修炼内功"和"舞起两杆子",去开发生物质之先天禀赋,演绎时代之凯歌。

"三年蛰伏蓄势,明日黄花更香。"

于是,一场声势浩大的"惊蛰崛起"战役,于2010年的初冬打响了。

第十二章
再披挂，决胜生物质（中）
（2010—2011年／79—80岁）

21世纪初，现代生物质产业在中国刚刚兴起，即遭寒冬。年轻的"笔杆子"与"枪杆子"在逆境中坚韧自强，蛰伏中修文习武，悟到只有练好"内功"，才能发掘生物质之极佳禀赋。于是，"两杆子"，发起了一场声势浩大的"惊蛰战役"，决定走出冬天。

策划"惊蛰战役"

我们团队成员都是"自愿军"，有我和程序教授、陆诗雷教授和张立强研究员、李十中教授和胡林教授、朱万斌博士和王崧老师等。我们没有项目，没有经费，没有实验室，只有一个共同而坚定的信念——"生物质产业一定能造福国家"！十中说："我们是在'替天行道'。"诗雷说："我们是些'义士'。"这几年，团队结交了不少热心生物质的学人，如闵恩泽、匡廷云、曹湘洪、汪燮卿等院士与专家教授，也结交了一批拿"枪杆子"的企业界朋友。

"三年蛰伏蓄势，明日黄花更香。"

自倒霉的 2008 年，蛰伏已近三年。随着 2009 年秋的"全国秸秆综合利用会议"和 2010 年年初"生物质发电会议"的召开，也该"惊蛰"了。趁国家"十二五"开局和 2011 年"两会"，"惊蛰亮相"吧。我把这个想法告诉团队同志，他们都很支持。

2010 年春天，北京德清源钟凯明董事长到家看我，他听到我的这番想法十分振奋，告辞时紧握我的手说："石院士，您要为中国生物质事业做件大事，德清源全力支持，我向您表个态，要钱给钱，要人给人，要物给物。"京陆和洪浩听到我的这番想法也是一阵子地振奋与表态。

2010 年"十一"长假后，我和诗雷一起去京陆的公司驻京办事处看看。海淀中关村南段，民族大学附近的一座气派的写字楼内，有总经理室、办公室、会计室、会议室等八九间房，四五百平方米吧。京陆和他请来的朋友，中央电视台财经频道《对话》节目制片人陈洪斌在等着我们，四人坐在总经理室的沙发上，一边品着普洱茶，一边议起"惊蛰崛起"。

四人一致提出，赶紧把"单打独斗"的枪杆子组织起来。叫个什么组织？"××俱乐部""××联谊会"，太松散，没劲儿！"××学会"，不对路，最后同意用"生物质产业促进会"。好，第二个问题是挂靠在哪里？"科协"？不对口。我说："不如'全国工商联'，我的学生在那里当副主席。"这个问题很快达成了共识。讨论到明年"两会"期间办展览，肯定会有好的效果，但时间太紧了，才三四个月，中间还有个春节长假。还有在哪里办？经费从哪里来等问题接踵而至。不料诗雷语出惊人："要办就在中国科技馆办！要找就找最有名的设计公司！""那可是要花大钱的。"诗雷似乎胸有成竹地说："花钱咱们去化缘。"

我不止一次地办过展览，深知办展览的难度很大而不敢奢求，没想到诗雷的这句"豪言壮语"把我好大喜功的胃口调动起来了。我表了个态："中国科技馆我有些办法，我在中国科协当过副主席。"

一直没有说话的陈洪斌说："这么好的主题，应当搬到《对话》节目上去。这可是我的强项哦！"央视二频道，财经频道在经济界影响很大，《对话》节目又久负盛名，于是热议起《对话》节目和如何准备等。突然话题一转，诗雷问我："石先生，你的书写得怎么样了？""准备送印刷厂了。""太好了，举办首发式！"我脱口而出："一本书的首发式有些孤单，我正打算写一篇长文在报纸上发表。"又说："如果在展会前《中国工程科学》再出一期生物质工程专刊就更好了。"京陆脑子快："对！一书、一文、一刊。"

诗雷又说："我还有个想法，'生物质产业促进会'应当有门户网站。"我说："这是必需的，我负责找人建站。"

这四个人说话，你来我往，句句铿锵，不需矜持。只谈该干什么和想干什么，不谈条件与可能，这是一次畅想会和精神会餐。难道这几位是意气风发，不谙世事的少年书生吗？当然不是。是些激情狂人吗？有点。三位皆半百上下，世事经验极丰；而我这个"80后"更是趁机玩了一把"老夫聊发少年狂"。

最后，我们归纳为两条，"舆论攻势"和"建立组织"。"舆论攻势"是"书、刊、文、话、会、展、站"，我们称"七字箴言"。工作时限是5个月，2011年3月初的"两会"前完成。我们称之为摆脱我国生物质产业困境的"惊蛰崛起之2011"。诗雷是总指挥，展示会也是他负总责。

"谋定而动"，一个大胆计划和惊人行动即将上演。

这一天，是2010年10月8日，一个吹响进军号的日子。

我背诵起："怅寥廓，问苍茫大地，谁主沉浮？""到中流击水，浪遏飞舟？"

即兴写下了七言《心飞扬》。

> 战略新兴图正名，产业目录指迷津；
> 挥斥方遒再披挂，他日定夺主帅旗。
> 意气风发心飞扬，七字箴言冲霄汉；
> 采得百花终成蜜，长风破浪会有时。

占据"制高点"

2010年10月，我拿到《决胜生物质》三校电子版，竟是一部洋洋洒洒近50万字的厚书。"七字箴言"中我还有个时效性"长文"任务，11月3日动笔，28日完稿，题目却犯难。近年风能太"疯"，太阳能太"扬"，生物质能太"冷"。干脆，把心里话与大实话说出来，就用"生物质能源主导论"！越是逆境，越要豪气，这才是"掌门人"气派！

"长文"刚脱稿，无意中在新浪网看到一则消息，国家发改委张平主任发布，自11月初到年底，为制定《国民经济和社会发展十二五规划（纲要）》，在群众中广征"建言献策"。太好了，我的"生物质能源主导论"不就是现成的"谏言书"吗？

于是12月6日，一份"谏言书"送到了国家规划专家委员会，标题是"为'十二五'规划建言献策：我国发展可再生能源应以生物质能源为主导"；另一份文稿，送科学时报社，标题是"生物质能源主导论"，副标题是"为国民经济和社会发展'十二五'规划建言献策"（《石元春文集·生物质卷》第247—259页）。

在风能和太阳能被炒得热火朝天的时候，喊出"生物质能源主导论"，是一次"亮剑"。我很喜欢《亮剑》电视剧中李云龙说的这段话："古代剑客们在与对手狭路相逢时，无论对手有多么强大，就算对方是天下第一剑客，明知不

图12-1 《科学时报》"生物质能源主导论"一文（2010年12月9日）

敌，也要亮出自己的宝剑。即使倒在对手的剑下，也是虽败犹荣，这就是亮剑精神。"

为科学而战，为真理而战也是这样的。

反应很快。3天后，即12月9日的《科学时报》头版头条以及2版全版全文登载了这篇长文。《中国绿色时报》以"石元春首创生物质能源主导论"为题发表署名文章，"编者按"中说："'十一五'以来，我国可再生能源快速发展，但不均衡性日见突出。光伏、太阳能等产能已跻身世界前列，生物质能源却举步维艰。面向'十二五'，生物质能源应该如何迈步前行？两院院士石元春为此再发新声。"一时间"生物质能源主导论"在媒体扩散很快。

递上"谏言书"的次日，收到了国家规划专家委员会12月9日开会的通知（国务院为制定"国民经济和社会发展十一五规划"成立了由50多位专家组成的"国家规划专家委员会"，我是成员之一）。开会与《科学时报》刊发"主导论"文同是12月9日，真是无巧不成书。

8日上午，驱车"中国职工之家"，在车上我还想，怎么这么巧，刚呈上"谏言书"就赶上开会，心灵感应吗？负责报到的小吴一边为我办理报到手续，一边对我说："石院士，您派人送来的谏言献策书我们已经收到，领导很重视，准备适当压缩后继续上报。"在报到处领到会议文件"国民经济和社会发展十二五规划纲要"（征求意见稿）后，回到房间开始学习，准备明天的发言。

当看到《文件》里有关生物质能源部分，一下子我又坐回到冰凉冰凉的冷板凳上。《征求意见稿》的"战略新兴产业"的新能源项目里根本就没有生物质能源，三项生物产业（生物育种工程、生物医药工程和工业生物制造工程）里也没有生物质工程。看来，生物质能源的寒冬在社会上并没有过去，不"惊蛰崛起"怎么行？

眼前怎么办？在这个国家高层次专家委员会上游说式地宣传生物质，是下策，最好能找到一个合适的切入点，名正言顺地将生物质能源放进"十二五"才是上策。

9日会议由负责编制"国民经济与社会发展十二五规划纲要"的国家

发改委徐宪平副主任主持，规划司李司长对规划纲要的编制过程作了说明，然后分三组讨论，每组十几位专家。我在第一组，徐宪平副主任和李司长都在一组参会。一般情况下，我多是第二个或第三个发言，我以为这是最佳发言时机。发言中对"征求意见稿"的"农业部分"章提了8处修改意见，对"培育发展战略性新兴产业"章提出了两条修改意见，对"促进生态保护与修复"章提了一条修改意见，提得很认真，很到位。

要害时间到了。我缓缓地念了《征求意见稿》里对"工业生物制造工程"的表述："建设若干重要生物基替代石化基，以及生物法替代化学法的工程研究中心。"随之我说："这种表述太学术太专业了，绕来绕去，说的就是生物基对石油基的替代，说的就是生物质产业工程。"好几位专家都会意地点头笑了，一位专家还附和地说了声"是啊"。随之我提出的具体修改意见是将"工业生物制造工程"改为"生物质产业工程"。乘势，我对生物质作了简单的高级"科普"。

我发言后，规划司李司长走到我身边说："石院士，你提的意见专业性很强，能否请你写个书面的修改意见。"当然，我求之不得。会议开了一天，下午散会后，徐副主任礼貌性地站在会议室门口与专家一一握手告别。与我握手时说："谢谢您石院士，生物质能源，我记住了"。关键人物，关键一语，说出我最爱听的一句话。"生物质产业工程"就这样"顺水推舟"和"举重若轻"地写入了"十二五"规划稿。

此次会后，工作人员连夜修改，次日拿出修改后"征求意见稿"，立送各部委和各省区最后一次听取意见。正月初六，得到"国家规划专家委员会"2月11—12日开会的通知，还是在"中国职工之家"。这天报到我去得很早，很想知道我提的意见上了哪些，特别是战略新兴产业中的"生物质产业工程"。领到文件回房，有如考生看榜的紧张心情。

这是最后一次会议，更加正式。张平主任亲自主持，主旨讲话，全天参会。他说，这是最后一次请专家委员会把关的会，论证通过后即上报国务院，批准后呈报"两会"算算只剩两周时间了。张平主任上午参加我们一组的会议，专家们都很有经验，经过反复修改的"征求意见稿"至此，最需要的是"程序性"通过。会议进行得很快，下午走完专家委员会论证通过程序后就散会了。

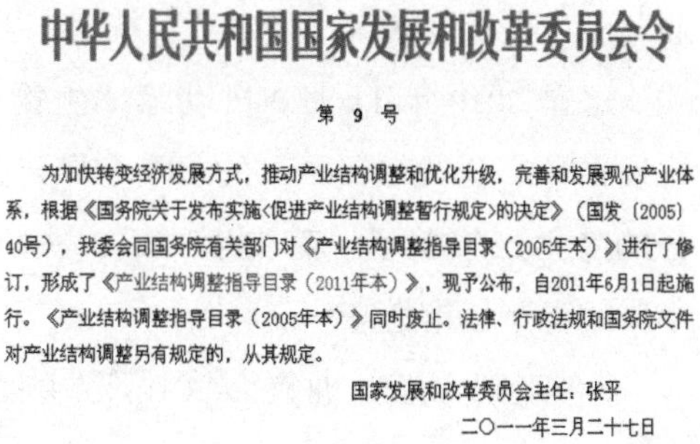

中华人民共和国国家发展和改革委员会令

第 9 号

为加快转变经济发展方式，推动产业结构调整和优化升级，完善和发展现代产业体系，根据《国务院关于发布实施〈促进产业结构调整暂行规定〉的决定》（国发〔2005〕40号），我委会同国务院有关部门对《产业结构调整指导目录（2005年本）》进行了修订，形成了《产业结构调整指导目录（2011年本）》，现予公布，自2011年6月1日起施行。《产业结构调整指导目录（2005年本）》同时废止。法律、行政法规和国务院文件对产业结构调整另有规定的，从其规定。

国家发展和改革委员会主任：张平

二〇一一年三月二十七日

图 12-2　国家发改委发布《产业结构调整目录（2011 年本）》

我提的修改意见大多被接受了，最令我高兴的是 3 月 17 日发布的，经人民代表大会通过的《我国国民经济和社会发展十二五规划纲要》中第十章（培育发展战略性新兴产业）第一节（推动重点领域跨越发展）中终于有了生物质能源。3 月 21 日《人民日报》头版还发表了“科学发展的行动纲领——‘十二五’规划纲要编制记”的长篇报道，在说到发改委自 2010 年 11 月起在全国范围开展为期两个月的建言献策活动时写道：“80 多岁的石元春是两院院士、中国农业大学原校长，他在建言献策活动中写信建议，发展可再生能源应当以生物质能源为主导。根据他的建议，规划纲要在现代农业、战略性新兴产业和能源等几处都加强了生物质能源的内容。”

根据“两会”通过的国民经济与社会发展“十二五”规划纲要，2011 年 3 月 27 日，国家发改委发布了“中华人民共和国国家发展和改革委员会令”（第 9 号）。为加快转变经济发展方式，推动产业结构调整和优化升级，完善和发展现代产业体系，公布了《产业结构调整指导目录（2011 年本）》（图 12-2）。如果说《十二五规划纲要》是战略性和指导性的纲领，此《产业结构调整目录》则是指令性和实施性的文件。

《产业结构调整目录》中鼓励类 750 条、限制类 223 条、淘汰类 426 条，共 1399 条。农林业的 62 条鼓励项目中有 4 条与生物质能源有关；环境保护与资源节约综合利用产业的 40 项鼓励项目中有 4 条与生物质能源有关。更让人欣喜的是，在新能源的 10 条鼓励项目中，生物质能占 5 条、太阳能 3.5 条、风能 0.5 条、海洋能和地热能合 1 条。“生物质能源主导论”，还真让我说中了。

如果说生物质能源以战略新兴产业被列入“十二五”规划是“正名”，《产业结构调整目录》则是个“大礼包”。为生物质能源进入“战略新兴产业"而高兴；为国家"十二五"规划在发展清洁能源方面更加科学而高兴。

这是 2010 年 11 月 3 日动笔"生物质能源主导论"到 2011 年 3 月 27 日发布《产业调整目录》的 145 个日日夜夜的努力与期盼。像一个拿到高分的考生，想起了"荡胸生层云，决眦入归鸟。会当凌绝顶，一览众山小"的青年杜甫之豪气。

"名正则言顺，理直而气壮。"生物质能源该一扫"十一五"期间的"晦气"，可以"扬眉吐气"一下了。

央视"对话"

"书、刊、文、话、会、展、站"七字箴言中，以"对话"进展最快，从 2010 年 10 月 8 日"密谈"到 12 月 5 日开播，还不到两个月。

11 月 14 日，在金码大厦召开"生物质产业促进会"第一次筹备会，会议结束后到大厅照相。刚走出门外，一位披肩长发的清秀女孩迎上来说要采访我，我说："大家都要去照相，一起照相去吧！"这是逃遁记者的一种透迤办法。此时一旁的京陆赶紧过来向我介绍："这位是洪斌安排来的央视财经频道《对话》节目的编导，叫刘星。"我开玩笑说："这个名字好记，叫我'留心'。"刘星抢过话头说："不对，是天上'流星'的'星'。"我和这位编导就是在这段有趣的对话中结识的。

这位刘星很厉害，从照完相后走到电梯，从电梯走到餐厅问了一路，到饭桌

图 12-3 堵在会议室门外给我递名片要求采访的刘星

也抢坐在我身边，不停地问了一顿饭时间。这一通的采访，自然也就熟了，吃完饭站起身，我问："刘星！你们记者都是这样工作的吗？""没错，我们必须抓住一切可能的机会，否则稍纵即逝，这是职业需要。"她回答得很干脆。我说："我真服了你们了，以后真得'留心'点，哈哈！"她也咯咯笑了。

央视财经频道的《对话》节目很有名气，2000年开播后的收视率一直很高，企业界、领导和一般民众都爱看，上节目是要严格筛选和排大队的。洪斌说："发展生物质能源不仅是企业家的需要，更是国家的需要，这期《对话》节目就叫《决胜生物质》，要赶在明年'两会'前播出。"其实，还有一个重要时间节点他没说，就是《联合国气候变化框架公约》第16次缔约方会议于2010年11月29日至12月10日在墨西哥坎昆召开，《决胜生物质》与此会绝对呼应。"坎昆会议"期间播放，恰逢其时。这下，编导刘星的压力可就大了，不断向王崧催要会议上我的发言文字稿和各企业的文字宣传资料等。

才一周，刘星就拿着她们拟写的脚本和节目计划到我家讨论，当然少不了王崧在场。长达两个多小时，三人讨论得非常专注与仔细。刘星起身告别，走到门口说："对啦！这期节目下个星期，11月30日录制。""什么？这么快！来得及吗？"我一时反应不过来。后来与京陆谈及此事时他说："央视做节目有他们的套路，一旦列入计划和需要，他们一天可以工作24小时。"想不到在观众轻松看节目的背后，竟会有一些人这般辛苦。

参加这类节目的经历我是有过的，所以不觉紧张。按照编导的脚本和素材，节目主持人会设计出他的思路和手法，需要我的是清楚自己想说的是什么。一是要向观众深入浅出地讲清楚什么是生物质能源，二是要让观众、企业家和投资人对发展生物质能源有信心和勇气。只要把握住这两点，无论主持人扯到天南海北，我自有此定海神针，全凭机智和临场发挥了。我特别提醒自己，要讲故事，不要"老师腔"；要加佐料，特别是风趣与幽默很重要。"三剑客""一个枪手""种出一个大庆"之类的说词都做了准备。

30日上午，天阴沉沉的，很冷。我和老总等一班"演员"陆续向中央电视台附近的"梅地亚中心"汇聚。草草午餐，刘星又交代了一番就穿过马路，直奔中央电视台一号演播厅了。在去一号演播厅的宽阔走廊里，人来人往，熙熙攘攘，有的已经化好妆，准备粉墨登场。前面迎来一位俊帅男子，刘星赶紧向我介绍："这位就是《对话》节目主持人陈伟鸿。"陈紧走上一步与我握手："欢迎您，石院士！"我们又向前走了一段，刘星将我让进了一间简易化妆室，给我"补妆"。我问："他们（其他嘉宾）怎么不来？"刘星说："他们不用补妆，水银灯下的只有您和主持人。"

五年前，央视《大家》栏目的"一位农学家的能源大梦"节目是我和主持人二人的互动，说的是我一个人的事，这次《对话》的场面和话题就大得多了。

一号演播厅很大，周边的水银灯已经投注到舞台上，很耀眼。好多台各式各样的摄像机对着舞台，好像在等待捕捉什么猎物。观众席已经坐满了"观众"，舞台前安排了一排嘉宾席，七八个座位，和我一起来的陈义龙、洪浩等已经坐定。我和刘星来到大厅旁，与后台工作人员站一起。"您在这里等着，一会儿叫你上台你就从左边上去就行了。"刘星似乎对我很有信心，交代完后就径直走上舞台前的聚光灯下，抬起双手做下压手势，让"观众"演员安静下来。随即向他们讲任务，提要求，一条一条很清楚，话语练达，好像已经不是老缠着我问问题的那个秀美女孩，而是一个老道干练的导演。陈伟鸿是中央电视台的著名主持人，知识、口才和主持经验都是一流，仪表自不待言。

主持人以"种出一个大庆油田"破题。

他说："当我第一次听到这个观点的时候，觉得好像有点不可思议。能源真的可以种出来的吗？是天方夜谭的梦想还是可以变成现实的理想？"

"请先了解一下背景资料。"

随之，我和主持人身后的那块硕大的显示屏（图12-4上）播放出了"坎昆会议"现场的视频，提出"能源多元化时代正在到来"，以及介绍生物质能源在美欧和巴西的兴起以及在中国的表现。演示结束，主持人说："刚才短片提出了一连串的问号，我想要请'种出一个大庆油田'这个观点的拥有者，两院院士石元春先生来给大家在现场一一打开这一系

图 12-4　央视财经频道《对话》节目"决胜生物质"（2010 年 12 月 6 日播出）

列的问号。"

我深入浅出地从太阳辐射能说到植物光合作用，引出什么是生物质能源，以及"三剑客""一个枪手"。二人像聊天一样，你一言我一语，流畅自如，配合默契，最后我说："我看今天嘉宾席坐着不少种植能源的新农夫，你可以去问问他们。"

主持人冲着嘉宾席大声问道：

"这种能源真能从地里种出来吗？"

"能！我们是用作物秸秆发电的。"

"能！我们是用林地废弃枝丫材做的成型燃料供热的。"

"能！我们是用养殖场的鸡粪生产沼气发电的。"

"能！我们是在沙地种沙柳发电的。"……

这时，主持人拿出一块展示板的背面对着观众说："我们对中国生物质

第十二章　再披挂，决胜生物质（中）

能源生存状况做过社会调查，公众的评价是：企业半路出家；容易被当作骗子；商业模式不流行，以及原料复杂低端，你们怎么看？"

陈义龙说："武汉凯迪下面有个上市公司叫'凯迪电力'，做生物质发电的，有些政府部门认为我们是在做概念，是到资本市场去忽悠钱的。他们不相信作物秸秆能发电。"

洪浩说："2006年我们进入这个领域，当时想得很简单，以为用长白山林区枝丫材和农作物秸秆做成成型燃料，替代煤炭供热，既生态，又环保，还便宜。可是客户怀疑不敢用，前三年只有投入没有进账，公司职工也觉得没有前途。我们花了一年多时间才谈下来第一单生意，为长春市四星级的吉隆坡大酒店供热。一炮打响，不仅供热效果好，还节省了40%的取暖费，我们开始盈利，市环保局还表扬有加。"

潘文智说："北京德清源是亚洲最大的蛋鸡养殖企业，每天有200方鸡粪污染周边环境。但每吨鸡粪能卖130元到140元钱，有很好的现金流，但是我们老板花6000万元去投资一个沼气发电的项目，每方鸡粪少收一二十元，这种投资值吗？"（插话）"畜禽粪便污染问题怎么办？还有减排二氧化碳问题。我们在三年运行中，形成了自己的一套专业技术与装备，在国内外申请了专利。现在可以告诉大家，不仅国内，在欧洲和美国也能拿到订单。"

李京陆说："骗子也好，半路出家也好，都可以不去计较，自己做的事情，自己是清楚的。太阳能和风能特别热的时候，生物质能很冷，还在亏损，凭什么要坚持？我们种树有碳汇，生物质发电可以减排，我们收集发电厂烟囱里的二氧化碳生产优质螺旋藻。发电略亏，而二氧化碳的两次吸收与减排的三个虚拟的碳产品可进入碳交易市场，对应着沙柳、电能和螺旋藻三个实体产品，现在已经不亏，将来一定大盈利。"

他们各自讲着自己的故事，真实和生动、前瞻和高境界。

正当几位老总以切身实例表述生物质能源，魅力四射，情绪高涨时，那位投资经济学家王先生说话了。

"几位嘉宾讲得很好，但是作为投资人，我还是没有找到能让所有企业盈利的'商业模式'，像太阳能、风能和核电那样。"他充满自信，甚至

图 12-5 《对话》"决胜生物质"节目的嘉宾席和 6 位嘉宾发言的英姿

还有不屑一顾的表情。他的表态如同一盆冷水,浇在了熊熊炭火上。

"王先生!我不懂投资,也不了解你们这个行当,我想请教的是,你们这个行当唯一的目的是不是只有赚钱?"我先说不懂投资,以退为进,继而"只有赚钱"就非常尖锐和不客气了。

"嗯!"回答得很肯定,似乎他对我的不礼貌有些火了,现场有点"僵"!

"请问,你们投资考虑不考虑国家需求和前瞻性?"我紧钉着问。

"我们是搞基金的,为投资人赚钱是我们的责任。我们也有前瞻性投资,今年不挣钱没关系,明年可能微利,后年可能有很大增长。"王先生有些松动了。

"王先生,您最后一句话我爱听,就是你们也考虑投资的前瞻性。说明我们之间是有交换意见的结合点的。您说的'后年可能有很大增长',我建议,生物质能就是一个前瞻性很好选项,供您参考。"我很快就把两个尖锐对立的意见化解整合了。

主持人马上接过话题说:"石院士非常谦虚说他不懂投资,但是他刚才的表述,特别像一个谈判高手,对不对?"

第十二章 再披挂,决胜生物质(中) | **493**

我接着说:"实事求是地说,刚才发言的几个企业,也就是五六年时间,还是小学程度,但是他们看到的是这个事业,不仅仅是一个简单的盈利模式。看到的是一种社会责任,国家和农民的需要,我相信会有更多企业家和资金会进入到这个领域。所以我才敢说'决胜',因为这个事业是非常高尚的,国家需要的。"

这是一场没有脚本,没有台词,没有预演,连现场的整个安排我都全不知情,会有一位投资专家王先生出现我更不知道。这场"考试"是够"残酷"的。在回放这段视频讲话时,我觉得当好演员,绝对需要"临场发挥"能力。对我面部表情中的那份真情与刚毅,特别是结束前我用力地举起拳头连声:"我们行!"我很满意,因为这不是表演,是真情流露。图 12-4 下右图记下了这个瞬间。

现场录制后,经过一番紧张编辑加工,《对话》节目"决胜生物质"于 12 月 5 日晚 21 时 55 分在中央电视台 2 频道首播了,从选题到首播才用了半个月。为了截屏以上插图,我又回放和重温了这段 49 分钟的"决胜生物质"节目。大屏幕讲国内外大形势大背景,我讲生物质能源"总论",老总们讲"各论"和案例,整体结构好,互相间穿插得好。投资专家王先生的安排更避免了"一面倒"的单调和安排了"跌宕起伏"。刘星真行!

我在生物质方面作过的上百场 PPT 讲演,只是业界人士能享用的清炖鸡汤,而动员了这么多专家、企业家和传播专家,动用各种媒体和高端装备,这是一次真正意义上的"决胜生物质"满汉全席。央视《财经频道》更是"位高声自远"。

"决胜生物质"刚播出,12 月 7 日,王崧给我发来 E-mail:"昨天下午,刘星打电话来说,节目播出后,他们办公室的电话要被打爆了,大家都哭着喊着(年轻人的夸张语言)打电话寻找您,希望得到您的指点,或者购买您的新书《决胜生物质》。一部分电话被转到了我这里。我都做了记录。"

我从她发来的邮件里摘了两封来自企业界的信。

石院士:

您好!12 月 5 日晚上看了您做客央视 2 套对话栏目后,心情很激动,今天通过邮件冒昧请教您一下,请您在百忙之中回复邮件。

首先作一下自我介绍,我叫李加裕,是浙江省宁波市镇海区骆驼沼气站一名工程师,从事猪粪发酵制沼气工作二十多年,规模为日处理猪粪12吨,日产沼气1200立方米,通过管网全部供城镇居民作燃料,去年应宁波市开诚生态技术有限公司邀请,担任公司沼气生产技术顾问。该公司是一家民营企业,原来生产蔺草制品,2005年开始涉及餐厨垃圾处理,现已形成日处理餐厨垃圾200吨能力,为国内首家,主要生产工业油脂和沼气,并用沼气来发电。目前已投入资金4000多万元。

看了对话栏目以后,我对中国生物质能源生存现状有了一些了解,同时根据开诚公司的现状感触很多,要使生态建设这件事情让更多的人参与的确还有很长的路要走。

今天发邮件给您主要是想请教您对这个行业的前景如何,目前国内发展到什么水平,技术上是否存在瓶颈,政府重视程度如何?希望得到您回复。您写的决胜生物质书什么时间上市?

尊敬的石院士:

您好!我今天看到您做客央视《对话》,全力呼吁决胜生物质。很感动您对我国未来能源与环境的关心。我叫张书军。我这次从英国回到吉林大学从事合作研究。我一朋友是牛津大学教授。他正在领导一大约2500万的欧盟大型利用农业各种生物废料生产第二代生物柴油及其他具有高附加值的工业品科研项目。我及他非常想在中国寻找合作伙伴。我12月9号到10号在北京,11号返回英国。我想您是否可能在这两天抽出您宝贵的一到两小时见我一面,商讨我们合作的可能性?

邮箱里总是被这类邮件挤得满满的,书面寄来的材料也不少,电话铃声更是热闹。听说上镜的那些老董和老总们也在忙于应对。这些天,我一直沉浸在这种激荡与亢奋中,生物质产业在群众中激起的这层层波澜涟漪不正是我们"惊蛰崛起之2011"想要达到的效果吗?而事物的另一面则是,每一个邮件,每一个电话,每一封书信都成为一份责任,像块块的岩石在加多加厚，虽"三头六臂"也难应对，何况以耄耋之身。一面嘱咐身边同志必须认真对待每一份的群众热情，都要有着落，但是必须尽快启动我们的网站，在网站上开通互动渠道。我在回复中总会提到请关注即将开通的网站、举办的"产业展示会"以及出版的《决胜生物质》，这样就将"七字箴言"中的七个字连成一体了。

"惊蛰"战役，首战告捷，先头部队《对话》速战速决地在宣传群众和动员群众上打了一场漂亮仗。打出了企业界、投资人、领导者和社会公众对生物质产业的更多关注，打出了从事生物质企业的信心和士气，这个效果是用其他方式很难达到的。我们真应当好好地感谢中央电视台，感谢陈洪斌、刘星、陈伟鸿和他们的整个团队，用他们优秀的《对话》栏目为能造福于国家的生物质产业"鼓"与"呼"。

锦上添花。2010年12月25日，圣诞节，新华社电视新闻节目《新闻晚8点》在香港有线66频道、澳门有线21频道、新华网CNC中文台同时播出了对我的专访："生物质能源解困'三农'"。2011年3月4日中国网·能源中国播放了"石元春：为中国生物燃料呐喊奔走"的网络专访。结束时，主持人念了我在"粮食！石油！生物燃料？"文的一段结束语：

> 生物燃料是个天资聪慧的孩子，美欧受宠，在中国却少有疼爱。其优势在于它是生物体，问题也出在生物体与土地、粮食、生态的关系太多密切与敏感，更需要伯乐的精心和决策者的胆识……如果生物燃料真是个石油替代中绕不过去的坎儿，中国迟早是会回到这条路上来的。

还特别对观众说："石院士告诉我们，这段话他不是用笔写出来的，而是用心写

图12-6　CNC播"生物质能源解困'三农'"专访（2010年）

出来的。感谢石院士的这份崇尚科学，报效国家的心意。"

人只有身处低潮和受到压抑的情势下，才会有这种强烈的"抗争"与"崛起"意识与激情。

《决胜生物质》首发式

2010年教师节，瞿书记和柯校长到家里来看我，商量为我过80岁生日事，我一口谢绝。一群人聚会批斗一个人的事"文化大革命"中见得多了；一群人聚会歌颂一个人的事，也觉怪怪的。我打趣地说道："谢谢书记校长美意，等我过100岁生日时再庆祝吧。"二位还劝，我灵机一动："这样吧！我写了一本书，如果学校同意，办个'首发式'如何？"这个台阶好，化解了"祝寿危机"。

2007—2010年，生物质发展低潮中，我动笔写了《决胜生物质》。

平日事多，写写停停，大部分书稿是在南宁过冬时完成的，我用"邕江边的灯光"文艺了一把。2010年7月，交了上半部书稿，10月全部脱手。十月怀胎，一朝分娩，喜不自禁，至于是男是女，是俊是丑已经不重要了。此书，要感谢中国农大出版社和丛晓红总编，感谢出版社的专业精神，精湛编辑与上好装帧，特别要感谢他们对我不规范书稿的耐心。我还要感谢柯校长赠予的，经过一再推敲的英译书名《Biomass：Win the Future》。

我将样书送柯校长，他问："石校长，何时开首发式为好？""3月的第一周最好。""有什么特殊含义吗？"我把"惊蛰崛起"与他说了，所以"首发式"最好放在"展示会"前两三天，二者相互呼应，宣传效果更好。柯校长说："你们真有魄力，组织了这么大的一个行动，'展示会'我一定去。"

3月7日，《决胜生物质》的首发式在金码大厦举行了。

会场布置得很有气氛，主席台的背景墙上，世界地图如天空浮云，下面飘扬着鲜艳的红色彩带和本本《决胜生物质》，让我和大家一起沉浸在

图12-7 中国农业大学召开《决胜生物质》首发新闻发布会（2010年3月7日于金码大厦）

一片《决胜生物质》的书海之间。图12-7左上角小图是发布会主席台，正中是柯炳生校长；上图是我在发布会上；右下图是我在给学生签名；左下图是会场。会场的前两排是新华社、《人民日报》、光明日报、科技日报、农民日报、中国教育报、中国改革报、科学时报、中国绿色时报、经济日报；中国网、新浪网、搜狐网、中国生物质能源网；北京日报、北京晨报、北京青年报、新京报、京华时报；中央电视台7套、中国教育电视台等十多个报社记者的座席。学校请来好大的媒体阵容，如果是"祝寿"，肯定一个媒体也没有，哈哈！

新书《决胜生物质》，从理论上说明地球上所有可再生能源均源于太阳辐射；说明生物质能源与其他可再生能源本质性的不同和特具的禀赋与优势；说明21世纪将是化石能源逐渐被可再生能源替代的世纪，和生物质能源将扮演替代主角的世纪；说明近二三十年生物质产业在美欧和巴西等国的迅速兴起和琳琅满目的产品；说明生物质能源在节能减排和环境方面的特殊功能；说明当前生物质能对粮食安全影响等方面的质疑与争论；

说明生物质能源是缓解中国能源危机和"三农"困境的一剂良药;说明我国的生物质原料资源丰富和产业化的可喜进展,最后以未来"至美的绿色文明"中生物质产业将大放异彩的展望结束全书。

《决胜生物质》是一本时论性、专业性和通俗性的科学著作,是为我国生物质产业发展提供理论和科技支持,首发式也是我们组织的"惊蛰崛起"中的一役。

既是新书首发,少不了对书的褒勉与溢美。柯校长已读样书,我十分感谢他和王涛副校长在首发式上对此书的"美言"。以下是3月7日《中国农大网》对首发式的报道。

通读全书后,从字里行间,体会到石元春院士高度的使命感和社会责任,专程到会祝贺的柯炳生校长在发布会上感慨地说,老一辈科学家对生物质这一问题的研究不是单纯的学术研究,而是对国家的发展、社会的发展、"三农"的发展的深切思考,饱怀一位知识分子的情怀,我深深被打动,也很受震动。

柯炳生说,"《决胜生物质》这本书的主题非常重要,生物质与多个行业相关,也是一个非常新的领域和产业,也存在一些争议,但事关重大。这本书集石元春院士多年研究成果之心血,以战略家的眼光对生物质这一重大问题进行思考,从国内到国外,从理论到实践,从历史到未来,以大量丰富、翔实的数据进行多角度阐述,既是一本科研著作,也是一本科普著作,也是一本政策建议的报告。"

"这也是一本科技散文,语言优美,深入浅出",柯炳生说,"这本书也是一位科学家的独立思考,没有回避矛盾,态度端正,观点鲜明,高瞻远瞩,具有战略家眼光。这本书既是一本宣言书,也是一本号召书"。"今天的发布会,也是一场动员会",柯炳生希望学校相关科研人员以此为新的起点,在生物质这个重要的研究领域取得更大的进展。

"《决胜生物质》既是石先生十年思想的集成,也是石先生'80后'创新的首次发布",王涛副校长说,"这本书是国内迄今为止最权威、最全面、最深刻也最生动的关于生物质工程的著作，全面地汇集了国内外相关的事实和资料，深入地分析了能源的过去、现在和未来，详细地比较了不同路线的优势、缺点和可行性，并结合实际提出了中国未来的'绿色文明'之路。这必将在引领生物质产业更好发展、促进政府科学决策、推动我国的新能源、新农村和现代农业建设等方面发挥深远影响。"

"我不是单就能源谈能源"，发布会上，石元春院士还回答了新闻媒体的提问。他在《决胜生物质》一书中，对生物质产业相关的十大关系一一进行了辨析，并得出结论：基于生物质产业发展的能源农业，原料非传统、可再生，产品低碳、绿色，技术现代、市场无限。推动中国生物质产业的发展亟须各个方面的努力。石元春院士还特别呼吁，"我希望更多的中国科技界同仁，走与民营中小企业相结合的道路。"

发布会是一颗信息集束炸弹。首发式后，十多家媒体从不同角度作了见仁见智的报道，如《生物质助我国步入'能源农业'时代》《著作首发出自使命感和社会责任》《石元春十年思想集成》《大爱成就大业，无私造就无畏》《从学者到勇士》《石元春院士：生物质能源不能再坐'冷板凳'》，等等。我喜欢其中我老友，科技日报资深记者范建的《科学的'杠头'精神难得》文和文中的一段：

  在我接触的专家学者中，为科学不唯上、不留情面，据理力争的要数院士石元春了。按他的说法，"我就是杠头"。像他这样为了科学，"抬扛"抬的面红耳赤，抬得别人下不了台；在科学事业中，除了有踏实的科学精神，正需要有石元春院士坚毅的"杠头"精神，当人们还没有认识到科学的真正价值时需要知难而进，为科学而争。

那些天，有赠书，有老友索书，有打听在哪里买书，有买了书找我签名……书像空气一样地簇拥着，滋润着我，砥砺着我们"惊蛰崛起"之斗志。发布会后不几天，工程院院士、水利部原部长和中国政治协商会议副主席钱正英给我打来电话:"石元春同志吗? 在报上看到你写了一本生物质方面的书,能送我一本吗?""当然是要送给您的,求得您的指导。"

"石元春同志! 你这几年一直在关注发展生物质能源,为什么连你的师弟(指石玉林院士)也说服不了?"钱老的语调突然变得严肃起来,用她那犀利的眼光和开门见山地提问直逼于我。

"钱老,不仅是师弟,连我的学生也有说我不务正业的。"

"那是为什么?"

"这很正常。一个新事物的出现,如果只有交口称赞,要么是'不新',要么是'没意思'。生物质产业出现初期的不尽认同是正常的,正说明她很新很有意思。"有句话到嘴边没说出来:"一百多年前,共产主义不还是个'幽灵'吗?"

对这本书,有关业务领导部门会有兴趣,可作考虑和制定相关政策和计划的参考;有关专业人员会有兴趣,可从中得到大量信息和观点。但最感兴趣的是生物质企业界和潜在投资者们,他们几十本和上百本地购买,作为企业发展指导、投资指南、员工培训教材,可从中获得勇气和决心。发行才三四个月,初版的4000册几近告罄。

2013年初冬,广州举行"首届生物质能供热高峰论坛",我在宾馆几次遇到三三两两的职场人士看着我,像在议论着什么。是我衣着瑕疵吗?没有啊。一位30多岁的男士走近我,客气地说:"您是石元春院士吗?我是这次会议举办方迪森公司的职员。前不久公司办了个关于生物质能源的大型培训班,教材就是您写的《决胜生物质》,所以好些参加过培训的职员都想来看看这本书的作者。"有大学老师也说;"我们课把《决胜生物质》作为参考教材了。"一次在武汉凯迪,有人问我:"这么厚的一本书是怎么写出来的?"

中文版发行不久,中国人民大学的两位韩国留学博士生就从中国农大出版社得到了译韩版权,韩文版《决胜生物质》2014年在首尔发行。英文版《决胜生物质》2013年6月在美发行,组织英文翻译的是李保国教授。

饮水思源,我还是要感谢中国农大出版社,特别是社长汪春林、总编兼本书责任编辑丛晓红和她的助手田树君、负责英译本和韩译本出版的编辑宋俊果(图12-8上左四、左三、左一、左二)等同志,他们的工作非常出色。

说说"一刊"。

2010年年末,中国工程院《中国工程科学》杂志社的领导和编辑罗春平到家里来看我,希望为该刊多提供文章。我问:"能出专刊吗?""没问题,去年出过专刊,效果很好。""出一期生物质能源方面的专刊可以吗?""没问题。""不过要快,明年2月就要出。""这要看你们组织稿件的情况,您应当就是这期专刊的主编了吧。"生物质能源专刊就是这样确定下来的,真是"想风得风,要雨有雨",想做什么都会有"贵人相助"。

"专刊"战场的指挥员是程序教授和万斌。在杂志社和编辑小罗的密切配合下,生物质能源专刊终于在2011年3月初如期出版了。全刊登载了由56位作者撰写的19篇文章,以中国工程院化工与材料学部主任曹湘洪院士的综论性文章"积极培育生物燃料产业,减少对石油的过度依赖"为

图12-8 首发式上与中国农大出版社同志合影(上);《决胜生物质》的3个版本(下)

开篇。文章论述了发展生物燃料是减少对石油过度依赖和减少 CO_2 排放的重要战略举措;生产运输燃料、生物基材料是生物质的最佳利用方式;世界生物燃料发展态势;我国生物燃料产业发展现状与问题,以及积极培育我国生物质生产运输燃料产业的对策思考。

其他有闵恩泽院士的"生物质车用燃料"、我的"中国的生物质原料资源"、田宜水等的"农业生物质能资源分析与评价"等的论述性文章;有产业化沼气、液体生物燃料、生物质发电、成型燃料、裂解气、生物基全降解材料等专项技术工程研究最新进展的专论性文章。这期专刊是当时我国生物科技文章的一次汇集,进军的集结号。

"我们行!"展示会

《对话》是以语言为武器,以电视屏为媒体;"书、刊、文"是以文字为武器,以纸为媒体;"展示会"则是多种媒体的综合。如果说《对话》是一次绽开在天空的、斑斓绚丽的烟火晚会,"展览"则是可任人驻足品赏、五彩缤纷、婀娜多姿的百花园。

展览会形形色色,林林总总,我们想办的却是特殊的一类。是有观点的生物质科普,又是生物质产业现况的展示汇报,目的是让公众和领导对我国生物质产业增加了解和信心,故命名"中国生物质(能源)产业展示会",关键词是"展示"。

筹办"展示会"的指挥员是诗雷,任务极难极重,"义士"信心极满极满。

第一个问题,在哪里办?

"中国科技馆!去年刚建成开放的新馆!"诗雷一向心高气盛,一下子就把调门拉高到了顶端,这才叫"敢想"。刚建成开馆一年的中国科技馆新馆,位于国家奥林匹克公园中心区,北倚观光塔,南邻"鸟巢",设计现代,气势恢宏。馆内有五个主题展厅和公共空间展示区;有宇宙剧场、巨幕影院、动感影院、4D影院四个特效影院等，图12-9是外观。

2010年10月11日，诗雷和我买了两张门票进馆，好一座宽敞明亮和现代化的科普殿堂，给人以科技与建筑的双重享受。我们从楼下走到楼上浏览了一遍，又回到一楼的一个通道。上面标着"行政区"和谢绝参观字样，我二人大模大样地往里走，像到家一样。

图12-9　2009年9月建成开馆的中国科技馆新馆

"同志！这里不让参观！"一位保安将我们拦住。

"你知道这位是谁吗？"诗雷指着我对保安说。

"不知道。"我的一头白发弄得保安一头雾水。

"这位是两院院士，前科协副主席，也就是你们科技馆的前领导。现在有事要来找你们领导。"这一顿说辞，把保安说得不知东西南北，忙用手向里指："你们进去吧！上电梯，四楼。"

上到四楼后沿廊道走着，看到一个门外有"办公室主任"的标牌，诗雷说："咱们进去！""好！"

办公室只有一位相貌端庄大方的中年女士，她忙站起身来迎着我们。

"这位是石元春院士，中国科协前副主席。"诗雷向她介绍。

"欢迎老领导到馆视察工作，我叫钱岩。"这位女士忙拿出名片，上写中国科技馆办公室副主任。坐定上茶后，钱副主任说："真不凑巧，馆长和书记都去科协开会了，只有我在这里值班。有什么事要我们办的，待领导回来后我向他们汇报。"诗雷检讨了我们的贸然来访后说明了来意。钱副主任介绍说上半年曾办过一周的"转基因作物"展览，一般都是科普性的。随后带我们看了两处可供临时办展的现场，我们选了进门大厅的一处，又气派又易吸引观众。之后，诗雷与钱副主任及馆领导有过多次接触和商谈，还签了合作协议。

12月15日安排我与徐延豪馆长见面,这是必要的礼节性和程序性环节。对科协的老人与新进,不少是我与馆长都认识的,我们也有不少共同话题。见面结束后,馆长一行将我们由四楼一直送到一楼西侧门上车。这天很冷,门外狂风大作,气温已是负-10℃上下,他们的热情几乎使我忘了穿大衣就准备出门。馆长忙从司机手上拿过大衣给我披上。

一个由中华全国工商联新能源商会生物质能源专业委员会与中国科技馆联合举办的"中国生物质(能源)产业展示会"正式启动了。

据诗雷说,馆长和钱副主任他们欣赏我们对生物质能源这个新领域的拓荒,欣赏我们侠肝义胆和不遗余力宣传呼吁精神,他们也愿为之加油添力。科技馆为这次办展提供了最大可能的支持和方便,不仅不收场地费,还无偿提供电力和免费供应工作人员和讲解员的工作午餐。当诗雷向新能源商会汇报时,他们都不相信,说是在"吹牛"。可能当时他们还没有想到"得道多助"的道理。

"展示会"的宗旨是"向公众和领导展示汇报什么是生物质能源和我国生物质产业发展状况",我们提出了"解惑、展示、诉求"的六字方针。展示的主体是企业,但不得有丝毫商业性宣传,这是不能逾越的"红线"。

紧张的筹展工作开始了。诗雷带着万斌和王崧先接触的是著名的水晶石办展公司,据说北京奥运会的"焰火脚印"就是他们设计施工的。他们的预设计方案确实高明,但报价无力承受。后确定"声势风行"办展公司,也挺不错。在12月26日召开的二次筹委会上讨论了他们提出的办展方案和十几个企业的送展资料。会上,大家情绪高涨。

我有容易动感情的毛病,生物质被边缘化的两三年里,特别压抑和郁闷。看到展览方案,看到十多个企业的送展版面,我忍不禁喊了一声"我们行!",这是压抑许久的一种情绪反弹和由衷心声。好几位也应和说:"对,我们行!"我灵机一动:"把'我们行!'作为主题词,放在展览的主板上,这就叫'亮剑'!"这就是后来"展示会"门头沟区主板上的主题词"决胜生物质"和"我们行!"的由来。有的企业还在职工集合训话后,把"我们行"作为呼喊口号。

从通过方案到进馆布展只剩两个月时间,其间还有春节长假,工作十分繁重。但一切都按部就班，显示了诗雷指挥若定的才能和一个筹建中组织的运行能力。

2011年3月9日上午"展示会"正式开幕了。

我先到靠正门的贵宾休息室，准备迎宾。

"老石，你干了一件好事！"何康部长是我的老领导，见面就夸我。

"石校长，你干了一件大事！"洪绂曾副部长也是我的老领导，他对发展生物质能源一直热衷与支持。

"石先生，您身体好吗？"全国工商联副主席谢经荣，我的学生，为在全国工商联新能源商会下成立生物质能源专业委员会上帮了不少忙。

"石院士，这个展览办得很好，很及时！"国家能源局新能源司史立山副司长一直非常重视和支持生物能源的发展。

"恭喜！恭喜！""同喜！同喜！"那些来自各地的，参展的董事长和老总们见面时有一种战友般的亲切，为共同成果同喜同贺，像过节一样。

上午10时30分，"中国生物质（能源）产业展示会"正式开幕，隆重而简约。主席台设在门头沟区，背景墙是草原和白云，白云间飘逸着闵恩泽院士头像与语录，最显眼的是"决胜生物质"和"我们行！"几个大字（图12-10）。

图12-10 "展示会"开幕式（主席台上左二至左七分别是：史立山、洪绂曾、我、何康、谢经荣、徐延豪、刘有利）

参加开幕式的有中华全国工商业联合会副主席谢经荣、原农业部部长何康、原农业部副部长洪绂曾、国家能源局新能源司副司长史立山、中国科技馆馆长徐延豪等领导和嘉宾100余人。参展企业的董事长和老总们几乎都到了，正在参加全国人民代表大会的人大代表、武汉凯迪公司董事长陈义龙也从"人大会"赶到了"展示会"。

开幕式由生物质专业委员会（筹）副主任兼秘书长陆诗雷主持，有会长程序教授等的讲话。我在讲话中动情地说："令我们感到十分振奋的是，在展示中看到了一批生物质能源企业在'十一五'期间，在极其困难条件下取得的骄人成绩，有的达到了世界领先水平。他们虽幼嫩而敢以他们的业绩'亮剑'国家科技馆，值得我们称赞。他们是火种，能燎原华夏大地的火种。"

举行完仪式后，主席台上嘉宾转到幕墙背后的展示大厅参观，到场客人也一并随同。

展示大厅的第一部分是人类社会正面临化石能源资源渐趋枯竭和全球气候变化的严峻挑战。第二部分是生物质产业的五大优势：资源丰富，再生性强；储能性好，产品多样；变废为宝，循环经济；创造就业，农民增收；不争粮，不争地。第三部分是生物质能源的多种原料、多种产品和多种转化工艺流程，这是一个可以由观众自己操作的互动式电动模型，效果很好。第四部分是生物质企业的10个成功案例。

展示大厅最显眼的是一个硕大的显示屏（图12-11），滚动或"菜单

图 12-11 展示大厅一隅

式"点播我们精制的 PPT、《对话》节目、每个参展企业的专项视频、动漫科普等，使整个大厅生机盎然。显示屏下面是一个 4 米 ×4 米的巨大的中国地势图，上面以各种点信号表示主要产品及产业在全国的分布的电动模型。前两部分的讲解是程序教授和诗雷亲自上阵，十个案例企业也是董事长和老总亲任见解员，现身说法，绘声绘色。

展示现场还有一道活跃的风景线，是扛着摄像机和拿着麦克风的记者，到处在捕捉他们的采访对象。那些参展企业的董事长和老总既是讲解员，又当受访对象，忙得不可开交。刚从人代会上来的武汉凯迪公司董事长陈义龙在这里开了一个又一个的"记者招待会"。

3 月 21 日下午，中国农大校长柯炳生一行来到展厅，认真观看和听取了介绍。他表示，能源危机是个全球性话题，中国农大作为一所研究型的综合大学，有责任推动我国生物质能源的发展。这天下午，全国政协副主席罗富和也专程来到展厅，中国科技馆馆长徐延豪、党委书记赵有利、中国农大校长柯炳生、国家林业局林业生物质能源处处长等陪同观展，诗雷和程序教授负责讲解。图 12-13 上左是我在进馆处见到罗副主席，上右和

图 12-12　何康部长等参观展览（左上）；公众参观成果展（右上）；武汉凯迪陈义龙董事长给我介绍凯迪生物质发电（右下）（侯玉峰摄）

图 12-13　全国政协副主席罗富和与柯炳生校长参观展示会（2011 年 3 月 21 日）

下左是陪罗副主席和柯校长观看视频，下右是罗副主席接受媒体采访。

罗副主席说，我国生物质能源虽已起步和取得了一定成绩，但与美欧等发达国家还有不小差距。我国每年中小燃煤锅炉，消耗燃煤约 7 亿吨，虽然占全国总能源消耗的比例不到 20%，却排放了 50% 的二氧化硫，是产生酸雨的罪魁祸首。而利用林业剩余物、秸秆、城市绿化修剪等废弃物生产出来的生物质固体颗粒，既能够替代煤炭和石油来烧锅炉供暖，又可以减少二氧化碳和二氧化硫对大气的污染。

在参展的内蒙古毛乌素沙地生物质发电厂的沙盘前听了介绍后罗副主席连声叫好，称赞此举不仅实现了有机废弃物的循环利用，还为治理沙漠探索出了新路子。一块板面上有"生物质能源是解决传统能源不足的一支奇兵"，罗副主席风趣地说："不仅是奇兵，还是一支骑兵，因为骑兵跑得快。"看到展示会主题词"我们行！"时他也作了加注："我们行！的另一层含义是我们要行动，因为有了行动才能行。"他在接受中央电视台记者采访时说："通过对生物质能源的发展，能够有利于增加农民的收入，提高农业对于整个生态效益的产出。所以我觉得'十二五'大规模地发展生物

第十二章　再披挂，决胜生物质（中）

质能源，跟国家发展战略性新兴产业是完全相适应的。"（此采访于 3 月 30 日在中央电视台播出）

3 月 25 日上午，农业部副部长张桃林、科教司司长白金明、副司长杨雄年、能源生态处处长李少华等一行专程来到展示厅（图 12-14 组图）。张副部长是旧识，是原中科院南京土壤研究所所长，与我同一专业，故有了更多话题。他是农业部主管科技和农业生态环境方面的领导，我们可以在更深层次上讨论生物质问题。他说，我国是能源消费大国，到 2020 年实现非化石能源占能源消费总量 15% 的目标，农村能源肩负着重要的使命。在农村能源中，可以大力发展农村沼气，实践证明，大力发展农村沼气有利于改善农村面貌，保护生态环境，促进生态农业发展；有利于优化能源消费结构和减少温室气体排放，促进低碳经济发展。

我说："张副部长，我关注生物质能源，一刻也没有忘记我们祖师爷李比希的'归还学说'。在生物学小循环中，植物体的碳与氢只是以二氧化碳和水的形式转化，没有经济和社会价值。而发展沼气则是将碳氢以甲烷 CH_4 形态用于能源，植物营养的大量元素和微量元素照样参与物质循环，

图 12-14　农业部张桃林副部长参观"展示会"组图（2011 年 3 月 25 日）

所以在生物质能源中我最青睐于沼气。"

"石院士，农业系统只是就事论事地谈发展沼气，您却提到了理论高度，以后我也要宣传您的这个观点。"

"张副部长，农村户用沼气只是初级阶段，德国瑞典已经大规模生产工业沼气，进而将提纯到天然气水平，替代天然气，作为发电和车用燃料已经多年了。程序教授指导南宁一个公司建成和投产了日产万方的车用生物天然气装置。"我又介绍说。

于是回到贵宾休息室二人又热议起如何在农村户用沼气的基础上加快促进大中型养殖场的产业沼气发展。

图 12-14 左上图是洪浩董事长介绍成型燃料供热；右上图是潘文智总经理介绍北京德清源大型畜牧场沼气发电；左下图是程序教授介绍我国第一座日产万立方米车用生物天然气工程；右下图是我与张副部长讨论生物质沼气的有关理论问题。

闭展的前一天，钱正英副主席和石玉林院士来到展馆，程序教授一直亲自介绍，钱副主席饶有兴味地提出许多问题。观展中她对我说："我搞了一辈子的水利，原来水电与生物质能是一母兄弟，很有意思。""以后我要多关注一些生物质能的发展。因为它和水利一样，与农业密切有关。"

历时 25 天的"中国生物质（能源）产业展示会"于 2011 年 4 月 3 日在中国科技馆闭幕了。

"展示会"是一座舞台，上演的是我们"笔杆子"与"枪杆子"自编

图 12-15　钱正英副主席饶有兴味地观看生物质展览

自演的剧目，共演出22场。有专程来参观的，有请来听（看）汇报的，也有到科技馆参观时顺便看看的。但是他们都会在不同程度上感受到生物质产业这股新鲜而浓郁的气息。我一生参观展览无数，唯独这个展览是我们团队自己办的，有感而作"绿精灵"一首。

天生精灵生物质，婆娑弄影舞瑶池；
科技新馆关不住，燕飞万家必有时。

展示会之"系列讲座"

在2010年11月14日的"中国生物质（能源）产业展示会"第一次筹委会上我曾说，中国生物质企业需要成立自己的组织，作为沟通企业与企业、企业与学界、企业与政府、企业与公众间的枢纽与桥梁，让上下左右沟通无阻，自己才能真正强大起来。举办"中国生物质产业展示会"是搭建沟通四方的桥梁，"展示会"期间举办生物质科普的系列讲座正是与公众沟通的一种重要渠道。

我第一个出场，做了"生物质能源的十个为什么？"的科普报告。可惜，明明是"十个为什么？"总被人习惯性地误说成"十万个为什么？"。

"十个为什么？"是：①为什么说生物质能"天生丽质"和"卓尔不群"？②为什么说发展可再生能源以生物质能源为主导是世界大趋势？③为什么说中国的能源形势十分严峻？④中国的生物质原料资源丰富吗？⑤中国生物质能源的发展状况如何？⑥为什么发展生物质能不会影响粮食安全？⑦为什么说"能源农业"是解困"三农"的一剂良药？⑧发展生物质能源的瓶颈是什么？⑨为什么在中国风能和太阳能比生物质能更受重视？⑩为什么说生物质产业是万世不衰的绿色产业？

在讲"为什么在中国风能和太阳能比生物质能更受重视？"时我说，"生物质能源目前在中国的状况是一种观念和政策上的扭曲，是暂时的。

以生物质能源的'天生丽质'和'卓尔不群',她必将科学到位,为国家和'三农'做出更大贡献。"

第二场,3月15日"系列讲座"的阵势就大得多了,有中石化高级副总裁、中国工程院能源工程学部主任曹湘洪院士、中国科学院植物研究所研究员、中国科学院院士匡廷云、中国石油化工研究院学术委员会主任汪燮卿院士和我四人。听众有来自北京石油大学、北京化工大学、北京林业大学、中国农业大学、国家级生态文明教育基地的北京建院附中的师生们,还有企业界以及中央电视台、《人民日报》、中国绿色时报、中国网、中国低碳网、中国经济时报等媒体朋友。

这场讲座别开生面,四院士坐在台上,其中三位每人讲约一刻钟(我因为已作专场讲演),然后是提问,台上台下互动,下面摘用了中央电视台"新闻直播间"以"与院士对话,走近绿色能源"为题作的报道。

有关研究显示,数十年后,全球将面临石油和天然气等资源的匮乏、枯竭。那么,如何应对这一能源危机?昨天,石元春等四位长期关注生物质能源的院士在中国科技馆的新馆和400多名大中学生展开了一场别开生面的对话。

在这场主题为"生物质能与绿色能源的未来"的对话中,几位院士用通俗易懂的语言讲述了如何通过发展绿色能源,尤其是生物质能源,应对能源危机。

我国每年产生畜禽粪便、淀粉酒精等废水达数十亿吨。只要合理利用就可以生产出我们日常所需的能源,包括动物、植物、微生物等有机物也都可以作为原料,生产出油、气、电和固体能源产品,替代石油等石化能源,生物质能源资源丰富,且清洁环保,可再生的特性引起了不少学生的兴趣。

中学生巫京梦:生物质能源离我们的生活并不遥远,也不是遥不可及。它其实就在我们生活的周边,比如说农村的沼气。这次的讲座让我学到了很多很多的知识。

图 12-16 "走近绿色能源，与四院士对话"（2011 年 3 月）

石元春：生物质能源和我们每个人的关系都非常大，对我们国家的意义也非常大，所以我觉得说与公众的互动，和让公众更多地了解，这对于我们今后未来发展生物质能源会有很大意义的。

院士们指出，发展生物质能源前景广阔，但在我国目前还面临着如何解决原材料来源、降低成本和提高技术等问题。

中国农业大学在读博士生袁旭峰：我就是做生物质能源的在读博士生，怎么去理解生物质能源，包括生物质能源对我们国家能源现状的影响，对我们今后来讲更建立了一个信心。我也很希望我能一直在做这个事儿。

这两天，中国生物质（能源）产业展示会正在中国科技馆（新馆）举行，展示生物质能源在我国实际生活中的应用和发展。有报告显示，我国生物质能源的资源量是水能的 2 倍、风能的 3.5 倍，其分布靠近东部沿海高能耗地区，近期每年可开发的生物质能源约合 12 亿吨标准煤，超过全国每年能源总耗量的三分之一。

2011 年 3 月 26 日，中国科技馆新馆报告厅举行了第三场系列讲座，讲演人是国家能源局新能源和可再生能源司副司长史立山，讲演题目是"中国新能源发展前景与相关政策解读"。生物质能的企业界来得最踊跃，还有中国人民大学、中央财经大学、中国农业大学师生等参加。史司长的开场白是："生物质能展示会已经两周了，做得非常好。这样一个活动对于我们社会各界来理解和关心生物质能起到了一个非常重要的作用。"

讲演先分析了国际国内的能源形势，指出："有两件事是必须做的，一是尽可能提高能源效率、减少能源总量，使我们总的消费可以保持在比较低的水平，但是不能降低生活的质量；二是开发可再生能源，包括生活在内的可再生能源。"讲演的大部分讲的是生物质能源，液态的、固态的和气态的；讲意义与优势，问题与和难点；讲政府做了什么和"十二五"打算做什么。

讲演约一小时，提问的很多，主要是企业界，问得很具体，建议和要求也很具体。

这次讲演达到了增加企业与政府间沟通的目的。

上下左右的沟通正是"惊蛰"战役的重要目标。

图 12-17　国家能源局新能源和可再生能源司副司长史立山讲演现场

第十二章　再披挂，决胜生物质（中）

"把枪杆子组织起来"

改革开放之初，在《参考消息》看到一篇短文，三版头条，标题大意是美国强大的基础是企业而非总统。文章说，提起美国的强大，就会说华盛顿、杰弗森、林肯和罗斯福，其实奠定强大美国基础的应当是洛克菲勒、福特、威廉·杜兰特、托马斯·爱迪生他们。这篇文章对我的冲击和影响很大。对啊，"决定社会发展的第一要素是生产力"嘛！

我一直在高校工作，发现"生物质"这个瑰宝，按理会大力推进"研究中心"或"工程中心"的生物质科技研发工作。我没这么做，却与"枪杆子"一起"闹革命"。既然企业是推动现代生产力发展的主要动力，何不直接投身于主战场，来得干脆与痛快。我不想"搞研究"，想"闹革命"。这就是为什么十多年来，我一直在强调毛主席说的"枪杆子，笔杆子，革命就靠两杆子"和"枪杆子里面出政权"。

现代生物质产业是个新兴的年轻产业，美欧有三四十年历史，中国才是近十年的事。第一代技术在美欧已相当成熟，商业化运作了一二十年，第二代和第三代技术正在攻关研发。生物质产业在中国刚刚起步，第一代产业化技术问题不大，但企业数量少，规模小，效率和效益不高，且各自为战，没有形成行业组织和整体效应；没有成熟的商业模式和市场，政府支持与投入严重不足。这个稚嫩的产业和企业太需要"笔杆子"了，太需要对这个利国利民的稚嫩产业多一份"鼓"与"呼"了。

自 2005 年，结交了一批企业家，洪浩、李京陆、钟凯民、董玉平、陈义龙、蒋大龙、庄会永、潘文智、罗浩夫等一批老董老总（参见上章"习武"部分）。他们坚守绿色发展和生物质理念，在生物质战场几经摔打磨炼，是掌握"枪杆子"的指挥员。经过一番准备，2010 年 11 月 14 日在中国农大金码大厦召开了"中国生物质（能源）产业展示会第一次筹备会议"。

此次参会的企业有国能生物质发电集团、武汉凯迪电力股份公司、毛

图12-18 "中国生物质（能源）产业展示会"第一次筹备会议（2010年11月14日于北京）

乌苏生物质发电公司、吉林辉南宏日新能源公司、北京德青源农业科技股份有限公司、杭州能源环境工程有限公司、山东百川同创能源公司、山东龙力生物科技股份有限公司、徐州燃控科技股份有限公司、广西武鸣县安宁淀粉有限责任公司、江西索源技术公司（福州大学）、内蒙古特弘公司（清华大学）12家企业。参会的有董事长、总经理或是他们的代表，与会者和工作人员个个精神饱满而神情凝重，脸上都绽放着一股内心的喜悦，在等待着一个大事件的发生。

会议由诗雷主持，开宗明义地介绍了会议的起因、内容和开法。会议的前半段是我的主旨讲话、程序教授讲话以及与会代表发言，后半段是诗雷介绍"中国生物质产业促进会"筹备情况及章程草案以及拟举办的"中国生物质（能源）产业展示会"的内容和对提供展品企业的要求，一切都是务实的。我的主旨讲话一气讲了个把钟头，因为有很多话想说。

第一次筹备会的一个重要特点是在战斗中"建军"，筹备会也是工作会。会上诗雷作了产业促进会章程草案说明后布置各代表将文字稿带回公司，半个月内反馈修改意见，继而报告举办"展示会"的初步设想。代表们讨论得很热烈。

诗雷在会议最后说，办"展示会"和筹备工作是需要经费的，提出每个企业出资 20 万元，有困难的可以少交免交。话音刚落，毛乌苏生物质发电公司董事长李京陆马上表态："我们打 30 万"，散会后北京德清源公司副总裁也急着向诗雷表示，"我们也不少于 30 万"。散会时群情高涨，说这次会议具有历史意义，应该留下点什么"痕迹"。于是将大会横幅摘下来，每个参会者都在上面签名留念（图 12-19 下）。走出会场合影（图 12-19 上）时，有企业代表开玩笑说："我们是黄埔一期。"

会后有两件事需要急办，申请"促进会"和筹办"展示会"。到中国科技馆联系办展，我们现在什么单位也不是，必须尽快有个"木头疙瘩"。

图 12-19　参加第一次筹备会的代表在会上以及有关文件（2010 年 11 月 14 日于金码国际会议中心）

当与全国工商联联系时得到的结果是申请和批准一个新会员至少要一年时间，让我们倒吸了一口凉气。好在有全国工商联的大力支持和配合，有诗雷的丰富行政工作经验和与各方人士打交道的能力，于2010年11月5日向全国工商联会员部和新能源商会正式汇报了促进会筹办情况和办"展示会"急迫需要有正式公函。为此需要加快在新能源商会下设"生物质（能源）专业委员会"的批准手续，同时以新能源商会发公函向中国科技馆申请办展。将审批时间由一年缩短为一个月，12月23日终于拿到了中华全国工商业联合会关于成立"中国生物质产业促进会"的正式批文。当然，全国工商联副主席谢经荣功不可没。

"中国生物质（能源）专业委员会"诞生了，生日是2010年12月23日。

2010年12月26日上午，在中国农业大学西区继续教育学院会议室继续召开第二次筹备会议。回顾了第一次筹备会以来的进展；讨论了"展示会"制作方案和参展企业的初步方案和明确展会目标是"解惑""展示"和"呼吁"。会议结束前，诗雷隆重地宣布全国工商联正式批准成立"生物质（能源）专业委员会"的消息，与会者欢欣鼓舞。

2011年3月26日在金码大厦召开第三次筹备会，研究了"展示会"闭幕及闭幕后事宜，最后我为会员单位赠书《决胜生物质》。

2012年2月22日召开第四次筹备会，讨论4月的成立大会事宜。

2012年4月13日，举行"中国生物质（能源）专业委员会"成立大会。

全国工商联新能源商会生物质专业委员会成立大会在北京国际会议中心召开了。一切按照高规格的正常程序进行，什么大会主席团啊，代表资格审查报告啊，通过选举办法啊，理事会候选人介绍啊，常务理事候选名单啊，主任副主任选举啊，宣读倡议书啊……这一切都是诗雷安排的，井井有条，滴水不漏。诗雷，这位热爱生物质事业的"义士"，真是一把好手！图12-20左下是诗雷在作"筹备工作报告"。

我的任务就是坐主席台、讲话、照相、接受采访。讲话中我讲了"迎来重要机遇期""如何抓住机遇期？"和"对专委会的一点期望"。讲话中我说：

2007年的8月，国务院发布了《我国可再生能源发展规划》，生

图 12-20　全国工商联新能源商会生物质专业委员会成立大会（2012 年 4 月 13 日于北京国际会议中心）

物质能源正准备迎接到来的春天的时候，却刮来一场人为的大风，将春天变成了冬天。5 年之后，2012 年的年末，国家能源局发布了《生物质能发展"十二五"规划》，这是我们期盼已久的一个福音。它不再是被边缘化了的，可再生能源中的"等"字辈，而是"自成一家"的规划，风能和太阳能都曾未有享受过的这种待遇。真是时代不同了，"铁树也能开朵花"，我们应该十分珍惜。

是不是又会来一场大风降温？估计不至于。应为过去五年的经历说明了，大风只是暂时，改变不了生物质能源的天生丽质；说明了生物质能源在中国，总是和它本是同根生的两个兄弟，风能和太阳能密切相关。必须声明，生物质能源不需炒作，更不需要人为地拔苗助长，但是也需要它应该得到的灌溉和施肥，水分和养分。

在这五年里，为什么生物质能源能够"梅花香自苦寒来"，是因为它的"天生丽质"，是因为减少化石能源对环境的伤害需要它；减少化石能源的对外依存度需要它；发展现代农业、增加农村就业岗位和增加农民收入需要它；国家的生态文明和发展循环经济更需要它，反正，离开它就是不行。我想这是发布《生物质能发展"十二五"规划》的原因。

"惊蛰崛起"战役自 2010 年 10 月 8 日到 2012 年 4 月 13 日。500 个日日夜夜。包括"精心策划""占据制高点""央视对话"、发表"生物质主导论"、《决胜生物质》首发式、"工程科学专刊""'我们行'展示会""系列讲座""门户网站"、成立"生物质专业委员会"，就这样一个仗接着一个仗地打，一出戏一出戏地演，将一个异彩纷呈的生物质汇报给国家和人民。

这是我国生物质产业的"笔杆子"与"枪杆子"写下的一段精彩创业史。

第十三章
再披挂，决胜生物质（下）
（2011—2019年／80—88岁）

冬天再冷，总是要过去的。经过"惊蛰崛起"的我国生物质产业开始复苏了。又适逢"十二五"开局和出现作物秸秆综合利用、防治大气污染以及农业面源污染治理等国家重大需求，生物质的环境功能异军突起，开始由被边缘向可再生能源舞台中央走去，迎来了发展的二次浪潮。

阳春五月车马喧

我居住的小区，有个可人的中心花园。初春里，随着薄雪消融，满园树木草丛还是一片枯黄的时候，首先露出点点嫩芽新绿的是那柔软婀娜的迎春花枝条。不几天，绽出朵朵小黄花，散发阵阵淡香。待迎春花盛开的时候，其他花草树木才陆续苏醒过来，迎春花是报春花。

《央视对话》《战略新兴产业》《主导轮》《首发式》《展示会》等如阵阵暖风，唤醒了苦度"十一五寒冬"的我国生物质产业，像迎春花似的朵朵绽开。"寒冬"给生物质能源蒙上的阴霾在渐渐消退，给人的负面印象在渐渐淡去。

也不知是否与我们组织的"惊蛰崛起"有关，2011年3月，一直在汽车租赁行业投资的一位多年不见的湖北老乡，两次来家深谈，希望将资金转移到生物质能源行业；一位退役海军将军和他的几位朋友，也想在家乡武汉周边发展生物质燃料，找我咨询；央企中粮集团生化部的岳国君总经理，我的老相识也到寒舍分析发展生物质能源形势。难怪老伴开玩笑说："这个家成为你的会客室了！"我说："去办公室要用车，在家办公不是可以节能减排吗？"

4月10—12日，中国工程院化工与材料学部在杭州举办了"非粮作物和生物质废弃物综合利用技术论坛"。学部主任曹湘洪院士主持大会，7位院士等众多专家参加，我的讲演题目是"生物质能源：一个农业工作者的视角"。

会议休息期间，与曹湘洪和汪燮卿两位攀谈。汪院士说："生物质能源产业发展的时间不长，产业链条却很长，今后一段时间要加强产业链建设。"曹院士说："在国家层面上，对新兴能源一定要实行'配额制'才能有效推进。"二位的想法高屋建瓴，观点独具。

从杭州会议刚回京，北京德青源的钟凯民董事长兴致勃勃地到家来看我，说他去年访美，介绍北京德青源利用大型养鸡场的粪便生产沼气和发电上网，美国人不信。今年1月，美国农业部副部长亲自带队到现场考察两天后说："中国确是走在了美国前头。"双方还签订了合作大单。钟董说，5月28日要在北京召开"中美沼气论坛"，邀请我参会和讲演。他还小声对我说，北京德清源打算下一步将沼气发电扩大到车用生物天然气，并就此问计于我。其勃勃雄心和满满信心溢于言表。

这次"中美沼气论坛"，有美国农业部副部长米勒的讲演；有中国国家发改委和农业部的官员对我国发展沼气也发表了积极的见解；我的讲题是"中国的生物质能源"。国家发改委能源研究所研究员秦世平在讲演中说了一段挺有意思的话："石院士的新作《决胜生物质》出版了，我以为院士要和谁打架似的，看完全书才理解，院士是为生物质产业在中国的发展而有'决胜'的决心和信心。"我很高兴听到这种"知音"之言。

5月15日，以节能环保和新能源为主业，近年在全国十多个城市投资200余亿元和运营了49个环保项目的"中国光大国际",安排了一次总裁陈小平对我的正式拜访。访问后的"纪要"称,"双方就生物质能源产业发展及国家相关政策等问题进行了会谈。石院士向陈总裁赠送了新作《决胜生物质》。"陈总裁向石院士提出了三点请求:①好的技术成果由我们来转化;②好的学生推荐给我们;③诚请石院士作为我们的高级顾问,为我们指点迷津。双方在融洽的气氛中结束了会谈,并合影留念(图13-1)。"

图13-1 与光大国际陈小平总裁会谈(2011年5月15日于北京)

交谈中,我曾向陈总介绍过国内的几个生物质能源企业,不想会见后陈总立即派员一一到现场作了考察调研。陈总二次拜会时对我说:"这次我们的考察收获很大,过去上项目首先想的是引进国外技术,原来国内也有许多好的技术和成功经验。""最近公司开会研究,决定将生物质能源作为发展重点,将生物质能源从新能源板块中独立出来。"

正是这次会见,开始了我与陈小平同志长达8年至今的合作之旅。

以上说的是民间来往,政府也在频频行动。

2011年4月26日,国家能源局下发了"关于支持开展非粮生物液体燃料质原料研发中心"的文件;6月,国家能源局在中国农大等院校筹建"国家能源非粮生物质原料研发中心";7月9日,国家能源局、财政部、农业部在北京联合召开了"全国农村能源工作会议暨国家绿色能源示范县授牌仪式"。国家发改委副主任、国家能源局局长在讲话中说:

我国有7亿人口在农村,全面建设小康社会重点在农村,难点也在农村。只有改变农村的落后面貌,才能建成更大范围、更高水平的小康社会。加强农村能源建设,是改善农村民生,推进城乡公共服务均等化的重要举措；是促进农村可再生能源发展，建设社会主义新农村的重要途径；是扩大内需，保持国民经济平稳较快发展的重要条件。

发展农林生物质能产业，开辟农村经济发展新途径。利用陈化粮和木薯等非粮作物，建设了生物燃料乙醇试点工程，年利用非粮作物180万吨。建设了200万千瓦农林剩余物直燃发电厂，年发电量超过100亿千瓦时，增加农民收入约30亿元。开展了生物质成型燃料利用示范，年利用量约200万吨。建成了北京德青源、山东民和牧业、蒙牛澳亚等大型沼气并网发电项目，积极探索发展循环经济的新路子。到2015年生物质发电装机达到1300万千瓦，集中供气达到300万户，成型燃料年利用量达到2000万吨，生物燃料乙醇年利用量达到300万吨，生物柴油年利用量达到150万吨。

国家发改委召开"工作会议"，标志着一个重大项目在全国的"启动"与"动员"，媒体上自然会掀起一阵生物质产业热潮，特别在投资界。"新兴产业规划临近，生物质能或领衔新能源"（上海证券报，2011年8月1日）；"利好生物质能概念股"（京华时报，2011年7月12日）；"十二五规划目标基本确定，生物质能产业有望迎来发展良机"（北极星电力网新闻中心，2011年7月20日）；"油价高位运行，生物质能产业发展前景看好"（尚普咨询，2011年7月12日）等报道不断。

这使我想起了6年前，2005年发表"种出一个大庆"时媒体传播的盛况。

"惊蛰崛起响春雷，阳春五月车马喧"，一改了前两年那种"寒冬腊月霜雪降，门庭萧疏可罗雀"的景象。看来，生物质产业是要时来运转了。

一个重大事件发生了！

2012年，一个重大事件发生了！
2012年1月10日上午，北京机场有80余次航班延误，43次航班取消，世纪之初开始孕育和暗潮涌动的雾霾终于在北京和华北地区上空集聚现身了。对这个警示，当时尚未引起社会的足够重视，秋天，雾霾出现的强度更大，频率更高，让北京人震惊了。

2012年12月初，我参加完资源与环境学院20周年院庆后，9日去南宁；22日转道海南过冬。

雾霾消息仍一道紧似一道地传来。2013年1月14日报道，因连日雾霾，北京儿童医院每天要接待800个以上患呼吸道疾病的儿童；1月15日报道，因雾霾严重，杭浦高速公路能见度极低，发生20辆车追尾相撞事故。这些消息使我想起我在《决胜生物质》书中引用过的，狄更斯在《荒凉山庄》里写的，"雾飘进格林威治退休老人的眼睛里和喉咙里，使他们在炉旁不断地喘息"。

我预感，兹事体大，不可小觑，于是查询起资料。

我发现，"十五"期间我国工业化开始提速，煤炭消费量和汽车增长量骤增，拐点在2003年。于是整理思路，随即成文，人未回京，文章先达，一篇题为"舍鸩酒而饮琼浆——也谈中国雾霾及应对"的文章在2013年2月28日的科技日报上发表了（《石元春文集·生物质卷》第289—294页）。这可能是关于雾霾方面最早的业务性文章之一。文章引言是这样写的：

> 今冬雾霾肆虐北京和中东部上空，其范围之广，时间之长，污染之重，对人民健康、经济政治及社会心理影响之大，震惊了国人，震惊了世界。工业革命之都伦敦百年前的迷雾重现于北京上空，开了一个历史玩笑。

文中有"雾霾是一种化石能源病""能源病要靠能源治""中东部雾霾之应对策"诸节，下面是其中的三段摘引：

> 中国工业化过程中的1980年、1990年、2000年、2010年四年，能源消费量依次是6亿吨、10亿吨、15亿吨和32亿吨标煤。

> 中国雾霾是近几年全国煤炭消费和汽车增量井喷式发展的直接结果，请看下面的数字。2005年和2010年全国煤炭消费量分别是23.5

亿吨和 32.4 亿吨，即每年新增 1.8 亿吨。2010 年中国煤炭消费量已占到全球消费总量的 48.3%（《BP 世界能源统计报告·2011》），即世界一半的煤炭是在中国烧掉的。当然，全球一半的燃煤粉尘也留在了中国，特别是经济发达的中东部地区。再看汽车，2005 年和 2011 年全国汽车生产量分别是 570 万辆和 1827 万辆，即每年增加 200 万辆；民用汽车拥有量分别是 3160 万辆和

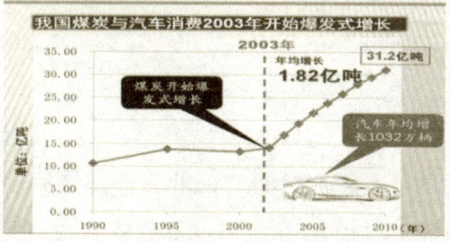

图 13-2　就雾霾著文（上）及基础资料（下）

9356 万辆，即每年增加 1032 万辆，主要集中在城市。

本地区除压减高煤耗企业和提高能效外，一不可能以石油和天然气大规模替代煤炭；二是地区水电资源开发殆尽；三因地处政治经济中心和人口密集而核电发展受限；四除海上风电外，陆上风电与太阳能发电潜力极小。天无绝人之路，这里的生物质资源却十分富饶。

文中尖锐地提出："燃煤是温室气体排放首犯，导致工业雾霾的元凶，用煤不减，环保无望。"开出的药方是大幅"压煤"和"降低汽车尾气排放污染"。同时分析了各种替代能源，得出主力必将是生物质能源的结论，建议"制定一个以作物秸秆和林业剩余物为原料的生物质发电（热电联产）与成型燃料供热的'减霾压煤'计划"。文中对政府有关业务部门忽视生物质能源表示不满，并以"主要障碍在决策层"结束全文。随之而来的事实完全证实了我的这种判断与建议。

文章发表后的 2013 年春天，雾霾更是猖狂肆虐。雾霾在京、津、冀、鲁、豫、苏、皖、汾河谷地、800 里秦川、长三角、武汉、南昌、广州和珠三角等我国最富庶的东部地区，以至大西南天府之国等地齐发并出，受

图 13-3 2013 年 8 月的《国十条》

影响面积占国土总面积的 1/4，受影响人口 6 亿；2013 年上半年 74 个城市空气质量超标天数占 45.2%，京津冀地区高达 69%。

2013 年 5 月，习近平主席在河北省视察时指示："河北省一定要完成压煤 4000 万吨，压钢铁 2400 万吨任务，GDP 掉下几个点不要紧。" 2013 年 9 月李克强总理在夏季达沃斯论坛上的讲话中说："今年年初中国北京发生的雾霾。我们经过认真研究，决定要打一场攻坚战。今后一段时间内，要在京津冀鲁地区减少 8000 万吨煤的消耗。"

2013 年 9 月 13 日，国务院发布了《大气污染防治行动计划》(简称《国十条》)，将防治雾霾上纲到"大气环境保护事关人民群众根本利益，事关经济持续健康发展，事关全面建成小康社会，事关实现中华民族伟大复兴中国梦"。

雾霾着实地惊动了中央。

一场具有深远和里程碑意义的"克霾战役"在全国打响了！

"煤改气"不行，"煤制气"也不行！

克霾大战怎么打？《国十条》说得很具体。

有"砍"落后产能、过剩产能和黄标车等；有"控"煤炭消费总量、中小燃煤锅炉、机动车保有量和提高油品质量等；有严格节能环保准入与约束等；有环境经济政策和发展环保产业等；有加快清洁能源替代等10条35款。目标是"力争五年时间是全国空气质量总体改善"。

《国十条》中除关、停、堵、截、管外，重点在"压煤"，目标是把煤炭占能源消费总量比重降低到65%以下，压煤的办法是"煤改气"。在"加快清洁能源替代"中特别提出"加大天然气、煤制天然气、煤层气供应"，随后提出"有序发展水电，煤炭清洁燃烧发电，利用地热能、风能、太阳能、生物质能，安全高效发展核电"。

明知天然气不够，煤层气不行，还非要提"煤改气"，其真实目的是要大推"煤制气"。此乃"声东击西"之计，路人皆知。更令人遗憾的是，《国十条》的"清洁能源替代"仍然停留在"惊蛰崛起"之前的落后意识，仍将生物质能边缘在要"龙灯尾巴"的角色。

尽管如此，"龙灯尾巴"还是窃窃自喜，自认为机会一点会落在自己身上。

2013年2月28日的"舍鸩酒而饮琼浆"文，我义正词严地提出"克霾主力必将是生物质能源"，《国十条》没有采纳。9月24日的"第一届生物质产业发展长春论坛"上，清华大学李定凯教授讲演一开场就调侃说："说到发展生物质能源，我们应当感谢'雾霾'。"

我在讲演中说得比较含蓄："生物质能源在《国十条》中仍被政府有关业务部门边缘化。但是没有关系，'克霾'需要生物质，这是不依人们意志为转移的。"不想话音尚在绕梁，政府业务部门的"煤改气"意志就"玩不转了"。

《国十条》刚发下去，天然气骤然吃紧，煤制天然气和煤层气也不见踪影。才一个多月，立即发文"天然气不能一哄而上"，和生物质供热大行其道起来，随之"煤改气"的修正文件与通知，犹如雪片。

这是怎么回事？

《国十条》的潜目的不是要发展"煤制气"吗？那哪行！且不说远水不解近渴和投资与成本问题，那高排放和高耗水对环境的严重负面影响就能使他刚起步就会"掉链子"。几年前，我就与"煤基"多次交手，反对过煤制油气。

这次本不打算出手，却因看到10月16日《中国科学报》的一篇来自美国杜克大学对煤制油气的质疑报道，惹起我一股无名愤懑和忧虑。当前"煤老板"日子不好过和寻求摆脱困境是可以理解的，但也不能不讲科学，置国家利益而不顾啊！随即放下手头工作，几天就形成一篇"发展煤制油气无异饮鸩止渴"文，发表在10月30日《中国科学报》上（《石元春文集·生物质卷》，第304—306页）。

此文刊出仅一周，《中国电力报》能源周刊主编颜新华就与我通话，说下周要出一期煤制油气的专刊。电话中已经感到了他的惴惴不安，"上了十多个煤制油气项目，百多亿资金已经投进去了，可您在文章把煤制油气说得一无是处，业内反响可大了，您能接受我们一次电话采访吗？"

"当然可以。"

第二天，11月14日上午，艳阳铺满了整个房间。整十点，颜主编的电话来了。记者采访，一般是恭恭敬敬，小心翼翼地，这次则一反常态。因为有昨天电话垫底，今天三言两语后，就短兵相接起来。看来，颜主编是做足了功课，一招接一招地出手，一个问题接一个问题地突袭。好在我胸有成竹，兵来将挡，见招拆招。电话里，二人时而摆事实讲道理，时而唇枪舌剑，针锋相对。对峙了个把小时，颜主编的语音语速降下来了。最后说："石院士，我接受您的观点。但是事关重大，我要向社长请示。""这期专刊下周肯定出不来了，可能要推迟一周。"

这是我生平接受的唯一一次唇枪舌剑，别开生面的电话采访，足足两个小时，老伴做好的午饭都放凉了。

12月10日的《中国电力报》能源周刊版以全版篇幅报道了颜主编对我的电话采访，标题是"发展煤制油气代价巨大，生物质能源大有可为"。在"千字按语"中说："在我看来，石院士从生态环境保护、控制煤炭消耗速度出发，提出控制煤制油气产业发展速度和规模的观点，值得高度重视。"按语的最后说："对于上天赋予我们的这种宝贵的可再生能源，何不在这上面多花一点心思、多倾注一点关心、多付出一些行动？"（图13-4）

颜主编采访文的态度非常鲜明，但是在有些敏感处用词委婉。可以想象，他是顶住了煤炭界多大的压力，可能会得罪多少"煤老板"才敢于说出了这些真话的啊！我钦佩这位"求真"的新闻工作者。只可惜采访时间虽长，讨论亦深，却未能谋面。在电话交谈中，可以感受到他的高高个子，透着一股刚毅执着英气的俊朗面庞。

质疑"煤改气"，我为什么这么有底气和信心？是因为我国年耗煤中，有约 1/4 是供散布在全国的 60 余万个 20 吨以下的中小燃煤锅炉消费的。既不能压，又不能清洁燃烧，天然气虽好，但缺口太大，连北京都紧张，能顾得上遍布全国的这些燃煤中小锅炉吗？

天然气不行，煤制气也不行，电费又太贵，用什么"压煤"？

图 13-4　两篇反对煤制油气文章（2013 年 10 月和 12 月）

固体生物质燃料临危受命

2014 年夏天，我们团队的立强与万斌冒着酷暑，到河北邯郸对"压煤"做了一次调研，发表了一篇"拆了烟囱怎么办？"的文章，报道"邯郸市铁腕治理大气污染，今春已拆除高 15 米、直径 1 米以上，10 蒸吨以下燃煤烟囱 1650 根，淘汰 955 个、共计减少了 2066 蒸吨的燃煤中小锅炉，可每年减少燃煤 130 万吨标煤。"这可是打了一个大胜仗。可是文章转而提出："生产可以转型或关停，生活用锅炉必须继续，用什么来替代燃煤？"文章算了一笔经济账，按供热单位计，以燃煤成本为 1，天然气、燃油和电力分别为 2.4、2.5 和 5.4，而生物质成型燃料仅为 1.4。就成本、储运、燃烧以及适合高度分散的取暖供热小锅炉而言，成型燃料最接近煤炭，它

图 13-5 拆烟筒的典型调查（2014 年夏于邯郸）

又是可再生和绿色，排放近于天然气。

其实，道理就是这么简单，可是《国十条》选择了"煤改气"。刚公布才 1 个月，就因天然气源严重不足而不得不紧急下文"'煤改气'不能一哄而上"，委委婉婉和遮遮掩掩地提出，"宜气则气，宜电则电，宜生物质则生物质"。好在是，生物质开始被提上了台面。

2013 年 9 月发布的《京津冀及周边地区落实大气污染防治行动计划实施细则》进而将成型燃料供热提到突出位置；10 月发布的《生物质能供热项目建设技术导则》更明确地指出"农林生物质锅炉供热适用于分布式供热，布局灵活，可替代化石能源供热"；11 月发文要求北京、天津、河北、山东、上海、江苏、浙江、广东等省市开展生物质能供热潜力调查评价工作，指生物质成型燃料锅炉供热具有"规模较小，运行灵活，经济性好，是典型的新能源供热方式"。生物质能越来越得宠了。

2014 年 3 月，国家发改委、能源局和环保部又联合印发了《关于印发能源行业加强大气污染防治工作方案的通知》，将 2017 年生物质成型燃料全国年利用量提高到 1500 万吨以上。

6 月 18 日，国家能源局和环保部在发布的《关于开展生物质成型燃料锅炉供热示范项目建设的通知》中要求，"当前，防治大气污染形势严峻，大量燃煤锅炉供热需用清洁能源替代。生物质成型燃料锅炉供热是低碳环保经济的分布式可再生能源供热方式，是替代燃煤燃重油等化石能源锅炉供热、应对大气污染的重要措施，发展空间和潜力较大。2014—2015 年，拟在全国范围内，特别是在京津冀鲁、长三角、珠三角等大气污染防治形势严峻、压减煤炭消费任务较重的地区，建设 120 个生物质成型燃料锅炉供热示范项目，总投资约 50 亿元。2014 年启动建设，2015 年建成。"

11 月 26 日，国家能源局环保部联合下发了"关于加强生物质成型燃料锅炉供热示范项目建设管理工作有关要求的通知"。

12 月 26 日国家发改委又下发《关于加强和规范生物质发电项目管理有关要求的通知》。

自国务院颁发《国十条》以后的一年零三个月里，就推动生物质燃料供热和生物质发电连发 8 文。原来，生物质固体燃料是临危受命，为"煤改气"救场来了。

国难思良将，病笃求良医，克霾想起生物质。

下面说个身边发生的故事。

2013 年的秋天，北京天气十分爽朗，客厅里窗明几净，《国十条》带来的兴奋余波未尽。

曲周县河南町公社老书记胡文英和王庄村老书记王怀义来家看我。刚落座，接到万斌打来的电话："石校长，××××要您个人的银行账号，要给您打顾问费。"

"万斌，你是知道的，我从来都是义务顾问，不收费的，请你替我退回去。"我在电话里如是说。

曲周战友相见，话如涌泉。

"石老师，今年曲周县和我们村又是个玉米丰收年，1 亩地能打 1 吨。"怀义兴冲冲地说。

我脱口而出："也就是说，1 亩地还可以收 1.5 吨秸秆。这么多秸秆，你们是怎么处理的？"

"都翻到地里了。"老支书怀义说。

"那不是会影响下茬小麦播种质量吗？病虫害是不是也会多起来？"我又问。

"可不是，要加大小麦播种量，播种质量还很差。这几年病虫害确实是多了。"怀义显出一种无奈表情。

"一般情况下，有 1/3 秸秆还田就可以维持地力了，为什么不做成型燃料当煤烧？"我接着提问。

"石老师，现在农民都是合伙用汽车到峰峰煤矿拉煤，一冬的采暖需要花费两三千元，压力也是挺大的。我们听说可以用秸秆粉做煤烧。你再领着我们干吧。"

我立即对老伴说："赶紧给万斌打电话，就说顾问费我要了，代他们支持发展农村生物质能源。"

"好啦！有10万元垫底了。说清楚，这是××××赞助的。"我又补充说。

王庄生物质成型燃料生产厂办起来了，全村100多户用的都是作物秸秆制造的"生物煤"，既省钱又好烧，高兴得不行。外村外地来王庄参观取经不断，还上了中央电视台和河北电视台。

2013年的12月20—22日，"首届生物质供热高峰论坛"在广州召开了。大会上，农业部、环保部、国家林业局的业务主管，以及中科院专家等都作了讲演，对《国十条》发布后成型燃料供热在我国的发展形势发表了积极的见解。我在"迎接大发展——生物质能源的春天"为题的讲演中介绍了村办成型燃料加工的"原料－加工－自用－销售"一体化的"王庄模式"。

会议承办方广州迪森热能技术公司，为客户提供生物质供热，与可口可乐等大型公司签项目100多个，涉及造纸、冶金、食品饮料、医药化工等20多个行业，2012年成功上市，是我国生物质供热的领军企业。参会的有来自全国的20多家生物质能企业，他们更是怀着一份迎春的欣喜。

在欢迎宴会上，我与国内生物质成型燃料供热的两个领军企业，"南迪北宏"的两位董事长留下了一张合影，弥足珍贵（图13-6下）。

广州会议的《纪要》上写着："会议认为，生物质能供热是具有较强竞争力的工业清洁供热方式。生物质能供热显著提高了能源利用效率，与天然气、轻油供热相比具有明显的成本优势，宜成为工业清洁能源供热方式的优先选择。特别是在京津冀鲁、长三角、珠三角等大气污染防治任务较重地区以及燃煤消费控制的重点城市，具有广阔的应用前景。"

次年3月，《经济日报》用大半版篇幅登载了为《国十条》谏言的我文"迎接生物质能源发展的春天"。此文"新闻性"差，该刊编辑即安排该报记者著文"生物质能正在上演'绿色传奇'"。好亮丽的题目，确有"画龙点睛"和"提气"之效（图13-6上）。

广州会议后，我与老伴顺势南下，到海南过冬去了。

海南的冬天，天堂仙境一般。

一天，光大国际副总裁陈涛代表陈小平总裁来富力湾看我，说他们继垃圾发电后，以县域为单元，从事作物秸秆和畜禽粪便等农业废弃物的能源化利用。在给我的材料中写到，"经多年探索，提出通过技术手段，将农村生物质能源转化为可持续的生物质'煤田'和'气田'，建立了'全县域生物质产业化综合利用模式'"。并以江苏省宿迁市宿城区为例，可利用秸秆量12万吨，布置了年产4000吨成型燃料的秸秆加工厂点21个。

图13-6　PPT首片及会后发文（上）；广州会议的一张合影（下）

光大国际总结"全县域生物质产业化综合利用模式"有6条效果。①从源头帮助政府解决禁烧难题；②实现2吨秸秆节约1吨工业煤的效果；③每利用1吨秸秆，减少1.3吨二氧化碳、8公斤二氧化硫的排放；④每建成一个县域农作物秸秆产业化利用项目，可增加1000个就业岗位；⑤每利用1吨秸秆发电，可产生约1500元的经济附加值；⑥每利用1吨秸秆，农户增加约30元/亩以上的收入，运输人和承包人也会获得不菲的报酬等。因为此模式及6条效果具普遍意义，故全录于此。

光大国际垃圾发电起步数年，即达亚洲第一。又在成型燃料供热领域巧布下了一子妙棋，值得期待。

东北大地也有喜讯传来。

2015年夏参加第三届"生物质发展长春论坛"期间,吉林宏日董事长洪浩对我说:"去年冬天,我们接了第一汽车制造厂的一个煤改生物质项目,把我们的技术提升了一大步。"第二天早餐见到周凤起所长,我告诉他这个消息。他问:"锅炉吨位多少?"我说:"80蒸吨。"他说:"好极了!已经达到工业用标准,这是中国第一家,可以大范围推广了。"行家一出手,就知有没有,周所长的简单一言,分量可是不轻。

长春第一汽车制造厂富维供热站是宏日公司承接的第一个生物质锅炉改建项目,2014—2015年供暖季供热面积9万余平方米,消耗2400吨生物质颗粒燃料,排放达标,用户满意。接的第二个项目是20世纪50年代苏联援建长春第一汽车制造厂时配套建设的一座燃煤热水锅炉分厂,排放严重超标。2015—2016年采暖季,热水厂消耗颗粒燃料6.5万吨,是国内最大的成型燃料锅炉供热单体项目。

我在北京想象,每天几十辆满载生物质成型燃料的大卡车穿梭来往于一汽(大众)会构成多么亮丽的一条绿色风景线啊!

这几年,宏日公司的成型燃料供热越做越大,越来越成熟。可是在北京却碰了一鼻子灰。

北京市昌平区小汤山镇大东流苗圃是国家级林木种苗示范基地,使用两台6吨燃油锅炉供暖,每年消耗200多万元的电费和110多万元的燃油费用,随着温室面积增加到5.8万平方米,每年要支出1000多万元的供热费。几经考证,采用了生物质供暖方案。2013—2014年供暖季,整个供暖季总共消耗了生物质成型燃料2600吨,供暖支出320万元,与上年度相比,节约6成,且烟气的SO_2、颗粒物、NO_x等主要污染排放物完全达标。

不料,2014年8月北京市发文,将生物质成型燃料列入"高污染燃料"。10月12日,我等14位院士专家给北京市人民政府上书,有理有据,义正词严,建议"出台补充规定,重新定义生物质成型燃料"。此前,环保部于2009年和2014年分别给广东省环保厅和山东省环保厅的复函中,均肯定生物质成型燃料"不属于高污染燃料","是一种较好的煤炭替代燃料"。

没有风浪不是大海,没有挫折不算成长,宏日公司更加成熟与壮大了。2016年,国家发改委发布的《生物质能发展"十三五"规划》,成型燃料将由"十二五"期末的800万吨／年增长到2020年的3000万吨。据中国产业发展促进会生物质能分会《2018报告》预测："到2030年，农村地区80%以上的剩余秸秆加工成为燃料，全国生物质燃料的生产和利用量达到2亿吨标准煤；全国利用生物质替代中小锅炉燃煤的比例达到50%，农村替代燃煤的比例达到60%。届时，生物质燃料成为一种常见商品，广泛用于家庭炊事、壁炉供暖、工业锅炉、商业供热和生物质生产加工行业原料。"成型燃料前景竟是如此诱人。

2017年，中国生物质能产业促进会在武汉成立了"成型燃料供热专业委员会"。2018年12月25日，中国光大绿色环保有限公司等15家领军企业在长沙市梅溪湖畔举行首次行业峰会，发表的《梅溪湖宣言》称："我们决定，将农林废弃物的减量化、无害化处理和能源化利用作为本行业的发展重点，更清晰地向全社会传递'刚需产业''基础设施''民生工程'等行业属性，争取农林废弃物处理产业成为政府主导下的社会公益事业。"

成型燃料供热如东方地平线冉冉升起的一轮旭日。

有感于生物质能源功能因2008"风暴"与"海啸"一时受挫，而2013雾霾又使环境功能崛起，写下了：

> 东方不亮西方亮，
> 能能环能皆是能；
> 有起有落系常事；
> 回旋自如天地宽，
> 河东河西总有时。

生物天然气异军突起

21世纪的第一个十年里，欧亚大陆东西两端的中国与德国，各画了一条沼气发展曲线。中国由700万户增加到4000万户；德国由850个工

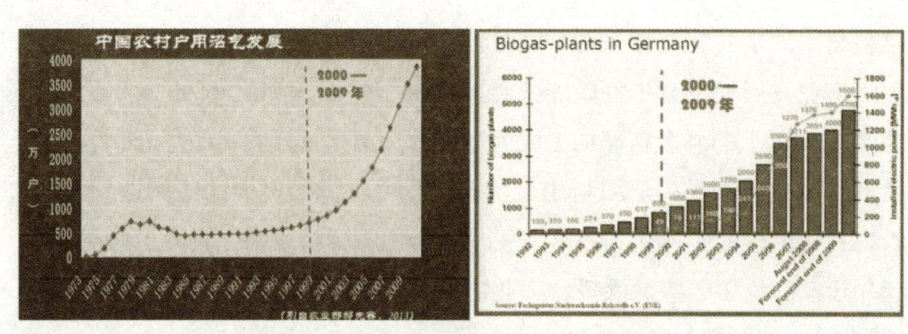

图 13-7　中国农村户用沼气（左）和德国生物天然气（右）的发展曲线

厂增加到 4780 个工厂，二曲线走势何其相似乃尔（图 13-7）！内涵却大相径庭，中国发展的是农村户用沼气，德国发展的是工业化生产的生物天然气。

发展中国家发展农村户用沼气是件好事，20 世纪 60 年代联合国粮农组织就曾向发展中国家大力推广过中国的农村户用沼气。可是，时隔半个世纪，重施故技，已落后于时代了。20 世纪 90 年代，瑞典斯德哥尔摩满街上跑的是沼气升级的"Biogas Car"，连到海滨去的火车燃料也是"Biogas"。

我们团队的同志，一直为这两条曲线纠结与不甘。一次，在我家碰头，程序教授说："20 世纪 60 年代我就在京郊窦店大队搞沼气，过去四五十年了，现在搞的还是农村沼气，为什么不能产业化生产和提纯沼气呢？"我说："我没搞过沼气，但我的专业是土壤学，我们的祖师爷李比希 19 世纪就提出'土地归还学说'，要求植物从土壤中吸走的营养物质都能归还到土壤，以维持地力。固体生物燃料高温燃烧后剩下的草木灰只有钾盐，而常温厌氧发酵的沼气可以保存全部营养物质，而且是有机态的，生产过程还是负碳。所以在生物质能的各种形态产品中，我对生物天然气情有独钟。"

2006 年，程序教授在广西推进木薯乙醇时就提出利用高 COD 废水发展沼气；2010 年他提出"产业沼气"概念；2011 年与企业合作建成国内第一个日产 1 万立方米车用生物天然气示范工程，为南宁市数百辆出租汽车提供甲烷含量在 97% 以上的"产业沼气"。2012 年他正式定名为"生物天然气"。

与此同时，山东民和牧业与北京德清源蛋鸡厂先后利用鸡粪生产沼气发电入网（图 13-8）；河南天冠乙醇厂以乙醇生产的废液作原料，日产沼气 30 万立方米，以管道输送民间供热。管道沼气、沼气发电与车用生物天然气三箭齐发，我国生物天然气的这艘产业舰队起锚了！

起航不多的生物天然气航船中，北京德青源的沼气发电表现不俗。2009 年，联合国秘书长潘基文参观题词；2010 年美国农业部副部长带队考察；2012 年与美国最大的养猪企业史密斯费德签订了向美方提供畜禽粪便生产沼气发电技术的协议；2013 年 7 月，科技部部长万钢在此召开了"全国生物燃气产业商业模式应用推进现场会"。

会后，钟凯民董事长专程邀我和程序教授等到现场参观考察。我和程序教授认为推进生物天然气的时机已经成熟，该出手了。于是我二人和崔宗均教授于 2013 年 7 月 29 日联名给李克强总理写信，力荐生物天然气。信中介绍了德青源案例后说：

生物天然气是一种气电热肥联产的农工联合型产业，又是一种资源循环利用和克霾减排二氧化碳的生态环保型产业。我国的生物天然

我国首例车用生物天然气示范工程（2011）与两例沼气发电工程（2009）

图 13-8　我国最早的一批生物天然气产业

第十三章　再披挂，决胜生物质（下）

气产业起步较晚，规模还小，但已形成从原料收集、厌氧发酵、提纯压缩、装备制造和终端服务的产业链雏形。我国生产生物天然气的资源很丰富，具年产2330亿立方米的可实现潜力，相当于2012年我国化石天然气进口量的3.8倍。生产生物天然气的经济性也很好，其基本建设一次性投资，是进口化石天然气的37%和"川气东送"工程的40%。

信中介绍了生物天然气的四大优点后写道：

> 我们以为，当前我国推进的现代农业不应是计划经济体制下单一的初级农产品生产，而是农工联合和城乡一体的农业，生物天然气可为之增光添彩；新型城镇化的能源战略支点，不应是扩大化石能源需求缺口和导致增排制霾，而是以生物天然气等生物能源为主导的清洁能源。发展生物天然气还是可容纳大量农村劳力转移就业，资源循环再生，产品市场需求无限的战略新兴产业。发展生物天然气可对我国能源替代、克霾减排、现代农业和城镇化一举四得，不存在资源与技术装备制约，只需政府着力推进即可。

事也凑巧，总理在河南任省委书记期间曾大力支持过的河南天冠燃料乙醇集团董事长张晓阳也在此期间上书总理，建言发展规模化沼气。总理的批示是，"发展生物能源是我国调整能源结构，改善生态环境，促进农业发展的重大措施，很有意义。此两件所反映的情况和建议，请发改委、财政部和环保部组织人员深入调研，认真讨论并提出政策建议"。

这是继2005年"四院士上书"温家宝总理8年后"三教授上书"李克强总理再谏发展生物质产业。

信刚递上去，程序教授就接到国务院办公厅电话，要派员了解发展生物天然气的详细意见。此时已是快下班时间，程在电话里说："那就明天来谈吧。""您今晚有时间吗？"结果是当晚到程家里去谈的。

国家发改委和农业部于2014年提出了从农村户用沼气向大、中型沼气－生物天然气工程转型升级的方案，以及财政部与环保部联合启动了 10 个生物天然气工程试点项目。2015 年年初，国家发改委和农业部在向国务院的报告中提出："把沼气作为国家能源发展战略和新农村建设的重要内容和提高沼气产品在城乡清洁能源消费中的比重。"

2015 年 6 月，国家能源局发文，在内蒙古自治区试点建立年产生物天然气 2 亿立方米的示范区，以及在《生物能源"十三五"规划》中将生物天然气作为发展生物能源的重点，将生物质能总投资的一半以上用于生物天然气，2020 年的产量指标是 80 亿立方米。

生物天然气产业的发展势如潮涌，一浪高过一浪。顶峰出现在 2016 年的 12 月，即习主席在中央财经领导小组第十四次会议上的讲话。

> 加快推进畜禽养殖废弃物处理和资源化，关系 6 亿多农村居民生产生活环境，关系农村能源革命，关系能不能不断改善土壤地力、治理好农业面源污染，是一件利国利民利长远的大好事。要坚持政府支持、企业主体、市场化运作的方针，以沼气和生物天然气为主要处理方向，以就地就近用于农村能源和农用有机肥为主要使用方向，力争在"十三五"时期，基本解决大规模畜禽养殖场粪污处理和资源化问题。

习主席讲话是把畜禽养殖业废弃物资源化与治理农业面源污染，与农村能源革命和改善生产生活环境联系在一起，突出了生物质的环境功能，道出了事物的本质。习主席讲话是一记响亮的生物天然气进军号。

《讲话》不到半年，2017 年 5 月，国务院下发了《关于加快推进畜禽养殖废弃物资源化利用的意见》，指出通过沼气 / 生物天然气生产和制作有机肥解决畜禽养殖废弃物资源化问题必须制度化；全部兑现了多年来沼气 / 生物天然气产业一再呼吁的政策扶持和财政补贴；对沼气发电并网和生物天然气进入燃气市场的"老大难"问题也尽开绿灯；连最棘手的企业用地也指示国土资源部门优先安排。

一个月后，2017 年 6 月 27 日，国务院在湖南省长沙市召开了高规格的全国畜禽养殖废弃物资源化利用会议，汪洋副总理出席并讲话。

2018年4月2日，第19届中央财经领导小组会议上习主席再次指示"要做好生物天然气产业的政策研究"后，国家发改委和国家能源局于2018年12月7日向全国29个省市和9个央企发出"编制生物天然气发展的中长期发展规划的通知"，传递了国家首次将生物天然气（含有机肥）纳入能源发展战略和作为乡村振兴的重要抓手的重要信息。

国家需求与政策环境是条件，内因是企业推进。

一时间，出现了一支上百艘舰船的生物天然气舰队，航母叫"中广核"号。

中广核的全名是"中国广核集团有限公司"，是伴随我国改革开放和核电事业发展逐步成长壮大起来的中央企业，深圳大亚湾核电站的建设者，"2016中国企业500强"中排名261位。集团的战略定位是"国际一流的清洁能源集团，全球领先的清洁能源提供商与服务商"。

2014年4月初，我刚从海南过冬回京，中广核集团谭建生副总来访。

"石院士，我们这次来拜访，是想向您求教发展生物质能的。"

"你们是搞核能的，怎么搞起生物质能来了？"我脱口而出，有些唐突。

"除了搞核能，还搞非核能。"他回答得也干净利落。

"中广核主要是发展清洁能源。前几年我们发展了风电和太阳能发电，现在考虑进军生物质能，所以来向您请教。"他补充说。

我们谈得很投缘，特别是他提到正在论证利用新疆呼图壁种牛场的牛粪为原料，建生物天然气工厂。我大加赞扬和提出如原料中添加作物秸秆之类的种种建议。

第二年，2015年8月8日，谭总又兴致勃勃地带着六七位技术骨干来访，这次是在金码大厦会议室谈的。

"去年得到您对呼图壁建生物天然气场的肯定与指点后，我们走完了论证、评审和审批程序，今年6月正式开工了，计划明年6月试生产。项目建成后可年产车用生物天然气810万立米、沼渣4.5万吨、沼液34万吨。下个项目我们打算在河北衡水建厂，也想听取您的意见。"

"看上衡水老白干的酒糟了？"我又脱口而出。

"是啊！""我还想向您报告的是，中广核集团公司董事会已经通过决议，决定将生物质能作为非核清洁能源的战略重点，成立了'生物质能工程研究院'，今天也是来向您汇报和听取意见的。"谭总说完就让新任院长介绍创办生物质能研究院的计划，计划宏大而翔实。中广核起点高、手笔大、动作快、规范而有序。

中广核这次给我的最大惊喜是，不到两年的产业实践，就确定非核清洁能源的战略重点是生物质能。倒也是，凡尝试过风能与太阳能者，更容易将战略重点回归到生物质能上来，一点也不意外。因为比较是残酷的。

第三年，2016 年的 4 月 15 日中广核生物天然气项目负责人周新安和闫卫疆来访，报告了呼图壁厂运行和延安梁家河厂以及河北衡水厂的建设情况。由于呼图壁项目的成功运行和衡水项目的顺利进展，中广核的生物天然气工程得到政府有关业务领导部门认可与嘉许，特别是"天然气 + 有机肥模式"。所以在《生物质能发展"十三五"规划》以及有关政策的讨论与制定，中广核是少有被邀参加的企业。

两位老总邀请我们到衡水现场去看看。我腿懒不想动，却提出了由程序教授带领，万斌和王崧参加，到中广核的三个点以及国内主要生物天然气厂现场考察的建议。构成了"程序带队，王崧录像，我在家看视屏"模式。

程序同志看了衡水厂后对我说："到了衡水厂，再也不会说生物质能是小打小闹和农村能源了，完全是一派大工业气势。"

2018 年 11 月 28 日，国际能源组织（IEA）与中国生物质能产业促进会以衡水厂为现场，在北京召开了"生物质能清洁利用国际研讨会"（图 13-9）。会议中，举行了中国生物质能产业促进会"生物天然气专业委员会"授牌仪式，主任委员单位为中广核节能产业发展有限公司。从此，生物天然气也有了自己的行业组织了！

在 2018 年的最后两三天里，央视财经频道深度财经节目在热点时间，播放了长达 13 分钟的"亚洲单体最大的衡水生物天然气工程项目"，在全国业内影响很大。周新安总经理在节目中介绍说："我们厂每年消耗畜禽粪便 30 万吨、作物秸秆 30 万吨和酒糟 16 万吨。每天产沼气 4.5 万立方米，提纯后的生物天然气 2.8 万立方米。""沼气发酵后的沼渣和沼液制成有机

图13-9 "生物质能清洁利用国际研讨会"在北京召开（2018年11月28日）

图13-10 央视《深度财经》栏目报道"亚洲单体最大的衡水生物天然气工程项目"（2018年12月29日）

肥料，销售收入超过生物天然气（图13-10）。"

自2016年，中广核已建成三个生物天然气厂，在建的有湖北浠水、山东禹城、新疆9师等厂，后面还有一个很大的计划。中广核一路高歌猛进，随着2018年年末的国际会议与央视深度财经报道的两声汽笛，这艘生物天然气航母带着她的舰队出海了。不需很长时间，这支百十艘舰船的舰队必将会发展成数百上千艘的大舰队，因为这支舰队占尽了天时、地利与人和。让我们翘首以待吧！

"固体生物质燃料临危受命"和"生物天然气异军突起"，是因为生物质不仅具清洁能源功能，还有不可代替的环境功能，以及振兴"三农"的功能，"一石三鸟"。

生物质，"既是能源，胜似能源"。

液体生物燃料一波三折

生物质固体燃料和气体燃料如此红火，液体燃料如何？

按理，液体燃料应当是老大，需求最广，发展最早，但却走着一条奇特而艰难的道路。

20世纪60年代的全球性石油危机中，巴西和美国凭借其甘蔗与玉米的原料优势，先后生产燃料乙醇替代石油，开创了燃料乙醇世纪。1999年克林顿发布《开发和推进生物基产品和生物能源》总统令，掀起全球性生物质能源热，2016年的全球燃料乙醇产量达到7975万吨，生物质能的老大，其中美巴分别占57%和28%。其他国家也有行动，但生产规模不大。

这是一个国际性巧合，20世纪末中国粮食年年丰收，陈化粮压库，也动起了转化燃料乙醇念头。陈化粮燃料乙醇列入了"十五"重点建设工程项目，分别在黑龙江、吉林、河南、安徽建了四个生产厂。2006年即销售乙醇152万吨，乙醇汽油1544万吨，陡升至世界老三。只要中国想干，就能出彩。只可惜随着陈化粮用尽和粮食形势趋紧，燃料乙醇像断了线的风筝，在200万吨/年上下维持徘徊，原地踏步20年至今。

以粮食为原料生产能源绝非长久之计。即使像美国这样的粮食生产与出口大国，2008年的世界粮食风暴中也为千夫之所指。于是，包括世界生物质液体燃料生产国开始打起生物质组分淀粉/糖以外的半纤维素和纤维素的主意，掀起了纤维素乙醇攻关热。只可惜，久攻不克。

纤维素乙醇走的仍是生物发酵路线，是否可以另辟蹊径，走化学路线试试？

果然，"山重水复疑无路，柳暗花明又一村"。

说说发生在身边的故事。

2013年5月19日，应约，我在金码大厦会见了武汉凯迪新能源公司董事长陈义龙，陪同他的有李林芝副董事长。他向我报告了一个好消息："经8年研发，凯迪建成了国内首条年产1万吨的生物质气化合成燃油（BTL）生产线，今年1月20日至今已开始成功运行了4个多月。"

我一听，脑子一震。随之问了"用的是什么原料？""汽化温度多少？""气体分离和加氢成油技术如何？"以及油品质量和成本等一连串问题。一边问脑子一边想，"这条热化学路线已经不是在转化生物质组分中的淀粉和纤维素了，而是连占生物质组约40%的木质素禁区也被打破了。""这可是原料来源的大解放！""它将会为我国能源安全作多大贡献？"……我的发散性思维在不断发力，真希望立即飞到武汉去看个究竟。

凯迪是个上市公司，网上信息和传闻自然不会少，负面的也有。由于兹事体大，我又业务外行，于是组织了一个高规格的专业技术小组先行探路。成员有中石化研究院副总工蒋福康、中石油规划总院战略研究所副所长刘蜀敏、国家林业局造林司总工吴坚、国家林业局造林司处长陆诗雷，以及中国农大的程序和胡林两位教授。由程序教授带队，秘书是王崧。

8月4日下午，考察组乘高铁直奔武汉。途中，王崧给我来电话："石校长，专家们在火车上谈得很起劲，好像都不太看好这个项目，信心不大。"我心里"咯噔"了一下，电话里还是不咸不淡地说："好结果坏结果，都是结果嘛！"

第二天中午王崧又来电话，口气变了："石校长，我们正在吃中午饭，专家们谈得很热闹，对这次考察很有信心，对凯迪的项目很有兴趣。"我长长地舒了一口气。晚上，程序同志给我打电话了，第一句话就是："石校长，这个项目不错，这次来对了。"这是正式对我的通报。

现场考察了三天，董事长陈义龙全程陪同。程序同志回京向我讲述这次考察时，抑制不住他的兴奋心情，因为我们都意识到这项技术的突破将意味着什么。尽管他已经讲得很详细了，我还是想听听石化专家的亲口评说，于是把蒋福康总工请到家里来，我的第一句话是："蒋总，今天把您请来，是想请您给我上课，听您这位石化专家对凯迪项目的看法。"我们谈了快两个小时，像小学生一样地向他请教，聆听一位石化总工的看法。经过这次谈话，我才"把心完全放在肚子里了"。

一个月后，武汉暑气已消，早晚还有些凉意。我和程序、诗雷、王崧以及请来的国家林业局能源处长王景华一同去了凯迪，我还亲手点燃了生物质燃油火炬。下午在东湖游船上继续介绍与提问。在游船上照这张照片时（图13-11），程序同志正在询问吨油的成本构成，程董一五一十，说得清清楚楚。

太阳开始西沉，我们走出游艇舱房，我眼前突然一亮，好一片如镜的湖面，波光粼粼，这不就是我曾少年游的武汉东湖吗？竟变得如此婀娜美艳了。我一手拉着陈董，一手拉着程教授，连说："照张相，照张相，在武昌上中学时，我在东湖游过泳。"

回京的飞机上，我和程序同志商量，回京后请几位院士，听听他们的反映和意见。

11月12日，在金码大厦开了个小型汇报会，邀请了中科院化学部主

二○一三年秋摄于武汉东湖游船

图13-11　在游艇舱房议事（下）及合影（左上）(左起：陈义龙、我、程序)

第十三章　再披挂，决胜生物质（下）　　547

任程津培院士和生命科学部匡廷云院士、中国工程院化工学部的曹湘洪和汪燮卿两位院士。几位院士对凯迪技术都很有兴趣和认可。听完程序教授的PPT介绍后，程津培院士说："这些年很少听到像程教授这样好的学术报告了。最近我在科学院主持了一个关于生物质热化学方面的咨询研究课题。石院士，您舍不舍得让程教授参加我们课题的研究？"我说："学术交流，好事儿，求之不得。"化工方面的院士则有所保留地建议最好有10万吨以上的工业性装置运行一年才好。

程序同志几易其稿后，在邮箱里给我发来了万言《对阳光凯迪新能源集团新近开发的"非粮生物液体燃料"的调研报告》，还有他们6位专家的签名，很正式，这是程序同志行事的一贯风格。以下是两段摘录：

> 武汉凯迪项目采用的技术路线，与生物质干馏、直接液化以及生物质热解/气化生产甲醇等完全不同，产品可以直接替代汽油、柴油及煤油等；原料和工艺也有别于"煤变油"。在技术上打通了生物质气化、合成气净化（变换和F-T合成）技术的全流程，获得了比例为30%；35%；35%的优质轻质油、柴油和石蜡油。稳定运行半年余，表明此工艺技术是可行的。

> 在总体上，我们初步认为此项成果的意义是重大的，技术和经济可行度是较高的，可能对我国当前能源困境、发展农村经济，以及与东盟国家的合作都会产生重要影响。目前国际上对二代先进生物燃料技术的研发知识产权创新的竞争激烈，凯迪技术已处国际前列，不失时机地加大推进商业化力度具有重要战略意义。

见面时我问程："《报告》对凯迪技术的定位是'国际前列'，有望'领先'吗？"程说："现在还难说。"

次年，2014年的春天，趁我回武汉扫墓，拜访了武汉阳光凯迪总部和陈义龙董事长，程序教授也按约从北京赶来武汉。公司来车将我由东湖宾馆接到凯迪集团总部，陈董和程教授已经在会客室等我了。陈董明天开董事会，后天出访欧洲，我不忍心占他太多时间，开门见山地说：

"陈董，这次回武汉扫墓，想来看看您，听听凯迪的最新进展。"

"凯迪发展到现在，眼睛不能只看到国内，'国际化'是当前工作的一个战略重点。最近美国有一家搞气化合成的公司搞不下去了，他们投了 3000 多万美元，我用 1800 万美元将他买下来了。已经联系好海运公司，将这个公司的整套设备运到武汉来。"

"是美国科罗拉多州的 Rentech 公司吗？"程教授常是一边开会，一边摆弄自己的电脑；一面听陈董说话，一面挑出一张 Rentech 公司的图片投放到大屏幕上。

"对！就是这家公司。"陈董点头称是后接着说："后天我要到欧洲去，主要是到芬兰与一家公司谈合作问题。这家公司的背景很深，是世界 500 强企业德国林德公司收购的，拥有 Carbo-V 气化技术的科林公司，并将此技术优化升级后授权许可给芬兰 Forest BtL 公司，该公司于 2013 年建成了 14 万吨非粮生物质合成燃油商业化工厂。现在，他们遇到了技术障碍，对凯迪的技术非常感兴趣。这次我去探探他们的意向。"

"是这家公司吗？Forest BtL Oy 生物能源公司。"程教授又"秀"出一张图片，他对国际国内的科技信息掌握得又多又快，非常人能及。

"对！就是芬兰 Vapo Oy 集团旗下的 Forest 生物能源公司。"陈董点头称是。

"哈哈！当今世界搞气化合成燃油最好的就是这两家公司和凯迪。您买下一家，合作一家，凯迪是实实在在的世界老大了。"程教授不禁开怀大笑着说。回过头小声对我说："该是领先了。"

陈董接着说："凯迪在国内的一个 30 万吨，一个 60 万吨的厂子正在筹建，预计 2016 年年底投产，现在遇到的最大问题是产品标准和进入市场问题，我们对此作了多方努力，争取年内能够通过地方标准。关于筹资 100 个亿的计划正在落实中。"

凯迪的大手笔和程序教授的高水平相映成趣，也许高手过招就该是这样。离开会议室，我们一行走在过道里，程序教授对我说："要能到美国去看看最好。"

快 6 点了，陈董留我们吃晚饭，我说我要回宾馆家庭聚餐。陈董只好说："那我不好留您，就陪程教授用餐，正好有些问题请教。"告别时我对陈董说："刚才程教授说，如果能到美国去看看最好。""没问题，我立即让公司安排。"

陈董事长从欧洲回来了，程序教授从美国回来了。程对我说："看来，现在可以说'领先'了。"

说说程津培院士课题推进的情况吧。

2014 年 10 月 7—9 日，程院士在武汉凯迪现场，邀请了更多院士专家开研讨会，大家一致认可这项成果和有很好评价，也提了许多好的建议。由武汉回京的飞机上，我还在想着凯迪的这个能把木质纤维素转化为高档液体生物燃料的技术。一旦实现产业化，那些荒山野岭不都可以用来种植能源灌草吗？对！回去找我的学生，在国土自然资源部任职的吴海洋，帮我拿到全国边际性土地的最新资料，搞清到底有多大潜力。

没有很长时间，他就提供了基于县级最新土地调查资料，全国宜林草的"边际性土地"约 16553 万公顷。太好了！这是多大的一片，可年产亿吨以上的、永不枯竭的生物质油田宝藏啊！我更来劲儿了。

2015 年 8 月，程津培院士主持，程序教授作为主要执笔人的研究报告送到科学院，又上报了国务院，题目是"关于加快推进我国生物质合成燃油产业发展的咨询报告"。报告提出"基于热化学转化的生物质燃油制取技术很可能异军突起，我国已掌握自主产权，建议国家加强对生物质合成燃油产业的政策支持"。

武汉凯迪继续发力，国内外兼进。吉林松原市以玉米秸秆和废木为原料的年产 20 万吨合成燃油的工厂，投资 40 亿元，2016 年 11 月动工建设了（图 13-12）；在芬兰 Kemi 的 20 万吨厂也要开工建设了，还通过林地经营权流转（转包），在全国多处组建原料基地 1000 余万亩，拉开了开发生物质油田的架势。

2018 年夏天，正当凯迪大步前进时，突然传来因贷款债务使武汉凯迪陷入经济危机的消息，令人震惊与不安。9 月 30 日，陈义龙董事长接见记者和发表谈话,澄清了问题,说明了打算。10月8日,我与程序教授给陈董信函如下。

义龙董事长:

您好!得知凯迪生态遇到一些困难,我们十分关注,又不敢打扰。但相信在您的领导下,一定能够逢凶化吉。

近日看到您9月30日接见记者发表的谈话,深受鼓舞。希望尽快渡过难关,东山再起。

当前的中美贸易战更显现能源安全对国家的重大意义,特别是油与气。我们在参加宋健同志主持的"百年科技强国"战略研究中正式提交了关于建立年产一亿吨生物合成燃油"油田"和年产一千亿立方米生物天然气"气田"的建议。其中"油田"原料将主要来自一亿多公顷边际土地上种植的能源植物,主要技术依托是凯迪,提出了由凯迪牵头的建议,不知当否。

随信附上《关于建设"国家生物质油气田"的建议》初稿。希望凯迪在重组崛起中考虑这一因素,并告知您的意见。顺祝

秋安!

石元春,程序 敬上 2018年10月8日

图 13-12 2016年松原项目动工

在改革开放大潮中,作为武汉水利电力大学教师和校团委书记的陈义龙,协助导师开发燃煤电厂灰管及热力系统在线高效除垢剂和成立凯迪公司并担任总经理。产品两年占领国内电力系统90%的市场,6年挂牌上市。

当产品开始进入国内低水平竞争时，武汉凯迪 2004 年毅然战略转型，选择了生物质能。不到十年，成为国内生物质发电头牌，还潜心 8 年，研发成功了热化学法生物质合成燃油技术和领先于世界。这样一位中国民营企业家，有可能犯错摔跤，但不可能倒下。

"不是一番寒彻骨，怎得梅花扑鼻香？"

热化学合成生物燃油事业一定会东山再起，生物质油田一定会绽现在华夏大地。

能源革命不能没有"一片"

2014 年 6 月 13 日清晨，从我家 13 楼宽阔的落地窗一眼望出，远处的大楼和小月河岸绿树看得真真切切，PM2.5 一定很低。

"石先生！现在来看您方便吗？"电话铃声响了，电话里是诗雷的声音。

"没问题，来吧！"话筒刚放下，门铃就响了，原来他是在楼下打的电话。

"最近好消息很多，先向您老汇报国家林业局多数领导已认可'木变油'，有的态度还很积极。""山东的'木变油'，产多少卖多少，供不应求。""还有内蒙古吉总那里更是形势喜人。"诗雷满面春风，侃侃而谈。

"你知道凯迪近况吗？"我反问。他 2013 年 8 月参加过凯迪考察。

"不了解。"

于是我谈了上月和程序同志在武汉与陈义龙见面的情况。

"形势这么好，您老是不是该推一把了？"

"我也正想此事，估计发改委已经开始准备'十三五'规划了。诗雷！你知道'四中'全会什么时候开？"

"十月。"

"那也就是说，我们的行动时间已经很紧了。"

"是不是该开个碰头会了？"

"是的。你我都先考虑考虑。"

晚饭后我有看"新闻联播"的习惯。

当晚新闻联播的头条新闻是习主席主持召开中央财经领导小组第六次会议，研究能源安全战略，提出"着力发展非煤能源，形成煤、油、气、核、新能源、可再生能源多轮驱动的能源供应体系"；"以绿色低碳为方向，分类推动技术创新、产业创新、商业模式创新，把能源技术及其关联产业培育成带动中国产业升级的新增长点"等五个要求。

"新闻联播"还没播完，我和诗雷就通上了电话。

"怎么这么巧！今天白天我们的谈话赶巧碰上了习主席发出能源革命号召，赶紧行动吧！"我们喜不自禁。

因为手头有急活儿，这几天没与程序同志联系。不想，习主席讲话才几天，6月19日，我的邮箱里就收到程序同志发来的一份文稿"关于中国能源生产革命和消费革命的我见"。果然，他也是受"能源革命"感召，坐不住了，五日一文。一看内容，除领会"能源革命"外，对当前某些能源政策大发议论，情绪高昂，还说"大学要代表社会良知"什么的。看来情绪比我还冲动。

2014年夏天，因为"能源革命"，我家里又是一阵熙来攘往，门庭若市，2011年的"阳春五月车马喧"再现。

6月24日，程序到我家谈了两个小时的"能源革命"，形成四点共识：一是生物质能源要向领导和公众主动请缨，要组织一批文章，形成声势；二是要疏通向"十三五"谏言的渠道；三是召开金融投资领域的生物质能源信息发布会，吸引更多企业和资金进入生物质能领域；四是积极向高层反映武汉凯迪等重大科技成果。

6月25日，万斌与"寰慧资产"公司董事长姚建明到家里来谈如何加快涿州生物天然气示范装置的建设。

6月26日生物质专业委员会主任洪浩向我讲了他这次来京参加国家能源局和环保部召开的关于开展生物质成型燃料锅炉示范项目建设会议，以及不久前参加在瑞典召开的"世界生物质能源大会"的情况。与洪浩一同来的立强刚从吉林回京，说道吉林省在积极推行生物质经济的时候，得知习主席"能源革命"号召，士气更是高涨。

7月7日，光大国际副总裁陈涛来家谈他们集团董事会最近取得一致意见，加大新能源投资和以生物质能为重中之重。

7月9日，北京德青源董事长钟凯民来家谈他们的"集装箱"式的生物天然气装备，可以变"工程"为"产品"。

……

"门庭若市"只是现象，发表一批文章，形成舆论声势才有影响力。

先说在"能源革命"的文章中，6月24日"中国科学报"上的一篇文章，题目是"中国能源安全新战略"。写的是5月份习近平主席与普京总统出席签订的中俄4000多亿美元的天然气大单和李克强总理访英签订的200亿美元液化天然气小单，以及"一带一路"可扩大能源来源云云。文章大意是以"大量和多元进口"为"新战略"。

此文从反面给我的作文提供了思路。

作为一个大国，以进口能源为生，能安全吗？我正是顺着这个思路写出我文的。9月4日的《中国科学报》发表了我的"中国能源革命不能没有'一片'"；10日和15日的《中国能源报》又分别发表了洪浩的"治污还应大力发展生物质供热"文和程序的"有必要大力推进生物天然气"文。其他生物质能源文章也不断出现于报端。

"一片"文起势"能源革命是个世界命题"中写道："能源已成为国与国，特别是大国间为了自身利益争斗的武器和博弈棋子。伊拉克的国破、家散、人亡；利比亚与苏丹的动荡与分裂；美伊陈兵霍尔木兹海峡；俄罗斯挟天然气资源西斗乌欧，东制日韩；美国太平洋战略的对华C形包围圈等都与能源有关。中国的'能源革命'是国际政治和能源棋局中的一个重要博弈方，是离不开当今世界这盘大局的。"

第二节标题是"美国能源革命的启示"。"美国不叫能源革命，叫'能源自主与安全'，是1974年尼克松首次提出的。小布什在2006年国情咨文演讲中痛心疾首地说：'美国在使用石油上像吸毒一样'上瘾'，而这些石油是从世界上不稳定地区进口的。最好的办法就是依靠美国人的才智和技术进步，打破对石油的过分依赖，改善我们的环境、摆脱石油经济。"

果然,"2013年美国生产了4000万吨生物乙醇,替代了13%的原油进口量,使美国石油对外依存度由2005年的62%下降到50%以下;2009年自中东进口的石油只占15.4%了。"请注意,美国现在是能源出口国了。

第三节标题极具挑战性,"中国能源革命能提'自主'吗?"文中尖锐提出:"近60%的石油和近30%的天然气依赖进口(现在分别是70%与40%)并将继续走高,且不说沉重的经济与外交成本,那美国对华C形包围圈、东海与南海复杂形势、中东乱局、俄乌'斗气'等能让中国能源有安全感吗?'饭碗任何时候都要牢牢端在自己手里','油桶'要尽量放在自己家里的道理是一样的。"

文中提出:"中国近中期可实行一手广进化石油气,一手狠抓替代能源的'两手'战略。趁全球能源大宴的'最后晚餐'(世界石油与天然气分别可使用53.3年和54.8年,《BP世界能源报告2014》)和生产消费版图转移时机,中国不妨广进油气,抢得一杯残羹,作为在大国博弈中手上的一张外交大牌,在战略上是得当的。但是,随着油气资源渐竭、开发难度与成本增加,价格与争夺更加激烈,国家能源安全度也必相应走低。因此,在广进油气的同时,必须未雨绸缪地狠抓替代能源。因为替代能源要形成气候需要一二十年或更久,所以'一进一替',必须两手都要硬,只有双面下注才能真正提升国家能源安全。"

"现在的问题是,化石能源在中国太强势了,决策者满脑子都是化石能源,而替代能源仅"捎带脚"而已,少有危机感和紧迫感。'一进'很硬,'一替'很软,是当今能源决策中的重大隐患。"

文中提出:"我国不含太阳能的本土清洁能源,近中期的可年收集量为21.5亿吨标煤,相当于2012年能源消费总量的40%。""各类清洁能源的占比排序是:生物质能54.5%、水电27.2%、风电15.5%和核电2.7%。生物质资源量是水电的2倍和风电的3.5倍。"还得出了"我国是化石油气资源穷国和生物质资源富国"的结论。

文章强调,"能源自主是一种态度、决心和战略,含糊不得"。

这个夏天,能源方面的佳作宏论自然很多,《中国科学院院刊》2014年第4期有文"中国清洁能源的战略研究及发展对策",作者是工程院院士和某央企董事长。文中将煤炭的清洁利用说成是"清洁能源",把煤制油气说成是"发展对策",似有玩弄概念之嫌。

且不说6年前"生物基"与"煤基"的多次论战,半年前我发表"发展煤制油气无异饮鸩止渴"文和《中国电力报》发表长篇访谈录"发展煤制油气代价巨大,生物质能源大有可为",已经把煤制油气的问题说得很清楚了(本章3节)。只可惜,这时已经上了十多个项目的煤制油气,"骑虎难下",于是趁习主席提出能源革命之机,领军者再搏一把,欲挽大厦之将倾。

只可惜该文发表不久,《中国能源报》就有文披露:"2013年'煤改气'后出现的巨量替代能源缺口为天然气带来了一轮发展黄金周期,以煤制油气为代表的现代煤化工行业也得到了咸鱼翻身,起死回生的机会,但是随着煤化工行业的紧缩政策再度袭来,国企央企纷纷以实际行动表明立场,中海油、大唐、国电纷纷撤离煤化工业务。""当前新型煤化工项目的退潮是对之前'热炒'的最佳回应",想不到"煤基"局面竟是如此难堪。

7月28日在北京举行的"英国石油公司(BP)媒体见面会"上,BP中国副总裁、科研与技术总经理安杰逻说:"一些国家寻求不同的原料来满足其对能源和产品的需求,完全可以理解,但不应该对环境产生过于负面的影响。煤制气路线耗水量大、耗能高,而且生产成本很高,长远来看,我不认为煤制气是值得一个国家长期选择的技术路径。"居然老外也来表态了。

9月,程序教授在《中国科学报》的"美国为何不搞煤制油?"文,更似敲响的一记丧钟。

无可奈何花落去,夕阳西下几时回?

天道可循而不可违也。

千亿投资的"风电三峡"尚未"痛定",又是千亿投资的"煤制油气",国家的钱也不能如此糟践啊!受伤的新疆与鄂尔多斯生态环境又该如何恢复?如果投资"一片",且不说能源与生态环境双赢,那弱势农业和贫苦农民也会大受裨益的。

这笔账有那么难算吗?问题出在哪儿?至今我没想明白。

上书"十三五"

2014年8月，搁笔"一片"，又启《建议书》，都是计划中的事。

2014年3月，在报刊上看到"十三五"规划编制工作即将启动，国家发改委副主任徐宪平又有向全社会"求思路"的报道。徐宪平，不就是四年前负责"十二五"国民经济和社会发展规划起草工作，与他打过不少交道的那位徐主任吗？

"十二五"仓促上阵，尚有将生物质能列入"国家战略新兴产业"的骄人战果，此次"十三五"该早些动手，给"十三五"规划编制者提供丰富资料、思路与建议，可事半功倍也。

九、十两个月，我的主要精力用于编写《建议书》。共6节：生物质能源的国外进展与评述，生物质能源的国内进展与评述，生物质固体燃料"十三五"发展建议，生物质气体燃料"十三五"发展建议，生物质液体燃料"十三五"发展建议，以及综合建议等两万余言。还有12幅附图、7个附表和27篇参考文献。"综合建议"主要是战略思路和观点、方针和政策、指标和实施措施建议12条，部分摘录如下。

由化石能源向清洁能源的转型，以生物质能为主的可再生能源领衔是世界大趋势，中国在起跑线上落后了，仅占世界总量的2%。从能源的需求增长、消费结构、对外依存度、温室气体排放，以及发展农村经济等方面考量，中国都应该比任何其他国家更加重视发展生物质能源。建议"十三五"期间能够力转颓势，迎头赶上。

我国农业污染已全面超过工业污染，尤其是养殖业畜禽粪便和秸秆露地焚烧对水体与大气的污染最为严重。治理农业面源污染不仅在于环保部门，最有效途径是实现有机污染物的无害化和资源化利用，对发展农村经济和增加农民收入，为发展中小城镇提供清洁能源和工作岗位等也都有重要作用。因此建议"十三五"规划中对生物质能源赋予"多功能重大战略新兴产业"的定义。

我国是幅员辽阔的农业大国,是生物质资源十分丰富和多样的国家。当前可收集作为能源用的生物质资源量为9.2亿吨标煤/年,是水电的2倍和风电的3.5倍。建议摒弃生物质能源只能"小打小闹"的错误认识。

作为化石天然气的补充和后续储备,我国生物天然气具有年产千亿立方米以上的潜力,且有利于畜禽粪便、有机垃圾和作物秸秆的资源循环利用、减排环保、新农村建设和农民增收。我国生物天然气应以大中型养殖场为依托,辅以周边秸秆等有机废弃物为原料,星罗棋布地部署数以万计的沼气工厂,配以固定式或流动式的沼气纯化压缩加工点。

我国二代生物质液体燃料发展的战略重点,应转移到以木质类生物质为原料的气化合成技术路线和化学合成路线上来。建议尽快制定和实施"二代合成生物燃油产业化创新"重大专项。"十三五"期间在全国部署30—40个生产厂,实现2020年生物柴油等高端油品的生产能力达到1600万吨的目标。

我国的"生物质油田"将主要分布在林地和农地以外的、宜植能源林/草的荒山荒坡、盐碱、沙地和海涂等边际性土地,即农地和林地之外的"第三土地资源"——"能地";"生物质煤田"主要分布在盛产作物秸秆的农区;"生物质气田"亦主要分布于以大型养殖场为中心的农区。建设我国生物质"三田"是一项长期的战略任务,建议"十三五"开始谋划。

根据我国目前发展情况,稍经培育,即可使若干产品如"高铁"般地"走出去",特别是走到东南亚和非洲,让世界共享中国成果。建议"十三五"规划中,重点培育气化合成生物燃油、糖平台转化生物油品以及生物天然气三项产业化技术与装备的系统集成,做好"走出去"的准备。

我将此12条给老伴看了,她说:"概括得不错,有用吗?"我说:"写它就是希望有用。即使无用，也算表达一份心意。"

10月底完成《建议书》初稿，发程序等同志征求意见，11月20日正式出笼。

分别给国家发改委徐宪平副主任、农业部韩长赋部长、国家能源局吴新雄局长、国家林业局赵树丛局长写了信，每信附2本《建议书》。给徐副主任的信是这样写的：

宪平主任：

您好！几年未见，想必会记得，2010年您领导专家组讨论"十二五"规划时的情况，会上我曾多次对农业和生物质能源部分发表意见。转眼您又组织编制"十三五"规划，和在网上表示希望"面向全社会集思广益"。我又动了响应号召的念头，与几位专家一同，就生物质能源的"十三五"发展写了一份"建议书"。现呈上，供参考。

经"十一五"和"十二五"的培育，我国生物质能源产业已经是个"小伙子"了。如"十三五"规划加以积极引导，必将进入快速发展期。生物质固体燃料将为防治大气污染立下汗马功劳；生物天然气将异军突起；液体燃料将为整个生物质能源产业破局。特别是武汉凯迪在生物质气化合成生产高端生物燃油技术已成为该领域的世界领军企业，已与马来西亚、越南、芬兰等国及企业签订了合作协议，他们的一支腿已经"走出去"了。

为响应习主席关于"能源生产和消费革命"和最近在澳大利亚提出"2030年中国清洁能源占到20%"的号召，我希望生物质能源能为此做出它应有的贡献，对"十三五"充满期待。

这份"建议书"2万余言，其中不少资料性的，您可重点看第6节的"综合建议"即可，约2000字。

我很想能与您面谈一次，您能安排时间吗？29日我去海南越冬，下周能安排时间吗？真不好意思。专此并颂

冬安！

石元春 敬上 2014年11月20日

因与徐副主任打过一段交道，信中才有希望周内面谈的不情之请。几天后的 28 日上午，我与万斌和王崧一同去了国家发改委，见到规划司徐林司长。

"石院士，记得'十五'规划您就参加了，那时我还是处长。您明天要去南方，徐主任今天上午又有一个由他主持的'长江中下游经济带'会议，他派我向您问好和听取意见。"司长说话很得体。

司长的办公室不大，到处堆放着资料和书籍。稍作寒暄，我就直奔主题。"徐司长，我们的《建议书》不是抒发书生意气和'零敲碎打'，而是十年跟踪我国生物质能源产业发展才提出来的。"随后，围绕成型燃料与雾霾治理，已找到发展生物天然气的产业化和商业化模式，以及气化合成生产生物燃油技术领先世界、大规模产业化三方面作了重点阐述。

"石院士，刚才您谈得非常好。在'十三五'规划中我们对生物质能源要有一个恰当的文字表述，但如何落到实处也很重要。刚才您谈到的内容中，能否理出几个问题，分别写成几个 3000 字左右的专题报告，通过一定渠道，使中央领导人能够看到，如有批示，下面就更好操办了。"徐司长谈得很实在。

"万斌！徐司长说的这件事请你落实，随时与徐司长取得联系和请示。"我说。

"石院士，您说的武汉凯迪和内蒙古金骄我们在实地调研中可以去看看。"徐说。

"太好了，朱博士可以帮助联系。"我很快接过话来。

"明年是编制'十三五'规划的关键年，如果有什么问题，我们会及时向您请教的。"徐司长送别前作了如此表态。

图 13-13 和国家发改委徐司长（左）交谈"十三五"规划中的生物质能源（2014 年 11 月 28 日，王崧摄）

其实，20日分送信件后，最早反馈的是国家林业局，因为有诗雷在。周一一上班他就将信放到了局长办公桌上，很快就在信上有了批示，指示有关司局根据《建议书》内容拿出工作方案，并考虑如何写入国家林业局的"十三五"规划中。周二，诗雷就来电话说："这两天局里的计财司和科教司以及有关处都知道了您的这封信，对发展林业生物质能源的重要性，在国家林业局有了更广泛的共识。他们很想得到这本《建议书》，您那里还有吗？""有，要几本？""10本！"口气不小。

农业部的消息也传过来了。部长将此信件批示到科教局，指示抓住机会，将生物天然气作为一件大事抓在手里，写入"十三五"规划。长赋部长还请科教司转达对我的问好。

几天里，这许多的反馈信息，好像都在对我说："石老，您辛苦了。"即兴写《谏言》一首：

早启策谋十三五，一心欲表儒生志。
冬寒不辍书谏言，只缘钟情生物质。

此时的我，如释重负地喘了一大口气，可以候鸟南飞了。
2014年11月29日登程南下，与老伴到海南过冬去了。

生物质经济

生物质经济一则，是值得一说的。

吉林是我国的生物质资源大省，生物质产业重镇。

2013年初夏，洪浩陪同吉林省发改委的一位副主任到家里来看我，酝酿在吉林召开全国生物质能源会议设"生物质产业长春论坛"。此事我肯定会支持，并于2013年8月17日给吉林省委王儒林书记致信，求得支持。既有书记批示，又有省发改委操办，才一个多月，"生物质产业长春论坛"

即于9月24日在长春隆重举行了。

作为一个论坛，要有好的主题和论者。我的讲题是"当前我国生物质能源产业发展形势"；国家发改委能源研究所原所长周凤起的讲题是"生物质成型燃料产业政策分析"；程序教授的讲题是"生物天然气与城市克霾"；瑞典农业大学熊韶峻教授的讲题是"欧洲生物能的发展——以瑞典为例"；瑞典KRAFT公司前总经理的讲题是"生物质能的多联产及未来"。

图13-14 第一届生物质产业发展长春论坛（2013年9月24日于长春，王崧摄）

上午会议结束后，主要嘉宾到二楼贵宾厅用餐。工作人员将我等引进宴会厅时，宴会主人，省发改委姜有为主任正坐在沙发上打电话。见我们进来，立即站起，一面握手，一只手还举着手机在与对方通话，连声说"对不起！对不起！"。

主任40岁刚出头，中等身材，皮肤白皙，给人以精明与能干印象。主任放下手机后，一个劲地向坐在身边的我等表示歉意。一番寒暄后入席，我与程序教授分坐在主位姜主任两侧的主宾席上。席间谈到吉林燃料乙醇厂、纤维素乙醇攻关、大成公司的变性淀粉等。

"姜主任，我们正在与吉林天焱养殖场谈生物天然气生产项目。"生物质专委会秘书长立强同志补充说。

"是杨涛吗？"姜问。

"是，就是杨总。"立强答。

姜主任随即拨通手机："喂！你是杨涛吗？我是姜有为。听说你们鸡场正在与北京谈生物天然气生产项目，是吗？""这个项目很好，你们要抓紧进行，有什么问题和困难找我。"哦！好个干练的计委主任，这样就把任务交代下去了，有效率。回过头来对我们说："这个鸡场是我过去在下面工作时一手支持办起来的，厂长很能干。"

趁机，我换了个话题："主任，我是搞农业的，21世纪初就对吉林的'玉米经济'十分关注，对洪虎省长的魄力十分佩服。现在情况如何？"（石注：20世纪末，我国粮食总产迈上5亿吨台阶，粮食大省吉林"卖粮难"和"谷贱伤农"问题严重，洪虎省长2002年发令实施玉米深加工计划，迅速发展起来了吉林燃料乙醇、无水酒精、变性淀粉、淀粉糖、降解塑料、食品添加剂、医药和化工等的大型龙头企业。被逼出来的"玉米经济"成了吉林省继化工和汽车之后的第三大支柱产业。）

"洪虎是我们的老省长，当时'玉米经济'对解脱吉林玉米生产过剩的困境和发展玉米加工业起了很大作用。但这些年全国粮食形势较紧，要求控制玉米加工量，玉米加工企业的日子不好过。"姜主任说。

"为什么？"

"多年来，国家一直对玉米采取托市政策，能解决一时的问题。但是到现在，吉林玉米价格比美国玉米的到岸价还贵，玉米加工企业的原料成本高企不下，叫苦不迭。"

"姜主任，现在的吉林省，是该搞'生物质经济'了。"我一面品着佳肴，一面不经意地说着。

"什么经济？"主任高声地问，不知是没听清楚还是表示不解。

"生物质经济！"我又重复了一遍。

"对，生物质经济，这个概念太好了。"主任像是突然醒悟，还带着几分惊喜。

"石院士，您给我们讲讲什么是'生物质经济'。"

我说用现代技术可以将秸秆、畜禽粪便等农林废弃物，也包括籽粒转化为清洁能源和可降解塑料等生物基材料的一种新兴产业和经济体系，以及世界发展大势。

"石院士，您说得太好了。您说的这些具体事，我们平时没少想过，没少念叨过，不过您提出的'生物质经济'就上升到概念和理论上去了。"一语道出了主任对新鲜事物的敏感和认知水平。

就餐后一同走在过道里，主任突然像想起一件什么事样地对我说："石院士，洪省长当时抓'玉米经济'时用过一张'玉米经济树'图，很形象，一看就明白。您能为我们画一张'生物质经济树'的图吗？"

第十三章 再披挂，决胜生物质（下）

"哈哈！姜主任，这顿饭吃得可不轻松啊，饭后还要留作业。"引得随行人等的一阵笑声。

长春论坛会后，不时传来消息。"儒林书记不止一次在正式会议上讲到生物质经济和如何发展啊！""某某厅局如何采取行动啊！""某某公司如何到吉林考察生物质项目和准备投资啊！"……重要的是次年，2014年初，省政府发布了《吉林省发展生物质经济实施方案》和省发改委以实施"十大工程"为依托，协调省直有关部门、全面启动了生物质经济项目。

生物天然气是新上的重大项目。姜主任关注下的吉林天焱生物质能源有限公司，桦甸昊海天际科技年产800万立方米生物天然气项目，中广核已在农安、公主岭、桦甸等地调研，计划投资50亿元布局10—15个点，形成7亿立方米生物天然气生产能力。

吉林省现有生物质电厂12家，总装机容量为33.1万千瓦。华能农安生物发电厂2012年年初并网发电，三年来共消耗60万吨秸秆，节约20万吨标煤。蛟河凯迪生物发电厂2014年6月并网投运不到四个月，已发电5500万千瓦时，消耗农林废弃物10万吨，相当于节约4万吨标煤。截至2014年9月底，吉林省生物质发电量达10.05亿千瓦时，替代78.75万吨标煤，减排二氧化碳100万吨。2014年吉林省为推动生物质产业发展支持项目30个，投资37亿元。

2014年9月4日，"第二届生物质产业发展长春论坛"在长春市召开了，论坛主题是"绿色发展、聚焦生物质经济"。吉林省发改委主任姜有为主任作主题讲演，题目是"在黑土地上'决胜生物质'"。讲演中说：

> 去年，石元春院士提出在吉林省发展生物质经济的设想，省发改委高度重视这一理念，相关同志都

图 13-15 姜有为主任著文"生物质经济"

认真学习了石元春院士的论著《决胜生物质》。应当说,从生物质资源综合利用到高端化利用是我们追求的提升,从玉米经济到生物质经济发展理念的转变是我们认识的跨越。我们认为,生物质经济是以生物质产业为核心,横跨农业、工业和服务业三大产业,是实现绿色、低碳和可持续发展的经济形态,事关农业生产方式,传统原材料和能源工业的变革,在省发改委的积极谋划和推动下,今年初,省政府印发了《吉林省发展生物质经济实施方案》,明确提出以生物质能源替代化石能源、生物基产品替代石油基产品、非粮生物质替代粮食资源等"三个替代"为主线,重点发展生物基化工和生物质能源两大产业,建立健全生物质原料收储、生产制造、市场消费、技术创新、政策扶持等五大支撑体系,实施秸秆制糖、聚乳酸、化工醇、纤维素乙醇、生物天然气等十大工程,这一发展思路的提出,既是我省追求绿色发展、创新发展的具体体现,也凝聚了在座各位专家、企业家的智慧和心血。

按我省生物资源总量保守测算,工业转化2600万吨秸秆,可替代玉米1300万吨,相当于再造一个"大粮仓";西部盐碱地1453万亩种植甜高粱,可产出480万吨乙醇,相当于再造一个西部"绿色油田";收集利用禽畜粪便6000万吨,可生产100亿立方米生物天然气,相当于再造一个"绿色气田"。

第二届论坛规模更大,更红火,我的讲演题目是"生物质经济"(图13-16)。

2014年9月11日的长春日报是这样报道此次会议的:

图13-16 "第二届生物质产业发展长春论坛"会场(右上角是我的PPT首页,2014年9月4日于长春,王崧摄)

第十三章 再披挂,决胜生物质(下) **565**

当中国经济继续在创新与转型的轨道上节节推进之时，一个崭新的产业——生物质产业悄然萌动。2013年便成为全国生物质经济试点的吉林省，不动声色地成长、发展，如今突然在人们眼前闪亮起来。

去年九月，在两院院士石元春倡议下，首届生物质产业发展长春论坛成功举行。人们在一个全新的思维理念的原野上纵横驰骋，一切固有的顾虑顷刻间土崩瓦解，很多专家纷纷进言，实力企业跃跃欲试。

如今，又是金秋九月，石元春、程序、任杰、翁云宣等院士、专家，还有来自德国巴斯夫、美国杜邦、丹麦诺维信、意大利康泰斯、中国广核、中粮生化、长春大成等30多家国内外知名企业的代表，共商生物质经济发展大计，共谋新兴产业发展策略，共同推动吉林省生物质经济发展。

论坛刚结束，国务院在近期支持东北振兴若干重大政策举措的落实意见里就有了以下内容："围绕生物质能源替代化石能源、生物基产品替代石油基产品、非粮生物质替代粮食资源等'三个替代'，重点推进秸秆制糖、纤维素乙醇、聚乳酸、化工醇、生物天然气等重大工程项目建设，在生物质资源收储运、多联产与高端化、绿色市场准入、政策支持方式创新等方面先行先试，为全国生物质产业发展发挥试点示范作用（由省发展改革委、省工业信息化厅、省教育厅、省科技厅、省农委负责实施）。"

何以"生物质经济"在吉林省能"一触即发"？因为吉林是农业与化工大省，有极丰的生物质资源；有发展"玉米经济"的历史背景；有以煤为主的对外省能源依赖；有二氧化碳减排和雾霾爆发的强大压力的种种内因。"生物质经济"的种子落在了吉林的土壤，很快就吸水生根，茁壮成长。

从长春回到北京才一周多，又参加了9月17日在京举行的"2014中国国际生物质大会"，我的讲题是"迎接生物质能源发展的第二次浪潮"（图13-17）。这个选题肯定与吉林的"生物质经济"有关。同时，大会的盛况以及茶歇时我被企业与记者围得我脱不了身的场景，使我感到"第二次浪潮"是真的要来了。

图 13-17 "2014 中国国际生物质大会"上我在作讲演（2014 年 9 月 17 日于北京，王崧摄）

出征"一带一路"

2015 年是暖春，海南越冬的"南雁"，可早些启程北飞了。

3 月底与老伴回到北京家里，满满的"归巢"感，特别是恋巢的老伴。

到家的第二天，开始写作《石元春文集·教育卷》的未完部分。5 月交稿后即考虑今年第三届"长春论坛"该讲些什么了。

自 2013 年习主席提出"一带一路"，我就一直被吸引着，激荡着。这可是个全球性大战略，何况丝绸之路国内段我走过多次，作过科学考察，感情很深哦！对啦，干脆就讲"出征'一带一路'"，为生物质的升温添一把柴。

2015 年 5 月，国务院刚发布的《关于推进国际产能和装备制造合作的指导意见》提出，"将钢铁、有色、建材、铁路、电力、化工、轻纺、汽车、通信、工程机械、航空航天、船舶和海洋工程作为重点行业。"瞧！这些全是产业界大鳄巨擘，耗能排污能手，为什么不给这支出征大军添点绿色，来点生物质能源呢？

中国生物质产业尚处发展初期，不成熟。但是在战略与境界上，"走出去"是必需的、迟早的事。于是，像放电影一样，凯迪、金骄、宏日、德清源……一个个地在脑海里过了一遍。德青源不是已经走到美国去了吗？凯迪不是已经走到欧洲去了吗？

兵法云："善战者，求之于势"；又云："借局布势，力小而势大"。"一带一路"这个"势"太大了，生物质能源产业岂能错过，势单力薄的生物质产业不是更要"借局布势"吗？

清晨醒来，躺在床上一边养神，一边想事，是我的"晨思"习惯。将近几天思绪梳理一遍，决定了要讲出征"一带一路"，这是6月13日清晨的事。

谋定而动的第一件事就是沟通。6月15日下午，程序、立强、诗雷、万斌等到家里聚会，我说了这个想法，取得了团队的共识。6月24日，全国工商联新能源商会曾秘书长和下届生物质专委会主任张成儒到家来谈生物质专委会换届一事。我随意谈及"一带一路"，他们却是振奋与支持。

"石院士的这个想法对我们很有启发，这是生物质能源产业发展壮大的一个战略途径。看来这也就是下一届生物质能源专委会的工作重点了。"张成儒主任高兴地说。

"这一段时间新能源商会学习'一带一路'不少，但是很少联想到我们自己'走出去'。石院士这么一说，生物质能源专委会倒是可以带这个头了。"曾秘书长如是说。

曾又说："7月长春论坛上石院士的讲演，就是登高一呼，拉开'出征'序幕；9月在山东召开的生物质专委会换届会，就是业界内的动员誓师；10月在北京开一个新闻发布会，这台大戏就唱起来了。"秘书长果然见多识广，脑子特灵。

时间不多，该抓紧准备 PPT 了。

一个好的 PPT 不仅要内容好，文字精练而富感染力，每张幻灯片上的图文表格布局，以及字体、色调、图形等的搭配都要得体，才能做到内容美感双馨。下面的一张幻灯片说的是总理"出征一带一路"与"高铁外交"，提出的问题是，"生物质能源"能装进国家的"外交公文包"吗（图13-18 上）？

图 13-18　第三届《长春论坛》(上) 与中国工程院 "一带一路论坛"(下)(王崧摄)

继而 PPT 必须回答,"一带一路"国家对生物质能源有需求吗?为此,专请胡林教授帮我收集整理了"一带一路"国家的能源产销状况资料。原来,"一带一路"上有 64 个国家,收集到资料的 41 个国家中,有 29 个国家的化石能源生产－消费差额为负值或接近于零,累计年净负值为 2009 万吨标煤。OK,需求不成问题了。

PPT 的下一个内容是"没有金刚钻,不揽瓷器活儿!""我们行吗?"

为此,给"走出去"项目先设置了四个条件,然后自说自话地"盘点家底"。生物质发电、成型燃料供热、生物天然气、生物热解燃气、生物质液体燃料等,幻灯片上"对企业指名道姓地问,你们行吗?你们准备好了吗？谁敢出来牵头？"等一连串的挑战性和刺激性提问，我用的是"遣将不如激将"策略。

PPT 的最后，一张幻灯片上醒目地写着："'东方睡狮'醒了！""中国已经站到世界舞台的中心了！""此举若能成功，堪比秦皇汉武！"又一张幻灯片写下了 24 字诀："欣逢盛世，额手称庆；凡我国人，匹夫有责；添砖加瓦，众志成城。"皆极具鼓动性。

PPT 准备好了。

7 月 6 日傍晚抵长春南湖宾馆。

次日早餐见到国家发改委前能源所周所长。我有意向他透露："今天上午我要讲生物质能源出征'一带一路'。"他眼睛不抬，不假思索地说："在国内都没搞好，谈何'走出去'？"对此直率而无掩饰的反面声音，我一点不感意外，因为我也是在意外中想到的。

9 时，论坛开始。前面两位是官员，我是第三位，铿锵有力地讲了"中国生物质产业出征'一带一路'"。

由于命题的影响力大和"意外"，在讲演结束和茶歇时，引起众多与会人的掌声与热议。在我刚走出会场门外，就见到周所长与洪浩夫人端着咖啡聊天。见我走来，洪浩夫人迫不及待地问："石院士，你怎么会想起出征'一带一路'的？"

"石院士，你讲得有些道理，但是怎么操作？"周所长笑着说，不像早餐时那般地一口否定。

与他二位谈了我的想法后，我也要了一杯咖啡向人少处走去，想清静一下。

一位 30 出头的中年人跟了上来，有些腼腆和愁容地问我："石院士，听到您的讲演，我们很振奋。但您说的都是国家战略和有实力的大企业，我们是长春市的一个开发区，能做些什么呢？""可别这么想！中国是'一带一路'的源头国，吉林是生物质经济大省，一定会大有作为的。如果将你们开发区融入这股伟大的历史洪流中去，一定会找到你们位置。回去好好向你们开发区领导汇报。"我安慰他说。

此时，一旁已经站着一位 40 出头，温文尔雅的男士。"石院士，我们是'北京乡电电力有限公司'的，我叫袁英江。"说着就递过一张名片，原来是该公司的总经理，公司 Logo 下方有"生物能源装备制造"字样。

"您在讲演中提到出征'一带一路'太及时了。我们公司的重点产品就是生产小型的，以作物秸秆为原料的气化发电装备，可以为每个乡村提供分布式的生物质电力支撑。我们已经出征越南和柬埔寨了，效果很好。"

"太好了！你们的原料及市场定位非常到位。你们装备的装机容量多大？"我边称道边询问。

"1MW。我们公司就在北京，能邀请石院士到我们公司指导工作吗？"袁总如此客气地发出了邀请。

正说着，前面走来了老朋友，内蒙古金骄集团董事长吉二旺，蒙古族，个子不高，有些腼腆，总是满脸堆笑。他走上前来，恭敬向我一鞠躬，我笑着问他："吉总，刚才我在讲演里说你们金骄集团是一匹'黑马'，你不在意吧？"

他掩饰不住内心的喜悦，脸红红的，连声说："我是黑马！我是黑马！我是黑马！"太朴实可爱了。

8 日上午乘机返京，结束此连续 5 日的长春之行。到家的当天下午，感头晕乏力，是因为这些天的紧张与亢奋，体力透支，休息了两三天才缓过劲来。休息时躺在床上，心里还是美滋滋的，"出征'一带一路'"，多么诱人啊！

由我主持的中国工程院"中国生物质能源走向'一带一路'论坛"于 2016 年 9 月 25 日在金码大厦举行了。为出征"一带一路"再擂一通战鼓！

该为长远谋了！

2015 年 12 月 3 日，候鸟南飞，这是我和老伴到海南过冬的第四个年头。机翼果断地将雾霾甩在了后面，一直向南飞去。

海南，则是另一重天地。蓝天白云，大海轻风。每当我着单衣散步海边，大口大口吸着洁净空气时，总有一种奢侈感。于是写下了：

机翼无情甩京霾，南下越冬赴琼海；
天阔云舒窗外景，桌前键声朗朗来。

早晨，打理毕诸事，坐在了书桌前，一面打开电脑，一面脸微向左，将视线投向窗外远处的大海，因为大海可以给我宁静与灵感，这已是习惯了。这天，干脆把座椅转向了窗外海景，让心完全平静下来，想想北京那些事，想想今年到海南过冬该干些什么？

随着阵阵海浪，想起2011年"惊蛰崛起"中的种种精彩；想起2013年雾霾大爆发和生物质固体燃料"临危受命"；想起2013年凯迪建成国内首条年产万吨生物质气化合成燃油生产线和生物质液体燃料"柳暗花明"；想起2013年"长春论坛"上的"生物质经济"；想起2015年"出征'一带一路'"；想起2016年习主席关于沼气和生物天然气的指示和生物质气体燃料"脱颖而出"；想起已完成的5卷本《石元春文集》；想起……

此刻的方方面面，似乎都到了一个阶段，一个节点。特别是生物质产业已进入"政府驱动"，民间的"笔杆子"可以喘口气，想些未来事，为长远谋了。

第一个"长远谋"是理论建设，先写篇"全生物质农业"文章开路。

刚要开头，接到王崧从北京打来的电话，这天是2015年12月9日。

"石校长，昨天我替您出席了中国科学院和中国工程院两院资深院士工作委员会的换届会议，现任主席是宋健院士。他说准备启动'百年科技强国发展战略研究'，我想这事肯定与您有关。会议休息时，中国工程院的周济院长走到我桌前对我说，'石院士对中国农业的贡献很大，工程院早就希望出他的《自传》，请你代我向石院士转达这个意思，希望他在南方过冬愉快。"

宋健项目与写自传，都是大事，大工作量和长时间的事，先放放，写了"全生物质农业"再说。

2016 年 3 月中动笔，4 月中完成初稿，6 月发稿《科技导报》社，文题是"试论全生物质农业"。

文章起势是"2016 年中共中央一号文件提出用发展新理念破解'三农'新难题，本文试以'全生物质农业'就教于方家"。分节标题是，"农业正孕育一次重大变革""发现农业的新资源""农业也是环保产业""一个新的农业生产要素""提升农业系统的结构与功能"，以及"全生物质农业"（图 13-19）。

下面是几段摘录。

> 早期人类以渔猎采集为生，用了一万二千年驯化野生动植物，才有了至今五千年的，以栽培作物与饲养畜禽生产的传统农业。而今，农业正孕育着一次深刻变革。
>
> 植物之神奇在于它能通过自身的光合作用将太阳辐射的光能转化为化学态能量，并构成有生命的躯体，是地球上唯一能捕捉、转化、储存和再转化太阳辐射能的"植物工厂"。
>
> 农田里的生物量产出中只利用了约四成的果实和肉蛋奶部分，而占到六成的作物秸秆和畜禽粪便则是"农业废弃物"和"污染源"；还有远大于耕地面积的不能生产农作物，但能生长抗逆性强植物的边际性土地也未被利用。而今现代生物质转化技术正在激活这些"沉睡的"资源。
>
> 以污染源为原料生产减排克霾和防治白色污染的绿色产品，是"点石成金"的"深绿"技术，是资源节约和绿色发展中冉冉升起的一颗新星。
>
> 将生物能源与生物基

图 13-19 "试论全生物质农业"一文

第十三章　再披挂，决胜生物质（下）

产品纳入农业生产系统是"认祖归宗",名正而言顺。有利于系统内各要素的协调,提升系统生产能力;有利于经营管理上的协调与组织,降低系统成本;有利于发展农工联合企业和一、二、三产融合,推动新型城镇化与新农村建设;有利于转变农业发展方式和转型升级;有利于推进农业现代化和破解"三农"新难题。

全生物质农业是指以农田种养殖过程中的全部生物质产出以及可利用的边际性林地和草地生物质产出为生产对象,进行果实和肉蛋奶、生物质能源和生物基产品的全产业链生产的新型农业。以粮肉为生产对象的是第一农业,以生物质能源和生物基产品为生产对象的是第二农业。要以"全生物质原料"概念替代过时的"农林废弃物"概念;要以"农业多联产"概念替代过时的"单一农产品"概念;要以"全产业链生产"概念替代过时的"初级农产品生产"概念;要以"一、二、三产融合"概念替代过时的"籽实农业"概念。

写好这篇对五千年传统农业提出挑战和开辟现代农业新概念的文章,如释重负,如翔蓝天。我和程序同志商量,我们团队再就这个主题,写几篇有分量文章和出一部专著,这是以后的事。

第二个"长远谋"是借参加"百年科技强国发展战略研究"项目机会,提升对生物质的认识与影响力。

2016年3月底回京。不几日,"百年科技强国发展战略研究"项目办公室同志来电话:"石院士,宋健主席叫办公室与您联系,他推荐您当'民生前沿组组长',希望得到您的支持。"由于过去与宋健同志打交道较多,不便推辞。

既是"民生前沿"课题组长,当然就要全面考虑衣食住行和医疗卫生了。我自己主持的第二专题是"发展第二农业,改善民生环境的战略研究",其实质内容与发展生物质工程战略研究是一体的。

2016年7月4日在中国工程院开项目启动会(图13-20上);10月9日我在金码大厦主持召开民生前沿课题组启动会(图13-20下),为期两年的咨询项目就这样开始了。

图 13-20 "百年科技强国发展战略研究"项目（上）及"民生前沿课题"启动会（下）（前排左四至左九分别是戴景瑞、徐建中、杜祥琬、我、施仲衡、刘昌明六位院士，王崧摄）

2018 年 7 月结题，由胡林与程序两位教授分别执笔了民生课题和第二专题的战略研究报告。我则以第二专题组名义起草了"关于建设年产 1 亿吨生物合成燃油和 1000 亿方生物天然气的国家'生物质油气田'的建议"，这可是对未来二三十年或更长时间的一个"长远谋"了。《建议》写道：

中美贸易战警示我们，作为一个崛起中的大国，国家重大战略物资与核心生产技术必须牢牢地掌握在自己手里。能源安全是国家更大的软肋与隐患！

能源是国民经济的"粮食"。我国石油和天然气的对外依存度现已分别高达 72% 和 40%，这是比芯片更加严重的国家软肋与隐忧。我国已是世界第一大液化天然气进口国，现在美国还企图拿 LNG 和石油这个大棒打我们。

减少对外依存度是国家能源安全的长期战略。残酷的现实是，如

第十三章 再披挂，决胜生物质（下）

无强有力的措施，预测到 2030 年，我国石油和天然气的对外依存度还将再升至 75% 和 60% 以上的极端危险点。电力、风能和太阳能替代不了石油与天然气；煤制油、气被其大量排放 CO_2 和环境污染和高耗水所严重制约。能提高石油与天然气自给率最现实的途径是生物质能。

《建议》提出："生物质能源是国家能源安全的主要基石，是大气污染防治的首选，是农业面源污染防治的唯一途径，是振兴农业、农村和提高农民收入的战略抓手。"

建设国家生物质油气田是国家的一个重大战略，这次是我自 2005 年的第四次提出。一次比一次更感意义重大，一次比一次更翔实具体，此次是基于卫星遥感 1km×1km 格栅，百亿数据计算和绘制出的净初级生产力（NPP）及相关图幅。一般人工干预条件下的年生物质产出是 6.3 亿吨，约可合成生物燃油 1 亿吨；较好人工干预条件下的年生物质产出是 8.7 亿吨，约可合成生物燃油 1.78 亿吨。按集中化程度，全国有西南、长城沿线、东北、东南和新疆等五大"生物合成油田"，以及以畜禽粪便与作物秸秆为主要原料的中原、两湖、川渝、东北、苏皖和冀东等六大"生物天然气田"。

国家生物质油气田建设计划若能实施，必将是国之幸，民之福，我之梦也。

第三个"长远谋"是生物质工程学科与学院建设，以推进学科发展和人才培养。

十年前，教育部批准我校在全国率先设置生物质工程硕士点和博士点；最近，教育部又批准我校探索建立"生物质工程"本科专业。2017 年开始酝酿成立生物质与环境工程学院和生物质科技与工程研究设计院，以及在涿州实验农场建生物质科技研发基地，为发展的生物质工程提供科技与人才支持。

2018 年 12 月 17 日我与程序教授联名给学校书记与校长写信汇报发展近况后说：

基于国家急切需要和学校发展大局，希望学校尽快讨论和决定议论已久的"生物质与环境工程学院"，整合全校有关资源，强势推进。没有学院这座平台，分散于全校的有关学科、研究项目与人才只能是小打小闹的"散兵游勇"，有了这座平台，就可以上演"大戏"。

此建议已获学校批准，正在运作筹备。"平台"尚未建成，演出何等"大戏"，且听下回分解。

第四个"长远谋"就是把"第二农业"写在曲周大地上。

"全生物质农业"的创新点在"非籽实农业"或"第二农业"。最好能相对集中地展示于某个县域。

2019年春节刚过，曲周新任县委书记李凡来家看我，当然会谈及今年庆祝70周年国庆期间曲周精神作为重点宣传事。我有感而发地说："四十年前的曲周治碱，为什么当时那么红，以至影响至今？因为当时国家的头等大事是粮食和振兴农业，曲周治碱正赶在了这个节点上，加以工作出色而成为引领全国的'带头羊'。现在曲周，靠什么引领全国？"

80后的李凡书记很敏感，反问道："石老师，您说要靠什么？"当时我不便深说。

三月底，洪浩与万斌来家谈成型燃料供热事，我灵机一动地问："洪总，你能到曲周去看看吗？帮助那里发展成型燃料供热。曲周可是我们的'老根据地'哦！""好啊！这两天我正好有时间，万斌能陪我一起去最好。"

他们临行前，我给李凡书记的捎信里写道："记得我曾对您说，四十年前曲周改碱引领全国，现在曲周也需要有引领全国之举。当时未说内容，现在我可以说，此举即开发'第二农业'，全面振兴中国乡村。""我拟尽快为曲周提出一份开发'第二农业，振兴乡村'的建议，供县委和政府参考，并积极协助引进企业、资金和项目。"

相信这是又一台好戏，它会像五十年前的"曲周治碱"一样，将论文写在曲周大地上，用"第二农业"引领全国。

他长大了，我也老了！

2017 年 5 月 18 日，正吃着晚饭，电话铃响了，是程序同志来的电话，话语有些急促。

"石校长，我在中国生物质能联盟开会，陈义龙等几位联盟领导想一会儿来见你。"

"什么事这样急？"

"生物质能联盟的第一任会长人选定不下来，大家认为你最合适。明天就要开大会了，所以要今晚去看你。"

"程序同志，你是知道的，只要是对生物质发展有利的事我都愿意做。临时要我当会长也没问题，但是有个条件，我什么事都不干。如果他们接受这个条件，就不用来我家了。"

"太好了，我去和他们谈。"

就这样，我当上了第一任会长。

当时，我脑子里很快就闪出了一个人物来，我的湖北老乡，从床底下拖出来的"中华民国大总统黎元洪"。

第二天我在"中国生物质能联盟"成立大会上致辞（图 13-23 左）。这是我为联盟唯一能做的事。

关于成立中国生物质能联盟事，要回说到 2016 年夏天。

谢经荣、陈义龙、程序、万斌等在我家谈起国家越来越重视生物质能，产业队伍越来越大，成长中问题也越来越多，需要有一个能与政府有关部门密切沟通的行业组织。经多番联系，在国家发改委外围的"中国企业发展促进会"旗下成立了"中国生物质能联盟"（后叫"分会"）是最佳选择。联盟的业务指导单位是国家能源局；是国家发改委、财政部、能源局、环保部等相关部门认可的全国生物质能的行业代表性组织；是 2012 年成立的全国工商联新能源商会"生物质专业委员会"的升级版。

"联盟"成立不到两年，旗下先后成立了垃圾焚烧发电、农林生物质发电、生物质燃料与供热、生物天然气 4 个专业委员会，以及 2017 年开始每年发布相关产业的年度发展报告和企业排名报告。2018 年 6 月，举办了"中丹清洁能源供热高峰论坛"；11 月，与国际能源署（IEA）合作举办了"生物质能源系列国际交流活动"。"联盟"已是新时期生物质能行业的颇有战斗力的组织了。

我当了一年的中国生物质能联盟的挂名会长，2018 年 6 月 10 日终于有了正式会长，我的老友，原光大国际集团执行总裁陈小平先生。他上任次日，来家看我，分宾主落座后他说："我去年底从光大国际退下来，昨天任了这个会长。工作人员建议我今天去拜会总会会长，我说要先去拜会石院士。"看来他是位重情义的人。老友相见，叙谈甚欢，谈得最多的是联盟要抓的工作。像三年前我在深圳光大国际总部与他谈的一样，生物天然气仍是重中之重。

9 月和 12 月，陈会长又两次登门与我商谈发展生物质大事，非常务实。

当时我想，中国生物质事业发展到现在，既得天时与地利，又有了这位战略战术兼备，务实干练的优秀会长，一定能蒸蒸日上，鹏程万里。

16 年了，中国的生物质事业一路坎坷，终于健康上路了。

这使我想起，2003 年参加中长期国家科技发展规划战略研究期间提出"生物质"时，连科技部副部长和办公厅主任、后来中国农大新任校长都曾问过，"什么是'生物质'？"

这使我想起，2004 年 6 月 15 日向温家宝总理汇报中提出的"生物质经济已经浮出水面"；2005 年的"发展生物质产业"专论文章和"种出一个大庆"以及四院士联名上书；2006 年的"全国生物质能开发利用工作会

图 13-21　在中国生物质能联盟成立大会上致辞（左）；在家与陈小平会长留影（右）

议"；2007年国务院发布的《可再生能源中长期发展规划》和生物质能位居榜首。这三年，中国生物质事业顺风顺水，茁壮成长。

这使我想起，2008年的"风暴"与"海啸"；2009年的"风电三峡"和生物质能被边缘化；2011年的《惊蛰崛起》和2012年成立"中国生物质专业委员会"；2013年雾霾爆发与生物质固体燃料临危受命和2014年生物质液体燃料柳暗花明；2016年的习主席讲话和生物天然气喷薄而出，以及2017年成立"中国生物质能联盟"。

这使我想起，2006年建成投产的我国第一个生物质发电厂，到2016年有665个项目投产，装机容量1225万千瓦和年发电量634亿千瓦时，上网电量542.8亿千瓦时；想起成型燃料供热消费量由2015年的800万吨增至2020年的3000万吨，以及规模化沼气由2015年的年产50亿立方米增加到2020年的80亿立方米。

生物质事业在中国，由寂寥荒凉的原野到绿意盎然的花园，由"小菜一碟"到国之重器，已经是一个能够自立的，16岁的棒小伙子了。作为曾经百般呵护和为之四处奔走呐喊的一个"粉丝"和"啦啦队员"，我也老了，喊不动了。

"白发无凭吾老矣！青春不再汝知乎？"

2016年春在海南写完"全生物质农业"文稿回京后余兴未已，又逢宋健项目启动和学校酝酿成立"生物质与环境工程学院"，亢奋中的我竟忘乎所以，工作时间大增。6月开始头昏，随后手麻与走路前冲，医生诊断为TIA，即脑短暂性缺血，俗称"小中风"。在北京天坛医院住院十天，出院时大夫说："以后累了还会复发，一定要十分注意"，这下我可就老实了，我真的是老了。

"功成不必在我，功成必定有我"，我的生物质产业！

"待到山花烂漫时，她在丛中笑"，一定！

从医院出来后，心静了许多，把保健康放在了第一位。还将致力于"全生物质农业"的理论建设、生物质学科与学院建设、国家生物质油气田建设，以及把"第二农业"论文写在曲周大地上，但只能坐镇出谋，"运筹帷幄"了。

对自己也有个小算盘，想用两三年时间，出版 15 卷册的《石元春全集》与建成"石元春文档室"，作为自我馈赠的 90 岁生日礼物。90 岁以后，就会少些牵挂，多些时间读史品茗，听音乐，学填词，此皆吾之所好也，所期也。

在我一生的科学生涯里，有土壤科学考察和教学；有盐碱地改良和黄淮海平原综合治理；有校长十年和游学十年，不想 73 岁后，又闯入一个全新领域，平添了 16 年对生物质事业的苦苦求索，享受着求索之美和别样的科学人生。

好像，儒者的脚步总是停不下来，嗟乎！

附录一　石元春年表

1931 年
农历正月初二，公历 2 月 18 日出生在武汉。

父亲石燧坪经营米店、香烟店和合伙办肥皂厂等。母亲徐淑媛，南京人，家庭经济情况较好。家中胞兄妹四人，排行第二（石元宁、石元春、石元俊、石元纯）。

1937 年
9 月，上小学。

1938 年
武汉沦陷后，全家搬入法租界居住。同年上竟成小学。

1943 年
9 月，入汉口私立法汉中学。

1944 年
因避轰炸而搬入乡下，休学半年。

1945 年

9 月，抗日战争胜利，举家迁回汉口法租界，回法汉中学完成初中学业。

1946 年

9 月，入武昌文华中学。

1947 年

4 月 18 日，参加湖北全省运动大会选拔赛 400 公尺栏的比赛。

1948 年

高二上担任班长。

1949 年

高三担任班长、级长会议主席。

武汉解放前夕，以级长会议主席身份参加了护校斗争，任学生护校队队长。

5 月，武汉解放。

报考武汉大学农学院、清华大学农学院，收到两校录取通知，决定读清华大学农学院。

10 月，到清华大学农学院报到。

10 月 17 日，随清华大学农学院的教职工及家属全部搬迁到罗道庄，并入北京农业大学。

1950 年

7 月 7 日，加入中国新民主主义青年团，介绍人李绍良。

4 月，任班学习干事，至 10 月。

11 月，担任学生会学艺部工作，至 1951 年 9 月。

申请参加抗美援朝，未准。

1951 年

4 月，随学校"土改工作团"赴江西省信丰县参加土改，任庄高乡土改工作队副指导员直至 9 月。回校后继任校学生会学艺部副部长。

1952 年

7 月，参加五里店农场暑期实习任队长，直至 9 月。

被选为校学生会副主席。

1953 年

3 月，任班时事干事。

7 月，大学毕业，开始北京农业大学研究生学习，师从李连捷教授。

1954 年

1 月 6 日，全校举行欢迎大会，苏联土壤专家阿·费·涅干诺夫到校。任校长顾问，指导土化系制订专业教学计划，修订教学大纲及指导研究生的培养工作。

1 月，担任团支部副书记。

3 月 8 日，威廉士土壤学讲习班在卢沟桥分部开学，由苏联土壤专家涅干诺夫主讲，200 多名学员是来自全国各校的土壤学教授、教师和土壤工作者。

6—8 月，参加察北实习队，观察高原土地及平原的七类主要性状。学习地貌学、第四纪地质学、物理化学与胶体化学、分析化学等课程。

1955 年

3—4 月，参加卢沟桥实习，学习土壤调查方法，巩固涅干诺夫专家之意，授"土壤调查及制图"一课。

5 月 13 日—9 月 10 日，参加中国科学院黄河中游水土保持综合考察队第四纪地质组，研究黄土中古土壤并搜集论文材料，刘东生副研究员协助指导。

9月8日，高教部决定从人民大学、北京大学、清华大学、北京农业大学等18所高等学校中，抽调33名教师启程前往苏联进修1.5—2年。这是我国第一批派到苏联进行短期专业进修的高等学校教师。

担任团支部宣教委员。

1956年

完成毕业论文并在在中国第四纪地质研究会成立大会做"晋西地区的黄土及其形成过程"报告。毕业论文题目为《晋西地区之第四纪沉积物》。

春，中国科学院决定成立新疆综合考察队，李连捷教授任考察队队长，作为其研究生与林培一起留校参加综合考察工作，担任中科院新疆综合考察队秘书至1957年11月。

6月，经陈心枚、王立法介绍，加入中国共产党。

6月，李韵珠毕业留校任教。

1957年

2月，在北京农业大学科学讨论会宣读论文《晋西北黄土中古土壤层的研究》，介绍了根据在晋西观察所得，对黄土中古土壤层做一些尝试性的探讨。

4月上旬，土化系举行学术报告会，中国土壤学会北京分会与土化系合办。会上李连捷、华孟等做了学术报告。

5—11月，继续北疆萨乌尔山和准噶尔盆地综合考察，写《新疆阿尔泰山土壤》《萨乌尔山土壤》和《1957年土壤组考察报告》。

11月，担任中科院新疆综合考察队土壤组副组长，至1958年12月。

被聘任为讲师。

1958年

4月19日，在马连洼新校址正式开课，并举行了开课大会。

11月，发表论文《塔里木盆地北部盐分的积聚规律和盐渍土利用改良问题》。

在科学出版社出版的《中国第四纪研究》上发表论文《晋西地区的黄土及其形成过程》，介绍了作者对晋西地区黄土层的研究及对其形成过程的推断。

1959 年

1 月，担任北京农业大学土化系土壤教研组秘书，至 1960 年 1 月。

完成新疆考察报告（1957 年）《准噶尔界山的土壤》。

参加中科院新疆综合考察总结，秋季参加全国土壤普查中的北京市密云县土壤普查，写《北京市密云县土壤志》。

在科学出版社出版的中国科学院新疆综合考察队苏联科学院地理研究所《新疆维吾尔自治区的自然条件（论文集）》，收录论文《塔里木盆地北部盐分的积聚规律和盐渍土的利用改良问题》，介绍了含盐较重的塔里木盆地北部盐分的积聚规律和盐渍土的利用改良问题。

春节期间与同学李韵珠完婚。

1960 年

1 月，担任北京农业大学土化系土壤教研组副主任，至 1965 年 3 月。

6 月 1 日，作为先进集体代表土壤教研组参加"全国文教卫体先进集体和个人群英会"。

承担土壤学教学任务和在京郊开展研究工作，开始在京郊大兴县进行盐渍土水盐运动观察研究。

中国土壤学会编辑《土壤通报》1960 年第 2 期上发表论文《北京土壤"口性"的初步研究》，学习农民对土壤"口性"的认识和划分方法，并结合进行了若干室内和田间分析，以期查明其科学含意和内容。

1961 年

参加土壤地理和土壤调查两门课的教学，至 1964 年。

在《哲学研究》1961 年第 1 期发表论文《正确认识土壤的矛盾运动，能动地利用改造土壤》。

1962 年

4 月，儿子石平出生。

1963 年

论文《大兴县盐渍土改良分区》被收入《全国盐碱土改良学术会议论文》。

1964 年

7—8 月，准备并参加盐渍土会议。

9—10 月，参加内蒙古昭乌盟红石地区军马场建前勘探工作。

1965 年

3 月，担任北京农大涿县农场四区队副队长至 1966 年 6 月，开展半农半读教学改革。

1966 年

3 月，被评为涿县"四清"工作团西横歧工作队五好队员。

6 月，由涿县实习农场回北京校部参加"文化大革命"，被"审查"和当"逍遥派"多年。

1967 年

12 月，女儿石琼出生。

1969 年

10 月 17 日，林彪作出《关于加强战备，防止敌人突然袭击的紧急指示》，发布"第一号命令"。驻我校军工宣队和革委会，组织教职工及家属，"疏散"到河北涿县农场及附近农村寄居并参加劳动，后又将大部分师生"疏散"到河北武邑农村。

11 月 10 日，已有 2200 师生员工搬去涿县分校。后一家四口住四区队。

1970 年

5月初，农林部军代表沙风传达国务院决定农大还要办，但大农场已被4793部队占用，马连洼校舍已被国防科委占用，命令农大搬往陕西。

7月中旬，根据陕西省委意见新校址选点在延安市甘泉县清泉镇。

9月5日，农大第一批教职工搬迁陕北101户295人；第二批9月10日出发计有图画、牧医、后勤机关及部分工厂职工与家属173户682人。举家随校迁延安甘泉县清泉沟口姚店村，参加农业劳动和盖房修窑洞。

11月，接受修北沟水库任务。

1971 年

年初，家由沟口姚店村搬到沟里校部。

上半年，"工宣队"安排修建小水库，任"库长"，"炸山"时险些丧命。

9月30日，陕西省革委会发［1971］46号文批转省教育局关于北京农业大学与延安大学合并的通知，定名延安大学。

1972 年

春，在清泉沟的教职工出现克山病症状并陆续增加发病人数，全体教职工体质普遍下降。到5月13日确诊地方病67人。因地方病蔓延，绝大多数教职工和家属离开陕北到北京马连洼和涿县等处安身。

夏，将一双子女送武汉姐姐家。

10月，因修水库过度劳累，患"克山"病，批准回京"异地疗养"。

1973 年

1月，根据周恩来总理指示，国家科学技术委员会领导和组织"黑龙港流域地下水合理利用"国家科技大会战项目在河北启动。

4月9日，国务院科教组发布［1973］科教计90号文件《关于北京农大迁到河北省并改名为华北农业大学的通知》，"经国务院批准，同意北京农业大学从陕西省迁到河北涿县原农大分校扩建办学，并改名为华北农业大学"。

4月26日，召开全校大会，动员从陕西往涿县搬迁。

5月下旬，国务院业务领导小组成员王观澜在河北邯郸召开全国植棉工作会议期间，指示北京农大副校长沈其益在邯郸地区东北部盐碱地区设置盐碱地改良试验点。

6月3日，沈其益、石元春到曲周县北部考察盐碱地现场。

7月中旬，与辛德惠、林培、雷浣群等7人到曲周考察，决定将基点设在盐渍化最重的张庄村一带。

9月5日，与辛德惠、林培、毛达如、雷浣群、陶益寿、黄仁安等7人进驻张庄村，开始建立旱涝碱咸综合治理曲周试验区。

11月8日，制定和上报了《邯郸地区曲周县旱涝碱咸综合治理样方规划草案说明书》。

11月中旬—12月底，曲周试验区冬季农田水利工程暨旱涝碱咸综合治理工程全面施工。

12月11—16日，首次参加河北省"黑龙港流域地下水合理利用"国家科技大会战衡水工作会议。

1974年

2月10—12日，春节休假后返回张庄，讨论制定了《邯郸基点1974年工作计划草案》。

2月中旬，一代试验区水盐动态监测网启动建设。

2月14—18日，参加河北省在邯郸召开的"农业学大寨"大会。

3月3日，王观澜同志到曲周试验区视察和作重要指示。

3月20日，曲周农民大学一年制长训班开学，学员30名。

3月25日—4月16日，开展曲周试验区土壤调查。

3月—11月，按综合治理的总体设计全面开展试验区水盐运动调节和治理试验，效果突出。张庄、大街两大对当年粮食总产翻番，单产"上纲"。

8月，担任土壤教研组副主任。

10月4日，在曲周县召开的水利工作会议上介绍了试验区做法与成果。

11月12日，编写和上报《利用改造咸水，综合治理旱涝碱咸实验工作初报》。

1975年

2月25日—3月5日，与辛德惠二人在曲周县文化馆全力准备参加河北省黑龙港项目工作会议的汇报用展板。

3月6—10日，河北省黑龙港项目衡水工作会议，掀"浅井风波"。

6月27日，在"邯郸地区打井抗旱，除涝治碱会议"上介绍曲周试验区咸水利用的经验和方法。

9月，在"邯郸地区农业学大寨大会"上代表曲周试验区作题为《分析矛盾，促进转化，加快速度，为大上快上农业多做贡献》的大会发言。

9月16日，河北省科委召开黑龙港项目经验交流会，第一个在大会上介绍曲周试验区经验。

11月，完成和上报1975年科研工作总结《掌握水盐运动规律，综合治理旱涝碱咸》。

在《华北农业大学教育革命通讯》1975年第1期上发表论文《运用浅井—深沟体系，综合治理旱涝碱咸（土化系曲周基点）》，介绍了土化系曲周基点在曲周县北部建立了试验田和治理区在旱涝碱咸的综合治理上取得了较为明显的成效。

1976年

2月，文章《昔日老碱窝，两年过黄河》发表在中共北京市委机关刊物《前线》。

3月，曲周试验区向学校领导上报《关于设置水盐运动试验场》的报告。

4月，曲周县革委会向邯郸地委呈报《将曲周试验区经验推广到曲周县北部的23万亩盐碱地区》的报告。

5月，国务院在西安召开"我国北方干旱半干旱地区水利资源开发利用科研规划会议"，部署"五五"期间，曲周旱涝盐碱综合治理曲周试验区面积由6000亩扩大到40000亩。

9月，在《中国农业科学》1976年第8期发表论文《掌握水盐运动规律，综合治理旱涝碱咸（华北农业大学曲周基点）》，介绍了曲周试验基地在阶级斗争、生产斗争和科学实验的三大革命运动的实践中，对水盐运动和旱涝碱咸的综合治理有了进一步认识。

1977 年

1月2日，完成和上报《曲周旱涝碱咸综合治理试验区规划说明书（草案）》。

4月1日，邯郸大旱，曲周试验区向邯郸地委递交《把咸水利用起来，抗旱夺丰收中广辟水源》建议书。

5月，总结上报《利用改造咸水，综合治理旱涝碱咸（1974—1976）》。

12月，全面总结1973—1977年旱涝碱咸综合治理期的工作与试验研究，编写《四年工作总结报告》和20余万字的技术总结《旱涝碱咸综合治理研究》。

1978 年

1月17日，完成《中共曲周县委关于23万亩旱涝碱咸综合治理区及其规划的报告》。

3月，黑龙港项目会议正式为"浅井风波"平反。

6月，河北省委书记刘子厚视察曲周试验区。

麦收期间，联合国农业发展基金会（IFAD）副总裁到张庄考察，对实验成果予以肯定，并准备向IFAD提出给以长期贷款。

8月，完成黄淮海盐碱旱涝综合治理曲周23万亩试验区规划草案。

9月，农业部杨立功部长视察曲周试验区，与河北省委书记刘子厚商议部省各投500万元扩大曲周试验区。

10月，颁布《1978—1985年全国科技发展规划纲要（草案）》，108项重点科技研究项目中，黄淮海盐碱旱涝地区等地产地区的综合治理被列为第5项，由农业部等6部委主持。

11月，冬季农田水利建设中完成了以王庄为中心的第二代试验区的打井和土方工程。

11月29日，国务院国发［1978］248号文件《国务院关于华北农业大学搬回马连洼并恢复北京农业大学名称的通知》。

12月，制定《半干旱半湿润季风区旱涝碱咸综合治理》科研项目1979年工作计划草案。

在《土壤》1978年第1期发表论文《旱涝碱咸综合治理的研究—曲周试验区四年工作总结（1974—1977）（华北农大曲周基点）》，就曲周试验区四年的旱涝碱咸的综合治理及生产情况进行了科研结果的初步总结。

1979年

1月15日，根据《1978—1985年全国科技发展规划纲要》，国家农委和科委在河南商丘召开黄淮海平原旱涝盐碱综合治理工作会议，作大会发言介绍曲周试验区。

3月，北农大土化系和曲周试验区承办联合国粮农组织FAO援助项目——"全国农业遥感培训班"，李连捷教授担任中方项目组长。

4月，晋升为副教授。

4月下旬，农业部副部长何康到曲周试验区视察，并落实杨立功部长扩大曲周试验区拨款事宜。

4月下旬，何康副部长在邯郸宾馆给黄淮海项目组布置制定"黄淮海平原旱涝盐碱综合治理区划"任务，与贾大林共同负责。

5月，旱涝盐碱综合治理曲周试验区被列入联合国教科文组织的《人与生物圈》研究计划中的第881项。

6月2日，河北省召开全省科技成果奖励大会，北京农大曲周试验区获一等奖。

7月14日，国务院决定恢复北京农业大学校名和在马连洼原校址办学。

10月19日，向农业部科技局上报《一个科学试验站的建立和发展》报告，农业部为曲周实验站拨50万元基建款。

11月11日，"全国农业现代化综合科学实验基地工作会议"在河北栾城召开，做《黄淮海平原旱涝碱综合治理问题》大会发言，后由河北省科技情报所根据录音整理全文发到省内有关单位。

12月28日，代表曲周试验区参加"国务院关于表彰农业财贸教育卫生科研战线全国先进单位和全国劳动模范大会"，"曲周县张庄旱涝碱咸综合治理试验区科研组"被评为全国先进单位，获国务院总理华国锋签署的嘉奖令。

1980 年

4月27日—5月27日，与辛德惠、杨守春受农业部派赴匈牙利进行盐碱土改良科学考察，任组长。

5月，与林培参加联合国粮农组织在我校开办的农业遥感培训班办班工作。

5月22日，曲周试验区向学校递交《成立北京农业大学曲周实验站的报告》。

6月17日，联合国国际农业发展基金会IFAD副总裁阿金斯到曲周试验区考察，表示支持此国际贷款项目。

7月中旬，代表项目组在河南商丘召开的"黄淮海平原旱涝盐碱综合治理区划"终审会上作编写报告。

7月23日，参加国家农委"全国农业区划工作会议"，做《搞好专题区划，为综合治理黄淮海平原旱涝盐碱提供科学依据》大会交流发言。

9月，曲周县完成《联合国国际农业发展基金会投资项目：曲周县旱涝盐碱综合治理和农业综合发展规划方案》初稿。

9月29日，北京农业大学向农业部呈报关于建立曲周实验站的申请报告。

12月，农业部以黄淮海平原旱涝盐碱综合治理的研究成果授予北京农业大学土化系土地资源教研组技术改进一等奖。

与贾大林在《全国农业区划会议论文集》发表论文《搞好专题区划，为综合治理黄淮海平原旱涝盐碱提供科学依据》，做黄淮海平原旱涝盐碱综合治理区划工作情况的汇报。

1981 年

5月中旬，新建曲周实验站（四町村）建成启用，由张庄迁入。

6月7日，世界银行农业经济学家丁文波率领评估组一行7人，对曲周县北部23万亩项目区进行预评估考察。

7月27日，世界银行派地下水专家安德逊考察项目区地下水资源状况。

8月7日，河北深科委冀科字［1981］019号文，《关于转发〈张庄试验区半年试验简报〉的通知》发到各地、市科委及各院所高校。

10月，在农业出版社出版的《中国综合农业区划》发表论文《盐碱地的综合治理》，介绍了盐碱地的分布和区域类型以及综合治理。

1982年

1月，国家农委、建委、财政部、农业部、水利部、地质部在北京联合召开黄淮海平原综合治理工作会议，决定1982年上半年召开一次全国性的黄淮海平原治理与开发的学术会议。

1月24日，参加中共中央国务院春节团拜会。

2月，与贾大林、刘巽浩共同主持国家农委"黄淮海平原农业发展战略研究"。

6月16日，何康副部长视察曲周试验区小麦。

6月18—27日，"黄淮海平原农业发展学术讨论会"在济南召开，有关部门和5省2市领导专家370余人出席。国务院副总理姚依林、国家农委副主任何康作重要讲话。代表"土壤改良与培肥组"做大会发言。

8月23日，国家科委在浙江金华召开黄淮海项目课题组负责人会议，代表曲周试验区参加并做大会发言。

9—10月，考察访问日本、菲律宾、印度、泰国农业遥感，任考察组组长。

10月3日，农业部［1982］农（人）15号文，正式批准成立北京农业大学曲周实验站。

10月，世行贷款"华北平原农业项目"正式立项，覆盖鲁、豫、皖三省9县300万亩盐碱低产农田，总额6000万美元，实施期5年。

11月24日中国农业部与IFAD正式签订了曲周试验区"贷款协定"，获优惠贷款2294万元，试验区面积由3万亩扩到23万亩。

在全国农业区划委员会办公室编印的重点地区农业发展战略研究材料之七《黄淮海平原农业发展战略研究》发表论文《黄淮海平原农业发展战略研究》。

在《北京农业大学学报》1982年第1期发表论文《黄淮海平原的水均衡分析》，从宏观的角度对黄淮海平原的水循环和水均衡分析，认识和考虑水调节和水管理问题。

1983年

1月，黄淮海项目正式列为国家"六五"38项科技攻关项目中第2项"农业区域综合增产技术"的第一课题"黄淮海平原中低产地区的综合治理与农业发展"。

2月22日，曲周县北部23万亩综合治理的联合国国际粮食发展基金会IFAD项目在罗马正式签署。

3月31日，农业部、中国农学会和首都6大新闻单位联合在京举行"农业科技人员为农村服务座谈会"，表彰11位长期深入农村的农业科技人员，与蔡旭、王连纯等一起受表彰。

5月13—16日，农业部在河北邯郸召开了"全国高等农业院校教学、科研、推广三结合经验交流会"，全国30省区近百位代表参观曲周试验区现场，代表曲周试验区做大会交流。

12月，合著的《黄淮海平原的水盐运动和旱涝盐碱综合治理》出版。被任命为北京农业大学研究生院副院长。

1984年

6月2日，国家科委协调攻关局［国科攻24号］文，正式成立"六五"黄淮海科技攻关课题专家组，任组长，副组长为贾大林。

6月，访问澳大利亚，参加"国际利用盐碱荒地进行饲料和燃料生产学术研讨会"。

7月中旬，国家科委攻关局在郑州召开黄淮海平原中低产区综合治理和综合发展科技攻关专家组第一次会议暨9个课题组主要技术负责人会议。

8月，提出召开盐渍土改良国际会议，得到何康部长支持，直至次年5月，紧张筹备，因此主动放弃了出国访问进修机会。

10月，邀请前国际土壤学会盐碱土专业委员会主席，匈牙利土壤研究所所长萨尔博奇教授访华，作为国际会议科学顾问。

1985年

1月，被评为1984年度先进工作者。

5月12—21日，在济南主持召开"国际盐渍土改良学术讨论会"，任组委会主席。

7月3日，经农牧渔业部党组批准任北京农业大学副校长。

10月，美国土壤学会前理事长D.R.Nielsen教授在《国际土壤学会会员通讯》1985年第2期介绍了济南国际会议，高度评价中国黄淮海平原的盐渍土改良成就。

10月14日，任命为研究生院院长（兼）。

担任著名的荷兰杂志《农业水管理》审稿人和咨询委员会委员，年末制定了"北京农业大学学科发展战略规划"。

1986年

2—4月，国家科委和农业部陆续组织了"六五"黄淮海课题的各专题的验收工作，其中北京农大承担的7个专题全部通过验收。

4月上旬，与贾大林负责组织编写国家科委和农业部主持的黄淮海"七五"科技攻关计划，提出由12个试验区和6个重大技术研究专题组成的"两线作战"的总体作战部署。

5月15日，获国家计委、经委、科委、财政部颁发的，关于北京农业大学在黄淮海平原综合治理与农业增产"六五科技攻关优秀成果奖"。

7月28日，国务院学位委员会批准第三批学位授予单位，获博士生导师资格。

8月，与曹永华参加国家教委在黄山召开的全国研究生工作座谈会，会后提出实现北农大研究生工作"四个转变"。

9月13日，被聘任为教授。

10月20日，任校务委员会副主任委员。

被选为国际土壤学会会员。

任国家教委科技委员会副主任。

与李韵珠在《干旱区研究》1986年第4期发表论文《盐渍土研究的现状和发展趋势》，从几个侧面阐述了盐渍土研究的现状和发展趋势。

在 congree centurm humburg 第13期发表论文"The salt—affected in China soils and their reclamation"，介绍了北京盐渍土水盐的运行状况和规律。

1987年

3月，国家计委在北京友谊宾馆研究制定全国中低产田地区农业综合发展计划，被邀请到会做黄淮海平原综合治理情况和经验介绍。

4月4日，学校召开各系（院）、部、处负责人和副教授以上教师550人参加的研究生工作会议，提出研究生教育改革10条意见。

4月8—10日，在京召开《黄淮海平原中低产地区综合治理》课题专题负责人会议，宣布北京农大为课题主持单位，中国农科院为参加主持单位，与贾大林同为课题主持人。

5月8—23日，参加国家教委组派的"大学校长代表团"访问澳大利亚。

5月22日，中共中央组织部组任〔1987〕35号文通知，任北京农业大学校长。

6月10日，召开全校大会，宣布新校长任命。

6月27日，召开全校博士生导师、各院系主任院长参加的博士生导师讨论会，讨论研究生培养工作；教委研究生司负责同志参加会议。

8月22—26日，召开"第一次工作会议"，党政负责人，校务委员会委员及各院系处党政负责人参加。探讨确立办学思想，提高教学质量，加强学风建设问题。农业部相重扬副部长和贺修寅司长到会讲话。

9—10月，由13人组成的黄淮海课题检查组对12个试验区和6个关键超前技术专题进行历时25天现场检查，贯彻"七五"黄淮海科技攻关北京"四月会议"精神与要求。

10月,学校制定《北京农业大学教师教学工作岗位责任制试行条例》《北京农业大学实行本科课程课堂教学评议制的暂行办法》和《北京农业大学关于建立正常教学秩序的暂行规定》3项教学管理制度并颁布实施。

11月,当选为中国农学会副会长。

12月22—26日,黄淮海课题"七五"科技战役第二次工作会议在京召开,总结1987年工作,讨论部署1988年工作。

1988年

1月,国务院开始实施《1988—2000国家农业区域综合开发规划》。以黄淮海平原、河西走廊、湘南、赣西南以及沿海滩涂等十大片作为重点农业综合开发区,涉及20个省市、3.8亿人口和4.7亿亩耕地。

1月23日,参加全国农业工作会议的10所直属院校校长到我校开现场会,介绍我校深化教育教学改革的设想与做法。

1月27—31日,参加全国高等教育工作会议,讨论试行校长负责制等问题。

1月,贯彻《北京农业大学本科课程课堂教学质量评议制》,组织各院系对235门本科课程全部进行评议,涉及讲课教师292人次,实验指导教师172人次。

2月2—6日,召开学校第二次工作会议,主要议题是改善学校管理系统和运行机制。通过《北京农业大学校长负责制暂行条例》,提出1988年的10项工作任务。

3月3日,学校8802次行政办公会议提出以参加黄淮海农业开发为契机,全面改善学校工作的方案,成立参战黄淮海指挥部和黄淮海农业开发办公室,任指挥长。毛达如、靳晋、祖康祺任副指挥长。辛德惠、王树安、张仲威分任邯郸、沧州、盐城工作团团长。

3月12日,农牧渔业部与北农大就加速黄淮海平原综合治理开发问题,在农展馆举行记者招待会。新华社、《人民日报》、中央人民广播电台、光明日报等29家媒体37人到会。

3月16日,在学校教师和四年级学生近400人参加的"下海"动员会上做动员报告。

4月15日,校务委员会审议通过《北京农业大学88级按系招生组合式教学方案》。

5月23日,农业部同意成立"北京农业大学京农新技术开发总公司"。主要任务是开发学校智力资源,尽快将新技术成果转化为生产力,增强学校面向经济建设的动力和活力,为学校教学、科研及农村商品经济服务。

5月30日—6月12日,与前校长安民教授赴西德工作访问,讨论CIAD项目总结和续订第二期项目。

6月2日,农业部正式批准我校试行校长负责制,从6月份开始试行。6日公布《北京农业大学校长负责制暂行条例》。7日成立继续教育学院及京农公司,13—23日赴南斯拉夫参加"国际盐渍土改良学术研讨会"。

6月14日,李鹏总理视察旱涝碱咸综合治理曲周试验区,在北京农大曲周实验站听取站长辛德惠教授汇报。

7月24—30日,国务院作出"关于表彰奖励参加黄淮海平原农业开发试验的科技人员的决定",并以李鹏总理名义邀请黄淮海平原综合治理的科技人员代表到北戴河休假。与贾大林、辛德惠黄荣翰、王尊亲等16人参加。

9月10日,全校庆祝教师节大会。曲周县委书记董强、县长袁安圻及农民代表20余人送来汉白玉石碑,正面刻"改土治碱,造福曲周",背面篆刻我校师生在曲周盐碱治理工作的成绩和农民群众对师生的一片深情。

10月14日,成立学生工作办公室和信息中心。

11月,北农大曲周试验区的"盐渍土水盐运动研究"获国家教委年度科技进步奖一等奖。

12月16日,主持召开学校行政办公会议,在听取关于聘任制试点工作汇报后,宣布聘任制从即日起在各系院及有关业务部门全面铺开,并部署了工作步骤。

12月31日,何康与何东昌两位部长在北京农大召开农业部属8院校16干部分院会议并参加师生除夕晚会。

1989 年

3月24—29日，农业发展战略研究室和信息中心与《光明日报》社邀请我校部分专家教授对我国农业问题进行深层次分析，向政府提出新的思考和建议。与董恺忱、刘巽浩、刘少伯、毛达如、靳晋发言。

3月27日，学校教育改革成果"教学——科研—推广中建立农科实践教学体系"通过农业部主持的鉴定，被认为在全国农业院校中处于领先地位，经评审获国家级特等奖。

4月19—23日，参加国家教委在南京召开的科技委员会。

4月26日，在校广播室对学生发表广播讲话。

4月27日，北京市劳动模范、模范集体表彰大会在人民大会堂举行，我校科技攻关黄淮海平原中低产地区综合治理课题组被评为北京市先进集体。

5月6日，李鹏总理邀请首都11位农业专家教授在中南海座谈，共同研究以科学技术成果发展农业问题。与安民、王树安、毛达如、曾士迈一起参加。

5月16日，与首都10位大学校长就北京市高校学潮问题发表公开信。

6月9—15日，赴日本东京农业大学参加该校生物学部落成典礼，对首届互派学生实习具体事项进行安排。

6月，制定完成《北京农业大学组合式教学计划》（试行方案），首次编制"组合式"教学计划。

7月，随以宋健为团长的中国科学家代表团访苏。

8月13—20日，作为宋健率领的中国政府科技代表团成员赴苏联访问，应邀在"中国在苏联科技活动日"做《中国黄淮海平原的综合治理和农业开发》报告。

9月7日，北京市举行庆祝教师节暨表彰优秀教师大会，当选全国教育系统劳动模范并授予优秀教育工作者奖章。

10月5日，参加归国博士联谊会和发言。

11月26—31日，参加国务院全国中低产地区综合治理会议。

11月28日，与北京10所大学校长，就美国参众两院通过《中国移民紧急救援法案》发表致美国大学校长的公开信。

在《第四纪研究》1989年第2期发表论文《中国黄土中古土壤的发生学研究》，应用形态学、微形态学、化学和矿物学研究了中国黄土中古土壤的发生学性状和成土过程，并探讨了黄土中古土壤在时间和空间上的演替和分类问题。

在娄成后主编的《我国北方旱区农业现代化》发表论文《北方旱区的土壤》，详细地分析了我国北方地区旱区的土壤状况。

1990年

1月8日，召开全校教职工大会，向大会做1989年工作总结报告，布置1990年工作重点及学校聘任考绩制度。

3月2—3日，在全国科技大会上，做《农业高效是科技兴农的重要方面军》发言，在3日中南海中央领导同志召集的座谈会上也发了言。

3月初，组成由CIAD和12个院系的200名教师、200名研究生、300名本科生参加的3个分团、10个小分队的"上山下海"队伍，赴河北省邯郸、沧州地区及京津苏鲁豫皖地区搞科技兴农，为"科技推广年"做贡献。

3月12—15日，在人事部在福州召开的科技干部管理工作会议上做典型发言。

4月29日，中华全国总工会授予"全国优秀教育工作者"称号，获五一劳动奖章。

5月9日，就"校长负责制"给江泽民书记写信。

5月15—30日，国家科委和农业部组织专门队伍对12个试验区分别进行现场验收，均获通过。

5月26—29日，参加中共中央、国务院召开的科学家座谈会并发言。

5月，校务会讨论决定北京农业大学每年10月9日为校庆日，并于当年10月9日首次举办85周年校庆。

6月28日，在北京召开"七五"水盐运动监测预报技术专题鉴定会，鉴定该项研究达到国际领先水平。决定不再参加"八五"黄淮海科技攻关项目。

8月23—24日，召开第七次工作会议，制定《关于加强教风建设的意见》《关于加强优良学风建设的意见》和《关于加强工作作风建设的意见》。3个文件获中共北京市教育工作委员会《大学情况》46期转发。

9月,为在建校八十五周年前夕出版的《北京农业大学校史(1905—1949)》作序。

9月中下旬,国家科委和农业部组织专门队伍对6个关键超前技术专题分别进行验收并全部获得通过。

10月5日,"农业教育现状与展望"国际研讨会作为85周年校庆活动的序幕在CIAD中心开幕。

12月3日,新图书馆落成剪彩。

12月13日,在"国家八五重点科技攻关项目——全国中低产区综合发展规划专家会议"上当选该专家委员会主任。

12月17—21日,参加在北京召开的全国高等院校科技工作会议,北农大"黄淮海"研究课题组被评为全国高校先进科技集体,做"主持黄淮海平原综合治理和农业开发的实践与认识"报告。

国家教委科学技术委员会换届选举,连任副主任。

与李韵珠在中华人民共和国农业部主编的《中国粮食问题及其战略对策》发表论文《开发盐渍土区,促进粮食生产》,介绍了我国盐渍土区的分布和增产潜力、治理情况和成就以及综合治理的基本经验。

在《华夏星火》第8期发表论文《农业高校是科技兴农中的一支重要的方面军》,介绍农业高校在科技兴农中的优势和参加科技兴农和农业推广工作的校内运行机构和机制。

1991年

2月20—22日,召开第八次工作会议,提出"八五"期间工作规划和今后10年发展设想。

2月25—26日,在完成18项专题验收后,国家科委和农业部主持了黄淮海课题验收,代表课题组作了"七五"科技攻关工作及成果汇报。

3月13日,国家教委主任李铁映到校视察。

4月8—24日,随国家教委考察团访问德国。

5月17—21日，应邀参加日本东京农业大学创立100周年庆典，被授予东京农业大学名誉农学博士学位。

5月23—27日，在中国科协第四次代表大会上当选为全国科协副主席。

6月19日，访问美国，到7月5日。

7月，享受政府特殊津贴。

8月22日，国家计委通知北京农大基建已列入国家大中型建设项目。

8月29—31日，召开第9次工作会议，在工作报告中提出学校今后发展重点目标，并就各个职能系统提出分项计划。

9月21日，国务院决定连任北京农业大学校长（任期至1995年8月）。

10月7—8日，应中共中央总书记江泽民邀请，到中南海参加农业科学家座谈会，为振兴和发展我国农业献计献策。发言谈了世界农业及中国农业生产和农业科技发展的历史进程和发展趋势，及我国农业科技人才培养问题。

11月，国家科委和农业部组织制订黄淮海"八五"科技攻关计划。

12月28日，当选为中国科学院学部委员。

12月，与李保国、李韵珠、陆锦文等著《黄淮海平原水盐运动的监测预报》由河北科技出版社出版。

在《中国科技产业1991年中国高校校办产业协会成立大会专辑》发表论文《兴办大学高技术产业，迎接新技术革命的挑战》，在经过几年实践后，总结出了高校在高技术产业开发中的认识和经验。

1992年

1月，黄淮海"八五"科技攻关论证会在西苑宾馆召开，担任专家组组长。

1月23日，学校评聘推广型教授由推广学科组主持召开的申报者公开答辩会，特邀国家教委和农业部有关领导出席。

1月24日，专业技术职务评聘正常化后的第一次评聘工作基本结束；重点是选拔具有真才实学的中青年专业骨干。宋平同志到校视察。

3月12—14日，学校第十次工作会议。经过一年反复酝酿、讨论、修改的"八五"计划在会议上正式出台。

3月20日—4月4日，访问泰国。

4月11日，中国内地第一个橄榄球协会——北京市高校大学生橄榄球（英式）协会在北农大召开成立大会，被选为协会主席。

5月3—5日，国家教委和农业部在北农大联合召开"农业院校评聘推广型教师职务工作座谈会"，20余所农业院校代表参加。

5月11日，举行首届"农民科技活动日"。

6月10日，国务院学位委员会文件学位［1992］10号确定聘任为国务院学位委员会第三届学科评议组成员。

6月13—15日，学校第十一次工作会议，讨论学校深化改革问题，确定"宏观调控，调整职能，责酬包干，自主管理"的改革方针并将进一步下放权力，开放搞活。

6月20日，在全体教职工大会上作综合改革动员报告，部署讨论关于内部管理和人事分配制度的改革方案。

6月27日，成立农业与资源环境学院。

7月3日，农业部［1992］农（科）函25号文件确定担任农业部第五届科学技术委员会副主任委员。

7月23日—8月5日，参加中组部组织的部分新晋院士镜泊湖休假。

8月5日，农业部科技委第五届第一次会议决定"黄淮海平原中低产地区综合治理与农业开发"项目获农业部科技进步奖特等奖。

9月1日，《关于本科生修读辅修专业的暂行办法》自本学年开始试行。

9月19日，《北京农业大学技术转让和中试管理暂行办法》开始生效。

11月21—23日，召开第十二次工作会议，中心议题是主动适应社会主义市场经济，调整优化专业结构。

11月27日，主持的"区域水盐运动监测预报"获国家教委科技进步奖（甲类）一等奖。

11月，北京农大1.67万平方米新建楼房交付使用。

在《高等农业教育》1992 年第 2 期增刊发表论文《加强基础教学，增强学生适应能力》，论述在大学教育改革方面石元春院士的观点。提出首先要在培养目标和质量观上提高认识，其次要打好数理化基础，最后提出要在基础教学中有必要的学时保证和在培养计划中有个合理的布局和结构等观点。

1993 年

1 月，任第八届全国政协委员。

2 月 15 日，出席李鹏总理在中南海召开的政府工作报告征求意见座谈会并发言。

2 月 22 日，向农业部呈"关于调整组建八个学院的请示"报告，4 月获批复。

3 月，黄淮海课题组申报国家科技进步奖特等奖。

3 月 8—22 日，随科学家代表团访台。

3 月 13 日，任中国政协第 8 届全国委员会委员。

4 月 15—19 日，赴日本东京农大谈合作。

5 月 12 日，参加国务院副总理李岚清主持的在京部属高校负责人座谈会。

5 月 13 日，举行第二届农民科技日。

5 月 22—24 日，召开学校第十三次工作会议，中心议题是调整和优化培养计划，改革教学管理制度。

6—11 月，动物科技学院、人文社会学院和基础科学学院先后成立。

9 月 27 日，代表黄淮海课题组到国家奖励委员会对申报奖项做陈述与答辩。

9 月 28 日，国家科委奖励办邀请国家科技进步评审委员会部分委员在北农大召开"黄淮海平原旱涝碱沙薄综合治理与农业发展"科技成果考察会。小组正式提交《黄淮海平原旱涝碱沙薄综合治理与农业发展项目考察报告》认为"该项目符合特等奖条件，建议授予国家科技进步奖特等奖"。

10 月 7 日，庆祝北农大曲周试验区（站）建立 20 周年。

11 月 20 日，参加国务院副总理李岚清召开的部分高等院校负责人座谈会，座谈有关高校改革进展情况和今后建议。

12月26日，以著名科学家身份参加党和国家领导人胡锦涛、宋健在中南海与获奖青年科学家的会见会。

主持国家自然科学基金委农业节水重大项目。

在《中国高等教育》1993年第1期发表论文《在历史性的转折中强化综合改革》，记载了作者对北农大改革的认识：一、认清形势，把握改革的核心和实质，实现历史性转轨；二、审时度势，确立学校的发展战略和长远目标；三、真抓实干，使教学教育、管理制度等改的配套进行，逐步深入。

1994年

1月4日，行政办公会议布置年终干部考核，强调考核、核编、聘任三结合，提倡公开化，实事求是，拉开档次，与奖金和工资挂钩，以期建立良好的激励机制。

1月28日，邀请各大报刊及部分电视台记者举行恳谈会。

3月5—7日，第十四次工作会议，中心议题是推进管理体制改革，讨论1994年工作纲要，全面准备建设"211工程"。

3月18日，国家科技奖励大会在人民大会堂举行，"黄淮海平原旱涝碱沙薄综合治理与农业发展"项目获国家科技进步奖特等奖。与贾大林代表项目受奖，并作为全体获奖代表在大会发言。

6月3—8日，中国科学院第七次院士大会和中国工程院成立大会同时召开，当选为中国工程院院士，获陈嘉庚农业科学奖。在两院院士大会上做"以黄淮海平原为例谈区域资源开发和持续利用"学术报告。

在《中国科学院院刊》1994年第3期发表论文《以黄淮海平原为例谈区域资源开发和持续利用》，介绍了20年来我国科技人员对黄淮海平原综合治理和农业开发所取得的成果和经验，并在此基础上探讨了以科学技术替代紧缺资源的潜力问题。

7月，"两年综合改革"之"211工程"开始。

9月16日，北京农大成立植物科技学院。

11月21—24日，15人组成的专家组到校作为期3天的"211工程"项目考察并一致同意北京农大首批进入"211工程"重点建设项目。

12月2—3日，召开研究生工作会议。

12月9—18日，随全国政协代表团访问巴基斯坦。

1995年

2月，当选第三世界科学院院士。

3月23日，受聘为国务院学位委员会第三届委员。

4月3日，出席国家教委在清华大学组织的"面向21世纪教学内容和课程体系改革报告会"，做报告《挑战和适应性调整思考——面向21世纪的农科高等教育》。

5月3日，应邀出席中共中央办公厅在中南海怀仁堂召开的科学家代表座谈会，对《中共中央、国务院关于加速科学技术进步的决定》发表意见。

5月15日，成立校庆90周年筹委会，担任主任。

5月19日，第四届农民科技日举行。

8月31日，北京农业大学校长到届和免去校长职务（国人字〔1995〕97号文）。

9月13日，宣布北京农业大学与北京农业工程大学合并组建中国农业大学。

10月21日，在科技日报发文《我国粮食的增产潜力及展望》，从不同角度对我国人口及粮食提出问题、分析问题，并表达了作者的展望。

在《教学研究与实践》1995年第一期发表论文《挑战和适应性调整思考——面向21世纪的中国农科高等教育》，记载了作者对农业及其科学技术的回顾，列出了我国农科高等教育面临的三重挑战并提出了八点关于农科高教/校的适应性调整思考。

1996年

1月22—23日，主持的国家自然科学基金"八五"重大项目"华北平原节水农业应用基础研究"项目中期检查暨1995年度项目总结交流会。

2月15日，国家科委正式召开了S-863高技术计划软课题研究核心工作小组二次工作会议，宣布石元春等14位专家为核心工作小组成员并颁发证书。

5月31日，在中国科协第五次代表大会上当选中国科学技术协会第五届委员会副主席，直至2001年。

9月初，学校1996年教学成果奖公布，主持的"全面深入开展高校教学内容方法改革的新途径"获一等奖。

9月，经中组部批准享受副部级医疗待遇。

10月21日，在科技日报发文《我国粮食的增产潜力及展望》。

10月30日，与曾士迈院士为国务院开办的农业科技讲座班授课，讲授"世界农业科技的现状和21世纪展望"。国务院副总理李岚清、姜春云和国务院办公厅、国务院研究室负责人及其他领导80多人听讲。

获王丹萍科学奖。

国家教委《"211工程"总体建设规划》预审全面启动，作为预审专家组组长先后于1996年7月在东北农大、11月在华南农大、12月初在四川农大、12月底在浙江农大，以及1997年6月在内蒙古大学进行预审。

1997年

5月2日，在《中国科学报》发文《迎接新的农业科技革命》，介绍了农业领域的技术革命以及技术革命对农业的影响。

5月，被聘为国务院学位委员会第四届学科评议组成员。

9月，参加国家"973"计划专家座谈会。

11月29日，在科技日报发文《展望未来，美景无限》。

在《地理知识》1997年第1期发表论文《警钟长鸣——谈我国的粮食问题》。

在《世界科技研究与发展》第19卷第5期发表论文《我国基础研究和发展高技术的进军号》，回顾过去基础研究的重大成果，展望未来中国在基础研究及高技术上取得突破的意义。

1998 年

2 月 22 日，当选中国人民政治协商会议第九届全国委员会委员，直至 2003 年 3 月。

3 月，受聘"973"顾问组专家，由高技术发展战略研究拓展到基础科学研究领域。

3 月，作节水农业自然科学基金重大项目验收结题报告。

4 月 20 日，写信江泽民主席和朱镕基总理，7 月 3 日温家宝副总理在中南海紫光阁代表中央领导接见了我等 5 位中美农业科学家。事由为著名华裔农业科学家左天觉先生和我等中外农业科学家相继出版了《中国农业：1949—2030》和《透视中国农业 2050》两本巨著。

5 月 6 日，农业部成立中国农业专家咨询团，被聘为副主任。

在《求是》1998 年 3 期发表文章《新的农业科技革命与我国农业的发展》，介绍了新的农业科技革命的含义及现代农业生产经营组织形式与科技企业状况，认为应抓住机遇，实现我国农业的跨越发展。

7 月 20 日，在《中国科学报》发文《农业呼唤信息技术》。

8 月 4 日，在《科技日报》发文《农学基础研究思考》。

9 月 9 日，在《中国科学报》发文《基础研究与国家目标》。

9 月 11 日，在《中国科学报》发文《汇涓涓细流，涌澎湃波涛》。

1999 年

1 月 4 日，在《中国科技报》发文《新的农业科技革命势在必行》。

1 月，受聘上海同济大学名誉教授。

3 月 17 日，在《人民日报（海外版）》发文《农业新科技革命的挑战》。

7 月，向科技部作"S-863"农业组战略研究结题汇报，发表"高技术与中国农业"论文。

10 月 1 日，参加 50 周年国庆观礼。

10 月 19 日，在土壤学会全国代表大会上作"土壤学的数字化和信息化革命"学术演讲。

年末，中共中央作出开发西部的战略决策，掀起了西部热。受聘国务院第四届学位委员会委员。

2000 年

3月，参加全国第二次基础研究工作会议；在清华大学发表"生命科学在农业"的演讲。

4月，评审"973"项目。

6月12日，在中国农大召开全国农业推广硕士专业学位教育指导委员会成立暨第一次会议，担任该委员会主任。

7月22日—8月2日，参加全国政协西北考察，质疑"三北防护林"与"退耕还林"。

11月6—11日，参加上海科技论坛，作"站在世纪门槛上的张望"讲演。

在《中国工程科学》2000年第7期发表论文《关于生物工程产业》，论述了生物工程技术的重大意义、主要内容和产业化的前景。对我国在发展生物工程产业上应取的态度和对策提出了看法和建议。

在《土壤学报》2000年第3期发表论文《土壤学的数字化和信息化革命》，介绍了19世纪以来的近代土壤学的发展，就土壤学的数字化和信息化发展中的一些方法论问题进行了讨论。

2001 年

2月，给朱镕基总理政府工作报告初稿提的建议"重视生态系统的自我修复功能"被纳入当年政府工作报告。

2月19日，在《光明日报》发文《中国农业发展的高技术战略》。

5月，在中国科学院院士大会上做"现代农业"学术报告。

6月11日，在《人民日报》发文《发展中国农业科技产业》。

6月，随钱正英副主席赴宁夏、甘肃等地考察。

8月，随徐冠华部长赴新疆考察，就"沙尘暴""退耕还林"发表文章。

10月25日，获何梁何利奖农学奖。

11月23日，钱正英副主席到家听取西部考察中的意见。

2002年

2月25日，在《科技日报》发文《走出治沙与退耕中的误区》。

4月22日，在《科技日报》发文《从基因改良风波说起》。

6月17日，在《科技日报》发文《农业节水中的盲区与亮点》。

8月1—5日，参加中国草业学会在山西太原举行的农区草业研讨会并发表讲演，2003年第1期《草业学报》发表文章"西北呼唤草业"。

8月30日，参加首届中国科学家论坛做"现代农业"讲演。

9月18日，再次赴疆并结合新疆实际做"现代农业"讲演。

2003年

6月，"国家中长期科技发展规划战略研究"启动。

7月31日，在中南海召开"中长期科技发展战略会"和成立顾问专家组，石元春任04专题农业组组长。

9月23日，CCTV-7农业节目制作中心批准为中国农大媒体传播系教学实践基地并揭牌，受聘为专家组主任。

11月16日，中国农大曲周实验站建站30周年庆典在曲周县隆重举行。

11月23日，"国家中长期科学和技术发展规划"农业专题办公室和中国农大共同举行"国家中长期科学与技术发展规划农业专题汇报交流会"，作为农业专题组组长主持会议。

12月9日，完成04专题报告；进驻"北京国家会计学院"，集中一个半月修改充实后提交有关部门征求意见。

在《院士思维第1卷》发表文章《实事、创新、求是》，记载了作者的思维特色形成背景、思维亮点和对学科前瞻的看法。

2004年

1月29日，被确诊为前列腺癌，2月3日住院，18日手术，3月15日出院。

3月19日，在中国农业大学中层干部会上做全国农业中长期发展规划和有关"三农"问题专题报告。

4月，参加"国家中长期科技发展规划战略研究"专家会议。

6月15日，代表"国家中长期科技发展规划战略研究"农业组向温家宝总理汇报。

7月，"国家中长期科技发展规划战略研究"研究项目正式结题。

7月14日，副主编、中外50余名著名农业专家编撰、中国农业大学出版社出版的大型中英文著作《真知灼见透视中国农业2050》，由中国农大与中国科协在中国科学会堂共同举办首发式。

8月4—18日，镜泊湖休养。

9月29日，第三届科学家论坛作生物质报告。

9—12月，准备重大专项"农业生物质工程"的申请论证。

11月15—16日，牵头发起生物质能源座谈会。探讨国家中长期科技发展规划项目中"农林生物质工程"所涉及的核心技术问题，寻求农业和石油两大领域结合点，争取为我国能源利用作出新贡献。全国30多个科研单位的学者和工程师参会。

2005年

1月26日，参加中国工程院举办的"中国生物质工程论坛"，做主题演讲。

3月2日，在《科技日报》发文《发展生物质产业》，提出"种出一个大庆"。

3月23日，与闵恩泽、曹湘洪、沈国舫四院士联名就"建设年产5000万吨绿色油田"上书温家宝总理并获批示，国家发改委设立"发展生物质产业"专项。

5月，国务院成立国家能源领导小组，受聘为专家委员会委员。

5月22日，在河南省做《农业的三个战场》演讲。

6月，主持中国工程院"我国生物质产业发展战略研究"重点咨询项目。

7月13日，在《经济日报》发文《发展生物质产业，实施"绿金"替代"黑金"战略》。

8月30日，北京科学家论坛做《例说科技的顶层创新》讲演。

9月8日，在《光明日报》发文《生物质产业展现能源生机》。

10月21日，受聘国务院"十一五"规划专家委员会委员。

2006 年

1月26日，在《光明日报》发文《从农业发展历史看科学与人文的互动》。

2月22日，赴南宁出席中国工程院与广西壮族自治区签署"合作开发生物质产业"协议签字仪式，做学术报告并参加考察。

5月16日，在《求是》撰文《农业的三个战场》，谈论的是近代农业演化中出现的一些新的态势，即在传统的初级农产品生产的基础上，出现了第二战场和第三战场，或称第二农业和第三农业。这是一次重要的观念革命和结构革命。

6月，参加中国工程院启动的"中国可再生能源发展战略"重大咨询项目，任生物质能源课题组长。

6月23日，国家发改委在京召开的专家座谈会上第一次向"煤基替代"发难。

7月28日—8月4日，中组部组织专家北戴河休假。

8月19日，参加国家能源局召开的全国生物质能开发利用工作会议，做主题讲演。

9月7日，央视《大家》栏目播出《石元春：土壤学家的能源梦》。

11月15日，完成《决胜生物质》第一章初稿。

11月20日，在中南海曾培炎副总理召开的汇报会上及会后再次对"煤基替代"发难。

11月21日，参加在海南三亚举行的"社会主义新农村建设论坛"，22日转兴隆休假。

在《中国农业科技导报》第1期发表论文《发展生物质产业》。

年末，联合主编《20世纪中国著名农业科学家成就概览农业卷》启动。

2007 年

1月11日，到海口见省委卫留成书记，谈海南发展生物质能源建议。

6月9日，出席中国工程院与诺维信公司联合主办的"中国生物质燃料乙醇产业化发展战略研讨会"并演讲。

7月，完成中国工程院咨询项目"生物质能源发展战略（咨询报告）"。

8月17日，在《人民日报》发文《解困"三农"路在何方》。

9月，接受北京电视台《世纪之约》采访。

9月22—24日，再度去宁夏草滩农场和盐池考察。

12月5日，赴南宁越冬和写作《决胜生物质》。

2008 年

2月4日，《人民日报》发表国家发改委副主任、国家能源局局长署名的《打造"风电三峡"》文章，自此生物质能被压和边缘化多年。

3月，在中国农业大学"名家论坛"做《感悟农业》报告。

3月，爆发全球粮食危机，冲击美国玉米乙醇。

6月8日，在《科技日报》发文《粮食！石油！生物燃料？》，驳斥对生物质能源的无端攻击。

7月18日，向有关部委提交在我国四大沙地建设生态——能源基地的建议（内部）。

9月，《中国科学院院士建议》第20期发文《煤基与生物基之争——与佟振合院士等商榷》，坚持替代燃料的生物基方向，与"煤基替代"的第三次交锋。

11月16日，受邀在两院资深院士会议上做《学习十一届和十七届两个三中全会》报告。

12月16日，在一国际论坛上做了题为《生物质能源在2008》的演讲，次日赴南宁越冬和继续写作《决胜生物质》。

2009 年

1月9日，因全球爆发金融风暴，国内大批农民工失去工作岗位，在

《工程院院士建议》上发文：为农民提供岗位和增加收入的紧急建议。

1月19日，在《科学时报》发表《给'三农'一个新的经济增长点》文；与李十中在中国改革报发文《发展生物燃料良机莫失》。

2月10日，与李十中在中国经济导报发文《生物燃料功过是非之辩》。

5月6日，河南郑州做《关于农民增收问题》的报告。

6月20—21日，考察毛乌苏沙地。

10月，在《中国工程科学》11期发表论文《中国能源困境与转型》和参加中美清洁能源论坛并讲演。

11月7日，与匡廷云院士联名写信温家宝总理，对人大会堂报告中漏讲生物质能请求弥补。

11月8日，参加国家发改委在合肥召开的"全国农作物秸秆综合利用现场经验交流会"，发表《能源草业》演讲并提出两项建议。

11月10日，广西马飚主席为农业院士咨询团颁发证书，12日在广西大学做《时代的使命与机遇——能源农业》讲演。

12月18日，温家宝总理在联合国哥本哈根气候变化会议讲话中将生物质能排在可再生能源的首位。

12月24日，赴南宁越冬和写作《决胜生物质》。

2010年

3月9日，参加国家能源局召开的对生物质能源发电的汇报和建议会议，明确支持生物质发电。

5月27日，参加国家能源局组织的"中美先进生物燃料高层论坛"，做《中国生物燃料的战略思考》演讲。

6月7日，在《科技日报》发文《当前不宜否定秸秆直燃发电》。

6月7日，创新生物经济环境，培育战略新兴产业——第四届中国生物产业大会·2010海峡两岸重大生物技术产业化论坛会刊《非粮生物能源的战略思考（摘要）》。

9月6日，赴台湾参加2010年国际沼气与生物质燃料研讨会，做《清洁能源在中国》讲演。

10月，作为国务院"十二五"规划咨询专家组成员，提出将生物质能源作为战略新兴产业列入规划并被采纳。

10月，鉴于生物质能被边缘化，团队决定组织一次"惊蛰崛起"战役，制定了"话、书、刊、文、展、会"的舆论宣传和把"枪杆子"组织起来的计划。

11月14日，在金码大厦召开"生物质产业促进会"第一次筹备会。

12月5日，中央电视台《对话》栏目播出《决胜生物质》节目。

12月6日，《为"十二五"规划建言献策：我国发展可再生能源应以生物质能源为主导》的"谏言书"送到了国家规划专家委员会。

12月9日，在编制"国民经济与社会发展十二五规划纲要"讨论会上成功地将生物质能纳入"国家战略新兴产业"；在《科学时报》发文《生物质能源主导论》。

12月23日，拿到了中华全国工商业联合会关于成立"中国生物质产业促进会"的正式批文。

12月25日，新华社电视新闻节目《新闻晚8点》、新华网CNC中文台同时播出了对石的专访《生物质能源解困"三农"》。

"惊蛰崛起"战役打响。

2011年

"惊蛰崛起"战役进入高潮。

2月，中国农业大学出版社出版《决胜生物质》。

3月4日，中国网·能源中国播放了《石元春：为中国生物燃料呐喊奔走》网络专访。

3月7日，在中国农业大学举行《决胜生物质》首发式。

3月9日，出席全国工商联新能源商会和中国科学技术馆共同主办的"中国生物质能源产业展示会"。

3月12日，做"生物质能源的十个为什么？"讲演。

3月15日，石元春等四院士又与观众对话。

3月17日，发布的《我国国民经济和社会发展十二五规划纲要》中生物质能源被列为"战略性新兴产业"。

4月3日,"中国生物质能源产业展示会"在中国科技馆闭幕。历时7个月的"惊蛰崛起"战役大获全胜。

5月28日,由北京德青源组织的"中美沼气论坛"开场了。

8月14日,一篇《中国学术腐败第一贪——揭露、控告原北京农业大学校长、"三院院士"石元春的学术腐败》的举报帖首次出现在某网络论坛上,署名"农大人"。在网上传播影响较快。

9月18日,河北曲周六农民自发进京为石元春洗冤称"诬陷石老师曲周40万人民不答应"。

9月20日,在《中国科学报》发文《事实与真相》,回应实名举报信,为自己正名。

9月22日,中国农业大学首次在其官方网站上正式给予回应,学校坚决反对在没有事实依据的情况下,发布误导公众的指控和进行人身攻击。

经科技部、教育部、中国科学院、中国工程院和中国农业大学组织的联合调查组半年余调查,结论是"没有任何依据,这是一次违背事实的炒作。"

2012年

1月10日,参加中组部组织的新春联欢会。

2月1日,《中国科学报》发《我国能源的忧思》一文。

4月13日,举行"中国生物质(能源)专业委员会"成立大会。

7月4日,参加河南省建生物质能源示范省论证会。

8月31日,出席首届中国绿色发展论坛,做《绿色文明,说易行难》演讲。

10月16日,与程序在农民日报发文《生物能源是中国走向生态文明的助推剂》。

11月29日,在纪念中国农业大学资源与环境学院成立20周年大会上做《现代资源环境发展》的报告。

12月22日,去海南越冬。

全年写作《黄淮海平原水盐运动》和《战役记》二书。

2013 年

2月28日，因春天我国大范围长时间和高强度爆发雾霾，撰文《舍鸩酒而饮琼浆——也谈中国雾霾及应对》在《科技日报》发表。

4月，中国农业大学出版社出版《20世纪中国知名科学家学术成就概览（农学卷）（第3分册）》。

7月29日，与程序联名给李克强总理写信，力荐生物天然气。

8月4日，随专家组赴武汉凯迪新能源公司考察。

8月15日，给吉林省王儒林书记信，建议举办"生物质产业长春论坛"。

9月23日，第一届论坛在长春举行。

9月24日，出席生物质产业发展长春论坛，做《当前我国生物质能源产业的发展形势》的报告。

9月，中国农业大学出版社出版曲周旱涝盐碱综合治理的学术专著《黄淮海平原的水盐运动》。

10月，中国农业大学出版社出版《战役记——纪念黄淮海科技战役40周年》，这是曲周旱涝盐碱综合治理和黄淮海平原中低产田综合治理与农业开发国家科技攻关（"六五""七五"）项目的写实报告。

11月16日，《决胜生物质》英文版在美国及全球发行。

11月22—24日，赴邯郸曲周县出席中国农业大学曲周实验站建站40周年纪念大会并发言。

12月10日，《中国电力报》能源周刊版以全版篇幅报道了颜主编对石元春的电话采访，标题是《发展煤制油气代价巨大，生物质能源大有可为》，这是对"煤基替代"的第四次发难。

12月20—22日，出席广州"首届生物质能供热高峰论坛"，做《迎接大发展——生物质能源的春天》演讲。

12月22日，去海南越冬与按中国工程院安排，着手编写《石元春文集》。

主编的《20世纪中国著名科学家成就概览农业卷》共4卷本全部出齐。

2014 年

1月，接受中国工程院出版个人文集任务，上半年完成《土壤卷》《农业卷》《生物质卷》三卷。

3月17日，与朱万斌在《经济日报》撰文《迎接生物质能源发展的春天》。

4月初，中广核集团谭建生副总来访，咨询发展生物质能源。

6月7—8日，出席全国工商联新能源商会主办的"第八届中国新能源国际高峰论坛"，做《生物质能源大规模产业化指日可待》的演讲。

7月，《决胜生物质》韩文版在韩国首尔开始发行。

7月，"石元春学术成长资料采集"获得老科学家学术成长资料采集工程立项。

9月1—4日，出席第二届"生物质产业发展长春论坛"，做《生物质经济》演讲。

9月5日，在中国科学报撰文《中国能源革命不能没有"一片"》。

9月17日，出席北京2014年中国国际生物质大会，做《迎接生物质能源发展的第二次浪潮》演讲。

10月8日，参加程津培院士组织的武汉凯迪"生物燃油"项目考察。

11月20日，向国家发改委等4部门上报《关于"十三五"我国生物质能源发展建议书》。

11月28日，将两万字和附有大量图表的"十三五"建议报告送国家发改委，并与规划司徐司长面谈。

11月29日，到海南越冬。

在《瞭望新闻周刊》2014年第35期发表文章《中国能源革命不能缺少生物质煤油气田》，以美国能源自主的启示出发，探索中国能源革命能否"自主"的思考，认为中国应该积极发展生物质煤、油、气田。

2015 年

1月8—10日，由海南到深圳参加光大国际揭牌仪式并做《2015：将生物质能源产业推上快车道》演讲。

7月5—9日，参加第三届生物质产业发展长春论坛，做《中国生物质产业走向"一带一路"》演讲。

9月6日，参加吉林梨树第一届黑土地论坛，做《黑土地保护与物质循环》演讲。

10月8日，《石元春文集》教育卷与杂文卷出版；开始"老科学家学术成长资料采集工程"相关工作。

12月3日，去海南越冬。

12月8日，开始写作《自传》。

2016年

2月1日，《求是》杂志2016年第3期发文《为什么要发展生物质能？》

4月11日，参加两院资深院士会，接受"百年科技强国战略发展研究"任务。

6月，主持中国科学院咨询项目，生物质能源走向"一带一路"。

7月4日，咨询项目启动和任民生前沿课题组组长。

7月13日，《科技导报》2016年第13期发表了《试论全生物质农业》。

7月18日，诊断为"脑血管短暂性缺血（TIA）"。

7月21日—8月1日，住天坛医院治疗。

10月9日，民生前沿课题组开启动会。

10月底，参加中宣部《大国根基》节目录制。

11月2日，去海南越冬和完成《自传》1—4章。

2017年

5月17—20日，中国生物质联盟成立，任名誉会长。

6月22—30日，住院复查；陆续完成《自传》二稿。

是年，按"多休息"医嘱，基本不外出参会与活动，以居家写作为主，启动了整理出版《全集》与筹建"文献资料室"计划。

2018 年

4月19日，由海南回京。

10月16日，在第38个世界粮食日，获全国首届"粮安之星"。

10月16日，院士退休。

12月16日，与程序联名给学校书记和校长写信，建议成立"生物质科技与工程学院"。

12月21日，得知中宣部为70周年国庆，宣传曲周事迹与精神。

全年完成《自传》三稿大部分；因身体原因，今冬未去海南越冬。

2019 年

4月2日，写信曲周县委李凡书记谈"第二农业"和在曲周试验事。

4月，中央电视台、新华社、《人民日报》等相继采访曲周治碱事迹。

5月6日，《自传》三稿交齐，开始进入编写《石元春全集》工作。

11月19日，入住泰康燕园老年社区，正式开始老年生活。

2020 年

1月20日，开始写作《决胜生物质 II》二稿。

5月19日，完成"大堂歌舞"视频。

8月20日，王崧送来整理的《PPT选集》书稿。

10月22日，完成"燕园影集"视频。

11月7日，中国工程院唐海英副局长赴燕园看望石元春。

12月6日，开始写《农林碳中和工程》一文。

12月7日，中国工程院李晓红院长一行在燕园与泰康集团签订战略合作协议并看望石元春。

12月18日，同程序、陆诗雷、洪浩等在燕园召开小型会议，讨论响应习近平主席提出的"碳中和目标"。

12月31日，完成《决胜生物质 II》二稿的前17章。

附录二　石元春主要论著目录

一、著作

[1] 石元春，辛德惠. 黄淮海平原的水盐运动和旱涝盐碱的综合治理 [M]. 石家庄：河北人民出版社，1983.

[2] 石元春，李韵珠. 盐渍土的水盐运动 [M]. 北京：北京农业大学出版社，1986.

[3] 石元春. 盐碱土改良 诊断·管理·改良 [M]. 北京：中国农业出版社，1986.

[4] 石元春，贾大林. 黄淮海平原农业图集 [M]. 北京：北京农业大学出版社，1989.

[5] 石元春，李保国，李韵珠，等. 区域水盐运动监测预报 [M]. 石家庄：河北科学技术出版社，1991.

[6] 石元春，刘昌明，龚元石. 节水农业应用基础研究进展 [M]. 北京：中国农业出版社，1995.

[7] 石元春. 20 世纪中国学术大典：农业科学 [M]. 福州：福建教育出版社，2002.

[8] 石元春. 20 世纪中国知名科学家学术成就概览：农学卷 [M]. 北京：

科学出版社，2012.

［9］石元春. 决胜生物质［M］. 北京：中国农业大学出版社，2011.
　　（2013年出版英文，2014年出版韩文版）

［10］石元春. 黄淮海平原的水盐运动［M］. 北京：中国农业大学出版社，
　　2013.

［11］石元春. 战役记——纪念黄淮海科技战役40周年［M］. 北京：中
　　国农业大学出版社，2013.

［12］石元春. 石元春文集·土壤学卷［M］. 北京：中国农业大学出版社，
　　2014.

［13］石元春. 石元春文集·农学卷［M］. 北京：中国农业大学出版社，
　　2014.

［14］石元春. 石元春文集·生物质卷［M］. 北京：中国农业大学出版社，
　　2014.

［15］石元春. 石元春文集·教育卷［M］. 北京：中国农业大学出版社，
　　2015.

［16］石元春. 石元春文集·杂文卷［M］. 北京：中国农业大学出版社，
　　2015.

［17］石元春. 石元春全集［M］.（计划出版）

二、考察/研究报告

［1］石元春. 1956年北疆土壤考察报告［C］. 新疆综合考察报告：1956
　　年. 北京：科学出版社出版，1958. 25-70.

［2］石元春. 北京市密云县土壤志［R］. 1960.（内部）

［3］华北农业大学盐碱土改良研究组. 旱涝碱咸综合治理的研究［R］.
　　1977.（内部）

［4］石元春，贾大林. 黄淮海平原旱涝盐碱综合治理区划研究报告［R］.
　　1980.（内部）

［5］赴匈牙利盐碱土考察组，石元春，辛德惠，等. 匈牙利盐碱土改良方

面的研究［J］. 灌溉排水学报，1981（3）.

［6］石元春，贾大林，刘巽浩，等. 黄淮海平原农业发展战略研究［C］. 黄淮海平原农业发展学术讨论会论文选集，1982.（内部）

［7］石元春，俞和权，雷浣群. 赴日、菲、印、泰四国农业遥感考察报告［C］. 北京农业大学农业遥感资料，1982（1）.（内部）

［8］石元春. 北京农业大学学科发展战略与规划蓝皮书［R］1985.（内部）

［9］石元春. 北京农业大学"211工程"建设计划（1994—2005年）［R］. 1994.（内部）

［10］石元春. 节水农业基础研究结题报告（附PPT）［R］. 1998.

［11］石元春. S863国家高技术发展战略研究报告（农业组）（附PPT）［R］. 1999.（内部）

［12］石元春. 新疆农牧业考察报告［R］. 2001.（内部）

［13］石元春，程序. 中国农业科技发展战略研究报告（国家中长期科技发展规划）（附PPT）［R］. 2004（内部）

［14］石元春. 生物质能源发展战略咨询报告［R］. 中国工程院，2007.（内部）

［15］石元春. 关于"十三五"（2016—2020）我国生物质能源发展建议书［R］. 2014.

［16］程序，石元春. 发展"第二农业"，改善民生环境战略研究，百年科技强国战略研究"民生前沿组"报告（附PPT）［R］. 2018.（内部）

三、论文

［1］石元春. 晋西黄土中古土壤层的研究［R］. 北京：北京农业大学科学讨论会. 1957，2.

［2］石元春. 晋西地区的黄土及其形成过程［M］. 中国第四纪研究. 北京：科学出版社，1958. 252–253.

［3］石元春. 塔里木盆地北部盐分的积聚规律和盐渍土的利用改良问题［C］. 新疆维吾尔自治区的自然条件论文集. 北京：科学出版社，

1959. 130-149.

［4］石元春，庄锡华，李远珍，等. 京郊土壤"口性"的初步研究［J］. 土壤通报，1960（2）.

［5］石元春. 正确认识土壤的矛盾运动和改造土壤［J］. 哲学研究，1961（01）：3-14.

［6］石元春. 京郊盐渍土的水盐动态［R］. 1962.（未刊稿）

［7］石元春. 大兴县盐渍土改良分区［C］. 全国盐碱土改良学术会议论文，1963.

［8］石元春，等. 运用浅井深沟体系，综合治理旱涝碱咸［J］. 华北农业大学教育革命通讯，1975（1）.

［9］石元春，等. 掌握水盐运动规律，综合治理旱涝碱咸［J］. 中国农业科学，1976（3）：37-41.

［10］石元春，等. 旱涝碱咸综合治理的研究［J］. 土壤，1978（1）.

［11］石元春. 关于黄淮海平原的旱涝碱咸综合治理问题［C］. 河北省科技情报所：科技情报专题资料，1979（64）.

［12］石元春，李韵珠. 季风气候下盐渍土水盐动态及其调控［C］. 盐渍土改良论文集. 济南：山东科学技术出版社，1979. 198-221.

［13］石元春. 搞好专题区划，为综合治理黄淮海平原旱盐碱提供科学依据［C］. 全国农业区划会议论文集，1980.

［14］石元春. 盐碱地的综合治理［C］. 中国综合农业区划. 北京：农业出版社，1981.

［15］石元春. 黄淮海平原的水均衡分析［J］. 北京农业大学学报，1982，8（1），13-20.

［16］石元春. 季风气候和黄淮海平原的水盐运动［C］. 黄淮海平原旱涝研究综合治理和农业发展研究报告，1982（4）.

［17］刘巽浩，石元春，韩湘玲，等. 在农业发展中要重视物质投入［J］. 农业现代化研究，1983（04）：1-3.

［18］石元春，鲁铁相. 农业资源信息系统———一项信息革命中的新技术［J］. 农业遥感资料，1983（2）.

[19] Shi Y C. The characteristics of water and salt movement and the regulation of salt-affected soils in semi-humid monsoon climate regions [J]. Proc. of the International Symposium on the Reclamation of Saltaffected Soils, 1985, 191-210.

[20] Shi Y C. China's salt-affected soils and their reclamation [J]. Transaction of the XIII Congress of International Society of Soil Science, 1986, 1539-1540.

[21] 石元春. 中国盐渍土改良 [M]. 中国百科年鉴. 北京：中国大百科全书出版社，1986.

[22] 石元春，李韵珠. 盐渍土的研究现状与发展趋势 [J]. 干旱区研究，1986, 3 (4).

[23] 石元春，熊顺贵，谢经荣. 我国的耕地问题和对策 [C] // 中国土壤学会全国代表大会暨学术会. 1987.

[24] 石元春，汪维景，林家栋. 有计划地安排农科本科实践教学环节的探索 [J]. 中国高等教育，1987 (12): 18-19+30.

[25] Shi Y C, Xie J R. Remote sensing for surveying and mapping of salt-affected soils [J]. Proc. Of the International Symposium on Solonetz Soils, Yugoslavia, 1988, 104-110.

[26] 石元春，李韵珠. 盐渍土改良和利用 [M]. 中国农业科技工作四十年（1949—1989）. 农业部科技委员会. 北京：中国科学技术出版社，1989.

[27] 石元春. 中国黄淮海平原的综合治理和农业开发（俄文）[R]. 中苏科技周的科学报告，1989.

[28] 石元春. 中国黄土中古土壤的发生学研究 [J]. 第四纪研究，1989 (2).

[29] 石元春. 科技发展和粮食生产 [M]. 现代农业发展战略研究. 学术书刊出版社，1989.

[30] 石元春. 北方旱区的土壤特点 [M]. 我国北方旱区农业现代化. 气象出版社，1989.

[31] 石元春,李韵珠. 开发盐渍土区,促进粮食生产 [M]. 中国粮食问题及其战略对策. 北京: 农业出版社, 1990.

[32] Li B G, Shi Y C. Modelling for predicting seasonal systematic dynamics of regional water and salt [C] // 1990.

[33] 石元春. 区域水盐运动监测预报体系 [J]. 土壤肥料, 1992 (5).

[34] 王红亚,石元春. 长江下游流域第四纪古年地表径流量的估算——一种第四纪古水文学研究的应用尝试 [J]. 第四纪研究, 1992 (4): 362-367.

[35] 石元春. 在历史性的转折中强化综合改革 [J]. 中国高等教育, 1993 (1): 15-16.

[36] Yang P L, Luo Y P, Shi Y C. Studies on Fractal Characteristics of Severral Typical Soil Textures in North China, Proceedings of the International [C]. Urumqi: Workshop on Classification and Management of Arid-Desert Soils, 1993.

[37] Li Y Z, Shi Y C, Li B G, et al. Monitoring and prognosis of regional water and salt [J]. Geoderma, 1993, 60 (1-4): 213-233.

[38] Shi Y C. Comprehensive Harness and Agricultural Development of Huang Huai Hai Plain in China [M]. Integrated Resource Management for Sustainable Agricul-Ture. Proceedings of the International Conference, Beijing Agricultural University Press, 1994, 47-55.

[39] 石元春. 以黄淮海平原为例谈区域资源开发和持续利用 [J]. 中国科学院院刊, 1994, 9 (3): 239-244.

[40] 石元春. 挑战和适应性思考——面向21世纪的中国农科高等教育 [J]. 当代科学技术发展与教学改革, 1995 (5): 147-157; 中国高等教育, 1995 (8); 我的教育观. 汪永诠. 广州: 广东教育出版社, 20007: 199-210; 北京高等教育丛书. 大学校长书记谈办学, 李静波, 2001, 7.

[41] Shi Y C. On the Exploitation and Sustained Utilization of Regional Resources, Taking the Development Program to Take the Huanghuaihai

Plain as an Example [J]. Bulletin of the Chinese Academy of Sciences, 1995, 9(3).

[42] 卢良恕, 裘维蕃, 石元春, 等. 排除压力、严防 TCK 传入我国 [J]. 中国进出境动植检, 1996 (1): 3-4.

[43] 石元春. 农业的信息化改造 [J]. 中国工程院学术报告, 1996, 6.

[44] 李卫东, 李保国, 石元春. 区域冲积土壤质地剖面的随机模拟及其在土壤水转移上的应用(简报)[J]. 中国农业大学学报, 1996, 1 (5): 46, 62.

[45] 潘学标, 韩湘玲, 石元春. 一个可用于栽培管理的棉花生长发育模拟模型 –COT-GROW [J]. 中国农业科学, 1996, (2): 94.

[46] 潘学标, 韩湘玲, 石元春. COTGROW: 棉花生长发育模拟模型 [J]. 棉花学报, 1996, 8 (4): 180-188.

[47] 石元春. 我国粮食的增产潜力及展望 [N]. 科技日报, 1996-10-21 (4).

[48] 石元春. 现代农业和农业科技产业 [J]. 中外产业科技, 1997 (5): 11-12.

[49] 石元春. 警钟长鸣—谈我国的粮食问题 [J]. 地理知识, 1997 (1): 9-11.

[50] 石元春. 迎接新的农业科技革命 [N]. 中国科学报, 1997-05-02.

[51] Li W D, Li B, Shi Y C, et al. Application of the Markov Chain Theory to Describe Spatial Distribution of Textural Layers [J]. Soil Science, 1997, 162 (9): 672-683.

[52] 段建南, 李保国, 石元春, 等. 确定人类活动与土壤变化之关系的建模研究 [M]. 迈向 21 世纪的土壤与植物营养科学. 北京: 中国农业出版社, 266-270.

[53] 石元春. 我国基础研究和发展高技术的进军号 [J]. 世界科技, 1997, 19 (5): 11-13.

[54] 刘建利, 石元春, 罗远培. 作物生长对土壤水分变动的双重效应 [J]. 生态农业研究, 1997, 5 (1): 18-21.

［55］石元春. 展望未来美景无限［N］. 科技日报，1997-11-29.

［56］石元春. 前进的步伐 改革的深化［J］. 学位与研究生教育，1997，4.

［57］石元春. 我国农业的信息化改造［M］. 国家科委. 中国农业科学技术政策背景资料. 北京：中国农业出版社，1997，12：9-12.

［58］石元春. 农业的科技和产业革命与山区综合开发［Z］. 1998-4-25.

［59］石元春. 新的农业科技革命与我国农业的发展［J］. 求是，1998（3）：30-33.

［60］石元春. 实事 创新 求是［M］. 院士思维（卷一）. 合肥：安徽教育出版社，1998.

［61］Shi Y C，Tso T C，Tuan F，et al. High-technology and agricultural development in China［M］. 1998.

［62］李保国，李卫东，石元春. 冲积平原上区域土壤质地层次的某些分布特征［J］。土壤学报，1998，35（4）：433-439.

［63］段建南，李保国，石元春，等. 应用于土壤变化的坡面侵蚀过程模拟［J］. 土壤侵蚀与水土保持学报，1998. 4（1）：47-53.

［64］Duan J N，Li B G，Shi Y C. A Modeling Approach to Evaluating Soil Chang Caused by Man［M］. Human and Environ-ment Interactions. Beijing：ChinaScience & Technology Press，1998：71-79.

［65］石元春. 农业呼唤信息技术［N］. 中国科学报，1998-07-20.

［66］石元春. 农学基础研究思考［N］. 科技日报，1998-08-04.

［67］石元春. 高技术与中国农业［C］. 科教兴国国际研讨会文集. 1998，8.

［68］石元春. 基础研究与国家目标［N］. 中国科学报，1998-09-09.

［69］石元春. 汇涓涓细流 涌澎拜波涛［N］. 中国科学报，1998-09-11.

［70］石元春. 知识经济初识［C］. 大连计划委员会. 知识经济——大连跨世纪的战略思考，1998，10.

［71］石元春. 高技术与中国农业发展［M］. 中国农业：1949—2030. 北京：中国农业大学出版社，1998.

［72］李卫东，李保国，石元春. 应用Markov链理论定量描述区域冲积土壤质地层次的垂向变化特征［J］. 土壤学报，1999，36（1）：15-24.

［73］石元春. 新的农业科技革命势在必行［J］. 中国农学通报, 1999（1）.

［74］石元春. 农业新科技革命的挑战［N］. 人民日报（第7版）, 1999-03-17.

［75］Li X Y, Li B G, Lu H Y, et al. Modeling and simulation of dynamic carbonate deposition in a loess-paleosol sequence［J］. Chinese Science Bulletin, 1999（S1）: 211-217.

［76］Li X Y, Li B G, Shi Y C, et al. A Soil Morphological Index for Paleosol Research［J］. Chinese Science Bulletin, 1999（S1）: 218-222.

［77］李卫东, 李保国, 石元春. 区域农田土壤质地削面的随机模拟模型［J］. 土壤学报, 1999, 36（3）: 289-300.

［78］段建南, 李保国, 石元春, 等, 干旱地区土壤碳酸钙淀积过程模拟［J］. 土壤学报, 1999, 36（3）: 318-326.

［79］石元春. 热爱科学 献身科学［M］. 新世纪的嘱托：院士寄语青年. 上海：上海教育出版社, 1999: 4.

［80］Li W D, Li B G, Shi Y C. Markov-chain simulation of soil textural profiles［J］. Geoderma, 1999, 92（1-2）: 37-53.

［81］Li W D, Li B G, Shi Y C. Markov Chain Somulation of Soil Textural Layers［J］. Geophysical Research Abstracts, 1999, 1（2）: 279.

［82］Li X Y, Li B G, Lu H Y, et al. Modeling and Simulation of Carbonate Deposition Processes in a Loesspaleosol Sequence［J］. Chinese Science Bulletin, 1999, 4: 211-217.

［83］Li X Y, Li B G, Guo Z T, et al. A Soil Morphological Index for Paleosol Research［J］. Chinese Science Bulletin, 1999（S1）: 218-222.

［84］白由路, 李保国, 石元春. 基于GIS的黄淮海平原土壤盐分分布与管理研究［J］. 资源科学, 1999, 21（4）: 66-70.

［85］石元春. 高技术与中国农业（节选）［J］. 农村实用工程技术, 1999（10）: 2-3；中国现代农业发展战略研讨会论文集；科技进步与学科发展. 南京：东南大学出版社, 1999, 10: 13-20；农药市场信息,

2000（4）：9.

[86] 石元春. 农业的新技术革命［M］. 叩响高新技术之门. 北京：北京出版社，1999：11.

[87] 石元春. 开拓中的蹊径：生物性节水［J］. 科技导报，1999，17（10）：3-5；素质教育的环境工程∥素质教育的较量. 广州：广东高教出版社，1999：12.

[88] 石元春. 关于生物工程产业［J］. 中国工程科学，2000，2（7）.

[89] Duan J N, Shi Y C, Li B G. Modeling of Slope Erosion Process for Soil Change In Laflen, Tian andHuang（eds）Soil Erosion and Dryland Farming, CRC press, BocaRaton FL, USA, 529-538.

[90] 石元春. 土壤学的数字化和信息化革命［J］. 土壤学报，2000，37（3），289-295.

[91] 石元春. 21世纪初农业风景画［N］. 文汇报（科技文摘版），2000-12-02（8）.

[92] 石元春. 我国农业发展需求和高技术选择［N］. 农民日报，2000-12-23.

[93] 石元春. 农业和农业科技展望［C］. 2000上海科技论坛综合报告会演讲集. 上海科坛，2000，12：68-77；河北省科学技术协会. 首届湖北科技论坛论文集，2001，10.

[94] 中国农业发展的高技术战略［N］. 光明日报，2001-02-19.

[95] Li W D, Li B G, Shi Y C, et al. Effect of spatial variation of textural layers on regional field water balance［J］. Water Resources Research，2001，37（5）：1209-1219.

[96] 李叙勇，李保国，石元春. 土壤发育指数及其在黄土古土壤序列中的应用［J］. 土壤学报，2001，38（2）：153-159.

[97] 石元春. 生命科学在农业［R］. 2001，5.

[98] 石元春. 农业发展呼唤信息技术［N］. 中国民族报，2001-01-19（2）.（转载）

[99] 石元春. 关乎全局的大事［J］. 出版广角，2001，2.

[100] 石元春. 中国农业发展的高技术战略 [N]. 光明日报, 2001-02-19 (2).

[101] 石元春. 能源高技术的发展趋势及21世纪初的基本态势 [C]. S863计划发展战略研究, 2001, 5.

[102] 石元春. 农业科技及其产业化前景 [C]. 湖北科技论坛, 2001-10-01: 33-51. (报告记录稿)

[103] 石元春. 高效节水和现代农业 [R]. 张掖报告, 2001, 6.12. (未刊稿)

[104] 石元春. 发展中国农业科技产业 [N]. 人民日报, 2001-06-11 (11).

[105] 石元春. 新的农业科技革命及其发展趋势 [J]. 群言, 2001, 7.

[106] 石元春. 农业和农业科技展望 [J]. 农业发展与金融, 2001 (10): 57-61 (转载)

[107] 石元春. 新兴农业科技产业 [N]. 科技日报, 2001-12-17.

[108] 石元春, 林培. 深切怀念我们的导师——李连捷院士 [J]. 第四纪研究, 2002, 22 (1): 47-56.

[109] 石元春. 走出治沙和退耕中的误区 [N]. 科技日报, 2002-02-25; 华夏星火, 2002 (1); 草地学报, 2004 (5).

[110] 石元春. 从基因改良风波说起 [N]. 科技日报 (7), 2002-04-22.

[111] 石元春. 农业科技产业方兴未艾 [J]. 中国高校科技产业化, 2002 (1).

[112] 石元春. 农业节水中的盲区和亮点 [N]. 科技日报 (7), 2002-06-17.

[113] 王红亚, 石元春, 于澎涛, 等. 河北平原南部曲周地区早、中全新世冲积物的分析及古环境状况的推测 [J]. 第四纪研究, 2002, 22 (4): 381-393.

[114] 石元春. 现代农业 [J]. 世界科技研究与发展. 2002, 24 (4); 高等农业教育, 2002 (9): 4-6 (转载); 科技日报, 2002-10-14 (转载); 科技导报, 2002 (12) (转载); 第二届中国现代农业发展战略研讨会论文集, 2002.7 (转载); 中国高教研究, 2002 (7):

17-19（转载）

[115] 石元春，张湘琴. 20世纪的中国农业科学. 20世纪中国学术大典·农业科学，福州：福建教育出版社，2002（9）：1-35.

[116] 石元春，林培. 土壤学. 20世纪中国学术大典·农业科学［M］. 福州：福建教育出版社，2002（9）：189-196.

[117] 石元春. 农业科技产业方兴未艾［J］. 中国高校科技与产业化，2002，10.

[118] 石元春. 论新兴的农业科技产业［J］. 华夏星火，2002（1）：19-21（转载）

[119] 石元春. 现代农业是新型产业［J］. 省情与农情，山西省发改委，2002.12.（转载）

[120] 石元春. 什么是现代农业［J］. 江苏经济，2003（1）：71.（转载）

[121] 石元春. 一座伟大的里程碑［R］. 中国首届农业生物技术发展论坛文集，李学勇，2003（4）：21-26；科技和产业，2002，12；生物学通报，2003，38（8）.

[122] 石元春. 西北呼唤草业［J］. 草业学报，2003，12（1）.

[123] 石元春. 建设现代农业［J］. 求是，2003（7）：18-20.

[124] Shi Y C. Comprehensive Reclamation of Salt-Affected Soils in China's Huang-Huai-Hai Plain[J]. Journal of Crop Production，2003，7(1/2)：163-179.

[125] 石元春. 我国农业信息化发展战略［J］. 科技导报，2003（8）.

[126] 石元春. 高科技与现代农业［J］华夏星火，2003（12）：6-9.（转载）

[127] 石元春. 现代农业和农业科技［N］. 中国农村科技，2004-01-01（6-8）.（转载）

[128] 石元春. 现代农业和农业科技（续）［N］. 中国农村科技，2004-02-01（7-9）.（转载）

[129] 石元春. 中国生态农业需要更多的关注［J］. 生态学报，2004，24（4）：863-864.

[130] 石元春. 中国农业的三次转型［M］. 透视中国农业：2050. 北京：

中国农业大学出版社，2004.

［131］石元春. 农业发展中的重大科技工程（摘要）[C]. 中国工程院第7次院士大会学术报告会. 2004，6.

［132］石元春. 发展生物质产业）[N]. 科技日报，2005-03-02；安徽科技，2005，5；科技导报，2005，5"卷首寄语"；中国科学院研究生院演讲录第10辑，2006，11.

［133］石元春. 从农业发展历史看科学与人文互动[C]. 中国科学与人文论坛讲演录第3辑，2005，4.

［134］石元春. 解决"三农"问题需关注"三个战场"[N]. 科学时报，2005-05-30.（A3版）

［135］石元春. 构建现代农业大三元结构体系[N]. 农资导报，2005-11-22（23）：1

［136］石元春. 日渐崛起的生物质能源[N]. 生命世界，2005-04-15.

［137］石元春. 怎样种出个"绿色大庆"——谈发展生物质产业[J]. 科技信息，2005（3）：16-19.

［138］石元春. 谈发展生物质产业中的几个问题[J]. 中国基础科学，2005（6）：3-6；2005（12）：1-6.

［139］石元春. 重中选重，顶层设计，合力攻关[N]. 科技日报（1），2005-07-16.

［140］石元春. 资源危机催生生物质产业[N]. 中国化工报（2），2005-03-14.

［141］石元春. 生物产业发展将给能源领域带来深刻变化[J]. 生物技术产业，2006.1.

［142］石元春. 发展生物质产业[J]. 中国农业科技导报，2006（1）.

［143］石元春. 凝炼全局性战略性重大课题开展自主创新[N]. 广东科技报（2），2006-03-14. 鞍山日报（2），2006-04-12.

［144］石元春. 生物技术是亚洲国家创造奇迹的契机[C]. 中国生物经济高峰论坛. 中国民营经济报（5），2006-09-29.

［145］石元春. 生物质能源的开发势在必行[N]. 科学导报（2），2006-

12-18.

[146] 石元春. 农业的三个战场 [J]. 求是, 2006 (10).

[147] 石元春. 农业要开展一次新的产业结构革命 [R]. 2006, 7. (内部资料)

[148] 石元春. 高科技与现代农业 [J]. 学习与研究, 2007 (3).

[149] 石元春. 一个年产亿吨的生物质油田设想 [J]. 科学中国人, 2007 (4): 33-35.

[150] 石元春. 解困"三农"路在何方 [J]. 科技导报, 2007 (18).

[151] 石元春. 农业生物技术产业的机遇与挑战 [C]. 农业生物技术发展趋势及对新兴产业的影响论坛报告汇编, 2007.

[152] 石元春. 我国生物质能源发展战略与目标 [Z]. （未刊稿, 见《石元春文集·生物质卷》2014）

[153] 石元春. 生物质能源破解中国"世纪难题" [J]. 瞭望, 2007 (9): 87.

[154] 石元春. 生物质能源前景无限 [J]. 新农业, 2007 (1): 4-5.

[155] 石元春. 信息化推动农业发展 [C]. 中国信息产业部. 农村信息化工作经验与应用方案汇编. 2007, 12.

[156] 石元春. 感悟农业 [Z]. 2008, 3. （未刊稿, 见《石元春文集·杂文卷2014》）

[157] 石元春. 粮食！石油！生物燃料？[N]. 科技日报, 2008-6-8; 第七届科学家论坛, 2008-6-29.

[158] 石元春. 为中国生物质燃料呐喊奔走 [N]. 科学时报, 2008 (6): 16.

[159] 石元春. 感恩恩师 [Z]. 2008, 7. （未刊稿, 见《石元春文集·杂文卷》2014）

[160] 石元春. 在我国四大沙地建设生态–能源基地的建议 [Z]. （内部资料, 见《石元春文集·杂文卷》2014）

[161] 石元春. 生物质能源是我们绕不过去的坎 [N]. 中国绿色时报, 2008-8-7.

[162] 石元春. 关于煤基与生物基之争—与佟振合院士等商榷 [J]. 中国科学院院士建议, 2008, (21).

[163] 石元春. 生物质能源在2008.（未刊稿，见《石元春文集·生物质卷》）

[164] 石元春，李十中. 生物燃料良机莫失[J]. 中国石油石化，2009（1）；中国改革报，2009-01-09（7）.

[165] 石元春，李十中. 生物燃料功过是非之辩[N]. 中国经济导报（B02），2009-2-10.

[166] 石元春，李十中. 生物燃料五宗罪[J]. 中国石油石化，2009（1）：18-21.

[167] 石元春，李十中. 走出观望谋大局[J]. 中国石油石化，2009（1）：22-23.

[168] 石元春. 为农民提供岗位和增加收入的紧急建议[J]. 工程院院士建议，2009（15）.

[169] 石元春. 给"三农"一个新的经济增长点[N]. 科学时报（A2），2009-01-19.

[170] 石元春. 学习"三中全会"文件，解读"三农问题"[N]. 学部通讯，2009-02-10.

[171] 石元春，李十中. 生物燃料功过是非之解[J]. 能源，2009，2（10）.

[172] 石元春. 生物质能源在2008.（未刊稿，见《石元春文集·生物质卷》2014）

[173] 石元春. 以积极心态看待生物质能产业发展[N]. 科学时报，2009-07-27；学部通信2009（2）.

[174] 石元春. 中国能源困境与转型[J]. 中国工程科学，2009（10）.

[175] 石元春. 当前不宜否定秸秆直燃发电[N]. 科技日报，2010-06-07.

[176] 石元春. 莫辜负了生物质能源这块美玉[J]. 人物，2010（9）.

[177] 石元春. 清洁能源在中国（摘要）[R]. 台湾学术讲演.（未刊稿，见《石元春文集·生物质卷》2014）

[178] 石元春. 生物质能源主导论[N]. 科学时报，2010-12-09.

[179] 石元春. 恰当定位生物质能源[J]. 能源评论，2011（1）.

[180] 石元春. 再不明确生物质能源战略中国将成输家[J]. 环球城市，2011.

[181] 石元春. 中国生物质原料资源 [J]. 中国工程科学, 2011 (2).

[182] 石元春. 中国的生物质能源（摘要）[J]. 中美合作论坛, 2011, 5.

[183] 石元春. 科学发展可再生能源 [J]. 紫光阁, 2011 (6).

[184] 石元春. 安全, 但要转变发展方式——粮食安全之我见 [J]. 科学与社会, 2011, 地卷 (3).

[185] 石元春. 石元春：决胜生物质 [J]. 瞭望, 2011 (34); 2011, 8 (22).

[186] 石元春. 绿色文明, 说易行难 [C]. 山东东营生态文明会议, 2012-8-31.

[187] 石元春, 程序. 生物能源是中国走向生态文明的助推剂 [N]. 农民日报, 2012-10-16.

[188] 石元春. 生物质能源仍被边缘化 [N]. 科学时报, 2011-12-26.

[189] 石元春. 我国能源的忧思 [N]. 中国科学报, 2012-02-21.

[190] 石元春. 现代资源环境观的发展 [C]. 中国农业大学资源环境学院建院20周年科学报告会, 2012-12-8.

[191] 石元春. 舍鸩酒而饮琼浆 [N]. 科技日报, 2013-02-28; 学部通信, 2013 (10).

[192] 石元春. 中国雾霾的产生机理及应对策略研究 [J]. 陕西电力, 2013 (4). (转载)

[193] 石元春. 解决雾霾的主要障碍在决策层 [N]. 马克思主义文摘, 2013 (5). (转载)

[194] 石元春. 用科学精神抵御"热病" [J]. 科学新闻. 2013, 9 (10).

[195] 石元春. 能源困局, 也不该发展煤制油气 [N]. 中国科学报, 2013-10.

[196] 石元春. 迎接生物质能源发展的春天 [Z]. 广州会议演讲, 2013-1-2. (未刊稿, 见《石元春文集·生物质卷》, 2014)

[197] 石元春. 迎接种植绿色能源新时代 [Z]. 武汉会议演讲, 2014-1-15. (未刊稿, 见《石元春文集·生物质卷》2014)

[198] 石元春. 生物质能源发展的第二波 [Z]. 海口会议演讲, 2014-1-20. (未刊稿, 见《石元春文集·生物质卷》2014)

[199] 石元春. 生物质的真瓶颈［N］. 能源，2014-3-5.

[200] 石元春，朱万斌. 迎接生物质能源发展的春天［N］. 经济日报，2014-03-17.

[201] 石元春. 当前我国生物质能源产业的发展形势［Z］. 长春会议报告.（未刊稿，见《石元春文集·生物质卷》2014）

[202] 石元春. 三管齐下，破除体制界面［J］. 科学新闻，2014，3（25）.

[203] 石元春. 生物能源四十年［J］. 生命科学，2014（5）.

[204] 石元春. 中国能源革命不能缺少生物质煤油气田［J］. 瞭望，2014，9（35）.

[205] 石元春. 中国能源革命不能没有"一片"［N］. 中国科学报，2014-09-05.

[206] 石元春. 忠厚的长者，永远的楷模——怀念安民校长［C］. 安民教授纪念文集，2014.

[207] 石元春. 黑土地保护与物质循环［Z］. 2015，10.（未刊稿）

[208] 石元春. 试论全生物质农业［J］. 科技导报，2016，13.

[209] 石元春. 为什么要发展生物质能？［J］. 求是，2016，3.

后 记

　　回顾一生，深感人类历史长河里，个人只是稍显即逝的一朵浪花。但在微观上，人生几十年，又是一个漫长旅程；一个生老病死，喜怒哀乐，得失成败，世事无常，五味杂陈的漫长旅程。

　　子曰，食色，性也。维持生命与繁衍种群之谓也。作为社会人，我以为，求亦性也，即追求也是人之本性。追求什么？追求一己之私与弱肉强食，则同于禽兽，乃教育，教人以追求真善美，追求尊道、崇德、精业也。

　　我这朵知识分子浪花，显于20世纪30年代，翻滚于抗日战争、新中国成立与改革开放时代。一朵浪花，不过顺应时代而逐流，能驾驭的只能是自己。如何驾驭自己？唯求真善美，求尊道、崇德与精业而已矣。

　　人类历史长河，流淌千万年，传承着一代又一代人的智慧结晶，积淀了灿烂的人类文明。每个人都会自然地享受到前人创造的文明，每个人也应当感恩社会，回报社会，有一颗善良中正的心。

　　人的一生，世事无常，变化万端，其运行轨迹无外乎受影响于天赋、性格、勤奋与机遇。天赋发之于内，勤奋发之于外，性格先后天之融合，机缘则可遇而不可求。我是在天资平平，性格尚可，勤奋有加和机缘眷顾下度过一生的，是时运较好的一个知识分子。

天赋、性格，勤奋、机遇是一组变化中的函数，复杂系统，个人间无可比和不必比，只要有感恩与回报社会之心；善良中正之德；尊道、崇德、精业之行，即可坦然一生，无愧于天地之养育。

人的性格很重要。我很喜欢我面对工作时的"一团火"性格，小到讲一节课和作一次讲演，大到历时20年的黄淮海平原旱涝盐碱综合治理工程和8年校长，我都会"一团火"似的扑了上去，忘我而不计得失，以百分之百的努力，尽可能地做到尽善尽美。书中多次提到的"跳水运动员性格"和受力愈大反弹力愈大的"皮球性格"等皆源于此。有了这种性格，就有可能抓住身边机遇而不有失。

此书是想原原本本地把一个新中国培养的知识分子的一生写了下来，故拟书名《一儒》。

我要感谢父母、家人和师长；感谢一生中对我事业关心和支持的诸多"贵人"；感谢老伴李韵珠与我相伴一生；感谢中国科学院、中国工程院和"老科学家学术成长资料采集工程"为出此书给予的鼓励与支持；感谢张海涛同志领衔承接"采集工程"项目，使我有机会整理多年尘封的思绪与资料；感谢张远帆同志多次到武汉为我收集历史素材，为本书撰写导言、加注和与出版社对接，助力本书出版的全部工作；感谢王崧老师为本书拍摄、收集、复制了大量影像资料；感谢科学出版社为本书的编辑与出版所做的大量工作。

再表，诸事已经久远，难免记忆差错，认知有限，言语不周，望乞谅宥。

石元春

2019年初秋于北京

老科学家学术成长资料采集工程丛书
已出版（110种）

《卷舒开合任天真：何泽慧传》　　《此生情怀寄树草：张宏达传》
《从红壤到黄土：朱显谟传》　　　《梦里麦田是金黄：庄巧生传》
《山水人生：陈梦熊传》　　　　　《大音希声：应崇福传》
《做一辈子研究生：林为干传》　　《寻找地层深处的光：田在艺传》
《剑指苍穹：陈士橹传》　　　　　《举重若重：徐光宪传》

《情系山河：张光斗传》　　　　　《魂牵心系原子梦：钱三强传》
《金霉素·牛棚·生物固氮：沈善炯传》《往事皆烟：朱尊权传》
《胸怀大气：陶诗言传》　　　　　《智者乐水：林秉南传》
《本然化成：谢毓元传》　　　　　《远望情怀：许学彦传》
《一个共产党员的数学人生：谷超豪传》《没有盲区的天空：王越传》

《含章可贞：秦含章传》　　　　　《行有则　知无涯：罗沛霖传》
《精业济群：彭司勋传》　　　　　《为了孩子的明天：张金哲传》
《肝胆相照：吴孟超传》　　　　　《梦想成真：张树政传》
《新青胜蓝惟所盼：陆婉珍传》　　《情系梁菽：卢良恕传》
《核动力道路上的垦荒牛：彭士禄传》《笺草释木六十年：王文采传》

《探赜索隐　止于至善：蔡启瑞传》《妙手生花：张涤生传》
《碧空丹心：李敏华传》　　　　　《硅芯筑梦：王守武传》
《仁术宏愿：盛志勇传》　　　　　《云卷云舒：黄士松传》
《踏遍青山矿业新：裴荣富传》　　《让核技术接地气：陈子元传》
《求索军事医学之路：程天民传》　《论文写在大地上：徐锦堂传》

《一心向学：陈清如传》　　　　　《钤记：张兴钤传》
《许身为国最难忘：陈能宽传》　　《寻找沃土：赵其国传》

《钢锁苍龙　霸贯九州：方秦汉传》　《虚怀若谷：黄维垣传》
《一丝一世界：郁铭芳传》　《乐在图书山水间：常印佛传》
《宏才大略　科学人生：严东生传》　《碧水丹心：刘建康传》

《我的气象生涯：陈学溶百岁自述》　《我的教育人生：申泮文百岁自述》
《赤子丹心　中华之光：王大珩传》　《阡陌舞者：曾德超传》
《根深方叶茂：唐有祺传》　《妙手握奇珠：张丽珠传》
《大爱化作田间行：余松烈传》　《追求卓越：郭慕孙传》
《格致桃李半公卿：沈克琦传》　《走向奥维耶多：谢学锦传》
《躬行出真知：王守觉传》　《绚丽多彩的光谱人生：黄本立传》
《草原之子：李博传》

《此生只为麦穗忙：刘大钧传》　《探究河口　巡研海岸：陈吉余传》
《航空报国　杏坛追梦：范绪箕传》　《胰岛素探秘者：张友尚传》
《聚变情怀终不改：李正武传》　《一个人与一个系科：于同隐传》
《真善合美：蒋锡夔传》　《究脑穷源探细胞：陈宜张传》
《治水殆与禹同功：文伏波传》　《星剑光芒射斗牛：赵伊君传》
《用生命谱写蓝色梦想：张炳炎传》　《蓝天事业的垦荒人：屠基达传》
《远古生命的守望者：李星学传》

《善度事理的世纪师者：袁文伯传》　《化作春泥：吴浩青传》
《"齿"生无悔：王翰章传》　《低温王国拓荒人：洪朝生传》
《慢病毒疫苗的开拓者：沈荣显传》　《苍穹大业赤子心：梁思礼传》
《殚思求火种　深情寄木铎：黄祖洽传》　《仁者医心：陈灏珠传》
《合成之美：戴立信传》　《神乎其经：池志强传》
《誓言无声铸重器：黄旭华传》　《种质资源总是情：董玉琛传》
《水运人生：刘济舟传》　《当油气遇见光明：翟光明传》
《在断了Ａ弦的琴上奏出多复变　《微纳世界中国芯：李志坚传》
　　最强音：陆启铿传》　《至纯至强之光：高伯龙传》

《弄潮儿向涛头立：张乾二传》　　　《材料人生：涂铭旌传》
《一爆惊世建荣功：王方定传》　　　《寻梦衣被天下：梅自强传》
《轮轨丹心：沈志云传》　　　　　　《海潮逐浪　镜水周回：童秉纲
《继承与创新：五二三任务与青蒿素研发》　　口述人生》

《淡泊致远　求真务实：郑维敏传》　《采数学之美为吾美：周毓麟传》
《情系化学　返璞归真：徐晓白传》　《神经药理学王国的"夸父"：
《经纬乾坤：叶叔华传》　　　　　　　金国章传》
《山石磊落自成岩：王德滋传》　　　《情系生物膜：杨福愉传》
《但求深精新：陆熙炎传》　　　　　《敬事而信：熊远著传》
《聚焦星空：潘君骅传》